Victor Schirling

Ausgaben und Abhandlungen aus dem Gebiet der romanischen

Philologie

Die Verteidigungswaffen im altfranzösischen Epos

Victor Schirling

Ausgaben und Abhandlungen aus dem Gebiet der romanischen Philologie
Die Verteidigungswaffen im altfranzösischen Epos

ISBN/EAN: 9783743699274

Hergestellt in Europa, USA, Kanada, Australien, Japan

Cover: Foto ©Thomas Meinert / pixelio.de

Weitere Bücher finden Sie auf **www.hansebooks.com**

AUSGABEN UND ABHANDLUNGEN

AUS DEM GEBIETE DER

ROMANISCHEN PHILOLOGIE.

VERÖFFENTLICHT VON E. STENGEL.

LXIX.

DIE

VERTEIDIGUNGSWAFFEN

IM

ALTFRANZÖSISCHEN EPOS.

VON

VICTOR SCHIRLING.

Marburg.

N. G. Elwert'sche Verlagsbuchhandlung.

1887.

Meiner lieben Mutter

in Liebe und Dankbarkeit

gewidmet.

Vorbemerkung.

Nachdem A. Sternberg in seiner Dissertation (erschienen in Stengel's A. & A. XLVIII. Marburg, Elwert 1886) »Die Angriffswaffen im altfranzösischen Epos« einer eingehenden Betrachtung unterzogen hat, er jedoch nicht in der Lage ist, dieselbe, wie er ursprünglich beabsichtigte, fortzusetzen, habe ich es in Folge einer freundlichen Anregung meines hochverehrten Lehrers, des Herrn Prof. Stengel, unternommen, seine Arbeit durch eine ähnliche Untersuchung über »Die Verteidigungswaffen im altfranzösischen Epos« in gewissem Sinne zum Abschluss zu bringen. Der Zweck beider Abhandlungen ist jedoch nicht sowohl eine historische Beleuchtung der französischen Waffen im Mittelalter zu geben, als darzustellen, wie die Dichter resp. Ueberarbeiter der altfranzösischen Epen die betreffenden Waffen geschildert haben. Es sind daher auch überall die oft sehr phantasievollen Schilderungen der Dichter mit ihren übrigen Angaben, welche der realen Wirklichkeit entsprochen haben werden, auf gleiche Stufe gestellt worden, was hier als für die ganze Abhandlnng gültig im Voraus bemerkt sei; natürlich wird stets angemerkt werden, wenn eine Angabe als historisch beglaubigt oder anderweitig wiederholt in der bisherigen spärlichen kulturhistorischen Literatur nachzuweisen ist. Von solchen einschlägigen Untersuchungen, welche jedoch alle ein weit ausgedehnteres Gebiet umfassen, wurden benutzt: H. Weiss: »Kostümkunde. Geschichte der Tracht und des Geräts.« 2. Aufl. Stuttgart 1883, zweiter Band. San Marte: „Zur Waffenkunde des älteren deutschen Mittelalters", in der „Bibliothek der gesammten deutschen Nationalliteratur." 2. Abt. 4 Bd. Quedlinburg & Leipzig 1867. Viollet-le-Duc: „Dictionnaire du

mobilier". Paris 1874. Band V. u. VI. »Le Langage Héraldique
au XIII. Siècle dans Les Poèmes d'Adenet le Roi« par
M. Le Comte de Marsy. (Memoires de la Société Nationale
des Antiquaires de France, tome 42, 5. série, tome II, 1881).
Herm. Günther: Ueber die Ausdrucksweise des altfranz.
Kunstromans.« Diss. Halle 1886.[*] Am meisten Nutzen brachte
mir Alwin Schultz's verdienstvolles Buch »Das höfische
Leben zur Zeit der Minnesinger« Leipzig 1880, welchem ich in
vielen Einzelheiten folgen konnte. In manchen Fragen gelangte
ich allerdings zu ganz anderen Resultaten, z. B. betreffs der
Gestalt der Tartsche, des Unterschiedes zwischen *escu* und
targe, des Gebrauches der Schilde aus Elfenbein, auch betreffs
des vielumstrittenen Verhältnisses zwischen Halsberg und Brünne
glaube ich auf einige neue, bemerkenswerthe Punkte aufmerksam
gemacht zu haben. Ausdrücke wie *blason, rouelle, penne,
clavel, plois, caveche, heaumière, coin, chapelier* u. A.
erwähnt Schultz gar nicht, oder vermag nicht, sie zu erklären.
Da er ausserdem bei jedem Rüstungsstück sich auf das Wichtigste beschränkt und nur die gewöhnlichsten Epitheta der
Waffen in Betracht zieht, bringt er auch über den Schmuck
und die Zierraten der Waffen sehr wenig, während die altfranzösischen Dichter gerade in dieser Beziehung, leider aber
auch nur in dieser Beziehung sehr ausgiebig sind.

---

[*] Auf Grund der Lektüre von Chev. au lion, Cliges, Chev. de la
Charete, Perceval mit Fortsetzungen, Meraugis, Rom. de la Violette,
Lais der Marie de France betrachtet Günther folgende Bezeichnungen
resp. Epitheta von Waffen als unhöfische Worte: jaserant (§ 113), broigne
(217), targe (2), flori (73. 10), forbi (147), gemé (240), vert (238), brun
(239), blanc (123), menu maillié (124), safré (132), doblier (128), treslis
(29), luisant (248), bendé (78), poitevin (105. 138. 255), cler (248), parti
(218), de quartier (76).

Folgende Texte liegen der Untersuchung zu Grunde:

Agol. (F.): Die Bruchstücke von Aspremont in Bekkers Fierabras.

Agol. (M. B.): Die Bruchstücke von Aspremont in »Die altfranz. Romane der St. Marcus-Bibliothek« v. J. Bekker. Berlin 1840.

Aig.: Aigar & Maurin, Fragments d'une chanson de geste provençale inconnue p. p. A. Scheler. Bruxelles 1877.

Aiol.: Aiol et Mirabel her. v. W. Förster. Heilbronn 1876.

Alisc.: Aliscans p. p. F. G. Guessard et A. de Montaiglon. Paris 1870.

Ans. Mes.: Anseis de Mes. Ms. L. & S.

Aq.: Le roman d'Aquin p. p. Joüon des Longrais. Nantes. 1880.

Aub.: Auberon publicato da A. Graf. Halle 1874.

Aub. le B.: Le roman d'Aubery le Bourgoing p. p. P. Tarbé. Reims 1840.

Aye d'Av.: Aye d'Avignon p. p. F. Guessard et P. Meyer. Paris 1861.

Berte a. gr. p.: Berte aus grans piés p. p. A. Scheler. Bruxelles 1874.

Bueves de C.: Bueves de Commarchis p. p. A. Scheler. Bruxelles 1874.

Char. Nym.: Li Charrois de Nymes p. p. Jonckbloet. La Haye 1854. (Guill. d'Or. I).

Chev. Og.: La Chevalerie Ogier de Danemarche p. p. Barrois. Paris 1842.

Cor. Looys: Li Coronemens Looys p. p. Jonckbloet. La Haye 1854. (Guill. d'Or. I).

Cov. Viv.: Li Covenans Vivien p. p. Jonckbloet. La Haye 1854. (Guill. d'Or. I).

Daurel: Daurel et Beton p. p. P. Meyer. Paris 1880.

Doon de M.: Doon de Maience p. p. A. Pey. Paris 1859.

Doon Borm.: Doon de Maience. Deux fragments de la fin du treizième siècle p. p. Bormans.

Elie de S. G.: Elie de Saint Gille her. v. W. Förster. Heilbronn 1876.

Enf. Og.: Les Enfances Ogier p. p. A. Scheler. Bruxelles 1874.

*Enf. Viv.: Les Enfances Vivien p. p. C. Wahlund u. H. v. Feilitzen. Upsala & Paris 1886.

F. C.: Le Roman de Foulque de Candie p p. Tarbé. Reims 1860.

F C. Borm.: La Geste de Guillaume d'Orange. Fragments inédits du XIIIe siècle p. p. Bormans. Bruxelles 1878. [Bruchstücke von Foulque de Candie].

Fierabr. (A. P.): Fierabras p. p. A. Kroeber et G. Servois. Paris 1860.

Fierabr. (B.): Der Roman von Fierabras, provenzalisch, her. v. J. Bekker. Berlin 1829.

Floov.: Floovant p. p. H. Michelant et F. Guessard. Paris 1858.

Gar. Loh.: Garin le Loherain p. p. P. Paris. Paris 1833.

Gar. Mongl.: Garin de Monglane. Ms. fonds franç. 24403 Bibl. nat. (Abschrift von H. Müller).

Gaufr.: Gaufrey p. p. F. Guessard et P. Chabaille. Paris 1859.

Gayd: Gaydon p. p. F. Guessard et S. Luce. Paris 1862.

*Gir. de Ross.: Girart de Rossillon nach Hs. Oxford Can. 63. her. v. W. Förster. Rom. Stud. V. 1—198.

Gir. de V.: Girars de Viane, Bruchstück in Bekkers Fierabras.

Girb. Mes.: Anfang der Chanson de Girbert de Mes. her. v. E. Stengel. Romanische Studien, Band I, Heft IV.

Gorm. et Isemb.: Gormund et Isembard, Fragment her. v. R. Heiligbrodt Romanische Studien III. S. 501-596.

Gui de B.: Gui de Bourgogne p. p. F. Guessard et H. Michelant. Paris 1858.

Gui de N.: Gui de Nanteuil p. p. Meyer. Paris 1861.

Haym.: Aus den Haymonskindern in Bekkers Fierabras.

Herv. Mes.: Hernis de Mes. Ms. N (Abschrift von Hub).

Horn: Das anglonormannische Lied vom wackern Ritter Horn her. v. R. Brede und E. Stengel. Marburg 1883.

Hug. Cap.: Hugues Capet p. p. M. le Mis de la Grange. Paris 1864.

Huon de B.: Huon de Bordeaux p. p. F. Guessard et C. Grandmaison. Paris 1860.

Jourd. de B.: Jourdains de Blaivies her. v. C. Hofmann. Erlangen 1852.

Loh.: Le Roman des Loherains. Arsenal-Hs. 180, copiert v. B. Naumann.

Mac.: Macaire p. p. F. Guessard. Paris 1866.

*M. Aim.: La Mort Aymeri de Narbonne, p. p. J. Courraye Du Parc. Paris 1884.

Mainet: Mainet, fragments p. p. G. Paris. (Romania IV. p. 304-337).

Mon. G.: Li Moniage Guillaume. Bruchstück her. v. C. Hofmann. (Abh. der Kgl. Bayer. Akad. der Wiss. VI. München 1882. S. 565-629).

Mort Gar.: La Mort de Garin, p. p. E. du Méril. Paris 1863.

Otinel: Otinel p. p. F. Guessard et H. Michelant. Paris 1858.

Par. la duch.: Parise la Duchesse p. p. F. Guessard et L. Larchey. Paris 1860.

Prise d'Or.: La Prise d'Orange p. p. Jonckbloet. La Haye 1854. (Guill. d'Or. I).

Prise de P.: La Prise de Pampelune her. v. A. Mussafia. Wien 1864.

Raoul de C.: Raoul de Cambrai p. p. P. Meyer et A. Longnon. Paris 1882.

Ren. de M.: Renaus de Montauban her. v. H. Michelant. Stuttgart 1862. (Bibl. des Lit. Ver. LXVII.)

Rol. (G.): La Chanson de Roland p. p. L. Gautier. Tours 1881.

Rol. (St.): Das altfranzösische Rolandslied. her. v. E. Stengel. Heilbronn 1878.

Roncev.: Le Roman de Roncevaux p. p. Fr. Michel. Paris 1869.

Saisn.: La Chanson des Saxons par Jean Bodel p. p. Fr. Michel. 2 vols. Paris 1839.

Seb.: Fragments uniques d'un roman du XIIIe siècle sur la reine Sebile p. p. A. Scheler. Extrait des Bulletins de l'Académie Royale de Belgique. 1875.

*Syr.: La chanson de Syracon, her. v. E. Stengel. Rom. Stud. I. p. 401.

Voy.: Karls des Grossen Reise nach Jerusalem und Constantinopel her. v. E. Koschwitz. Heilbronn 1883.

*) Die mit * bezeichneten Epen sind von Sternberg nicht benutzt worden. Bei »Ans. Mes.« und »Herv. Mes.« hat derselbe irrtümlich die Handschriften N und T statt L & S resp. N angegeben.

A. Der Schild.

(*Vgl.* Schultz II. p. 70. Weiss p. 404. 407. 417. San-Marte p. 83 – 123. Viollet-le-Duc V. p. 840.)

I. Bezeichnungen des Schildes.

1. L'escu.

1. Das gebräuchlichste Wort für Schild im afrz. ist *escu, escut, eschuc* Agol. (M. B.) p. 76 IV. Z. 8 von unten (lat. *scutum*); dasselbe findet sich in allen gelesenen Texten mit Ausnahme des Fragmentes Haym.

2. La targe.

(*Vgl.* Viollet-le-Duc VI. p. 807.)

2. Neben *escu* kommt von den übrigen Bezeichnungen *targe* (vom ahd. *zarga*) am häufigsten vor, (*tarçe* Mac. 2534. 3033. *tarça* Mac. 3090. prov. *targua* Fierabr. (B.) 4809.) Das Wort begegnet n i c h t in folgenden Epen resp. Bruchstücken von Epen: Agol. (M. B.), Aig., Aub., Aub. le B., Char. Nym., Daurel, Doon Borm., Haym., Horn, Huon de B., Mainet, Seb., Voy.

3. A. Schultz »Das höfische Leben zur Zeit der Minnesinger« II. 70 ff. & II. 190 ff. führt den Schild unter den Waffen des Ritters, die Tartsche dagegen unter den Soldatenwaffen auf, ohne diese Trennung weiter zu begründen. Im afrz. Epos werden vielmehr *escu* und *targe* von Rittern wie von Soldaten getragen. Als Kaiser Karl auf Baligant stösst, heisst es:

> Sis vunt ferir, granz colps s'entredunerent, De lur espiez en lur t a r g e s roées. Rol. 3568.

Ebenso wird im Rolandsliede der Schild des Königs der Leutis *targe* genannt:

> E Guinemans justet al rei de Leutice, Tute li fraint la t a r g e k'est flurie. ib. 3360.

Wie demnach für den Schild der Heerführer der Ausdruck *targe* vorkommt, so gebrauchen die Dichter andrerseits das Wort *escu* für den Soldatenschild:

> Il a mandat sos omes e somonuz. Mais el non es a mige loz atenduz, E uc en trei mire à e s c u z. Gir. de Ross. 4568.

4. Ist schon dieser von Schultz angenommene Unterschied zwischen *escu* und *targe* unbegründet, so ist auch seine

Definition der Tartsche nicht richtig, da e b e n *escu* u n d *targe* völlig identisch sind.

Schultz sagt nämlich II. 190: »Gewöhnlich führen sie (die Schleuderer, Bogen- und Armbrustschützen) einen k l e i n e n, r u n d e n Schild, mit dem sie leicht Hiebe und Stiche parieren. Es sind die Tartschen.« Eine *targe petite* wird nun nirgends erwähnt, wohl aber werden ihr die Epitheta *grant* und *lée* beigelegt:

Mil esquiers fist richement armer, Et mil serjans les g r a n s targes porter. Chev. Og. 6114. — Et pendi à son col sa targe lée. Aiol 542. — *Ebenso*: Otinel 1251. Par. la duch. 1889.

Auch wird die Tartsche s c h w e r wiegend genannt:

Ains en seront percié maint escu à lion, Et mainte p e s a n s targe et percié maint blazon. Bueves de C. 191. — *Ferner*: F. C. p. 63.

5. Ebenso kommt die r u n d e Gestalt nicht der Tartsche allein zu (*targe reonde*: Chev. Og. 11994. Gir. de Ross. 3292. M. Aim. 90. Par. la duch. 1889. Syr. 184.), denn auch der *escu* wird zuweilen als r u n d bezeichnet:

Son escu lieve à loi de champion, Fiert un traître sor son escu r é o n t. Gayd. 2929. — *Ferner:* Gorm. et Isemb. 294. M. Aim. 133. Prise de P. 4844.

Uebrigens lässt auch Littré »Dict. de la langue fr.« t. II. p. 2150, *escu* und *targe* wenigstens bis zum 15ten Jahrhundert gleichbedeutend sein, von da ab e r s c h e i n t ihm die Tartsche b e s o n d e r s als der Schild der Soldaten und Bogenschützen.

6. Aber nicht nur in Bezug auf ihre Gestalt und ihre Träger erweisen sich *escu* und *targe* als identisch, sondern auch die meisten Merkmale des *escu* lassen sich bei der Tartsche konstatieren.

Sie hat eine *boucle* (§ 35):

Grant cop li vait doner sor la targe roée, Desos la b o c l e d'or li a fraite et troée. Ren. de M. p. 102, 21. — *Ebenso:* Rol. 3570. Aiol 4991. 8694. F. C. p. 27. Gayd. 8163.

7. ist mit einer *guige* versehen (§ 43):

Il prant sa targe, s'ait la g u i c h e saisie. Gir. de V. 2773. — Li clers Esteves a sa targe aportée; Li quens le prist, s'a la g u i g e acolée. Alisc. 2024. — *Ebenso:* Gayd. 7895. Mac. 3091.

8. sie hat *enarmes* (§ 46):

Tantost par les e n a r m e s prant la targe floric. Saisn. CXLI, 3. sie wird ferner *targe de quartier*, oder [à or] *bendée*, oder [à or] *listée* genannt (§§ 76. 78. 80.):

A son col pent la targe de q u a r t i e r. Enf. Og. 1045. — Li premiers qui i fu et targe à or b e n d é e. Gar. Mongl. 45 d. — Il a pris un espié et sa targe l i s t é e. Gui de N. 1403. — *Ferner:* Gar. Mongl. 80 b. Gayd. 9201. Hug. Cap. 3959. Par. la duch. 1889.

9. Auf ihrer Aussenseite bemerkt man Wappen, Bilder, kostbare Steine (§§ 56. 65. 84.):

Va ferir Malachar en la targe dorée, Où l'image Mahom estoit d'or painturée. Gaufr. 3011. — La targe embrace à pierres de cristal. Enf. Og. 1760.

10. Auch war die Tartsche sehr häufig mit Lilien verziert (§ 73):

Li paiens fiert Guion sor la targe florie. Gui de B. 555. — *Ebenso*: Rol. 3361. Alisc. 2109. Chev. Og. 1795. Gui de B. 1711. Otinel 1251. Ren. de M. p. 41,33. Saisn. CII, 27; CXLI, 3.

11. Trotzdem die Parallele zwischen *escu* und *targe* nicht bis auf alle Details auszudehnen ist, sei doch noch darauf hingewiesen, dass die Tartsche auch aus denselben Stoffen hergestellt wird wie der *escu* (§ 49):

Et mainte targe dont li ais sont cuirié. Enf. Og. 1549. — Des targes rompent ais et cuir et vernis. ib. 1780. — Prist une lance dont li fers est d'acier, Et une targe d'un olifant moult cler. Mac. 2533.

12. Endlich findet sich auch eine *targe belvoisine*, also aus derjenigen Landschaft, die auch die vorzüglichsten *escus* liefert (§ 105):

Tant m'enchaucierent Saisne et lor gent sarrazine, Que del col me tolirent la targe belvoisine. Saisn. LXXIV, 27.

13. Den besten Beweis dafür, dass man berechtigt ist, *escu* und *targe* gleichzusetzen, bilden diejenigen Verse, in welchen die Dichter ein und denselben Schild eines Ritters mit beiden Bezeichnungen anführen:

L'escu Gorhan regarderent premier: Sus en la targe, el primerain quartier, Parmi le trou volast un espervier. Agol. (F.) 1028. — Tabrins point le ceval, qui de dieu nen ot cure, Et Jobers point le sien, que li court a droiture, Le paien vait ferir en l'escu a droiture, Desor le boucle d'or a le targe fendue. Aiol 4988. — Et vait ferir le quart en la dorée targe, Mervellens cop li done, que de rien nel esparnge, Que l'escu de son col li pecoie et dequasse. ib. 5583. — Ains referi Guimart en l'escu à delivre, Desor la boucle d'or a le targe perchié. ib. 8693. — Fiert Baffumet, un rei de Princernise, Desor la bogle de la targe bise, Escu n'osberc n'i vaut une chemise. F. C. Borm. 175.

In Gui de N. wird ein Mal Hervieu's Schild *escu* genannt und gleich darauf *targe*:

A Hervieu est torné, un coup li donne grant. L'espée repeira contreval en glachant, Qu'il li trencha l'escu et l'auberc jaserant. Gui de N. 1068. — Moult fu Hervieu dolent quant sa targe a perdue. ib 1075.

Der Schild Aiol's wird Aiol 542 *targe* genannt, während sonst immer *escu* steht: 235, 1896, 2481 etc.

14. Andrerseits soll jedoch auch nicht verschwiegen bleiben, dass zwei Umstände immerhin auf einen Unterschied zwischen *escu* und *targe* deuten, ohne dass aus denselben irgend ein unterscheidendes Merkmal herauszulesen ist.

Bei Erwähnung mehrerer Waffen werden nämlich zuweilen *escu* und *targe* neben einander aufgezählt:

> Car n'as à ton col targe ni escu de quartier. Fierabr. (A. P.) 1601.
> — Tant escu fret, tante targe perciée. M. Aim. 1887. — *Ferner*:
> Alisc. 770. Bueves de C. 1045. 1173. 1518. 1538. 1556. 1711. 1943.
> 2868. 3782. Mac. 2449. Ren. de M. p. 21, 7. Roncev. 1009. Saien.
> CCXXXVI, 12; CCXLI, 11.

15. Der andere Umstand ist, dass sich bei *targe* als das gebräuchlichste Epitheton »*roée*« findet:

> Fiert Maudebert en la targe roée. Gayd. 7884. — *Ebenso*: Rol. 3569.
> Gar. Mongl. 80 c. Gayd. 8162. Gir. de Ross. 3428. Gir. de V. 2124.
> Gui de N. 1029. Mac. 2660. Par. la duch. 2349. Raoul de C. 1804.
> Ren. de M. p. 102, 21.

während in allen gelesenen Epen meines Wissens der *escu* nur **ein einziges Mal** mit *roé* bezeichnet wird und zwar im provenz. Fierabras:

> E pendray à mon col mon fort escu rodat. Fierabr. (B.) 914.

16. Eine Schilderung des so benannten Schildes bietet kein Epos. Die beste Erklärung von *roé* (lat. *rotatus*) giebt P. Meyer im Glossar zu Daurel et Beton unter *rodat*: »designe ou la bordure circulaire d'une étoffe ou d'un bouclier ou, plus probablement un ornement consistant en roues ou cercles brodés dans l'étoffe ou appliqués sur l'écu.« Die Tartsche wird also *roée* genannt worden sein, wenn ihre Oberfläche mit allerhand runden Zeichnungen, Kreisen, Rädern bestickt oder bemalt war. Unverständlich ist mir, wie L. Gautier (La chanson de Roland, édition classique, Vers 3569) *targes roées* mit »*leurs écus à rosaces*« erklärt. P. Meyer erwähnt bereits, dass auch Stoffe als *roés* bezeichnet werden:

> La coverture de brun paile roé. M. Aim. 98. — Devant le roi
> la roïne ont mené, Si fu vestuo d'un chier paile roé. Mac. 491. —
> *Ebenso*: Rol. 3151.

In Gir. de Ross. wird ein Stoff sogar einfach *roé* genannt:

> Ne paile ne rodat ne autre drap. Gir. de Ross. 6272.

3. Le blason.

17. Ein anderer Ausdruck für Schild im afrz. ist *blason*, *blazon*, *blaçon*, *blaison*, (Hug. Cap. 1578); der Ursprung dieses Wortes liegt im ags. blæse, engl. blaze, mhd. blas, brennende Fackel, daher Glanz sowohl als Auszeichnung im Schilde wie auch als Prunk; nach Anderen im deutschen »blasen«. Die

Bezeichnung *blason* kommt vor in Aiol, Aub. le B., Bueves
de C., Chev. Og., Gayd., Gui de N., Haym., Hug. Cap., Raoul
de C., Ren. de M., Roncev., Saisn., Syr. Während Godefroy
in seinem Dict. *blason* kurzweg mit »écu, bouclier« erklärt, traf
schon Ste. Palaye ziemlich das Richtige, als er sagte: »l'image
ou la figure de l'écu d'armes quelque fois l'écu même.«

Blason ist ursprünglich die unterhalb der *boucle* auf den
Schild gemalte Figur, das Wappen, bezeichnet dann aber auch
den ganzen Schild.

18. *Blason* in seiner eigentlichen Bedeutung:

Grans cops se donnent ens escuz as lyons, Desoz les boucles sont
percié li blazon. Gayd. 2070. — Sor son escu ala ferir Simon, ...
Desous la boucle li perce le blazon. Raoul de C. 2506. — Fiert le
païen, ne les volt refuser, Sor son escu qui fu h or listez; Tains ne
blazons ne le pot contrester. Roncev. 2655. — *Ferner:* Chev. Og. 6465.
Gayd. 2919. 9542. Raoul de C. 2959. 3971. Ren. de M. p. 65,35.
p. 286,5. Syr. 110.

19. An folgenden Stellen bezeichnet *blason* den ganzen
Schild:

L'espée prent, puis saisi le blason. Gayd. 4663. — *Ebenso:* Aiol
3022. Gayd. 6329. Haym. 398. Hug. Cap. 1578. 3253. 3559. 5698. 5923.

Die in Rede stehende Bezeichnung des Schildes findet sich
also am häufigsten in Hug. Cap. und zwar gewöhnlich in der
erweiterten Bedeutung.

20. Als Beweis der Identität von *escu* und *blason* mögen
die beiden folgenden Beispiele dienen:

Der Schild Baudouin's wird in Saisn. CXXVII, 55 *blason*
genannt, dagegen CXXVIII,25 *escu*.

Aiol's Schild heisst Aiol 3022 *blason*, sonst jedoch *escu:*
235. 1896. 2481. 3062. 3095 u. s. w. (cf. § 14).

21. Naturgemäss eignet sich der *blason*, als Inbegriff aller
auf dem Schild angebrachten Figuren, Verzierungen, vorzüglich
zum Erkennungszeichen (§ 72); in dieser Funktion wird er
einige Male ausdrücklich erwähnt:

Chil laisserent le prinche quant virent le blason Dez fleur de lis
de France qui furent roy Charlon. Hug. Cap. 3833. — Huez perchut
Fedry à son doré blason. ib. 3875. — Cuida que il fust Saisne por
le taint do blazon. Saisn. CXXVII, 55.

22. Wie die Tartsche so wird auch der *blason* neben
dem *escu* genannt:

Iluec ont mis mainte lance en tronson, Maint escu fruint et maint
doré blazon. Gayd. 5522. — Yous le feri primes en l'escu à lion,
Que il li a percié l'escu et le blason. Ren. de M. p. 430, 36. —

Il n'i porterent arme ne espié ne blason, Hauberc, escu ne helme, por lor defension. ib. 160, 16.

Adenés li Roi nennt sogar *escu, targe* und *blason* hinter-einander:

Ains en seront percié maint escu à lion   Et mainte pesans targe et percié maint blazon.   Bueves de C. 191.

4. La rouelle.
(*Vgl.* Viollet-le-Duc. VI. p. 243.)

23. In Aiol, F. C., Otinel und Saisn. findet sich vereinzelt der Schild mit *rouelle, roele, ruele* (vom lat. *rotella* für *rotula*) bezeichnet, ohne dass eine genauere Beschreibung hinzugefügt oder ein Unterschied von anders benannten Schilden erkenntlich ist:

Vait ferir le paien en la roele. Aiol 5342. — Ne porta mieudre ne escu ne rouele. F. C. p. 114. — Et li rois Bruscostez do regne as Ascopars; Cil ot an sa compaigne trois rois, et il su qars. Et escuz et roeles, espiez, lances et dars. Saisn. LVIII, 6.

Nur der Name lässt darauf schliessen, dass speziell die runden Schilde so bezeichnet werden; doch kommt, wie wir § 5 gesehen haben, dasselbe Attribut sowohl dem *escu* wie der *targe* ebenfalls zu.

24. In den beiden obigen Citaten aus F. C. und Saisn. wird *rouelle* neben *escu* erwähnt, während in Otinel der Schild des Königs Balsami von Ninifch mit beiden Bezeichnungen belegt wird:

Olivier juste al rei de Ninivent, A Balsami qui at grant hardement. Sur sun escu à out un liun peint; Mès Olliver le fiert si droitement Sur la ruele que par mi tot le fent. Otinel 839.

25. Auch die *rouelle* ist mit einer *boucle* versehen (§ 35.):

Vait ferir le paien en la roele, Desor la boucle d'or li esquartele. Aiol 5342.

5. Le tuenard.

26. Ein kürzeres Epos, Gormund et Isembard, hat einen mehrere Male sich wiederholenden Refrain, dessen Schlusszeile lautet:

Nem la li baille un tuenard. (*Der Herausgeber Heiligbrodt über-setzt:* »Nem reicht ihm da einen Schild.«) — A itant sil ad feru dunc sur sun toenart, Ke les quirs e le fust tut quassat e depart. Horn O 1704.

Die Handschrift C des Horn liest dagegen für erstere Zeile:

De nir lad feru cum cil ki niert coart.

Wie diese Schildart beschaffen ist und warum sie so ge-nannt wird, ist nicht zu erkennen. Ein weiteres Vorkommen des rätselhaften Wortes innerhalb des afrz. Epos vermag ich nicht anzugeben, (wohl aber findet es sich in anderen Romanen: Partonop. 2252. Rom. d'Alix. p. 196, 7. p. 244, 31. Chans. d'Antioche. chant VIII. Tir. 38. cf. Heiligbrodt. Rom. Stud. III. p. 571.)

II. Beschreibung des Schildes.

1. Beschaffenheit im Allgemeinen.

27. Die erste Anforderung, die an einen guten Schild gestellt wird, ist naturgemäss, dass er **stark** und **widerstandsfähig** sei; so preist ein Dichter den Schild des Olivier als »hart wie ein gehärteter Amboss«:

A son col pant une targe roée, ... Ausi est dure com anclume temprée. Gir. de V. 2121—2127. — *Ebenso*: Chev. Og. 9904.

28. Zu den guten Eigenschaften eines Schildes gehört ferner die **Schwere des Gewichts**:

Et à son col un fort escu pesant. Alisc. 5434.

Von Roland heisst es ebenso:

Au col li pendent un fort escu pesant. Otinel 300. — *Ferner*: Agol. (F.) 815.

29. Andrerseits ist es für den Transport der Waffe natürlich vorteilhaft, wenn sie **leicht** ist; solcher Schilde können sich die Türken rühmen:

Cinquante mille Turcs fait d'une part tourner, Ki ont rices escus et legiers pour porter. Fierabr. (A. P.) 3767.

30. Was die **Grösse** der Schilde anlangt, so wird sehr selten eine nähere Bestimmung angegeben; in Guill. d'Orenge I trägt der König Corsol einen Schild, der eine Klafter gross ist![1])

Li rois Corsolz i monta par l'estrier, A son col pent un escu à or mier, Une grant toise ot l'escu de quartier. Cor. Looys. 646.

31. Die Abbildungen, Siegel u. s. w. aus der Zeit des afrz. Epos zeigen alle eine Wölbung der Schilde; auch die Dichter reden oft von einem *escu vouti, voti, vauti*; Ans. Mes. 17 c. 131 d. Doon de M. 7137. Gayd. 5010. Huon de B. 1252. Loh. fol. 2 d. Z. 11. M. Aim. 2808. Ren. de M. p. 438, 20; doch kann diese Wölbung nicht sehr bedeutend gewesen sein, denn dieselben *escus voutis* werden auch als Tragbahre für Verwundete und Tote benutzt. Als der Leichnam Karlot's vor Karl den Grossen gebracht wird, heisst es:

---

1) In Bezug auf die Uebertreibungen bei den Angaben über die Waffen heidnischer Könige bemerkt Sternberg, p. 44: »Bei der Beschreibung heidnischer Krieger und ihrer Ausrüstung ergehen sich die Trouvères gern in fabelhaft-phantastischen Schilderungen und Uebertreibungen, um dadurch die Tapferkeit und Tüchtigkeit des christlichen Ritters in ein helleres Licht zu stellen und dessen etwaige Niederlage zu entschuldigen.« Von diesem Gesichtspunkte aus sind auch alle folgenden Angaben zu betrachten, deren Uebertreibungen stets sehr augenfällig sind.

Quant se redrece, si ont l'enfant saisi, Et si l'en portent sus el
palais votis, Devant Karlon, le roi de Saint-Denis; Grant duel demainnent
li grant et li petit. Atant es vous le cuivert Amauri; De l'unne part
tenoit l'escu vautis, Et d'autre part li dus Nales le tint. Huon
de B. 1247. — Et Amauris l'aporte mort sanglant, Couchié l'avoit sur
un escu luisant. ib. 1219.

Ebenso wird der tote Clargis auf einem Schilde herbei-
getragen:

Quant il voient paiens qui reviennent arier, ... Qui aportent
Clargis sus l'escu de quartier, Que Berart ot ochis d'un cailleu
o lanchier. Gaufr. 9576.

32. Soll ein Schild besonders dauerhaft hergestellt werden,
so wird er »verdoppelt«, worunter eine zwiefache Schicht von
Brettern und Leder zu verstehen sein wird:

Tant elme à or, tant escu doublentin. Ans. Mes. 17 b. — L'escu
traist devant sei, fort fu li dublencun. Horn O 1514. — *Ferner:* Rol. 3581.

33. Sehr häufig wird der Schild mit Lack (*vernis, vrenis*)
bestrichen, um ihn vor den schädlichen Einflüssen der Luft,
des Wassers u. s. w. zu schützen:

Si grans cops s'entredonnent es escus vernissiés. Bueves de C.
2599. — Grans cox se donnent es escus verniciés. Raoul de C. 4228.
— *Ferner:* Aiol 641. Chev. Og. 2900. Doon de M. 7138. Enf. Og. 1266.
Fierabr. (A. P.) 1653. 1705. Gayd. 2180. 4939. Ren. de M. p. 415, 15.
Saisn. CLXXXV, 32.

In Gorm. et Isemb. findet sich *le neir* als Bestandteil des
Schildes angegeben; Heiligbrodt erklärt es mit Scheler als ein
Synonym von vernis, (Rom. Stud. III. 574):

E vait ferir Gormund le rei, De sun escu trencha le neir. Gorm.
et Isemb. 92.

34. Auch können die Bretter, aus denen der Schild besteht, gefärbt

Lor escuz à lor cox, don sont taintes les ais. Saisn. XLII, 8. —
Ebenso: Gayd. 9395. Saisn. CCLXXX, 10.

oder die ganze Waffe kann polirt sein (*burni, bruni* § 239):

L'escu a pris qui fu d'azur brunis. Gar. Loh. I. p. 187, 8. — Mais
li brans torne vers senestre partie: Si descendi sus la targe burnie.
Gir. de V. 2782. — *Ferner:* Fierabr. (B.) 1789.

2. La boucle.
(*Vgl.* Viollet-le-Duc V. p. 217.)

35. Der wichtigste Teil des Schildes ist die *boucle, bocle,
bucle, bougle* (Doon de M. 7122), *bogle* (F. C. Borm. p. 22),
boucler (Fierabr. (A. P.) 669), *bolcle* (Par. la duch. 1926.),
vom lat. *buccula*, die Wange. Die *boucle* ist ein in der Mitte
des Schildes befindlicher starker Vorsprung aus Erz oder

anderen Metallen. Auf die Stelle unter- oder oberhalb der *boucle* richtet sich zumeist die feindliche Waffe:

L'escut li fraint suz la bucle d'or mier. Rol. 1314. — *Ebenso*: F. C. p. 27. p. 76. p. 119. Gayd. 2071. 5404. Girb. Mes. p. 491. Herv. Mes. fol. 23, 2. Otinel 1193. Raoul de C. 2508. 2959. 6689. Ren. de M. p. 31, 2. p. 41, 6. p. 102, 22. p. 205, 22. p. 241, 3 p. 321, 21.

Desor la bocle à or li a l'escu percié. Par. la duch. 1926. — *Ebenso*: Aiol 4991. 8694. F. C. p. 62. p. 75. F. C. Borm. 175. Gayd. 1490. 5011. 7855. 8163. Raoul de C. 3971. Saisn. CXIV, 6.

36. Der Verfasser des Roman de Roncevaux lässt die *boucle* am Schilde abnehmbar sein, denn als der Emir sich zum Kampfe rüstet, wird zuvor die *boucle* auf dem Schilde befestigt. Andere Dichter erwähnen dies nie:

Son fort escu li fist-on aporter; Et il le prinst, n'i volt plus demorer, La boucle d'or fist desus saieler. Roncev. 9929.

Eine Stelle, welche dasselbe zu besagen scheint, ist mir noch aus Raoul de C. bekannt, wo von den Bändern der *boucle* die Rede ist, mit welchen dieselbe offenbar festgehalten wird:

Raoul i saut par le fier contenant, Puis a saisi l'escu à or luisant. A bendes d'or fu la boucle séant. Raoul de C. 506.

Doch können mit diesen Bändern auch die weiter unten besprochenen *bougletes* gemeint sein.

37. Sehr oft wird der Schild nach seinem wichtigsten Teile *escu bouclé, boucler, borclié* (Prise de P.) genannt:

Tanz colps ad pris sur sun escut bucler. Rol. 526. — *Ferner*: Rol. 1968. Aq. 1208. 1385. Fierabr. (A. P.) 1398. Gui de B. 812. Herv. Mes. fol. 23,1. fol. 87, 5. Prise de P. 1139. 2928. 3191. 3292. 5412.

38. Die *boucle* war häufig mit Gold belegt:

Merveilleus cop li donne très parmi son escu, Desus la boucle d'or li a frait et fendu. F. C. p. 76. — *Ferner:* Rol. 3150. Fierabr. (A. P.) 774. 4142. Par. la duch. 1926. Ren. de M. p. 34,2. p. 41,6. p. 102, 22. p. 205, 22. p. 241,3. p. 321,21.

Zuweilen wird noch die Art des Goldes hervorgehoben: *or fin*, F. C. p. 119; *or mier*, Rol. 1314.

Silberne *boucles* finden sich: F. C. p. 62, p. 75; Otinel 1193.

39. Auch *boucles* mit kostbaren Steinen oder Glasperlen verziert (*boucle de cristal*) sind im Gebrauche: Rol. 1263. 3150. Horn 38. Roncev. 1960.

An einer Stelle findet sich *une bucle d'orkal* (Horn 1999), was nach Fr. Michel Eisendraht, Kupfer oder Messing bedeutet.

40. Sonstige Verzierungen werden nicht speziell für die *boucle* erwähnt, dieselben erstrecken sich meist über die ganze

Oberfläche der Waffe; nur in einem Falle wird der kostbare Schmuck und merkwürdige Ursprung des in Rede stehenden Schildteiles ausführlich beschrieben:

Turpins de Rains va devant par vigor, Fiert Malcuidant, vers cui n'ot nulle amor, Desor la b o u c l e qui fut gemmée à flor. Pierres i a de diverse coulor Et escharboucle de diverse luor; Contre soleil ont moult grant resplendor. El val Mortoi, ce dient li pluisor, Une des diables li donna par amors, Si le tramist Galaflie son seignor. Roncev. 2806.

Aus einer Bemerkung in Chev. Og. lässt sich schliessen, dass die *boucle* inwendig hohl ist; König Brehus hat nämlich in der *boucle* seines Schildes eine Salbe aufbewahrt, von der Wunderbares erzählt wird:

Puis prent l'escu ki fu d'un os massis, ... Li rois Brehus l'a luès à son col mis. Un onguement ot en la b o c l e assis, Par grant maistrie scelé et confit. De l'onguement fu enoins Jhésu-Crist Quant de la crois fu el sépulcre mis. Dex ne fist home, tant fust el cors malmis, Tant fust navrés et lueus deust morir, S'il s'en puet oindre et longuement tenir, Que il ne soit et sanés et guris: Tels onguement vaut tot l'or d'un pais. Chev. Og. 11284.

3. Les bougletes.

41. Für das mhd. *buckelris* sagt der Altfranzose: *bougletes*; es sind das die von der *boucle* zusammengehaltenen eisernen oder stählernen Bänder des Schildes, welche zu dessen Befestigung dienen. Mir ist nur ein einziger Beleg aufgestossen:

Et Sansez li courut un fort escu baillier, Fort et fres et nouvel, à b o u g l e t e s d'achier. Doon de M. 4956.

4. Die vier Nägel.

42. Die vier Nägel bedeuten nach Schultz »das Centrum des Schildes, welches im 12. Jahrhundert noch mit einem eisernen, durch Nägel befestigten Buckel besonders verstärkt war.« Auf diese vier Nägel, die am häufigsten in der Chanson des Saxons erwähnt werden, richtet sich zuweilen die feindliche Waffe:

Gerbert lait courre. Fiert Ansel le cameus Dou boin espiel entre les q u a t r e c l e u s. Ans. Mes. 124a. — Sur cez escuz mult granz colps s'entredunent, Trenchent les quirs e cez fuz ki sunt duble, Chiedent li c l o u, se perceient les bucles. Rol. 3582. — Bien voi que cil escuz est de novés froez, Antre les q u a t r e c l o s fu molt bien assenez. Saisn. Cl,10. — *Ferner:* Saisn. CXI, 25. CXCI, 13. CCXXVIII, 12.

5. La guige.
(*Vgl.* Viollet-le-Duc. V. p. 490.)

43. Rüstet sich der Ritter zum Kampfe, so hängt er den Schild an einem Bande um den Hals, das *guige* genannt wird, *guiche, quice, guise, guinche* (Aye d'Av. 2732. Mac. 3091), nach Diez vom lat. *windica* = ahd. *wintinc* in den Kasseler Glossen:

Ele li rent l'escu, si l'a conbré, Si l'a tost par le g u i c h e el cors seré. Aiol 2497. Escu ot d'or et un lion enmi, Parmi la g u i c h e à son

col le pendi. Loh. fol. 76 b. Z. 9. — *Ebenso*: Alisc. 2025. 7420. Chev.
Og. 1185. Doon de M. 6131. 6930. Fierabr. (A. P.) 237. Gar. Mongl.
18 b. Ren. de M. p. 438, 20.

44. Aus einer Bemerkung in Aiol geht hervor, dass die
guige verstellbar ist; Aiol rüstet sich gegen vier Räuber
und schnallt daher das Schildband kürzer:

Puis acourcha la guiche de son escu. Aiol 3062.

45. Welcher Stoff das Material zur *guige* liefert, ist nirgends
mitgeteilt, jedenfalls muss sie stark und dauerhaft sein, damit
sich der Schild während des Kampfes nicht loslöst:

Chascun a de l'escu la fort guige acolée. Doon de M. 6131.

Dagegen wird oft erzählt, dass sie mit *paile, palie* (vom
lat. *pallium*), einem kostbaren, seidenartigen Stoffe überzogen
ist, welcher dem Orient entstammt:

Par le guice de paile son escu acola. Fierabr. (A. P.) 237. —
Rompent les guiges de paile de Orient. Otinel 431. — *Ebenso*:
Alisc. 5184. Aye d'Av. 2732. Fierabr. (A. P.) 672.

Eine *guige* in Gayd. ist mit golddurchwirkter Arbeit (*orfrois*)
bestickt und der Emir im Rolandslied hat eine *guige* aus
paile, welche mit verschiedenen runden Figuren geschmückt ist,
(*roé* cf. § 16):

L'escu saisi par la guiche d'orfroi. Gayd. 5241. — La guige en
est d'un bon paile roet Rol. 3151.

Ueber orfrois siehe Du Méril »Floire et Blanceflor« im Gloss.

6. Les enarmes.

46. *Enarmes* (*enarme* f. Alisc. 7421. F. C. p. 22. Gayd.
6898) sind die an der Innenseite des Schildes angebrachten
ledernen Riemen, durch welche die linke Hand (Raoul de C.
2867) gesteckt wird, um den Schild fest zu halten; sie bilden
also den Griff der Waffe. Den Schild mit diesen Riemen ergreifen, heisst *enarmer*:

Là veissiés durs encontres soffrir, Et les enarmes fors des poins
départir. Chev. Og. 7725. — Vit les haubers, c'on rosla et frota, Et
tant escu couvert c'on enarma. Gayd. 7757. — *Ebenso*: Aiol 818.
Alisc. 7421. Fierabr. (A. P.) 964. 4920. 5520. Gayd. 6898. Loh. fol. 38c.
Z. 7. Raoul de C. 6106. Ren. de M. p. 105, 12. Saisn. CIII, 2.

47. Jean Bodel, der Verfasser von Saisn., nennt ein Mal
die *enarmes* einfach *corroies*, Riemen, bedient sich aber gleichzeitig des Verbums *enarmer*:

Là polst on veoir maint legier bacheler, ... Et li tiers las
et heaumes, corroies enarmer. (ms. A = k armer.) Saisn. XXXIV, 13—19.

48. Zwei Mal werden neben den *enarmes* noch *regnes*
genannt; sie haben aber durchaus nichts mit dem Schilde zu
thun, sondern bedeuten einfach »Zügel«:

De leur escus se sont très fort entrehurté, Si que il sont fendu et tout desbendelé, Et regnes et ennarmes lor sont des puins volé. Fierabr. (A. P.) 781. — Des escus de lor cous se fierent ens es pis, Que regnes et enarmes firent tot desartir. Gui de B. 2465.

In Chev. Og. 11285 werden diese »Zügel« scheinbar als Schildteil aufgeführt, die Hs. B, welche in diesen Zeilen aber von den anderen vollständig abweicht, hat wenigstens dafür den Ausdruck *enarmes*.

7. Stoff des Schildes.

49. Ueber die eigentliche Fabrikation der Schilde geben die afrz. Dichter keine Auskunft; doch erzählen sie oft, wenn ein Schild zerschlagen wird, dass das Holz (*le fust*), die Bretter (*les ais, es*) abspringen, und dass sich von diesen das Leder (*le cuir*) und der Lack (*le vernis, vrenis*) loslösen:

En l'escu de quartiers mult grant cop li dona, Ke les quirs e les fuz par mi li estron. Horn 4728. — *Ferner*: Doon de M. 7122. 8431. Enf. Og. 1549. 1780. Fierabr. (A. P.) 5799. Gayd. 4939. 5280. 7402. Girb. Mes. p. 483. Horn 1705. Otinel 826 (peis = Pfähle). Raoul de C. 4648. Ren. de M. p. 18, 23. p. 33, 14. p. 407, 17. Saisn. CLVII, 27. CLXXXVIII, 20.

Das stärkste der den Schild bildenden Bretter und wahrscheinlich das mittelste, auf welchem die *boucle* befestigt ist, wird *le maistre ais* genannt:

L'escu tint preis de lui, si ne coarde mie, Et vait ferir Buevon sor le targe floric, Si qu'il li a percié et le maistre ais croisie. — Ren. de M. p. 41, 82.

50. In Gar. Mongl. ist ein Schild, der wie gewöhnlich aus Holz und Leder besteht, mit Messing überzogen:

De son branc esmolu sor son escu lataint, Que le cuir et les ais li pecoie et porfent. Gar. Mongl. 86 b.

und in Prise de P. wird ein *escu buvalin* erwähnt, womit jedenfalls ein Ueberzug aus Rindsleder gemeint ist:

Maoceris li dona un escu buvalin. Prise de P. 3267.

51. Die Art des Holzes, die zur Herstellung des Schildes Verwendung findet, wird nur selten angegeben; es werden erwähnt: die Linde (*til*), Tanne oder Fichte (*sapin*), Espe (*trambe*) und Cypresse:

Et Amaufrois à l'escu de cyprès. Gayd. 7182. — Ni a escu de trambe nul ne de til. Gir. de Ross. 2711. — Grans cox se fierent sor les escuz votis, Trenchent les cuirs et le fust de sapin. M. Aim. 2808.

52. Schilde aus Elfenbein werden, trotz ihrer Schwere, nicht nur zur Parade getragen, wie A. Schultz a. a. O. II. 70 meint, sondern auch im Kampfe gebraucht:

Vers Doon est venu par ire esperonnant. Bien le cuida ferir sus l'escu
d'olifant. Doon de M. 4746.

Sie sind auch nicht sehr selten gewesen, denn ihrer wird
weiter Erwähnung gethan: Gir. de Ross. 6577. Horn 1416.
Mac. 2534. M. Aim. 754.

53. Vereinzelt findet sich auch ein Schild aus *os de poisson
de mer*, also aus den Knochen eines wallfischartigen Seetieres:

Puis prist l'escu qi fu d'os de poisson; Plus estoit dur que keuvres
ne laiton, Ne crient quarrel ne lance ne bogon. Chev. Og. 9903. —
Hervis i est montés que estrier ne toucha, Pincomax d'Aginois son escu
li bailla, Qui fu d'os de poison ja mar se doutern. Gar. Mongl. 35 b.
— Et Garin sor l'escu l'a si bien asené, Qui fu d'os de poison, ne sai
ou l'a trouvé, Je quit que li diable li avaient doné. ib. 37c. — *Ebenso
die Tartsche Olivier's:* A son col punt une targe roée, D'or et d'ariant
richement pointurée. D'un poisson fu, ki est de mer salée, Aussi est
dure com anclume temprée. Gir. de V. 2124.

Der Schild des Königs Brehus wird als *d'un os massis*
bezeichnet:

Puis prent l'escu ki fu d'un os massis. Chev. Og. 11284.

8. La penne.

54. In den fünf Belegstellen, welche ich für diesen Ausdruck, der jedenfalls einen Schildteil bezeichnet, gefunden habe,
nimmt derselbe nach der Ansicht der Herausgeber der betr.
Epen verschiedene Bedeutungen an:

a) der Rand des Schildes (nach Ste. Palaye *penne* =
lat. *pinna*):

Li fix Renier de Gennes a le roi regardé. Par deseure le penne
du fort escu bouclé; Moult ot le regart fier desous l'iaume gemmé.
Fierabr. (A. P.) 1397.

b) ein Stoff, aus welchem die Schilde hergestellt werden,
e'wa Leder oder grobe Leinwand, wie Gautier meint:

E Otes fiert un paien, Estorgant, Sur sun escut, en la pene devant
Que tut li trenchet le vermeill e le blanc. Rol. 1297. — De sun escut
li freint la pene halte. ib. 3425.

Im Glossar zu seiner Rolands-Ausgabe bemerkt Gautier
weiter: »Il convient de citer ici ce passage très curieux de Jean
de Garlande qui, en parlant des fabriquants d'écus, dit:
Scutarii vendunt militibus scuta tecta *tela*, *corio* et orialco,
leonibus et foliis liliorum depicta. (voy. Paris sous Philippe
le Bel p. 588)«.

c) der Schmuck oder der Besatz auf der vorderen Seite
des Schildes:

Il est venus à lui, si l'ad paé un tal, En la pene devant del escu
principal. Horn O 4770. — Si vait ferir un paien Estorgant, Sor son
escu en la penne devant. Roncev. 2003.

Die beiden letzten Epen haben die Ausdrucksweise *en la pene devant* offenbar dem Rolandsliede entlehnt, können also für [die Aufklärung des Wortes nicht in Betracht kommen. Für die Verse aus Fierabr. (A. P.) passt die Erklärung *penne* = «Rand des Schildes« ganz gut, nur für Rol. 1298 und 3425 kann man sowohl *penne* = Stoff als *penne* = Schmuck zulassen. Du Méril erläutert *penne* im Glossar zu »Floire et Blanceflor«: »*peau préparée, fourrure, litt. étoffe; du lat. pannus*«.

9. Le pan.

55. *Pan, pant* (vom lat. *pannus*) bezeichnet ursprünglich den Rockschoss eines Kleidungsstückes, im weiteren Sinne erhält es die Bedeutung von »Seite, Fläche«. Gautier a. a. O. erklärt es mit *morceau, pièce, portion*. (Gewöhnlich wird der Ausdruck vom Panzer gebraucht (§ 179)):

Herchembaut feri si, quer moult fu aîrés, Sous le pant de l'escu, qui à or fu bendés. Doon de M. 5079. — Sus l'escut de cartier fier Robert lo Normans, Trastot lo perfendet per ambdos los pans. Fierabr. (B) 4709. — Vet ferir Floovant desor son elme agu, Que trois des mestres serrez an si jus abatu, Et trenchié le aubert et le pan de l'escu. Floov. 392. — Va ferir Murgaifier, le seignor de Nubie, Sus le pan de l'escu où li ors reflambie. Saisn. CLXXIX, 15.

10. Das Wappen.

56. Als Wappenzeichen fungieren meistens wilde Tiere, vorzüglich der Löwe. Ein einzelner Löwe findet sich sehr oft, zuweilen ist er vergoldet oder mit Gold bestickt:

Fer le en l'escut, u a d'aur un lion. Aig. 24. — Si prist l'escu au lyon d'or frassé. Herv. Mes fol. 37, 2. — Ferner: Aq. 43. 742. Ans. Mes 83 b. Enf. Viv. (Ms. 1448) 587. 593. F. C. p 92. Gayd. 8050. Gir. de V. 2491. Lob. fol. 26 a Z. 11.; fol. 94 d Z 17. Raoul de C. 2958. 3970. Ren. de M. p. 10, 35; p. 27,24; p. 205,21; p. 206, 1; p 286,4; Saisn. XCIX, 12.

57. Ueber die Stellung des Löwen wird selten berichtet, keinesfalls ist sie immer eine aufrechte oder kletternde (*rampant*), was auch die gleichzeitigen Siegel und andere Abbildungen lehren, vergl. A. Schultz II. Fig. 41. 52. 58.

Ein *lion rampant* findet sich:

Son eschuç d'oro ad un lion rampant: A cest ensigne est bien conoissant. Agol. (M. B) p. 76 IV. Z. 8 v. unten. — L'escut pent à son col, à un lion rampant. Doon Borm. p. 14.

und in einer Handschrift von Saisn.:

»Bele, dist Marsebile la fille Bruncosté, Qui est cil à l'escu au lion d'or levé?« (ms. A = listé). Saisn. LXXXV, 12.

58. Wird ein junger Löwe (*lioncel*) als Wappentier verzeichnet, so erhält derselbe gewöhnlich das Epitheton *bis*, bläulich oder schwarz (grau, vgl. § 96: Otinel 367):

C'est Fouques à l'escu blanc, à cel l i o n c e l bi s. F. C. p. 87. —
Doon apelle: »Quel gent sunt ores ci ?« Et cil respont: »Guillaumes
li marquis, A l'escu d'or, et au l i o n c e l bis.« Gar. Lob. II. p. 120, 4.

59. Von einem Schilde mit zwei Löwen hören wir in
Raoul de C.:

Lors li baillierent son escu de quartier: Bien fu ovrés à d e u x
l i o n s d'or mier. Raoul de C. 3519.

Morant und Hugues, zwei Anhänger Gaydon's, führen zwei
Löwen im Wappen, die wie der Dichter ausdrücklich bemerkt,
verschiedenartig gearbeitet sind:

Morans et Hugues, qu'ont escus à argent, A d e u s l y o n s o u v r e z
d i v e r s e m e n t. Gayd. 7312.

60. Auch drei Löwen kennt man als Wappen:

Cil ot escu noir à t r o i s l i o n s blans. Enf. Og. 4818. — *Ebenso:*
Enf. Og. 3781.

Fierabras führt sogar vier Löwen im Wappen:

A son col a pendu son fort escu listé; Q u a t r e l i o n c h i n s d'or
i avoit painturé. Fierabr. (A. P.) 666. — *Ebenso:* Ans. Mes 131 d.

Der König Hugon hat auf seinem roten Schilde einen
weissen Löwen und d a r u n t e r einen Adler:

Le tref le roy Hugon fu Huez perchevans A ung escu vermail,
s'i fu uns l y o n s blans, Et par desouls estoit un a i g l e flanbians.
Hug. Cap. 1392.

61. Von anderen Tieren werden als Wappenbilder dargestellt:
ein Leopard:

L'escu au col à un l u p a r t doré. Ans. Mes 155d. — *Ferner:* Chev.
Og. 5221.

zwei Leoparden, laufend abgebildet:

De Normandie portoit li dux Richars L'escu de gueules; si ot d'or
d e u x l i e p a r s. Enf. Og. 5045. — Armes portoit cointes et acesmans,
Verdes, si ot d e u x l i e p a r s d'or p a s s a n s. ib. 5082.

hier ist die Rede von den Schilden des Richard und des Auquelin
von der Normandie, zweier Vettern.

drei Leoparden:

Met à son col un fort escu pendant: T r o i s l i p a r s ot escrit por
de devant. Agol. (F.) 815.

62. eine schwarze Schlange, (Wappen eines persischen
Königs):

Li rois Sardoines, à cui Persie apent, Portoit l'escu d'or à un n o i r
s e r p e n t. Enf. Og. 2655.

eine Natter, (Wappen des Marquis Amadieu von Turin):

E son escu fu poins uns c o l o b r i n s. Gir. de Ross. 2435.

63. ein Drache, (Wappen Karls des Grossen und Anderer):

2*

En suen escu un d r a g o n de mout fiere sendblance. Prise de P.
4734. — Thehart de Rennes qui portoit ung d r a g o n En son escu vermail comme leyon. Aq. 68.

endlich ein schwarzer, geflügelter Greif (*grifon*), worunter
in der Wappenkunde ein geflügelter Löwe zu verstehen ist:

Cil portoit armes moult tres bien counoissans: D'or à un n o i r
g r i f o n qui ert v o l a n s. Enf. Og. 4824.

ein Greif ziert auch das Wappenschild Horn's:

Bien i ad conu Horn al g r i p u n del escu. Horn C 4495.

64. Ein Anführer der Sarazenen ist in Gar. Loh. an dem
Kopfe eines grossen Hundes, den er im Wappen führt, erkenntlich:

En son escu ert t e s t e de m a s t i n s. Gar. Loh. I. p. 29, 4.

65. Ungläubige führen gern Bilder von Personen oder
Göttern im Wappen. So ist Mahommet das Abzeichen des
Türken Brehus und des Malachar:

Puis prist l'escu qi fu d'os de poisson; . . . . . Enmi avoit un
y m a g e M a h o n. Chev. Og. 9903—6. — Va ferir Malachar en la
targe dorée, Où l'i m a g e M a h o m estoit d'or painturée. Gaufr. 3011.

66. Auf den Schilden des Königs Florien von Salenique
und des Fierabras ist das Bildnis des Apolin zu sehen; bei
Letzterem befindet es sich unterhalb der *boucle*, während vier
junge Löwen den oberen Schildteil bedecken. (Näheres über
Apolin siehe »Li Romans de Raoul de C.« p. p. E. le Glay
p. 340):

En la targe le roi est escris A p o l i n s. Aiol 9997 u. 10012. — A son
col a pendu son fort escu listé, Quatre lionchiaus d'or i avoit painturé.
L'i m a g e d'A p o l i n fu desous le boucler. Fierabr. (A. P.) 666.

67. In Aye d'Av. findet sich die Darstellung einer Heiligen-
scene auf dem Schilde Garnier's:

En l'escu de son col ot paint un gent miracle, A i n s s i c o m N o s t r e
S i r e r e s u s c i t a s a i n t L a d r e. Aye d'Av. 2730.

68. Das Schild des Hervis zeigt einen Löwen, der einen
Menschen zerreisst, ein Symbol, dass der Träger der Waffe mit
jedem Gegner ähnlich verfahren wird:

Hervis i est montés que estrier ne toucha, Pinconiax d'Aginois son
escu li bailla. . . . . . De fin or esmeré un l i o n c e l i u, Qui à ses piez
devant un h o m e d e v o r a, Ce senefie et mostre quinqui se combatra
Que cil qui l'escu porte autel de li fera. Gar. Mongl. 35 b.

69. Der heidnische Androine hat nach Angabe des Verfassers von Enf. Og. einen Schild besäet mit »Geldstücken aus
flammendem Golde«:

Androines ot armes moult acesmans, Qui erent verdes semées de
b e s a n s, Li besant erent d'or qui ert flamboius. Enf. Og. 4819.

Gold- und Silberpfennige sind das Zeichen im Wappen der Nachkommen von Kreuzfahrern; man sagt auch heute noch figürlich: »il porte d'azur à trois besants d'or« = er führt das Zeichen des ältesten Adels (Sachs. Wörterbuch: I. 149). Es sei hier bemerkt, dass der Dichter von Enf. Og. in der Heraldik sehr gut bewandert gewesen sein muss, denn in seinem Epos finden sich die meisten eingehenderen Angaben über Wappen und Farbe der Schilde. cf. §§ 60. 61. 62. 63. 73. 74. 77. 79. 93. 96. 97.

70. Auch die Sprossen einer Leiter können ein Wappenschild zieren; es ist Ogier, der sich dieses sonderbare Abzeichen gewählt hat:

Au col l'escu qu'ert peint à eschelons. Mac. 3033.

11. Les connoissances.

71. Verschiedene Male und zwar schon in Rol. werden die den Schild bedeckenden Zeichen *connoissances* genannt:

Escuz unt genz de multes conoissances. Rol. 3090. — Les escuz percent et ces aubers descirent. Les connoissances et les broines treillies. M. Aim. 2924. — Ebenso: F. C. p. 109. Roncev. 9843. Saisn. CLIII, 17.

In Gir. de Ross. wird ein Mal *connoissance* identisch mit *escu* gebraucht:

Cascuns aubere o elme o conoisance. Gir. de Ross. 2334.

72. Dass das Wappen nicht mit Unrecht *connoissance* genannt wird, erweist sich oft; es bildet für Freund und Feind das Erkennungsmittel. So erkennt der Herzog Naimes seine beiden Söhne, die gegen Karl kämpfen, an ihren Schilden:

Voit ses anfans ferir de grant manière, Qui des gens Karle font faire mainte bierre. Bien les connut us escus de Baivière. Gayd. 9476. — *Ferner*: Alisc. 685. 7441. Girb. Mes p. 457. Gui de B. 822. Horn C 4495. Hug. Cap. 1392. 2778. Prise de P. 182. Saisn. CXXVII, 55. *Siehe auch die Citate in* §§ 21. 57. 63.

12. L'escu flori.

73. Der *escu à fleurs de lis* oder kürzer *escu fleuri, flori, floré,* auch *escu point à flor,* ist ursprünglich das Abzeichen der königlichen Familie von Frankreich; während des grössten Teils des Mittelalters jedoch ist dies Abzeichen sehr allgemein und vielleicht neben dem Löwenwappen das verbreitetste. Siehe Rol. 1276. 1810. Gayd. 5073. 7321. Gir. de Ross. 5175. Girb. Mes p. 466. Gui de B. 2473. Hug. Cap. 3253. 3372. 3831. Verhältnissmässig noch häufiger tritt die *targe florie* auf (§ 10).

Bezeichnend für den allgemeinen Gebrauch des Lilienwappens ist folgende Zeile:

Ni a celui qui n'ait esou floré. **Gar. Loh.** II. p. 50, 6.

Mit Recht ruft ein anderer Epiker aus:

L'aigle et les flours, que le celeroit on? Sont aujourd'ui à grant confusion, Si sont les armes de maint riche baron. **Enf. Og.** 5035.

74. Andrerseits versteht man immerhin unter *blason de France* das Wappen mit den Lilienblumen, denn als in Hug. Cap. die Königin die Waffen des Hugues herbeiholen lässt, welcher einen *escu à fleurs de lis* besitzt (ib. 3372), heisst es:

Lor ly fist le tournicle aporter ristement Et le blason de Franche san nul detriement. ib 3280. — Chil laisserent le prinche quant virent le blason Dez fleur de lis de France qui furent roy Charlon. ib. 3833.

Das Wappen Karls des Grossen wird in Enf. Og. folgender-massen geschildert:

Ne sevent pas, ce croi, tout orendroit De queles armes li bons rois s'adouboit, Pour ce me plaist que devisé vous soit. Armes parties d'or et d'azur portoit, Dedenz l'azur flours de lis d'or avoit, Et de mi aigle noire sor l'or seoit. ib. 5001.

75. Von drei Lilien ist nirgends die Rede, vielmehr scheint das Lilienwappen aus einer ganzen Anzahl Blumen bestanden zu haben, denn ein Mal wird eine *maistre flour* besonders her-vorgehoben:

Et vait ferir son oncle par grant vigor, Que de l'escu li trenche le maistre flour. **Aiol** 3379.

13. L'escu de quartier.

76. Eine Sorte von Schilden, die jedenfalls früher als die mit besonderen Abzeichen bemalten Waffen im Gebrauche waren, bildet der *escu de quartier, escu quartier, carter*, ein gevierter Schild, d. h. in vier Felder geteilt. Die Teilung wird durch jene Eisenbeschläge bewirkt, die ursprünglich dazu dienten, den Schild fester und widerstandsfähiger zu machen. Nach und nach verzierte man diese Eisenstäbe, färbte die einzelnen Felder und so wurde der *escu de quartier* zu einem Wappen, das sehr grosse Verbreitung fand:

Mervilleus cos se donent es escus de quartier. **Gui de B.** 593. — *Ebenso:* Rol. 3867. Aiol 4636. 4858. 7633. 7642. Alisc. 5183. 5063. Aub. le B. p. 138,30 Doon de M. 8430. 8447. Fierabr. (A. P.) 1601. Gaufr. 9578. Gayd 4199. Gir. de Ross. 4999. Gir. de V. 234. 2357. Loh. fol. 38 d Z. 27. Mac. 2449. Otinel 706. 1132. Prise de P. 2251. Raoul de C. 3819. Ren. de M. p. 104, 37. Roncev. 1975. Saisn. CCXXVI, 7.

77. In Enf. Og. findet sich ein Schild, dessen eines Feld rot gefärbt ist:

Armes ot blanches à un vermeil quartier. **Enf. Og.** 5095.

Dort wird der *escu de quartier* auch *esquartelé* genannt, nfrz. *écartelé*.

> Portoit l'escu qui ert esquartelés. ib. 5160. — *Ebenso:* Gir. de Ross. 4949.

14. L'escu bandé.

78. Nach den Beschreibungen des afrz. Epos sind viele Schilde *bandé* oder *à or bendé* u. s. w. Die *bande* ist ein ziemlich breiter Streifen auf dem Schilde, der sich gewöhnlich von der oberen, rechten Ecke desselben nach der linken Ecke des unteren Randes zieht und meist aus Gold oder Silber gefertigt ist:

> Il tint l'escu que d'or estoit bendés. Huon de B. 1859. — *Ferner:* Aiol 688. Aliso. 6673. Doon de M. 3527. 5080. Elie de S. G. 325. Enf. Og. 5152. Gar. Mongl. 45 d; 88 a. Gir. de V. 744. 2163. Gui de B. 496. 2410. Herv. Mes p. 32, 4. M. Aim. 2134. 3503. Otinel 1154. Par. la duch. 1923. Raoul de C. 586. Ren. de M. p. 104, 20.

79. Eine blau-goldne *bande* wird ein Mal erwähnt:

> D'or et d'azur ert ses escuz bendés. Enf. Og. 5152.

Ein Schild mit dreien solcher Streifen kommt in Roncev. vor:

> Prinst un escu grant et fort et plenier, El front desore ot trois bandes d'or mier Roncev. 1429.

Selten ist eine *bande* aus Stahl:

> Ens en l'escut, mais no pot empirier, Bien fu bendés de fors bendes d'acier. Ans. Mes 82 c. — *Ebenso:* ib. 80 a.

15. L'escu listé.

80. Rings herum fasst man die Schilde mit [vergoldeten] Leisten ein (*liste, listel*); auch diese Verzierung wird sich erst allmählich herausgebildet haben, nachdem man anfänglich die Leisten zur Verstärkung des Schildes aufgelegt hatte:

> Fiert un paien sor son escut listé. Raoul de C. 6638. — *Ebenso:* Aiol 4952. Elie de S. G. 324. Enf. Og. 5245. Fierabr. (A. P.) 666. 2534. 4078. 5636. Fierabr. (B.) 1045. Gayd. 1489. 9201. Gir. de V. 691. Horn 1387. Hug. Cap. 3959. Loh. fol. 57 b Z. 8. Otinel 1163. Ren. de M. p. 33, 36; p. 31, 1; p. 31, 22; p. 41, 5; p. 238, 10; p. 321, 3; p. 321, 20.

81. Welche von den Leisten die Hauptleiste genannt wird, ist aus dem einzigen Beleg für diese Bezeichnung nicht ersichtlich:

> Devers senestre li brans d'acier coula Desus la targe, que onques n'aresta La maistre liste d'une part li trança. Chev. Og. 1868.

82. Der Schild des Fierabras ist nicht mit den üblichen vergoldeten oder versilberten Leisten bedeckt, sondern mit Leisten aus Stahl und Eisen. Auch wird ausdrücklich hervorgehoben, was sonst nicht der Fall ist, dass die *listes*, im Gegensatz zur *bande*, ringsherum den Schild resp. das Wappen begrenzen:

> A son col a pendu son fort escu listé, ... Et de fer et d'acier estoit entour listés. Fierabr. (A. P.) 666—70.

83. Für eine andere Bezeichnung der Leisten halte ich das Wort *cercles*, das sich ein Mal auch beim Schilde findet (§ 276):

> Et va ferir le roi sus son escu d'or mier, Que le cheircle d'entour li fist outre perchier. Gaufr. 9858.

16. Sonstiger Schmuck.

84. Zur Verzierung versieht man die Schilde auf ihrer Oberfläche ferner mit Edelsteinen (*escu gemmé*), kostbaren Perlen (*pierres, pierres de cristal*), u. s. w.:

> Va ferir Herchembaut, que premier a trouvé, De son glesve moulu sus son escu gemé. Doon de M. 984. — La targe embrace à pierres de cristal. Enf. Og. 1760. — Grans cols se vont doner ès escus au lion, Que les pieres en volent, s'en rompent li blaçon. Ren. de M. p. 286, 4. — *Ferner:* Enf. Og. 5246. Gui de B. 2473. Roncev. 2793. 12856.

85. Auf dem *amirable escu* des Sarazenen Abisme, welchen der streitbare Bischof Turpin zerschlägt, bemerkt man Ametyste, Topase und leuchtende Karfunkel:

> Vait le ferir en l'escut amirable: Pierres i ad, ametistes, topaces, Esterminals e carbuncles ki ardent. Rol. 1660.

86. Aeusserst wertvoll und glänzend muss der Schild des Königs Danemon gewesen sein, denn neben 24 Topasen besitzt er noch eine ungezählte Menge anderer Edelsteine und Schmelzzierraten:

> Il ot escu et hiaume, et son branc accré, Et escu fort et roide, ja meillor ne verrés. Vingt-quatre topaces i ot tous séélés; Les esmaus ne les pierres ne puet nus hons nombrer. Gui de B. 2321.

87. Einen wunderbaren Schild, von dem wir eine eingehende Beschreibung erhalten, besitzt ferner Aymeri de Narbonne:

> Au col li pendent un escu noielé: Pierres et pasmes (*andere Hs.*: brasmes) i gietent grant clarté; Il n'est oisel qui tant par ait binuté, Poisson ne beste qui n'i soit figuré; Deus aumatiz i ot d'argent fondez, A blanc ivoire, à cristal seelé; Cent dionicles i pent d'or esmeré; Voiz de seraine ne s'i poroit joster, Rote ne timbre, viele ne jugler, Ni contrevaut lo pris d'un ail pelé; l'ent à son col danz Aymeris li ber; Par les enarmes l'a un petit crolé: Les dionicles comencent à soner, Tote en tentist Nerbone la cité! M. Aim. 1064.

brasmes und *dionicles* sind gewisse Arten kostbarer Steine; *aumatez* = *améthistes*.

88. Schmelzzierraten (*esmal*, *esmail*, vom deutschen »Schmelz«) nennen die Epen sehr oft als Schmuck der Schilde:

Vait ferir Estorgant sor l'escu à esmail. Aiol 10779. — *Ferner:* Ans. Mes 92a. Gar. Mongl. 31c. Gayd. 1503. Saisn. CXI, 23. CXCIII, 31.

89. Andere Schilde wiederum sind mit Gold oder Silber besticklt (*point*, *brusti*) oder mit teueren Borden besetzt (*frassé*):

L'escu li tranche qui fu poins à ormier. Gayd. 5476. — E tantost li osterent l'come e l'escu brusti. Prise de P. 3770. — Armes ot bonnes, bien les sai deviser: Escu d'azur, d'argent l'ot fait frazer. Gayd. 7140. — *Ebenso:* Gayd. 4054. Herv. Mes 37, 2.

In Agol. (M. B.) wird von mehreren Schilden bemerkt, dass das Gold auf ihrer Aussenseite sich knopfartig hervorhebe:

Là veissiez tant hiaume de Dordone Et li escus où li or fin boutone. Agol. (M. B.) 11.

90. Zu untersuchen, ob die Edelmetalle, die wertvollen Steine u. s. w., welche unsere Epiker auf die Schilde setzen, in Wirklichkeit echt waren, dazu ist hier nicht der Ort; die Dichter sprechen immer von *or*, *argent* etc., nur ein Mal ist von Flittergold (*oripel*) auf dem Schilde die Rede:

Et fiert le roi en l'escu en cantel; Perchié li a, si deront l'oripel. Chev. Og. 9015.

91. Eine Zierde, die besonders häufig beim Helm auftritt, ist am Schilde nur vereinzelt zu bemerken; es sind die Streifen, Querbalken (*verges*, vom lat. *virga*):

Atant brandist la hanste, s'a l'escu embracié, Et va ferir Aymon ens en l'escu vergié. Ren. de M. p. 429, 3. — *Ebenso:* Doon de M. 3065. Gui de B. 3616.

92. Eine andere Art von Banden oder Balkenstreifen muss ein heidnischer König in F. C. haben, von dessen Schild es heisst:

Sor l'escu li feri, dont à or fu la fesse. F. C. p. 163.

93. Schliesslich kommen auch Schildfelder mit silbernen Rauten (verschobenen Quadraten) vor:

L'escu vermeil portoit freté d'argent. Enf. Og. 2651.

17. Farbe des Schildes resp. des Wappens.

94. Von farbigen Schilden ist im afrz. Epos immer die Rede; ob jedoch das ganze Feld in der angegebenen Farbe gehalten ist, oder ob nur das Wappen sich farbig hervorhebt, ist nirgends erkennbar. A. Schultz l. c. II. p. 76 meint: »Gewöhnlich ist das Feld Metall und das Wappenbild gefärbt, oder umgekehrt.«

Gold:

Nesmez en fiert sus l'escu à or fin. Aq. 3087. — Fiert Amboyn sor son doré escu. Gayd. 7853. — *Ferner:* Aig. 256. Cor. Looys

647. Doon de M. 6930. Enf. Og. 2656. 3781. Gar. Loh. II. p. 120, 6. Gaufr. p 296. Gayd. 5279. Herv. Mes 36,2. Raoul de C. 507. Ren. de M. p. 33, 13.

Silber:

Mervelleus cop li done sor l'escu à argent. Aiol 8992. — Ferner: F. C. p. 27. Gar. Mongl. 46c; 75 d. Gayd. 7312.

95. dann rot (vermoil, de gueules, mhd. kel. cf. Schultz II. p. 76):

Thehart de Rennes qui portoit ung dragon En son escu vermail comme leyon. Aq. 68. — De Normandie portoit li dux Richars L'escu de gueules; si ot d'or deus liepars. Enf. Og. 5045. — Ebenso: Gayd. 1685. Gir. de Ross. 5879. Hug. Cap. 1393. Saisn. CXLII, 7; CCXXXI, 8.

gelb (prov. creuc):

Ni a escu de trambe nul ne de til, Inde ne creuc ne vert blau ne vermil. Gir. de Ross. 2711.

rot und blau:

Il vait ferir Ansels en l'escut, Tut li trenchat le vermeill e l'azur. Rol. 1556.

blau (inde, bloi, azur), schwarzblau (azur bis):

Là ot maint escu frait, inde, vermoil et bloi. Saisn. CCXXXI, 8. — Li escu sunt perchié et l'asur en desment. Doon de M. 6866. — Fiert un des rois, sor l'escu d'azur bis. Gar. Loh. I p. 108, 12. — Ebenso: Gayd. 7141. Gir. de Ross. 2712. Gui de B. 2460. 2472. Huon de B 1731. Ren. de M. p. 413, 38.

96. weiss (blanc); heute bedeutet zwar armes blanches einen Schild ohne Abzeichen, im Mittelalter scheint dies jedoch nicht so zu sein, besonders wenn man die weiter unten zitierten Verse aus Otinel, Aub. le B., Enf. Og., u. A. berücksichtigt:

Cuntre le coer li fruisset l'escut blanc. Rol 3465.

Otinel führt einen Schild »weiss wie Schnee«.

Au col li pendent un fort escu novel, Blanc comme noif, à un vert lioncel. Otinel 866. — Ferner: F. C. p. 29. p. 87.

weiss und rot:

L'escu embrace, qui fu vermels et blans. Aub. le B. p. 143, 18. — Ferner: Gir. de Ross. 7057.

Der Schild des Gavain ist weiss mit einem roten Felde:

Armes ot blanches à un vermeil quartier; Tés armes ot, c'ai oy tesmoignier, Gauwains, c'on tint à parfait chevalier. Enf. Og. 5095.

grau oder stahlfarben (vert), d. i. die Farbe, welche polierte Eisen- und Stahlplatten zeigen:

Mais je croi bien qu'il en i eust cent, Les escus vers et les elmes luisant. Huon de B. 1100. — Ebenso: Enf. Og. 5083. Gir. de Ross. 2711.

schwärzlich (bis):

Grant cop li vait doner sor l'escu bis. Aiol 634. — Ebenso: Ans.

Mes 122 a. F. C. p. 27. F. C. Borm. 175. Gayd. 2129. Herv. Mes 16, 2. Ren. de M. p. 82, 14; p. 438, 6.

endlich **s c h w a r z :**

La tierce Androine et la quarte Grohans, Cil ot escu n o i r à trois lions blans. Enf Og. 4817.

97. Zum Schluss seien noch angeführt: eine schillernde (*vaire*) Tartsche,

Et Bernarz le feri desor la targe v a i r e. Saisn. CXXIII, 24.

und der Schild des Fouchier de Pierre - Lée, dessen rot und goldene Felder von einem azurblauen Saume umgeben sind:

Portoit l'escu qui ert esquartelés D'or et de gueules et ert d'azur ourlés. Enf. Og 5160.

18. Haltung des Schildes.

98. Ueber die Art und Weise, wie der Schild während des Kampfes gehalten wird, findet man im afrz. Epos nicht so zahlreiche und, was wichtiger ist, nicht so klare Bemerkungen, dass man sich darüber eine vollkommen befriedigende Vorstellung machen könnte. In der Mehrzahl der Fälle heisst es: *l'escu en chantel, cantiel, l'escu encantelé*. Auf mhd. Quellen gestützt erklärt Schultz a. a. O. II. p. 82 den fraglichen Ausdruck folgendermassen: »Man hing mit einem Riemen (das ist die *guige*,) den Schild um den Hals und fasste mit der linken Hand die Handhaben (*enarmes*) und zwar so, dass die Hand gegen den oberen Abschnitt des Schildes gekehrt war, drückte ihn vor die linke Brust, dass Brust und Knie gedeckt waren, der Schildrand den Hals des Pferdes erreichte und bis zum unteren Rande des Helmes langte.« Ueber die Etymologie des Wortes siehe Diez »Etym. Wörterb.« 1. 85 und Scheler »Dict. d'étym. franç.« p. 159. Die Herausgeber unserer Texte erklären *enchanteler* gewöhnlich mit »auf die Seite legen« oder »auf die linke Seite legen«:

Son escu a cascuns e n c a n t e l é. Ans. Mes 156a. — Et Garin laisse aler, s'a le cheval brocié, Met l'escu en c a n t e l, s'a le haume enbroncié. Gar. Mongl. 12a. — *Ferner:* Bueves de C. 1695. Chev. Og. 9015. 11911. Gayd. 5193. Hug. Cap. 136. Raoul de C. 4648. Roncev. 2795. 11254. Saisn CIII, 2.

Et a d e v a n t son pis l'escu e n c a n t e l é. Gar. Mongl. 37b.

Dies Citat sagt wohl, dass der Schild in der fraglichen Stellung vor die Brust gehalten wird, von der linken Seite ist aber nirgends ausdrücklich die Rede.

Dagegen bemerken andere Dichter, dass der Schild im Kampfe abgewandt wird (*guenchi*), — dabei wird aber der Ausdruck *en chantel* nicht gebraucht, — und dass die feindliche Waffe, wenn sie den Schild erreichen soll, den Gegner nicht vorn sondern auf dessen linker Seite trifft:

> Chascuns sous l'elme a la teste embronchiée, L'escu guenchi et l'enarme empoigniée. F. C. p. 22. — Forcon ataint entre bras et escu, Le bras senestre a en pré abatu. Gayd. 3815. — Mais li brans torne vers senestre partie: Si descendi sus la targe burnie. Gir. de V. 2782.

99. Wendet der Epiker die Bezeichnung *en chantel* oder *enchantelé* nicht an, so lässt er den Kämpfenden den Schild »vor sich«, »vor die Brust« oder »vor die Mitte der Brust« halten:

> Premiers derange li vallès Fromondins L'escu au col haucié et avant mis. Gar. Loh. II. p. 164, 14. — L'escu trait devant sei, fort fu li dublencun. Horn O 1514. — L'escu par les enarmes al pis seré. Aiol 818. — Son escu torne devant enmi son pis. Ans. Mes 80a. — *Ebenso:* Fierabr. (A. P.) 754. Gayd. 2125. 7897. Loh. fol. 125a Z. 3. Par. la duch. 2152.

100. Natürlich hängt die Haltung des Schildes auch sehr davon ab, auf welche Weise der Gegner angreift, ferner, ob er etwa viel grösser ist als der in der Deffensive Begriffene, u. s. w. Unter Umständen also wird der Schild auch in die Höhe gehalten (*amont*) oder gar über den Kopf:

> Et li rois Danemons a le cheval hurté, Vers Guion esperone par mult ruiste fierté; Et l'enfes le reçut, l'escu amont torné. Gui de B. 2603. — En sun poing tint sun brant, sur sun chief sun escu. Horn C 3123. — Puis a traite l'espée, com hom ki fu iriés; Sor son cief mist l'escut, o tot s'ert avanciés. Ren. de M. p. 105, 5. — Puis a traite l'espée al puin d'or entaillié; L'escu par les enarmes a sor son cief drecié. ib. p. 105, 11.

101. Beim Schwertkampf war es ratsam, den Schild fest an die Brust zu pressen, da sonst leicht der Feind einen Hieb zwischen Schild und Körper führen und den linken Arm treffen konnte, was auch Schultz bemerkt, indem er sich auf dieselben Verse aus Huon de B. stützt:

> Desus l'escu consievi Amauri, Entre la guice et le main dont le tint, Parmi le keute si grant cop le feri, Qu'escu et brac fait voler ens l'erbi. Huon de B. 2076.

Dagegen hält König Loeïs im Epos Aiol seinen Schild über den Kopf, als ihn Aiol mit dem Schwerte angreift:

> Il geta sor son cief son boin escu, Aiols del branc d'achier l'a si feru. Aiol 3390.

102. Ist der Gegner mit einer Keule bewaffnet, dann schützt man mit dem Schilde das Gesicht; so verfährt wenigstens Aiol, als er vier Räubern gegenübersteht, welche Keulen führen:

> Grans maçues avoient, bien l'ont requis. Aiols leva l'escu desor son vis. Aiol 860.

103. Ausserhalb des Kampfes wird der Schild naturgemäss vom Halse entfernt. Fierabras stützt sich auf seinen Schild während einer Unterredung:

Sour son escu s'apoie, qui fu de grant bonté. Fierabr. (A. P.)744.

Ebenso lehnt sich Ganelon auf den Schild, als er Othon anredet:

Ganelons fu à pié enmi les prés, Sor son escu est iluec acostez, Othon apelle, si l'a arraisonné. Roncev. 11463.

Unter denselben Umständen heisst es ein anderes Mal von Ganelon:

Il tint l'espée, mit l'escu à bandon. ib. 11349.

104. An der Art und Weise, wie ein Ritter den Schild handhabt, kann man den tüchtigen Krieger wohl erkennen, was die afrz. epischen Dichter mehrere Male bemerken:

L'escu tint embracié com chevaliers de pris. Bueves de C. 1594. — L'escu au col ausi com fust planté (Hs. C = li sist d'or fin enluminé). Loh. fol. 10a. Z. 13.

Der Verfasser von Gayd. redet sogar von einem gewissen »Gesetz«:

Son escu lieve à loi de champion. Gayd. 2929.

Man vergleiche besonders auch die beiden folgenden Stellen:

Et Rainouars va la guige acoler. Ki le veist cele enarme croller, Entor son cief mennement torner, Bien le devroit et prisier et loer. Alisc. 7420. — Ke li veist son escu manoier, Per les enarmes lever et anbracier, Et son cheval per la cort essaier, Antor François venir et eslancier, Dist l'uns à l'autre »ci ait boin chevalier. Dex le guarise, ke tot ait à jugier«. Gir. de V. 237.

19. Herkunft.

105. Am berühmtesten wegen der Herstellung guter Schilde ist nach unseren Quellen die Landschaft *Beauvoisis* an der Oise. Der *escu belroisin* findet sich in folgenden Epen:

Alisc. 5156. Ans. Mes. |147d. F. C. p. 27; p. 111. Gir. de Ross. 2445. Raoul de C. 2575. Roncev. 1443. 2392.

Von anderen franz. Provinzen und Städten werden genannt:

Die Gegend der Garonne: un escut de [Girunde] Rol. 2991. Poitou: Ans Mes 12b. Auvergne: Loh. fol. 114 d Z. 20. — Blois: Gir. de Ross. 4775. Bordeaux: ib. 5233. Lyon: F. C. p. 138. Paris: Mort Gar. 436. Toulouse: Gar. Loh. II. p. 172, 1. Vienne: M. Aim. 1140. Ren. de M. p. 241,2. Saisn. CXIII, 23 (ms. A: demanois *statt* vienois).

106. Auch fremde Länder und Ortschaften liefern vortreffliche Schilde, besonders Spanien:

Aragonien: Prise de P. 3531. Almeria: Doon de M. 927, *es ist das Portus Magnus der Alten, im heutigen Königreich Grenada;*

cf. Raoul de C. éd. le Glay p. 341. Navarra: Elie de S. G. 71.
Toledo: Rol. 1569. Tudela: Horn C 3313. *Ferner:* Bayern:
Gayd. 9478. Sarazenenland: Prise de P. 4602. Pavia: Aus.
Mes 161b. *Endlich das unbekannte* Biterme: Aiol 6486. *cf.* § 256 *und*
Schultz. l. c. l. 253.

107. Von der Tartsche Olivier's (§ 53) wird der Ursprung
etwas genauer erzählt; ein alter Mann Namens Joachis hat sie
zu Valsoire von einem Heiden für schweres Geld gekauft:

Cil Joachin à la barbe meslée L'ot à Valsoire d'un paien achatée,
Ke por la targe en ot bone sodée, De boins deniers une grant hanepée.
Gir. de V. 2128.

108. Der Sarazene Abisme besitzt einen vortrefflichen und
wertvollen Schild (§ 85) vom Emir Galafre; dieser empfing ihn
einst zu Val-Metas direkt aus den Händen des Teufels:

Si li tramist li aimeralz Galafres: En Val-Metas li dunat uns
diables. Rol. 1663.

Der Verfasser des Roman de Roncevaux schreibt denselben
Schild dem Malcuidant zu und sagt fast mit den nämlichen
Worten, indem er nur den unverständlichen Namen Val-Metas
in ein Thal Mortoi verwandelt:

El val Mortoi, ce dient li pluisor, Uns des diables li donna par
amors, Si le tramist Galaffre son seignor. Roncev. 2812.

Endlich sei erwähnt, dass auch Garin einen Schild besitzt,
von welchem der Dichter vermutet, dass er vom Teufel stamme:

Et Garin sor l'escu l'a si bien asené, Qui fu d'os de poison, ne
sai ou l'a trouvé, Je quit que li diable li avoient doné. Gar. Mongl. 37 c.

20. Verschiedenes.

109. Befindet sich der Ritter innerhalb seines Hauses, so
werden die Schilde an den Wänden aufgehängt:

Ces escus pandre parmi ces anples sales. Enf. Viv. 1083.

110. Hat der Ritter den Schild längere Zeit am Halse und
dazu die Rüstung am Körper, so ermüdet ihn das sehr; gewöhnlich lässt man sich daher die schweren Schilde von Bedienten nachtragen:

Li escus de son col mout le travaille. Aiol 1984. — De lor armes
portar lor fun ennviz. Gir. de Ross. 6166. — Mil esquiers fist richement
armer, Et mil serjans les grans targes porter. Chev. Og. 6114.
Ebenso: Aiol 5160.

111. Der heidnische König Haucebier, der allerdings auch
15 Fuss misst. vermag gleichzeitig drei »gute«, mit eisernen
Banden versehene Schilde am Halse zu tragen:

Et à son col trois bons escuz bendez. Aliec. 6673.

112. Ein provenzalisches Epos verwendet *escu* synonym
mit *»Ritter«*, indem es Gace de Dreux und Joffroi d'Angers dem
Kaiser Karl zurufen lässt:

Nen as de dez mil ome set cenz escuz. Gir. de Ross. 1367. —
Ebenso: Horn 2670. 4459.

B. Der Panzer.

(*Vgl* Weiss p. 403—423. San-Marte p. 33. Viollet-le-Duc VI. p. 83.)

I. Bezeichnungen des Panzers.

1. Le haubert jaserant.

(*Vgl.* Schultz II. p. 37.)

113. Die eigentliche Schutzwaffe des Ritters, welche fast den ganzen Körper deckt, ist sein Panzerkleid; dies neben dem Schild vorzüglichste Verteidigungsmittel im Mittelalter führt ausser seinem gewöhnlichen Namen *haubert* (deutsch *halsberc*), *haubere, halberc, aubere, obere, aubenure* (Doon de M. 8005), *aubers* (Prise de P. 414), *habere* (Enf. Viv. [ms. 1448] 430), *osbere* (Rol.), *ausberg* (Gir. de Ross. 4987. 4994), *aubergo* (Mac. 3082. 3092), *aubergi* (Mac. 2660) noch einige andere Bezeichnungen.

Schon das Rolandslied kennt den *osbere jacerenc*, später *jazerent, jacerant*, prov. *gazarant, jazarein*; es ist dies ein aus Ringen zusammengesetztes oder mit Ringen benähtes Panzerkleid, das bereits in Rol. in deutlichen Gegensatz tritt zu dem alten, aus Leder gefertigten Schutzgewande, der Brünne (§ 217). A. Demmin »Kriegswaffen« p. 48 erklärt den *jaserant* für einen Schuppenpanzer, während H. Weiss »Kostümkunde des M. A. 4—14 J.« p. 646 ihn für einen Harnisch aus dickem Seidenstoff hält, welcher auf der inneren Seite mit Metallplatten benäht ist.

114. Beide Auffassungen sind für das afr. Epos nicht zutreffend; was die Schuppen anbetrifft, so ist von *écailles* nirgends die Rede; gegen die Meinung von H. Weiss sprechen z. B. folgende Verse, in denen deutlich von den Ringen (*mailles*) des *haubert jaserant* erzählt wird:

Les m a i l l e z tranche de l'aubert j a c e r e n t. Aq. 1597. — Ly haubers j a s e r a n s n'y vally un tournois; De l'achier ly trencha les m a i l l e s et les plois. Hug. Cap. 3532. — Ou dos li vestent un haubert j a s e r a n t; Grosse est la m a i l l e et deriere et devant. Otinel 296. — Les m a i l l e s li deront de l'aubere j a z e r a n t. Saisn. CLXXXVII, 11. — *Ebenso*: Aus. Mes. 122 d. Guyd. 6401. Hug. Cap. 3533. Otinel 478. Ren. de M. p. 35, 37.

Ob jedoch der *jaserant* aus dickem Leder mit darauf genähten Ringen besteht, oder ob er ein dichtes Ringgeflecht ist, lässt sich aus den Angaben der Dichter nicht erkennen. Panzer der ersteren und älteren Art siehe §§ 119, 121, 136; der letzteren und jüngeren § 120.

115. Zur Etymologie des Wortes *jaserant* verweist Diez
»Etym. Wörterb.« I⁴ p. 162 auf das spanische *jazarino*,
welches »aus Algier stammend« bedeutet; der *jaserant* wäre
also dann ein Panzerkleid, welches seinen Namen dem Umstand
verdankte, dass die aus Algier kommenden Rüstungen wegen
ihrer Vorzüglichkeit in hohem Ansehn standen. Dafür spricht
auch eine Stelle, die ich in F. C. gefunden habe:

> Tantost vesti l'aubert qui fu fait en Quartage. F. C p. 161.

Das alte Karthago liegt bekanntlich im heutigen Algier,
und wenn der Dichter auch nicht die Stadt Karthago selbst
meint, so doch jedenfalls das Land. (Siehe auch §§ 139, 256).

116. Der *haubert jaserant* wird auch kurzweg *jaserant*
genannt:

> Car encor ai entier mon iazerant Et mon escu et mon biaume
> luisant. Agol. (F.) 886. — Là veist on vestir maint jazerant. Gayd.
> 4553. — *Ferner:* Alisc. 4056. 5388. Gir. de V. 2105. Hug. Cap. 4965.
> 5538.

2. Le haubergeon.

117. Ein leichterer Panzer ist der *haubergeon*, der nur in
einigen Epen genannt wird; legt ein Ritter zwei oder gar drei
Panzerkleider (§§ 149. 150) an, so wird der untere wohl ein
solcher kleinerer Panzer sein, wie dies auch in Ans. Mes ausdrücklich bemerkt ist:

> Les haubers viestent cascuns sous l'auqueton, Et Bierengers en a
> viestut un bon, Puis viest sa cote et puis son haubergon. Ans. Mes
> 145 c. — Onques plus vaillant prince ne viesti haubergon. Haym. 1034.
> — *Ferner:* Aiol 4279. Ans. Mes 122 d. Hug. Cap. 3398.

3. Le hauboit.

118. Ich kenne ebenso wie Godefroy nur einen einzigen
Beleg für diesen Ausdruck:

> Car oraina, à lever, je vesty mon hauboit, Men riche jazeran
> que veez chy endroit. Hug. Cap. 4964.

Ueber *clavain* = *haubert* cf. § 164; *clavel* = *haubert* § 177.

II. Beschaffenheit des Panzers.

1. Die Ringe.
(*Vgl.* San-Marte p. 23.)

119. Auf welche Weisen der Panzer aus den Ringen
(*les mailles* oder *la maille*) gefertigt werden kann, ist bereits
oben erörtert worden; Panzer der älteren Sorte, bei welchen
die Ringe auf Leder genäht sind und zwischen den einzelnen

Reiben Raum gelassen ist, sodass das besonders zubereitete Leder hervorsieht, sind z. B. die folgenden:

A sa car nue tint ses haubers doblier, Parmi la maille en est li pels (*andere Hs.* = poil) glaciés. Chev. Og. 8567. — Puis ne jui quatre nuis sans mon hauberc doublier, Très par mileu des mailles m'an est li peus glaciez. Gui de B. 85.

120. In Raoul de C. wird ein Halsberg *esclarci* genannt; es ist dies nach Godefroy »Dict.« die jüngere Panzerart, deren Ringe ein Kettenflechtwerk bilden und so verhältnismässig weit auseinander stehen, dass das Ganze »licht« genannt werden kann:

Il prent trois poz de l'ermin qu'ot vesti, Parmi les mailles de l'auberc esclarci,[*] Enver Raoul les geta et jali. ib. 2314.

121. Selten wird eine Farbe des Panzers angegeben, denn nur eben jene freigelassenen Zwischenräume bieten zum Auftragen einer Farbe Gelegenheit:

En son dos vest un bon auberc grégois, Il ne doute arme valissant deus pugois. Vermaus estoit com ors arrabiois. Chev. Og. 11240. — El dos li vestent son hauberc jazerant, Rouge est la maille plus que n'est feu ardans. Cor. Looys 2464.

Der Ausdruck *rouge est la maille* ist also ungenau, da nicht die Ringe, sondern nur der Stoff, auf welchen dieselben genäht sind, gefärbt sein kann.

122. Welches Metall das Material für die Ringe liefert, erzählen die Dichter gewöhnlich nicht; meist wohl Eisen oder Stahl (cf. § 131), seltener Silber oder Gold:

Il vest l'auberc dont la maille est ferée. Raoul de C. 1801. — Puis li vest un auberc dont à or est la maille. Elie de S. G. 2085. — Puis li vestirent un blanc auberc saffré. D'argant la maille et d'or fin esmeré. Herv. Mes 21, 1.

123. Auch der Umstand, dass der Panzer sehr oft *blanc* (etwa = glänzend) genannt wird, beweist, dass die Ringe gewöhnlich aus Eisen oder Stahl hergestellt werden, die als *blans* gelten, wenn sie poliert sind:

Qui ont vestu les blans haubers dobliers. Cor. Looys 1512. — Et avec çou un bon hauberc safré, Qui est plus blans que ne soit flors de pré. Huon de B. 4574. 6289. — *Ferner*: Rol. 2171. Aiol 4710. Alisc. 5181. Ans. Mes 155b. Chev. Og. 5315. F. C. p. 119. Fierabr. (A. P.) 3879. Gar. Mongl. 12d. Gayd. 6585. Girb. Mes p. 485; p. 491. Gir. de V. 700. Gui de B. 2474. Gorm. et Isemb. 94. Herv. Mes 6,5; 35,2. Horn 4463. Loh. fol. 42b Z. 29. M. Aim. 1054. 1853. Par. la duch. 1866. 1937. Raoul de C. 3879. 6122. Saisn. CCXL, 4.

---

[*] Godefroy erklärt esclarci, indem er nur unsere Stelle anführt, als »clair, dont les mailles sont peu serrées, en parlant d'un haubert«. Meines Erachtens bedeutet esclarcir das Reiben und Putzen der Waffen, siehe §§ 147, 263. Der Sinn des Citates ist folgender: Bernier nimmt aus dem Hermelinkleide, das er unter dem Panzer trägt (§ 201), drei Flocken und wirft sie Raoul in's Gesicht als Zeichen der Herausforderung. Der Zusammenhang demnach ergiebt, dass der Halsberg Bernier's nur aus geflochtenen Ringen besteht, somit ein Panzer der jüngeren Art ist.

Dass dieses unzählige Mal wiederkehrende Epitheton des Panzers auf die Ringe zu beziehen ist, zeigen folgende Verse:

J'ai un hauberc qu'en faerie fis, La maille en est blance con floure de lis. Auberon 1067.

124. Um den Panzer recht dicht und undurchdringlich herzustellen, werden kleine, zierliche Ringe (*mailles menues*) dazu verwandt und diese fest und eng (*fort et seré*) verknüpft:

Le heaume et le hauberc, que voi mailé menu. Doon de M. 2727.

Der oft vorkommende *haubert menu* ist also als *haubert à mailles menues* zu fassen.

Ferner: Rol. 1329. Gar. Mongl. 12d; 39b. Gayd. 6401. Gir. de V. 3186. Herv. Mes 10, 1. Raoul de C. 2622. Saisn. LXXXII, 17.

Car li hauberc furent fort et seré, Que il n'en ont une maille fausé. Huon de B. 1781. — *Ebenso:* Doon de M. 6588. Herv. Mes 10, 2.

125. Einen ganz anders beschaffenen Panzer erwähnt das Epos Otinel; es nennt nämlich ein Mal die Ringe *grosses*, also etwa »grob, gross«:

Ou dos li vestent un haubert jaserant, Grosse est la maille et deriere et devant. Otinel 296.

126. Evrart, ein Vasall des Doon de Maience, hat ein Eisenkleid aus »Ringelchen«:

Et la cote de fer, où maint anelet a. Doon de M. 2160.

127. Zuweilen geben die Dichter auch an, wieviel Ringe in Folge eines Schwerthiebes vom Panzer herabfallen; wenn sie dabei auch etwas übertreiben mögen, so kann man sich doch dadurch leichter eine Vorstellung des Ringpanzers machen. So fallen von Olivier's Halsberg mehr als 400 Ringe zu Boden:

Plus de quatre cents mailles en a rout et trencié. Fierabr. (A. P.) 840. — Et le hauberc desrompi et faussa; Plus de sept cents mailles en dessevra. Gayd. 1581. — *Ebenso:* Gaufr. 1058. Gayd. 6654. Gui de B. 2482. Huon de B. 2117. Mac. 3092. Ren. de M. p. 210, 19; 284, 30.

2. Le haubert doublier.

128. Sehr häufig wird der Panzer aus einer doppelten Lage von Ringen verfertigt, wofür sich die verschiedensten Ausdrücke finden: *haubert doublier, dublentin, dopletin*; die Uebrigen siehe in den Beispielen:

En son dos vest le bon haubert doublier. Aub. le B. p. 138, 24. — Desor la coife de l'auberc doublentin. Raoul de C. 474. — *Ferner:* Aiol 484. Ans. Mes 132d; 155b. Aq. 942. 3085. Auberon 167. Chev. Og. 2921. 4259. 5793. 8567. Cor. Looys 633. 1512. Enf. Og. 3995. Fierabr. (A. P.) 1599. 3879. Gaufr. 10106. Gayd. 3101. Girb. Mes p. 518. Gui de B. 3610. Horn 1525. 1667. 2944. Loh. fol. 27c Z. 21. Par. la duch. 2297. Prise de P. 444. Raoul de C. 1547. 2824. 2828. Ren. de M. p. 133, 4; p. 210, 19. Saisn. CCLXVII, 9. — Et le hauberc vestu, tres-maillié doublement. Doon de M. 4898. — Il li ont un haubers riche et fort endossé. A double maille fet, moult fort et moult serré. ib. 6587. — *Ebenso*: Alisc. 8002. — Les haubers se detrencent dont la maille est doublière. Fierabr. (A. P.) 1256. — De sun osberc li derumpit les dubles. Rol. 1284. — *Ebenso*: M. Aim. 1158. — Et fausent li hauberc, si rompent li doublon. Ren. de M. p. 256, 6. — E halberc duble al piz dunt saffré sunt li pan. Horn O 1415.

3. Le haubert treslis.

129. Ob *treslis, trellis* »dreifach« bedeutet, oder ob das Wort mit *treillis* »das Gitter« (von lat. *trilicium* und *trilix*) zusammenhängt, darüber sind die Meinungen geteilt. Der ersteren Ansicht sind A. Schultz, Förster und Burguy; im Glossar zu Aiol et Mirabel findet sich: »*trellis*. (eig. 3 fädig) aus (Eisen-) Ringen bestehend« und Burguy erklärt: »haubert ou brogne à mailles, dans le principe tissu de trois fils, triple«. Dagegen ist der *haubert treslis* nach Littré, Diez, Ste. Palaye und P. Meyer (Glossar zu Raoul de C.) ein nach Art eines Gitters verschlungener Panzer. Der zweite Bestandteil des fraglichen Wortes lebt heute noch, z. B. in *tapisserie à haute lice* (*lisse*):

En lor dos ont vestu les blans haubers trellis. Aiol 4710. — L'escu li perce; mais le haubers treslis N'empira il vaillissant un espi. Gayd. 5020. — *Ferner*: Fierabr. (A. P.) 1488. Gar. Mongl. 5 u. Gayd. 4944. 6585. Gir. de V. 894. Gui de B. 2474. Gui de N. 2863. Loh. fol. 26 a Z. 8 (Hs. C); fol. 42 b Z. 29. M. Aim. 1853. Raoul de C. 2843.

130. Zu Gunsten der ersteren Erklärung spricht' die folgende Stelle aus dem Rolandslied:

Paien s'adubent d'osbers sarazineis: Tuit li plusur en sunt dublet en treis.

welche von Gautier folgendermassen übertragen wird:

Les païens se revêtent de hauberts à la sarrasine, Qui pour la plupart, sont doublés d'une triple étoffe. Rol. 994.

Dagegen lässt sich für die gegenteilige Ansicht folgendes anführen: Der Panzer Aiol's wird im gleichnamigen Epos Z. 6027 *auberc doublier* genannt und 18 Zeilen weiter *auberc trellis* (§ 189); will man keine Inkonsequenz des Dichters gelten lassen, so kann mit *trellis* hier nur ein gitterartig geflochtener Panzer gemeint sein. (Siehe ferner die Anmerkung zu § 261.)

4. Le haubert fremillon.

131. Ueber den *haubert fermillon* oder *fremillon* kann nur die Etymologie des Wortes Auskunft geben, da wir aus den Epen blos erfahren, dass er mit Ringen besetzt ist. Diez leitet das Wort nach dem Vorgang von Du-Cange-Henschel aus *fer maculum* = *mailles de fer* durch Umstellung ab, ganz

sicher ist diese Umstellung jedoch nicht. A. Schultz erwähnt
diese Panzerart gar nicht:

Fauce la maille de l'auberc fremillon. Raoul de C. 2960. —
Ebenso: Alisc. 376. 2337. Ann. Mes 83b; 90d. Cor. Looys 1032. Enf.
Og. 2731. Fierabr. (A. P.) 3744. Gayd. 1612. 9549. Gir. de V. 2492.
Loh. fol. 94d Z. 26. M. Aim. 1293. Raoul de C. 3972. Ren. de M.
p. 43, 25; p. 260, 9; p. 284, 30. Roncev. 1469. Saisn. LXVI, 11.

5. Le haubert saffré.

132. Die mit *safre* gefärbten Panzerkleider sind sehr verbreitet. *Safre* ist ursprünglich ein Kobaltoxyd, das zum Blau-
färben dient; doch ist mit dem *haubert saffré* sicherlich nicht
nur ein blau gefärbter Panzer gemeint, sondern, wie die beiden
nächsten Paragraphen zeigen, eine weit prächtigere Rüstung,
die nur von reichen Leuten getragen wird. Vielleicht ist Gold-
und Silberlack darunter zu verstehen; A. Schultz denkt an eine
Verzierung mit Goldborten; Gautier erklärt es für *une broderie
grossière ·en or·*, und dieser Schmuck soll bestehen *en fils
d'archal entrelacés dans les mailles*. Näheres über *safre* sowie
Nachweis anderer Ansichten bei P. Meyer »Gir. de Ross.«
p. 164 note 3.

Jusqu' à la coife li est li brans colez; Ne fust l'aubert qui tant
estoit saffrez, Jamès par home ne fust medecinez. Otinel 1506. —
Ferner: Alisc. 6672. Aq. 1794. Chev. Og. 11243. Fierabr. (A. P.) 5684.
Fierabr. (B) 419. Gayd. 2768. 6653. Huon de B. 4574. 5054. 5785.
7789. M. Aim. 2387.

133. In Fierabr. (A. P.) wird ein Panzer *d'or saffré*
genannt, ebenso in Alisc.; der Dichter des Gir. de Ross. lässt
den *safre* auf dem Halsberg seines Helden ·wegen der Reinheit
des Goldes weithin leuchten·:

Pardesus vest l'auberc, qu'il ot fait d'or saffrer. Fierabr.
(A. P.) 614. — Puis vest l'auberc, tout de fin or safrés, Alisc. 8001.
— Lo cons Girarz chevauche e vint primers, L'ober fu gazaranz, l'esmes
de carters, Que long resplent li safres per l'aur qu'est mers.
Gir. de Ross. 4953.

134. Dass der Halsberg durch das Auftragen des *safre*
kein anderes Aussehen erhält, beweist auch der Umstand, dass
er gleichzeitig *saffré* und *blanc* genannt werden kann:

Très bien li siet li blans haubers saffrez. Gayd. 3369. — Li dui
anfant vestirent les blans aubers safrez. Par. la duch. 1866. —
Ebenso: Rol. 2499. Aiol 7144. Alisc. 6954. Fierabr. (A. P.) 1296. 3398.
Gar. Loh. II. p. 191, 7. Gir. de V. 700. Gui de B. 389. Herv. Mes 6, 5;
21, 1; 35, 2. M. Aim. 1054. 1973. 2331.

6. Schmuck des Panzers.

135. Ganz vereinzelt finden sich auf dem Panzerhemd
des Ritters Wappen, goldene und silberne Felder, vergoldete
Lilien (§§ 18. 76. 73):

Des haubers c'ont vestus desrompent li blaçon. Ren. de M.
p. 281, 22. — Si en traist fors un blanc haubere doublier, Ki fu son oncle
l'amiraut Tornefier. D'or et d'argent estoient li quartier. Alisc.
4501. — Atant evous Huon sur son cheval assis, Couvers d'un haubergon
bien ouvré à devis, Parez de fin asur et d'or les fleur de lis. Hug.
Cap. 3397.

136. Der Halsberg des Auboin zeigt *une blanche tire*,
das heisst, die Ringe sind in der Weise aufgenäht, dass
zwischen je zwei oder mehreren Reihen derselben ein freier,
weiss gehaltener Streifen sich herzieht:

Il vesti un haubert dont blanche fu la tire. Aye d'Av. 356.

Es ist dies also ein Panzer älterer Art.

137. Sonderbar ist in Gir. de Ross. der Panzer des Pierre
de Mont-Rabei bemalt, derselbe ist nämlich auf der einen Seite
mit Schachfeldern bedeckt, während die andere Hälfte die
üblichen *quartiers* zeigt:

La maitaz à esches, l'autre à carter. Gir. de Ross. 3931.

7. Herkunft.
(*Vgl.* Schultz II. p. 7—9.)

138. Von franz. Ländern und Ortschaften, die wegen ihrer
trefflichen Panzer berühmt sind, werden erwähnt:

Poitou, das überhaupt in der Herstellung guter Waffen während
des Mittelalters bekannt ist, (§§ 105. 255): Saisn. CLXXXV, 32.
Cambray: Ren. de M. p. 18, 24.
Chambli bei Beauvais in der Pikardie, schon von Ste. Palaye als
berühmter Waffenort bezeichnet: Gayd. 5886.
Vienne: Gir. de Ross. éd. Michel p. 338.

Von fremden Ländern und Orten liefern folgende gute
Panzer:

Griechenland: Chev. Og. 11240. — Russland: Ren. de M.
p. 41, 35. — Arabien: Chev. Og. 1642. — Karthago: F. C. p. 161.
— Quackaigne (?): F. C. p. 156.

139. Mehrere Male werden auch heidnische resp. sara-
zenische Panzer gerühmt, woraus Manche auf den Ursprung
des ganzen Halsbergs schliessen wollen:

Paien s'adubent d'osberces sarazineis. Rol. 991. — Ses gens faites
armer d'osberces sarrazinois. Gui de N. 1601. — Trestot li perce son
hauberc paienor. Cov. Viv. 554.

140. Berühmte Herrscher und hervorragende Führer er-
freuen sich zuweilen des Besitzes eines Panzers, der gegen jede
Waffe gefeit ist (§ 145); derselbe ist nämlich meist nach An-
weisung einer gütigen Fee gearbeitet, eben so wie besonders
gute Schilde aus den Händen des Teufels stammen (§ 108):

Son haubert foient Fées en l'ile des Perdus. Nel faussera quarrel
ne fort espée moulus. F. C. p. 68. — Puis vesti un haubero que uns

fevres forja, Ensi com u n e fée li dist et devisa, Que ja tranchans aciers
maille n'en fausera. Gar. Mongl. 35 a.

141. Der Halsberg Kaiser Karls, der aus einer doppelten
Schicht von Ringen besteht, stark und fest verschlungen ist,
wurde nach langer Arbeit von einem Schmied hergestellt, ebenfalls nach den Lehren einer Fee; keine Waffe vermag ihn zu
durchdringen, es sei denn, dass diese selbst mit wunderbarer
Kraft begabt ist:

> Il li ont un hauberc riche et fort endossé. A double maille fet,
> moult fort et moult serré. Le mestre qui le fist i ot moult demouré,
> Tant i mist de son temps que si bien l'a ouvré, Issi comme une féc
> li avait devisé; Tant fu fort et bien fet et de si grant bonté Qu'ains
> Dieu ne fist oustil, tant l'ait on bien trempé, Espée ne faussart, se on
> ne l'a faé, Qui en deus jors entiers en eust esgruné. Doon de M. 6587.

142. Von dem Panzer des alten Drogon, Girart de Rossillon's Vater, erzählt der Dichter:

> E vesti son hauberc merevillon, Qu'issi de la fournaise espan-
> dragon. Gir. de Ross. 2532.

Bei der Schmiede des *Espandragon* in Zeile 2533, welche
in der Hs. P ganz fehlt, denkt P. Meyer an *Uter Pandragon*,
den Vater des Königs Artus.

Dasselbe Epos erzählt Vers 3927—3936 von einem andern
Panzer Mehreres über dessen Ursprung; diesen ebenfalls sehr
widerstandsfähigen Halsberg erhielt nämlich sein jetziger Be-
sitzer Pierre de Mont-Rabei von Karl dem Grossen, der ihn
von Mont-Gangier mitbrachte. Er war in Indien von zwei
Waffenschmieden gearbeitet worden, zwei Kaufleute hatten ihn
nach Frankreich gebracht (und ihn in Rivier Karl dem Grossen
übergeben. Zusatz der Hs. P).

143. Eine wunderbare Vorgeschichte hat der Panzer
Olivier's. Nach Gir. de V. 2086—2116 stammt er von Aeneas,
der ihn dem Elinant in der Schlacht vor Troja abnahm; dieser
Aeneas verlor ihn in dem Walde von Morodant, bei Gelegenheit
einer Schlacht, welche er dem Roboant lieferte. Dort fand ihn
ein mächtiger Vasall Frankreichs; dieser verkaufte ihn wieder
in Viane für viel Geld dem bekannten, alten Joachis, den wir
bereits § 107 in einen ähnlichen Waffenhandel verwickelt sahen.
Joachis verwahrte ihn lange Zeit sorgfältig in seinem Schatze
und schenkte ihn dann endlich dem Olivier.

144. Am Halsberg des Rainouart arbeitete ein berühmter
Meister Namens Antiqueté 10 Jahre lang; der Halsberg des
Ferraut war 7 Jahre in Arbeit:

> Puis vest l'auberc, tout de fin or safrés; A double maille est
> laciés et trieulés, Dix ans i mist au faire Antiquités, Chou fu une
> maistres, qui fu des ars parés. Alisc. 8001. — Deseure vest un bon

auberc doublier, Fort, et tenant, et merveilles legier: Cil qui le fist
mist sept ans au forgier; Qui l'a en dos n'a garde d'empirier,
Car la grans force le garde do blecier. Gayd. 3101.

8. Verschiedenes.

145. Mancher Panzer soll nach Angabe der Dichter gar
nicht zu zerstören sein, jede Waffe prallt an ihm ab u. s. w.
Sehr ausführlich wird dies in Auberon beschrieben; Brunehaut
sagt zu ihrem Sohn Julius Caesar:

J'ai un hauberc qu'en faerie fis, La maille en est blance con flours
de lis; Estre ne puet pour nul cop dessartis; N'est hom el mont
tant grans, ne si petis, C'apoint ne fust, s'il en estoit vestis; Mais ia
bastars n'i metera le pis. Se vestu l'as ia n'esteras mal mis,
Ce t'asseur, n'en estour desconfis. Or faites tant que bons en soit li cris
Et li renons dusc'au jour del juis. De cel hauberc voel que soies garnis.
Jou le vous doins volentiers, non envis. Auberon 1067. — *Ferner:* Alisc.
4561. 5004. Doon de M. 6591. Gayd. 3104. Gir. de Ross. 2534. 6524.
M. Aim. 3298. Prise d'Or. 970. Roncev. 1469.

146. Eine gute Eigenschaft des Harnischs ist auch, dass
er leicht an Gewicht ist:

Vestent osbercs blancs e forz e legiers. Rol. 3864.

Vom Harnisch Karls des Grossen heisst es:

Tant comme peseroit un estuet de blé. Doon de M. 6596. —
Ebenso: Rol 2171. Gayd. 3102. 6401. Gir. de Ross. 2742. 3935. Gir.
de V. 2086. Huon de B. 6454.

147. Besonders die metallenen Ringe des Panzers sind
ständig den Einflüssen der Witterung ausgesetzt, ein öfteres
Reiben und Putzen daher nötig (*froier, forbir, frotter, esclarcir, roller;* siehe § 263):

Et mes haubers ne fu piech'a froiés, Ne mes elmes forbis ne
esclairiés Aiol 286. — Vit les haubers, c'on rosla et frota. Gayd.
7757. — Roller haubers et elmes esclarcir. Loh. 66b Z. 17. —
Ferner: Aiol 6465. 7078. forbir: ib. 4878.

Mit Recht behauptet daher der Verfasser des Aquin, dass
die Panzer »leuchten und grossen Glanz ausstrahlen« (cf.
§ 248 Anm.):

Les hauberts luisent et gectent grant clarté. Aq. 1472.

148. Während der Reise und wenn man ausruht, wird
der Panzer auf ein Pferd geladen:

Le blanc auberc et l'elme torse sor son destrier. Aiol 6850.
— Puis repairent el camp, u l'estors fu pleniers, Des escus et des lances
ne se vaurent cargier, Les aubers et les elmes torsent sor les
destriers. ib. 7015.

149. Dass ein Ritter zwei Panzer über einander anlegt,
kommt einige Mal vor. Der schwerverwundete Fierabras veranlasst Olivier, da dieser ebenfalls bereits ermattet, ihn seines
Halsbergs zu entkleiden und denselben über den eigenen zu
ziehen, damit er gegen die anstürmenden Sarazenen besser
geschützt sei:

»Reverses moi du dos ce blanc hauberc doblier, Si le vest sor le
tien; anqui t'ara mestier, Car n'as à ton col targe ni escu de quartier«.
— Volentiers, dist li quens, bien fait à otrier. La ventaille deslace, si
l'a fait fors glacier, Et li quens le vesti, qui Diex gart d'encombrier.
Fierabr. (A. P.) 1599.

Ebenso trägt Robastre, ein Freund des Garin, ausser einer
starken *cuirie* (§ 202) noch zwei Panzer:

Deus haubers a vestus, que là dedens porta, Et une fort cuirie
par desseus endossa. Doon de M. 10197.

150. Der heidnische König Haucebier führt d r e i Schilde
und d r e i Schwerter mit sich, daher hat er auch nicht weniger
als d r e i Panzer gleichzeitig auf dem Rücken:

Rois Aucebiers les a devant guiez. Grans fu et forz quinze piez
mesurez; En son dos erent trois bons haubers safrez. Alisc. 6670.

151. Wenn Olivier seinen berühmten Panzer anlegt (§ 143),
so werden ihm ausserdem noch drei andere von einem Diener
nachgetragen:

Autre telz trois en portaist un seriant. Gir. de V. 2088.

152. Die Riesen haben naturgemäss ungeheuer grosse
Panzer; Orgileus' und Agrapart's Rüstungen sind 14 Fuss lang
und so breit, dass drei gewöhnliche Sterbliche hineintreten
können:

Un hauberc vest plus blanc que flor de pré; Quatorze piés ot
de lonc par vreté; Ens le largece pueent trois homme entrer.
Huon de B. 6289. 5000.

Der bereits genannte Halsberg des Rainouart, welcher ihm
angemessen ist, ist für jeden Anderen zwei Fuss zu gross und
misst in der Breite eine Klafter!

Puis vest l'auberc, tout de fin or safrés; . . . . . N'a si grant
homme de ci en Balesgués N'en trainast deus grans piés me-
surés, Et une toise fu bien par les flanslés; A Rainouart estoit
amesurés. Alisc. 8001.

Von demselben Halsberg heisst es an einer anderen Stelle:
En la largece puet deus hommes entrer. ib. 4560.

153. Eine wunderbare Eigenschaft besitzt das Panzerkleid
des Aymeri de Narbonne, welches in einem Schatze zu Rom
gefunden wurde:

En son dos vest un blanc auberc safré: En un tresor à Rome fu
trové; Qui la fleror en sent el tens d'esté Ou en iver, quant
il est eschaufez, De Paradis li poroit remenbrer. M. Aim. 1054

III. Teile des Panzers.

1. La coiffe.

(*Vgl.* Schultz II. p. 42. Viollet-le-Duc V. p. 282.)

154. Die *coiffe, quoife, queffe* (Hug. Cap. 4966), *cufie*
(Prise de P. 3480), vom ahd. *kupfja*, lat. *cuppa*, ist derjenige

Teil des Halsbergs, welcher über den Kopf gezogen wird, also die Unterlage für den Helm bildet. Auch sie ist aus Ringen geflochten :

> Fort fu la coiffe, que maille n'en desment. Aub. le B. p. 144, 22. — Qui ont vestu les blans haubers dobliers, Desor les coiffes les vers heaumes lacies. Cor. Looys 1512. — *Ferner:* Aub. le B. p. 144, 22; p. 145, 4. Chev. Og. 5618. Gar. Mongl. 31 c. Huon de B. 1904. M. Aim. 2330.

155. Die Ringe der *coiffe* (mhd. *das hersenier*) sind dieselben wie die des übrigen Panzers (§§ 122. 123):

> La blanche coife de la broigne sartie. Gayd. 9146. — Ains la coife de fer ne li valt un denier. Gar. Mongl. 13 a. — *Ebenso:* Gayd. 6712. Doon de M. 5073. Gaufr. 3855.

156. Dass diese Panzerhaube am Halsberg selbst befestigt ist und nicht einen getrennten Teil desselben bildet, geht aus einer Stelle des Doon de M. deutlich hervor. Um etwas frische Luft zu schöpfen, nimmt Doon den Helm und die *ventaille* vom Kopfe resp. Gesicht herunter, die *coiffe* aber wirft er über die Schultern zurück :

> Sus ses espaules a sa coife arier geté. Doon de M. 4353.

157. Wenn der Helm des Ritters schon durchhauen ist, bewahrt ihn oft noch das Hersenier vor dem sichern Untergang. In dieser Funktion wird desselben sehr oft Erwähnung gethan :

> Grant cop li donne dou branc qui fu letrés, Le sorcil coupe et le cercle doré: Grant fu li cous, Bernars fu estonnés, Ne fust la coiffe du blanc haubert safré, Mien escient, jà l'eust afiné. Gar. Loh. II. p. 191, 4. — La blanche coiffe du blanc haubere saffré, Le cop retient du bon branc aceré. Herv. Mes 6, 5. — *Ferner:* Alisc. 5181. 6957. Chev. Og. 5315. Doon de M. 5073. 7145. Fierabr. (A. P.) 5815. Gar. Mongl. 12 d. Gayd. 2768. Gir. de V. 700. Raoul de C. 2824. 2843. 4464. 4545.

In allen diesen Stellen ist der Ausdruck *ne fust la coiffe* . . . . . fast zur stehenden Redewendung geworden.

158. Da es jedoch auch vorkommt, dass die *coiffe* doch nicht genügenden Schutz für das Haupt bietet, so wird dieselbe zuweilen auch gepolstert oder die Ringe werden verdoppelt :

> Quant aviés çaint l'espée forbie, L'elme lacié sor la coife sarcie. Raoul de C. 3672. — Coiffe double, doublentin: Gar. Mongl. 31 c; 61 d.

159. Um die *coiffe* festzusetzen, bedient man sich seidener Schlingen :

> Son elme lace, s'a la coiffe bendée A treize las d'une soie goutée. Alisc. 2017.

160. Auch die *coiffe* wird mit *safre* überzogen; als Schmuck finden sich Niello-Ornamente *(niel, noel* lat. *nigellum)*, das sind schwarze Zeichnungen auf Gold- oder Silbergrund:

L'iaume li tranche et la coiffe saffrée. Gayd. 7919. — Des blanches coiffes, dont blanc sont li nool. ib. 6712. — *Ferner*: Doon de M. 5169. Hug. Cap. 5559.

161. Ren. de M. zufolge ist das türkische Hersenier besonders berühmt:

A la coife turcoise li brans jus avala. Ren. de M. p. 434, 1 ; p. 439, 9.

und der Dichter des Gar. Mongl. lässt eine gute Harnischkappe aus Noble stammen (cf. § 256):

Mais la coife de Noble ne li fist mie faille. Gar. Mongl. 31 c.

2. Le clavain.

(*Vgl.* Viollet-le-Duc V. p. 278).

162. Ist die Panzerhaube nicht mit dem Halsberg verbunden, so wird sie *clavain* genannt. Dass die so bezeichnete Kopfbedeckung einen besonderen Teil der Rüstung bildet, geht z. B. aus folgenden Stellen hervor, wo sie neben dem ganzen Panzer oder der Brünne aufgezählt wird:

Maint haubere desmaillié, maint clavain derrompu. Bueves de C. 1557. — Se desarma Carllon de suen brand acerin Et d'eome et de clavein e d'aobers dopletin. Prise de P. 443. — *Ebenso:* Bueves de C. 3455. Doon de M. 3992. Fierabr. (A. P.) 1009. Gar. Mongl. 35 d. Gaufr. 1189. Otinel 1123. Par. la duch. 2477. Prise de P. 3190. 3278. Syr. 44.

163. Auch dieses Rüstungsstück ist ebenfalls entweder aus Ringen geflochten oder aus Stahl verfertigt:

Et haubers et clavains desrompre et desmaillier. Gar. Mongl. 35 d. — Sour le jambaus che fu de velu alexandrin Li vestirent l'aubers eou clevein acerin. Prise de P. 3256. — *Ebenso:* Gar. Mongl. 49 d.

es war auch mit *saffre* gefärbt:

Et le clavain derompre et desafrer. Alisc. 1698.

164. *Clavain* kann auch den ganzen Panzer bezeichnen:

La coiffe li trancha del clavain qui bons fu. Gui de B. 2505. — Claven ot bon et hiaume peint à flors, Targe roonde bundée de colors, Lance trenchant, gofanon orguellios. Agol. (M. B.) p. 181[1]. — Percié li a son claven li meillior, Mort le trebuche entre cinq cens des lor. ib. 184[2].

165. Eine andere Bedeutung muss *clavain* in folgenden Versen haben; etwa = *clou* Nagel? (cf. § 176):

Grant cop li done sus l'elme à or batu, Qu'il li desbare, ne li valt dus festus; De la coife a les clavains descosus. Chev. Og. 11452.

3. Le gambais oder le gambison.

166. Da die Panzerhaube, sowohl *coiffe* wie *clavain*, aus eisernen Ringen oder anderen Metallen besteht, so trägt man unter derselben noch eine weiche, gepolsterte Mütze, *le gambais* oder *le gambison* (got. *vamba* Bauch):

> La coiffe li trancha del clavain qui bons fu; Se ne fust li ganbais que l'enfes ot vestu, ... Jusqu'el neu du braier l'eust tot porfandu. Gui de B. 2505. — La coiffe de l'aubere li rompi et faussa Et puis li ganbison, si qu'el chief le navra. ib. 2536. — *Ferner:* Gar. Mongl. 116 d.

4. La ventaille.

(*Vgl.* Schultz II. p. 44. Viollet-le-Duc VI. p. 353.)

167. Die *ventaille* (vom lat. *ventus*, mhd. *das finteile*) ist ein Teil des Panzers, das ist alles, was sich über dieses Ausrüstungsstück in unseren Epen erkennen lässt. Aus der Art und Weise ihres Gebrauches liesse sich allerdings s c h l i e s s e n, wo und wie dieselbe befestigt wird. A. Schultz konnte aus seiner Figur 16, Bd. II. p. 43 und aus zahlreichen Andeutungen mhd. Gedichte besser herauslesen, was es mit der *ventaille* für eine Bewandtnis hat. »Um das Kinn und die untere Hälfte des Gesichts nach Möglichkeit zu schützen, das Hersenier auch ausserdem fest zusammenzufassen, bediente man sich eines z i e m l i c h b r e i t e n Panzerstreifens, der an der rechten Seite des Herseniers befestigt war, oder vielmehr in gleicher Weise wie die Kapuze gefertigt von derselben herabhing. So lange keine Gefahr drohte, liess man diesen Zipfel des Herseniers frei hängen; wollte man jedoch gerüstet sein, so band man ihn fest in der Art, dass der Panzerzipfel um das Kinn über den Mund fortgezogen, dann an der linken Wange hinaufgenommen und oben auf dem Kopfe mit Riemen befestigt wurde.«

168. Ehe man den Helm aufsetzt, wird die *ventaille* geschlossen:

> Sor la ventaille li fu li hiaumes mis. Gar. Loh. I. p. 168, 4. — Tost et isnelement relaça la ventaille, Puis demanda son heaume, et Sebile li baille. Saisn. LXXII, 2. — *Ebenso*: Aub. le B. p. 139, 30. Doon de M. 2524. 8375. Gar. Loh. II. p. 171, 23. Gar. Mongl. 84 c.

Beim Schwur vor Karl dem Grossen lockern Ferraut und Gui d'Hautefeuille ihre *ventailles*, nachdem sie die Helme abgenommen haben:

> Li dui baron se vont ajenoiller. Lor elmes ostent et font desatachier, Et les ventailles funt un poi alaschier. Gayd. 6536.

Zu der gegebenen Erklärung von A. Schultz passt ferner eine Stelle aus Alisc. die erkennen lässt, dass die *ventaille* das Atmen beschwerlich macht und überhaupt dem Träger ziemlich lästig ist:

> Mais la ventaille ne li vaut pas noer S'il a mestier, por le miex essoufler, Et ke delivres en puiet li ber aler. Alisc. 4568.

Als in demselben Epos Guillaume sich Guiborc zu erkennen geben will, lässt er zuerst die *ventaille* fallen und lüftet dann den Helm:

> Ot le li quens, lait la ventaille aler, Puis haut leva le vert elme gemé. »Dame, dist il, or poés egarder.« ib. 1661.

169. Das spätmittelalterliche Visier entsteht durch eine Vergrösserung der *ventaille* über das ganze Gesicht hin (oder durch die Verbreiterung des Nasenbandes am Helm, § 272). Der Dichter des Gaufr. kennt bereits das Visier:

> Nasier premerain va Robstre assener Dessus son elme amont qui tant reluisoit cler, Que le flours et les pierres 'en fet jus avaler; Mez le heaume fu bon, que ne le pot fausser. Contreval la visière prist la hache à couler, La topase devant a fet jus devaler. Gaufr. 3469.

170. Berücksichtigt man folgende Zeilen aus Fierabr. (A. P.), so muss man die *ventaille* für einen ziemlich schmalen Panzerstreifen halten:

> Pardesous la ventaille gist sa barbe mellée, Dusques sur le braier, blance comme gelée. Fierabr. (A. P.) 4686. — Par desus la ventaille fait sa barbe lacier, ... Contreval li pendoit jusque au neu du braier. ib. 5677.

171. Das Festbinden der *ventaille* lässt der Dichter gern ein schönes Mädchen oder die Geliebte des Ritters besorgen:

> La ventaille li lace Mabille en sospirant, La plus belle pucele de cest siecle vivant. Gar. Mongl. 36 b. — *Ebenso*: Alisc. 4568. Doon de M. 10714. Otinel 352.

172. Eine sehr kostbare *ventaille* wird dem Otinel von den ihn ausrüstenden Jungfrauen umgebunden; sie hat einen faltigen Besatz aus Seide, mit Niello-Ornamenten (§ 160) und übergoldeten Verzierungen ausgelegt:

> En la ventaille ot un riche fressel, E fet fu de soie, d'or furent li noiel. Otinel 355.

Ueber *plois* als Teile der *ventaille* siehe § 188.

5. La caveche.

173. A. Schultz II. p. 46 Anm. 1 weiss dies Wort, das sich nur in Huon de B. findet, nicht zu erklären; es bedeutet meines Erachtens die Oeffnung im Halsberg, durch welche man beim Anlegen der Rüstung den Kopf steckt; die Etymologie weist auch auf *caput* hin. Im genannten Epos kommt *caveche*, *kavece* drei Mal vor, jedoch immer in derselben Redewendung:

> Je li toli, par mon cief, cest ostel, Et avuec çou un bon auberc safré. Il n'est nus hom qui de mère soit né, Se il pooit ens le kavece entrer, Qui ja par armes peust estre matés. Huon de B. 5053. — L'auberc osta k'il avoit endossé, ... Ens la caveche li est Hues entrés. ib. 5091—95. — Le hauberc prent qui fu legiers asés, ... Ens le caveche li est Hues entrés Que ne li fu ne trop lons ne trop lés. ib. 6453—58.

6. Le clavel oder la clavele.

174. Auch dieses ist ein bis jetzt noch nicht aufgeklärter Ausdruck; A. Schultz a. a. O. erwähnt denselben gar nicht; Littré »Dict.« sub *claveau* (Etym.) setzt *clavel* gleich *clou*; Godefroy erläutert es mit *»anneau du haubert«*. Was soll aber der Ring des Halsbergs heissen? Der *clavel* ist zudem nicht allgemein ein Teil des Halsbergs, sondern speziell ein Teil der *coiffe* resp. des *clavain*.

P. Meyer im Glossar zu Raoul de C. erklärt *clavel*, das ihm übrigens mit *clavain* identisch ist (cf. Croisade contre les Albigeois II. p. 229), für *une sorte de pèlerine de mailles qui était fixée au haubert*, während Le Glay in seiner Ausgabe des Raoul de Cambray sagt, indem er ebenfalls *clavel* und *clavain* identifiziert: »je pense qu'ici c'est la cheville de métal, qui, passée dans une serie d'anneaux, serroit et fixoit le haubert sur la poitrine«.

175. Die letztere Auffassung scheint mir die am meisten befriedigende zu sein; jedesfalls steht es fest, dass der *clavel* einen Teil der Kopfbedeckung bildet:

A icest mot va ferir le dansel; Que de son cief abati le cerclel,
Et de sa coiffe fist fuucier le c l a v e l. Aub. le B. p. 146, 7.

Auch folgende Zeile ist beweiskräftig für diesen Punkt, wenn man nicht an Bormans' Korrektur *clavain* — statt des unverständlichen *clasain* — Anstoss nimmt:

Cil fn armez d'un c l a v a i n à c l a v e l. F. C. Borm. 73. — *Ferner*:
Fierabr. (A. P.) 838. F. C. p. 159. Gui de N. 1429.

176. Für die Ansicht Littré's *clavel* = *clou* sprechen vielleicht die folgenden Stellen:

Lor elmes ostent, dont d'or sont li cercel, Et lor v e n t a i l l e s,
dont d'or sont li c l a v e l. Gayd. 4492. — Et de l'auberc li rompi
le c l a v e l. Raoul de C. 2768. 4650. — Si vont ferir un paien, Thymolet,
L'uns en l'escu, enz en premier chantel, L'autre en l'auberc, dont
d'or sont li c l a v e l. Roncev. 2161. — De lor h a u b e r s rumpirent
li c l o u et la c l a v e l e. Saism. CCLIII, 7.

177. In Gui de N. wird ein Mal *clavel* als Bezeichnung des ganzen Panzers gebraucht:

Ne lez pot garir biaume ne escu ne c l a v e l. Gui de N. 1429.

178. Das Verbum *desclaveler* bedeutet nicht etwa »des *clavel* berauben«, sondern allgemein »zerstören, zu Grunde richten:

Et li c h e i r c l e malmis et si d e s c l a v e l é s. Doon de M. 5085.

Diese *cercles* sind die Spangen des Helmes, cf. § 276.

Et le p a n del hauberc desront et d e s c l a v e l e. Ren. de M. p.
242, 17. — *Ebenso*: Cov. Viv. 615. 1595.

Auch das synonyme *desclaver* findet sich, (cf. Förster, Elie de S. G. Anm. zu Vers 1038):

> Son auberc li desrunt e li desclave. Gir. de Ross. 1280.

und ein Mal *desclavaigner*:

> L'escu li perce, l'auberc li desclavaigne. Cov. Viv. 1368.

7. Die Rockschösse.

179. Die Rockschösse des Panzers werden *les pans*, *les girons* oder *la gironnée* (vom mhd. *gêren*) genannt; das Panzerkleid ist soweit aufgeschnitten, dass der Ritter bequem zu Pferde sitzen kann. Die Schösse selbst werden genau so hergestellt wie das ganze Kleid; dass einer derselben oder beide vom Halsberg abgetrennt werden, kommt sehr häufig vor:

> De son osberc li ad los pans rumput. Rol. 1558. — De son haubert a le pan desrompu. Otinel 1664. — *Ebenso*: Rol. 3466. 3571. Chev. Og. 5523. Fierabr. (A. P.) 1296. 1374. Gayd. 1612. 3248. 6653. Gir. de V. 2911. Huon de B. 1911. Raoul de C. 2591. 4670. Ren. de M. p. 242, 17; p. 242, 36. Roncev. 1470.

180. In Huon de B. und Ren. de M. werden der vordere und der hintere Rockschoss unterschieden, die Teilung des Gewandes wird also nicht wie heute durch Einschnitte vorn und hinten bewirkt, sondern auf beiden Seiten:

> L'auberc osta k'il avoit endossé, Puis prent celui c'on li ot aporté. Le pan devant laissa aval couler, Chelui derriere contremont a levé. Huon de B. 5091. — Le hauberc prent qui fu legiers asés, Le pan deriere contremont a levé, Chelui devant lassa aval coler. ib. 6454. — Par derrière s'en torne li bons brans contreval; Le dossel del hauberc li ronpi et copa, Et le pan de derrière à l'espée enporta, Et les deus esperons à fin or li trancha. Ren. de M. p. 242, 35. — *Ebenso*: Mac. 3082.

Ein anderer Epiker redet von den beiden »Seiten« oder »Teilen« des Halsbergs:

> Jambez et piez et esperons doré Estoint en l'esve au bon duc honoré Et les deux pars de son haubert saffré. Aq. 1792.

181. Für *les pans*, *les girons* kommt auch *la gironnée* vor:

> Du bon haubert consuit la gironnée. Otinel 556. — *Ferner*: Gaufr. 3841. Mac. 3082. Otinel 1880.

In Saisn. wird der Panzer auch *haubert gironé* genannt: Saisn. CLVII, 60; CCLXXXIV, 42.

182. Auch die Rockschösse sind mit *safre* gefärbt, (cf. § 132):

> De sun osberc les dous pans li desaffret. Rol. 3426. — E halberc duble al piz, dunt saffré sunt li pan. Horn O 1415.

183. Wird der Halsberg beschädigt, so wird er gewöhnlich *despenné*, *depané* genannt, was allgemein als »zerrissen, zerschlagen« aufgefasst wird; sollte es nicht eher »der *pans* berauben« bedeuten? Auch nach Godefroy's Citaten wird es nur von Kleidungsstücken und zwar meist vom Panzer gebraucht:

Et de lor broingnes tous les pans dépannèrent. Roncev. — *Ebenso:* Doon de M. 1001. 5087. 7103. Gayd. 4061. 5405. Herv. Mes 16, 3. Otinel 557. Raoul de C. 4076. 4433. 4978.

8. Die Aermel.

184. Während die Unterkleider des Halsbergs meist ärmellos getragen werden (§ 200), ist der Halsberg selbst mit diesen Teilen versehen; auch die Aermel sind mit Ringen benäht resp. aus Ringen geflochten:

La manche ataint dou hauberc qu'ot vestu. Gayd. 1725. — La mance del hauberc ne li vaut un bouton. Ren. de M. p. 189, 34. — Il tent le main, li damoisiax de pris, Et li traîtres sor le brac le feri Que trois cents mailles du hauberc li ronpi. Huon de B. 2115.

9. Der Halskragen.

185. Auch der den Hals umschliessende Teil des Panzerkleides, von welchem der Halsberg seinen Namen hat, wird besonders erwähnt: *le coler* oder *les goles*, cf. Godefroy »Dict. de l'ancienne langue fr.« sub *gole.*

Si a saisi Ogier. Par le coler du blanc hauberc doblier. Chev. Og. 5792. — Au coler l'a saisi du blanc hauberc doublier. Fierabr. (A. P.) 3879. — L'aive li est colée par l'auberc doblantin, Si q'an moillent les goles do peliçon bermin. Saisn. CCLXVII, 9.

10. Les plois.

186. Verschiedentlich werden vom Panzer »die Falten« (*les plois*, vom lat. *plicare*) durch einen Schwerthieb abgetrennt; wo dieselben sich befinden, und zu welchem Zweck sie da sind, vermag ich nicht anzugeben. In der Hs. A der Chev. Og. Zeile 11243 werden sie *menu* »klein« genannt:

L'escu li fent, de l'auberc rompt les plois. Gayd. 5245. — Mervelleus cop li done sor son escu adroit, Qu'il li fent et pecoie et del auberc trois plois. Aiol 8364. — Lou sunc parmi les mailes des aubers de deus ploiz Font chaoir à la terre, qui des cors decoroit. Floov. 1169. — *Ferner:* Aiol 9029. Chev. Og. 6857. Gorm. et Isemb. 94. Hug. Cap. 3533. Ren. de M. p. 65, 7; p. 241, 3. Saisn. CXIII, 24.

187. P. Meyer identifiziert *ploi* mit *côté du haubert*, denn die Zeile:

Des albres sunt falsat li catre plei. Gir. de Ross. 5868.

überträgt er folgendermassen:

Les quatres côtés des hauberts sont fanssés.

cf. P. Meyer »Gir. de Ross.« p. 189.

188. Diese *plois* werden auch als Teile der *ventaille* und der *chauces* genannt:

> A tant a oeté l'eaume dont li laz sont d'orfroi, Puis a de la ventaille fait deslacier le ploi. Saisn. LXXI, 13. — Lace ses cauches, à or erent li ploit, Rice est la maille, jà millor n'en verrois. Chev. Og. II 238.

11. Les mameles.

189. Bei einer einzigen Gelegenheit werden als Teile des Panzers genannt: *les mameles*. Mirabel bittet Aiol:

> Ne ostes les mameles de cel auberc doublier. Aiol 6025.

Er thut es aber gleich darauf trotzdem:

> Et oste les mameles del blanc auberc trellis. ib. 6045.

Die *mameles* bezeichnen also einen vor der Brust befindlichen, abnehmbaren Teil des Panzers.

Allerdings wird auch in der Chanson des Saxons dieses Bruststück in Verbindung mit dem Panzerhemd gebracht, doch kann auch ebensowohl die Brust selbst gemeint sein:

> Tant fu forz li hauberz que riens ne li forfait, Par desoz la mamele li a son escu frait. Saisn. XCIX, 13.

12. Le dossel.

190. Das Rückenstück des Panzers heisst *dossel*:

> Le dossel del hauberc li ronpi et copa. Ren. de M. p. 242, 35.

13. Les las.

191. In welcher Weise der Halsberg am Körper befestigt wird, ist nirgends angegeben; nur zwei Mal ist von *las* »Schlingen« die Rede, welche jedenfalls den besagten Zweck haben:

> Puis vest l'auberc ki fu au roi Grifaingne A trente las, n'i a cel ki n'estraingne. Alisc. 5002. — Il li osta la coife del blanc hauberc menu, Les las li a coupé, le cief li a tolu. Gar. Mongl. 32 d.

Weiter unten bei der Brünne werden wir hören, dass der Panzer an den beiden Seiten befestigt wird.

IV. Unter- und Ueberkleider des Panzers.

a. Unterkleider.
(*Vgl.* Schultz II. p. 33.)

192. Soviel Sorgfalt man auch auf die Herstellung des Panzers verwendet, so ist doch der Ritter durch dieses Waffenkleid allein am Körper nicht hinreichend geschützt. Gar oft wird der Halsberg vollständig zerschlagen, sodass die Ringe in

Masse zu Boden fallen; dann sind es die Unterkleider, die dem Kämpfenden zuweilen besseren Schutz gewähren als der eigentliche Harnisch.

Ausserdem ist es auch nicht ratsam, den schweren Stahloder Eisenpanzer unmittelbar auf dem Körper zu tragen; wie nötig die Unterkleider schon in dieser Hinsicht sind, zeigt die öfters wiederkehrende Bemerkung:

Camoisiez fu de ses armes porter. M. Aim. 164. — *Ebenso:* Alisc. 1798. Gir. de V. 896. Raoul de C. 1548. 5559.

Ist man aber in grosser Not und Eile, so kann man auch den Halsberg unmittelbar auf dem Körper tragen; es wird aber dann auch besonders erwähnt als aussergewöhnlicher Umstand (cf. § 309):

A sa car nue tint ses haubers doblier. Chev. Og. 8567.

193. Die Zahl der Unterkleider ist nach der Aufzählung bei Schultz keine geringe gewesen, aber die Dichter sind in der Beschreibung derselben meist sehr ungenau, d. h. sie führen einfach den Namen des Kleidungsstückes an, ohne sich auf weitere Einzelheiten einzulassen.

Von Unterkleidern, bei welchen ausdrücklich gesagt ist, dass der Panzer darüber getragen wird, habe ich sechs verschieden benannte gefunden, abgesehen von der *cuirie*, die wegen ihrer Wichtigkeit besonders behandelt wird.

194. 1) *L'auqueton*, nfrz. *hoqueton*. (Vgl. Viollet-le-Duc VI. p. 131.)

A. Schultz vermutet, dass derselbe orientalischen Ursprungs ist, »vielleicht ein mit Baumwolle wattirtes Unterkleid, da arab. Al cotn Baumwolle bedeutet«.

Tot li desront le hauberc fremillon, Et trespercha son vermel auketon. Alisc. 376. — Tuit sont fanduit li escut à lieon Et desrompu li hauberc fremilon, Si ke desouz peirent li aqueton. Gir. de V. 2491. — *Ferner:* Aiol 3140. Ans. Mes 83b; 90d. Gayd. 3100. 6400. 6485. 9550. Hug. Cap. 5560. Huon de B. 1888. Saisn. CLXXII, 22; CCXL, 4.

195. Ist A. Schultz's Vermutung richtig und der Name *auqueton* wirklich das arabische Wort für Baumwolle, so ist damit doch nicht ausgeschlossen, dass dieses Kleidungsstück späterhin nicht auch aus kostbareren Stoffen hergestellt worden sei. So trägt Huon ein *auqueton* aus Seide von *Almeria* (§ 106):

En l'auqueton remest Huon, chiere hardie, Qui bien estoit ouvrez de soie d'Ammarie. Hug. Cap. 4058. — Auqueton ot d'un drap de soie chier. Gayd. 3100.

196. 2) *Le gambais* oder *le gambison*. (Vgl. Weiss p. 413. Viollet-le-Duc V. p. 436.)

Ein stark gepolsterter Rock, der bis über die Hüften herabreicht, ist der *gambais*, mhd. *wambeis*, der Wams:

Par tel aïr li cos sur destre devala, L'auberc li derompi, le gambais fendu a. Ren. de M. p. 439, 10. — L'escu li perce, l'auberc li a
fausé, Li gambisons li a petit duré. Ans. Mes 152 d. — *Ferner*:
Gayd. 9247.

Von einem derartigen Rock, welcher mit alexandrinischem
Samt überzogen ist, hören wir in Prise de P.:

Sour le jambaus, che fu de velu alexandrin Li vestirent
l'aubere eou clevein acerin. Prise de P. 3256.

In Gayd. wird von einem zierlich bestickten *gambais* geredet:

Vestent gambais porpoins menuement. Gayd. 9247.

197. Ein einziges Mal findet sich *gambillon*, jedesfalls des
Reimes wegen für *gambison*:

E derriere a son hauberc fremillon, Mais n'a entor forrel ne gambillon. Aliac. 2337.

198. 3) *Le pourpoint* (mlat. *perpunctum*.) Nach Ste.
Palaye ist der *pourpoint* »un justaucorps rembourré et piqué«:

Seur l'espaule descent li bruns ut devala, U mahustre se fiert;
si de droit l'assena Que le hauberc serré li deront et faussa: Ains maile,
tant fu fort, nel tint ni arresta; Mès Do ot un perpoint qui la
char li sauva, Atout chen que l'espée un petit trestourna. Doon
de M. 5122.

199. 4) *La cote.* Einige unserer Helden haben über
dem *auqueton* und unter der *cuirie* und dem Halsberg ein
Kleid, das die Epiker kurzweg *cote* nennen:

Les mailles tranche dou hauberc fremillon, Et la cuirie, la cote
et l'auqueton. Gayd. 9549. — Il l'emporterent el tref au duc Garin,
Il le desarment del blanc haubert treslis, Sanglente avoit la cotte de
en mis. Gar. Loh. I. p. 266, 9. — *Ebenso*: Ans. Mes 145 c. Gar. Mongl. 5 a.

200. 5) *Le bliaut*, ebenfalls ein Rock, gewöhnlich
ärmellos, da die Aermel während des Kampfes im Wege sind;
dagegen ist er mit Rockschössen versehen und kann aus *cendal*,
(ein dem Taffet verwandtes Zeug, cf. Diez, Etym. Wörterb. I.
316 zendale) hergestellt werden:

Si li tolit le blanc osberc legier, E sun blialt li ad tut detrenchiet.
Rol. 2171. — *Ferner*: Gayd. 156. 4228. Huon de B. 5786. Otinel 1710.
Saisn. CLXXXVIII, 21.

In vier von diesen fünf Citaten wird der *bliaut* »gironné«
genannt. Ebenso auch Fierabr. (A. P.) 1821 und Gayd. 600;
siehe unten.

Rollans et li Danois, cil doi l'ont desarmé, Li rois est remes
sengles ou bliaut gironnée. Fierabr. (A. P.) 1820. — L'enfes Guis
de Borgoigne errant se desarma, Desceint le branc et l'iaume et son
escu osta, Si est remès tous sengles el bliaut de cendal,
Très parmi les coutés grans bendes d'orfroi a. Gui de B. 2202. — *Ferner*:
Fierabr. (A. P.) 1926. Gayd. 600. Gir. de V. 895. Saisn. CCLXXXVIII, 27.

Diese sechs Citate gebrauchen fast ganz wörtlich dieselbe
Redewendung: [*il*] *est remes* oder [*il*] *remest sengles* (*saingles*,

sangles) *el bliaut* (*gironné* oder *de cendal*). Nur in Saisn. heisst es einfach: *An son bliaut remest.* Vgl. § 195 Hug. Cap. 4058.

201. 6) *Ein Kleid aus Hermelin:*

En son dos a un ermine vesti, Il vest l'auberc, lace l'elme burni. Raoul de C. 1988. — Chauces de paile qi molt font à proisier, Et ot vestu un bon ermine chier; Camosez fu del bon hauberc doublier, Q'il ot porté en maint estour plegnier. ib. 5597.

La cuirie.

202. Direkt unter dem Halsberg trägt man noch ein besonderes Schutzkleid, *la cuirie* oder *le cuir*, aus dickem, gegerbtem Leder (*cuir boilli*):

Cuirie ot bonne qui fu de cuir boilli. Gayd. 5887.

Die *cuirie* ist von grösster Wichtigkeit, denn es kommt sehr häufig vor, dass, nachdem der Halsberg schon in Stücke zerschlagen ist, die *cuirie* ihrem Träger noch das Leben rettet:

Et va ferir Robastre, moult bien l'a conneu, Sus le hauberc doublier, qu'il li a derompu. La cuirie dessous l'a de mort secouru. Gaufr. 10105. — *Ebenso*: Fierabr. (A. P.) 805 = Fierabr. (B.) 1138. Gayd. 5022. Gui de B. 2475.

203. Wie bereits gesagt, wird die *cuirie* gewöhnlich unter dem Harnisch getragen:

Lors viennent à Robastre, qui vestoit sa cuirie Et endoissoit l'auberc, s'a la hache empongnie. Doon de M. 8274. — *Ebenso*: Ans. Mes 63 b. Fierabr. (A. P.) 613. Gaufr. 838. 10107. Gayd. 9550.

Dieselben Epen erzählen jedoch auch von solchen ledernen Schutzkleidern, die über dem Halsberg getragen werden:

Deus haubers a vestus, que là dedens porta, Et une fort cuirie par dessus endossa. Doon de M. 10197. — *Ebenso*: Gaufr. 2730. Gayd. 6400.

204. In Gaufr. bekleidet sich Robastre, ein französischer Ritter, der Sohn eines Geistes, ein Mal nur mit einer *cuirie*:

Robastre sa cuirie vesti de maintenant, Puis a pris sa cuignie sans nul delaiement. Gaufr. 4285.

205. Ein Lederkleid aus Capadocien kennen sowohl die altfranzösische als die provenzalische Fassung des Fierabras:

Li Sarrazins n'i vaut onques plus demourer Un cuir de Capadoce va en son dos jeter, Il fu blans comme nois, boin fu pour le serrer. Fierabr. (A. P.) 611 = Fierabr. (B.) 1000. — *Ebenso*: Fierabr. (A. P.) 805.

b. Ueberkleider.

(*Vgl.* Schultz II. p. 47.)

206. Um das metallene Panzergewand vor Feuchtigkeit und vor dem Einflusse der Sonnenstrahlen zu schützen, legt man noch ein Kleid darüber an, mit welchem dann auch viel Luxus getrieben wird.

Die mittelhochdeutschen Dichter haben dafür die Namen *kursit* und *wâpenroc*, die altfranzösischen Epen bezeichnen es auf die verschiedensten Weisen.

207. 1) *La cote à armer.* A. Schultz identifiziert seine »*cotte d'armes*« und den unter 3) erwähnten *bliaut* mit dem mhd. *wâpenroc*:

Si desarme le Saisne à force et à vertu De la heaume trelice et de son heaume agu, De la cote à armer, de son vermoil escu. Saisn. CXLII, 5.

Das Waffenkleid des heidnischen Guimer ist genau wie dessen Schild bemalt:

Armes ot bonnes, bien les sai deviser: Escu d'azur, d'argent l'ot fait frazer, A un lyon de goules souzlever; Tout autresi fu sa cote à armer. Gayd. 7140.

Nach derselben Quelle ist das Waffenkleid des Ferraut, welcher unter dem Panzer einen *auqueton* und über demselben noch eine *cuirie* trägt, ähnlich verziert; es ist aus rotem, leuchtendem *cendal*, darauf sind drei Löwen aus geschlagenem Golde gestickt:

Cote à armer d'un cendel de Melant: Plus est vermeille que rose qui resplent, A trois lyons batus d'or, richement. Gayd. 6403.

Der junge Savari hat nach Gayd. 5885 ebenfalls einen *auqueton* unter dem Panzer, eine *cuirie* über demselben und dann einen Waffenrock *d'un dyaspre gaydi.* *Dyaspre* ist ein seidener Stoff, mit Blumen, Arabesken etc. verziert; der Sinn von *gaydi* ist dunkel, Godefroy vermutet, dass es *couleur du jais* (glänzendes Kohlschwarz) bedeute.

208. 2) *La sourveste.* So nennt der Dichter von Prise de P. das Ueberkleid des Panzers, welches aus *paille* (cf. § 45) hergestellt wird und auf dem die Gestalten des Mahommet (§ 65) und des Apolin (§ 66) abgebildet sind:

Quand cil oit remiré la sourveste e l'escu. Prise de P. 2250. — Une sourveste où fu Macon e Apolin Vestirent sour les armes sou zampion paîn. ib 3258. — Une rice sourveste d'un cier paille rosiés Li mistrent sour les armes, e pues le brand letriés. ib. 3280.

209. 3) *Le bliaut.* Der so bezeichnete Rock dient demnach sowohl als Ueberkleid wie als Unterkleid (§ 200); im ersteren Falle reicht er bis zu den Füssen:

Li quens Guillaumes est de l'ostel issus, Sous son bliaut fu ses haubers vestus. Alisc. 2566. — Puis li vest un auberc dont à or est la maille, Par deseure un bliaut qui li pent jusc' à tere. Elie de S. G. 2085.

In Gayd. kommt ein *bliaut de quartier* vor, cf. *escu de quartier* (§ 76):

Bien fu vestus d'un bliaut de quartier. Gayd. 6036.

210. 4) *La chappe.* Die *chappe* bedeutet den mit einer Kapuze versehenen Mantel, dessen man sich auch sonst beim Ausgehen bedient:

Que chascuns soit moult richement armez, Desus les chapes les haubers endossez. Herv. Mes 13, 2. — *Ferner*: Chev. Og. 2714. Herv. Mes 6, 2.

211. 5) *Le gambison*, ebenfalls als Unter- und Ueberkleid dienend (§ 196):

Gautiers s'arma, li vavassore gentiz; Vest un hauberc qui fu fors et trestis, Desors vesti un gambison faitis. Gayd. 4943.

6) *L'auqueton.* Auch der *auqueton* kommt als Ueberrock des Panzers vor (cf. § 194):

Feitez moi tost armer cent de vos compengnons, Et vestir les haubers desouz les auquetons. Gui de N. 968. — *Ferner*: Ans. Mes 145 c. Gir. de Ross. 5253. Saism. LXXXIII, 22.

212. 7) *La gonne.* Zwei Mal ist die Rede von einem Ueberkleid des Halsbergs, das *gonne* oder *gonnelle* genannt wird:

N'i a celui qui n'ait le haubert sous la gonne. Bueves de C. 206. — Soz lor goneles unt braines safrades. Gir. de Ross. 3429.

Dasselbe Ueberkleid pflegt auch auf der sonstigen Kleidung getragen zu werden. cf. Floov. 1770. Raoul de C. 1757.

213. Zuweilen wird das Kleid über dem Panzer mit den Gattungsnamen *drap, cote, robe* bezeichnet. Dass damit dasselbe Kleidungsstück wie die vorhergehenden gemeint ist, beweisen schon die kostbaren Stoffe, die zur Herstellung dienen, und deren reiche Verzierungen:

Or s'arment li baron coiement acelé, Desor les haubers vestent maint rice drap paré, Cascuns ot soz les dras le bon branc acoré. Gar. Mongl. 4 a. — Et vestez les haubers soulz les draps de coullour. Hug. Cap. 880. — D'un drap de soie, qui fu de Bonivent, Estoit covert son haubert jacerant. Otinel 1635. — Guibors li va le hauberc endoser..... Desos sa cote le fist si enforrer, Ke on n'i puet de jor maaille mirer. Alisc. 4558—63. — Avenament se sunt bien conné, Desous les cotes les haubergons bouté. Ans. Mes 101 b. — Cote el moult bonne, plus bele ne verrez, D'un drap tout ynde qui fu à or frezez, A un lyon vermeil enclavinné. Gayd. 6488. — Sous la cote del dos le hauberc vestiroie. Ren. de M. p. 412, 21. — L'ostes li a le haubert aporté, Hervis le vest, li damoisiaux loez, Desoz sa robe l'a pris à endosser. Herv. Mes 6, 4.

214. Endlich trägt man auch Pelze (*pelice, peliçon, peliçon hermin*) über dem Halsberg:

Coupe l'aubert et la pelice grise. F. C. p. 27. — E li trencha son hauberc doblentin, Et un des pans du peliçon hermin. Chev. Og. 2921. — Vestu a le hauberc, et l'hermine endossée. Gui de N. 2763. — *Ferner*: F. C. p. 27; p. 119. Gar. Loh. I. p. 155. Girb. Mes p. 491. Gui de N. 180.

215. Diese Pelze sind mit Rockschössen versehen (cf. oben Chev. Og. 2921), ferner mit einem Halskragen, was Jean Bodel, der Verfasser der Chanson des Saxons, ein Mal bemerkt:

L'aive li est colée par l'auberc doblantin; Si q'an moillent les goles do peliçon hermin. Saisn. CCLXVII, 9.

216. Der Riese Rainouart lässt seinen Panzer, welcher für zwei Menschen breit genug ist, und den er unter einem Ueberrock trägt, so mit Pelz besetzen, dass man keine Ringe mehr sehen kann:

Guibors li va le hauberc endoser. Molt par fu grans, en l'ost n'avoit son per, En la largece puet deus hommes entrer, Quarriaus ne lance n'en puet maaille fauser. Desos sa cote le fist si enforrer, Ke on n'i puet de jor maaille mirer. Alisc. 4558.

C. Die Brünne.
(*Vgl.* San-Marte p. 28. Viollet-le-Duc V. p. 238).

217. »Das Verhältnis der Brünne zum Halsberg ist wohl noch einer genaueren Untersuchung wert,« sagt A. Schultz II. p. 27. Ob sich jedoch aus den vagen Andeutungen mittelalterlicher Schriftsteller dieses Verhältnis jemals wirklich ganz klar feststellen lassen wird, erscheint zweifelhaft. Ein paar gut erhaltene Exemplare dieser beiden verschiedenen Arten von Rüstungen oder auch deutliche Abbildungen derselben vermögen ein ganz anderes Licht auf die fraglichen Unterschiede zu werfen, als hunderte von Citaten und Bemerkungen der Dichter jener Zeit.

Nach Demay »Costume de guerre« ist die Brünne ein Waffenhemd aus Leder oder dickem Zeugstoff, auf welches Metallplatten oder Ringe aufgenäht sind; der Halsberg dagegen besteht aus einem Ringgeflecht, d. h. es sind die Ringe nicht nebeneinander genäht, sondern mit einander verkettet.

Aus dieser Erklärung folgert Schultz mit Recht, dass die ältere Panzerart die Brünne sei, die jüngere und kostbarere der Halsberg. Die Brünne findet sich ja auch schon in der Vie de Saint Alexis 83 a, der Halsberg dagegen noch nicht. Im 12ten und 13ten Jahrhundert können sehr wohl beide Panzersorten nebeneinander im Gebrauch gewesen sein, indem die künstlich geflochtenen Ringpanzer wegen der grossen Kosten ihrer Herstellung nur allmählich neben den genähten, wohlfeileren Panzerhemden Eingang fanden.

Was die Etymologie anlangt, so leiten Grimm und Diez das Wort *broigne* (*broinge, broingne, broine, brogne, bronge, bruigne* [Voy. 635], *bruine* [Otinel 969], *brunie* [Otinel 816. Rol. Alexis]; prov. *braine, breine*) vom got. *brunjô*, ahd. *brunjâ* ab, dies von *brinnan* brennen, glänzen. Du-Cange sagt in seinem »Glossarium mediae et infimae latinitatis . . . . .« éd. Henschel I. 787 sub Bron: »Britannis est Mamma, pectus, unde fortassis „Bronia" vel „Brunea", quod pectus tegat«. Näheres siehe Alwin Schultz II. p. 26; San-Marte p. 28.

218. Folgende altfranzösische Epen kennen die *broigne* gar nicht : Agol. (F.), Agol. (M. B.), Auberon, Berte a. gr. p., Char. Nym., Daurel, Doon Borm., Elie de S. G , Enf. Viv., F. C. Borm., Fierabr. (B.), Floov., Girb. Mes. Haym., Huon de B., Mac., Mainet, Mon. G., Par. la duch., Prise de P., Seb.

Bei der Lektüre der übrigen Gedichte sind mir drei unterscheidende Merkmale aufgefallen, von denen die beiden ersteren sicher auf einen Unterschied zwischen Halsberg und Brünne schliessen lassen. So wird die letztere *sartic* „genäht" genannt:

Et fiert Guion sor l'iaume de Pavie, Le cercle cope come pome porrie, La blanche coife de l a b r o i g n e **sartic**. Gayd. 9144. — Rompus est mes bliaus et m a b r o i g n e **sartie**. Gui de B. 60. — *Ebenso*: Gui de B. 2712.

219. Ferner wird ihr das Epitheton *sarcie* »ausgestopft, gepolstert« beigelegt :

De chief an chief l'ait copée et tranchie, Et le giron de l a b r o i g n e **sarcie**. Gir. de V. 2784. — Fiert Oliver sur la b r u i n e **sarzie**. Otinel 969.

Diese beiden Epitheta bestätigen nur Demay's Ansicht über den Unterschied zwischen Halsberg und Brünne.

220. Drittens wird der Umstand erwähnt, dass die Brünne an den Seiten befestigt wird, was mir vom Halsberg nicht bekannt und auch in keiner der einschlägigen Schriften angemerkt ist:

Ses cauches lacha tost, sa broigne a endosée, ... P a r l e s f l a n s l e l a c h a, si a chainte l'espée. Gar. Mongl. 84c.

221. Bei Aufzählungen figuriert zuweilen die Brünne neben dem Halsberg :

Osberc vestuz e lur b r u n i e s dublaines. Rol. 3088. — *Ebenso*: Rol. (G.) 711. CXXII, 6; CXL, 6. Gar. Mongl. 80b. Gui de B. 3610. M. Aim. 2439. Roncev. 2704. (*cf.* Alexis 83a *Hs. P.*)

222. Schultz II. p. 26 zitiert einen mittelhochdeutschen und einen mittelniederländischen Dichter, welche ihre Helden die Brünne über dem Halsberg resp. umgekehrt tragen lassen; von einer Identität beider Sorten Rüstungen kann also keine

Rede sein. Auch im altfranzösischen Epos kommt es vor, dass Brünne und Halsberg zusammen getragen werden:

El dos li vestent une broigne d'acier; Desus la broigne un blanc hauberc doblier. Cor. Looys 632. — Haubers vestus et broignes par doublance. Roncev. 9839. — *Ebenso*: Aub. le B. p. 143, 24. Gui de B. 9610.

223. Andererseits lassen manche Verse vermuten, dass der Halsberg nur der modernere Name für Brünne sei:

Après li traist la grant broigne safrée. Sos le hauberc li fu la chars crevée. Alisc. 1797. — Tel coup donne Espinart en haut desur la broigne, Que haubers ne escus n'i vaut une eschaloingne. Bueves de C. 333. — Grant colp li dune de l'espée trenchant, Enmi le piz, sur cel halbert luisant, La bone bruinie ne false ne n'estent. Otinel 860. — Cil estoit cuens de Biausne soz Dijon. Escus ne broigne ne li vault un bouton, L'escu li fant et l'auberc li desrompt. Roncev. 3196.

Ein Mal werden die beiden Ausdrücke sogar deutlich identifiziert; die alte Rüstung Aiol's, welche er von seinem Vater erhalten hat, wird erst Halsberg, dann Brünne genannt:

El dos li ont vestu l'auberc doublier. Aiol 488. — La bronge c'as vestue est si serée. ib. 526.

224. Ferner lassen sich sehr viele beim Halsberg gebräuchliche Epitheta auch bei der Brünne nachweisen.

Sie besteht aus Ringen, sei es, dass diese auf Leder genäht oder zu einem Flechtwerk verbunden sind:

Vint en la chambre, s'en a tret une broigne, ... Onques espée n'en pot maille derompre. Prise d'Or. 968. — *Ferner*: Rol. 3387. Alisc. 589. Gayd. 7082.

Gute Brünnen sind mit kleinen, zierlichen Ringen versehen und eng verkettet, cf. § 124:

L'iaume li trenche et la broine menue. Alisc. 6475. — La bronge c'as vestue est si serée, Onques por caup de lance ne fu fausée. Aiol. 526. — *Ebenso*: Doon de M. 4760. 8561. F. C. p. 162. Gayd. 7082.

225. Die Brünne wird zuweilen aus einer doppelten Schicht von Ringen hergestellt, cf. § 128:

Si fiert un Turc que sa broigne doubliere Ne li valut pas une fueille d'iere. Enf. Og. 5438. — *Ferner*: Rol. 711 (brunies dublées); 3088 (brunies dublaines). Alisc. 589. Bueves de C. 422.

226. Sie wird *treslie, treslice* genannt, cf. § 129:

Le clavain li trencha et la broigne treslie. Fierabr. (A. P.) 1009. — Tante broigne treslice rompue et departie. Saisn. CCXLI, 12. — *Ferner*: Gayd. 7081. Gui de B. 59. M. Aim. 2925. Saisn. CLXXIII, 41.

227. Sie ist mit *safre* gefärbt, cf. § 132:

Trenchet le cors e la brunie safrée. Rol. 1372. — En son dos a une broigne endosée, Cele au paien qu'il ocist en la prée: Molt par est rice, de fin or est safrée. Alisc. 2013. — *Ferner*: Rol. 1453. 3307. Alisc. 1797. Gar. Mongl. 80b. Gir. de Ross. 3429. 4773. Ren. de M. p. 102,36. Roncev. 2239.

228. Wie beim Halsberg so ist man auch bei der Brünne bemüht, sie reich auszuschmücken, cf. § 135:

El dos li vestent la brogne à or frésée. Chev. Og. 2688. — Ses cauches lacha tost, sa broigne a endosée, De quoi la maille estoit en plusors lius dorée. Gar. Mongl. 84 c.

229. Die Herkunft der Brünne wird nur selten angegeben; Gir. de Ross. 5248 nennt eine Brünne aus »Sain Maisenz« und in Prise d'Or. stammt eine Brünne aus der Schmiede eines Meisters Isaac von Barcelona, von welchem A. Schultz sagt, dass er vielleicht wirklich existierte, (cf. a. a. O. II. p. 6):

Vint en la chambre, s'en a tret une broigne, Cele forja Ysac de Barceloigne, Onques espée n'en pot maille dérompre. Prise d'Or. 969.

endlich kommt auch eine Brünne vor, die von einer geschickten Fee angefertigt worden ist, cf. § 140:

En son dos a une broigne gietée, Par grant maistrise l'ot ouvrée une fée. Gayd. 1049.

230. Von den Teilen, aus denen der Halsberg besteht, finde ich bei der Brünne: *la coiffe, le clavain, la ventaille, les pans* oder *le giron, les plois, les las*; cf. §§ 154—191:

Tranche la coife de la broigne tenant. Alisc. 5961. — *Ebenso:* Gayd. 9146. — La bone broigne ne li vaut un denier. Ne le clavain n'i pot avoir mestier. Otinel 1123. — Lors a moult vistement une broigne endossée, Et la dame li a la ventaille fremée. Doon de M. 10714. — Vest une brunie dunt li pan sunt safret. Rol. 3141. — *Ebenso:* Roncev. 10524. 10611. — De chief an chief l'ait copée et tranchie, Et le giron de la broigne sarcie. Gir. de V. 2784. — De la broigne li ront et les las et les plois. Saisn. CCXXXII, 6.

231. Schliesslich pflegt man auch über die Brünne dieselben Kleider anzulegen wie über den Halsberg: *bliaut, chappe, gambais, cuirie, gonnelle, pelice*; cf. §§ 202—205, 209—214:

Rompus est mes bliaus et ma broigne sartie. Gui de B. 60. — Et lor at comandet qu'aient broignes vesties Et chapes afublées, ceint espées brunies. Voy. 635. — Et la broine del dos li copa à volée Et gambais et curie et la pelice lée. Ren. de M. p. 31, 25. — Soz lor goneles unt braines safrades. Gir. de Ross. 3429.

232. Ganz vereinzelt findet sich die folgende Verwendung des Wortes *broigne*:

De son chapel a la maille fauxée, Ne fust la broigne de la coiffe forrée, Fendu l'eust de si à l'eschinée. Alisc. 6736.

D. Der Helm.*)

(*Vgl.* Schultz II. p. 50. Weiss p. 404—13. San-Marte p. 58 - 80.
Viollet-le-Duc VI. p. 93.)

I. Beschaffenheit des Helmes.

1. Allgemeine Beschaffenheit.

233. Unsere Muttersprache hat den Franzosen in Bezug
auf die Namen von Verteidigungswaffen nicht nur die Ausdrücke für Panzer und Sporen geliefert, sondern auch die Bezeichnung für die ritterliche Kopfbedeckung abgegeben; die
altfranzösischen Epen variieren die Grundform *helme* (von
helen = verbergen, schützen) in den verschiedensten Weisen:
helme, elme, eume, healme, heame, eame, heme (Loh. fol. 114 c
Z. 18), *haume, heaume, heaulme, eaume, come* (Prise de P. 3190),
hiaume, iaume, hyaume, yaume, aume, hiame, hielme, aielme
(Floov. 909), *herme* (Enf. Viv. 430 manusc. 1448), *erme* (Raoul
de C. 472), *esme* (Gir. de Ross. 4954. Herv. Mes 40, 1). Siehe
auch § 208. Das Wort ist femininum, vielleicht nur des Me-
trums wegen, in einer Zeile der Chanson des Saxons:

De la heaume trelice et de son heaume agu. Saisn. CXLII, 6.

234. »Die Form der Helme ist in unserer Zeit, wie überhaupt während des ganzen Mittelalters, eine sehr mannigfaltige;
neue, praktische Gestaltungen dieses so bedeutungsvollen
Rüstungsstückes werden erfunden, aber neben diesen neuen
Erzeugnissen der Waffenschmiedekunst tragen die älteren Herren
noch ihre nunmehr altmodischen Helme, brauchen manche
Unbemittelte was sich bei ihren Vorfahren bewährt, was sie
von denselben ererbt haben.« Bei alledem lässt sich wiederum
aus den Angaben der Schriftsteller die wirkliche Form des
Helmes nicht erweisen. Der ältere Helm bedeckt nur den
oberen Kopf, lässt also Gesicht und Nacken gänzlich frei; nur
das Kinn und untere Gesicht wird noch von der *ventaille* um-
schlossen, cf. § 167. Von den unbeschützten Teilen, Augen,
Nase und Wangen, ist die Nase am gefährdetsten; zu ihrer
Deckung bringt man daher am unteren Helmrand einen Eisen-
streifen an, genau so gross, dass er die Nase völlig deckt. Dies
ist das Nasenband, *le nasal.*

---

*) Beim Helme werde ich in mehreren Anmerkungen auf einige
Epitheta aufmerksam machen, die gleichzeitig beim Schilde oder beim
Panzer vorkommen und noch keine Erwähnung gefunden haben.

Eine bedeutende Verbesserung ist es bereits, das Nasenband über das ganze Gesicht hin zu verbreitern, wobei man auch Oeffnungen für die Augen anbringen muss; — der erste Schritt zur Einführung des spätmittelalterlichen V i s i e r s. Dieser Helm wird *barbière* genannt, findet sich aber nicht im altfranzösischen Epos.

Indem man schliesslich den hinteren Helmteil zum Nacken hinunterreichen lässt, das visierartige Vorderstück dagegen ganz vom Helm abtrennt, ist man der später allgemein üblichen Form des T o p f h e l m e s oder H e l m f a s s e s ziemlich nahe.

Diese Wandlungen der ritterlichen Kopfbedeckung lassen sich aus den Siegeln, Miniaturen etc. mit ziemlicher Leichtigkeit erkennen. Folgen wir nun zur Schilderung der charakteristischen Eigenschaften des Helmes den Angaben unserer Gedichte.

235. Den spitz zulaufenden Helm (*heaume agu, acu*; Schultz II. Fig. 22) kennen folgende altfranzösische Epen:

Rol. 1954. Alisc. 1299. Ans. Mes 83 c; 122 c. Chev. Og. 5305. Elie de S. G. 757. Floov. 392. Gaufr. 7636. 10177. Gorm. et Isemb. 617. Horn 3130. 4463. M. Aim. 641. Raoul de C. 2620. Roncev. 1574. Saisn. CXLII, 6; CCLXXI, 5.

Nicht zu verwechseln mit *agu* ist das Substantivum *agun* »die Spitze«; der Ausdruck *heaume agun* findet sich z. B. in einer Handschrift der Chev. Og.:

Fiert Sadones permi son elme agun. Chev. Og. (ms. B) 1904.

Die Lesart *agun* ist auch gesichert, da der Vers in einer *on*-Tirade steht; das Wort steht also genetivisch, cf. Diez Gram. III², 448.

Sonst wird die Spitze des Helmes mit dem allgemeinen Ausdruck *l'agu* bezeichnet:

Le cheval lesse, qui le fés ot eu. L'agu del heaume est en terre feru. Cor. Looys 1229.

Der runde Helm (*reont*, Schultz II. Fig. 23.) kommt vor in:

Ans. Mes 90 d; 120 c. Fierabr. (A. P.) 3745.; 5451. Gar. Mongl. 68 d. Gayd. 2316. 4671. M. Aim. 1292. Otinel 527. Ren. de M. p. 11,29; p. 201. 26: p. 205,37; p. 260, 10. Saisn. CCLV, 8.

Ein Mal ist die Rede von einem hohen (*hautan*) Helme:

De l'espée le fiert sus el heaulme hautan. Horn 3337.

2. Stoff des Helmes.

236. Die meisten Helme sind natürlich aus unedlen Metallen hergestellt, wie das auch die sehr häufigen Epitheta *vert* und *burni* beweisen; cf. §§ 238, 239; will der Dichter das Material genauer bezeichnen, so nennt er stets den Stahl:

Par desus l'elme est li cos devalés. . . . . . Mais il estoit de fort a chier tempré. Huon de B. 1846. — *Ebenso*: Rol. 2288. 3602. 3926.

Ans. Mes 39 b. Chev. Og. 1302. Doon de M. 6601. Fierabr. (A. P.) 883.
1440. Gui de N. 1101. Ren. de M. p. 133, 5. Saisn. CCLXIV, 22.

Diese Stahlstangen, aus denen der Helm sich zusammensetzt, werden *barcs* genannt:

A mont parmi son elme als ferir Reinier, Que les le m a i s t r e
b a r e a le cercle trenchié. Aiol 7708.

Für das Zerschlagen des Helmes finden sich daher auch
die Ausdrücke *embarrer* und *desbarrer*, die zuerst jedenfalls die
Bedeutung haben »die *barres* vom Helme trennen« und später
auch im weiteren Sinne gebraucht werden:

Parmi le hiaume li vait grant cop donner Que tout li fait e m-
b a r r er et quasser. Jourd. de B. 4058. — *Ferner*: Aiol 529. Aub. le B.
p. 144, 21. Bueves de C. 1420. Doon de M. 2147. 7142. Gayd. 2766.
Gui de B. 2535. M. Aim. 2052. Raoul de C. 4494. 7019. 7784. 7848. 7858.
Saisn. CCLXIV, 22.

Das zweite Verbum *desbarrer* tritt nur in Doon de M.
und Chev. Og. auf:

Un grant coup merveilleus moult tost li rentesa Parmi le h i a u m e
amont, que tout li d e s b a r r a. Doon de M. 5189. — *Ferner*: Chev.
Og. 11453. Don de M. 7269. 8774 (lies *desbaira* statt *desbarta*. Godefroy.)

237. Vereinzelt finden sich Helme aus Leder:

Sil fiert sur sun h e l m e vergie, Que l e s c u i r i e s en abatie. Gorm.
et Isemb. 342. — Grant cop li donne, que li rent le roial, En son
le h i a u m e, que fu fès à esmal, Et q u i r et n a i r s l'en abat contreval.
Aub. le B. p. 142, 26. — *Ferner*: Horn 3368. Betr. *nair* cf. § 33.

aus Elefantenhaut:

Margot feri isi tres durement, L'e l m e li froisse, k e r t d e q u i r
d'o l i f a n t. Alisc. 5754.

3. Farbe des Helmes.

238. Ist beim Halsberg das gewöhnlichste Beiwort *blanc*,
so ist es beim Helme: *vert*. Mit *vert* bezeichnen die altfranzösischen Dichter jene eigentümliche Farbe, welche poliertes
Eisen oder polierter Stahl aufweisen, cf. § 96:

Alisc. 8009. Aye d'Av. 357. 2727. Cor. Looys 1513. Fierabr.
(A. P.) 1475. 4894. Gar. Loh. II. p. 170, 18. Gir. de V. 2865. Girb. Mes
p. 518. Gui de B. 1765. Gui de N. 1101. Herv. Mes 23, 5. Huon de B.
514. 1866. Loh. fol. 25 d Z. 17; fol. 57 b Z. 9. M. Aim. 2052. 2330. Raoul
de C. 6404. Ren. de M. p. 133,5; p. 260, 10. Saisn. CCXXI, 16.

Einige Mal findet sich für *elme vert* auch *elme qui verdie*;
verdoyer hat die Bedeutung *être de couleur vert bronze*:

Va ferir Fierabras s u r l'e l m e q u i v e r d i e. Fierabr. (A. P.) 1007.
— *Ebenso*: Aq. 2906. Fierabr. (A. P.) 5829. Gayd. 1742. — Je le feri tel
cop en trespasant , Amont, sor l'e l m e q u i a l o i t verdoiant. Huon
de B. 1171.

239. Sehr häufig wird der Helm auch *burni, bruni, brun* »poliert« genannt, woraus sich dann die Bezeichnung »braun« entwickelt: [*)

Fiert Pinabel sur l'helme d'acier brun. Rol. 3926. — Il vest l'auberc, lace l'elme burni. Raoul de C. 1989. — *Ferner*: Rol. 3602. Aiol 4640. 4711. Aq. 526. Aub. le B. p. 61,32. Doon de M. 4396. Fierabr. (A. P.) 882. 4894. Gayd. 6996. Gir. de Ross. 809. Gir. de V. 2865. Girb' Mes p. 518. Huon de B. 668. Loh. fol. 25c Z. 19; fol. 53d Z. 27. Raoul de C. 4508. Saisn. XLIV. 5.

Der stahlfarbene und der polierte oder braune Helm sind also die beliebtesten; je einmal kommt auch ein *heaume bis* und ein *heaume noir* vor, (cf. § 96):

Fiert Isoré amont sor l'hiaume bis. Gar. Loh. II. p. 37, 14. — Et ly healme noir plus qu'un viez chaudron. Haym. 400.

4. Schmuck des Helmes.

240. Der Schmuck der Helme ist überaus zahlreich und kostbar, vgl. Anmerkung von P. Paris zu Gar. Loh. II. p. 36, 6.

Der mit Edelsteinen besetzte Helm (*le heaume gemmé*) ist wohl der am meisten genannte:

Trois milliers furent as vers hiaumes gemmés. Raoul de C. 6404. — *Ebenso*: Rol. 1542. 1995. 2288. 2500. 3142. 3306 3616. 3911. Aiol 7145. Alisc. 669. 5061. 8009. Aq. 179. 1678. Bueves de C. 2514. Fierabr. (A. P.) 797. 1093. 1475. Fierabr. (B.) 373. Gar. Mongl. 90c. Gayd. 2775. 4074. Gaufr. 3530. Gui de B. 1765. 2591. Herv. Mes 23, 2 Huon de B. 6543. M. Aim. 1971. 2330. Prise de P. 3190. Ren. de M. p. 35, 16; p. 431, 13. Saisn. CXCVII, 19.

241. Dann folgt der *heaume à pierres et à flors*:

Rol. 1955. Aiol 6822. Alisc. 5180. Doon de M. 5167. F. C. p. 74. Fierabr. (A. P.) 798. 878. 1034. 5814. 5830. Gar. Mongl. 12d; 13a; 32b. Gaufr. 3471. 3851. Gayd. 1743. 2222. Gui de B. 2592. Huon de B. 1847. 1902. Otinel 1471. Raoul de C. 2621. 2841. 4509. Ren. de M. p. 42,9; 209, 29. Roncev. 903. Saisn. CXCVII, 12.

Ein mit Perlen verzierter Helm kommt nur ein Mal vor:

Vait ferir le paien desor son elme à perles. Elie de S. G. 400.

242. Oefters sitzt am Helm ein einzelner Karfunkel (*escarboucle*), welchem die Eigenschaft zugeschrieben wird, selbständig leuchten zu können, oder irgend ein anderer Edelstein (*topas, rubis*):

L'elme li freint ù li carbuncle luisent. Rol. 1326. — Puis laçu l'elme ki fu sarrasinois, Une escarboncle et desus asséois, Par nuit obscure, jù n'estra tant espois, Mil chevaliers armés de lor conrois En conduist-on quatre lieus ou trois: Boins ert li elmes, de verté le sachois. Chev. Og. 11244. — *Ferner*: Chev. Og. 1643. 2966. 6592. F. C. p. 114. Gar. Loh. II. p. 36,6. Gui de N. 1007. Huon de B. 1735. 2071. 6474. M. Aim. 85. 1021. Saisn. CLXXXII, 9. (*siehe auch* Aq. 254.)

[*) Der Dichter des Gir. de V. nennt auch die Tartsche *burnie*:

Mais li brans torne vers senestre partie: Si descendi sus la targe burnie. Gir. de V. 2782.

243. Andere Helme zeigen Krystalle und Amethyste:

E fiert le roi sus son elme à cristal. Chev. Og. 5168. — Des beaumes abatirent l'azure et le cristal. Gar. Mongl. 31 c. — De blans aubers e d'elmes ab aur sartiz, Dunt replent li cristaus e l'aumatiz. Gir. de Ross. 2896.

244. Des Rainouart Helm ist folgendermassen verziert: auf der Spitze sitzt ein Karfunkel, auf dem Nasenband ein Topas und verschiedene, wertvolle Steine auf der Hauptspange:

Uns escarblonqes fu el coig enbrazés Et uns topasces el nasel selées. De rices pieres fu li cercles ollés. Alisc. 8013.

245. Weiter werden genannt: Helme mit Schmelz-Zierraten (*esmail*), cf. § 88:

Alisc. 6495. Chev. Og. 5142. Gayd. 1511. 1545. 1574.

mit Niello-Ornamenten (*noel*)*), cf. § 160:

Gayd. 7011. 7969.

mit Lilien:

F. C. p. 74. Raoul de C. 3454. Ren. de M. p. 143, 9. Roncev. 903.

mit Gold ausgelegt, *heaume doré, heaume à or sarti*:

Doon de M. 5758. 6601. 7141 (*sarchi*). F. C. p. 95. Gir. de Ross. 2896. Roncev. 2625 (*sartirs*).

mit Silber, *heaume à argent*:

Gar. Mongl. 75 a.

mit *safre* gefärbt:

Doon de M. 5192. Fierabr. (A. P.) 1615.

endlich auch ein *heaume à or listé*:

Doon de M. 6597.

5. Le heaume de quartier und le heaume vergié.

246. Analog dem *escu de quartier* kennt man auch einen *heaume de quartier* oder *heaume esquartelé*:

Grant coup li a donné sus l'elme de quartier. Doon de M. 2950. — *Ebenso*: Gir. de Ross. 4954.

Ein mit dem Schwert gegen den Helm geführter Schlag kann eines dieser Viertel vollständig abtrennen; *querre = coin d'un carré*, cf. Ste. Palaye »Dict. hist. de l'anc. langue fr.«, t. VIII p. 502:

Si ruiste cop li a sor son elme feru, Que un quartier en a contre tere abatu. Gar. Mongl. 12 d. — *Ebenso*: Doon de M. 6968. Gar. Mongl. 12 a. Gayd. 1578. Otinel 1487. — Le duc an va ferir sor l'aume principal, Contreval an abat une querre et un mal. Saisn. CCLXXXV, 8. — Mervillous cop li done desor le hiaume agu Amont es maistres quares, qui à or fu batu. Gui de B. 2503. — Fiert lo paien sor son elme luisant, Les meistres quierres en abat par devant. M. Aim 1223.

247. Mit Ruten oder Streifen geschmückte Helme (*vergié, vergier* cf. § 91) kennen folgende französische Epen:

---

*) Ein Mal finden sich diese Verzierungen auch auf dem Schilde: Au col li pendent un escu noielé. M. Aim. 1064.

Aiol. 6821. Alisc. 5179. Bueves de C. 3677. Chev. Og. 2829. Cor.
Looys 592. Fierabr. (A. P.) 833. 877. 4188. 5813. Floov. 338. Gar.
Mongl. 12a; 32b. Gayd. 1683. Gorm. et. Isemb. 342. Raoul de C. 1726.
5008. Ren. de M. p. 71, 1; 209, 28.

Zuweilen sind diese Streifen von feinem Golde:

E a laçat un elme veriat d'aur fin. Gir. de Ross. 5262.
— *Ferner*: Gir. de Ross. 7016.

6. Le heaume luisant.

248. Nicht mit Unrecht mag der Helm »leuchtend,
strahlend« genannt worden sein, wenn man an die
glänzenden Steine denkt, die denselben gewöhnlich schmücken.
(Unter allen Edelsteinen ist es besonders der Karfunkel, der
sich grosser Beliebtheit erfreute, und dem man im Mittelalter
allgemein die wunderbare Kraft zuschrieb, selbständig die
Nacht meilenweit taghell zu erleuchten, und wie die sonstigen
Uebertreibungen alle lauten; vergl. darüber: Aq. 254. Chev.
Og. 1644 (§ 281). 9886 (cf. 286). 11244 (§ 242). Gui de N. 1107.)

Um das Leuchten der Helmoberfläche zu schildern, bedienen sich die Trouvères der verschiedensten Ausdrücke:*)

Fiert le paien sor son elme luisant. M. Aim. 1223. — *Ferner*:
Agol. (F.) 886. Cor. Looys 2466. Doon de M. 8376. F. C. p. 27; p. 74.
Horn 1414. 3184. 3398. 4480. Huon de B. 1101. Loh. fol. 17c Z. 18;
fol. 25d Z. 17. M. Aim. 752. 1118. Otinel 443. 1471. 1519. Ren. de M.
p 35. 32.

Et ces escus et ces elmes luisir. Loh. fol. 32a Z. 28. — *Ferner*:
Loh. fol. 17c Z. 18; fol. 25d Z. 17 (flamboier et luisir). Saian.
XXXIV, 15 (luire et estanceler).

Lace son elme qui luist et reflambie. Chev. Og. 3924. —
Ebenso: Rol. 1326. 3616. Bueves de C. 1519. Doon de M. 2159. Gayd.
6722. Gui de N. 165.

Hyaume à topase qui luist et estencele. F. C. p. 114. —
Ferner: Rol. 3306.

Dont a lachié le hiaume, qui reluist comme glache. Gaufr. 3432.

Amont, el coing del helme, dont li or fin resplent. F. C. p. 95.
— *Ebenso*: F. C. p. 10. Mainet II. 136.

Puis a lacié l'elme que cent libres cousta, Moult est legiers et
fors et grant clarté jeta. Gar. Mongl. 35b. — *Ferner*: Gayd. 3370.
cf. §§ 147. 250.

Chascuns vestu l'aubere et lacié l'iaume cler. Ren. de M. p. 12,3.
— *Ferner*: Rol. 3586. Doon de M. 4954. Gaufr. 3470. Gayd. 1171.

Lors li deslace le hiaume clarion. Gayd. 1805.

Des helmes clers li fous en escarbunet. Rol. 3586.

---

*) Nachträglich sei hier noch bemerkt, dass auch beim Schilde das
Glänzen und Leuchten der Oberfläche durch verschiedene, ähnliche Ausdrücke bezeichnet wird:

Li cos glaça aval desor l'escu luisant. Ren. de M. p 35, 35.
— *Ebenso*: Saian. CCXXI, 15. — à or luisant: Gayd. 4361. 5279. Raoul
de C. 507.

249. Aber nicht nur die vielen Edelsteine auf dem Helme rechtfertigen das Epitheton *luisant*, sondern auch der *safre*, welcher allerdings häufiger noch zur Verschönerung des Panzers dient, trägt dazu bei, der Rüstung ein glänzenderes Aussehen zu verleihen. Der Dichter des Gir. de Ross. erzählt von Girart's Waffen:

L'ober fu gazaranz, l'esmes de carters. Que long resplent li safres per l'aur qu'est mers. Gir. de Ross. 4954.

Ein Mal wird berichtet, dass Ritter ihre Helme mit einem seidenen Ueberzug bedecken, damit die Helme nicht zu sehr leuchten:*)

De chieres guinples de soie d'otre mer. Estroitement ferons nos chiés bender Que ne reluisent li vert el me jemé. M. Aim. 2388.

7. Der Helmbusch.

250. Von einer Zierde auf der Spitze des Helmes ist nur zwei Mal die Rede; Ferron trägt in Gayd. eine Pfauenfeder und der König von Frankreich in Prise de P. einen gekrönten Adler:

Virent les escus d'or luire et restinceler. Gui de B. 3907. — *Ebenso*: luire et estanceler: Saisn. XXXIV, 15. — luire et reflamboier: Gui de B. 403. — luisir: Aiol 3104. Aq. 654. Loh. fol. 17 c Z. 18; fol. 32 a Z. 28.

Un rainsel mist par devant son escu, Que ne reluise li ors et li asure. Raoul de C. 6421.

Fiert en l'escu là où li ors esclaire. Gayd. 7952.

Va ferir Murgaifier, le seignor de Nubie, Sus le pan de l'escu où li ors reflambie. Saisn. CLXXIX, 15. — *Ferner:* Gayd. 9148.

Dez fleurs de lis de Franche le blason qui resplent. Hug. Cap. 3253.

Desor la boucle qui fut gemmée à flor. Pierres i a de diverse luor, Contre soleil ont mult grant resplendor. Roncev. 2808.

Au col li pendent un escu noielé, Pierres et pasmes i gietent grant clarté. M. Aim. 1064.

Endlich sei auch, der Vollständigkeit wegen, darauf hingewiesen, dass der Panzer ebenfalls an drei Stellen mit denselben Epithetis belegt wird:

Grant colp li donne de l'espée trenchant, Emmi le piz, sur cel halbert luisant. Otinel 860. — Tanz blancs osbercs, tantes brunies qui luisent. Rol. (G.) CXXII, 6. *Siehe auch* Gayd. 6403 § 207.

Les hauberts luisent et gectent grant clarté. Aq. 1472.

Als Vorbild aller dieser und der obigen Citate, welche sich mit dem Glanz der Waffen beschäftigen, sind, wie in der Regel, drei Zeilen des Rolandsliedes zu betrachten:

Luisent cil helme, ki ad or sunt gemmet E cil escut e cil osberc safret E cil espiet, cil gunfanun fermet. Rol. 1031.

*) Aus demselben Grunde wird auch über einen Schild in Raoul de C. etwas Laubwerk (rainsel, nfrz. rinceau) gelegt:

Un rainsel mist par devant son escu Que ne reluise li ors et li asurs. Raoul de C. 6421.

A ces paroles ez voz venu Ferron, ... Et sor son elme la coe
d'un paon. Gayd. 9507—11. — Pres la jotre Ysoriés brocc le roy de
France, ... Sus l'eome coroné porte par conoisanco Une agle
coronée propic par demontrance. Chil est empereor de Rome par
certance. Prise de P. 4731—37.

In Doon de M. ist der Helm Kaiser Karls mit einer Krone
geziert:

Sus le chief li lachierent un hiaume à or listé; Une couronne
i ot de fin or esmeré, Qui reluist et resplent et gieto tel clarté Que
li pilier marbrin en ont estenchelé. Doon de M. 6597.

8. Helm am Sattel befestigt.

251. Naturgemäss wird der schwere Helm nur bei den
Vorbereitungen zum Kampfe auf die *coiffe* gestülpt; sonst be-
festigt man ihn am Sattelknopf. Als Guillaume in Aliscans zu
Ludwig zieht, heisst es:

Et quant Do l'a oï, sa ventaille lacha Et le biaume luisant qu'en
sa sele porta. Doon de M. 8375. — Uns haumes pent devant à son
arçon. Alisc. 2336. — Son elme osta, qui fu fais à Mascon, De sor la
selle l'atachu à l'arson. Gayd. 3481. — Lors a son hiaume osté,
sans plus de demourée, Et le pent à l'archon de la sele dorée.
Doon de M. 4350.

In Aiol werden Helm und Panzer während der Reise und
zur Ruhezeit auf Saumtiere geladen, vergleiche §§ 148, 110.

Jedenfalls werden in diesen Fällen die Helme in einen
passenden Behälter gelegt, von welchem jedoch nur die Dichter
des Alisc. und einer Lothringer-Handschrift berichten, (cf. § 268).

9. Aufsetzen des Helmes.

252. Che fu grant courtoisie, bien fait à ramenbrer.
ruft der Dichter des Fierabr. (A. P.) 619 aus, als Olivier dem
Titelhelden den Helm mit den Schnüren festbindet. Sonst besorgt dies ein Knappe:

Thiebaus relace son elme poitevin; Et sa ventaille li lasa uns
meschins. Gayd. 1366.

253. Am liebsten lassen die Epen jedoch diesen Liebes-
dienst dem Ritter von seiner Geliebten oder einem anderen
schönen Mädchen erweisen, cf. § 171:

Rosamonde li caint à son flanc le senestre, Par desor la ventaille li a lachiet un elme, A trente las d'or fin li lache la
pucele. Elie de S. G. 2100. — *Ebenso*: Alisc. 4565. Floov. 909.
Gar. Mongl. 84c. Gayd. 9104. Saisn. LXXII, 3; CIV, 10.

10. Herkunft.

254. Bei keinem Rüstungsstück wird der Ort des Ursprungs
so häufig angegeben als beim Helm; ich habe mir siebenzig

Helme notiert, von denen die Dichter die Herkunft bezeichnen, darunter sind aus **Pavia** allein vierundzwanzig:

Ans. Mes 37 a; 95 a; 121 a. Bueves de C. 1044. Doon de M. 917. Elie de S. G. 915. Enf. Og. 5670. F. C. p. 44. Fierabr. (B.) 1309. Floov. 288. 1178. 1650. Gayd. 2221. 8217. 9144. Gir. de V. 1778. 2777. Gui de N. 167. 1845. M. Aim. 2537. Otinel 189. Raoul de C. 2137. 7817. Saisn. CL, 10.*)

255. Aus **Poitou** stammen neun Helme:

Doon de M. 5853. Gayd. 1306. Loh. fol. 35 b Z. 2; 77 c Z. 3; 78 b Z. 24; 114 c Z. 18. Roncev. 1441. 12910. Saisn. CLXXXV, 31.

Bayern liefert sechs:

Alisc. 587. Ans. Mes 124 c. Fierabr. (A. P.) 1255. Gir. de Ross. 4975. Gui de B. 2576. Ren. de M. p. 432, 35.

Griechenland drei:

Chev. Og. 6798. 6848. Floov. 1166.

(In Chev. Og. 6798 liest die eine Hs.: *elmes adrois*, die andere *elmes grigois*. Ich halte die zweite Lesart für die richtige, da sich auch ib. 6848 *elmes grigois* findet, ein *elme adroit* dagegen weder irgendwo vorkommt, noch auch einen Sinn giebt.)

Aquileja (in Italien) drei:

Aye d'Av. 519. Gaufr. 3837. Gayd. 1053.

Türkei zwei:

Chev. Og. 11223. Ren. de M. p. 164, 16.

Sarazenenland zwei:

Chev. Og. 11244. Horn 1522.

Vienne (in der Dauphiné) einen:

Hug. Cap. 1002 (b.) p. 55.

256. Von den sonstigen, teilweise unverständlichen Ländern und Ortschaften werden genannt:

Afrika:**) Aye d'Av. 357. **Aminois:** Prise d'Or. 324. **Arabien:** Aye d'Av. 2727. **Bisterne:** Floov. 2063. cf. § 106. (paile de Bisterne Floov. 908.) **Burie:** Otinel 958. **Carthago:****) Ren. de M. p. 21, 8. **Castilien:** Mainet II. 136. **Dordone** (*heute* Dordogne a. d. Oise): Agol (F.) 11. **Mascon:** Gayd. 3481. cf. § 312. **Otranto** (Italien): Gayd. 8879. **Persien:** Chev. Og. 12592. **Poitiers:** Saisn. LXVII, 12. (*ms.* R = de quartier). **Provence:** Rol. 3916. **Sarragossa:** Rol. 996. **Senlis** (a. d. Oise): Gar. Loh. I. p. 273, 17. **Slavonien:** F. C. p. 133. **Spanien:** F. C. p. 18. **Surie:** Enf. Og. 2816. **Tyrus:** Gaufr. 3641. **Tudela:** Aub. le B. p. 29, 35.

---

*) Für den Reichtum **Pavia's** im Mittelalter sind folgende Stellen bezeichnend:

Mais a aver emblat n'a en **Pavie.** Gir. de Ross. 1192. — Je nel lairoie por **tout** l'or de **Pavie.** Raoul de C. 4308. cf. Michel »Guerre de Navarre« p. 535.

**) Afrika und speziell Karthago waren also den Franzosen des Mittelalters wegen der Herstellung sowohl guter Helme als auch trefflischer Panzer (cf. § 115) wohl bekannt; die etymologische Verwandtschaft von jaserant und spanisch jazarino entbehrt demnach auch nicht des thatsächlichen Hintergrundes.

257. Karl's des Grossen Helm ist nach Jean Bodel, dem Verfasser der Chanson des Saxons, ein Beutestück von der Eroberung Noble's (cf. § 161), wo er dem König Forré abgenommen wurde:

> Va ferir Karlemaine, qi se fu relevez, Sor l'eaume qi à Nobles fu jadis conquestez, Quant Karles en bataille conqist le roi Forrez. Saisn. CXCVII, 9.

An zwei Stellen werden berühmte Waffenschmiede, welche den betreffenden Helm anfertigten, mit Namen genannt:

> Chascun ot en son dos bon hauberc et doublier, Un hiaume fort et bon, de l'euvre Berenguier, Un fevre poitevin qui moult sot du mestier. Doon de M. 5851. — Franceis fierent et elmes que fest Ginarz. Gir. de Ross. 5290.

258. Endlich seien zwei Helme erwähnt, deren einer von Feen auf einer Meeresinsel mit wunderbaren Gaben ausgestattet wurde, der andere gar von Methusalem, welcher 900 Jahre lebte, angefertigt wurde:

> Il vest l'auberc, si lace l'iaume cler; N'avoit meillor en la crestienté. Fées le firent en une ysle de mer; Un don i mistrent, qui bien iert averez, Quo ne doute arme un denier monné, Fer ne acier, tant i pust on chapler. Gayd. 1171. — El cief li lacent un vert elme jemés, Qui fu Glotaire, sel fist Matusalés, Cil qui vesqui neuf cenz ans par aés. Par artimage fu fais et compassés. Alisc. 8009.

259. In Cov. Viv. wird von einer Stadt Orenge in der Provence erzählt, in welcher die verschiedensten Spezialisten von Waffenschmieden wohnten:

> Girars entra en Orenge, eslessiés, ... En la cité avoit moult de mestiers, Li uns fet heaumes, li autres brans d'acier, Li autre font ces escus entailliez, Li quarz fet seles, li autres fet estriers. Cov. Viv. 979—86.

11. Verschiedenes.

260. Wie bei allen Waffen ist es auch beim Helm von Bedeutung, dass er leicht an Gewicht ist; hat doch der Ritter, wenn er sich in einen Kampf einlässt, gewöhnlich noch drei andere Kopfbedeckungen unter dem Helme, erst das *gambais* (§ 166), dann die *coiffe* oder den *clavain* (§§ 154. 162), schliesslich das *bacinet* (§ 287) oder das *chapelier* (§ 291):

> Puis a lacié l'elme que cent libres cousta, Moult est legiers et fors et grant clarté jeta. Gar. Mongl. 35 b.

261. Von einem Helm, der mit Farbe und Lack bestrichen ist, ist nur ein Mal und zwar in Ans. Mes die Rede:

> Parmi lor elmes ont lor brans si bien mis, Que tout abatent et tainture et vernis. Ans. Mes 17b.

5*

Ferner kommen auch beim Helme die Epitheta *treslis**) (§ 129) und *voltis* (§ 31), aber ganz vereinzelt, vor:

Si desarme le Saisne à force et à vertu De la heaume trelice et de son heaume agu. Saisn. CXLII, 5. — Fiert un paien sor son elme voltis. Enf. Viv. (ms. de Boul.) fol. 62r°, 1. col. Z. 92.

262. Im Rolandslied findet sich folgende Zeile:

Si fiert Naimun en l'helme principal. Rol. 3432.

Den letzteren Ausdruck überträgt Gautier im neufranzösischen Text, ebenso wie Fr. Michel im Wörterbuch zu Horn, mit *princier, de prince*, sagt aber im Glossar unter *principal*, der Sinn des Wortes sei nicht ganz klar. In Horn und Saisn. habe ich ebenfalls einen »fürstlichen« Helm gefunden:

Egfer fiert Hildebrand el heaume principal. Horn 3368. — Le duc an va ferir sor l'aume principal. Saisn CCLXXXV, 8.**)

263. Wie der Panzer, so muss auch der Helm, da er aus unedlen Metallen gefertigt ist, öfters gereinigt und geputzt werden, (*froier, forbir, frotter, esclairier, esclarcir, roller*, cf. § 147):

E, dieus! com il se paine des barons anisier, Des cevals establer et des elmes froier, Et des aubers roller, qu'en avoient mestier. Aiol 7078. — Et mes haubers ne fu piech'a froiés, Ne mes elmes forbis ne esclairiés. Aiol 236. — La veist on maint cheval referrer Et esclarcir tant vert elme gemé. Herv. Mes 23, 5. — *Ebenso*: Aiol 4878. 6465. Chev. Og. 591. Gir. de Ross. 3898. Loh. fol. 66 b Z. 17.

Verhältnissmässig oft wird sonach das Scheuern sowohl des Panzers wie des Helmes in Aiol erwähnt, siehe §§ 147. 313.

264. Auch vom Helme wird zuweilen berichtet, dass er jeder Waffe zu widerstehen vermöge, es sei denn, dass diese selbst gefeit ist, cf. § 145:

Le heaume fu d'achier; tout l'avoit on doré, ... Tant par fu fort et bon, que moult avoit cousté, Qu'arméure ne crient un denier monnaé, Se n'estoit branc d'achier de l'anchiennité, Que fées en eussent si grant éur donné. Doon de M. 6601—7. — *Ferner*: Gayd. 1174. § 258.

---

*) *In Ans. Mes wird auch der Schild »treslis« genannt:*
Son escu torne devant enmi son pis, A bendes fu d'acier fais et treslis. Ans. Mes 80a.

Der Umstand, dass auch Schild und Helm als »treslis« bezeichnet werden, ist insofern von Bedeutung, als er für die Ansicht »treslis« = »dreifach« spricht; siehe § 129 und § 130.

Dagegen spricht wieder eine Zeile aus einer Lothringer-Handschrift:
Haubers ot bon, menuement tresliz. Loh. fol. 26 a Z. 3.

**) *Auch dem Schilde wird in Horn das Epitheton »principal« beigelegt:*
Il est venuz h lui, si l'ad pae un tal En la pene devant del escu principal. Horn O 4770.

Siehe auch Horn 340: rei principal; 370: enfaunt principal.

265. Wie es vorkommt, dass ein Ritter zwei und mehr Panzer auf dem Rücken hat (cf. §§ 149. 150), so trägt bei Jean Bodel ein Sachse zwei Helme auf dem Kopfe:

> Si desarme le Saisne à force et à vertu De la heaume trelice et de son heaume agu. Saisn. CXLII, 5.

266. Das Epos Herv. Mes beschreibt verschiedene, wunderbare Eigenschaften eines Helmes:

> J'ai un jouel que j'ai lonc tanz gardé, Que je conquis sor le roi Salatré. Ce est uns elmes qui moult a grant bonté, En maint estor l'ai je ou moi porté, Mais nus ne set de l'elme la bonté. Quant uns hons l'a ens en son chief posé. Ja n'iert si nuis que il ne soie cler Autresi bien cum soleil en esté! Ancor i a une gringnor bonté, Quant ce devant est derriere torné, On set de voir sanz mençonge conter Quanque on fet en Acre la cité, C'il i a guerre ne grant estor mortel, Et quant uns hons doit en bataille entrer, Il set por voir, ce il sera matez Ou par lui iert li estors afinez. Herv. Mes 40,1.

267. Girart de Rossillon verwendet seinen Helm in der Not ein Mal dazu, Wasser zu schöpfen:

> Done l'aige à un elme non d'autre orcol. Gir. de Ross. 7317.

268. In einer Handschrift des Alisc. ist die Rede von einer *hiaumière*, einem Gefäss zur Aufbewahrung des Helmes:

> Dont véissiés ces haubers desforrés, En ces hiaumières ont les elmes boutés. (Ms. a = ens en ces hinumes.) Alisc. 3473.

Godefroy zitiert im »Dict. de l'anc. langue fr.« einen zweiten Beleg für dieses Wort aus der Montpellier-Handschrift der Lothringer-Geste; er liest jedoch fälschlich *hiaumire* statt *hiaumure*. In der Arsenal-Handschrift finden sich diese Zeilen gar nicht:

> De lor doz traient les hauberz jazerans Et des hiaumures les vers elmes luisans. ib. fol. 166a. Z. 15.

11. Teile des Helmes.

1. Die Schnüren.

269. Der Helm wird auf der darunter befindlichen Kopfbedeckung mit Schnüren festgebunden, deren Anzahl bei besonders wertvollen und reich verzierten Helmen sich bis auf dreissig belaufen kann:

> En contreval pent ses elmes gemés; Li las sont rout, si les a ranoués. Alisc. 669. — L'iaume li ont à quatre las noé. Gayd. 6495. — *Ebenso:* Rol. 3434. Chev. Og. 11854. Cor. Looys 2141. Fierabr. (A. P.) 5451. Horn 3185. Saisn. CLVII, 42. — Desus le capel fist un vert elme fremer, Olivier li ala à trente las fremer. Fierabr. (A. P.) 617. — Bons ert li elmes et richement ovrés; Ne crient cop d'arme un denier mounéé. A trente las li fu el cief fermés. Alisc. 8016.

270. Die Schnüren bestehen nach Schultz gewöhnlich aus Seide; mir sind nur an der *coiffe* ein Mal seidene Schnüren aufgestossen, cf. § 159. Silberne Schnüren werden in Foulque de Candie erwähnt:

> Li helme li estoie, dont li las sont d'argent. F. C. p. 94.

und die Schnüren am Helme des Guiteclin de Sessoigne sind mit golddurchwirkter Arbeit besetzt:

Puis a lacié le heaume don li laz sont d'orfrois. Saisn' CXIII, 4.

271. Für eine andere Bezeichnung der Helmschnüren halte ich die *bendiaus*, mit welchen der Helm des Fierabras versehen ist:

Amont parmi son hiaume li a deus caus donnés, Les pierres en abat, s'a les bendiaus caupés. Fierabr. (A. P.) 1276.

2. Das Nasenband.

272. Die ältere Art der Helme bedeckt, wie bereits gesagt, nur den oberen Teil des Kopfes, lässt aber Gesicht und Nacken vollständig frei; nur zum Schutz der am meisten exponierten Nase schmiedet man an den unteren Rand des Helmes ein festes Eisenband, grade lang und breit genug, um die Nase zu bedecken, wie das die Abbildungen deutlich erkennen lassen. Dies ist das Nasenband, *le nasal, nasel.*

Im altfranzösischen Epos lässt nur eine einzige Stelle aus Otinel erkennen, wo und wie das Nasenband angebracht ist; wir erfahren nämlich, dass es die Augenbrauen unbeschützt lässt:

Girart d'Orliens refiert si durement. Lez le nasal, sor le sorcil devant. Otinel 1196.

273. Das Nasenband muss auch beweglich gewesen sein, also etwa auf- und abwärts schiebbar, denn von dem als Eremiten verkleideten Huez heisst es:

A le voie se mist en baissant le nasal, Car on dist bien souvent ung parler communal: Que tout adez se doute ly hons qui a fait mal. Hug. Cap. 5635.

274. Abgesehen von der häufigen Bemerkung, dass das Nasenband durch einen Schwerthieb abgetrennt wird, z. B. Gar. Mongl. 31 d, Gir. de V. 2866, Otinel 444, beschränken sich unsere epischen Dichter durchgehend darauf, den auf dem Nasenband befindlichen Schmuck zu beschreiben.

Die Nasenbänder sind teils mit Gold:

Helme ad en sun chef, dunt d'or fud li nasal. Horn O 1993. — *Ebenso:* F. C. p. 115. Raoul de C. 484.

teils mit Niello-Ornamenten (§ 160) bedeckt:

Si cum prendre le volt al nasel neelet. Horn O. 4801.

am häufigsten aber mit Edelsteinen geschmückt:

Devant, ens el nasel, reluist une bericle. Aye d'Av. 358.

bericle heisst deutsch Beryll.

U nasel de desus avoit une topache. Gaufr. 3433. — En icel elme ot un nasel d'or fin; Un escarboucle i ot mis enterin. Raoul de C. 484. — *Ferner:* Cor. Looys 2467. Roncev. 905.

275. Ist der Helm mit einem Nasenband versehen, so dient dieses zuweilen als Griff:

Par le nasal del elme le va saisir. Aiol 3302. — *Ferner:* F. C. p. 115. Gir. de V. 790. Horn O 4801.

3. Die Spangen.

276. Der Stahl oder das sonstige Material, aus welchem die Helme gearbeitet sind, wird noch verstärkt und zusammengehalten durch Leisten oder Spangen, afrz. *cercles*, lat. *circulus*. An ihnen besonders soll sich die Wucht des Hiebes brechen:

Desous son elme, si bien l'a consui, Cope le cercle, les pieres abati. Ans. Mes 17b. — Mains hiaumes descerclés, mainte targe fendue. Bueves de C. 922. 1582. 3204. — *Ebenso:* Aiol 7709. Doon de M. 1010. 4396. 5072. 5085. 5191. Fierabr. (A. P.) 900. 1441. Gar. Loh. II. p. 170, 19. Gar. Mongl. 31 d; 90 c. Gayd. 1576. Gir. de V. 1779. 2865. Gui de B. 2578. Horn 3185. Huon de B. 1905. 6544. 8070. Ren. de M. p. 240, 3; p. 434, 24.

277. Diese Spangen sind gewöhnlich ebenfalls aus Stahl:

Cercle d'acier n'i vaut ne c'uns pains de feuquiere. Ren. de M. p. 432, 36.

278. Eine der Spangen, *le maistre cercle* genannt, läuft nach Schultz's Vermutung von einem Ohr zum anderen über den ganzen Kopf, oder auch, was mir ebenso gut möglich dünkt, von der Stelle, wo das Nasenband ansetzt, rücklings quer über den Kopf:

Et fiert Haton sor son elme gemmé. Pierres et flors en a jus craventé, Le maistre cercle li a par mi copé. Gayd. 2751. — *Ferner:* Gayd. 6224. M. Aim. 3822.

279. Am häufigsten beschäftigen sich die Epiker wieder mit dem Schmuck der Spangen. Unter *cercle* im Singular ist dabei die erwähnte Hauptspange zu verstehen.

So heisst es in Doon de M.:

Et l'espée trenchant, que meilleur n'iert jamés, Vers le cheircle eschiva, qui luist comme li rais. Doon de M. 7126.

Die Spangen sind meist mit Gold belegt:

Fierabras d'Alixandre a Olivier feru, Amont parmi son haume où li cercles d'or fu. Fierabr. (A. P.) 1446. — *Ferner:* Aiol 9999. Aub. le B. p. 139, 31. Chev. Og. 1308. 8306. Doon de M. 6942. Gar. Loh. II. p. 37, 15; p. 170, 19. Gar. Mongl. 12d; 90 c. Gaufr. 3850. Gayd. 1054. 9224. Horn C 3185. Raoul de C. 3455. 4085. Ren. de M. p. 434, 24. Saisn. CXXVII, 60.

E un heaume ot el chief ki n'esteit pas frarin, Li cercles environ esteit d'or melekin. Horn C 2945.

Die Handschrift H liest hier: *or melkelin*, was aber jedenfalls die schlechtere Lesart ist, da *melkelin* keinen Sinn giebt, *melekin* dagegen von »melech« kommt, das zwar nicht im Arab.,

wie Michel behauptet, sondern im Hebräischen »König« bedeutet; die arabische Form lautet *malik*. Das Gold wird
melekin genannt, »pour indiquer la superiorité de cet or (cf.
heaume principal § 262), ou plutôt parce que les princes musul-
mans s'en servoient pour certaines de leur monnoies.« (Michel).
Dasselbe Epitheton findet sich noch Horn 937 und 2151; hier
lesen die beiden Handschriften C und O: *or melckin*; in der
letzteren Zeile stimmt auch H mit ihnen überein.

280. Von einer übersilberten Spange wird nur ein Mal
berichtet:

Cel vait ferir sor son helme luisant. Tot le li coupe tresqu'el
cercle d'argent. F. C. p. 27.

281. Auch Lilien und kostbare Steine werden zur Verzierung der Spangen angebracht:

Parmi son elme qui fu à or floris, Trenche le cercle qui fu
à flor de lis. Raoul de C. 2841. — Puis lacha l'elme, mult li fu
avenable; Devant el cercle cinq escarboncles ardent, Par nuit
oscure en puet-on faire garde, Aler en puet en rivière u en cace. Chev.
Og. 1643. — El cercle d'or soixante pierres ierent, La pire
an est esmeraude clamnée. Gayd. 1053. — *Ebenso:* Doon de M. 7127.
Gui de B. 2578. Roncev. 1575.

282. Von der Wichtigkeit, welche man der Hauptspange
beimisst, zeugt der Umstand, dass der Dichter des Gaydon ein
Mal den Ort ihres Ursprungs angiebt:

Trenche le cercle qui fu fais à Dijon. Gayd. 2931.

4. Le coin.

283. Als einen Teil des Helmes nennen die Epen ferner:
le coin, coing, cuing, coig, quig (Chev. Og. 5245), vom lat.
cuneus:

Et va ferir Robastre sus son elme gemés, Que il li a le coing
fendu et entremés. Gaufr. 3530. — Le coig dou hiaume en terre li
feri. Gir. de V. 828. — *Ferner:* Chev. Og. 3306. 5245. Doon de M.
5071. 5168. 7125. Gayd. 9399. Gir. de V. 271. 828. Gui de B. 2419. Herv.
Mes 81,6. Huon de B. 1794. Ren. de M. p. 241, 13. Saisn. LXXII, 17.

Eine Erklärung des Wortes in Bezug auf den Helm findet
sich nirgends, ich halte dafür, dass mit *coin* die Spitze des
Helmes bezeichnet wird, in welcher die Spangen zusammen-
laufen, cf. Schultz II. Fig. 22. Das Epitheton *haut* (= *élevé*),
mit welchem *coin* zusammengestellt wird, scheint mir diese
Auffassung zu bestätigen:

Ses helmes de haut coing et ses brans fu fondus. F. C. p. 68.
— S'ot helme de haut coing, et banste et fer d'acier. ib. p. 92.
— Heaume avera luisant dont li coing sunt baltan. Horn C 1414.

Damit wäre auch die letztere Lesart der Hs. C des Horn
gegen O gerechtfertigt, welche *d'un coig baltan* liest, zumal
Vers 3337 in zwei Hss. der ganze Helm *hautan* genannt wird.

Auch folgende Zeilen sind zu Gunsten von *coin* = Spitze anzuführen:

Puis lace l'elme à l'escarboncle en son, Enseelé avoit el quig amont. Chev. Og. 9886.

284. Gegen die gegebene Erklärung scheint mir jedoch der Umstand zu sprechen, dass öfters von einem *maistre coin* die Rede ist, was doch auf mehrere *coins* schliessen lässt:

Et trait Cortain, si a le roi feru Amont sus l'elme où l'escarboncle fu: Le maistre coig en a jus abatu. Chev. Og. 6591. — Hauce l'espée, tel cop li a doné Amont en l'eaume el mestre coing doré. Cov. Viv. 1788. — *Ferner:* M. Aim 817. 834. 1189. 2816.

Auch wird ein Mal von einer Spitze des *coin* geredet:

Deus lunes ot en son lo coig plantées. M. Aim. 3312.

285. Eine Stelle aus den Lothringern lehrt, dass der *coin* aus massivem Stahl hergestellt wird:

Le coing encontre qui fu d'acier masis. Loh. fol. 55a Z. 25.

286. Auch dieser Helmteil wird zuweilen mit Edelsteinen geschmückt; in Chev. Og. wird wieder von einem Helm erzählt, auf dessen *coin* ein Karfunkel sitzt, der selbständig weithin zu leuchten vermag, cf. § 242:

Puis lace l'elme à l'escarboncle en son, Enseelé avoit ol quig amont, A mie-nuit quant li tans est embrons, Jà si espès ne fera li nuiton, Mil chevaliers conduire en poroit hon. Chev. Og 9886..

Kaiser Konstantin besitzt einen ähnlichen Helm, der früher dem König Judas gehörte:

Si laça l'elme Constantin l'enperere, Quatorze pierres ot el cercle fondées, En or d'Espaigne mises et seelées, Deus lunes ot en son lo coig plantées. Ja n'ert la nuit si oscure mellée, Que l'en en voie entor une ruée; Li rois Judas en ot la teste armée Quant Floevent li copa à s'espée. M. Aim. 3309. — *Ebenso:* Alisc. 8013.

Ueber *ventaille* cf. §§ 167—172.

III. Kopfbedeckung unter dem Helme.

1. Le bacinet oder le bacin.

(*Vgl.* Schultz II. p. 46. Viollet-le-Duc V. p. 157.)

287. Mit der *coiffe* und dem darauf gestülpten Helme hält man das Haupt immer noch nicht hinreichend geschützt; daher wird auf jene Harnischkappe noch ein starker Hut gesetzt, der aus Eisen oder Stahl hergestellt wird, altfranzösisch *bacinet*; das Wort ist wahrscheinlich keltischen Ursprungs, cf. Diez, Etym. Wörterb.⁴ I. p. 34:

Le bacinet d'acier a en deus rompu. Gar. Mongl. 39b. — Amont sor l'elme li a grant cop donné, Pieres et flors en a jus craventé. Desour le coiffe est li brans aretés, Le coiffe trence du blanc hauberc safré, Le hiaume fent, s'a le cercle copé, Le bacinet a par desus outré. Huon de B. 1901. — *Ebenso:* Doon de M. 10200.

288. Andere Dichter nennen diese Haube *bacin*:

Ung chevallier fery par tel devision, Le bachin ly effondre, con s'il fust de laiton. flug. Cap. 3585. — Ne fust li fors bacins, jà l'eust affolé. Ren. de M. p. 431, 17. — *Ferner*: Gaufr. 784. 5468. Loh. fol. 55 b Z. 26.

289. In Herv. Mes werden beide Bezeichnungen ohne Unterschied angewandt:

Le bacinet a en son chief fremé. Herv. Mes 6, 4. — Et les bacins de fin acier trempé. ib. 15, 5. — *Ebenso*: Herv. Mes 6, 3; 13, 2.

290. Wie der ganze Körper des Robastre ein Mal nur mit einer *cuirie* bekleidet ist, cf. § 204, so sein Haupt nur mit einem *bacin*:

Et va ferir Robastre sus son bachin devant, Que pas ne li valut un denier vaillissant. Gaufr. 4292.

2. Le chapelier oder le chapel.

(*Vgl.* Viollet-le-Duc V. p. 265.)

291. Ein *chapelier* aus Eisen oder Stahl erwähnt Schultz gar nicht, und doch findet sich dieser Eisenhut weit häufiger als das *bacinet*. Er vertritt dann die Stelle desselben, hat also seinen Platz zwischen *coiffe* und Helm:

La coife lace, puis mist le capeler. Alisc. 4564. — Fiert le paien desor l'iaume à esmax, Ne lui valut ne coife, ne chapiax, Que à ses piez n'en pende li cervax. ib. 6195. Et par desus la coiffe fremu le capeler Du plus très dur achier que on peust trover. Desus le capel fist un vert elme fremer. Fierabr. (A. P.) 615. — Si fiert Naimun en l'helme principal . . . . . Li capeliers un denier ne li valt; Trenchet la coife entresques à la carn. Rol. 3432. — *Ebenso*: Agol. (F.) 1033. Chev. Og. 2253. 5831. 11481. Doon de M. 4684. Fierabr. (B.) 1476. Gaufr. 4313. Loh. fol. 97 d Z. 7.

292. Die meisten dieser Hüte sind, wie schon bemerkt, aus Stahl; in Doon de M. wird das *chapel* als *agu*, spitz zulaufend, bezeichnet:

En un capel d'achier a su teste boutée. Doon de M. 10716. — Au dur capel d'acier s'est li brans arestés. Fierabr. (A. P.) 1278. — *Ebenso*: Alisc. 4507. Chev. Og. 9333. Fierabr. (A. P.) 615. — Grant coup li a donné sus le capel agu. Doon de M. 2742.

Vereinzelt findet sich ein *chapel de fer*:

Seur le capel de fer li donna si très grant Que trestout le deront et detrenche et pourfent. Doon de M. 2702.

293. Rainouart hat eine solche Kopfbedeckung, die aus Ringen geflochten oder mit Ringen besetzt ist:

Fiert Renouart par molt grant airée; De son chapol a la maille fauxée. Alisc. 6735.

294. Während in Gaufr. die Kopfbedeckung des Robastre ein *bacin* ist, cf. § 290, besteht sie in Doon de M. aus einem *chapel*:

Il lacha son capel, s'a la hache acuisie. Doon de M. 8277. — *Ebenso*: Doon de M. 8516. 10716.

295. Bemerkenswert ist, dass Olivier, nachdem er den Halsberg des Fierabras über den seinigen angelegt (§ 149), einen solchen stählernen Hut a u f seinen Helm setzt:

Puis a mis sor son elme son boin capel d'acier. Fierabr. (A. P.) 1605.

296. In M. Aim. kommt ein *chapel* vor, das mit stahlgrauer *paile* (cf. § 45) überzogen ist:

Son chapel est d'un vert paile de Grice. M. Aim. 1644.

Ueber *vert* siehe §§ 96, 238.

Ein anderer Eisenhut wird *vergier* genannt, cf. § 91:

Par delez lui le bon chapel vergier. Gayd. 9828.

Aymeri besitzt einen purpurnen Eisenhut:

El chief li metent un chapel ostarin. M. Aim. 1552.

über *ostarin* vergleiche Du Méril: »Floire et Blanceflor« im Glossar.

297. Godefroy »Dict. de l'anc. langue fr.« t. II p. 60 nennt das *chapelier* einen Teil des Halsbergs, was aber aus seinen eigenen Citaten nicht ersichtlich ist; das *chapelier* wird immer mit Helm und *coiffe* zusammen aufgeführt, abgesehen von einer einzigen Ausnahme:

Si l'ad feru parmi le chief Que l'helme li ad detronchié E de l'auberc le chapelier. Gorm. et Isemb. 391.

298. Um die Gewalt des Hiebes möglichst abzuschwächen und ausserdem den Kopf nicht durch die Stahlringe der *coiffe* schürfen zu lassen, wird in Aliscans nicht ein Eisenhut sondern ein Hut aus Filz auf den Kopf gesetzt:

Fiert Renoart sor le chapel voltis. Bon fu li feutre qui n'est un point malmis. Alisc. 6610.

Nachträglich sei hier noch bemerkt, dass der Helm in den beiden Bruchstücken Sebile und Syracon nicht erwähnt wird; in den 3482 Versen von Berte a.gr. p. findet er sich erst in der viertletzten Zeile: das letztere gilt auch von der Tartsche (cf. § 2.)

E. Die Beinbekleidung.

I. Les chauces.*)

(*Vgl.* Schultz II. p. 30. San-Marte p. 42. Viollet-le-Duc V. p. 272.)

299. Zum Schutz der Beine trägt der Ritter eine eiserne Hose, *chauces, chausses* vom lat. *calceus*, welche gleichzeitig sich auch über den ganzen Fuss erstreckt, cf. Aiol 1652. Unter

---

*) Es sind nur diejenigen chauces berücksichtigt, bei denen ausdrücklich erwähnt ist, dass später das Panzerkleid darübergelegt wird.

derselben wurde jedenfalls noch eine leichtere Hose getragen, um das Wundwerden der Gliedmassen durch das Eisen zu verhüten.

Nur ein Mal wird die *chauce* als Teil des Halsbergs aufgeführt:

La cauce trenche dou blanc hauberc doblier. Chev. Og. 4259.

Die meisten *chauces* sind aus Eisen (*chauces de fer*):

Gir. de V. 425. Horn 1419. 1996. Par. la duch. 489. Ren. de M. p. 260, 8; p. 425, 18. Roncev. 12517. 12594. Saisn. LXXXII, 17.

300. Dass mit *fer* nicht Eisenplatten sondern Eisenringe wie beim Halsberg gemeint sind, beweisen andere Aussprüche:

Les chauces chauce blanches com flors de prée; La maille en fu com argens esmerée. Gayd. 1017. — Et cauchez ot cauchiez qu'il ot fait drut maillier Et grevez pardeseure qu'il fist aparillier. Hug. Cap. 3233. — *Ebenso:* Alisc. 7997. Chev. Og. 11238.

Greve, welches mir sonst nicht aufgestossen ist, erklärt Godefroy folgendermassen: *espèce d'arme préservative, bottines de fer, armure de jambes.*

Hosen aus goldenen Ringen geflochten besitzt ein heidnischer König in Aliscans:

Ses cauces furent de mervelleuse ovraigne, La maille en est dou plus fin or d'Espaigne. Alisc. 4998.

301. Ziemlich oft wird diese Hose auch aus *paile*, einem seidenartigen Stoffe, hergestellt oder mit diesem bedeckt:

Chauces de paile, qui molt font à proisier. Raoul de C. 5557. — Chauces ot de brun paile et dras de chier bofu. Saisn. LXXXII, 11. — *Ferner:* Aiol 2018. Enf. Viv. 883. F. C. p. 10. Gayd. 161. Gui de N. 184. Prise de P. 3253.

Aiol erhält ein Mal von einem Pilgrim eine Hose aus Scharlach oder scharlachfarbenem Stoff:

Unes cauches en trait, ia millors ne verres, De plus fine escarlate n'ores ia mais parler. Aiol 1675.

302. Auch eine Eisenhose mit silbernen Niello-Ornamenten (cf. § 160) ausgelegt wird erwähnt:

Unes cauces de fier lace à noiaus d'argent. Doon Borm. 3242.

303. Wie der Halsberg so führen auch die *chauces* öfters das Beiwort: glänzend wie die Lilien etc., cf. § 123:

Les chauces chauce blanches com flors de pré. Gayd. 6482. — Lace unes chauces blanches com flors de lis. Lob. fol. 26 a Z. 2. — La chauce trenche qu'est clere com glason. Gayd. 1612. — *Ferner:* Alisc. 7997. Gayd. 1047. Herv. Mes 21,1. Huon de B. 1591. Lob. fol. 62 a Z. 9. Roncev. 12773.

304. Die Eisenhose des Guillaume wird *de sanguin* »blutrot« genannt; an ihr erkennen die Heiden, dass Guillaume nicht zu den Ihrigen zählt.

Et li paien ont vëu son ermin Et les deux cauces ki furent de sanguin. Alisc. 1437.

Ebenda erfahren wir, dass ein Teil der Hose *lanière* heisst, vermutlich ein langer, schmaler Lederrriemen, (mhd. *das lendenier*):

De de sa cauce ert rote la laniere. Alisc. 1446.

305. In Aiol kommt neben den *chauces* noch ein anderes ähnlich benanntes Rüstungsstück vor, *le chaucier*:

De vos cauchiers arons poison asses. Aiol 1034. — Chauches ot de brun paile, cauchiers a listé. ib. 2018.

W. Förster bemerkt nur, dass das Wort als Etymon *calcearium* habe und von *chauces* verschieden sei. Godefroy erklärt es mit *chaussure, soulier*, kennt aber auch innerhalb des altfranzösischen Epos keine weiteren Belege.

Ueber *plois* als Teile der Eisenhose siehe § 188.

II. La jambière.

306. Die *jambière* ist eine über den Unterschenkel besonders angeschnürte Gamasche aus starkem Leder (mhd. *diu beinberge*):

Sour les çauces vermoiles de paile outremarin Li çaucerent primier li esperons d'or fin, E desour dous jambieres d'un cuer de serpentin. Prise de P. 3253. — Fausiron e Justin à armier Timidés se pensaient fortment, e quand li orent çauciés Esperons e jambieres e l'aubers endosiés. ib. 3277.

III. La genouillère.

(*Vgl.* Viollet-le-Duc V. p. 467.)

307. »Für die Kniescheibe sorgte man durch eine passende Eisenschale«, (mhd. *das schinnelier*):

Il vest l'auberc, si a l'iaume lacié. Ceinte a l'espée au pont d'or entaillé. S'out genollieres d'un chier pele ploié. Agol. (F.) 279. — En por le cors estoit li varles desarmes, Fors d'unes genoillieres qu'il a estroit fermé. Herv. Mes 10, 1.

Doch war dieser Knieschutz nicht ausschliesslich aus Eisen, sondern auch aus starkem Leder:

Li cuirs des jointes et des genols rompi. Gayd. 6616.

F. Die Sporen.

(*Vgl.* Schultz II. p. 69. San-Marte p. 43. Viollet-le-Duc V. p. 402.)

308. Die gewöhnlichen Epitheta der Sporen, welche im altfranzösischen Epos ausschliesslich *esperons, esperuns, esporons* genannt werden, sind: *agu, trenchant, molu, poignal*, sämtlich »scharf. schneidend« bedeutend, ferner *massif, bruni* (§ 239), *forbi* (§ 260):

Brochet le bien des a g u z e s p e r u n s. Rol. 1630. — *Ebenso*:
Ans. Mes 83 d. Chev. Og. 12922. Cor. Looys 1199. Jourd. de B. 1911.

Lors broche le destrier d u t r e n c h a n t e s p o r o n. Hug. Cap.
859 (b) p. 49. — *Ebenso*: Aiol 8486. Bueves de C. 212. 2586. Hug.
Cap. 1431.

Les cevalx brocent des e s p e r o n s m o l u s. Chev. Og. 11346.
Forment le broce de l'e s p e r o n p o i g n a l. ib. 5167.

Ataignant broche des e s p e r o n s m a s s i s. Gayd. 2126. — *Ferner*:
Aq. 1013. Floov. 1726. 1892. Loh. fol. 41 a Z. 24. Roncev. 10197.
Le destrier point des esperons b r u n i z (*andere Hs.*: d'or fin).
Loh. fol. 5 b Z. 9. — *Ferner*: Chev. Og. 7715. Roncev. 11293.
Les chevalx poignent de l'e s p e r o n f o r b i s. Aq. 403. — *Ebenso*:
Cor. Looys. 2530.
Le destrier point des e s p e r o n s q u i t a i l l e n t. Jourd. de B. 1090.
— *Ferner*: Chev. Og. 11384.

309. Die Gefährten Ogier's müssen ihre Sporen an den
nackten Füssen befestigen, da während der vierjährigen Belagerung Luiserne's ihre Bein- und Fussbekleidung vollständig
»verfault« ist:

Lors ont l i e s p e r o n s s o r l e s n u s p i é s f r e m é s, Que il n'i
avoit chauce ne housiau ne soller, Tous p o r r i s les avoit li vens et li
orés. Gui de B. 804.

Die meisten Sporen sind aus Gold oder vergoldet (*d'or, doré*):
Rol. 1225. 1506. 1738. 1944. Aiol 627. 6926. Aq. 939. Ans. Mes 103 d.
Bueves de C. 436. Chev. Og. 1249. Doon de M. 5049. Fierabr. (B.) 1757.
3143. Gar. Mongl. 35 b. Gayd. 1622. 3099. Gir. de V. 2376. Girb. Mes
p. 507. Gui de N. 184. Loh. fol. 38 b Z. 4; fol. 87 a Z. 5. Par. la duch.
489. Prise de P. 3254. Ren. de M. p. 35, 22; p. 260, 8.

andere aus Silber (*esperons d'argent*):
Ans. Mes 133 b. Floov. 2487. Gar. Mongl. 37 d. Gayd. 9274. Gir.
de V. 425. Hug. Cap. 3426. Roncev. 12775.

selten aus reinem Stahl (*esperons d'acier*):
Doon de M. 8307. Mon. G. 329.

310. Ueber die Grösse der Sporen kommen keine Angaben
vor; nur von dem Riesen Brehus, einem 17 Fuss hohen Türken,
wird berichtet, dass seine Sporen 4¹/₂ Fuss lang sind:

En s e s p i é s o t f e r m é s d e u x e s p e r o n s, Ki q u a t r e p i é s et
d e m i o n t d e l o n c. Chev. Og. 9896.

311. Das Befestigen und Abnehmen der Sporen besorgt
gewöhnlich ein Knappe; nach Schultz werden die Sporen mit
seidenen Borten befestigt, was in unseren Texten nicht angemerkt wird:

Une esperons à or uns v a l l é s l i c a u c h a. Gar. Mongl. 35 b. —
Ses esperons li caucent d o i d a m o i s e l v a i l l a n t. ib. 36 c. — *Ebenso*:
Aiol 2065.

oder ein anderer, befreundeter Ritter oder ein junges
Mädchen versieht diesen kleinen Dienst:

Ses esperons li caucha P u t e ç a i g n e, C'est uns p a i e n s qui
Damediex soufraigne. Alisc. 5000. — Uns esperons li a chaucé isnel

La damoisele Rossete de Ruissel. Otinel 369. — *Ferner*: Ren. de M. p. 425, 2.

dem Rainouart erweist Bertran diese Gefälligkeit:

Bertrans li a les esperons fermés. Alisc. 8000.

Girars de Viane dem Olivier:

Si li fermeiz les riches esperons, ... Li dus les prist san plus d'arestison, A Olivier les fermait ou talon, Le pié li tient sor l'ermin peliçon. Gir. de V. 2074—84.

311. Diese zuletzt genannten Sporen des Olivier sind besonders wertvoll:

Si li fermeiz les riches esperons: Jes achatai d'un paien Amgon, Doner i fix cent livres de mangon, De riches pieres i uit à grant foison, Ke valent miex de la cit de Mascon, Si com l'istoire devise par raison. ib. 2074.

Berühmt wegen ihrer Herkunft sind türkische Sporen:

Lors broiche le cheval des esperons Torcois. Floov. 1153.

313. Die Sporen Aiol's werden nach dem Gebrauche von einem Knappen sorgfältig gereinigt und geputzt (cf. § 263) und dann an den Schwertriemen gehängt.

Andeus ses esperons a resachiés, Puis les a bien forbis et essuiés, Al renge de l'espée bien atachiés; Là les pora reprendre li chevaliers, Quant il vaura monter sor son destrier. Aiol 2066.

314. In Chev. Og. wird neben den Sporen der *rengillon* oder *rongillon* aufgezählt:

La cauce trenche don blanc hauberc doblier, Le rengillon e l'esperon du pié. Chev. Og. 4259. — En ses piés ot fermés deus esperons, Ki quatre piés et demi ont de lonc, Tot de fin or en sont li rongillon. ib. 9896.

Sainte-Palaye erklärt *ranguillon* mit *ardillon de boucle*, also etwa »Schnallenspitze«; im Neufranzösischen bedeutet es den Dorn einer Schnalle oder den Widerhaken am Angelhaken.

In Girars de Viane wird eine *boucle* von einem Sporn im Kampfe abgehauen:

Tote la boucle don doré esperon Li ait copé reis à reiz don talon. Gir. de V. 2376.

315. Die Stelle am Pferde, die von den Sporen getroffen wird, heisst *esperonal*:

Sanglent en sont li doi esperonal. Chev. Og. 5190. — Jusk'à l'esperonal i fierent à eslais. Ren. de M. p. 18, 27.

Wortverzeichnis.

Die Zahlen verweisen auf die Paragraphen.

vauti, escu v. 81.
velu 196.
ventaille 167—172; 230.
verdic, beaume qui v. 238.
verdoiant, aler v. 238.
verdoyer 238.
vergié, escu v. 91; heaume v. 247.
vergier, chapel v. 296; heaume v. 247.
veriat, elme v. 247.
vermeil, escu v. 95; quartier v. 77, 96.
vermil, escu v. 95.
vernis 11, 33, 49, 261.

vert, escu v. 96; heaume v. 238; paile v. 296.
viennois, escu v. 105; haubert v. 138; heaume v. 255.
vis 102.
visière 169.
voltis, heaume v. 261.
vouti, escu v. 31.
vrenis 33, 49; siehe auch vernis.

Yaume 233.
Ysac de Barceloigne 229.

Verbesserung: S. 16. § 50 streiche Z. 1—4.

Marburg. Universitäts-Buchdruckerei (R. Friedrich).

AUSGABEN UND ABHANDLUNGEN

AUS DEM GEBIETE DER

ROMANISCHEN PHILOLOGIE.

VERÖFFENTLICHT VON E. STENGEL.

LXX.

DIE

ANGRIFFSWAFFEN

IN DEN

ALTFRANZÖSISCHEN ARTUS- UND ABENTEUER-ROMANEN.

VON

VOLKMAR BACH.

Marburg.

N. G. Elwert'sche Verlagsbuchhandlung.

1887.

Meinen teuern Eltern

in liebevoller Verehrung

gewidmet.

Die vorliegende, auf gütige Anregung des Herrn Prof. Stengel unternommene Arbeit über die »Angriffswaffen in den altfranz. Artus- und Abenteuerromanen« gründet sich im wesentlichen auf eine bereits erschienene ähnliche Abhandlung über die »Angriffswaffen ' in den altfranz. Volksepen« von A. Sternberg und hat den Zweck, zu untersuchen, wie sich auf diesem Gebiet der Sprache die beiden grossen altfranz. Sagenkreise gegen einander verhalten.

Während A. Sternberg nächst der Feststellung des Gebrauches sein Hauptaugenmerk auf die Bezeichnungen der einzelnen Waffen richtete, galt es in gegenwärtiger Abhandlung vor allem, den mehr oder minder ritterlichen Gebrauch der einzelnen Waffen und Waffengattungen zu beleuchten, und zugleich auf Grund der Ritterepen ihren Charakter zu bestimmen, um die gefundenen Resultate mit denen A. Sternberg's in Parallele stellen zu können.

Die von A. Sternberg als die natürlichste angenommene Einteilung konnte im wesentlichen beibehalten werden.

Im allgemeinen kann vorausnehmend gesagt werden, dass bezüglich des Gebrauches der vornehmlich angewandten Waffen die Dichtungen der beiden grossen Sagencyclen nicht von einander abweichen und dass bloss die unter 121 und 126 genannten Waffen in beiden verschiedenen Charakter zeigen, dass ferner mancher Waffenarten in den Ritterepen und sogar mehrfach Erwähnung gethan wird, mit denen uns A. Sternberg aus den Volksepen nicht bekannt gemacht hat (vgl. 110, 115, 117, 118, 143, auch das unter 3 und 4 gesagte ist gewissermassen hierher zu rechnen), während das umgekehrte in weit geringerem Masse der Fall ist. Die Abhandlung konnte der culturgeschichtlichen Frage keine grössere Aufmerksamkeit widmen, als geschehen ist, weil Sternberg's Arbeit zu einem Vergleiche herausforderte und interessante Beobachtungen versprach, vor allem aber des Umstandes wegen, dass die Denkmäler aus einem der Zeit nach so eng begrenzten Zeitraum datieren: der ursprüngliche Gebrauch einzelner Waffen liess sich deshalb bloss vermuten, im Laufe der Zeit eingetretene Veränderungen und Vervollkommnungen gar nicht nachweisen. Da mir Sternberg's Arbeit als Vorlage diente, verabsäumte ich bei der Durchsicht der Texte leider gleichfalls, auf die bei den Dichtern gebräuchlichen allgemeinen Ausdrücke für »Waffe«, »Bewaffnung«, »sich bewaffnen« u. s. w. eingehend zu achten. Der Versuch, das Versäumte nach Fertigstellung der Arbeit nachzuholen, gelang in Anbetracht der zum Teil sehr verschiedenen Bedeutung von »conroi«, »garnement« etc. so unvollkommen, dass ich es vorzog die Ausfüllung dieser Lücke einer spätern ähnlichen Abhandlung zu überlassen.

Verzeichnis

der vorliegender Abhandlung zu Grunde gelegten Texte.

Am. et Yd. : Amadas et Ydoine, poëme d'aventure publié pour la pre-
miére fois par C. Hippeau, Paris 1863.
L'Atre : L'Atre Perilleux, hrgg. v. A. Tobler in Herrig's Archiv für das
Studium der mod. Spr. und Litter. Bd. XLII., pag. 135—212
Auc. et Nic : Aucassin et Nicolete, hrgg. v. Herm. Suchier, Paderborn
1881.
Bel. Inc. : Le Bel Inconnu ou Giglain etc. par Renauld de Beaujeu,
poëte du XIII. siecle p. p. C. Hippeau, Paris 1860.
Blanc. : Blancandin et l'Orgueilleuse d'amour, Roman d'aventure p. p.
la pr. f. par H. Michelaut, Paris 1867.
Brun Mont. : Brun de la Montagne. Roman d'avent. p. p. la pr. f. par
Paul Meyer, Paris 1875.
Chastel. : L'Histoire du Châtelain ¦de Coucy et de la dame de Fayel,
p. p. G. A. Crapelet, Paris 1829.
Char. : Li Romans de la Charette p. Chr. de Troyes et Godefroy de
Lugny hrgg. v. Dr. W. J. A. Jonckbloet, Sgravenhage 1849, II. Teil.
Chev. n. esp. : Li chevaliers as. n. espees. Afrz. Abenteuerroman z. 1.
M. hrgg. v. W. Förster, Halle 1877.
Chev. lyon : Li Romans dou Chevalier au Lyon v. Chr. v. Troyes, hrgg.
v. Wilh. Ludw. Holland; 2. Aufl., Hannover, Paris 1880.
Cl. et Lar. : Claris et Laris, ersch. im Verlag des litter. Vereins zu
Stuttgart, hrgg. v. Dr. Alton, 1885.
Cléom. : Li Roumans de Cléomadès, p. Adenès li Rois, p. p. l. pr. f. p.
André van Hasselt, Bruxelles 1865.
Clig. : Cliges von Chr. de Troyes, z. 1. M. hrgg. von W. Förster, Halle
1884.
Durm. : Li Romans de Durmart le Galois. Afrz. Rittergedicht z. 1. M.
hrgg. v. Edmund Stengel im Litter. Ver. z. Stuttgart, Tübingen 1873.
Dolop. : Li Romans de Dolopathos, p. p. l. pr. f. en entier p. M. M.
Charles Brunet et Anatole de Montaiglon, Paris 1856.
Er. et En. : Erec et Enide, hrgg. in der Ztschr. f. dtsch. Altertum v. Moritz
Haupt, Bd. X.
Escan. : Der Roman von Escanor von Gerard v. Amiens, 178ste Publi-
cation des litter. Ver. in Stuttgart hrgg. v. W. L. Holland, Tübingen
1886.
*Ferg. : Li romans de Fergus, hrgg. v. E. Martin, Halle 1872.
Floire et Bl. : Floire et Blanceflore, publ. avec introd., notes et glossaire
p. Edélestand du Meril, Paris 1856.
Fl. et Fl. : Floriant et Florete, a metrical romance of the XIV th cent.
ed. by Fr. Michel (for the Roxburghe Club), Edinburgh 1873.
Geoffr. Gaim. : The anglonorman metr. chronicle of Geoffrey Gaimar, ed.
by Th. Wright, London 1857.
Guill. Pal. : Guillaume de Palerne, publ. p. H. Michelant (soc. d. anc.
text. franç.), Paris 1876.
Joufr. : Joufrois, afrz. Rittergedicht, z. 1. M. hrgg. v. Konrad Hoffmann
& Fr. Muncker, Halle 1880.

1*

† Lai d'Amors, hrgg. v. Gaston, Paris : Romania VII., 407.
† Lai de Doon „ „ VIII., 59.
† Lai de l'Espervier „ „ VII., 3.
† Lai de Guingamor „ „ VIII., 50.
† Lai du Lecheor „ „ VIII , 64.
† Lai de Tydorel „ „ VIII., 66.
Lai de Tyolet „ „ VIII., 41.
† Lai d'Havelock le Danois, abgedr. in: The anglonorman metr. rom. of
    Geoffr. Gaimar ed. by Th. Wright.
† Lais Inédits des XII⁰ et XIII⁰ siecles p. p. l. pr. f. par Fr. Michel,
    Paris 1856 Enthaltend: Lai del Désiré p. 1—37; Lai de l'Ombre
    p. 38—80; Lai du Conseil p. 81—121; Rom. de l'Eschouffle p. 147—154.
† Über die Lais, Sequenzen & Leiche, v. Ferdinand Wolf, Heidelberg 1841.
    Anhang: Lai du Coru und Le Fabliau du Mantel Mautaillié, publ.
    p. l. pr. f. d'après les manuscrits. d'Oxford et de Paris par Fr. Michel.
Mar. de Fr. : Lais der Marie de France, brgg. v. H. Warnke, Halle 1885,
    in Bibliotheca Normannica hrgg. v. H. Suchier, Bd. III. und Poesie
    de Marie de France, poëte anglonormand du XIII⁰ s. p. p. B. de
    Roquefort, Paris 1820.
Mellus. : Mellusine, Poëme relatif à cette fée poitevine composé dans
    le XIV⁰. s. p. Couldrette, p. p. l. pr. f. d'après les Manuscrits de la
    Bibl. impér. p. Fr. Michel, Niort 1854.
*Meraug. : Meraugis de Portlesguez, rom. de la table ronde p. Raoul de
    Houdenc, p. p. H. Michelant, Paris 1861.
† Mess. Thib. : Messire Thibaut li romanz de la Poire, hrgg. v. Fr.
    Stehlich, Halle 1881.
Münch. Brut : Münchener Brut (Gottfried von Mommouth in frz. Versen
    des 12. Jhrh.) z. 1. M. hrgg. v. Konr. Hoffmann und Karl Vollmöller,
    Halle 1877.
Oct. : Octavian, afrz. Roman, z. 1. M. hrgg. v. K. Vollmöller (Bd. III. d.
    afrz. Bibliothek v. W. Förster), Heilbronn 1883.
Parton. : Partonopeus de Blois, p. p. l. pr. f. p. G. Crapelet, 2 vol.,
    Paris 1834.
Perc. : Perceval le Gallois, ou le conte du Graal, p. p. Ch. Potvin, Mons
    1871. 6 vol.
Oeuvres poétiques de Philippe de Remi, Sire de Beaumanoir p. p. H.
    Suchier, Paris 1885. Bd. I. Man. : Roman de la Manckine. Bd. II.
    Jeh. et Bl. : Jehan et Blonde.
Rich. B. : Richars li Biaus, z. 1. M. hrgg. v. Dr. W. Förster, Wien 1874.
Mess. Gauv. : Messire Gauvain ou la Vengeance de Raguidel, poëme de
    la table ronde p. p. C. Hippeau, Paris 1862.
Rom. de Brut : Li Roman de Brut p. Wace, poëte du XII⁰. siècl. p. p.
    l. pr. f. p. le Roux de Lincy, Rouen 1838, 2 vol.
Rom. de Rou. : Maistre Wace's Roman de Rou etc. brgg. v. Hugo Andresen,
    Heilbronn 1879.
Rom. de Trist. : Tristan, recueil de ce qui reste des poëmes relatifs à
    ses aventures p. p. Fr. Michel, London 1835—39.
Sternberg, A., Die Angriffswaffen im altfranzösischen Epos, Marburg 1885.
    Ausg u. Abh. aus d. Geb. d. r. Phil. XVIII.
Viol. : Rom. de la Violette ou de Girard de Nevers, en vers du XIII⁰.
    s. p. p. Fr. Michel, Paris 1834.

    In den mit * bezeichneten Romanen wird nach der Seitenzahl
citiert. Aus den mit † bezeichneten Texten sind, weil sie nichts wesentlich
neues boten, keine Citate erbracht worden.

Angriffswaffen.

Das Schwert.

I. Bezeichnungen des Begriffs „Schwert".

1. Wie von den Dichtern der Volksepen wird auch von denen der Ritter- und Abenteuerromane das Schwert, die edelste Waffe des mittelalterlichen Ritters, zunächst bezeichnet mit *espee*:

Maintenant les espees caingnent, Lor chevaus canglent et estraingnent, Clig. 1311; — Lors a prise la boine espee Au chevalier, si l'a noee Entor lui et commence a dire, Chev. n. esp. 773; — Perc. 4830; — Cl. et Lar. 2012; — Durm. 3000; — Parton. 2014; etc. etc.

dann mit *brant*, *branc*, wenn auch gewöhnlich blos in metaphorischer Weise:

Chascuns ot chaint lé branc d'acier, Durm. 5724. – Caignent brans et pendent escus Et en lor puins espius agus, Blanc. 2391. — Perc. 24709, 32476. — Erec 760. — Cl. et Lar. 15541, 3237. — Chev. n. esp. 476. — Parton. 2241. — Rom. de Rou 7699. – Trist. I., 936, 3958 — Cléom. 1062. – Guill. Pal. 2352. — Ferg. 113, 17. – Joufr. 418, 3220. — Mellus. 1538, 2308. — L'Atre 3648. — Am. et Yd. 1330. — Bel Inc. 1423. — Rich. B. 2591. — Viol. 1772. — Floire et Bl. 691. — Escan. 2765.

2. *espee* ist die weit häufigere Bezeichnung, da unter *branc*, wie weiter unten ersichtlich, sonst meist speciell die Klinge zu verstehen ist. Von sämmtlichen grössern Romanen des Artussagenkreises können aber nur folgende wenige herausgehoben werden, die streng zwischen *branc* »Klinge« und *espee* »Schwert als Ganzes« unterscheiden: Geoffr. Gaim, 5671 ff, Jeh. et Bl. 4051 und Mess. Ganv. 1062 f. Alle andern Denkmäler werfen, so weit *espee* und *branc* überhaupt vorkommen, beide willkürlich durch einander, wofür folgende Beispiele recht characteristisch sind:

A l'arçon ot pendu l'espee; Il n'ot millor en la contree, Car nus ne çaignoit branc d'acier Adont s'il n'estoit chevalier, Blanc. 161. — Au roi Galdas les bras geta, Par la chaienne le saisi A quoi li brans d'acier pendi Que il convoitoit moult forment; A lui le ure telement Que le roi Galdas reversa Seur le cheval, et rompue a La chaienne tout erram-

ment. L'un et l'autre, si com j'entent, L'espee et la chaienne aussi
Enporta, pour voir le vous di, Cléom. 1062. -- Li çaint l'espee, et . . . .
Donna armes et çainst les brans, Am. et Yd. 1330. — Chascuns ot chaint
le bran d'acier, Durm. 5724 und: Maintenant a chainte l'espee, ib. 10130.
— Et empoigne le brant d'acier, Mellus. 1538 und: A deux mains l'espee
empoigna, ib. 1545.

3. Diese beiden Bezeichnungen allein begegnen nach A.
Sternberg, a. a. O., 1,2 in den afr. Volkepen; ausser ihnen
aber finden wir in den Ritterepen, obschon nur an einer Stelle,
noch drittens *espié*:

[Zum bessern Verständnis muss ich auch die voraufgehenden Verse
mit anführen]: Lors covient les lances froer, Il en font les tronchons
voler l'us de .vii. toises contremont. Li chevalier outre s'en vont Sens
hurter et sens derochier, Chascuns a trait le bran d'acier, Tost reguen-
cirent et tornerent, Sor les clers elmes se donerent Gruns coz de lor
espees nues, Sor les escus sunt descendues. Mout s'adamagent et empirent,
Li doi vassal forment s'airent. Quant sunt outre, tost reguenchissent,
Par molt grant fierto s'envaissent. Des poins et des pomeaz se
donent Si granz colz, que trestot s'estonent, Li cercle de lor elmes
froissent, Et lor escu fendent et croissent. Bien sachies, que molt se
travaillent; De lor rois espies qui bien taillent Se fierent sovent
et menu, Grant piece se sunt combatu. Durm. 3531 ff.

espié ist hier zweifelsohne durch die Richtigkeit des Verses
gesichert; es bleibt aber subjectivem Ermessen unbenommen,
wegen der in »*rois espies qui bien taillent*« vorliegenden
Tautologie dennoch Textverderbnis von Seiten des Copisten
anzunehmen und den Vers zu verbessern in »*De lor espees
qui bien taillent,*« was der Richtigkeit des achtsilbigen Verses
keinen Eintrag thut.

Man kann aber von dieser Correctur absehen, liegt doch
die Annahme einer Metapher m. E. nahe, wie wir sie in
unserm deutschen »Speer« haben in Versen wie dem allgemein
bekannten »Sohn, da hast du meinen Speer —«, durch Ver-
mittellung der Zwischenbedeutung Rappier. Das noch heute
in studentischem Gebrauche fortlebende Wort Speer giebt
dieser Annahme Wahrscheinlichkeit.

4. Viertens haben wir noch *glaive*, leider auch bloss
durch ein (event. zwei) Beispiel belegt:

Quant aperçut qu'ele est enceinte, Milun manda, si fist sa pleinte.
Dist li cument est avenu S'onur e sun bien a perdu, Quant de tel fet
s'est entremise; De li iert faite granz justice: A glaive sera turmentee
U vendue en altre cuntree. Ceo fu custume as anciens, Issi teneient
en cel tens, Mar. de Fr., Milun 55. — und event.: Tant sont monte, lor
glaives pendent, Durm. 11649.

Im letzten Falle stimme ich aber nicht unbedingt dafür,
glaive mit »Schwert« wiederzugeben, da es vers 11749 und
ib. 12337: *De glaives fierent et d'espees — Des grosses glaives*

tronçon volent — zweifelsohne als Lanze gefasst werden muss. Könnte also nicht *pendent* falsche Lesart für *prendent* sein? Als dann würde auch hier, wie in den spätern Versen, *glaive* mit *lance* synonym sein, nämlich: sie nahmen die Lanzen in die Hand, für: sie hingen die Schwerter an (den Sattel), wofür kein Grund einzusehen wäre. Grade in Durmars ist auch nirgends vom Führen zweier Schwerter, von denen alsdann eines am Sattel befestigt zu werden pflegte, die Rede. Nur einmal finden wir, dass das einzig mitgeführte Schwert scheinbar ohne Grund am Sattel befestigt war:

Mais il n'a c'une seule espee: Cele est a son arcon noee; Et ciet en un bon ceval noir, Parton. 2981.

Aber auch hier geschah es nicht grundlos, denn Partonopeus ist, wie später erzählt wird, noch nicht zum Ritter geschlagen, darf also auch das Schwert noch nicht umgürten (vgl. hierüber unten 36). Anstatt es so am Halse hängend zu tragen, befestigte er es an dem Sattel, wie auch Blancandin im gleichnamigen Roman v. 161 thut. Hatte der Ritter, völlig gewaffnet, das Streitross bestiegen, dann erst liess er sich vom Knappen die Lanze reichen: Und so möchte ich obigen Vers interpretiren. Die gewöhnliche Bedeutung von *espié* und *glaive* siehe 44 und 48.

II. Teile des Schwertes.

5. Das Schwert zerlegt sich in Klinge und Griff, der Griff seinerseits wieder in den eigentlichen Griff, das Schwertkreuz (gebildet durch Griff und Parierstange) und den Schwertknopf oder Apfel.

6. Die üblichste Bezeichnung für Klinge ist also *branc*, wie in den Volksepen:

Cascuns a trait le branc d'acier, Cler et trençant come rasour, Perc. 24544. — Ainçois a sachiee l'espee, Qui d'or fin estoit enheudee, El branc avoit letres plusor, Li non i sont nostre seingnor, En croiz molt noblement assis, Cl. et Lar. 8803. — L'espee trait, l'escu embrace . . . . Vait le ferir par grant vertus. Que del escu li fent plain pie, Et le hiaume li a trencie Trosqu'en la coife del hauberc. Li brans devale et fait son merc, Parton. 9809. — Rom. de Brut. 10532. - Durm. 10251. — Geoffr. Gaim. 5673. — Er. et En. 8711. — Guill. Pal. 2066. — Jeh. et Bl. 4052. — Blanc. 4224. — Rich. B. 1206 etc.

7. Daneben, jedoch weit seltener, *alemele*:

Li ot au tranchant de s'espee, L'espaule del bu desserve; A l'autre cop soz la memele Li bota tote l'alemele De s'espee parmi le foie, Chev. lyon 4231. — L'un des deus a bien assene, El hiaume li a tel donnee Que le trenchant de l'alemele Li fit entrer en la cervele, Cl. et Lar. 8948. — Dolop. 6116. — Fergus 113,27, 133,6. — Chev. n. esp. 7170. — Bel Inc. 798. — L'Atre 6116. — Escan. 2765, 13100, 16470, 19293.

Vereinzelt schreiben die Copisten *la lemele* für *l'alemele*:

> Et traist de son senestre flans Une espee trençant et bele Dont aussi reluist la lemele Com uns brandons de fu espris, Perc. 41032. — »Et ce que est que ceint avez? Dites le moi se vos volez.« »Espee a non, molt par est bele, Trenchant et dure la lemele,« Lai de Tyole. 173.

Dass aber *l'alemele* die richtige Form für unsre Dichter gewesen ist, bezeugen Verse, in denen *alemele* ohne unmittelbar voraufgehenden bestimmten Artikel oder in der Pluralform vorkommt:

> Mais de fuere ne d'alimele Onques mais si riche ne tint, Chev. u. esp. 7170. — Le branc as trencans alemeles Traist del fuerre, Ferg. 113, 17. — S'entrefierent de grosses lances, Les cleres alemeles blanches Font par mi les escus passer, Durm. 13397 — ib. 7335. — Car la bone alemele fine Faisoit sovent de lor sanc taindre, Escan. 13100. — La veist on mainte alemele Laide et hideuse a regarder, ib. 5819.

Im ersten Augenblick scheint die seltsame Form *la semiele* gegen die Richtigkeit von *alemele* zu sprechen:

> Et si auoit en la semiele D'or noele d'ambes .ii. pars Trois croiseles et .ii. lupars, Chev. .ii. esp. 6342.

offenbar ist aber *semiele*, handschriftlich *semeile*, falsche Schreibung für *leme(i)le*, die sich aus der Aehnlichkeit des palaeographischen *s* mit *l* leicht erklären lässt. M u s s a f i a (Zeitschr. f. österr. Gymn. 1877, III., 197 ff) und A. T o b l e r in Gröber's Zeitschrift, Jahrg. 1878 sind in ihren Recensionen über diesen Punkt hinweggegangen.

8. Für *espee* die Bedeutung Klinge im Besondern anzunehmen, scheint mir nach Jeh. et Bl. 4133: *Li mist l'espee dusk'as dens. — L'espee .i. peu en char glacha*, Escan. 2426 — zu gewagt, zum mindesten aber dürfte die Ausdrucksweise der Dichter in Versen wie den nachfolgenden etwas nachlässig oder aus Reimnot, entsprungen sein:

> Il fiert del poing et del espee, Durm. 7824. — Heaume ne le pot garantir, Car l'espee entra dedens, Mellus. 2426.

denn in solchen Fällen sind wir *branc* zu finden gewöhnt.

9. Als dritte und letzte Bezeichnung für Klinge haben auch wir, obschon in wenigen Denkmälern, *la meure (more)*. *La meure* (vgl. *amure* bei A. S t e r n b e r g 4) halte ich für die ursprüngliche Form:

> Puis trait Jehans l'espee a meure, Jeh. et Bl. 4312. — Il a se teste desarmee, Et a traite nue l'espee; Par le more le prent d'aval, Parton 3540.

Nachträglich finde ich diese Ansicht durch Godefroy bestätigt, der im Dictionnaire unter »meure« folgende beweisendere Belege dafür erbringt:

> Ens avoit .v. tronçons de .iii. brans estecles, Les meures sont el pis dont torment fu blecies (Roum. d'Alix. fo 26a, Michelant). — Li meure

de l'espee li fiça el palais (Les Chetifs, Richel. 12558, f⁰ 129ᵃ). — Et bouce ou teus laughe demeure, Aspre de taillant et de meure, Demoure a mesdire amource (Baud. de Condé, li contes dou dragon, 345, Scheler). — Car les deus mains en haut levees Gietent d'unes longues meures Tiex colees .... (Guiart, Roy. lign. 11934, W. et. D.) — Quarriaus a meures aceɛees. (Id., ib., 17282, W. et D.).

H. Suchier hat im Glosar seiner Ausgabe der Werke von Beaumanoir das Wort weder unter *meure* noch unter *ameure* aufgeführt, obgleich man ein Wort, wie es hier vorliegt, im Glossar zu finden erwarten sollte. *Amouré* übersetzt er daselbst mit »*pourvu d'une meure*«.

Für die von A. Sternberg gegenüber Littré, Dict. de la l. fr. und L. Gautier, *Eclaircissement sur le Costume de guerre* auf Grund der von ihm erbrachten Belege m. E. mit Recht verteidigte Meinung, dass *la meure* in den Volksepen nicht Spitze, sondern Klinge des Schwertes bedeute, sprechen auch in den hier zu Grunde gelegten Romanen einige Stellen:

Il l'a feru desor l'escu, Dusqu'en la bocle l'a fendu, Et de la meure de l'espee L'espaule destre en a sevree, Parton. 2239. — Il a ɛe teste desarmee Et a traite nue l'espee; Par le more le prent d'aval: Ce sacies qu'il ne vient por mal, ... Sire, por Deu, fait il, merci; Vees m'espee nue ci, Et vees mon cief desarme Por faire vostre volente .... L'espee drece, et se li tent; Li rois par le pumel le prent, ib. 3540.

Dies ist aber nicht die einzige Bedeutung, in der *meure* von den Dichtern der Ritterepen gebraucht wird; vielmehr müssen wir es in anderen Fällen mit »Spitze« wiedergeben; denn dass es im Jeh. et Bl. 4312: *Puis trait Jehans l'espee a meure* nicht nötig war, besonders hervorzuheben, dass eine Klinge am Schwert, wohl aber dass diese mit einer Spitze versehen war, ist einleuchtend. Immer scheint das nämlich nicht der Fall gewesen zu sein. Da sich in unsern Texten keine diesbezüglichen Angaben finden liessen, verweise ich auf *Demay, le Costume de guerre au moyen âge d'après les sceaux*, (Abbildungen von Schwertklingen); *Viollet-le-Duc, Dictionnaire raisonné du mobilier français* V, p. 356 ff; A. Schultz, Höfisches Leben zur Zeit der Minnesinger, II. Folgender Punkt aber, den Sternberg und Godefroy im Dictionnaire unberücksichtigt gelassen haben und der zugleich die Annahme der Bezeichnung »Schneide« der Klinge, die Sternberg und Godefroy noch zugeben, bedenklich erscheinen lässt, da wir hier schwerlich immer Tautologie annehmen dürfen, spricht meiner Meinung nach besonders für meine Annahme: nämlich das häufige Vorkommen der *espee*, *branc* etc. begleitenden Epitheta *trenchant* und *amoré* neben einander:

Par deseure a chainte s'espee, Qui fu trencans et amoree, Jeh. et Bl. 4011. — Puis li a son elme lacie Et si li a chainte l'espee Qui fu

trainchans, bien amoree, Durm. 2402. — Et li autres sa bone espee Clere
et trenchant et amoree, ib. 6603. — La pointe mist devant en son, Bien
trenchant et bien amouree, Jeb. et Bl. 4146.

Ihnen füge ich einige, G o d e f r o y's Dictionnaire entnom-
mene beweisende Stellen hinzu:

Et maint fausart trençant et amore — (Raimb., Ogier 5532, Barrois)
— Et tint l'espiel tranchant et amore — (Ib., 1193) — L'espee au
seneschal trova, Qui fu trenchant et amoree -- (Vie des Pères, Richel.
23111, fo. 406) — De son branc esmolu, trenchant et amouree — (Doon
de Mai, 2558, A. P.) — Huceton Clemenbeau conbatoit d'un fauchart
Qui tailloit d'un coste, crochu de l'autre part, Devant fu amoure trop
plus que n'est un dart.

10. Die S p i t z e heisst sonst wie in den Volksepen *pointe*:

Par la pointe a prise s'espee; Cleomades l'a presentee; A lui se rent,
merci li crie, Que il ne li toille la vie, Cléom. 10045. -- La pointe mist
devant en son, Jeh. et Bl. 4146. — Mellus. 1636, 3013. — Perc. 9771. —
Chev. .n. esp. 6347.

11. Die S c h n e i d e der Klinge heisst auch hier *coutel*:

Maloioit soient li coutel De vostre espee qui si taille! Ferg. 83,11.

und *trenchant*:

El hiaume li a tel donne Que le trenchant de l'alemele Li fait
entrer en la cervele, Cl. et Lar. 8949. — Mesire Durmars tot de plain
Fiert et combat et tient meslee Si bien, qu'al tranchant del espee Les a
trestos espapillies, Durm 5540. — desgl. Perc. 18541. — Mess. Gauv.
1078. -- Cl. et Lar. 21970. — Chev. lyon 4231. — Mellus. 3272 etc.

12. Zur Bezeichnung des S c h w e r t g r i f f e s dienen auch
in unsern Texten *helt, heut, heu*:

Fu l'espee les le heut fraite, Si que li puins et l'entrecor Ki estoit
adoubes a or, Li remest en la main sans plus, L'Atre 5598. — Tant c'a
la destre main s'apoie Au heu d'une espee d'achier, Viol. 1823. — Et
fiert le cheval es costes De l'espee, jusqu'ens el heut, Mess. Gauv. 5504.
— Del branc d'acier a heu d'argent, Perc. 23462. — Ebenso 27256,
36864. — Rom de Rou 4219, 10646 etc.

puing, poin, pont:

Car de son glave n'avoit point, Mais s'espee tint par le pont, Mes.
Gauv. 3347. - L'espee saisist par le pont. ib. 1568. — Tant fiert del
poing et de l'espee, Qu'il a la presse trescoupee, Durm. 13133. — L'Atre
5599 etc.

heudeure, eudeure:

Et de cel cop, dont fu grans dens Brisa sa boine espee endens
Jusqu'en tiere la heudeure, Perc. 35211. — Tel coup sur le heaume li
done, Jamais d'encuser n'ačst cure Li seneschaus; mas lez l'endeure
(= endeure) Brisa l'espee al ferir, Joufr. 508.

Zuweilen ist unter ihnen Griff im engern Sinne des Wortes zu verstehen, wie unter *helt*:

> Quatre espees i ot a or Que pont, que helt, que entreter, Rom. de Brut 10645 —

oder *poing*:

> S'espee, so l'escris ne meut, Avoit crois d'or et puing d'argent, Viol. 1796. — et le fiert Du puing et dou pont ki gros iert De l'espee si durement K'il canciele, Chev. .n. esp 4698. — dsgl. L'Atre 5598.

Wie schon Sternberg § 16, kann auch ich nicht mit L. Gautier [im »Eclaircissement etc.«] der Ansicht sein, dass *helt* Parierstange bedeuten solle, allein schon aus dem Grunde, weil die Etymologie des Wortes Gautier's Annahme entgegensteht. Deshalb lege ich *helt* an den Stellen, die für Gautier zu sprechen scheinen, die Bedeutung Griff als Ganzes, bei: L'Atre 5.9. — Mess. Gauv. 5504. — Rom. de Brut 4219. Von einer Parierstange ist nirgends besonders die Rede, das Schwertkreuz nimmt seine Stelle ein.

Leroux de Lincy legt in der Anmerk. zu Rom. de Brut 4219 *helt* irrtümlicher Weise die Bedeutung »Schwert-spitze« unter, indem er es für identisch mit *haut* erklärt. Die betreffende Stelle lautet:

> L'espee ert mervelle prisiee, Si fu de letres d'or merchiee Les le helt.

13. Der eigentliche Griff war mit golddurchwirkten Hanf-fäden umflochten, um das Ausgleiten der Hand zu verhindern:

> Fu l'espee les le heut fraite, si que li puins et l'entreçor Ki estoit adoubes a or, Li remest en la main sans plus, L'Atre 5598 — und: Quatre espees i ot a or Que pont, que helt, que entretor, Rom. de Brut 10645.

14. Das Schwertkreuz heisst *crois*:

> Et Gerars son branc d'acier prent, Au serpent le lanche en la goule, Dusques a le crois en li coule, Viol. 1654. — S'a veu le crois de l'espee Qu'il ot avoec lui aportee; Pour la crois qui li aparut Se saigna et par çou deçut Le dyable a qui son delit Voloit faire dedens le lit, Perc. 40697, 13260. — Mellus. 6354 etc.

Aus Perc. 40697 ff geht zugleich hervor, dass das Schwert-kreuz als Symbol des Kreuzes, an dem Christus litt, aufgefasst ward: bei seinem Anblick widersteht Perceval der Versuchung und flieht der Böse.

15. Der Schwertknopf oder Apfel wird bezeichnet mit *pomel, pommeau*:

> Et si orent bones espees A poumiax d'or bien neelees, Cl. et Lar. 2012. — Del poing arme granz coz li done A tot le pomel de l'espee, La teste li a estonee. Durm 4764. — ferner ib 3515, 10251, 13510. — Jeh. et Bl. 3531, 4145 etc.

und *pont*:

Et li aporta une espee Qui fu a l'Amustal enblee: Les letres dient
qui i sont, Que il a reliques el pont; Se hom la porte qui ait droit, Ne
douter[a] que vaincuz soit, Floire et Bl. II., 671. — et le fiert Du puing
et dou pont ki gros iert De l'espee si durement K'il canciele, Chev. .u.
esp. 4698. — Rom. de Brut 10645. — Fl. et Fl. 870f.

16. Auf die Schwierigkeit und Fruchtlosigkeit des Unter-
nehmens, zwischen den verschiedenen Bezeichnungen von *poing*,
pont, *punt* etc. bei der durcheinandergehenden Schreibung in
den einzelnen Denkmälern genau unterscheiden zu wollen, hat
A. Sternberg § 17 schon hingewiesen. Aehnliche Verwirrung
wie bei ihm herrscht auch in den hier zu Grunde gelegten
Texten. Folgendes z. B. gebe Zeugnis dafür: *pont* bezeichnet
»Griff« in Mess. Gauv. 1568, 3317. — Rom. de Trist. 2048 etc.,
»Knopf« in Rom. de Brut 10645. — Floire et Bl. II., 674. —
Chev. .u. esp. 4698 etc. und ist ganz verschieden aufzufassen
im Chev. lyon 6117 etc.

Auf dem Knopf waren Niellen oder Schriftzeichen eingraviert:

Et si orent bones espees A ponmiax d'or bien neelees, Cl. et
Lar. 2012.

Ueber die zweifelsohne mannigfachen Formen des Knopfes
geben unsre Texte wiederum keinen Aufschluss.

17. In der Klinge beruht die wiederholt gerühmte
Güte des Schwertes, weshalb es von den Dichtern selten
unterlassen wird, bei der Erwähnung das Schwert mit einem
»Härte«, »Schärfe« oder »Glanz« des Stahles betreffenden Epitheton zu schmücken.

Der Hauptwert einer guten Klinge lag natürlich zunächst in der Härte des Stahles: Parton. 2963, 3012. — Cl.
et Lar. 18691, 20176. — Blanc. 262. — Mellus. 638 ff etc. Gute
Waffenschmiede stehen daher auch in hohem Ansehen und
pflegen die von ihnen gefertigten Klingen mit ihrem Namen
oder einem bestimmten Zeichen zu versehen. Wir begegnen in
unseren Texten allerdings blos dem zu hoher Berühmtheit gelangten
Waffenschmied Trebuchet, der das zerbrochene Wunder-
schwert des Gralschlosses, »das beste, das jemals ein König
oder Kaiser geführt hat«, wieder zusammenzuschweissen verstand (Perc. 1853 und 41530). Schwerter, vom berühmten
deutschen Waffenschmied Wieland geschmiedet sind zu vgl.
bei A. Sternberg 38.

18. Gerühmt wird ferner die Schärfe der Klinge (Meraug.
191. 18. — Cléom. 763, 9988. — Escan. 21250 etc.) und zwar
wird sie im Perc. 24544 mit der eines Rasiermessers verglichen;
im Char. 2145 ff weiss uns die Phantasie des Dichters eine

Schwertbrücke zu schildern, bestehend aus mit der Schneide nach oben gekehrten Schwertern, die schärfer waren als eine Sichel und die ohne Lebensgefahr Niemand passieren kann. Lancelot überschreitet sie trotzdem, um nach dem Inselschlosse zu gelangen und trägt sehr gefährliche Wunden davon. Arthur's Schwert ist so scharf, dass es Eisen ebensogut als Holz schneidet: Perc. 7280. Ein kräftiger Hieb vermochte einen völlig geharnischten Ritter vom Scheitel bis zur Sohle in zwei gleiche Hälften zu spalten; Schild, Helm und Halsberg boten keinen genügenden Schutz: Parton. 9857 ff.

19. Auch der Glanz der Klinge wird nicht selten hervorgehoben: Char. 2304. — Durm. 3000. — Am. et Yd. 6265. Ihn zu erzielen ward der Stahl gut geglättet und poliert: Parton. 3395. — Ferg. 82,4, 113,27. — Rich. B. 2533. — Cl. et Lar. 2034, 3238 etc. Von Perceval's Schwert wird erzählt, dass es heller flammte als eine Fackel: Perc. 41032, sein Glanz wird aber noch weit übertroffen durch den der Schwertklingen, von denen Sternberg § 15 aus den Volksepen zu berichten weiss. Um dem Stahle den Glanz zu erhalten reinigte ihn der Ritter nach blutigem Kampfe stets sorgsam vom Blut, bevor er ihn in die Scheide zurücksteckte:

Atant a l'herbe terst s'espee, Puis l'a en son fuere boutee, Parton. 9893. — Geuffroy lors ressuie s'espee Et l'a ou fourreau reboutee, Mellus. 5079, 6357 etc.

Trotz der gerühmten Härte der Klinge bog sie sich dennoch bei einem kräftigen Hiebe auf den starken Helm und Eisenharnisch leicht um:

Sor son elme grant cop le fiert; Mes la bonne espee est tornee, Fl. et Fl. 5374. — Se ne tornast la bone espee, La vie li eust tolue, ib. 5400.

oder zerbrach: Meraug. 32,4. — Geoff. Gaim. 5673.

Und dann geschieht es, dass die Kämpfenden in der Hitze des Kampfes mit Griff und Knopf aufeinander einschlagen: Durm. 3545, 4764. — Chev. .u. esp. 4695 ff, 7974. — Meraug. 32,6 etc.

20. Die Klingen sind vielleicht durchweg zweischneidig gewesen, unsere Texte geben uns aber blos folgenden schwachen Anhaltspunkt für diese Annahme:

Maloioit soient li coutel De vostre espee qui si taille! Ferg. 83,11.

Sternberg vermag aus den Volksepen überhaupt keinen Beweis dafür zu erbringen.

21. Bei der Bestimmung der Länge und Breite der Klingen lassen uns unsere Denkmäler gleichfalls völlig im Stich, hier und da werden wir mit den ganz unbestimmten Angaben »long«, »court« und »lé« abgefertigt:

Calabrun ot cainte s'espee Qui bien fu longe et bien fu lee, Rom. de Brut 9514. — S'ot çainte une moult longe espee Qui de fin or fu enheudee, Perc. 12647. — Al les espee longe et dure, Et bien molue a se mesure, Parton. 2963. — dsgl. Floire et Bl. II, 3357. — Am. et Yd. 4616, 6265. — Et caint entor une espee: Corte estoit, mais molt estoit lee, Ferg. 16, 22.

Aus diesen entgegengesetzten Angaben über Länge und Breite lässt sich also nichts sicheres folgern, wenn nicht das, dass die Länge normal, aber nicht ganz übereinstimmend war und dass die Dichter ungewöhnliche Länge und Breite · eines Schwertes hervorheben, um der Kraft und somit bei den Anschauungen damaliger Zeit dem ritterlichen Wert und der Tapferkeit ihres Romanhelden, der zum Ideal eines Ritters emporgehoben werden soll einen Tribut darzubringen.

22. Wegen der Güte ihrer Klingen scheinen die deutschen Schwerter in Frankreich geschätzt worden zu sein, da ihrer häufiger als anderer Erwähnung gethan wird:

Dusqu'au test li a fet venir La bone espee d'Alemaigne, Joufr. 2191. — La bone espee d'Alemaigne, Cl. et Lar. 2102. — Et maint branc d'acier d'Alemaigne, ib. 30089.

A. Sternberg hat dafür keinen Beleg. Speciell wird wie auch in den Volksepen, Cöln als Fabrikationsort genannt:

Apres ceint une bespee cheire, Qui molt fu bone de grant fin Et fu faite outre lo Rin A Cologne en la cite, Joufr. 398.

Aus dieser Stelle geht zugleich hervor, dass sich Joseph Haupt's Ansicht (vgl. A. Sternberg § 41) nicht bestätigt, dass wir unter Cologne also nicht die Halbinsel Kola am weissen Meere, sondern unsere deutsche Stadt Cöln am Rhein verstehen müssen.

Als in Frankreich selbst geschmiedet wird nur das Schwert des Partonopeus genannt:

Et prent l'espee Qui fu al roi del poing volee; En cele a il se grant fiance, Car cele aporta il de France, Parton. 3371.

und im Besondern die Städte Vienne:

Et traient les brans vienois, Bel. Inc. 1753. — As verz brans d'acier Vienois se fierent granz cops, Er. et En. 6916

und Poitiers: Char. 5821.

Auch türkische Schwerter sind im Gebrauch: Clig. 1996.

Floriant's Schwert, das ihm die Fee Morgain, Arthur's Schwester, mitgiebt, soll von Mauren in Syrien geschmiedet worden sein: Fl. et Fl. 830 f.

König Arthur's Schwert Escalibour endlich war auf der Insel Avalon geschmiedet. Hier zugleich etwas Näheres über diese sagenumwobene Insel, die Insel der Glücklichen, wie sie auch genannt wird: Es ist ein verzaubertes Land, in welchem

nach den Erzählungen der Dichter der Artusromane König
Arthur's Schwester, die Fee Morgain, mit ihren Schwestern
wohnte. Dort ward Floriant von der Morgain erzogen, dorthin
entführte die Fee ihren Geliebten Oger, dorthin begab sich
ferner Artus, um die in der Schlacht gegen seinen verräterischen
Neffen Mordret erhaltene tötliche Wunde zu heilen und von
dort erwarteten ihn die Bretonen noch lange Zeit vergeblich
zurück (»bretonische Hoffnung«). Einige englische Altertums-
forscher meinen, dass damit Glastonbury in der Grafschaft
Sommerset gemeint sei. In der bretonischen Sprache heisst
die Insel Inys Afalon d. h. Insel der Aepfel (vgl. Rom. de
Brut II., p. 52 Anm.). Ueber andere, in den Volksepen genannte Fabrikationsorte von Schwertern vgl. A. Sternberg 41.

23. Oft genannt werden gute Schwerter, auf deren
Klinge Schriftzeichen als eine besondere Zier in Gold oder
Silber eingraviert waren:

L'espee ert mervelle prisice, Si fu de letres d'or merchiee Les le
helt, ot escrit en son Que Croce a mort avoit non. Por ce avoit non
Croce a mors Ja n'en fust navres nus cors Qui ja medecine trovast Qui
de la mort le retornast, Rom. de Brut 4217. — Si soient tret li branc
letre, Cl. et Lar. 27539. — dsgl. ib. 8803, 13318. — Perc. 4313, 40262.
— Durm. 7508, 2629. — Floire et Bl. II., 671 etc.

und mit Emaille ausgelegte Niello-Ornamente:

Et si avoit en la semiele D'or noele d'ambes .n. pars Trois croisetes
et .n. lupars, Chev. .n. esp. 6342.

Solche Inschriften (über deren Herstellung A. Schultz
II., pag. 11 zu vgl. ist) nennen entweder die Verfertiger
des Schwertes, oder den Ort, wo es geschmiedet worden, oder
den Namen (Rom. de Brut 4217), oder die dem Schwerte inne-
wohnenden Wunder- und Heilkräfte (Rom. de Brut 4217. —
Chev. .n. esp. 10696—10865), oder endlich, dass Reliquien im
Apfel aufbewahrt seien und welche Kräfte diesen innewohnen
(Floire et Bl. II., 671: wer dieses Schwert in gerechter Sache
führt, kann des Sieges versichert sein).

Claris wollte den Bösen, der eine Jungfrau wegen einer
von ihrer Mutter gegen sie ausgesprochenen Verwünschung in
einem Schlosse gefangen hielt, mit der Lanze bestehen, die
aber beim ersten Anprall zersplitterte. Danach griff er zum
Schwerte, auf dessen Klinge die Namen des Heilandes in
Kreuzesform eingraviert standen. Durch den blossen Anblick
derselben fühlte sich der Böse besiegt und entfloh Cl. et Lar.
8803 ff.

Perceval hatte bei seinem ersten Besuche im Schlosse des
Fischer-Königs das Schwert des heiligen Grals halb aus der
Scheide gezogen und sah so, wo es geschmiedet und dass es

niemals zerbrechen könne, ausser in einer einzigen Gefahr, die nur der kenne, der das Schwert geschmiedet habe; dieser habe ihrer nur drei gefertigt und geschworen, nach diesem letzten keines mehr zu schmieden. Der kranke König Amfortas, dessen Nichte ihm das Schwert geschenkt hatte, lässt es dem Perceval reichen, der es, aus Furcht für neugierig gehalten zu werden (auf den tiefern Sinn einzugehen ist hier nicht der Ort und verweise ich darüber auf Birch-Hirschfeld, Die Sage vom Gral, Leipzig 1877, pag. 282) unterlässt, nach dem Geheimnis, das dem Schwerte zu Grunde liegt, zu forschen. Kurze Zeit nachdem er das Schloss verlassen, begegnet er seiner Cousine, die ihm mitteilt, dass, wenn er seinen Wirt nach der Bedeutung des Schwertes gefragt, er den König von seiner Krankheit geheilt hätte, so aber habe er über sich und viele andere grosses Unheil gebracht. Das Schwert, das er von dem Kranken erhalten, werde im ersten Kampfe zerbrechen und nur Trebuchet könne es wieder zusammenschmieden (Perc. 4853). In der That geschieht das im nächsten Kampfe gegen l'Orguellous de la Lande. Von Reue und Sehnsucht gequält muss er lange nach dem Aufbewahrungsorte des Grals suchen, als er ihn endlich gefunden und nach dem Geheimniss des Schwertes u. s. w. gefragt hat, vermag er auch die zerbrochenen Enden desselben wieder zusammenzufügen. — Da Crestiens Perceval mehrere Fortsetzer und Interpolatoren fand, gehen die Lesarten in diesem Punkte an verschiedenen Stellen des Gedichtes auseinander, des Nähern darüber verweise ich auf vers 4313f. 4833f, 34856 f, 41548f und Birch-Hirschfeld a. a. O., Cap. II., pag. 66.

24. Von solchen Wunderschwertern wie dem des heiligen Grals erzählen uns die Dichter der Ritterepen öfters. So findet der »Ritter mit den zwei Schwertern« an einer Quelle ein Schwert, an Scheide und Klinge reicher als er jemals eines sah, das bloss der schönste und tapferste Ritter ohne Gefahr für sein Leben umgürten kann. Auf der Klinge sind Niellen, 3 Kreuze und 2 Leoparden eingraviert und es ist von frischem Blut von der Spitze bis zur Mitte der Klinge befleckt, das sich nicht beseitigen lässt, durch Reiben vielmehr immer bemerklicher wird. Ein Ritter ist damit verwundet worden, der bloss durch abermalige Verwundung mit derselben Klinge geheilt werden kann. Der Ritter mit den zwei Schwertern gürtet das gefundene um und begegnet kurz darauf dem damit verwundeten Sohne des Königs Norval, der nach empfangener zweiter Wunde sofort geheilt wird. Zugleich verschwindet auf dem Stahle das Blut und an seiner Stelle glänzt an beiden Seiten der Klinge in goldenen Lettern der Name Meriadues,

den der bis dahin namenlose Ritter mit den zwei Schwertern als den ihm rechtlich gebührenden von nun an führt, Chev. .н.. esp. 6339 ff, 10696 — 10865. Derselbe Ritter erhielt seinen Beinamen davon, dass er über dem beim Ritterschlage durch König Artus erhaltenen Schwerte ein zweites umgürtet trug, mit dem es folgende Bewandtnis hatte: Der Knappe eines im Kampfe gefallenen Ritters hatte seinem Herrn das Schwert mit dem Wunsche mit in's Grab gegeben, dass keiner, der es findet und umgürtet, es je wieder loszugürten vermöge, wenn er nicht eben so tapfer sei als der Tote es gewesen. Die junge Königin von Garadigan findet es in der Kapelle, in der jener Ritter begraben liegt und gürtet es sich ahnungslos um. Sie vermag es in der That nicht wieder loszugürten und muss es tragen, bis der schönste und beste Ritter, der damals noch namenlose Meriadues, sie davon befreit, nachdem alle Ritter der Tafelrunde ausser Gauvain und wenigen andern es vergeblich versucht haben, und es sich selbst umgürtet, Chev. .н. esp. 773 ff.

Hierher gehört auch bei Aufführung der Schwertnamen unter 30,2 Erzähltes.

25. Von Schwertern, die in einem Sarge oder Grabmal gefunden worden, ist ausser obigem Fall noch an einer andern Stelle die Rede. Fand nämlich ein Ritter bei seinem Tode für sein Schwert keinen würdigen Träger und Erben, so liess er es, um es durch die Hände von Feiglingen nicht entweihen zu lassen (vgl. hierzu die ergreifende Scene zwischen Roland und seinem Schwerte bei A. Sternberg 14,35), sich mit in's Grab geben. An solchen Orten später zufällig wieder aufgefundene galten als geweiht und dem Erben besonders wert. Die Gattin des heidnischen Königs Armand giebt dem von letzterem gefangen gehaltenen Partonopeus, als sie ihn während der Abwesenheit ihres Gatten auf einige Zeit aus der Gefangenschaft zu einem Turnier beurlaubt, ein in einem Sarge aufgefundenes altes erprobtes Schwert, mit dem Partonopeus Heldenthaten verrichtet, mit: Parton. 7719.

26. Hinsichtlich der Ausstattung des Griffes gestatten sich reiche Ritter den grössten Luxus, wenn wir auch nicht annehmen dürfen, dass die in gewöhnlichem Kampfe gebrauchten Schwerter sehr wertvolle Griffe besassen. Der Wert des Griffes vermag in gewissem Sinne einen Commentar für die Macht und den Reichtum des Ritters abzugeben. Er ist in der Regel aus edlen Metallen verfertigt; aus massivem Gold: Rom. de Brut 10645. — Cl. et Lar, 8803. — L'Atre 2046. — Perc. 12647, 4113. — Fl. et Fl. 830. — Rich. B. 2505, 3358 etc. oder aus Silber: Perc. 23462, 25474. — Viol. 1796.

vgl. hierzu Sternberg 20, 21. Häufiger als die echt goldenen Griffe sind die bloss vergoldeten: Ferg. 130, 31. — Durm. 14423 etc. Der Knopf dagegen ist gewöhnlich aus reinem Golde gearbeitet, zuweilen hohl, um als Aufbewahrungsort für Reliquien zu dienen, die dem Ritter alsdann das Schwert zum heiligsten Besitz machten, da man ihnen Wunderkräfte der verschiedensten Art zuschrieb, vgl. Floire et Bl. II., 671 ff und Sternberg 25—32.

27. Ueber den Wert eines gewöhnlichen Schwertes finden wir eine Angabe im Rom. de Rou I, 3630: Herzog Richard von der Normandie schenkt einem seiner Krieger ein Schwert im Werte von fünf »marc«.

28. Das Schwert ist der treueste Freund und Begleiter des mittelalterlichen Ritters. Von ihm trennte er sich niemals, auch nicht, wenn er in friedlichen Zeiten alle andern Waffen ablegte:

S'espee a sun coste portout, Kar nule faiz sanz li n'alout, Rom. de Rou II, 527.

Trotzdem Artus den Rittern seines Hofes verboten hatte, dem Zweikampfe zwischen Koi und Durmart bewaffnet beizuwohnen, gürten doch alle das Schwert um, als wäre es selbstverständlich, dass sich das Verbot nicht auch auf das Tragen des Schwertes erstrecke, Durm. 13013 ff. Nachts legte man es handgerecht neben das Lager, Perc. 40697; selbst auf der Jagd, wo der Bogen als Waffe diente, führte man es mit sich. Es scheint allerdings zur persönlichen Sicherheit nötig gewesen zu sein, sich niemals von diesem seinem besten Schutze zu trennen, denn der Ritter, der, wie uns Cl. et Lar. 9831 ff. erzählt wird, gänzlich unbewaffnet in den Wald ritt, um sich zu erholen, wird von Schurken überfallen und erschlagen. Die vielen Abenteuer, die die Helden der Tafelrunde auf ihren Fahrten zu bestehen haben, illustrieren am besten, wie unsicher die Wege durch Wegelagerer, meist heruntergekommene Ritter, die nach Beute suchen, gemacht wurden, deren Unwesen zu steuern die selbstgestellte Aufgabe ehrlicher Ritter war.

29. Das in hartem Kampfe erprobte Schwert ward ferner nicht gern, selbst nicht gegen ein an Ausstattung weit kostbareres, vertauscht:

Mais de l'espee et del destrier Ne veul je pas, vostre merci. Je l'ai grant et fort et bardi, Espee doree trencant, L'Atre 2046. — Blancandins demande s'espee, Ne veut c'autre li soit douee, Blanc. 1201. — und auch Erec will sein eigenes behalten, denn: Mais je ne quier meillor espee Que cele que j'ai aportee, Er. et En. 619.

denn im guten Schwerte beruhte das Vertrauen des Ritters auf sich selbst. Es war seine gefürchtetste Waffe, mit der die

Dichter ihre Helden unglaubliche Ruhmesthaten vollführen lassen, z. B. wird im Rom. de Brut 9590 ff erzählt, dass König Artus mit seinem Escalibour im Kampfe gegen die Sachsen 400 Mann tötete, mehr als sein ganzes Heer zusammen erschlug. Turnus, der Neffe des Brutus, erschlug in einer Schlacht 600 Feinde, Münch. Brut 1768 ff. und Rom. de Brut 1012, und Tiebaut tötete ihrer in einer Schlacht sogar 660.

III. Schwertnamen.

30. Verglichen mit der beträchtlichen Anzahl von Schwertnamen, die Sternberg § 37 aus den Karlsepen belegt, muss es uns fast überraschen, in den Ritterepen so wenige mit Namen ausgezeichnete Schwerter zu finden. Folgende sind es:

1) *Croce à Mort* ist der Name des Schwertes des römischen Kaisers Caesar, so benannt, weil keiner, der je mit demselben verwundet worden, Rettung vor dem Tode findet. Name und Bedeutung desselben stehen in goldenen Lettern auf der Klinge eingegraben. Nennius, der Anführer der Britten im Kampfe gegen die Römer unter Caesar, erbeutet von letzterem das Schwert, wird aber damit verwundet und stirbt an der Wunde. Das Schwert giebt man ihm mit in's Grab, Rom. de Brut 4213 ff.

2) König Artur's Schwert heisst *Escalibour, Esclaribourc* (Perc. 7230, 19045) oder *Calabrun* (Rom. de Brut 9514) oder *Calibourc* (Geoffr. Gaim. 46); wir erfahren blos darüber, dass es auf der Insel Avalon geschmiedet worden ist.

3) *Fine-Guerre* ist das Schwert des Gerard, Viol. 1778 ff. An dieses knüpft sich folgende Episode: Der König von Bagdad wollte seinen Neffen, den Herrscher von Salamis, beseitigen, um seinem eigenen Sohne dessen Herrschaft zuzuwenden. Er reizte ihn deshalb in verräterischer Absicht gegen Esclamor von Baudaire auf und rüstete ihn mit trügerischen Waffen aus. darunter ein Schwert mit goldenem Kreuz und silbernem Griff, aber einer Klinge von Blei. Das Schwert zerbricht natürlich beim ersten Hiebe im Zweikampfe zwischen Gerard und Esclamor und der junge Ritter, die Schändlichkeit seines Oheims durchschauend, weicht klagend nach dem Strande des Meeres, in dessen Nähe der Kampf stattfand, zurück. Zufällig findet er dort ein Schwert von Stahl. das lange Zeit daselbst gelegen hat. Damit dringt er auf Esclamor ein und streckt ihn mit dem ersten Streiche tot zu Boden, wodurch der ganze Krieg sein Ende erreicht und das Schwert deswegen *Fine-Guerre* getauft wird.

2*

4) *Ressoignie* ist das Schwert des Cléomadès. Im Kampfe zwischen ihm und Galdas des Mons, Herzog von Toulouse, hieb letzterer mit diesem Schwerte die Klinge des Cl. mitten durch, sodass dieser ohne Schwert sich verteidigen musste, bis es ihm gelang, dem Gegner das gefürchtete Schwert, *Ressoignie*, zu entreissen, Cléom. 1050 ff.

31. Die Dichter ergehen sich oft in Lobeserhebungen des Schwertes tapferer Helden, so wird das des Floire, das dem Fürsten Amustal abgenommen worden war, als das beste des ganzen Landes gepriesen und nächst diesem hält Madiën das seine für das wertvollste, Floire et Bl. II, 951 ff. Dasjenige, welches Urraque dem Partonopeus überreicht, sei das beste, das jemals gefertigt worden sei, Parton. 6827. – Aehnliches L'Atre 3648. – Blanc. 161, 4101. — Cléom. 1076. — Durm. 1296 und ob. unt. 12.

32. In dem Verhältnis, wie sich die Verteidigungswaffen verbesserten, mussten naturgemäss auch die Angriffswaffen stärker und dauerhafter gefertigt werden. Die Härte der Stahlklingen ist eine gerühmte Eigenschaft, als anderes Moment muss die Schwere der Klinge in Betracht gezogen werden, die je nach der Länge derselben mehr oder minder beträchtlich war. Dass zur Zeit unserer Denkmäler die Schwerter aber bereits so lang und schwer gewesen wären, um nicht mehr mit einer Hand geschwungen werden zu können und dass man deswegen zweihändige Griffe anfertigen musste, dafür geben die Ritterepen nicht den geringsten Anhalt. Wohl begegnet es uns hie und da, dass das Schwert mit beiden Händen geschwungen wird, ohne dass besonders von einem ungewöhnlich langen die Rede ist:

A l'espee le vait requerre, Sel fiert as deus puins quanqu'il puet, Ferg. 60,28. — Li chevaliers tint a .II. mains S'espee et vint moult fierement, Perc. 17144. — Et a dos mains s'espee tient, Floire et Bl. II, 1078.

Da aber der Schild zur Deckung in der Linken gehalten ward, bin ich der Ansicht, dass der Griff noch nicht für zwei Hände eingerichtet war, immerhin mochte er aber so gross sein, um, wenn der Schild zerschlagen oder in der Hitze des Kampfes über den Rücken geworfen war, mit beiden Händen gefasst werden zu können. Von Sternberg's Belegen aus Hugues Capet (vgl. § 19) könnte 1 und 2 dagegen sprechen, wenn man nämlich »D'un' espee a .II. mains« als zusammengehörigen Begriff fasst, was jedenfalls der subjectiven Auffassung überlassen werden kann und muss; seine dritte Beweisstelle halte ich nicht für beweisend, da sie sich vollständig mit den von mir gegebenen Citaten deckt.

33. Es scheint der ritterlichen Sitte nicht entgegen gewesen zu sein, zwei Schwerter mit sich zu führen, von denen das eine umgürtet an der linken Seite getragen, das andere links am Sattel hängend als Reserveschwert mitgeführt ward, Parton. 2963. — Rom. de Rou II, 7585. — Partonopeus aber verschmäht es, zwei Schwerter in den Kampf gegen Sornegur (Parton. 2963 ff) mitzunehmen, weniger vielleicht weil er es für eines Ritters unwert hält, als wohl vielmehr deshalb, weil er seinem erprobten Schwerte vertraut.

34. Nicht mitgeführte Schwerter pflegte man sorgfältig in kostbare Stoffe eingehüllt bei den Kleinodien zu verwahren und nicht neben den übrigen Waffenstücken an den Wänden des Palas aufzuhängen, was den ausgezeichneten Rang bezeugt, den das Schwert unter allen Waffen einnahm: Perc. 34931.

35. Das Schwert stak in einer Scheide (*fuerre*: Cl. et Lar. 13340. — Perc. 51087. — Durm. 5562. — Dolop. 5132. — Ferg. 82,4, 113,28. — Parton. 9894. — Viol. 1024, 1798 etc. oder *fourrel*: Mellus. 3013, 3299) und ward vermittels eines Gürtels (*renges*: Parton. 7487 f. — Meraug. 149,9. — Auc. et Nic. 10,2 oder *enrengure*: Chev. .u. esp. 1616 oder *çainture*: Durm. 1286) um die Hüften an der linken Seite getragen.

Ein Unterschied zwischen *renges* und *çainture* lässt sich aus den Texten nicht feststellen, da *çainture* blos an der einzigen Stelle begegnet, aus der auch blos dem Sinne nach hervorgeht, dass es in der obigen Bedeutung aufgefasst werden muss.

Leider treffen wir auch nur einmal den *baudré* oder *baldrier* an: *Mal ait quant qu'a soz son baudre*, Rom. de Trist. Wenn A. Sternberg, 43 den Unterschied zwischen *renge* und *baudré* darin sucht, dass letzterer geknotet, ersterer dagegen mit einer Schnalle zusammengehalten ward, so stehen dem in unsern Romanen folgende Verse entgegen, welche beweisen, dass die *renges* gleichfalls geknotet wurden:

Melior prent atant s'espee, Se li a bel del col ostee, Des renges l'a par les flans caint, Et fait le neut et bien l'estraint, Parton. 7487. — Quant il l'espee a la pucele Deschaint, dont ele a la capele Ot les renges si fort nouees. Ke chevalier as .u. espees . . ., Chev. .u. esp. 2213 —

denn dass sich in diesem Punkte die beiden Sagenkreise unterscheiden sollten, ist nicht wohl anzunehmen. Wenn überhaupt eine Verschiedenheit zwischen ihnen besteht, so liegt sie vermutlich im Gurt selbst, nicht in der Art und Weise des Umgürtens.

36. Mit demselben Gurt ward dem jungen Ritter beim Ritterschlag das Schwert um die Hüften gegürtet, an dem er es zuvor über die Brust am Halse hängend getragen hatte vgl. darüber unt. 39 den Act des Ritterschlages. Nicht im Schwert oder Schwertgürtel also, sondern lediglich im Tragen desselben zeichnete sich nach meiner Ansicht, gestützt auf die hier zu Grunde gelegten Denkmäler, der Ritter vor dem Knappen oder dem gewöhnlichen Soldaten aus. Diese trugen es über die Brust am Halse hängend an der linken Seite, jener um die Hüften gegürtet. Blancandin hängt sein Schwert, da er es vor dem Ritterschlage nicht umgürtet tragen darf, an den Sattelbogen, Blanc. 161, aus demselben Grunde Partonopeus, Parton. 2981.

37. In der Ausstattung der Scheide und des Schwertgehänges prägte sich ebenso der Reichtum des Ritters aus wie in der Verzierung des Griffes. Die Scheide des Schwertes des heiligen Grals war aus feinster golddurchwirkter Arbeit Venedig's gefertigt:

Li puins del espee fu d'or Del mellor d'Arabe u de Gise [Var: Grece]. Li fuerres d'orfroi de Venise; Si ricement apparellie, L'a-il lues au varlet baillie, Perc. 4340.

der Schwertgurt gleichfalls aus golddurchwirkter Seide:

S'ot cainte une moult longe espee Qui de fin or fu enheudee Et les renges d'un cier orfroi, Perc. 12647 —

zuweilen auch mit Edelsteinen besetzt, wie der Durmart's, den ihm seine Mutter umgürtet und ihn dadurch zu ihrem Ritter macht, Durm. 12867:

Une cainture li a cainte De soie a membres d'or ovres, Riches pieres i ot asses.

Damen pflegen ihren Rittern selbstgearbeitete Schwertgürtel als Liebeszeichen zu schenken, auf die sie wohl aus diesem Grunde grosse Sorgfalt und Kunst verwandt haben mögen. Sogar das Schwert selbst schenken Damen zuweilen dem Erkorenen (Blancheflor gürtet es dem Floire angesichts der ganzen Ritterschaft um), um ihn zur Tapferkeit anzuspornen und stets ihrer Liebe gedenken zu lassen: Parton. 3393, 7719. 8829. — Floire et Bl. II., 3127 ff.

38. König Galdas von Toulouse trug sein gutes Schwert Ressoignie an einer Kette hängend:

Au roi Galdas les bras geta, Par la chaienne le saisi A quoi li brans d'acier pendi Que il convoitoit moult forment; A lui le tire telement Que li roi Galdas reversa Seur le cheval, et rompue a La chaienne tout erramment. L'un et l'autre, si com j'entent, L'espee et la chaienne aussi Enporta, pour voir le vous di, Cléom. 1062.

39. Der Ritterschlag (la colee Durm. 12177 etc.) und die damit erfolgte Aufnahme unter die Ritterschaft ist einer der wichtigsten Momente im Leben des jungen Ritters. Bei Gelegenheit eines Turnieres ward in der Regel eine Anzahl junger

Edelknappen, die ein bestimmtes Alter erreicht haben (das wir hier aber nirgends erfahren), zu Rittern geschlagen, wobei ihnen von dem, der den Ritterschlag erteilte, das Schwert vom Halse genommen und um die Hüften gegürtet ward: Parton. 7404 ff. — Durm. 12177.

Es gereichte zur Ehre, den Ritterschlag erteilen zu können (Parton. 6837), eine grössere Ehre aber war es für einen jungen Knappen, von einem tapfern und berühmten Ritter den Schlag zu erhalten. Deshalb will der junge Alexander blos von Artus selbst in die Ritterschaft aufgenommen werden und unternimmt zu diesem Zwecke die weite Reise an Artus' Hof, Clig. 116 ff. Auch Königinnen konnten den Ritterschlag erteilen, wie es Melior im Parton. that. Der Dichter des Parton. weiss rührend die Liebe und Treue des Helden seines Romans zur Melior zu schildern, von der allein den Ritterschlag empfangen zu wollen er ihr versprochen hat und sich während ihrer langen Trennung von Niemanden das Schwert umgürten lässt. Derselbe Dichter erzählt auch, dass es im Reiche der Melior Sitte gewesen sei, beim Empfange des Ritterschlages das Haupt bewaffnet zu tragen (Parton. 6827, 7401 ff). Dasselbe wird bestätigt im Rich. B. 5145.

40. Zweikämpfe zwischen feindlichen Rittern durfte bei härtester Strafe niemand unterbrechen (vgl. A. Schultz II, 141) oder einem der Kämpfenden zu Hülfe kommen, weshalb es auch zuweilen verboten ward, bewaffnet dem Kampfe beizuwohnen, Durm. 13013. — Clig. 1041. Zur Sicherheit werden vor dem Kampfe von beiden Parteien Geisseln gestellt, Rom. de Brut 10272. — Fl. et Fl. 5163. Marès, der dem Sornegur gegen Fartonopeus zu Hülfe eilt, soll der wohlverdienten Strafe nicht entgehen; Sornegur selbst reinigt sich vor der Ritterschaft durch einen Eid von dem Verdacht der Mitwissenschaft um dieses geplante Verbrechen, Parton. 3452. Dem Sieger stand das Recht zu, den Besiegten zu töten, falls dieser nicht durch Ueberreichen des Schwertes an der Spitze (*rendre l'espee, tendre l'espee* Meraug. 235,3. — Cléom. 8877) dem Sieger Treue und Unterwerfung gelobte; und wenige Besiegte zeigen so wenig Lust am Leben, dass sie nicht um Gnade gefleht hätten, Cl. et Lar. 2234. — Cléom. 10045. — Blanc. 5504. — Mellus. 1929. War das Schwert angenommen, dann war dem Unterlegenen das Leben gesichert und es findet sich nirgends, dass die Ritter der Tafelrunde, die die Ideale der Ritterlichkeit und Höflichkeit des Mittelalters in sich vereinigen, solchem Flehen ihr Ohr verschlossen hätten.

Die Dichter lieben es, glänzende Turniere und Einzelkämpfe wiederholt eingehend zu schildern, was auf uns zuweilen ermüdend wirkt, sich aber wohl verstehen lässt, wenn man sich zurückversetzen kann in das ritterliche Treiben unserer mittelalterlichen Vorfahren, bei denen persönliche Tapferkeit zu den höchsten Tugenden zählte. Bei Aufzählung der Heldenthaten lassen sie natürlich ihrer regen Phantasie die Zügel schiessen, zweifellos aber ist es, dass ein gutbewaffneter Ritter ein Häuflein gewöhnlicher Soldaten aufwog.

41. Das Schwert spielt endlich auch bei kirchlichen Feierlichkeiten eine Rolle: Bei der Vermählungsfeier des Partonopeus mit der Melior trägt ein König ein entblösstes Schwert auf dem Gange nach der Kapelle voraus, Parton. 10777; dasselbe thun vier Könige bei der Krönung König Arthur's und beim Zug zur Messe, so oft derselbe feierlich Hof hielt, Rom. de Brut 10645 ff.

Die Lanze.

A. Die Lanze als Stosswaffe.

I. Bezeichnungen des Begriffes „Lanze".

42. Dieselben Bezeichnungen für Lanze, die A. Sternberg § 51 aus den Karlsepen belegt, finden wir auch in den Ritter und Abenteuerromanen, nämlich *lance, espié (espiel, espict, espier)* und *glaive*. Entgegen den Volksepen ist bei uns aber *lance*, nicht *espié* (vgl. Sternberg 53) die weitaus häufigste Bezeichnung und findet sich in allen hier benutzten Denkmälern, so weit überhaupt von dieser Waffe die Rede ist:

Si s'entrefierent par tel ire Qu'il font de lor lances asteles, Perc. Gal. 5094. — Dunc ueissiez dures medlees, Colps de lances e colps d'eepees, Freindre lances e pechier . . . Les truns de lances halt uoler, Rom. de Rou II, 1575. — Chascuns tint la lance empoignie Devant sor l'arçon enz ou fautre, Cl. et Lar. 1413. — Clig. 3592. — Chev. .n. esp. 1763. — Durm. 1410. — Rou. de Brut 3188. — Parton. 6874 etc.

43. *Lame* in nachfolgenden Versen beruht offenbar auf einem Lese- oder Schreibfehler des Copisten, da in der palaeographischen Schreibung *nc* leicht in *m* zu verlesen ist, und steht für *lance*:

Tristans le fiert et li Sor lui De la lance, par tel angoisse, Que sor Tristan sa lame froisse, Et Tristan le r'a si feru, De seur la boucle de l'escu, Que tant com la hanste li dure, L'abati a la terre dure, Bel Inc. 5528 — und: La veissies maint cop donner, Ferir de lames et d'espees, ib. 5544.

44. Seltener als *lance*, im ganzen aber noch häufig, ist der Gebrauch von *espiel* und zwar führe ich alle Romane an, in denen es neben *lance* synonym mit diesem begegnet:

Sor l'escu l'espie li asenne Devant en la plus mestre penne Fait la grosse lance passer, Mes le hauberc ne pot fauser; Sa lance est en piece volee, Cl. et Lar. 7435. — Des lances grans cols s'entredonnent: S'i metent totes lor vertus. Des espius trencans esmolus Le fiert Fergus au mius qu'il pot. L'escu perce, l'auberc desclot: Dales le flanc l'aciers li passe. Mais ne le maumet ne ne quasse. Et li chevaliers le refiert... Par deriere li est passee La lance une aune mesuree. Mais en car ne le tocha mie . . . . Vostres haubers est par deriere (Ce m'est avis) molt estroes. Car mes espies i est passes Al mien espoir plus d'une toise. L'alemele tu molt cortoise Que mal faire ne vos daigna, Fergus 64,10. — Les lances alonnies tienent. Fergus brandist le suen espie, ib. 159,20. — Cil s'entr'asenent ens escus A lor fors espiols esmolus, Par tel vertu s'entreferirent Que ansdeus lor lances croisirent; Les esclic contremont volerent, Parton. 9729. — et puis est sus montes En la sale par uns degres; Laiens vit lances et hanstiers, . . . Et bons espius, gros et furnis Et grosses hanstes bien burnis. Perc. 22413. — ferner Parton. 2961 ff. — Blanc. 519. — Rich. B. 2503. — L'Atre 2131. — Guill. Pal. 2121, 5536 ff. — Auc. et Nic. 9,11. — Floire et Bl. II, 725. — Escan. 1132, 2078. — Rom. de Rou I, 1478, 763. — Dolop. 9769 ff. — Cléom. 8769. — Perc. 21413. — und event. Er. et En. 3569.

Die zuerst erbrachten Citate sind zugleich recht charakteristische Beweise für die völlige Synonymität beider Ausdrücke.

45. Ein Unterschied in der Bedeutung beider ist dagegen zu erwarten, wenn auch nirgendwo Angaben über einen solchen anzutreffen sind, nach Versen wie:

Et tant espiel et tante lance. Guill. Pal. 607. — Et mainte lance et maint espiet, Dolop. 9769. — Prennent escuz, espiez et lances, Cl. et Lar. 30066. — ib. 1358, 4204. — Rom. de Rou I., 1478. — Blanc. 1080 etc.

46. Besonders häufig findet sich *espié* in Parton., Floire et Bl., Fergus und Blanc. Dagegen wird der Gebrauch von *espié* ganz vermieden als Synonymon von *lance* in folgenden Romanen, in denen *lance* oft begegnet (meist als alleinige Bezeichnung für Lanze): Durm., Chev. .n. esp., Münch. Brut, Joufr., Geoffr. Gaim., Chastel., Meraug., Mellus., Char., Chev. lyon, Clig., Perc., soweit das Werk von Crestien de Troyes selbst herrührt, Bel Inc. und Rom. de Brut. Darunter befinden sich also alle Werke Crestien's ausser event. Er. et Enide, zugleich Cr.'s einziger Roman, in dem auch, wie wir weiter unt. sehen werden, *glaive* neben *lance* begegnet, was besonders beachtenswert ist, da dieser als Cr.'s erster Roman angesehen wird, während in seinen nachfolgenden Werken der Dichter beide nicht mehr mit *lance* synonym gebraucht. Die Verse, in denen *espié* vorkommt, sind daselbst folgende:

Erec son roit espie d'acier Li fait iusqu'enz ou piz glacier, 3569 — und 4368.

Der wiederholte Gebrauch, dazu das Vorkommen von *glaive*
event. in demselben Sinne (vgl. unt. 48) lässt eine Correctur
der Verse nicht am Platze erscheinen; ob diese Verse aber
aus Cr.'s eigener Feder flossen, oder ob nicht etwa eine Emen-
dation seitens eines Copisten vorliegt, scheint mir eine
offene Frage.

47. Welches die ursprüngliche Bedeutung von *espié* ist,
können wir aus den hier zu Grunde gelegten Texten nicht mit
voller Sicherheit entscheiden, wahrscheinlich aber die von
Jagdspeer, vorzüglich gegen grösseres Wild, wie es gebraucht
wird in Cr.'s Perc. und von mehreren Dichtern, die es mit
lance gleichberechtigt zu gebrauchen vermeiden:

Veneor . . . Qui portoient espius trençans Et apres haces et siergans
Qui ars et saiaites portoient, Perc. 7087. — Vers le porc va, l'espieu
paumoie. Li quens va vers le porc lancier: Et quant vient a l'espie
baissier, Le porc vers le conte a couru: Dont li quens par meschief
mouru. Li quens ne se pot plus tenir, Le porc va par meschief ferir;
Mais l'espie n'entra point dedens, Mellus. 400. — Comme sangles feru
d'espie, Que li cien ont asses cacie, S'embat contre le veneor, Tot en-
sement, par grant iror, Corut al roi, Rom. de Brut 11908. — oder Bel
Inc. 1296. — Fergus 5,9.

ferner in anderen Romanen, wo es daneben aber auch als
ritterliche Lanze in Gebrauch ist. Godefroy im Dictionnaire
legt ihm gleichfalls diese Bedeutung bei.

48. Am seltensten ist der Gebrauch von *glaive*: in folgenden Romanen nur mit *lance* synonym:

L'emperere fu abatus, El cors d'une lance ferus; Ne sai dire qui
l'abati, Ne qui del glaive le feri . . . Entre les monz fu mors trovez El
cors d'une lance navrez, Rom. de Brut 13365. — Mais devant tous, pres
d'une archie, S'en venoit, la lance enpoignie, Cleomades moult fierement
Comme hom plain de grant hardement. Le premerain qu'il encontra Do
coup de glaive le porta A la terre mort estendu. Dou tronçou a si
referu Un autre, que il l'abati, Cléom. 751. — Lors embracierent fierement
Les escus, les lances brandirent, Chevaus des esperons ferirent . . . Lor
glaives brisierent andeus Li chevalier desor l'escu Cleomades, ib. 9954.
— Si ont les chevals eslaissies, Les fers des claves abaissies, Si qu'il en
font les fers croissir. Et Kex le fiert de grant aïr Si qu'il a sa lance
brisie Jusqu'ens es puing l'a peçoie, Mess. Gauv. 467. — Robert, qui fu
filz Herneis, Lance aloignie, l'escu pris, A l'estandart en vint poignant.
De son glaive, qui fu trenchant, Fiert un Engleis el piz devant, Mort
l'abati demaintenant, Rom. de Rou II., 8645 — ferner Durm. 11749. —
Chev. al. esp 4186. — Joufr. 3017. — Cl. et Lar. 14179. — Escau. 4988.
Jeh. et Bl. 4308. — Rom. de Trist. 807. — Meraug. 66,22. — Blanc.
5260. — Perc. 11287 und event. Er. et En. 2854: Et de sa lance li
repont Pie et demi dedenz le cors. Au retraire a son cop estors, Et
cil chei. Morir l'estuet: Car li glaiues ou cors li but.

Letzteres ist die einzige Stelle, wo Crestien, der Hauptbe-
arbeiter und Verbreiter der Abenteuer des Artus und seiner

Tafelrunde, *glaive* gebraucht und verdient deshalb eingehender argumentiert zu werden. Wollte der Dichter hier *glaive* mit *lance* identisch aufgefasst wissen? Dann liegt die andere Frage nahe: warum verwandte er ersteres dann an dieser einzigen Stelle, während *lance* so oft (vers 141, 288, 615, 716, 719, 741, 861, 2128, 2152, 2179, 2846, 2854, 2866, 2912, 3036 etc.) von ihm gebraucht ward? Die Annahme der Synonymität hat m. E. deshalb wenig Wahrscheinlichkeit für sich; ich bin vielmehr der Ansicht, *glaive* hier die Bedeutung »Lanzenspitze« beizulegen. Ziehen wir in Betracht, dass unsere mittelhochdeutschen Dichter *glavie* oder *glevie* in derselben Bedeutung verwerteten, dass Crestien auf den bedeutensten derselben, Wolfram von Eschenbach, eingewirkt und ihm in seinem Parzival als Vorlage und Muster gedient hat, dann gewinnt, scheint mir, obige Annahme bedeutend an Wahrscheinlichkeit W. v. Eschenbach und andere deutsche Dichter dieser Zeit verstanden den Sinn, den Crestien seinem *glaive* beilegte, allmählich aber unterlag dieses im Afrz. dem in Lanze und später sogar in Schwert übergegangenen Bedeutungswandel.

Die zuerst ausgeführten Stellen geben wiederum recht treffende Beweise für die spätere völlige Synonymität von *glaive* mit *lance*.

In keinem der angeführten Denkmäler überwiegt der Gebrauch von *espiel* oder *glaive* den von *lance*.

49. Werfen wir einen Blick zurück auf die synonyme Verwendung der drei Bezeichnungen für denselben Begriff Lanze, so finden wir alle drei neben einander in folgenden Romanen, Rom. de Rou, Cl. et Lar., Blanc., Escan., Er. et En. (?), und Perc. (nach vers 1060?), im Ganzen also in wenigen. In keinem Denkmal ist *espié* oder *glaive* alleinige Bezeichnnng für Lanze.

50. Ein Unterschied zwischen *lance* und *glaive* lässt sich erwarten in:

Mult ont lances, mult ont escuz, Mult ont haubers, helmes aguz, Mult ont glaiues, mult ont espees, Ars e saetes barbelees, Rom. de Rou II., 7895 —

trotzdem sie sonst hier beide synonym sind, und in:

Saillent a lances et a glaives, Meraug. 246, 7.

Vielleicht haben wir in diesen Fällen unter *glaive* die Lanze der Fusssoldaten zu verstehen, die als Wurfspeer benutzt ward, der *lance*, als Ausdruck für die Stosslanze der Ritter, gegenübersteht.

51. Die Etymologie von *glaive* ist noch nicht hinreichend gesichert, vielleicht liegt eine Mischung der beiden lat. Formen *glavam* und *gladium* vor, was auch die zweifache Bedeutung Lanze und Schwert leichter als die oben angenommene Erweiterung des Bedeutungswandels erklärlich macht. Der Wechsel des männlichen und weiblichen Artikels (Mess. Gauv. 913, 3377 etc.) ist eine im Afrz. sehr häufige Erscheinung und bei Bestimmung des Geschlechts nicht durchaus massgebend; in unsern Denkmälern hat *glaive* stets männliches Geschlecht, wie die dasselbe begleitenden Adjectiva in masculiner Form darthun.

II. Teile der Lanze.

Die einzelnen Teile der Lanze sind der Schaft, das Speereisen und das Fähnchen.

52. Der aus Holz bestehende Lanzenschaft führt hier ebenso wie in den Volksepen die Bezeichnungen *hante*, *hanste*, *huste*:

Un espie li fist aporter Ou il se pot molt bien ferir: La hante fu d'un frois pomier. Et li fers d'un tranchant acier, Floire et Bl. II., 725. — Le tierch fiert par telle arrmie, Qu'el cors li a l'anste brisie, Rich. B. 2675. — Une hanste prist de pumier A .i. trencant fer tot d'acier, Perc. 25315. — Brandist la haste et tint l'escu Et point le cheval errannment, Ferg. 80,36. — Er. et En. 2179. — Bel Inc. 2661 etc.

oder *fu*, *fust*:

Nes porroit pas una chars porter Les lances ne lo fust fraisnin, Que sus le cors li Poitevin Li briserent en cel estor, Joufr. 4487. — Lai de Tyolet 245 etc.

und verjüngt sich etwas nach der Lanzenspitze zu:

A dous mains a pris lo tronçon, Que fu d'un fust fraisnin pesant. Le plus gros a torne davant, Joufr. 544.

53. Das Lanzeneisen heisst wie in den Volksepen *fer*:

Et a brandi la lance au fer fourbi d'acier, Brun Mont. 3323. — Une lance a .i. fier d'acier I vit porter a .ii. varlet, Perc. 33520. — Floire et Bl. II., 717. — Mellus. 3203 etc.

und *alemele*:

Si se fierent de grosses lances, Les cleres alemeles blanches Font par mi les escus passer. En haut font les troncons voler, Durm. 7335, 13397. — Car mes espies i est passes Al mien espoir plus d'une toise. L'alemele fu molt cortoise Que mal faire ne vos daigna, Ferg. 64,30, 65,19. — Meraugis lu Feruz el piz souz la mamele, Si en parfont que l'alemele Du glaive essiva par derriere, Meraug. 191,2. — Mess. Gauv. 5080. — Escan. 1132, 4822.

ausserdem aber hier noch *acier*:

Et Fergus fiert Arthofilaus De l'espiel, dont l'aciers verdoie, Ferg. 159,26. — On li baille un espiel trençant, Novel forbi, cler reluisant: Les mers ot d'or, en brun acier, A hanste roide de pumier, Parton. 9645.

54. *acier* hat Sternberg aus den Karlsepen nicht aufgeführt und will auch unter *alemele* speciell den »mit scharfen Kanten versehenen, oberhalb der Tülle befindlichen Teil des Eisens« verstanden wissen. Sollte diesem Teile wirklich eine besondere Bezeichnung beigelegt worden sein? Synonym damit ist ihm *amure*, das bei uns bloss in der Lesart des Ms. de Mpl (vgl. Anm. zu Perc. 7545, Potvin), nicht in den Texten selbst nachzuweisen gewesen ist:

> Einsi est escrit en l'ameure, La pes sera par coste lance.

55. Die scharfen Kanten des Lanzeneisens heissen auch hier *coutel*:

> Molt furent trencant li coutiel De la lance qui est d'acier, Ferg. 122,34. — Rom. de Trist. 3443 etc.

(*trenchant* war hier nicht zu belegen).

56. Die Spitze *pointe*:

> Une lance a .i. fier d'acier I vit porter a .i. varlet; La pointe de fer, el soumet Une goute de sanc rendoit, Perc. 33520. — Car si bien se tint li haubers Que n'i pot pas passer li fers Fors que de la pointe el somet, Plain doi dedens le cors li met, ib. 9769. — Escan. 3490.

57. *pointe* scheint mir mit dem zusammenzufallen, was Sternberg unter *alemele* und *amure* versteht, ich meine aber in dem Sinne, dass nicht immer das gleiche, scharfbegrenzte Stück des Eisens darunter begriffen werden muss.

58. *somet* scheint nach den beiden letzten Citaten und nach

> Lance avoit roide de Saison, Aceres fu li fers en son. Alques ert long, et alques les, Mult ert en besogne dotes, Rom. de Brut 9532

nicht recht verständlich. Vielleicht die äusserste Spitze des Eisens?

59. Teils wird das Speereisen aus blossem Eisen (Perc. 9769), teils aus Eisen mit vorn aufgenieteter oder aufgeschmiedeter Stahlspitze (Rom. de Brut 9532), teils, und das wohl bei den meisten kostbaren Lanzen, ganz aus Stahl geschmiedet worden sein (Ferg. 122,34. — Brun Mont. 3323. - Escan. 7909. — Floire et Bl. II., 727). Mit Wiederhaken versehene Lanzen begegnen uns in den Ritterepen nicht (vgl. Sternberg).

60. Zur Anfertigung des Lanzenschaftes finden wir auch hier mit Vorliebe Eschenholz verwandt:

> Fier trançant et lance de fraisne Avoit cascuns, roide et poignal, Perc 3842, 23073. — Er. et En. 288. — Clig. 3562. - Rom. de Rou 3899. — Rom. de Trist. 3443. — L'Atre 8647. — Blanc. 5717. — Joufr. 4487 etc.

und Apfelbaumholz:

> Une hanste prist de pumier A .i. trencant fer tot d'acier, Perc. 25315. - Parton. 9645. — Floire et Bl. II., 717. — Viol. 2615 — Blanc. 928.

Vereinzelt begegnen Schäfte aus Erlenhols:

> Tant a aune c'or est brisie S'aune que tant nos a prisiee, Char. 5683.

oder aus Tannenholz:

> Mainte hante de sap e de fraisne bruisier . . . . E as bones espees
> l'une e l'altre trenchier, Rom. de Rou 1., 3899. — Perc. 8389. -- Meraug. 9,1.

61. Schwere Holzarten waren für den Lanzenschaft nicht
geeignet, weil alsdann im Kampfe die Waffe schwierig zu
handhaben war. Leichtigkeit des Holzes war eine Hauptbe-
dingung einer guten Lanze, Parton. 2986 etc., da die Stärke
des Schaftes, naturnotwendig mit der Verbesserung der Verteidigungswaffen zunehmend, ohnehin ziemlich beträchtlich war:

> Une lance moult roide et fort, Perc. 7015. — La lanche fu et roide
> et bonne, Rich. B. 1007. — N'orent mie lances menues; Ainz furent
> grosses et quarrees. Et ne furent mie plances; S'en furent plus roides
> et forz, Er. et En. 5892. Les grosses lances abaissierent, Durm. 3522.
> — Meraug. 30,13. -- Fl. et Fl. 2163. — Cl et Lar. 14251. — Escan. 7909.

62. Um dem Schaft grössere Haltbarkeit zu geben, um-
legte man ihn mit Eisenbändern; so der des Partonopeus und
des Sornegur:

> La hanste est de pumier fretee, Ne puet brisier, tant est bendee,
> Oltre s'en passe sains fraiture, Parton. 3007. — Et hanste fieree et legiere,
> ib. 2986. — Tan i ot lances aportees, D'argent et de synople taintes.
> D'or et d'argent en i ot maintes, Et mainte en i ot d'autre afaire; Mainte
> bendee et mainte vaire, Er. et En. 2132.

63. Am liebsten verwandte man junge, der Stärke nach
passende Triebe zur Herstellung des Schaftes und glättete sie,
nachdem man sie von der Rinde befreit hatte:

> Devant lui voit lances asses, As fers tranchans, as fuz planes,
> Durm. 4121. — La ot mainte lance planee, ib. 6749. — Et tient une
> lance burnie, Blanc. 408 etc.

Zuweilen war der Schaft vierkantig:

> Et sa fort lance aporter fist, Quanque doi vallet porter porent, Estes
> vos que totes les orent Grandes et roides et quarrees, Bel Inc. 2611. —
> Et fierent des lances quarrees, Meraug. 128,14. — N'orent mie lances
> menues, Ainz furent grosses et quarrees, Er. et En. 5892. — L'Atre 2176 etc.

64. In der Regel ist in unsern Texten der Schaft den
Farben des Schildes entsprechend bemalt, entweder mit einfachen Farben, rot:

> Vermeil ot l'escu et la lance Et l'ensegne et la connissance, Blanc.
> 1819 etc.

grün:

> Verdes lances en lor mains tienent A .v. beaz peigoncias fermes
> Durm. 10023 etc.

blau:

> Et s'anste fu d'un azur painte, Blanc. 1784. — Bel Inc. etc.

goldfarbig:

Tant blanc hauber et tantes lances Paintes a or et a asor, Bel.
Inc. 5507. -- Er. et En. 2132.

oder mit verschiedenen Farben:

Et mainte en i ot d'autre afaire; Mainte bendee et mainte uaire,
Er et En. 2132.

oder es waren ausserdem Figuren aufgemalt:

La lance ert de sinople tainte, A liepars d'or fu molt bien painte,
Li fuz ert gros et lons et drois Et li fers clers, tranchans et rois, Durm.
1414. — De ses armes a lances taintes Plus de L. a lions paintes. ib.
6972. — A quartiers sont li confanon, Et ses lances et si arcon, Parton. 6885.

oder sogar Schriftzeichen:

Et portent cinq lances letrees, De fres sinoples colorees, Parton. 7771.

65. Um der Hand beim Anprall der Lanze festen Halt zu
gewähren und die Intensität des Stosses zu erhöhen, war an
dem Schafte eine Handhabe *(quamois)* angebracht:

Chevax poignent et lances beissent Que il tenoient anpoigniees .I.
petit les ont alongiees Tant que par les quamois les tienne, Chev. lyon
2246. — Les lances as escuz flatissent, Et li cop donent teus esfrois,
Que totes jusques es camois Esclicent et fandent et froissent, Clig. 4934.
— Il tient l'escu par les enarmes Et la lance par le chamois, Durm. 13074.

66. Viollet-le-Duc's Ansicht hinsichtlich des Wortes
arestuel ist bereits von A. Sternberg 66 als irrig zurückge-
wiesen. Auch unsern Dichtern scheint der ursprüngliche
Begriff von *arestuel* nicht mehr bekannt, sondern bereits durchweg in den erweiterten Sinn von Lanzenschaft, genauer wohl
Hinterteil des Schaftes, übergegangen zu sein, wie folgende
Beispiele zeigen werden:

Quant vous dites si grant otrage, Que de l'arestoel de la lance Me
ferries ja sans dotance, Am. et Yd. 6042. — Ves ci ta mort dans l'arestoel
De ma lance, se ne t'en vas, ib. 6004. — Mes de tant font grant cortoisie,
Lor fers des lances retornerent, Les arrestuz devant porterent, Car li
rois estoit desarmez, Cl. et Lar. 4466. — Et puis si vit en .I. hanstier,
Une lance torment sainier Dedens une cope d'argent . . . Li sans couroit
a grant randon Del fier jusques a l'arestuel, Perc. 20151. — La lance li
a au poing mise: Il l'a devers l'arestuel prise, Er. et En. 719.

Die beiden letzten Fälle könnten allenfalls die Deutung
Handhabe noch zulassen. Durch eine oberhalb der Handhabe
angebrachte tellerformige Vorrichtung ward die Hand gegen
Verwundung geschützt, vgl. die Vignette im Meraug. p. 231
und Abbildungen bei Viollet-le-Duc VI., pag. 159f. Die
Dichter selbst erwähnen sie nicht.

67. Das Lanzeneisen ward geglättet und poliert und wird
zum öftern der Glanz desselben gerühmt:

N'i a celui lance ne port Blance, flourie, a fer luisant, Am.
et Yd. 4293. — Et une lance merveilose A un fer tranchant de Tolose,
Plus clers, che haumes n'es de long, Li met uns chevaliers el pong,
Joufr. 409. — Perc. 4370. — Parton. 9645. — Meraug. 175,4.

68. Der Stahl kostbarer Lanzen war mit Niellen geschmückt:

> Puis prent un espiel noele, Qu'eles li orent aporte, Qui trencans est et bien molus, Ferg. 131,10. — Espies bien fais et bien ovres Et a fin or tout noieles, Blanc. 4069.

oder mit andern goldenen Zeichen:

> On li baille un espiel trencant, Novel forbi, cler reluisant: Les mers ot d'or, en brun acier, A hanste roide de pumier, Parton. 9645.

69. Auf dem stets blutenden Eisen der heiligen Lanze im Gralschlosse besagt eine Inschrift, dass das ganze Königreich von Logres einst durch diese Lanze zerstört worden ist, Perc. 7538. Es ist dieselbe, mit der Longis die Seite des gekreuzigten Heilandes durchbohrte (Cléom. 18637), dieselbe, die, von Joseph von Arimathia nach ihrem jetzigen Aufbewahrungsorte gebracht, seitdem immer blutete, dieselbe, durch die Amfortas, der Hüter des Grals, zur Strafe für eine Sünde an beiden Schenkeln die giftigen Wunden erhalten hat, welche nur durch die erlösende Frage des zum künftigen Hüter des Grals erwählten Perceval nach der Bedeutung und dem Geheimnis der Lanze und des Schwertes geheilt werden können, Perc. 34991.

70. Um Schild und Eisenharnisch durchbohren zu können, musste die Spitze des Stahles gut geschärft sein:

> Tant con li chevaus puet aler, Fiert li uns l'autre au joster, Que les fers tranchant esmoluz Firent passer par les escuz, Joufr. 457. — Des espius trencans esmolus Le fiert Fergus au mius qu'il pot. L'escu perce, l'auberc desclot, Ferg. 64,12. — Mes tant furent ruistes li copr Et li dui fer trenchant et froides, Parmi les costes lor passerent, Cl. et Lar. 5184. — Parton. 9729. — Chev. . n. esp. 8032 etc.

71. Ueber die zweifelsohne verschiedenen Formen des Speereisens geben uns unsre Dichter keinen Aufschluss. Auch hinsichtlich der Grösse erfahren wir nur wenig und unbestimmtes: König Arthur's Lanze Roit (vgl. unt. 86) besass ein ziemlich langes und breites Eisen:

> Lance avoit roide de Saison, Aceres fu li fers en son, Alques ert long et alques les, Mult ert en besogne dotes, Rom. de Brut 9532.

Unter *fer roial* ist wohl ein besonders grosses und wertvolles Eisen zu verstehen:

> Et de la lance al fier roial, Perc. 34876.

72. Wie zum öftern deutsche Schwertklingen, werden in den Ritterromanen auch deutsche Speereisen genannt:

> L'anste roide a fer d'Alemaigne, Cl. et Lar. 12784.

auch türkische (?):

> Lances et espees turquoises, Clig. 1996.

Ausser ihnen werden sonst keine ausländischen erwähnt. In Frankreich selbst ist Toulouse Fabrikationsort: Joufr. 409.

A. Sternberg weiss aus den Volkscpen mehrere Orte aufzuzählen (vgl. § 77).

Die Lanzenschäfte liess der Ritter von seinen eignen
Dienern anfertigen: Mess. Gauv. 1826.

73. *Lance geldiere* ist nach Godefroy die lange Lanze
der Fusssoldaten, die hier Bogenschützen mit sich führen:

> Ki porte arc e ki bache, ki grant lance geldiere, Rom. de Rou I., 3939.

Lance poignal ist nach La Curne de Ste. Palaye etwa
ein dicker, die ganze Hand ausfüllender Schaft:

> La lance fu courte et poignal, Cl. et Lar. 13211. — Fier trancant
> et lance de fraisne, Avoit cascuns, roide et poignal, Perc. 3842.

74. Unmittelbar unterhalb des Speereisens war an dem
hölzernen Schafte das Lanzenfähnchen befestigt. Bezeichnungen dafür sind in unsern Romanen folgende:

> penon, pignon, pignoncel: Durm. 2623, 8601. — Perc. 38532. —
> Blanc. 266. — Viol. 2595. — Am. et Yd. 4293. — Rom. de Trist. 912.
> — Floire et Bl. II., 961. — Guill. Pal. 1883. — Brun Mont. 3480. —
> Joufr. 985. — Bel. Inc. 5509. — Rom. de Rou 6530. Char. 520.
>   confanon: Durm. 8600. — Perc. 88523. — Blanc. 4136. — Parton.
> 8592. — L'Atre 3646.
>   enseigne: Durm. 7124. — Perc. 43933. — Blanc. 1820. — Viol.
> 1839, 2600. — Am. et Yd. 4487. — Guill. Pal. 6597. — Er. et En. 2128.
> — Cl. et Lar. 14815, 30067. — Rom. de Trist. 3984. — Parton. 8294.
> — Rich. B. 2031.
>   connissance: Guill. Pal. 6069. — Viol. 1895. — Rom. de Trist.
> 912. — Cl. et Lar. 5181. — Rich. B. 1495. — Blanc. 1264.
>   guimple: Durm. 6827. — Er. et En. 2130.
>   banniere: Cl. et Lar. 5219. — Durm. 8408, 8601. — Mess. Gauv. 1363.

und endlich *siglaton*: Bel Inc. 5508, eigentlich ein Stoff, hier
auf das daraus gefertigte Fähnchen selbst angewandt.

75. Ob ein Unterschied und welcher zwischen ihnen besteht, lässt sich aus den Texten nicht erkennen. Ein flüchtiger
Blick zeigt, dass nicht bloss in der Zeit nach weit auseinander-
liegenden Denkmälern dieselben Bezeichnungen noch üblich
sind, sondern auch, dass in Texten derselben Zeit, sogar in
ein und demselben Romane mehrere derselben neben einander
promiscue gebraucht werden. Schlagende Beispiele sind dafür:

> Apres lui va portant les lances U sont les beles connissances, Blanc.
> 1263. — A une anste ot a claus d'argent Le confanon freme au vent,
> ib. 4115. — Et lor hanstes amont drecies Et les pignons amont leves,
> ib. 5403. — oder: Menus, lances levees, Les ensegnes desvolepees, Parton.
> 9293. — Sa lance a tot le gonfanon, ib. 8592. — oder: Lor out adrecies
> lor lances, Ou estoient les connissances Sor les escuz, qu'il out aus coux,
> Cl. et Lar. 5181. — . . ont les lances beissiees Et les banieres desploiees,
> ib. 5219. — oder: Une lance li fist baillier U elle avoit fait entaillier
> Une ensagne toute vermelle, De soie fu, bele a mervelle, U il ot paint
> .1. lion blanc . . . La lance et le pegnoncel prist, Perc. 88523 etc.

76. Gegenüberstellungen in Versen wie:

Desor les fers metent les lances, Les pignons et les connissances, Blanc. 1895

lassen allerdings auf einen Unterschied, den die Dichter zwischen ihnen machten, schliessen.

77. Nur von *banniere* lässt sich sagen, dass es in den meisten Romanen in der Bedeutung Banner, als Zeichen éines Lehnsherren, zu den übrigen in Gegensatz gebracht wird (vgl. A. Sternberg § 79):

.viiixx. en (sc. chevaliers) ot a sa baniere, Bel Inc· 5464. — .viiie. furent a sa baniere, ib. 5717. — Mellus. 1523 etc.

In ähnlichem Sinne gebraucht findet sich einmal auch *gonfanon*:

Li baron orent gonfanons, Li chevalier orent penons, Rom. de Rou II., 6529 —

nicht also eigentlich im Sinne von Feldzeichen, Standarte, wie oben *banniere*, sondern, wie wohl geschlossen werden muss, der Form nach von dem gewöhnlichen Fähnchen verschieden.

78. Das Lanzenfähnchen ist in der Regel ebenso gefärbt und bemalt als der Schild und der Lanzenschaft: blau (Blanc. 1784. — Er. et En. 2129), rot (Blanc. 1819. — Er. et En. 2128), weiss (Er. et En. 2129).

79. Die Geliebte pflegt ihrem Ritter das mit grosser Sorgfalt selbst gearbeitete Fähnlein, zu dem deswegen oft die kostbarsten Stoffe verwandt wurden, zu verehren. Verwandt ward dazu Seide (Perc. 14012, 38525, 43933. — Durm. 2623) Sammet (Joufr. 904. — Rich. B. 2013, 2131), Taffet (Brun Mont. 3480. — Am. et Yd. 4293. — Parton. 7773), mit Gold durchwirkt (Perc. 42754); zudem zierten es als aufgemalte oder aufgestickte Sinnbilder der Kühnheit und Tapferkeit das Bild des Löwen Perc. 38525, sogar Drachen Cl. et Lar. 14250.

80. Zuweilen wird das Fähnchen durch einen Aermel ersetzt:

Et tante guimple et tante manche, Qui par amors furent donees, Er. et En. 2130. — Bel Inc. 5509. — Durm. 6527. — Rich. B. 1569, 1588.

Blancandin erhält von seiner Geliebten einen weissen Aermel, den er im Blute seiner Feinde rot färben soll: Blanc. 4367; dasselbe lesen wir im Rich. B. 1569; Gauvain erhält von einer Dame eine Lanze nebst Fähnlein mit der Bitte, sie im Blute Koi's, der ihren Bruder getötet habe, färben zu wollen, Perc. 38528.

Bei einem kräftigen, gut gezielten und schlecht parierten Stosse durchbohrte nicht selten das Eisen mit sammt dem Fähnchen den Körper des Gegners (Rich. B. 1588).

81. Ueber die Art und Weise der Befestigung des Fähnchens an dem Schafte verweise ich auf Sternberg § 807. Mit goldenen Nägeln finden wir es hier befestigt in Parton. 6874, mit silbernen Rich. B. 1569. — Blanc. 4115. Näheres darüber ist aus den Ritterepen nicht zu erbringen.

82. Solchen Luxus, wie ihn der Ritter in der Ausstattung des Schwertes sich gestattete, unterliess er in Bezug auf die Lanze, da sie meist beim ersten Anlauf schon in Stücke zerbrach. Selten finden wir daher kostbarer Lanzen Erwähnung gethan, z. B. Cl. et Lar. 19567.

83. Betreffs der Länge werden wir wieder sehr im Unklaren gelassen, denn die Dichter fertigen uns mit sehr ungenügenden Angaben ab. Eine Uebereinstimmung in der Grösse scheint selbst zu derselben Zeit nicht geherrscht zu haben, wie z. B. aus folgendem hervorgeht: Gauvain lässt vor dem Kampfe mit Escanor de la Montagne (aus der Normandie), in dessen Lande es Sitte sei, selbst im ernsten Zweikampfe mehrere Lanzen zu brechen, bevor zum Kampfe mit dem Schwert übergegangen wird, mehrere Paare Lanzen bringen und sie in ritterlicher Weise dem Gegner zuerst reichen, damit er die ihm zusagendsten auswählen könne. Und Escanor wählt die grössten von ihnen, eine darunter von ganz beträchtlicher Länge, L'Atre 2176. Im allgemeinen scheinen sie ziemlich lang gewesen zu sein, da sie gewöhnlich an der Thüre des Palastes stehen gelassen werden müssen, dem Ritter auch erst gereicht werden, nachdem er das Ross bestiegen hat:

Ensi est en la sale entres Fors sa lance, que il laisca, Que dehors la sale apoia, L'Atre 152. — A cest mot a sa voie prise, A sa lance vient, si l'a prise, ib. 201. — dsgl. Perc. 4560 etc.

Normannen scheinen besonders lange Lanzen geliebt zu haben:

Longues lances ont e espees, Que de lor terre (sc. Normandie) ont aportees, Rom. de Rou II., 7791.

84. In derselben Zeit sind lange Lanzen und kurze in Gebrauch: erstere werden besonders hervorgehoben in Durm. 1414. — Chev. .u. esp. 9876. — Bel. Inc. 2611; letztere in Cl. et Lar. 9455. — Fl. et Fl. 2103. — Clig. 4844.

85. Das hintere stärkere Ende des Lanzenschaftes heisst *retrox (retrols, retrous)*:

Si fiert del retrox de la lance Un des autres qu'il encontra, L'Atre 4784. — A dous mains a prie lo troncon, Qui fu d'un fust fraisnin pesant. Le plus gros a torne davant . . . sel vait ferir Sor le braz destre, que del poing Li fait voler l'espee loing Et lo braz li mist tot entros. Tel coup li done del retros, Joufr. 544. — Dont oissies armes croissir, Et retrols de lances voler, Homes cair et reverser, Rom. de Brut 3184.

8*

Genauer ist darunter der hintere Teil der zersplitterten Lanze zu verstehen, der, am schwächern abgebrochenen Ende gefasst, als keulenartiger Prügel gebraucht werden konnte. Leroux de Lincy ist hinsichtlich der Herleitung und Bedeutung dieses Wortes auf einen ganz seltsamen Irrweg geraten: Er sagt nämlich in der Anmerk. zu Rom. de Brut 3189: »Ce mot, dont je donne les orthographes différentes (retrols, retrous, retrois), n'est expliqué dans aucun glossaire Voici l'étymologie que nous proposons de lui assigner. On trouve dans Ducange le mot „retrotabularium", qui signifie ornement, couverture de la table ou d'autel. Le mot retrols ne voudrait-il pas signifier les bandelettes, banderolles, ou petits drapeaux, dont le haut des lances était orné?« Dieses Beispiel macht einen Commentar, wie die etymologischen Vorschläge von Leroux de Lincy aufzunehmen sind, wohl überflüssig. Ich kann mir seinen Irrtum nur dadurch erklären, dass er in dem ihm vorliegenden Verse *voler* mit »wehen, flattern« übersetzte und dadurch zur Deutung Lanzenfähnchen kam. Ich leite es von dem nahe liegenden lat. *retrorsus* ab; *retrous* bei la Curne de Ste. Palaye ist jedenfalls falsche Lesart für *retrous* seitens eines Copisten:

Mout voissiez assaux jouster ... Retrons de lances haut voler (vgl. Diction.) —

La Curne erklärt es gleichfalls für *petits tronçons*.

86. Der Lanze wird im Gegensatz zum Schwert selten ein Eigenname beigelegt. A. Sternberg § 106 kennt aus den Volksepen nur einen Fall; aus unsern Texten ist ein unanfechtbares Zeugnis überhaupt nicht zu erbringen. Vielleicht aber liegt ein solcher Fall vor in folgenden nicht ganz klaren Versen:

Lance avoit roide de Saison, Accres fu li fers en son, Rom. de Brut 9532.

Andere Hss. zeigen für den ersten Vers folgende abweichende Lesarten:

Lance ot roide, Roit avoit non (Ms. du Roi, 73, Cangé) — Lance ot roide, Roil avoit non (Ms. du Roi, 7515[33], Colb.) — Lance ot, Rederon avoit non (Ms. de Ste. Gen. Y. f, 10).

Diese Hss. haben also alle drei für die Lanze einen Eigennamen, wenn auch keinen übereinstimmenden. Da mir *»lance de Saison«* unverständlich ist, möchte ich dafür: *Lance ot roide, Roit avoit non* — einsetzen, wonach dann also Arthur's Lanze wegen ihrer Stärke den Namen *Roit* geführt hätte. Es kann aber unbenommen bleiben, einer der andern beiden Lesarten den Vorzug zu geben, da gegen die Richtigkeit jener Verse an sich nichts einzuwenden ist.

87. Wertvolle Paradelanzen, die man nicht mit in den Kampf nahm, verwahrte man in einem Lanzenschrank im Palast.

Et puis si vit en .1. hanstier Une lance forment sainier Dedens une cope d'argent, Perc. 20151. — . . . puis est sus montes En la sale par uns degres; Laiens vit lances et hanstiers . . . Et bons espius gros et turnis Et grosses hanstes bien burnis, ib. 22413. — Devant lui voit lances assez, As fers tranchans, as fuz planes, In .1. lancier estoit chascune, Durm. 4121.

Oder ist im letzten Falle unter *lancier* vielleicht ein Futteral zu verstehen?

88. Die Lanze ist nächst dem Schwerte die Hauptwaffe des mittelalterlichen Ritters; mit ihr ward der Kampf eröffnet und erst nachdem sie zersplittert, griff man zum Schwerte. Nicht ein einziges Mal finden wir in den Ritterromanen einen Verstoss gegen diese ritterliche Sitte. Das höfische Turnier bestand oft bloss im Lanzenbrechen (Chastel. 1560); gewöhnlich focht man aber auch hier danach mit dem Schwerte weiter (Durm. 8001, 8827). Mit eingelegter Lanze (vgl. unt. 92) sprengten die Kämpfenden in vollem Galopp gegen einander an, wobei es galt, den Schildbuckel des Gegners zu treffen und diesen aus dem Sattel zu heben, selbst aber fest im Sattel zu bleiben und den Stoss des Gegners zu parieren oder abzulenken. Bei gut gezieltem Stosse zerzplittert entweder die Lanze, sodass die Splitter (*trons, tronçons, trus, esclices, asteles* Rom. de Rou II., 1583. — Perc. 5094. — Durm. 7416. — Parton. 9733. — Mess. Gauv. 1310 etc.) hoch in die Luft und weit umherflogen, oder der eine der Kämpfer stürzte aus dem Sattel, wobei zuweilen bedeutende Verletzungen nicht ausblieben (Parton. 8909). Für gewöhnlich scheinen die Turnierlanzen ohne Eisen gewesen zu sein, immer aber war das nicht der Fall (Durm. 7970).

89. Zuweilen jostieren im Turnier bloss je zwei Ritter der Reihe nach mit einander (Chastel. 1560), zuweilen zwei grosse Parteien (Durm. 7762. — Bel Inc. 5528); bald beschränkt sich der Kampf auf einmaliges Lanzenbrechen (Chastel. 1560), bald werden neue Lanzen gereicht und gebrochen (Parton. 8055); Durmars und Yvain machen sogar 25 Lanzengänge mit einander, ohne dass einer unterlag (Durm. 6994). Viele Lanzen zu verstechen, ohne geworfen zu werden, gereichte zu hohem Ruhm. Der Sieger im Turnier ward hoch geehrt. Die Hand einer edlen Dame ist ein häufiger Siegespreis. Oft berufen Frauen, die sich vermählen wollen, ein Turnier in der Absicht dem Sieger ihre Hand und Herrschaft als Preis zu reichen (Melior etc.).

Sogar im ernsten Zweikampf wurden zuvor mehrere Lanzen gebrochen, ehe man zum Schwert griff, so sahen wir oben, dass Gauvain mit Escanor de la Montagne mehrere Lanzen brach, weil es im Lande des letztern so Sitte war, L'Atre 2076. Knappen waren stets zur Hand, ihren Herren, nachdem eine Lanze verstochen, eine neue zu reichen. War auch das Schwert unbrauchbar geworden, so kämpfte man in der Not sogar mit den Lanzentrümmern weiter, Joufr. 544. — Bel Inc. 1757. — Durm. 7506, 13117. — L'Atre 4784.

90. Ein Zeichen der Geringschätzung war es, wenn man den Gegner mit umgekehrter Lanze, das Eisen nach hinten, anlief, wie z. B. Erec den prahlerischen Koi, der ihn nicht erkannt hat, Er. et En. 4030 oder Mauves, nachdem er die Gewissheit erlangt hat, dass er Damen in Ritterrüstungen vor sich hat, Cl. et Lar. 27884.

91. Das Einlegen der Lanze geschah in der Weise, dass man sie unter dem Arm einklemmte und auf das am vordern Teile des Sattels eigens dazu angebrachte Polster (*feutre*, vgl. 94) als Stützpunkt auflegte:

La lance sos l'aisele mise, Et li autre qui apres vienent, Les lances alongies tienent, L'Atre 4678. — Si metent les lances sus fautre Et de fautre sus les aissieles, Andeus les missent en asticles, Chev. .ii. esp. 4680. — Lance miet ou guischet et bien le paumoia: Il a point le cheval et l'escu enbraça, Brun Mont. 2163.

Paul Meyer, der Hsgbr. des Brun Mont. hält *guischet* für *gouchet = l'aissèle, le dessous du bras*; er fügt hinzu: *c'était aussi une partie de l'armure en tissu de mailles.* Godefroy erklärt *gousset* für »*pièce de l'armure qui avait la forme d'un triangle et qui garantissait le dessous du bras.* Obige Stelle lässt Godefroy's Deutung weniger annehmbar als die P. Meyer's erscheinen.

92. Folgende Wendungen finden sich bei uns für »eingelegte Lanze«:

lance sor (le) fautre: Er. et En. 4421. — Escan. 3978. — Char. 843. — Chev. lyon 6076. — Clig. 3765. — Perc. 3838. — Cl. et Lar. 4256. — Meraug. 14, 12. — Bel Inc. 5679. — Mess. Gauv. 3264. — Chev. .ii. esp. 1763, 4680 (sus fautre). — Blanc. 4179. — Chasiel. 1242 etc.
lance en (le) fautre: Parton. 8055. — Joufr. 994. — Blanc. 5449. — Ferg. 74,5.
lance levee: Cl. et Lar. 12864. — Perc. 2646.
lance baissiee: Cl. et Lar. 12748. — Meraug. 174, 14. — Mellus. 1526.
lance abaissiee: Cl. et Lar. 13200.
lance eslongiee, alongiee: Er. et En. 2846. — Rom. de Rou II., 8646. — Parton. 9649. — Bel. Inc. 2633. — L'Atre 4680 etc.

93. Für »die Lanze (auf dem Marsche) aufrecht, grade stehend halten« die Wendungen:

lance droite: Er. et En. 7411. — Rom. de Rou II., 9105. — Durm. 7140, 12991. — Joufr. 420 etc.

und :

lance sor fautre: Er. et En. 2912, 5720. — Perc. 4152. — Ferg. 18, 7 etc.

94. Diese zweifache Bedeutung des Ausdruckes *lance sor fautre*, auf die Sternberg bei der Bestimmung von *fautre* gar keine Rücksicht genommen hat, macht es nötig, auf das von ihm § 102 abgehandelte *fautre* selbst nochmals näher einzugehen. Wie will er, bei der einzigen von ihm zugelassenen Deutung des Wortes sein im zweiten Sinne gebrauchtes *tenir la lance sur feutre* § 101 erklären? Viollet-le-Duc VI., p. 154 meint, dass *fautre* ausser einem auf dem Stahlpanzer des Ritters befestigten Haken auch eine in der Nähe des rechten Steigbügels angebrachte Tasche bezeichne. So wenig ich Viollet's erster Deutung zustimmen kann, stelle ich mich doch hinsichtlich der zweiten auf seine Seite. Das richtigste treffen wir wahrscheinlich, wenn wir diese und Sternberg's Ansicht vereinigen und beide Deutungen für *fautre* zulassen.

en fautre für *sor fautre* lässt vielleicht darauf schliessen, dass das erhöhte Polster am Sattel, worauf die eingelegte Lanze ruhte, in der Mitte ausgebuchtet war, um der Lanze eine sichere Lage zu gewähren.

B. Die Lanze als Wurfwaffe.

95. Schon Sternberg hob [52, 107] gegen A. Schultz II., p. 24 hervor, dass die Lanze in den afrz. Dichtungen nicht bloss Stoss-, sondern bei ihm auch Wurfwaffe sei und dasselbe ist bezüglich der Ritterepen zu sagen. Am gebräuchlichsten sind in diesem Sinne die Bezeichnungen *glaive* und *espié*, Cléom. 529. — Rom. de Brut 13197. — Guill. Pal. 2202. — Ferg. 112,20. — Cl. et Lar. 18235. — Rom. de Rou 7895. — Blanc. 6014 etc. Ein Argument mehr dafür, dass dieses ihre ursprüngliche Bedeutung war und sie sich auch zur Zeit unserer Denkmäler noch nicht zur gleichen Berechtigung mit dem edlern Ausdruck *lance* emporgeschwungen haben.

96. Aber auch *lance* findet sich einige Male als Wurfwaffe:

Lors commença fors li assaus Tot environ de la cite. Asses i ont trait et berse Lances et gavelos et dars, Blanc. 5114. — Laienz n'a bouvier ne garcon Qui n'ait hauberc ou hauberjon Et hache ou espee d'acier Ou glaive ou lance por lancier, Cl. et Lar. 18235.

97. Beim Kampf zu Ross gebrauchen die Ritter gegen einander die Lanze nur als Stosswaffe, als Wurfwaffe diente sie bloss den Soldaten. Welcher Unterschied zwischen der Stosslanze der Ritter und dieser zum Wurfe gebrauchten Lanze der Soldaten bestand, ist aus den Texten nicht ersichtlich; wenn ein solcher vorhanden war, so beruht er wohl, wie auch Sternberg vermutet, darin, dass die Wurflanze der Soldaten einen schwächern und leichtern Schaft besass als die zum Stoss bestimmte Ritterlanze.

Zuweilen ist es schwierig zu entscheiden, ob *lance* Stoss- oder Wurfwaffe bezeichnet, Escan. 17810:

Et de bourjois tez. .n. mile Qui chevauz avoient et armes, Lances, gavelos et guisarmes, Garros, engienz et arbalestes, Ars et grant plente do sajetes.

Andere Wurfwaffen.

gaverlot.

98. Der *gaverlot* oder *javelot* ist ursprünglich ein Jagd- speer und zwar leichter als der *espiel*, da der Jäger mehrere mit sich zu führen pflegte, die er in einem Köcher trug. Ueber die Herleitung des Wortes vgl. Grimm, Gram. III., 443, Diez, 7103.

Perceval bewaffnete sich mit ihnen, als er zum ersten Male auf Abenteuer auszog, bis er sich eine Lanze und andere ritterliche Waffen gewann, Perc. 1262, 2305; der Dichter des Fergus schilt den jungen Fergus, der an Arthur's Hof ziehen will, töricht, weil er unkundig ritterlicher Sitte sechs *gaverlos* mitnimmt, die er an den Sattel hängt, Ferg. 17, 17.

99. Wann der *gaverlot* als Kriegswaffe der Fusssoldaten in Gebrauch gekommen ist, lässt sich hier nicht nachweisen, ohne Zweifel vor der Zeit des ersten uns überkommenen Ritter- romanes, lange vor Mitte des 12. Jhrhds.; denn die Dichter dieser Zeit kennen ihn schon als Kriegswaffe:

Espessement lancent et traient Quarriaus et javeloz et darz, Clig. 1522. — Li un aportoient jusarmes, Et li autre haches danoises, Lances et espees turquoises, Quarriaus et darz et javeloz, ib. 1994. — Perc. 2305. — Rom. de Brut 6412. 12947. — Geoffr. Gaim. 5503. — Guill. Pal. 2202. — Cléom. 529.

Wie die Lanzen war auch der *gaverlot* vorn mit einer Eisenspitze versehen, Perc. 2305.

Nach A. Schultz I., 352 war der *gavelot* die gewöhn- lichste Jagdwaffe, mit der man Hirsche erlegte.

dart.

100. Der *dart* ist gleichfalls im wesentlichen Wurfspeer der gemeinen Soldaten:

Et lancent dars et pous agus, Rom. de Brut 328, 3497. — Cléom. 916, 529. — Clig. 1522, 1994. — Guill. Pal. 2202, 6689. — Blanc. 337, 6044. — Mellus. 1497. — Geoffr. Gaim. 5503 etc.

101. Der Länge nach scheint er dem *gaverlot* nicht gleich-
gekommen zu sein, denn Beispiele aus mehreren Denkmälern
machen es zweifellos, dass er auch im Sinne von Pfeil, Geschoss
des Bogens, der Armbrust oder der Wurfmaschine gebraucht
ward:

Tendi sun arc, n'i volt plus dire, De l'arc li tramet une engaine
Par orguel et par grant migraine. Mais cil se guenchi d'altre part si
eschiva lo colp del dart, Münch. Brut 1349. — Uns archiers li vint al
trestur, Un dart li tramet d'un arc fort, Lo roi Locrin trebucha mort,
ib. 2380. — de toutes pars Volent carrel et pel et darz Et pierres grans,
et les perrieres Et les bibles, qui trop sont fieres, Getent trop menuece-
ment, Cl. et Lar. 14954. — Mangonniax font por fors giter, . . . Darz et
pieus aguz por lancier, ib. 14876.

102. Der *dart* war gleichfalls mit einer scharfen Eisen-
oder Stahlspitze versehen:

Meraug. 10,18. — Blanc. 337. — Rich. B. 752.

und diese mit Widerhaken versehen (wofür schon A. Sternberg
einen Beleg erbringt) in:

Et voient la maison garnie De lances, de dars a barbel, Blanc. 6041.

103. In demselben Gedicht geschieht eines *dart* Erwähnung,
an dem sogar ein Fähnchen befestigt war, was wir aber als
Ausnahme ansehen müssen:

El cors li met del fer le dart, Si qu'il en ist de l'autre part Et
plus de .iii. pies de l'ensaigne, Blanc. 337.

104. Heiden pflegen vergiftete Wurfspeere zu gebrauchen,
für deren Wunden es keine Heilung giebt. Der König von
Cypern ist mit einem solchen verwundet worden:

Le roy d'un dart envenime, Qui bien fu forgie et lime, Fu telement
feru a point Qu'en lui de garison n'a point, Mellus. 1497.

dart und *gaverlot* sind die charakteristischen Waffen der
Fusssoldaten gegenüber der Stosslanze der Ritter.

faussart.

105. Bezüglich des *faussart* verweise ich des Nähern auf
A. Sternberg 121, da in unsern Texten dieser Waffe nur
einmal als der der Fusstruppen Erwähnung gethan ist, ohne
dass sich daraus auf die Art und Form der Waffe etwas
schliessen liess:

Au lances corent et as dars, Prendent guisarmes et faussars; Apres
le leu est grans li cris, Guill. Pal. 7219.

Ein Unterschied gegenüber *dart* muss nach diesen Versen
vorhanden sein. Aber welcher?

106. Die *cambre* begegnet in den Ritterepen nicht. Ebensowenig die von Sternberg 118 aufgeführten *guivre*, *algier*
(*atgier*) und *muserat*.

Dolchartige Waffen.

Misericorde, alesne, coutel, dague.

107. Die *misericorde* und *alesne* sind in den Ritterepen selten anzutreffende Waffen und zwar nur in folgenden Versen nachzuweisen gewesen:

Une autre (sc. espee) a son arcon pendue, Et d'autre part sa biesaguë Et sa mesericorde a cainte: D'orfrois estoit par le heut cainte, Et une alesne bien poignant ... Partonopeus r'est bien armes, A loi des Francois adoubes ... Mais il n'a c'une seule espee: Cele est a son arcon nore, ... N'a cure de misericorde Ne d'alesne pas ne s'enborde, Ne cure n'a de besaguë, Par lui n'en ert une esmolue, Parton. 2965. — D'espee ou de misericorde, Dolop. 6615.

108. Häufiger ist die Verwendung des *coutel*:

Tallas tint .1. coutel d'acier, Par iror gete au mesagier; S'adroit aconseu l'eust, Ja mes li mesages n'eust Le sien mesage raconte; Li coutiaus fiert en mi le pre Plus d'un pie est dedenz entrez; Molt en fu li mes esfreez, Quant le coutel vit a la terre; Bien voit, comencie a la guerre Roys Tallas par desleaute, Cl. et Lar. 19963. — Nules armes n'i porterez, Mes les espees laisseerez, Mes grant coutel chascun avra, En sa chauce le boutera. Quant el chastel serez venu, Chaucuns tiegne son coutel nu, ib. 22991, 28140, 28500, 30004. — D'un couteau qui bien tint ou manche, Le juseran lui a fause, Le fer est tout outre passe, Mellus. 4670. — Robins, le coutel en sa main, En vient a l'un, si le feri Si k'il l'abat mort si seri, C'apres le cop ne se plaint point, Car del coutel au cuer le point, Jeh. et Bl. 4087. — A un cultelz cest mal felons I ocist dous gentilz barons E reis Edwine mult naffra, Geoffr. Gaim. 1177. — Blanc. 3809. — Viol. 6521. — Dolop. 5651. — Rom. de Brut 7414 etc.

109. Sternberg kennt aus den Volksepen nur *misericorde* und *coutel* und hält sie mit Recht für Bezeichnungen derselben Waffe, mit deren Form uns die Dichter nicht genauer bekannt machen; die meisten Angaben lassen sie als dolchartige Messer, zum Werfen geeignet, erkennen, nach folgenden scheint sich die Form mehr oder minder der eines kurzen Schwertes genähert zu haben:

Voient grant foison de gens d'armes A grans couteaux et guisarmes, Mellus. 1903. — Le coutel qui bien tint ou manche Brandist le chevalier vaillant Et le serpant va assaillant, ... D'un seul cop le col lui trencha, ib. 6298. — »Trai ton coutel, et si t'avance; Si me vien tost couper le chief« ... Son coutel tient tot nuement, Moult pensiz et dolentement; Son pere a la teste coupee, Dolop. 5651.

110. Die dritte in den Ritterepen hinzukommende Bezeichnung *alesne* halte ich im wesentlichen mit ihnen für synonym, möglich auch, dass sie dolchartiger und zierlicher geformt war, denn ganz identisch kann sie nach Parton. 2965 ff mit *misericorde* nicht gewesen sein.

111. Vielleicht ist mit der *alesne* wieder synonym der *dague*, der neben dem Schwerte und dem *coutel* unter der

Ausrüstung eines Ritters, der zur Bekämpfung eines Drachen auszieht, an nachfolgender Stelle mit aufgeführt wird:

> Une dague ot de bonne forge, A l'ours en donne parmy la gorge, Mell. 6343.

Auch ihn erwähnt Sternberg nicht.

112. Ob eine dieser wenig von einander verschiedenen dolchartigen Waffen mit zur Ausrüstung des Ritters gehörte, ist eine schwer zu beantwortende Frage. Sornegur bewaffnet sich vor dem Zweikampfe mit Partonopeus, wie wir oben (Parton. 2965 ff) sahen, sogar mit zweien, trotzdem er bereits zwei Schwerter führte; Partonopeus dagegen verschmäht den Gebrauch solcher Waffen, wohl weil er im Vertrauen auf sein gutes Schwert sie für unnütz hielt: wenn sie auch nicht zur gewöhnlichen Bewaffnung gerechnet werden dürfen, so scheint das Tragen derselben doch nicht den ritterlichen Geboten zuwider gewesen zu sein und ward alsdann an einem eignen Gurt an der rechten Seite getragen (Parton. 2965 ff).

113. Der Dolch zerfällt wie das Schwert in Klinge und Griff. Die Klinge heisst ebenfalls *alemele*:

> Et Lisiars coiement tent Sa main a .i. coutiel d'achier Que il avoit fait atachier A une chaîne de fier ... Ferir le cuide en la mamiele Dou coutiel que cil entesa, Au plus tot k'il pot refusa, Viol. 6521. — Dolop. 6368. — Rom. de Brut 7430.

und war zweischneidig:

> Bien ensaignies et bien somons Qu'en lor cauces cotiax portaissent Itex que de deus parz tranchaissent, Rom. de Brut 7414.

der Griff heisst *heut*:

> Et sa mesericorde a cainte: D'orfrois estoit par le heut cainte, Parton. 2967.

oder *manche*:

> Le coutel qui bien tint ou manche Brandist le chevalier vaillant Et le serpent va assaillant, Mellus. 6298. — Apuigner li a fait le mance ... Qu'encor tint le manche a plain puing etc.

114. Die Scheide des Dolches aber heisst *gaïne*:

> gaïnes et couteles, Auc. et Nic. 21,13.

hansart.

115. Den in den Ritterepen bei drei Dichtern vorkommenden *hansart* kennt Sternberg aus den Volksepen gleichfalls nicht:

> En sa main un hansart tenoit Qui deus pies d'alimele avoit. Eskeut son branc par mautalent. Au sot le jeta erraument. Ne consuit pas, Ferg. 168, 28. — Son arc li portoit un vallez, Sun hansart et sun berserez, Mar. de Fr., Lai de Gug. 87. — Purparle lu e divise, Coment chescons serreit adube. Haubere, e elme, escu, e hache, Hancac, espee, e bone

mace, Chances de fer, chescons avarat, Quant en la bataille entrat, Geoffr. Gaim. 4260.

116. Ernst Martin in seiner Ausgabe des Fergus hält den *hansart* für ein kurzes Schwert, B. de Roquefort dagegen erklärt ihn für Lanze. Von den beiden einander entgegenlaufenden Ansichten scheint mir auf Grund der erbrachten Citate die B. de R.'s nicht haltbar und stimme ich deshalb E. Martin bei, denn das Wort kommt her von *ags. handseax* = Handmesser, dann kurzes Schwert, vielleicht eine Art grosser Dolch. Auch Godefroy im Dictionnaire hält dies für die richtige Deutung.

Hiebwaffen.

fauchon.

117. Des *fauchon* geschieht bloss an zwei Stellen und zwar in für uns so unvollkommener Weise Erwähnung, dass wir über die Art der Waffe daraus bloss Vermutungen anstellen können:

»Sire«, dit li varles, »or soies tous certains Que je sui mesagiers a tout le plus hautains Dont bauberc fust vestus onques ne fauchons sains. Sachiez mes mestres est desur tous souverains, Brun Mont. 3223. — Espees guisarmes, macues, Misericordes et fauchons, 2930.

A. Schultz II, 184 bringt das Wort mit *falx* zusammen und hält es für einen kurzen krummen Säbel nach Art der Türkensäbel. Ebenso Godefroy und La Curne de Ste-Palaye. Die von uns erbrachten Citate lassen dies sehr wohl als annehmbar erscheinen.

biesaguë und doleure.

118. Ebensowenig wie die vorausgehende Waffe hat Sternberg die *biesaguë* und die *doleure* aus den Karlsepen belegt. Ueber ihre Form belehren uns unsre Dichter nicht. Nach Littré (Diction.), von lat. bis + acutus hergeleitet, ist sie eigentlich ein Zimmermanns- oder Tischlergerät, mit zweiseitiger Schneide »*dont l'un est en bec d'âne, et l'autre en ciseau*«. Schiffszimmerleute gebrauchen sie in der That hier neben der *cuignie* im Kampfe:

Li charpentier qui empres uindrent, Granz coignies en lor co's tindrent, Doleures e besaguës Orent a lor costez pendues, Rom. de Rou II., 6533.

A. Schultz II., 182 erklärt sie für eine zweischneidige Streitaxt. Jedenfalls ist sie eine nicht ungefährliche Waffe. König Sornegur kämpft damit lange Zeit mit Erfolg gegen Partonopeus:

Li rois sa besaguë tient, Et vers Partonopeus en vient: Par som
le pene del escu L'a del biec en l'elme feru Un colp si dur et si cargant,
Qu'a paines remaint en estant. L'elme li a si assene Por un petit ne
l'a fause, Parton. 3235. — La besaguë tient li rois, Et son brant nu li
cuens de Blois . . . Mais se besaguë a levee Li rois, por encontrer
l'espee; Cil encontre le besaguë Od le trencant espee nue . . . Li uns
aciers a l'autre gront, Li uns bons aciers l'autre enchise; Devant le heut
l'espee brise, ib. 3305.

Partonopeus entreisst sie dem Gegner und kämpft selbst
damit weiter, als er aber in den Besitz eines der Schwerter
des Sornegur gelangt: *Sa besaguë a lonc jetee, Et as diables
conmandee*, 3369 — woraus zu schliessen ist, dass es keine
echt ritterliche Waffe war.

119. Das Wort weist durchweg feminines Geschlecht auf:
Porquant si pert sa besaguë, La dure, la fort, l'esmolue, Parton.
3171, 3251, 3305 f, 3369 f.

120. Die *doleure* scheint keine eigentliche Kriegswaffe,
sondern ein ähnliches Handwerksgerät wie die *biesaguë* gewesen
zu sein: Rom. de Rou II., 6533 ist die einzige Belegstelle für
ihren Gebrauch im Kampfe.

guisarme.

121. Von den Volksepen weichen unsre Texte hinsichtlich
der *guisarme* in so fern etwas ab, als sie hier öfter als dort
eine Hiebwaffe bezeichnet. Während sie Sternberg 126 nach
den von ihm citierten Stellen mit Recht unter die Wurfwaffen
einreiht und ihr bloss ,nach Méon, Nouv. fabl. et contes I., 19
die Bedeutung von Schneidewaffe zuerkennen kann, beweisen
nachstehende Citate, dass viele Dichter der Ritterromane sie
sicherlich als Hiebwaffe, andere wenigere vielleicht als Stoss-
resp. Wurfwaffe aufgefasst haben. Der Charakter der letztern
könnte ihr, wenn wir das aus der nicht immer logisch ge-
ordneten Zusammenstellung mit gleichartigen Waffen schliessen
dürfen, in folgenden Romanen zukommen:
As lances corent et as dars, Prendent guisarmes et faussars; Apres
le leu est grans li cris, Guill. Pal. 7219. — Tot a pie portoient lor armes,
Lances, gaverlos et gisarmes, Rom. de Brut 11416. — Et de bourjois tex
.II. mile Qui chevauz avoient et armes, Lances, gavelos et guisarmes,
Garros, engienz et arbalestes, Ars et grant plente de sajetes, Escan. 17810.

122. Hiebwaffe dagegen ist die *guis arme* in:
Cil du chastel encontre vienent, Espees et gisarmes tienent, Cl. et
Lar. 27596. — Li un aportoient jusarmes, Et li autre haches danoises,
Lances et espees turguoises. Quarriaus et darz et javeloz, Clig. 1994. —
De la gisarme que il tient Li a fait la teste voler, Jch. et Bl 4096. —
Qui la ghisarme en sa main a; A deus cox deus lour en ocist, ib. 4265. —
En son puing tient chascuns une arme, Ou misericorde ou gisarme, Floire

et Bl. 1704. — Voient grant foison de gens d'armes A grans couteaux et a guisarmes, Mellus. 1903.

123. Sie ist im wesentlichen eine Waffe der Fusssoldaten; über ihre Form erhalten wir aber wiederum wie bei so vielen andern keinen Aufschluss. Der Hsgb. des Cl. et Lar. [vgl. Glossar zu dies.], Alton, hält sie für eine sichelförmige Waffe; vielleicht kommt A. Schultz II., p. 179 der Wahrheit am nächsten, wenn er die guisarme für eine Art Axt mit langem Stiel und vorn aufgesetzter langer eiserner Spitze ansieht, sodass sie also sowohl als Hieb-, als auch im Notfall als Wurf- und Stosswaffe dienen konnte.

fauc.

124. Was die Bestimmung von *fauc* anbetrifft, sind wir auf zwei Stellen aus einem einzigen Roman angewiesen:

Ele tient une fauc d'acer Qui a pie et demi de le. Sous ciel n'a home si arme Ne chevalier, tant hardis soit, Se la vielle a cop l'ataignoit Que ne la trencast par le bu, Co est la garde de l'escu, Ferg. 105, 5. — Ains jete a lui par mautalent De la fauc qu'ele avoit treucant. Sel consiut en l'elme luissant. Treatot ausi delivrement, Comme on caupast une vergele, La detrenchie et esquartiele Res a res de la cervelire. N'eust jamais mestier de mire, Se plus bas l'eust conseu. Par lui n'eust on maintenu Estor mais ne tornoiement. Bien set et voit certainnement Que le l'espargne tant ne quant. Durement le va redotant. Mais la vielle mie ne targe. Grant cop li donne sor la targe Si qu'ele le caupe par mi. Et se Fergus n'eust guenchi, Parmi les flancs l'eust troncie A grant dol et a grant pecie, ib. 112, 31.

Eine alte Riesin verteidigt also mit dieser Waffe, wohl einer Art Sichel, den Eingang zum Schildturm von Dunottar. Vgl. noch § 141.

125. Das Wort zeigt weibliches Geschlecht und unsere Belege unterstützen sonach Sternberg's Ansicht (§ 124), dahin lautend, dass es eine Hiebwaffe zu bezeichnen scheine.

126. Ich möchte ihr aber überhaupt nicht den Charakter einer Wurfwaffe zugestehen, wie A. Sternberg thut, weil es der Etymologie von lat. falcem vollständig widerspricht. Wahrscheinlich kommt er zu der Annahme hauptsächlich deshalb, dass er »jeter« die alleinige Bedeutung »werfen« beilegt, während unser zweites Beispiel zeigt, und darum habe ich dasselbe so ausführlich angeführt, dass wir es zuweilen mit »nach etwas (hin) schlagen« wiedergeben müssen (vgl. hierzu A. Schultz II., 179.

Beil- und keulenartige Waffen.

hache.

127. Das Kriegsbeil ist eine oft genannte gefährliche, aber unritterliche Waffe, wie überhaupt alle unter dieser Rubrik

aufzuzählenden. Heiden und Räuber pflegen sich ihrer hauptsächlich zu bedienen:

> Car li larron au chastel vindrent; Espees et gisarmes tindrent;
> Armez sont bien et richement, A la porte vont droitement, A leur haches
> la decoupoient, Cl. et Lar. 677. — De leur haches granz cox le fierent.
> Sagremor tient traite l'espee, A l'un en donne tel colee, La teste li a
> fet voler; Et li autre li font coler Lor haches parmi son escu, ib. 9645.
> — Ont grant haces pour lui pourfendre ... Leur cors arment en bons
> pourpoins Et trenchans haces en leur poins, Jeh. et Bl. 3466. — Et li
> tiers a tel cop feru Que del hauberc maillie menu Li a un pan desous
> oste. Le genouil li eust colpe Se il n'eust hanque de fer. Ensi com de
> ables d'enfer Ala la hace jusk'en tere, ib. 4061. — Rom. de Brut 870,
> 1388 etc.

128. Im Falle plötzlichen Aufgebots der Dienerschaft, der
Bürger und Bauern zum Kampfe waren alle Waffen willkommen;
darunter wird auch die *hache* oft genannt:

> Laienz n'a bouvier ne garçon, Qui n'ait hauberc ou hauberjon Et
> hache ou espee d'acier Ou glaive ou lance por lancier, Cl. et Lar. 18235.
> — Et de chascune part sergenz Qui tenoient haches tranchanz, Char.
> 2209. — Car venir voient une jaude ... Ou mout avoit arbalestiers Et
> serjanz de divers mestiers Qui portoient diverses armes. Li un aportoient
> jusarmes, Et li autre haches danoises, Clig. 1989.

129. Einige Dichter des 12. Jhrh. kennen die Streitaxt
aber auch noch als erlaubte Kriegswaffe der Soldaten. Im
Rom. de Rou finden wir ihre Verwendung besonders oft, z. B.
bedienen sich ihrer die englischen Soldaten in der Schlacht
bei Hastings:

> E nos auez baches agues E granz gisarmes esmolues Contre noz
> armes, qui bien taillent, Ne quit que les lor gaires vaillent, Rom. de Rou
> II., 7793. — Geldons engleis haches portoient E gisarmes qui bien tren-
> choent, ib. II., 7813. — Haches e gisarmes tencient, Od tels armes se
> combateient. Hoem qui od hace uelt ferir Od ses dous mains l'estoet
> tenir, ib. 8629. — Oder: Corineus fu en la melleie, A terre li chai
> s'espeie, ... Il n'out dunc arme fors le puin D'icelui fiert par grant
> besuin. Li beir, cum vait si cumbatant, Une hache truva gisant, Cui qu'il
> unkes en attaignoit Trestut le cors li purfendoit, Münch. Brut. 1401.

Corineus erschlägt mit diesem Kriegsbeil, das er nach
Verlust seines Schwertes auf dem Schlachtfelde fand, 500 Feinde
und hatte in diesem Kampfe kein Verlangen nach seinem
Schwerte, da die Axt ihm reichlichen Ersatz dafür bot.

130. Auch Engres, der Verräter an Artus, kämpft mit
einer *hache* (Clig. 2209); trotzdem aber kann ich Viollet-de-Duc,
VI., pag. 7 f nicht beistimmen, wenn er meint, die französische
Ritterschaft habe die Streitaxt ungefähr seit den ersten Kreuz-
zügen angenommen, wo sie in Berührung mit den Sarrazenen,
die sich der Aexte zu Pferde bedienten, gekommen seien, und
wo sich das Bedürfnis eingestellt habe, diese Waffe mit einer
gleichen zu bekämpfen. Nirgends habe ich gefunden, dass die

Streitaxt mit zur Ausrüstung des Ritters gehört. Als der junge Fergus an Arthur's Hof zieht, bewaffnet er sich allerdings neben der Lanze und 6 *gaverlos* auch mit einer Streitaxt, unkundig ritterlicher Sitte, der Dichter schilt ihn deswegen aber auch thöricht, Ferg. 17, 13.

131. Wunderbarer Weise hält E. Martin in seiner vorausgeschickten Inhaltsangabe des Fergus die *hache* für eine Peitsche mit Knoten.

Ueber die Form der Streitaxt vgl. A. Schultz II., p. 181 f und Viollet-le-Duc, VI., 8 f.

132. Das Eisen der Axt heisst *alemele*:

Hache norresche tint mult bele, Plus de plain pie out d'alemele; Bien fu arme a sa maniere, Rom. de Rou II., 8281.

133. In diesen Versen wird eine norwegische Axt genannt; vielleicht ist unter ihr dasselbe wie unter den bekannteren berühmten »*haches danoises*« zu verstehen:

Cliges 1995. — Rom. de Rou I., 8274. — Perc. 23301. — Cléom. 2939 etc.

Für die Gefährlichkeit der Waffe sind unter den Citaten einige Beispiele erbracht.

134. Ueber ihre Schärfe wird im Char. folgendes berichtet:

Si tenoit chascuns une hache Tel don l'en poist une vache Tranchier outre parmi l'eschine Tot autresi com la racine D'un genoivre ou d'une geneste, 1091.

135. Auf dem Marsche trug man die Axt am Halse hängend, Rom. de Rou II., 7907; oder am Arme, Blanc. 1236.

cuignie.

136. Das Beil wird als Kriegswaffe nur in einem einzigen unserer Denkmäler genannt:

Li charpentier qui empres uindrent, Granz coignies en lor cols tindrent, Doleures e besagues Orent a lor costez pendues, Rom. de Rou 6533. — Onc ne laissa por la coignie Qu'il aueit sus el col levee, Qui mult estoit lonc enhanstee, ib. 8308.

Hieraus geht bloss hervor, dass der Stiel des Kriegsbeiles ziemlich lang war.

masse, massue.

137. In der Bezeichnung der Keulen herrscht in den Ritterromanen grosse Unklarheit. Vermutlich haben wir in *masse* einen Ausdruck für Keulen der verschiedensten Art z. B. ist es synonym mit *baston*, Ferg. 121,31, 124,16. — Chev. lyon 5504 ff; mit *tinel* Ferg. 123,3; mit *tibel* Viol. 4922. Die Dichter

lassen sich nirgends auf eine eingehende Beschreibung der Waffe ein, sodass wir selbst nach den ausführlicheren Angaben über die Form hieraus allein keine klare Vorstellung uns machen könnten:

> La machue empuignie tient Qui longe ert et grosse et quarree; A .n. mains l'a amont levee, Por Perceval qu'il vot ferir, Perc. 24026. — Sa macue a al col levee Qui mult estoit grosse et quaree; Dui paisant ne la portaissent, Et de terre ne la levaissent, Rom. de Brut 11878. — Les maçues granz et quarrees . . . La maçue es deux mains leva, Er. et En. 4420. — Car la mace ot .i. pic de le Et li pesoit trop durement, Cl. et Lar. 2448.

138. Die Keule war charakteristische Waffe der Riesen und Räuber, Chev. lyon 5570. — Cl. et Lar. 2445. — Rom. de Brut 11878. — Cléom. 2934. — Ferg. 121.31. — Bel Inc. 751. — Viol. 4868. — Perc. 24026. — Fl. et Fl. 1671. — Er. et En. 4370 etc. Aber auch Soldaten bedienen sich ihrer im Kampfe, Rom. de Rou 5527. — Guill. Pal. 6689; oder Heiden, Rich. B. 2047. — Viol. 3791; oder plötzlich aufgebotene Bauern, Rom. de Rou II., 1098, 5205 Selbst der Ritter Geuffroy au Grant-Dent bewaffnet sich mit der *massue*, als er gegen einen Riesen zum Kampfe auszieht, Mellus. 3199.

plommee.

139. Die *plommee* wird analog dem Ergebnis aus den Volksepen an der einzigen Stelle, an der von ihr hier die Rede ist, gleichfalls von der Keule unterschieden; bezüglich der Form selbst wird aber wiederum nicht der geringste Anhalt geboten:

> A cheus de la briaent les costes Des grans maques et de plommees Qu'en lor puins orent aportees, Rich. B. 1504.

Des Nähern verweise ich deshalb auf A. Sternberg, 140.

mail.

140. Richars li Biaus wagt nicht mit Schwert und Lanze gegen den mit dem Kriegshammer ausgerüsteten Riesen Mann gegen Mann zu kämpfen und verlangt einen Bogen, was auf die Gefährlichkeit des Kriegshammers schliessen lässt:

> Un mail de fier en sa main ot, Dont mout tres bien aidier se sot. Ne cuich gros arbre en tout le monde, S'il l'en ferist, ne feyst fondre, Rich. B. 1773. — Oder: Rien ne lui vault de fer li maulx, Duquel mail tant de maulx fait a, Mellus. 5072.

Ueber seine Form vgl. Viollet-le-Duc VI., p. 178.

marteau.

141. Wiederum bloss in einem Roman, während ihn Sternberg 136 aus den Volksepen ziemlich häufig belegt, begegnet uns hier der *martel (marteau)* als Waffe des Riesen Guedon:

> Une faulx d'acier ala prendre Bien trempee, pas n'estoit tendre;
> Puis prent de fer trois grand fleaux Et en son sain trois grois marteaux,
> Mellus. 3243.

flaiel, pic, fourque.

142. Im Notfall bewaffnet sich das nicht kriegsgeübte Volk der Bürger und Bauern natürlich mit irgendeiner, grade zur Hand kommenden brauchbaren Waffe, unter denen häufiger der Kriegsflegel, die Picke und die Heugabel genannt werden, die sonst als Kriegswaffe hier nirgends mehr in Gebrauch gefunden werden:

> N'i a si mauves qui ne pragne, Fourque u flaiel u pic u mace,
> Perc. 7323. — Li uilain des uiles aplouent Tels armes portent com il
> trouent, Machues portent e granz pels, Forches ferees A tincls, Rom. de
> Rou II., 7725. — Ki portent pel u arc u macue pesant. Od crubles e
> od furches les fierent maintenant, ib. I, 3538; — Si vendrunt li vilain
> li bon paisant, Od pis e od macues i ferrunt maintenant, ib. I., 3809.

143. Der *flaiel* besteht nach Godefroy (Diction.) aus einer mittels Kette an einem Stiel befestigten Eisenmasse. Der *pic* ist nach A. Schultz, II., 178 eine 10 Fuss lange Lanze der Fusstruppen, was aber die oben angeführten Beispiele kaum zu bestätigen scheinen. Ueber *fourque (forche)* verweise ich auf Godefroy, Dictionnaire. Die beiden letzten kennt A. Sternberg aus den Karlsepen nicht.

tinel, baston, pel

144. Unter diesen müssen wir wohl einfache Holzkeulen verstehen, die nach vorn an Stärke zunahmen. Für die Wirkung des *tinel* giebt uns der Dichter des Fergus folgendes Beispiel:

> Onques son corre ne laissa Li jaians qu'a Fergus n'en aille. De son
> tinel le roulle et maille, Quanques il puet, a son pooir. Et je cuic bien
> al mien espoir, Qui sor un mur tels cols ferist, Une grant partie en
> abatist, 123,1.

Sadoine verteidigt sich in bedrängter Lage mit einem *tinel*, Blanc. 5242.

tinel und *baston* sind Synonyma, Ferg. 122,17, 123,3,18.

145. Francisque Michel hält *tibel* Viol. 4922 für verdorben aus *tinel* und synonym mit *mace*, denn noch heute soll in Abbeville das Wort *timbel* in diesem Sinne fortleben.

146. Das Holz des Apfelbaumes (Ferg. 123,18) und das des Korneelkirschbaumes scheint am geeignetsten zur Anfertigung solcher Keulen gewesen zu sein, die der grössern Haltbarkeit wegen mit Kupfer und Messing beschlagen wurden:

Baston cornn de cornelier, Qu'il orent fez aparelller De cuivre et puis lier d'archal, Chev. lyon 5507.

Als Wurfgeschoss der Belagerungsmaschine dient der *baston*, Münch. Brut 645.

147. Doppeltem Zweck entspricht auch der *pel*, der z. B. Rom. de Brut 328 in Verbindung mit *dart* als Wurfspeer in Gebrauch ist, in dems. Roman 7414 dagegen eine grosse Keule bezeichnet, mit der sich Eldof, Graf von Gloucester, gegen die Sachsen unter Hengist verteidigt und 70 Feinde erschlägt; Waffe eines Riesen ist er im Chev. lyon 4084. — Rom. de Rou 7725 etc.

148. Primitiver noch als diese und kaum die Bezeichnung Waffe verdienend sind *gibet* und *bordou*, Rom. de Trist. 2727. — Floire et Bl. II., 139 f. — Rom. de Rou II., 8349 — handfeste, keulenartige Knotenstöcke, wie sie Pilger als eine Art Waffe mit sich führten.

Der Bogen.

149. In offener Feldschlacht waren in der vordersten Schlachtreihe die Schützen aufgestellt, die den Kampf eröffneten, Blanc. 4152. — Rom. de Rou 7707. — Escan. 18808. Die wesentlichste Waffe der Bogenschützen bildet der Bogen, die Armbrust die der Armbrustschützen.

150. Von Holzarten, die zur Herstellung des Bogen benutzt wurden, finden wir in unsern Texten bloss das Splintholz erwähnt; König Mark besass einen solchen, Rom. de Trist. 1302.

Selten sind hier auch sogenannte Hornbogen, Cléom. 2935 (vgl. A. Sternberg, 148).

Die Sehne des Bogens heisst *corde*, Rom. de Rou II., 10112. — Rom. de Trist. 4413.

151. Kriegswaffe ist der Bogen ausschliesslich bei den gemeinen Soldaten, die Ritter gebrauchen ihn nur zum Jagen, Rom. de Rou etc. Tristan wird als guter Bogenschütze gepriesen. Sein Bogen, dessen Holz er in einem Walde selbst gefunden hatte, führte wegen seiner hervorragenden Eigenschaft den Beinamen *»Qui-ne-faut«*, Rom. de Trist. 1747.

152. Das Geschoss des Bogens ist der Pfeil, *saiete (seete)*, Chev. lyon 2817. — Perc. 7089. — Rom. de Rou 2026. — Joufr. 4464. — Rom. de Trist. 1247. — Chastel. 6325 etc.

oder *flèche*, synonym mit *saiete*, Perc. 42442:

Uns des garçons .1. arc avoit Trove et bien traire savoit, Uue saiete a ens couchie, Qui estoit, je croi, entochie; Quant Pierchevaus d'eus aprocha, Cil le seaite descocha, Sor la hance fiert Piercheval, A poi ne l'abat del ceval, Jusqu'as pignons la flece emploie, Li fus en brise et li fiers ploie.

oder *dotie*:

Tristran, sachiez, une doitie A un cerf traist qu'il out vise, Por les flans l'a outre berse, Rom. de Trist. 2118.

oder *bouzon*:

Bien sai trere d'autrui bouzon, Lai de Tyolet 615. — Li uns s'est del autre eslongies Tant cum on puet d'un boion traire, Tot prest sunt de lor joste faire, Durm. 10204. — Mar. de Fr. t. II., XCII., 9.

153. Nach B. de Roquefort ist auch *berserez* Pfeil in:

Son arc li portoit un Vallez, Sun hansart et sun berserez, Mar. de Fr., Lai de Gug. 87.

Ich schliesse mich aber Warncke's (vgl. seine Ausg. der Mar. de Fr., Gloss.) und Godefroy's Auffassung an, nach denen *berserez* Köcher bedeutet.

154. Der *bouzon* ist im Gegensatz zur *saiete* und *flèche* ein Pfeil grösserer Art, Roquefort z. B. erklärt ihn II., p. 369 für »*une grosse flèche à tête quarrée*« — Godefroy im Dict. für »*grosse flèche, gros trait d'arbalète, assez semblable au matras, et dont l'extrémité se terminait par une tête.*

155. Der Pfeil hatte eine Stahlspitze:

Jusqu'as pignons la flece emploie, Li fus en brise et li fiers ploie, Perc. 42451. — Mes .l. archier de maintenant Claris en la cuisse feru, Si que le fer li embati D'outre en outre dejoste l'os, Car li fers ert trenchant et gros; Si l'a navre trop durement, Cl. et Lar. 7810. — Rom. de Rou 8533.

die zuweilen mit Widerhaken versehen war und dann sehr gefährliche Wunden beibringen konnte, weil der Pfeil schwer wieder aus der Wunde zu entfernen war:

Tant qu'il trova delez un parc .I. garcon, qui tenoit .i. arc Et .v. saietes barbelees, Qui molt erent trenchanz et lees. Yvains s'en va jusqu'au garcon, Cui il voloit tolir l'a;con Et les saietes, qu'il tenoit, Chev. lyon 2815. — Mout se sout bien de l'arc aidier. Governal en ot un toloit A un forestier, qu'il tenoit, Et .ii. seetes empenees, Barbelees ot l'en menees. Tristran prist l'arc, par le bois vait, Vit .i. chevrel, aucoche et trait, Rom. de Trist. 1244. — Ars et saetes barbelees. Les saetes sunt mult isneles, Mult plus tost uont que arondeles, Rom. de Rou 7898. — Une saiete barbelee Ad tret par male destine, Geoffr. Gaim. 6325. — Rom. de Brut 1098 etc.

156. Wahrscheinlich ist die Form der Pfeilspitze eine verschiedene gewesen, bald rund, bald breit (Chev. lyon 2815), bald lanzettförmig etc., die Dichter unterlassen aber diesbezügliche Angaben.

157. Um den Flug zu regeln, war der Pfeil am Ende befiedert:

Fierent des lances et d'espees, Traient saites empennees, Carreus et javeloz et darz, Joufr. 4466. — Rom. de Trist. 1244f.

158. Im Perc. 42442 begegnet sogar ein Pfeil mit einem Fähnchen, was wohl der Phantasie des Dichters entsprungen sein dürfte, denn das Fähnchen musste unbedingt den Flug des Pfeiles beeinträchtigen.

In demselben Roman werden auch silberne Pfeile erwähnt. Gauvain hat sich auf das Wunderbett im Zauberschlosse gesetzt, da:

Et par les fenestres volerent Quariel et sajaites argans, 3202.

159. Obigen Bezeichnungen für Pfeil von denen Sternberg *doitie* nicht kennt, ist *dart* als ein grosser, wurfspiessartiger Pfeil, grösser wohl noch als der *bouzon*, hinzuzufügen (vgl. ob. unt. 101). König Locrin wird durch den Vasallen Imbert mit einem solchen getötet, Münch. Br. 1349.

160. Die Pfeile wurden in einem Köcher (*coiure*, Rom. de Rou 6512, 3347. — Cléom. 2935; *bersercz*, Mar. de Fr., Lai de Gug. 87 vgl. ob. 153) an der Seite getragen.

161. Die Länge des Bogens wird jedenfalls nicht immer die gleiche gewesen sein, im allgemeinen scheint er aber dem Manne bis an die Schulter gereicht zu haben, wie ich schliesse aus:

Tristran s'apuie sor son arc, Rom. de Trist. 2162.

Die Armbrust.

162. Ueber den Bau der Armbrust vgl. A. Sternberg, 160 und A Schultz II., p. 172. Auch in unsern Denkmälern ist der Gebrauch der Armbrust bei Belagerungen oder in offener Feldschlacht ein sehr gewöhnlicher, Rich. B. 1785. — Perc. 8591. — Clig. 1524. — Rom. de Brut 5650 etc.

Zum leichtern Spannen war am vordern Teile eine Art von Steigbügel (daher auch *destrier* genannt) angebracht, in den man beim Aufziehen der Sehne mit dem Fusse hineintrat:

Le baudre prent et l'arbalestre, Si l'a tendu a son pie diestre, .I. quariel prent, met en la coche Enuiers le gayant le descoche, Si le fiert eu mi la poitrine, Rich. B. 1797.

coche ist der Haft für die Sehne. Die Sehne selbst heisst *corde*, Rom. de Trist. 4413.

163. Das gewöhnliche Geschoss ist der *quarrel*, Cléom. 2935. — Guill. Pal. 5075. — Cl. et Lar. 1030. — Chastel. 7510 etc.

der *bouzon* (vgl. ob. unt. *arc*).

und der *garrot* im Escan. 17810:

Et de bourjois tez .m. mile Qui chevauz avoient et armes, Lances, gavelos et guisarmes, Garros, engienz et arbalestes, Ars et grant plente de sajetes.

unter dem hier event. auch ein Geschoss der Wurfmaschinen verstanden werden kann.

Die Sarrazenen schossen im Kriege gegen die Kreuzfahrer mit vergifteten Bolzen, für deren Wunden es keine Heilung gab, Chastel. 7520.

164. Auch sie staken wie die Pfeile in einem Köcher:

Et si avoit pendu encor Une arbaleste fait de cor, Et une cueure plain de quarriaus, Cléom. 2935.

Hiernach scheint der Bügel der Armbrust auch mit einer Hornschicht überzogen worden zu sein.

165. Eine besonders starke Armbrust war die, die nach dem Tode des Eigentümers Richard der »Schöne« zuerst wieder zu spannen vermochte und damit gegen einen Riesen kämpfte, dem er mit Schwert und Lanze nicht zu nahen wagte:

Et dist: »A il en tout cest estre Ne arc manier ne arbalestre?« La dame dist: »Or me ramembre .i. arbalestre a en ma cambre Et .iui. quariaus acerez, Mais ia cuich ne le tenderez; Car ainc puis que fu mors mes pere, Nel pot tendre uns hons de mere«, Rich. B. 1785.

166. Auf den ersten Blick ist nicht recht ersichtlich, was wir unter *turquois* in folgenden Versen verstehen sollen:

Coiures et turqueis pernent e lur ars maniers tendent Saetes e quarrels sagement lur despendent, Rom. de Rou I., 3347.

Wahrscheinlich ist damit eine besondere Art von Bogen gemeint, die man türkische Bogen nannte. Die Belege, die Lacurne de Ste-Palaye dafür bringt, lassen diese Annahme wahrscheinlich erscheinen.

Den Dichtern des 12. Jhrh. ist der Gebrauch des Bogens und der Armbrust schon so bekannt, dass dieselben bereits lange vor Mitte dieses Jhrh. in Frankreich eingeführt gewesen sein müssen. A. Schultz II., p. 173 meint irrtümlich, dass um 1184 die Armbrust in Frankreich noch nicht gebraucht, sondern erst um 1191 aufgekommen sei.

167. Ueber die Zahl der Schützen im Heere giebt uns bloss eine Stelle in Cl. et Lar. 6626 f Aufschluss. Der Kaiser vom Rom führte in seinem Heere von 60000 Rittern 10000 Schützen mit. Diese Angabe harmoniert nicht gut mit der von A. Sternberg 157 aus den Volksepen erbrachten, nach der auf 15—20000 Mann nur 700 Bogenschützen kommen. Jedenfalls hat die Anzahl beträchtlich variiert. Dass die Geschosse, vermischt mit Wurfspeeren, so dicht fliegen als Schlossen mit Regen gemischt, ist ein oft wiederkehrender Vergleich, Cl. et Lar. 1818f, 14901. — Joufr. 3140. — Clig. 1524. — Rom. de Brut 4117.

168. Distancen werden in der Regel nach Bogen- resp. Armbrustschussweiten (*arcie*, Chev. .u. esp. 6303. — Perc.

35815. — Cléom. 751; *trait*, Rom. de Trist. 2811; *arbalestree*, Perc. 16754 etc.) berechnet; über die Tragweite der Geschosse selbst finden wir aber nirgends Andeutungen.

169. Neben dem Bogen resp. der Armbrust gehört zur Bewaffnung des Schützen ein Schwert (Rom. de Rou II., 7691) und nach vers I., 3939 sogar eine Lanze, wie sie die Fusssoldaten trugen und das Kriegsbeil.

Wurfmaschinen.

170. Unsere Gedichte machen uns mit folgenden Wurfmaschinen bekannt:

perriere, die am häufigsten angewandte, Perc. 8589. — Chev. lyon 3769. — Rom. de Brut 5650. — Rom. de Rou 1467. — Münch. Brut 647. — Guill. Pal. 5077. — Mess. Gauv. 2865. — Blanc. 826.

mangonnel, Perc. 8589. — Chev. lyon 3769. — Rom. de Rou 1467. — Guill. Pal, 5077. — Mess. Gauv. 2865. — Blanc 826. — Cl. et Lar. 1010. — Rich. B. 1898.

bible, Cl. et Lar. 14954 f.

trebuchet, (vgl. trabuquet bei Sternberg 169) Cl. et Lar. 10101.

engien, Cl. et Lar. 14869.

fronde oder fonde, Rich. B. 1897.

In mehreren Fällen muss unter *fonde* aber besser eine Handschleuder verstanden werden, wofür sie Sternberg in den Volksepen durchweg ansieht:

Suuent veissiez fors paleter les serjanz Od fundes e od ars e od haches trenchanz, Rom. de Rou I., 3362. — Granz escrois font de totes parz Les arbalestes et les fondes, Saietes et pierres reondes Volent autresi mesle mesle Con feit la pluie avec la gresle, ib. 1524. — Dont veissiez de totes pars Envoier gaverlos et dars, Quarriax et sajetes voler, Et o fondes pieres voler, Rom. de Brut 6411, 3089.

Nähere Angaben, die uns Auskunft über die gegenseitige Unterscheidung der aufgezählten Maschinen geben könnten, fehlen in unsern Texten wiederum, ich verweise deswegen auf A. Schultz II., p. 325, 370.

171. *perriere*, *mangonnel* und *trebuchet* dienen hauptsächlich zum Werfen grosser Steine (Burguy, Gram. de la langne d'oïl), nach dem Herausgeber des Cl. et Lar. ist auch *bible* eine Steinwurfmaschine.

Collectivbezeichnung für Wurf- und andere Belagerungsmaschinen ist *engien*, Rom. de Brut 3082, 13957. — Münch. Brut. 659. — Durm. 12703. — Cl. et Lar. 1010 f. — Mess. Gauv. 2882. Der Erbauer der Wurfmaschinen etc. heisst deshalb *engigneor*, Cl. et Lar. 14334. — Rom. de Brut 329.

172. Als Wurfgeschosse sind ausser den hauptsächlich geschleuderten Steinen der *dart*, *pel*, *baston*, *carrel* etc. anzuführen:

Caillaus i getent et bastuns, Als perieres lur funt damage, Quariaus lor getent a grant rage, Et quanque il porent troveir Ne lur fincrent de ruoir . . . Et Troiien de soi defendre Lancent lur darz et pels aguz, Si lur estroent lur escuz, Münch. Brut 646. — Getent pierres et piex aguz, Cl. et Lar. 28286.

sogar glühende Kohlen, kochendes Wasser, flüssiger Leim etc.:

Et jetent piores et quarrials Et carbons caus et eve caude Qui cels defors art et escaude. Mess. Gauv. 2910. — Mes cil lor lancent piex aguz Et poiz chaude, molle a gluz, Et eve boillant en chaudiere, Par force les metent arriere, Cl. et Lar. 14916.

Mit griechischem Feuer endlich suchten die Belagerten die Belagerungsmaschinen des Feindes zu zerstören:

Tuz lur engienz dehors cunfundent Par fu grezois quo il i fundent, Münch. Brut 659.

173. Alle diese Maschinen werden in unsern Gedichten bloss bei Belagerungen in Anwendung gebracht, nirgendwo in offener Feldschlacht. Man schützte die Burg gegen die Geschosse am besten dadurch, dass man die Mauern sehr hoch aufführte, denn bedeutend scheint die Tragweite der Schleudermaschinen nicht gewesen zu sein; und so lesen wir denn wiederholt, dass die Mauern der Burg zu hoch waren, als dass die Bewohner Wurfmaschinen zu fürchten gehabt hätten. Rich. B. 1897. — Cl. et Lar. 1010. Meist werden letztere erst vor der belagerten Festung gebaut und nicht auf beschwerlichem Wege weit mit fortgeführt, Cl. et Lar. 14869. Soldaten bedienen die Maschinen Cl. et Lar. 14937. Nach der barbarischen Sitte jener Zeit wurden zuweilen die Köpfe der beim Ausfall Erschlagenen in die Festung zurückgeschleudert. Im Perc. 38225 lässt sogar König Margons einen gefangenen Ritter in voller Rüstung durch eine *mangonnel* in die Stadt schleudern.

Index.

AUSGABEN UND ABHANDLUNGEN

AUS DEM GEBIETE DER

ROMANISCHEN PHILOLOGIE.

VERÖFFENTLICHT VON E. STENGEL.

LXXI.

SPRICHWÖRTER,

SPRICHWÖRTLICHE REDENSARTEN UND SENTENZEN

BEI DEN PROVENZALISCHEN LYRIKERN.

VON

EUGEN CNYRIM.

MARBURG.

N. G. ELWERT'SCHE VERLAGSBUCHHANDLUNG.

1888.

Vorwort.

Dem Thema, von dem hier gehandelt werden soll, ist, soviel mir bekannt, bisher noch Niemand nachgegangen, wohl aber ist es von Bartsch (Grundriss zur Geschichte der provenzalischen Litteratur § 36) als dankenswerthe Aufgabe bezeichnet worden, wenn dies einmal geschehen würde. Es möge daher entschuldigt sein, wenn ein Jüngerer sich dieser aus mehreren Gründen ziemlich schwierigen Arbeit unterfängt und die Sprichwörter und Sentenzen, die bei den altprovenzalischen Lyrikern begegnen, zu sammeln und zu behandeln versucht. Es haben so ziemlich alle in Bartsch Grundriss aufgeführten Gedichte Berücksichtigung finden können. Die Copien der unedierten Texte hatte Herr Professor Stengel die Güte mir zur Benutzung zu überlassen. Ausnahmsweise nur sind auch Sprichwörter aus der Epik eingereiht, z. B. diejenigen, welche in Raynouard's Lexique Roman citiert sind, sowie diejenigen, welche Hermanni in seiner Arbeit über Flamenca aus diesem Gedichte ausgezogen hatte.

Im allgemeinen gebe ich bei den citierten Sprichwörtern den Text der darunter angegebenen Quelle wieder. Etwaige Interpretationen sind in einer hinzugefügten Anmerkung gerechtfertigt.

Im weiteren Sinne reiht sich vorliegende Arbeit an diejenigen von E. Ebert und A. Kadler über die altfranzösischen Sprichwörter an.

Abkürzungen.

A. A. : Ausgaben und Abhandlungen aus dem Gebiete der romanischen
    Philologie. Hrsg. v. Stengel.
A. Dan. : Arnaut Daniel.
A. d. E. : Amanieu des Escas.
A. de B. : Aimeric de Belenoy.
A. de Mar. : Arnaut de Maroill.
A. de Peg. : Aimeric de Peguilan.
A. d. Sest. : Albert de Sestaro.
Ad. de R. : Ademar de Rocaficha.
Almuc de C. : Almuc de Castelnou.
An. : Anonym.
Appel : Der Trobador Peire Rogier, hrsg. v. Carl Appel, Berlin 1882.
Arch. : Archiv für das Studium der neueren Sprachen und Litteraturen,
    hrsg. v. L. Herrig.
Aug. Nov. : Augier Novella.
Azaïs : Les Troubadours de Béziers par Azaïs, 2e édition.
Az. de P. : Azalais de Porcairaguas.
B. Carb. : Bertran Carbonel.
B. d'Alam. : Bertran d'Alamano.
B. de B. : Bertran de Born, hrsg. v. Albert Stimming, Halle 1879.
B. de Prad. : Bernart de Pradas.
B. de Vent. : Bernart de Ventadorn.
Brev. : Breviari d'amor de Matfre Ermengau p. p. G. Azaïs.
c. : cobla.
Cad. : Cadenet.
Canello : Arnaldo Daniello par U. A. Canello, Halle 1883.
Cerc. : Cercalmon.
Chr. : Chrestomathie provençale par K. Bartsch, 4e édition.
D. de Prad. : Daude de Pradas.
Dkm. : Denkmäler der provenzalischen Litteratur, hrsg. v. K. Bartsch.
E. Cair. : Elias Cairels.
E. de Barj. : Elias de Barjols.
F. de Mars. : Folquet de Marseill.
F. de Rom. : Folquet de Romans.
Flam. : Flamenca, publié par P. Meyer, Paris 1865.
G. Ad. : Guillem Ademar.
G. Aug. : Guillem Augier.
Gav. : Gavauda.
G. de Berg. : Guillem de Bergueda.
G. de Born. : Guiraut de Borneill.

G. de Cab. : Guillem de Cabestainh.
G. de Cerv. : Guillem de Cerveira.
G. del Ol. : Guiraut del Olivier.
G. de Mont. : Guillem de Montaignagout.
G. de Poic. : Gausbert de Poicibot.
G. de S. L. : Guillem de Saint-Leidier.
G. Faid. : Gaucelm Faidit.
G. Fig. : Guillem Figueira.
Gll. IX. : Guillem IX., Graf von Poitou.
Gr. de Cal. : Guiraut de Calanso.
Gr. de S. : Guiraut de Salignac.
G. Riq. : Guiraut Riquier.
Hs. : Handschrift. Die Benennungen derselben sind nach Bartsch.
Jahrb. : Jahrbuch für rom. u. engl. Literatur, hrsg. v. Dr. A. Ebert.
    Berlin.
J. Rud. : Jaufre Rudel.
Lamb. de B. : Lamberti de Bonanel.
L. Cig. : Lanfranc Cigala.
Lévy 1) : B. Zorzi ed. v. E. Levy. Halle 1883.
    2) : Le Troubadour P. de Marseill, Paris 1882.
    3) : Gll. Figueira, Dissertation, Berlin 1880.
L. R. : Lexique Roman par M. Raynouard. (Wenn ohne Angabe des
    Bandes citiert ist der I. Bd. gemeint).
L. u. W. : Diez, Leben und Werke der Troubadours, Zwickau 1829.
Marc. : Macabrus.
Matfre E. : Matfre Ermengau.
M. B. : Mahn, Biographien der Troubadours.
M. de M. : Moine de Montaudon.
Meyer : P. Meyer, les derniers troubadours de la Provence.
M. G. : Gedichte der Troubadours, hrsg. v. C. A. F. Mahn.
Milá : De los trovadores en España par D. Manuel Milá y Fontanals.
Muss. : Mussafia, Del codice Estense di rime provenzali.
M. W. : Die Werke der Troubadours, hrsg. v. C. A. F. Mahn.
Paul L. de P. : Paul Lanfrank de Pistoja.
P. Br. : Peire Bremon.
P. Card. : Peire Cardenal.
P. d'Alv. : Peire d'Alvergne.
P. de Buss. : Peire de Bussignac.
P. de C. : Ponz de Capduoill von Max von Napolski. Halle 1880. (Die
    römischen Ziffern bezeichnen die echten, die arabischen die unechten
    Lieder).
P. del V. : Peire del Vern.
P. de Mars. : Paulet de Marseilla.
Perd. : Perdigo.
P. f. d'U. : Ponz, fabre d'Uzes.
Ph. : Der Mönch von Montaudon, hrsg. v. Emil Philippson, Halle 1873
Pist. : Pistoleta.
P. O. : Le Parnasse Occitanien ou choix des poésies originales des
    troubadours.
P. R. de Tol. : Peire Raimon de Toloza.
P. Vid. : Peire Vidal's Lieder, hrsg. v. Dr. K. Bartsch. Berlin 1857.
R. : Choix des poesies originales des troubadours par M. Raynouard.
R. d'Aur. : Raimbaut d'Aurenga.

R. de Berb. : Richart de Berbezill.
R. de C. : Raimon de Castelnou.
R. de Vaq. : Raimbaut de Vaqueiras.
R. de Mir. : Raimon de Miraval.
R. Jord. : Raimon Jordan.
R. G. de B. : Raimon Gaucelm de Beziers.
Rom. : Romania, p. p. P. Meyer et G. Paris.
R. Vid. : Raimon Vidal.
S. de S. : Sail de Scola.
Sen. : Seneca.
St. : Der Troubador Jaufre Rudel, hrsg. v. Albert Stimming, Kiel 1873.
Suchier Dkm. : Suchier, Denkmäler prov. Literatur und Sprache, Halle
  1883.
Uc B. : Uc Brunet.
Uc Cat. : Uc Catola.
Uc de la B. : Uc de la Baccalaria.
Uc de SC. : Uc de Saint-Circ.
V. et Vert. : Vices et Vertues, Hs. citiert im L. R.

A. Abhandelnder Teil.

I. Begriffsweite der Sprichwörter und Sentenzen.

Da wir keine zeitgenössische Sammlung von provenzalischen Sprichwörtern der klassischen Periode besitzen [1]), so bilden die Werke der Troubadours unsere einzige Fundgrube für dieselben. Recht häufig allerdings machen sich die Dichter diesen alten Schatz der Volksweissheit zu Nutze. Oft jedoch müssen wir erst entscheiden, ob wir ein Sprichwort, ob wir eine Sentenz vor uns haben, und es ist daher vor Allem nöthig für beide Arten characteristische Kennzeichen aufzustellen. Die hauptsächlichsten Fingerzeige nun, welche wir in dieser Hinsicht finden, bieten die gewöhnlich den Sprichwörtern und hier und da auch den Sentenzen vorausgeschickten Einführungsformeln. Wo diese fehlen, sind wir hinsichtlich der Unterscheidung von Sprichwort und Sentenz zumeist auf die beiderseitigen allgemeinen Kennzeichen angewiesen: Unter einem Sprichwort haben wir in kurze Sätze zusammengefasste Wahrheiten zu verstehen, welche nach Angabe der üblichen Eingangsformeln durch lange und oft wiederholte Wahrnehmung im physischen und moralischen Leben festgestellt, allgemein anerkannt und besonders von der erfahreneren Hälfte der Menschheit oft angewendet werden und deren Fortpflanzung vorzüglich durch mündliche Ueberlieferung stattfindet. Die Sentenz enthält zwar auch in nicht zu umfangreiche Sätze zusammengefasste Wahrheiten, die aber noch nicht durch die Erfahrung aller befestigt sind, sondern nur der Ansicht Einzelner entsprechen und auch nur von den Beleseneren citiert werden.

---

1) Die von Hänel, Catalogus pg. 5, citierte Fol. Hs. in Aix: »Recueil des proverbes provençaux«, gehört nach einer Mittheilung des dortigen Conservators dem 17. Jahrhundert an und hat Jean de Cabans, einen Dichter jener Periode, zum Verfasser.

1. Kennzeichen der Sprichwörter.

Als Kennzeichen von Sprichwörtern gelten vor Allem die vorerwähnten Einführungsformeln, und unter ihnen sind diejenigen zuerst aufzuführen, welche geradezu den betreffenden Satz als Sprichwort bezeichnen, also einen der für Sprichwort gebräuchlichen Ausdrücke enthalten. Es kommen hier die Formen vor: *reproviers*, *reprociers*, *reprochier*, *repropchier*; sowie *proverbi* und *reproverbi*, die beiden letzteren Formen in den jüngeren, die ersteren in den älteren Texten. Vereinzelt finden sich auch Ausdrücke wie *paraula* (cf. Sprw. 101, 242), *verset* (561), sowie *eixemples* (376), dessen analoge Form *bispel* im Mhd. zur ausgedehntesten Verbreitung gelangt ist. Die landesübliche Bezeichnung *reproviers* bedeutet eigentlich »Vorwurf«, und erst übertragen : »Ermahnung, Lehre, Sprichwort«, eine Bedeutung, welche für die beiden anderen Ausdrücke *proverbi* u. *reproverbi* die einzig zulässige ist (cf. Anm. 12). Die hierher gehörigen Formeln sind:

Ditz lo reprovier 526 , 736, so sabez voz, si col proverbis diz 763, me diz un reprovier dels ancessors 867 , 920, en reprocier c'auzian me dis 916, se ditz ben un reprochier pel mon 760, om dil repropchier que vers es 378, vers es lo reprochier c'om di 377, dis li proverbis plans 364, ar sui eu quel reprovier ditz ver 697, aicel reproviers me ditz ver certamens 448, vers es so quel reprochier ditz 902, ben ditz ver lo proverbis que soven audit ay 681, ben uers le prouerbis a dir 724, le reprochier no dis ges ver 892, un proverbi dizon tuig 624, quel proverbis ges tan diz torn en mal 665, un reprochier ai auzit dir 727, aug dir al reprochier 312, eu l'auzi dir en un uer reprouer 640, anc non ausi lo proverbi 501, direus n'ay un repropchier 34, ja solom dir el reprouier 146, sai be qu'es falhimen lo repropchiers c'om dire sol 891, del reprovier mi sove 876, m soven d'un repropchier qu'ieu auzi retraire l'autrier 475, m sove d'un reprovier c'ai mantas vetz auzit contar 677, proverbis es 676, proverbis es comus 680, lo reprouers es fis e uers 333, el reproiers es vertatz 173, al repropchier m'acort qu'ai auzit dels ancessors 417, me vuelh tener al reprovier 365, el proverbis consent hi be 606, le reprouier cre 141, oresetz lo reprovier 809, il reprochier quel savis ditz enten 444, se mostra conoissens quel reprochier quel savi di 584, el reprovier retrai certamen 465, proverbis espo 921, l proverbis s'acoigna 922, el proverbis vai nos o referman 89, el proverbis n'es guirens ses contendre 759, jal reproviers non l'er garens 5, lo reprouiers uai aueran som par 541, don lo reproviers eissi 224, noi val repropchiers 14, membre ti del proverbi de Costanti 919, vers es l' eixemples de Rainart 376.

Auch die folgenden Einführungsformeln, obgleich sie nicht geradezu einen Ausdruck für Sprichwort enthalten bezeichnen doch mit ziemlicher Sicherheit den von ihnen eingeleiteten Ausspruch als Sprichwort, indem sie von ihm angeben, dass die in ihm enthaltene Wahrheit allgemein anerkannt und bekannt ist oder der Ausspruch oft angewendet zu werden pflegt:

Hom ditz (dis, di) 1, 71, 72, 563, 893, hom di o for lo mon 105, se —
118, 809, eu sai e toz lo mons o — 170, el vilans — tras l'araire 163,
una vetz me — 303, la gens laigua — 679, ben sai e conosc veramen
que vers es so quel vilas — 271, so hom salvatges 423. jovens — 507,
dreitz — ... et es vertutz 761, le savis — 32, 791 nostre savis — 337,
lo savis me — 338 ben deuria sovenir quelham dis en rizen 296, om
dia 625, ben mel dison tuit li savi del mon 240, tuh dizo can seschai
370, ora diran tut li desconoissen 871, diras 479, tot l'un dizet que 595, s'en
van dizen 363, om vai dizen 425, ben pot hom dir 172, puese dir 915,
poyran dir 607, nois poiria dreich dir 853, aug dir 54, 251, 300, 324,
426, 664, 764, — per usatge 546, — que dretz es 548, — mainta vegada
174, — a la gen 669, — e contendre 396, d'una re sia sert, qu'als savis
aug dir 694, ieu aug a maintos dizer 310, ieu auzi dir a mon aviol
186, anc non auci 970, auzit ai dir 917, 307, 121, — e vay mi remem-
brant 849, — so sapchatz 131, — manta sazo 78, 408, — mantas vetz
653, — soven 531, — del savi 247, ancse — 775, tostemps — 477, auzit
ai retraire ancse — 827, 359, non auzis ancmais parlar 472, lo savis
retrai 858, me parl que 770, lo mouniers jutg'al moli 147, ben es paraula
conoguda 242, tos temps fo e tos temps er 24, non es ni fo ni sera 168,
usatges es et adurat mainz dia 745, tals usansa es bes estars 330, ben
sabes verament 709, vers es e sabez o 64, vos sabetz 325, ja subetz
443, uers es que huey e ier 619.

Während die bis hierher aufgeführten Formeln die allgemeine Anerkennung des Ausspruches in irgend einer Weise
hervorheben, ist dies in der folgenden Formel-Gruppe weniger
klar angedeutet. Die hier in Frage kommenden Einleitungsformeln liessen schon auf nur subjective Aussprüche der Dichter
schliesen. Entscheidend aber für ihre Zuweisung zu den
Sprichwörtern ist entweder ihre Uebereinstimmung mit anderen
sicher verbürgten Sprichwörtern, oder ihre gedrängte oder
bildliche Ausdrucksweise. Die hierher gehörigen Formeln sind:

Vers es 795, ueramen 171, paraula es vertadeira 101, sert es 169,
so es sert 799b, ben es vertatz 877, ben es dreitz 427, dreitz es en
leial fe 110, es razos deschauzida 590, al savi cove 462 membre li 483,
so sapchatz 480, cert sapchatz 273, sias li membrans 860, ar aujutz
508, cre me 45.

Eine fernere Gruppe von Einführungsformeln bezeichnen
zwar äusserlich den sie begleitenden Ausspruch geradezu als
einen subjectiven; zum grösseren Theile jedoch sind die Formeln
durch Zusätze so erweitert, dass der Ausspruch dadurch dennoch
zu einem allgemein bekannten gestempelt wird, abgesehen
davon, dass dies der Inhalt schon thut:

Era vos dirai 471, dic vos tot l'an 316, eu dic lo ver aissi cum
dir lo solb 329, per ver t'o dic 89, sai 884, be sai 746, m sai 51, oras
en mai ben 25, ieu sai e cre 74, ben conosc e sai 213, ieu conosc e sai
ques uers 732, eras sai be que uers es 375 eras sai ben as escien 466,
ieu sai lo uer 400, nom sai conort mas aquel del juzeu 574, uei 424, 440,
422, 423, uei soven 845, tostemps uei 805, ai uist 258, 437, 438, 807,
844, uist ai e trobat en ma sort 439, proar uoill 435, proat lo ai e sai
275, segon la mia esmansa 881, a mos entens 566.

Eine letzte Gruppe von Einführungsformeln ist die, in welcher die Herkunft der Sprichwörter näher bezeichnet wird. Aus diesen Formeln erhellt, dass es doch die mündliche Ueberlieferung nicht ausschliesslich ist, der unsere Dichter ihre Sprichwörter entlehnten, sondern dass ihnen und dem Volke noch andere Quellen offen standen, unter denen die Heilige Schrift und die Werke einiger vorzüglich römischer Schriftsteller, im Mittelalter mit dem Namen Philosophen bezeichnet, die wichtigsten sind. Nach der blosen Formel zu urteilen würden wir also hier Sentenzen vor uns haben und werden in der That die meisten derartig eingeleiteter Aussprüche dort aufzuführen sein. Da jedoch andere verraten, dass sie als Sprichwörter gebraucht sind, so müssen wir diesen hier ihren Platz anweisen. Da derartige Sprichwörter mehr im Kloster und überhaupt in der Schrift ihre Heimat hatten, so sind sie mit dem Namen gelehrte Sprichwörter bezeichnet worden.

Wenn schon alle Teile der Bibel die provenzalische Sprache mit sprichwörtlichen Redensarten und Sentenzen, die zu Sprichwörtern wurden, getränkt hatten, so gilt dies insbesondere von den von Salomo verfassten Büchern : Der Weisheit, dem Prediger und den Sprüchen Salomonis. War doch der Name des Sohnes Davids im Mittelalter, gleichbedeutend mit der höchsten Weisheit selbst (cf. Nr. 1023 ff.). Ferner:

Ço dis Salomos 578, cocelhs es de Salomo 816, Salomos nos es recomtans 87.

Auf andere Theile der Bibel beziehen sich:

So mostra l'escriptura 859, ieu atruep sert e l'escriptura 754, Jhesus dis 63.

Einige unserer Dichter, die in den Klosterschulen ihre Bildung empfangen hatten, citieren auch aus anderen Schriften namentlich aus klassischen Autoren Sprichwörter, deren weitere Verbreitung teils schon die Formeln, teils der Inhalt anzeigt:

Vos sabez e trobes ho legent 55, enaissi sertamens o truep ligen els libres dels auctors 672, escrich truep en un nostr'actor 811, als auctors ai ancae auzit dir 15, cho dizion li autor 545, us pauc verset romans 561, so ditz la gens anciana 659, 451 (könnte auch »die alten Leute« gedeutet werden), ai sen de Cato 446, Ovidis ditz en un libre e noi men 48, Ovidy o retrai 18, nos retrays Marcabrus 165, en Bernartz dis de Ventadorn 20.

Nunmehr kommen wir zu den Sprichwörtern bei denen keine Einleitungsworte uns darauf hinweisen, dass wir ein Sprichwort vor uns haben, sondern bei denen andere Gründe an Stelle der Formel entscheiden müssen. Dass auch solche uneingeleiteten Aussprüche wirklich als Sprichwörter aufgefasst werden dürfen, geht zunächst daraus hervor, dass eine Anzahl unter ihnen auch mit Einleitungsformeln versehen vorkommt, nämlich: 19, 20, 33, 44, 53, 91, 92, 119, 120, 121, 164, 165, 166, 169, 187, 214, 282, 308, 328, 332, 362, 365, 373, 374, 409, 422, 424, 428, 445, 446, 470, 472, 478, 481, 482, 566, 638, 639, 670, 671, 682, 698, 707, 708, 771, 792, 793, 810, 850, 861, 862, 877, 894.

Ebenso sind wir wohl berechtigt, diejenigen Aussprüche, welche mehrfach auftreten, zu den Sprichwörtern zu rechnen. Vers und Reim haben allerdings meist ihre völlige Uebereinstimmung vernichtet. Hierher gehören die folgenden Gruppen: 9, 10, 11; 28, 29; 56, 57, 58, 59; 106, 107; 127, 128, 129, 130; 135, 136; 148, 149; 226, 227, 228; 267, 268; 311, 312, 313; 339, 340, 341, 343; 349, 350, 351, 352, 384, 385, 388; 414, 415, 416; 419, 420, 421; 450, 452, 453, 454, 455; 458, 459, 462, 463; 517, 518; 534, 535, 536; 541, 542; 580, 581; 589, 590, 591, 592; 644, 645; 655, 656; 657, 663; 683, 684, 685, 686, (687, 688, 689); 716, 717; 720, 721, 722, 723, 725, 726; (779, 780, 781, 782, 783, 784) 785; 803, 804, 806, 807; 855, 856, 857; 865, 866; 881, 882; 895, 896, 897, 898, 899.

Als Mittelpunkt von Gruppen können wir hier noch hinzufügen: 37, 39, 52, 85, 156, 177, 191, 203, 211, 217, 261, 314, 327, 357, 395, 399, 400, 432, 464, 465, 504, 530, 543, 556, 585, 609, 703, 744, 751, 800, 819, 821, 824, 848.

Endlich sind noch diejenigen Nummern anzuführen, welche nur durch ihren characteristischen Bau, den wir in einem der folgenden Kapitel besprechen, sich als Sprichwörter kennzeichnen. Als solche Characteristica wollen wir vorläufig die gedrängte Kürze und die bildliche Ausdrucksweise erwähnen. Da diese Merkmale jedoch zu den unsichersten gehören, so werden uns wohl namentlich die Spruchdichter G. del Ol. etc. oder Uebereinstimmung mit deutschen Sprichwörtern hin und wieder verführt haben, manche Nummern als Sprichwörter hier aufzuführen, welche eigentlich in das Gebiet der Sentenz gehören: Es sind 80, 81, 83, 138, 139, 140, 142, 143, 145, 161, 176, 270, 283, 285, 289, 290, 291, 293, 294, 317, 318, 353, 366, 368, 369, 413, 441, 442, 474, 494, 495, 498, 522, 538, 540, 547, 549, 550, 551, 552, 560, 569, 579, 600, 601, 602, 622, 626, 629, 633, 634, 637, 675, 678, 694, 754, 757, 758, 762, 765, 766, 767, 768, 769, 777, 796, 797, 798, 801, 802, 805, 830, 833, 869, 873, 883, 884, 885, 889, 890, 900, 901, 946, 974.

Die Anzahl der Sprichwörter in den vorerwähnten provenzalischen Texten würde sich nach dieser Zusammenstellung auf 475 beziffern. Hierbei sind jedoch sämmtliche Wiederholungen und Varianten mitgezählt. Nach Abzug von etwa 100 Sprichwörtern, die Wiederholungen und Varianten bilden, bleiben noch 375 übrig, welche den Sprichwörterschatz der provenzalischen Lyriker darstellen.

2. Die Sentenz.

Für die Sentenz lassen sich keine nur annähernd so sichere Erkennungsmerkmale aufstellen, wie dies beim Sprichwort der Fall war. So ist schon kein specifischer Ausdruck vorhanden, welcher den Begriff »Sentenz« wiedergiebt. Ganz und gar verschmähten es die Dichter jedoch nicht, auch einem sentenzenartigen Ausspruche einige einleitende oder bekräftigende Worte hinzuzufügen und dann finden sich wohl die Bezeichnungen: razos 108, paraula ginhoza 918, versetz 880, iuiemen 185, welche Ausdrücke aber, wie wir gesehen, vereinzelt auch für Sprichwort gebraucht werden. Dasselbe muss von den unten angeführten Formeln gesagt werden, die Sentenzen einleiten, nämlich dass sie teilweise auch vor Sprichwörtern angetroffen werden. In den hier angeführten Formeln ermangelten die von ihnen eingeleiteten Aussprüche der für das Sprichwort characteristischen Merkmale, weshalb sie nur als Sentenz bezeichnet werden konnten. Es mögen auch hier die betreffenden Formeln folgen:

So es sert 906, uers es 100, razos es 319, es razos 100, so es vernya razos 642, razos vol e dretz commanda 150, dreitz es 208, dieus e dretz e razos s'acordon 872, co es ueritatz pura Ke trobem en sainta scritura 235, si cum la letra esseigna 776, taing 632, beis taing 137, nos taing 35, no tanh 432, es conseils senatz 537, elb sapcha de se 302, ades o sapchon tal e cal 908, ben sapchatz 204, cert sapchatz 576, 1009 sai 179, 851, ieu m sai 51, cre 219, ieu uei 278, non vi 268, maintas vez ai uist 568, ai ben vist 199, ades proarai vos o qu'ieu hai uist 794, ieu dic 617, vos dic veramen 654, Salomos dis 527a, 205, co dis Salamos 22, dis o Salamos 73, escrig o truep en Salomo 96, l'evangelis ditz aquesta razo 108, segon los ditz de la Sainta Escriptura 207, so dis dieus qu' ieu sai ben lo ver 613, Therensis dis que savis fo 553, Seneca dis que saup philosophia 910, Seneca que fon hom sabens ditz 527, so dis Catos 582, so dis us verssetz de Cato 888, truep en l'escriptura qu' Ovidis dis 661, Ovidys retrays 17, Tolomeu det un bel iuiemen 185, dis en Perdigos 739, el pros coms Raimon de Tolosa Dis una paraula ginhoza, Que retrairai per so que no s'oblit.

Namentlich an dieser letzten Formel vermögen wir deutlich den Weg zu erkennen, der von einer Sentenz eines Dichters zum Sprichwort, wenn auch nur zu einem »gelehrten«, hinüberfürt. Die Grenze zwischen Sprichwort und Sentenz ist eben eine sehr schwankende und unsichere, und ist darin auch der Grund zu suchen, weshalb ich die Sentenzen zu der Sprichwörtersammlung hinzuzog: Ich wollte dadurch vermeiden, dass ein

Sprichwort, das das Aussehen einer Sentenz hatte, aus unserer Betrachtung ausgeschlossen würde. Dagegen kann in den folgenden Kapiteln die Sentenz nicht dieselbe eingehende Berücksichtigung wie das Sprichwort finden. Es würde das den Rahmen dieser Arbeit weit überschreiten.

II. Bau der Sprichwörter.

1. Satzform.

Getreu der Natur des Sprichworts, die möglichste Kürze verlangt, begegnen in der Sammlung 163 Sprichwörter, deren Satzgefüge der einfache Behauptungssatz ist, mit dem Verbum gewöhnlich im Praesens; doch finden sich auch das Praeteritum, das Futur, sowie unbedeutende Erweiterungen eines Satzteiles durch ein Participium (368), oder es ist ein Satzteil doppelt vorhanden, wie in 9 das Praedicat. Sprw. 14 möge den Typus dieser Klasse veranschaulichen:

Amora fai engal tota gen.

Dieselbe Structur haben 10, 29, 52, 92, 145, 167, 169, 191, 258, 261, 353, 400, 409, 415, 416, 421, 422, 428, 437, 438, 440, 450, 478, 480, 481, 482, 541, 542, 550, 580, 638, 639, 640, 669, 670, 672, 675, 753, 757, 787, 788, 800, 844, 845, 897.

Eintretende Inversion, oft veranlasst durch Reim oder Vers, ändert wenig:

(120) De bos faits ren deus bon gazardo.

Inversion findet noch statt bei 39, 44, 48, 161, 289, 413, 414, 419, 420, 451, 455, 551, 563, 634, 801, 897.

Der einfache Behauptungssatz findet sich negiert in Sprw. 20:

Amora segon ricor non vai.

Ebenso in 1, 19, 20, 37, 101, 168, 171, 172, 177, 267, 268, 293, 362, 363, 442, 549, 579, 624, 629, 657, 761, 898.

Diesen negierenden Sätzen sind näher verwandt als den affirmativen diejenigen, bei denen statt der Negation »non« das Adverb »greu« steht: 291, 758, 793, 883.

Oft auch wird der Satz an das Vorhergehende durch eine Conjunction angeknüpft, am gewöhnlichsten durch »que«. Als Beispiel möge 34 hier stehen

Dire vos n'ai un reprochier, C'ab la una ma lavon l'autra Et ambas los huelhs e la cara.

Ebenso angeknüpft sind: 53, 55, 242, 273, 324, 325, 359, 408, 424, 426, 427, 439, 483, 526, 607, 619, 707, 754, 764, 770, 771, 795, 811, 877, 884, 918.

Selbstverständlich sind dabei alle Combinationen von negierten und angeknüpften Sätzen, von Sätzen mit Inversion und Anknüpfung, oder Inversion und Negierung sehr häufig. Wir führen hier nur noch auf 16, 18, 24, 74, 296, 471.

Besonders mögen auch die Sprichwörter noch Erwähnung finden, die als Subject ein allgemeines Pronomen haben, analog Nr. 39.

Bon amor gazanh' hom ab servir.

Desgleichen 45, 59, 106, 444, 445, 452, 848, 849, 850. Das Pronomen »nuils« haben 271, 533, »quascus« 15.

Das Streben des Sprichworts nach Kürze ist am intensivsten ausgeprägt in den Fällen, in denen der einfache Satz durch Auslassen des Verbums noch verkürzt wird. Jedoch geschieht dies nur, wenn das Verbum sehr leicht zu ergänzen ist, und die Deutlichkeit nicht darunter leidet. Diese Form, die Ellipse, zeigt sich in 164, 166, 173, 174, 547, 561, 569, 665, 759, 799. Als Beispiel möge Sprw. 561 hier stehen:

Us pauc verset romansa : Am los grieus greus.

Nicht weniger beliebt beim Sprichwort, als die vorerwähnte ganz einfache Bauart mit ihren Abarten, ist die Erweiterung des einfachen Satzes durch den Relativsatz. Wir haben als in diese Kategorie gehörig 147 Sprichwörter aufzuzählen. Der Relativsatz kommt dabei in den verschiedensten Stellungen vor. Er tritt zum Subject in Sprw. 474:

Cors qu' es ples d'aziramen
Fai falhir bocu soven.

Diesem schliessen sich an 54, 281, 474, 545, 659, 717, 784, 804, 824, 885, 919.

Der Relativsatz tritt ergänzend zum cas. obl., wie bei 783:

Om cuoill mantas vetz los balaing
Ab qu'el mezeis se baluia,

und ähnlich: 779, 781, 782.

Sowohl beim Subject als Object findet sich ein Relativsatz in Sprw. 780.

Sehr beliebt und charakteristisch für das Sprichwort ist die Stellung, in der sich der Relativsatz an ein vorausgehendes allgemeines Pronomen anschliesst, welches gewöhnlich das Sprichwort beginnt. Diese Form zeigt 373, wo der Relativsatz sich an ein indefinites »tals« angeschlossen:

Tals se cuia calfar que s'art.

In derselben Weise an »tals« angeschlossene Relativsätze enthalten 375, 376, 377, 494, 585, 591, 796, 797, 974, an ein »aital« angeschlossen ist 378. Der Relativsatz schliesst sich an »cel« an in 79, 87, 146, 240, 395, 454, 498, 530, 578, 626, 760, 767, 775, 785, 830, 871, an »quascus« 112, an »tot« 802, an »so« 186, 213, 214, 332, 333, 518, 581, 697, 703, 893, 894.

Die relativische Verbindung »lai on« ist auch nicht un-
gebräuchlich, cf. 23, 170, 769, 889, 890, 895, 896, 899, 900.

Am häufigsten endlich ist die Anwendung des beziehungs-
losen Relativsatzes, der sich nicht einen Satzteil ergänzend an
diesen anschliesst, sondern selbst einen Satzteil vornehmlich
das Subject bildet. Diese Form möge das Sprw. 57 veranschaulichen:

Qui non tem, non ama coralmen.

In derselben Weise vertritt ein Relativsatz die Stelle des
Subjects oder Objects in den Sprw. 4, 80, 81, 85, 107, 111,
118, 119, 121, 138, 139, 141, 142, 143, 147, 156, 186, 217,
226, 227, 312, 313, 328, 329, 333, 364, 366, 374, 396, 399,
475, 552, 656, 664, 676, 694, 763, 856, 857, 865, 866, 867, 869,
878, 882, 891, 914, 915; Subj. u. Obj. sind durch einen Relativsatz ersetzt in Sprw. 187. Der Relativsatz folgt nach in Sprw.
58, 72, 78, 122, 140, 148, 149, 228, 307, 309, 310, 311, 317,
318, 369, 425, 435, 443, 448, 470, 517, 606, 833, 881, 892, 913.
Als Spezialfälle hierzu seien noch erwähnt 308, 504, 522, 534,
535, 536, 609. Diese Sprichwörter beginnen nämlich alle mit
dem Ausdruck »fols es qui«.

Zu den beim Sprichwort schon weniger gebräuchlichen
Formen sind die Conditionalsätze zu rechnen. Sie sind gewöhnlich durch Conjunctionen eingeleitet u. z. durch »si, can,
pos«. Sie zeigen in sofern eine nahe Verwandtschaft zu den
Relativsätzen, als man das »qui« derselben nur durch ein »si«
zu ersetzen braucht, um zu dem conditionalen Satzgefüge zu
gelangen, so das Sprw. 56:

Si ben amas, ben tems.

Das ihm entsprechende Sprw. nur in relativischer Weise
ausgedrückt ist das als Beispiel zum Relativsatz angeführte
Sprw. No. 57. Ausserdem sind noch durch die oben erwähnten
Conjunctionen eingeleitet die Sprwr. 175, 176, 203, 224, 282,
294, 314, 316, 330, 495, 574, 625, 762, 765, 799, 805, 808,
864, 922.

In Temporalsätze eingekleidet finden sich die Sprichwörter
543, 546, 679, 680, 681, 682, 766, 916. Als Beispiel wollen
wir 681 herausgreifen:

Tan grata li cabra, tro pogna que mal jay.

Als im Bau ähnlich schliessen sich diesen noch an 105,
477, 678, 698.

Gleichfalls in geringerer Anzahl finden sich die Sprichwörter
die zwei Thatsachen geben. Sind dieselben unverbunden und

dabei gleich, so kann man sie geradezu als 2 Sprichwörter auffassen, z. B. 285 :

> Qui dorm l'estiu l'ivern no mol,
> Joves, qui col, viels vay a dol.

Aehnlich sind gebaut: 271, 290, 343, 370, 777, 807. Sind die beiden gegebenen Thatsachen einander entgegengesetzt, so lässt sich ihre Zusammengehörigkeit schon mit grösserer Sicherheit erkennen. Als Beleg für diese adversative Construction möge Sprw. 636 dienen:

> Savi s'aluenba d'autrui huis
> El fol agacha pel pertuis.

Hierzu sind noch anzuführen 163, 165, 272, 303, 339.

Zu den beim Sprichwort seltenern Constructionen gehört auch die Vergleichung zweier Thatsachen. Für die vergleichende Construction der Gleichheit bietet Sprw. 501 einen Beleg:

> Daital grat n'aia ol, que quen dormen sa domna baia.

Ebenso 110, 595.

Wird der zweite Teil verneint, so haben wir die Vergleichung zweier ungleichen Thatsachen. Hierfür bieten Belege 275, 584, 799, 803. Bei weitem häufiger ist diese Construction jedoch unter der folgenden Form (567):

> Onrada folia ual en luec mais que sens

Diese Form, in der die Verbindung durch »mais val, mais am, mais uoill, val meins, es peior« herbeigeführt ist, zeigen die Sprwr. 71, 357, 464, 538, 566, 567, 644, 645, 683, 684, 685, 686, 687, 688, 689, 716, 720, 721, 722, 723, 725, 726, 727, 732, 768, 803, 809, 821, 858, 859, 860, 861, 862, 873, sowie 384, 385, 901, 902.

Wenn auch schon alle in Behauptungssätze eingekleideten Sprichwörter sich mehr oder weniger direct an den Menschen richten, was der Aufruf »amics« vor dem Sprichwort 44, »maistre« vor 442, »senher« vor 445, 481, bekundet, so wählten doch die wenigsten die Form des directen Heischesatzes, wie sie Sprw. 270 zeigt:

> De totz faitz cossira la fi.

Ebenfalls den Imperativ zeigen: 270, 368, 453, 633, 671. Den Conjunctiv hat dagegen unter andern

> (365) Nos mova qui ben estai.

Ebenso 32, 33, 365, 589, 724, 816, 719.

Eine diesem nahe verwandte Form ist endlich die folgende, in der Imperativ oder Conjunctiv durch ein »deu«, »devem«, »tanh«, oder »cove« ersetzt ist:

> (64) Fis amics deu celar son corage.

Ebenso 64, 127, 128, 129, 130, 131, 135, 136, 211, 338, 381, 433, 446, 458, 459, 460, 462, 556, 560, 600, 677, 791, 792, 810, 872.

2. Länge der Sprichwörter.

Was die Länge der Sprichwörter anbetrifft, so lassen sich hier nicht die Schlüsse ziehen, welche anderweitig bei der Behandlung der Sprichwörter in den Karlsepen oder derjenigen in den höfischen Epen gezogen worden sind. In den Volksepen haben wir die ständige Verslänge von 10 Silben, in den Kunstepen gewöhnlich die von 8 Silben, während in der provenzalischen Lyrik die Länge der Verse sehr wechselt, sodass ein Sprichwort, welches aus 2 viersilbigen Versen besteht, doch kürzer ist, wie ein solches, das einen zwölfsilbigen Vers füllt. Für die Länge der provenzalischen Sprichwörter ist daher mehr das Kapitel über ihre Bauart entscheidend. Doch sei auch hier der Volständigkeit halber Folgendes noch erwähnt: Unter den 475 Sprichwörtern sind 224 bis zu einem Verse lang, 191 bis zu zwei Versen lang, 60 länger als 2 Verse. Hierbei ist nur die reine Länge des Sprichworts ohne etwaige Einleitungsworte berücksichtigt. Am zahlreichsten nach dieser Gruppierung sind also die Sprichwörter von einer Verslänge und am geringsten vertreten diejenigen von mehr als 2 Versen. Die hieraus sich ergebende Norm für die Länge unserer Sprichwörter würde also eine Verslänge sein. Hierzu kommt noch, dass unter den Sprichwörtern, welche länger als 2 Verse sind, sich nur wenige finden, welche sich durch Aeusserlichkeiten geradezu als Sprichwörter kennzeichnen, nämlich 224, 338, 370, 417, 685, 686, 867, 921; viele ferner der über 2 Verse langen Sprichwörter bestehen aus mehreren indem sie aus einversigen oder zweiversigen Sprüchen, die meistens einen Parallelismus bilden, zusammengesetzt sind, z. B. 328 aus 2 zweiversigen, 370 aus 1 ein- und 1 zweiversigen Spruche. Selbst viele der bis zu 2 Verse langen Sprichwörter sind aus 2 einversigen Sprüchen zusammengesetzt, wie 131, 312, 322, 452 etc., sodass sich die Klasse der einversigen Sprichwörter durch diese Auflösungen noch vermehrt, während sich die Klassen der mehrversigen vermindern.

Es ergiebt sich hieraus, dass die Natur des Sprichworts möglichste Kürze erstrebt. Vorzüglich gilt dies für die echt volkstümlichen Sprichwörter, welche, je kürzer sie sind, um so öfter ihrer bequemen Anwendung halber citiert werden. Dieser Grundsatz der Kürze der Sprichwörter ist namentlich bei den Varianten von Belang.

Etwas andere Resultate ergeben sich, wenn wir bei der obigen Scheidung auch die Sentenz berücksichtigen. Alsdann ergeben sich unter den·955 Nummern 380 Sprichwörter, die bis zu einem Verse, 435 die bis zu zwei Versen lang sind und 140, die länger als 2 Verse. Am zahlreichsten nach dieser Gruppierung sind also die Sprichwörter von 2 Verslängen, denen die mit einer Verslänge ziemlich nahe folgen.

3. Varianten.

Unter den 475 eigentlichen Sprichwörtern giebt es wiederum wohl nur wenige, von denen sich mit Bestimmtheit die ursprüngliche Version behaupten lässt. Mögen die nur *einmal* vorkommenden Sprichwörter ganz unangetastet bleiben. Wir sehen es am besten an den manchmal sehr verschiedenen Formen, in denen ein und dasselbe Sprichwort mehrmals auftritt. Die Gründe für die vielfachen Formen sind wohl vor allem darin zu suchen, dass das Material poetischen Schöpfungen entnommen ist, dass also die Verslänge und der Reim den grössten Einfluss auf die Umgestaltungen der Sprichwörter ausüben mussten. Einen geringeren Anteil an der Umgestaltung haben der Zusammenhang, die Willkür oder der Zufall.

Manche Sprichwörter sind wohl auch schon in doppelten Formen gebräuchlich gewesen, bei anderen ist nicht zu entscheiden, welche von zwei Formen Anspruch auf das im Volke gebräuchliche Original machen kann. So z. B. sind Sprichwort 164, 165, 166 auf ein Original zurückzuführen; 165 ist offenbar von dem zur Breite neigenden G. del Olivier durch Zusatz von *eys* variirt, wodurch die elliptische Ausdrucksweise von 164 und 166 aufgehoben wird, welche aber beim Sprichwort nicht ungewöhnlich ist: 173, 174, 561, 562, 571 etc. Es bleiben also noch 164 u. 166, welche auf das Original Anspruch machen können; 164 hat den alten volkstümlichen Marcabrun als Gewährsmann, 166 die Stütze durch 165 für sich. Könnten wir nachweisen, dass Marcabrun das Sprichwort auch in der Lesart 166 verwendet hat, wie 165 ja behauptet, so wäre 166 das Original; bis zu diesem Nachweis aber müssen wir 164 dieselben Rechte einräumen. Unter 167, 168, 169 ist 167 das Original, 168 verbreiterte Satzconstruction (B. Carbonel) und Ersetzung von *tota* und *a* durch *cadauna* und *vas* (gewähltere Ausdrücke), 169 Ersatz von *revertis* durch *ressembla*. Unter 28, 29, (27, 30, 31) ist 28 die Reim- 29 die Prosa-Version des Sprichworts; da Prosa bei den Sprichwörter gewöhnlicher (cf. Reim u. Alliteration), so ist 29 als Original der Vorzug zu geben; 27, 30, 31 sind entfernter Umschreibungen.

Jede Variantengruppe in dieser Weise durchzugehen, würde zu weit führen. Wir beschränken uns hier darauf, die Gruppen aufzuführen, bemerkend dass die erste Nummer jeder Gruppe das Original oder wenigstens das demselben am meisten entsprechende Sprichwort in der Gruppe ist: 19, 18, 20; 29, 28, (27, 30, 31); 32, 33; 56, 58, (57, 59); 90, 89, 91, (92—95); 107, 106; 111, 112, (110, 113); 128, 129, 127; 135, 136; 148, 149; 164, 166, 165; 167, 168, 169; 187, 186; 191, 192; 226, 227; 251, 252; 261, 262; 281, 282; 307, 308; 312, 311, 313; 314, 315; 324, 325; 349, 350; 351, 352; 363, 362; 373, 375, 377, 376, 374; 409, 408; 419, 420, 421; 450, 452, (451); 458, 459, (460); 517, 518; 524, 525; 534, 535, 536; 542, 541; 590, 589, 592; 611, 612; 639, 638, 640; 645, 644; 656, 655; 670, 672, 669, 400; 680, 679; 681, 682; 694, 693; 683—685, 770, 771; 791, 793, 792; 803, 804; 808, 809; 855, 856; 859—861; 891—894; 895, 899. Eine Anzahl von Gruppen verraten zwar noch die Zusammengehörigkeit ihrer Glieder, können aber durch die grossen erlittenen Veränderung nicht mehr als Varianten bezeichnet werden: 25, 26; 44, 45; 49—54; 80, 78; 84, 85; 138, 139; 195—199; 212—215; 254—256; 267, 268; 327—330; 340—343; 365—366; 384—389; 391—392; 398, 399; 422—424; 543—546; 697, 698; 703, 704; 707—709; 711, 712; 822, 823.

Auch die Gruppen der sprichwörtlichen Redensarten darf man nicht als eigentliche Varianten betrachten, da sie ja so wie so der Flexion unterworfen sind: 300, 301; 462, 463; 484—488; 489, 490; 491, 492; 502, 503; 505, 507; 777, 778; 779—785; 787, 788; 789, 790; 810—812 (815); 840, 841; 874, 875.

Herbeigeführt wurden die Varianten:

1) Durch einen Zusatz, u. z. tota via ... bon 89, o graszitz o guizerdonatz 136, eys 165, hom 350, ni malastruc 362, ben tost 420, falh e 536, ome 541, pogna 681, sol 792.

2) Durch Ersatz eines Ausdrucks durch einen andern, u. z. segon durch per 18, qui mal fait — per mal voler 106, qualsque guizardo — qu'om guazardon renda 127, revertis vas — ressembla a 169, mal fai — fols es 308, jois — plazers 325, en — per lo 350 conoicheras — conoiss hom, van mentens — so nientz 351, tals — qui 374, es — son 400, 669, uen — n'aura 421, pel — busqu 591, mals — sofracha 638, ve mals — creisso maint engombrer 640, calar - bos absteners 644, ver — verlat 655, se trenca — l'ansa lai rema 679, tot pert — a molt petit de sciensa 693, deu — pot 793, cent jorn — dos mes, ser — dia 855, us ans — cen 859, jorns — dia 861, ja — o 866, non dol — oblida 892, oblida — non sove 893, m dol — mi fa mal 899.

3) Die Aenderung ergriff die Construction: 32, 58, 168, 192, 262, 301, 313, 315, 452, 459, 518, 589, 592, 612, 686, 792, 804, 809, 894, 896, 898.

4) Mit Reim versehen sind: 28, 91, 126, 227, 683, 885 etc.

5) Veränderte Wortstellung findet statt: 312, 535, 861, 892, 897.

6) Die Aenderung ist nur orthographischer Natur 129, 149, 174, 376, 409.

7) Auslassung fand vielleicht statt 895. Die Regel, die kürzeste und einfachste Lesart, wenn nicht besondere Gründe für andere Annahmen vorliegen, als die ursprüngliche zu betrachten, erklärt es, dass die Gruppe, in denen Ausstossungen stattgefunden haben, am kleinsten ist.

Aus den Varianten der Sprichwörter auch auf ein Abhängigkeitsverhältnis der betreffenden Dichter schliessen zu wollen, ist nicht thunlich. In den meisten Fällen liegt die Uebereinstimmung eben in der gemeinsamen Quelle, der mündlichen Ueberlieferung, während nur in den seltneren Fällen (namentlich bei den Spruchdichtern) geradezu ein Abhängigkeitsverhältnis stattfindet, was gewöhnlich jedoch erwähnt wird z. B. 165, wo G. del Oliver Marcabrun als Gewährsmann angiebt, während 166 Aimeric de Peguilan das Sprichwort wohl aus dem Volksmunde kennt.

4. Reim und Alliteration

Da der Boden dieses Kapitels ein sehr schwankender ist, und der Umfang dieser Arbeit eine eingehendere Besprechung des Reimes nicht gestattet, so mögen die folgenden Bemerkungen genügen.

Von den 474 eigentlichen Sprichwörtern haben 154, also etwas weniger als ⅓, allerdings den Reim, doch lässt sich Ursprünglichkeit desselben mit einiger Sicherheit annehmen nur in 9, 118, 167, 168, 169, 308, 314, 416, 561, 645, 727, 875, 866. Namentlich verführen die Spruchdichter G. del Olivier, B. Carbonel etc. sehr leicht dazu, einen von ihnen herstammenden Reim für ursprünglich zu erklären. Umgekehrt können auch wohl einige mit Reim erst durch Dichter versehenen Sprichwörter in der gereimten Form volkstümlich geworden sein. Da auf jeden Fall die Sprichwörter ohne Reim überwiegen, so lässt sich der Schluss ziehen, dass im allgemeinen der Reim bei den provenzalischen Sprichwörtern ungebräuchlicher ist, als die Prosa. Dasselbe muss auch gesagt werden, wenn wir die Sentenz hinzunehmen. Alsdann finden sich unter 955 Nummern 370 mit Reim, also etwas weniger als ⅖.

Enjambement findet sich bei 87 Nummern, die meistens auch den Reim haben.

Noch unbestimmbarer ist das Gebiet der Alliteration. In nachweisbar ausgeprägter Form findet sie sich vielleicht in 145. Unbeabsichtigt scheint dieselbe vorzuliegen in 47, 80, 81, 105 bis 107, 111. 112, 116, 138—143, 146, 561, 562, 668, 702, 840 841, 850.

5. Bilder.

Der Bilderreichtum der provenzalischen Sprichwörter ist bedeutend, die sprichwörtlichen Redensarten sind fast ohne Ausnahme bildliche Ausdrucksweisen, sodass etwa ¼ der Nummern Bilder enthalten. Nicht nur, dass ein Sprichwort allein im Bilde existiert, 916, ja auch in jeder Sprichwörtergruppe, die sich um einen Erfahrungssatz schart, finden wir sicher mehrere bildliche Beispiele, die den Erfahrungssatz uns in concreterer Weise vorhalten, als eine trockene Ermahnung oder Behauptung es thun würde. So ist z. B. 260ff. der Erfahrungssatz 281 ff. die bildlichen Beispiele, 660 ff. der Erfahrungssatz, 677 ff.

In mehr oder minder näherer Beziehung zum täglichen Getriebe des menschlichen Lebens stehen die folgenden Bilder: Herr, Dienerschaft 173, 174, Herrin 333, 501, Vater, Sohn. Tochter, Kind 176, 163, 166, 578, 919, Jüngling 306, Jugend 287, Nachbar 72, 224, Lehrmeister 353, 354, Verwalter 413, Arzt 886, 887, 413, Wucherer 696, Spieler, Spiel 597, 700, 850, 292, Dieb 770, 771 877, Angreifer 366, Blinde, Bösewicht 561, Krätzige 561, Züchtigen 759, Schlagen, Hieb 264, 118, 298, 338, 509, 773, 774, Scheren 760, 873, 952, Ergreifen 378, 763, Bekriegen 141, Jagen 318, 695, 516, Fischen 317. Reiten 924. Springen 462, 463, Schälen 226, Wärmen 373—377, Verändern 926, Binden 147—149, Kaufen 110—113, 737, Erzählen 170, Schlafen 291, 293, Erheben 362, 363, Fallen 382 ff. 707—709, Verbrechen 907, Friede 796, Schramme 845, Mahlzeit 665, Behaglichkeit 271, Haus 290, 622, Schloss 437, 394, Weg 500, Brücke 844, Hafen 817. Weinberg 289, Glocke 502, Thür 636, Krone 797, Tuch 809, 810, 835, Strumpf 939, 563, Lanze, Sporen 300, 301, Messer 294, Waage 390, Krug 679, 680, Wetzstein 869, Karren 923, Last 677, Gemälde 494, Würfel 786—788, 920, Mark, Pfennig 188, 687, Ruthe, Stock, Besen 87, 782—785. Korb 789, 790, Salböl 497, Wachs 21, 523, 601, Honig, Fleisch 272, Ei 933, Mehl 512, 526, Brot 767, Gewürzwaaren 927, Haupt, Glieder 175, Hand 34, 70, 364, Auge 589—592, Mund 634, 627, Zahn 895—899, Blut 171, Flügel 777, 778, Farben 16, 359, 874, 875, 934.

Der Natur im allgemeinen sind entnommen die Bilder über: Welt 510, Sonne 520, 620, Jahr, Tag 834, 858, 862, 864, 381, Sommer, Winter 285, 286, 862, Wetter, Sturm, Regen 422, 424, 423, 805, 916, Hitze 540, 541, Glanz 830, 868, Feuer, Rauch 105, 446, 758, 883, 901, Wasser 393, 500, 766, 803, 804, 870, Wassertropfen 281, 282, Teich 377, Fluss 762, Berg 496, 521, Ebene 922, Sand 506. Von den Metallen dienen Gold und Silber als Bezeichnung von etwas Wertvollem, Zinn, Blei zur Bezeichnung etwas Minderwertigen 71, 621, 689, 795, 802, 807, 819, 826—829, Blei bezeichnet auch etwas Schweres 928, Eisen und Steine etwas Hartes 283, 885, 524, 525, 950. Aus dem Tierreich sind zu Bildern benutzt: Pferd 163, 765, 849, Rind 514, 932, Ziege 681, 682, Lamm 954, Schwein 498, Hase 514, Fuchs 704, Wolf 798, Leopard 172, 832, Löwe 799, Vögel 683--685, 811, Krähe 686, Rebhuhn, Habicht 515, Geier 513, Pfau 710, Aal 833, Spinne 248, Ameise 484—488. Aus dem Pflanzenreich sind zu Bildern verwendet: Hollunder 929, Klee (Dreiblatt) 552, Nuss 442, Kohl 206, Frucht 160, 163, 355, 666, 678, 688, Blume 379, 440, 752, Wurzel, Wipfel 161, 162, 273, 391, 392, 936, 937, Zweig 779, Heu 820, Getreide 807, Korn, Ähre 5, 441, 511, 600, 930, 931, Stroh 511, 602, Spreu 495, 603, 833, Same, Aussaat, Säen 150, 151, 153, 155—159, 504, 505.

III. Inhalt.

Die Sammlung ist soviel wie möglich dem Inhalt nach geordnet, und vermag also diese Anordnung schon einen klaren Überblick über den Inhalt der provenzalischen Sprichwörter zu bieten. Er ist namentlich insofern zu berücksichtigen, als er mit dem Culturleben des Volkes in engem Zusammenhang steht. Die Bemerkungen hierzu haben in der Sammlung an den betreffenden Stellen ihren Platz gefunden. Beeinträchtigt wird das aus der Sammlung gewonnene Culturbild jedoch dadurch, dass die Sammlung eben nicht den gesammten damaligen Sprichwörterschatz des provenzalischen Volkes enthält, sondern nur den Teil desselben, der uns durch die Lyriker zugänglich gemacht oder vielmehr aufbewahrt worden ist, jedenfalls aber durch ihre Anschauungen hindurchgegangen, also mit denselben gefärbt ist. Wie subjectiv die Anschauungen der verliebten Troubadours manchmal sind entgegen denen der übrigen Bevölkerung, erhellt aus den Sprichwörtern 871, 891—894, welche ja die Dichter gar nicht gelten lassen wollen. Wie viel Sprichwörter werden sie also gar nicht verwendet haben, weil sie nicht für ihre Dichtungen passten? Die Charaktere sowohl als die Lebensstellungen der Troubadours waren zwar sehr verschiedene, sodass wir diese Verschiedenheit und Vielseitigkeit auch auf die von ihnen verwendeten Sprichwörter ausdehnen zu dürfen glauben könnten. Obgleich wir unter ihnen aber Fürsten, höhere und niedere Ritter, desgleichen Geistliche, Handwerker und Spielleute, die teilweise sehr niederer Herkunft waren, finden, so dehnt sich eine ebensolche grosse Verschiedenheit nicht auch auf die Dichtungen dieser in ihrer Lebensstellung doch weit auseinanderstehenden Männer aus, sodass dieselben sogar ihrer Eintönigkeit halber getadelt worden sind. In den weitaus meisten Fällen bildet den Gegenstand ihrer Dichtungen der Frauendienst, und klein ist die Anzahl der Gedichte, die sich auf anderen Gebieten bewegen. Dementsprechend überwiegen denn auch die Sprichwörter, deren Inhalt die Freundschaft, die Liebe, Dienstbeflissenheit, Belohnung, Hoffnung etc. bilden über die, welche von Krieg, Gewalt, Verrat etc. handeln. Der Unterschied zwischen lyrischen und epischen Sprichwörtern tritt hier zu Tage. Stellen wir eine Uebersicht des Inhalts zusammen, so handeln von Liebe, Treue und Freundschaft 81 Sprichwörter, von Fleiss, Anstrengung, Beharrlichkeit 76, von Vergeltung, Dank, Belohnung 61, von Glück, Glückswechsel 54, von Lehre, Ermahnung, Tadel, Züchtigung 50, von thörichter Hoffnung 49, von Thorheit 41, von Ehre, Wert, Ruhm 33, von Undank und vergeblicher Mühe 32, von Hoffnnng 26, von Mässigung 25, von Täuschung 24, von Furcht und Mut 23, von Geduld 20, von Anstand im Reden und Benehmen 18, von Barmherzigkeit, Milde, Nachsicht und Freundlichkeit 18, von Erblichkeit der Gesinnung 17, von Habsucht und Geiz 17, von Ungeduld und Zorn 14, von Verstand und Weisheit 14, vom Schweigen 9, von Betrug, Treulosigkeit, Verrat 9, vom Lügen 7, von der Macht der Gewohnheit 7, von Not 6, von Stolz 5, von Gott 5, von Sterben 4, von Selbstbeherrschung 4, von Streit und Krieg 3, von Gewalt 2, von Unrecht 2, vom Schwören 2 und von Rache ein Sprichwort.

IV. Verwendung der Sprichwörter.

1. Häufigkeit ihrer Anwendung.

Es gehören Bertran Carbonel 58 Sprichwörter an, dem Gedichte Seneca 57, Guiraut de Bornelh 46, Peire Cardenal 40, Guiraut del Olivier 34, Peire Vidal 33, Anonym 29, Bertran de Born 29, Folquet de Marseill 24, Bernart de Ventadorn 23, Ponz de Capduoill 23, Raimbaut de Vaqueiras 21, Gaucelm Faidit 19, Aimeric de Peguilan 18, Marcabrus 18, Amanieu des Escas 17, Guiraut Riquier 16, Daude de Pradas 13, Elias Cairels 12, Cadenet 12, Peirols, Flamenca, Peire Raimon de Toloza u. Matfre Ermengau (Brev.) 11, Arnaut de Maroill, Raimon de Miraval, Albert de Sestaro, Peire Bremon u. Bartolomeo Zorgi 10, Uc

Brunet, Lanfranc Cigala, Elias de Barjols, Raimbaut d'Aurenga,
Guillem Ademar je 9, Gui d'Uisel, Cercalmon, Folquet de
Romans, Raimon Vidal, Sordel, Gavauda, Gausbert de Poicibot,
Ponz fabre d'Uzes je 8, Uc de San Circ, Reimon Jordan, Guillem
Margret, Arnaut Daniels, Guillem de Montaignagout, Lamberti
de Bonanel je 7, Guillem de Bergueda, Peire d'Alvernhe, Bernart de Pradas, Serveri, Guillem IX. c. de P., Johan Esteve je
6, Perdigo, Bernart de la Barta, Guillem de Cerveira, Guiraut
de Calanso, Mönch von Montaudon, Betran d'Alamano, Aimeric
de Belenoy je 4, Guiraut de Sallignac, Uc Catola, Peire Milo,
V. et Vert., Blacatz, Bertran de Pojet, Beatrix, c. de Dia, Ponz
de la Garda, Pistoleta, Guillem de Cabestaing, Guillem Figueira,
Ademar do Rocaficha, Guillem de Mur, Berenguier Trobel, Rainaut de Ponz, Bernart Martin je 3, Peire Rogier, Blacasset,
Guillem Augier, Jaufre Rudel, G. P. de Gazals, Azalais de Por-
caraignas, Jordan Bonels, Nat de Mons, Bonifaci Calvo, Guillem
Durandus, Croissade contre les Albigeois, Richard de Berbezilh,
Guillem de St. Leidier, Raimon de Castelnou, Augier Novella,
Peire del Poi, Gaucelm Raimon, Guillem de Biarn, Paulet de
Marseil, Uc de la Baccalaria, Palais, Guillem Evesques, Lantel-
met del Aiguillon, Berenguier de Palazol, Trobaire de Villa
Arnaut, Arnaut de Tintinhac, Monge de Foyssan, Peire de la
Mula, Traduction de Bède je 2, Guillem Amiels, Peire de
Bussignac, Jordan de Venaissi, Guiraudo lo Ros, Aimeric de
Scarlat, Guillem de Baus, Bonifaci de Castelnou, Lemozi, Guillem
de la Tor, Paul Lanfranc de Pistoja, Uc de l'Escura, Almuc de
Castelnou, Pujol, Guiraut d'Espaigna, Sail d'Escola, Peire Imber,
Guiraudo, Rostainh de Mergas, Bernart Tortitz, Duran sartre
de Carpentras, Bernart Sicart de Marvejols, Bertran Albaric,
Guillem Fabre, Guillem Godi, Bertran de la Tor, Ponz Santolh
de Tholoza, Esquileta, Arnaut Peire d'Agange, Tomers, Peire
de Valeira, Bernart de Marseille, Oste, Bertran de Tot lo mon,
Guillem Durfort, Guiraut de Lus, Ebles d'Uisel, Peire Espagnol,
Uguet, Vescoms de Torena, Bernart de la Fon, Bertran, Guionet,
Richartz de Tarascon, Peire Bremon lo Tort, Raimbaut de Bel-
joc, Uc de Maensac, Arnaut Catalan, Torcafol, Dalfinet, Peire
Guillem de Tholoza, Uc de Mataplana, Rofian, Guillem, Raimon
Ferraut, Livre de Sydrac, Peire Guillem de Luzerna, Rainaut
de Tres Sauzes, Sifre, Elias Fonsalada, Bernart, Lignaure, Austorc de Segret, Aigar et Maurin, Raimon Gaucelm de Beziers,
lo vesques de Clarmont, Guigo, Guillem d'Apchier je ein Sprichwort.

Es ist aus dieser Zusammenstellung, die 174 Dichter um-
fasst, ersichtlich, dass wohl keiner der Lyriker ermangelt haben
wird, sich die Sprichwörter, welche zu seiner Zeit in Gebrauch

waren, für seine Dichtungen zu Nutzen zu machen, der eine mehr, der andere weniger. In besonderem Grade gilt dies jedoch, wie die vorausgeschickte Zusammenstellung zeigt, von den sogenannten Spruchdichtern. Die Sprüche, welche die provenzalische Litteratur aufzuweisen hat, sind von Bertran Carbonel und Guiraut del Olivier. Ferner gehört hierher ein »Seneca« betiteltes Gedicht, ein Anszug aus der »Weisheit Salomonis«. Allerdings dürfen wir voraussetzen, dass viele der Sprüche B. Carbonels, Oliviers und Senecas im Munde des Volkes lebten, indem volksthümliche Versionen entweder vom Dichter zu seiner Arbeit benutzt worden waren, oder die sehr gemeinverständlich gehaltenen Sprüche teilweise ins Volk übergingen und sich dort Bürgerrecht erwarben. Deshalb sind anch die Sprüche zu dieser Arbeit herangezogen worden, wiewohl ja viele in dieser Gattung der Poesie uns aufbewahrten Sprichwörter in ihrer Originalität dem provenzalischem Volke nicht angehören, und dem täglichen Leben der Bevölkerung vielleicht gänzlich fremd gebliebene Uebersetzungen sind. Aus diesem Grunde müssen wir den so importierten Sprichwörtern, wir wollen sie gelehrte bezeichnen, immerhin zwar etwas Mistrauen, was ihre Popularität anbetrifft, entgegen bringen, dürfen dieselben deshalb aber noch nicht gänzlich ausschliessen. Nicht allein die Spruchdichter, sondern auch die eigentlichen Lyriker verwenden öfters gelehrte Sprichwörter, eine Trennung derselben von den volkstümlichen Sprichwörtern war daher nicht gut durchführbar.

Bei den eigentlichen Lyrikern steht die Fruchtbarkeit an Sprichwörtern in einem als ziemlich gleichmässig zu hezeichnenden Verhältnis zur Anzahl der von ihnen überlieferten Gedichte.

2. Anwendung der Sprichwörter.

Als diejenige Redeform, welche den weitesten Sinn im knappsten Gewande bietet, eignet sich das Sprichwort vornehmlich zur Zusammenfassung einer ausführlichen Gedankenreihe in einem gewissermassen die Summe derselben ziehenden Hauptmomente. Dem entsprechend musste die Stellung des Sprichworts entweder am Kopf der Gedankenreihe oder am Schluss derselben sein, und in der That finden wir diese Stellung zu Anfang oder Schluss einer Strofe von den Sprichwörtern bevorzugt. Als Beispiel mögen die Sprichwörter Guiraut del Oliviers, Bertran Carbonels und Bertrans de Born dienen, von denen die Sammlung 121 aufführt. Unter diesen 121 befinden sich 28, welche den Anfang einer Strofe bilden, 40, die den Schluss ausmachen.

Die am Anfang einer Strofe stehenden Sprichwörten haben im grossen und ganzen den Charakter einer Einleitung oder

Ueberschrift, an welche der Inhalt der Cobla durch perque, que, car etc. ungeknüpft ist. Es stehen von den drei genannten Dichtern zu Anfang der Cobla die Sprichwörter 76, 78, 87, 96, 101, 104, 149, 165, 194, 410, 500, 503, 527, 557, 564, 588, 642, 670, 672, 755, 777, 791, 811, 812, 839, 895, 910, 918.

Zu Schluss der Strofen namentlich didactischer Gedichte finden die Sprichwörter in erster Linie Anwendung als schluss-bildende Moral, wie 641 oder als Zusammenfassung des vorher gesagten wie 599, endlich auch als Beweis des Vorausgehenden wie bei 168. Hierher gehören von den drei genannten Dichtern die Sprichwörter 26, 61, 168, 190, 220, 263, 265, 269, 291, 318. 336, 347, 355, 362, 555, 556, 560, 599, 605, 641, 650, 663, 702, 713, 719, 720, 748, 749, 751, 754, 759, 773, 801, 808, 855, 947, 949, 952, 954, 980.

Bei der Anwendung der Sprichwörter innerhalb der Strofe, welche Stellung ja gleichfalls sehr gewöhnlich ist, finden sie die meiste Verwendung als Beweis oder Bestärkung des Gesagten oder als Grund für eine Handlungsweise, in welchem Falle ihnen wohl mehr die Bezeichnung »eixemple« zukommt. Daneben finden sich aber auch hier viele Belehrungen und Ermahnungen, für welche die Bezeichnung »reproviers« passender ist.

B. Sprichwörtersammlung.

I. Die Liebe im Sprichwort.

Sie wird uns vom Sprichwort als die höchste und edelste aller Freuden gepriesen, ohne welche das Leben keinen Wert hat. Zur Vervollkommnung eines Ritters oder einer Dame war daher Gewandtheit in Liebesangelegenheiten oder ein Liebes-verhältnis selbst von Unerlässlichkeit: cf. Brev. 27865.

1 Hom ditz que gaugz non es senes amor. A. de Peg. 29, M.G.1000, c.1. — 2. Non es hom senes amor ualens. G. Riq. 10, 27. — 3. Nuls hom non a fin pretz verai, | si d'amor no se met en plai. G.de S.L.6, M.W.II,46, c. 2. — 4. Ial reproviers non ier garens | an Huget quem dis en lati | que de lui dizon siei uezi | qu'en aisso es deconoissens, | que per amor de na Sansa, | estai caillors nois bobansa. R. de Mir.30, Arch. 34, 196, c. 4. — 5. Om ses domneis no pot valer | plus que ses gra lespics. P. d'Alv. 15, M.W.I.93, c. 8. — 6. Hom ses dona re no val. Matfre E., M.G.1, 206. cf. Brev. 30136. — 7 No m'a sabor dona senes amor. G. Faid. 62, M.W.II. 91. c. 7. — 8. Domna non pot ren valer | per riquessa ni per poder | se jois d'amor no la spira. Cerc. 3, Chr. 47, 32.

Allgewalt und Macht der Liebe werden hervorgehoben in den Sprichwörtern:

9. Amors uens e forsa totas gens. A. de Mar. 12, c 1. — 10. Amors apodera e vens | paubres e manens. Ad. de R. 3, c. 3. — 11. Es forsatz per fin amor coral | que forsals rics els paupres per engal. M. de M.

2, M. G. 898, 39. — 12. Paubres e rics fai amor d'aut paratge. B. de
Vent. 42. 18, L. R. 331. — 13. Aysi pot leu far fin aman i amor del petit
co del gran. Sordel 23, M. G. 550 c. 2. — 14. Noi ual repropchiers com sol
dir per afortimen: Amors fai engal tota gen. D. de Prad. 3, Arch. 35, 361, 9.
— 15. Als auctors ai ancae auzit dir, qu'en ben amar em quascus d'un poder.
Perd. 3, M. W. III. 69, 22. — 16. Ovides mostra chai | e l'ambladura o retrai /
que non soana brun ni bai (amors). Uc Cat. 1, A. A. III. 99, c. 10. —
17. Ovidis retrays qu'entr'els corals amadors | non paratge i a ricora. A.
de Mar. 19, M. W. I. 170, 28. — 18. Ovidy o retrai qu'amors per ricor non
vai. Az. de P. 1, M. W. III. 176, 21. — Almuc de C. 1, c. 2, Arch. 34, 403. —
19. Ges amors segon ricor non vai. B. de Vent. 10, M. W. I, 41, c 6. —
20. En Bernartz dis de Ventadorn: Amors segon ricor no vai. R. Vid.,
Chr. 219, 21. — 21. Amors eguet l'aignel (lo cerf D) el ors | ni per aver s'afrays.
G. de Born. 20, Arch. 51, 5, c. 5. — 22. Om non deu gardar en amor | gran
parage ni gran richor, | qu'amors deu esser comunals | pois l'uns es ves
l'autre lejals | quar fin amors pren a amic | tan tost lo paubre com lo ric /
e val mais merces qe rasos | en amor, co dis Salomos. P. de Capd. 9,
115. — cf. P. Vid. 11, 22. — P. del V. 1, c. 3. — 23. Maynthas vetz dreitz
defen | so qu'amors cossen. Ad. de R. 3, c. 2, R. 5, 2. — 24 Tos temps fo
e tos temps er | que grans amors no te guaran. R. d'Aur. 19, M. G. 360, c. 5.
— 25. Oras en sai ben com es de fin aman | el senz non a poder contral
talan. G. d'Uisel 3, Arch 32, 402, c 4. — 26. Fin amors non obra segon
sen | en nulha ren tan com segon talen. B. Carb. 83, Dkm. 23, 17 — cf.
Gauc. Estaca, M. G. 1068, c. 8. — 27. Qui que en amor quer sen | selh
non a sen ni mezura. B. de Vent. 16, M. W. I. 27. — 28. Lai on amor
s'aten | val foudatz en loc de sen. P. R. de Tol., Chr. 87, 27. — 29. Fou-
datz uai entr'amadors per sen. R. de Mir. 31, Arch. 51, 244, c. 5. — 30.
La foudat tenc a sen | que d'amor taing. G. Faid. 62, Arch. 33, 453, c. 1.
— 31. En amor non sec hom drecha via | qui gent no sap seu ab foldat
despendre. Lamb. de B. 9, M. W. I. 68, c. 5.

Auf das Verhältnis der Liebenden unter einander, und
zwar auf ihre Treue, Dienstfertigkeit, Geduld, Besorgnis, Ver-
schwiegenheit beziehen sich:

32. El savis dis que cel qui be volria esser amatz ames be ses bauzia.
P. Card. 4, M. W. III. 76, c. 5. — 33. Ben ama que si' amatz. B. Carb.
46, Dkm. 19, 8. — 34. Amors es com miega perduda | cant es trastota
d'una part | . . . e direus n'ay, si nous sap mal, | un repropchier que
fort m'azauta c'ab la una ma lavon l'autra | et ambas los huelhs e
la cara. A. d. E., R. 5, 21. — cf. B. de Vent. 30, 12, Arch. 33, 456.
— 35. Era greu fis cors enves dos latz. G. de Born. 58, Arch. 33,
319, c. 3. — 36. Pos amam uolc dos, | mi non amet ni vos. G. de Born.
62, M. G. 947, c. 6. -- 37. Hom non pot seruir dos senhors. Pujol 2,
c. 3, M. G. 53. — 38. Amors no vens menassa ni bobans, mas | gens ser-
virs e precx e bona fes. Uc B. 4, M. W. III. 206, c. 2. — 39. Bon amor
gazanh hom ab servir. R. de Berb. 3, M. W. III. 39, c. 7. — 40. Brau cor
s'afranh qui gent lo sier humilmen. Uc de S. C. 3, M. G. 1145, c. 5. — 41.
Qui ben ser sidons nos esmaia | ben es razos que joi l'en cschaia. G. d'Es-
paigna 14, c. 5, M. G. 563. — cf. Pist. 4, M. W. III 192, c. 3. — 42. Amors
guazardona servir als sieus. G. Riq. 54. 32. — 43. Fis amans deu gran tort
perdonar | e gen sufrir maltrait per guazanhar. G. de Cab. 6, M. W. I,
109. — 44. Amicx, sufren merceyan | conqueron li fin aman. Alb. de Sest.
10, M. W. III. 181, 27. — 45. Cre me tu qe merseian, | aman, sirven et
preian | conquer hom amia. A. de Peg. 10, c. 4. — 46. Amors dona lei /

quom l'autrui tort blan e mercei. G. de Born. 36, M. G. 838, c. 2. — 47.
Deziran deu hom d'amor jauzir. R. de Mir. 13, Chr. 153, 11. — 48. Ovi-
dis ditz en un libre e no i men, | que per sufrir a hom d'amor son
grat. R. de Berb., R. 3, 456. — 49. Plus uencuts es cel qui s'afortis /
que cel que sap humilmen obezir | doncs ben es fols qui ab amor ger-
reia. D. de Prad. 17, M. G. 1052, c. 3. — 50. Si meteys destrigua | selb
quab amor guerreya. Sail de Scola 1, c. 3. — 51. Si m sai ieu d'amor
lo melhor sen | qu'om ja de re no s'en fezes iratz, | mas qu'om saubes
son mal sufrir em patz. Peirols 1, M. W. II. 19, c. 4. — 52. Amors
ab ira nos fay ges. P. Vid. 27, 29. — Matfre E., M. G. 1, 217. — 53.
No e taing q'om ab amor s'azir, | pauc gazagna drutz d'ira ples. Le-
moxi, M. W. III. 247, c. 8. — 54. Aug dir, canc nos iausic | drut d'amor
acelat | quis fezes trop cuchos | nis demostres celos. Perd. 10, Arch. 36,
447, c. 2. — 55. Vos sabes e trobes ho legent | que fort gilos es fora de
son sent. G. de Murs 5, 21, Meyer 291. — cf. P. de Barjac, Chr. 199. 1.
P. de C. 1, 43. — 56. Si ben amas, ben tems. Flam. 4105. — 57. Qui
non tem non ama coralmen. R. Jord. 11, M. G. 107, c. 1. — 58. Non ama
qui non es temeros. Peire Imber 1, c. 4, M. G. 750. — 59. Om non ama
fiuamen | sence gran temensa gaia. R d'Aur. 23, c. 7. — 60. Ades tem
hom vas so qu'ama falhir. B. de Vent. 1, 15, M. W. I. 16, c. 2. — 61.
Temer e celar. B. de B. 39, 31. — 62 Ap selar creys hom tot dia d'amor
ioy e bon saber. G. Riq. 40, M. W. IV. 252, 39. — 63. Selan tota uia
deu hom son joy conquerer. G. Riq., M. W. IV. 252, 29 — 64. Vers es
e sabez o que fis amics deu celar son corage. Guiraudo 1, c. 6. — 65. S.
mezeus tray qui d'amor retray. Rost. de Mergas 1, c 3. — cf. P. Vid
11, 20. — 66. Om deu so selar e cubrir | que non tanh vezer ni auzir.
Sordel 15, M. W. II. 252, c 6. — cf. Brev. 31833. — 67. Ni non sab
d'amor ben jauzir | qui non sab celar e sofrir | ni ja non sera benananz /
qui non es soffrenz e celanz. P. de C. 9. 245. — 68. Ieu say selar e
sufrir so que tanh a lial aman. A. de B. 1b, M. G. 897, c. 5. — B. Carb.
3, c. 6, M. G. 1647. — 69. Ab celar et ab sufrir grat de midons conquerria.
G. Riq. 33, 20. — cf. Formit de Perpignan 1, F. 61, 1b. — Ralm. B. d'Arle 2,
F. 141, 20.

II. Freundschaft.

Das Sprichwort behandelt die Freundschaft von verschiedenen
Gesichtspunkten aus, es hebt ihren Wert hervor, legt die Pflich-
ten der Freunde dar etc.

70. Do asforsas ha essa ma | qui pot aver amic certa. Sen., Dkm. 200,
35. — 71. Om ditz que may val en cocha | amicx que aur e tor serrada.
A. d. E., R 5, 22. — 72. Om ditz sa cort a clauza qui es en ben vezinat.
G. del Ol., Dkm. 36, 4. — 73. Amors ferma de dos bos companhos | es
pus ferma, e dis o Salomos. | c'amors corals. B. Carb. 15, M. W. III. 156,
41. — 74. Ieu sai e cre | mas ies non o dic per me | qu'als ueraie amics
corals | non uai enan lor captals. G. de Born. 72, Arch. 51, 10, c. 6. —
75. Enans pot hom enemicx | aver cent qe docx amicx. An. 192, Arch.
50, 274. — 76. Ses pro tener amic tenc per engal | cum fatz mon enemic
que nom fai mal. B. de B. 21, 31. — cf. B. Carb. 34, Meyer 515. — 77.
F'is amics deu gardar per un cen | mais de sidonz quel sieu enantimen.
G. de Mont. 10, Arch. 34, 200, c 8. — 78. Auzit ay dir manta sazo /
c'amicx conquier qui val del sieu. G. del Ol. 6, Dkm. 35, 8. — 79. Ja
commanda razos | cel que ben fai deu ben trobar amis. P. Vid. II. 5

(P. Milo 1). — 80. Qui ual a ualedors. G. Riq. 30, 45. — 81. Aisso es
gran corteria ! qui salva que salvat sia. P. Card. 27, M. W. II. 201, c. 2.
— 82. A far amic fay lonc demor | mas pueiss l'ama de tot ton cor. Sen.,
Dkm. 200, 15. — 83. Amicx y a et amicx. A. d. E., Mila 424. — 84.
Aquel es vertadiers amicx | que t'esenba com te castix, | l'amic que te
castia t'ama ! aquel creis ton be e ta fama. Sen., Dkm. 201, 15. — 85.
Qni ben ama ben castia | e qui conorta folor | vol, qu'om la fassa mejor.
G. d'Uisel 13, Chr. 170, 17. — 86. Totz hom fai uas son amic engan /
sil autreja so queil es malestan. G. d'Uisel 17, M. G. 696, c. 3. —
cf. An. 136, Meyer 673, II. — Montan 1, R. 5, 267. — 87. Salomos
nos es recomtans . . . | Sel que perdona sas viergas | per sert adzira
sos efas. G. del Ol. 55, Dkm. 38, 7. — 88. Qui laycha l'efant a son
vol, | can el es grans, vay asson dol. Sen., Dkm. 211, 36. — 89. El
proverbis vai nos o referman que ditz | c'als hops conoys hom tota
via son bon amic. B. Carb. 69, Dkm. 12, 2. — 90. Als obs conois
hom amic | e paren, per ver t'o dic. G. del Ol. 62, Dkm. 33, 23. — 91.
A la gran cocha conoicheras | si val tos amicx ni si l'as. Sen., Dkm.
200, 28. — 92. Bos amics en cocha par. A. d. E. R., 5, 24. — 93.
Hom bos son bon companh | a sos grans ops non falh nil sofranh. J.
Esteve 2, M. G. 195, c. 4. — 94. Fizel amic lun temps no fal | per pau-
brieyra ni per trebal | aquel amic tenc per estranh i que a la gran cocha
sofranh. Sen., Dkm. 202, 5. — 95. Ja l'amic no er esprovatz | en benanansa
ni en patz; | ni l'enemic nos selara | tantost com trebalat te veira. Sen.,
Dkm. 201, 28. — 96. Escrig o truep en Salomo ! c'als grans gautz nos
demostr'amic, | ni no si sela enemicx | als grans destricx. G. del Ol. 22,
Dkm. 37, 20. — 97. Pro auras amicx, si pro as | si hiest paubres, sols
remandas. Sen., Dkm. 202, 11.

III. Dienstverhältnis.

a. Vergeltung, Bestrafung, Belohnung, Erblichkeit des Charakters.

98. S'om a fach ben o mal | loguiers esper tot aital. G. del Ol. 61,
Dkm. 43, 29. — 99. Los mals els bes son tug iutgat. D. de Prad. 12, c. 5,
— 100. Vers es que tug l'ome que so, Fan mal que notz o ben que val.
Et es razos que tug li mal Seran punit el be merit. Nat de Mons, M. W.
III. 310, 7. — 101. Dieus non laissa mal a punir, paraula es vertadeira.
B. Carb. 38, Dkm. 14, 26. — 102 Al meins a deu no s'en pot l'escobrir /
cel c'a rescos nos garda de faillir. Perd. 4, Arch. 84, 446, c. 5. — 103.
Greu pot falsa mesclaigna lonc tems tener dreita uia. Uc B.6, M.G. 984, c.4.
— 104. Bes e mals cascun pareis | ja tan rescost nos fara. B. Carb. 29,
Dkm. 5, 9. — 105. Hom di o for lo mon | quel fuecx nos fay tan preon /
que lo fums non an fortz. B. Carb. 38, Dkm. 15, 4. (cf. Hs. N. 86a.:
Feira tota via en tal loc | unt hom non ves lo fum del foc. An.). — 106.
Per mal voler mal pren. Peirols 22, M. W. II, 22. — 107. Qui mal fait
mal pren. P. de C. XXII, 13. — 108. L'evangelis ditz aquesta razo que,
qui auci murir deu eyssamens. B. de Cast. 3, M. W. III. 187, c. 4. —
109. Aissius uencant cum uos m'auctz sobrat. R. de Vaq.12, M.G. 55, c. 7. —
110. Dretz es en leial fe c'aissi com hom compra venda. Uc de S. C.15,
M.G.1139, c 2. — 111. Qui car compra car ven a segon la lei de piza.
Marc.11, M.G.221,39. — 112. Quascus qui car compra car venda. Bern.
Tortitz 1, c 4. — cf. G. de Balaun 1, M.W.III.41.c.4. — Bern. de la Fon, P.O.
395, c.6. — R. d'Aur.40, c.7. — Ralm. B. d'Arlc3, F.144,18. — 113. Qui ben
fai non es dreg qel car uenda. Alb. de Sest.12, M.G.785, c.3. — cf. Matfre
E.8, Az.134, c.7. — 114. Guizardos rendre lai on seschai | es genta res e
jaida on s'estrai. Cad.17, M.G.75, c.5. — 115. Guizardos no fai hom de non

re | e quier l'a tort qui non a fag de que. Cad.10, M.W.III.64,c.3. — 116.
Qui croi seru croi giçardon aten. Duran sartre de Carpentras1,c.5, M.G.105.
— 117. Drutz que ama falsamen | deu per dreg jutgamen | aver fals gui-
zardos. G. Faid.52, M.W.II.106,c.4. — 118. Se ditz, qui ben ser ben quer /
e quils fals cre espera colps de fer. G. del Ol., Dkm.36,17. — 119. Qui
ben guia ben n'aura bos gazardos. Bern. de Marvejols 1, M.W.III.269,c.4.
— 120. De bos faitz ren deus bon gazardo. R. de Vaq.3, Chr.125,19. —
121. Auzit ai dir, qui ben sier ben guazardon aten. A. de Mar.3, M.W.I.
164,c.2. — 122. Bos senher ren bos guizardos | qui bel ser de voluntat
gran. Cad.9, M.W.III.57,11. — 123. Per servir bon senhor humilmen | ai
uist paubre venir ric e manen. El. Cair.6, M.W.III.90,c.5. — 124. Ab bon
seignor nois pert rics guizardos. R. Jord.11, M.G.107,c.6. — 125. De servir a bon senhor pot hom venir a gran be. Raim. de C.3,1. — cf.R.
Jordan 8,c.5u.c.7. — Granet 3,c.2, M.G.1635. — R. de Cassalas 1,c.1. — G. de
St. L.15,25,Meyer272. — Gauc. Estaca,M.G.1066,c.4. — B. de la Barta4,
M.W.III.270,c.4. — Sen., Dkm.212,7. — G. Riq.25,41. — 126. De bon luec
aven bos guazardos. P.R. de Tol.18, M.W.I.146,c.3. — 127. De servir tanh
qu'om guazardou renda. Alb. de Sest.12, M.G.784,c.4. — 128. De servir
tanh qualeque guazardos. B. de B.42,11. — 129. De servir taing caleque
guizardos. F. de Mars.16,30,Arch.51,265. — 130. Seigner deu ses plus far
per razon | al servidor del servir guizardon. B.Zorgi 14, M.G.665,7. — 131.
Ausit ai dir, en Guibert, so sapchatz, | de lonc servir tanh gran melhura-
men. Bert. Albaric 1,17, Meyer655. — 132. Devers es qui son jornal ga-
zanha | que om lo'n pac, segon qu'el jorn servi. J. Esteve, M.W.III.259III.,
c.4. -- 133. Semblaram degues guizardonar | qui volontiers pren servizes
ganres. Bereng.Trobel 1,19, Meyer514. — cf. Ugo de Pena 1,c.6. — Lamb.
de Bonauel 8,c.4, Arch.33,449. — B.Calvo 11, M.W.III,6,3. — G. de Born 62,
M.G.947,c.3. — G. de Berg. 3, M.G.165,c.5. — cf. 41. — 134. Qui ben fai
tanh qu'en aia lauzatz. L. Cig.20.M W.III.128,c.1. — 135. Totz dos deu
esser merceiatz. B. de la Barta5, M.G.1765,c.1. — 136. Ieu cre dos deu
esser mercejatz | o graszitz o guizerdonatz. G .P. de Gazals7, Arch.34,401,
c.2. — 137. Beis taing tant es rics lo dos c'aitals sial guizardos. . F. de
Mars.7, Arch.51,263,c.5. — 138. Qui ben fes bes l'era datz. Guill. Fabre1,c.4.
— 139. Qui ben fera ben trobera. P. Card.42, M.G.941,c.30. — 140. Bens
li deu venir qui ben s'agura. B. de la Barta 4, M.W.III.275,c.1. — 141.
Le reprouier cre que ditz, qui ben gerreia ben plaldeia. R. de Vaq.13.
M.G.55,13. — 142. Qui ben peing ben ven. M. de M.7, Ph.XIII. — 143.
Qui ben pensa ben es sals. Alb. de Sest.1, M.G.183,c.2. — 144. Mais
val, mais de ben l'en revert. G. de Berg 20, M.G.592,c.5. — 145. Per
plus pretz plus pretz es compratz. P. Card.7, Chr.175,20. — 146. Ja
solon dir el reprouier que cel que val mais e mielz pren. G. de Born.22,
M.G.822,31. — cf. Ponz S. de Tholoza 1,c.5. — 147. Lo mouniers jutg'al
moli: Qui ben lia ben desli. Marc.17, Chr.54,33. — 148. Bona fi fai qui
ab bon arbre s lia. P. de la Garda 2, M.W.III.203,64. — 149. Bona fin
fai qu'ab bon albres lia. G. del Ol.9, Dkm.36,17. — 150. Razos vol e
dretz commanda | que qui semena que cuelha | qualsque semensa qu'es-
panda. P.Card.61,c.3, M.W.II.235,c.3. — 151. Qui vol cuillir arena | primiei-
ramen la semena e qui semena en pena | quel cuelh en jauzimen. P.
Card.27, M.W.II.200,c.7. — 152. Lor semensa frairina geta maluatz fruit
qan grana. Marc.36,23, Arch.33,839. — 153. Bon pretz cuoil cel qui semena
bonransa. A. de Peg.14. M.G.1181,c.6. — 154. Qui gaug semena plazer
cuelh. Uc B.1, M.G.5,c.3. — 155. De mal fuelh non cuelh | hom lo bon
frut | ni d'avol fag bon plag | non sai retraire. P. Card.2 ,M.W.II.211,c.5.
156. Qui mal semena mal coill. B. d'Al.5,c.7(a***) — 157. Qui bon frug

uol reculhir be semena | com mal semenan non er de ben ja riex. Ser-
veri11, MG.778,c.1. — 158. Sil frug que semenas es hos | tu venras ha bonas
meissos. Sen., Dkm.214,11. — 159. Onrat frug de bona semensa.   P. do
Mars.7, M.W.III.152,c.6. — cf. Guir. d'Espagna 12,c.4. — (Faure 1,c.6: Anc no
vim tan malvat frug de tan bona semensa). 160. Al frug conoys hom lo
fruchier | si com hom sent flor de rozier | al flairar ses tot lo uezer.
P. Card.5, M.G.214,c.2. — 161. De bona razitz es bos arbres eissitz. P.
Vid.8,18. — 162. Cors fals de falsa razitz. Guill. Godi 1,c.4. — 163. El
vilanz ditz tras l'araire | bons fruitz eis de bon jardi | c d'avol caval rossi.
Marc.17, Chr.54,35. — 164. Avol fils d'avol paire. Marc.17, Chr.54,37. —
165. So nos retrais Marcabrus de bon pair'eys bon efan | e crois del croi
per semblan. G. del Ol.63, Dkm.27,24. — 166. De bon pair bon efan.
A. de Peg.14, M.G.1881,c.6. — 167. Tota creatura revertis a sa natura.
Marc.30, Chr.53,27. — 168. Non es ni fo ni sera que cadauna creatura /
non reverte vas sa natura. B. Carb.51, Dkm.21,31 — 169. Sert es que cri-
atura | ressembla a sa natura. G. del Ol.63 Dkm.27,28. — cf. R. G. de B.
9, Azais27,c.4. — 170. Ieu sai e totz lo mons ho ditz | qu'ades retra hom
lai don es issitz. An.250, Revista d.f.r.I.39,57 — 171. Veramen bon sanc
no men. B. Carb.63, Dkm.32,9. — 172. Ben pot hom dir qu'ancmais filhs
de lhaupart no s mes en crotz a guiza de raynart. El. Cair.9, M.W.III.
92,c.2. — 173. El reproiers es vertatz: Del cal seignor tal mainada. Bertr.
de la Tor 1, R.5,104. — 174. Auh diz mainta vegada: | De tal senhor tal
mainada. Brev.34588. — 175. Quan lo caps dol, van li membr'afeblen.
P. Santolh de Thol.1,c.4. — 176. Pert lo filz can mor lo paire. An.107,c.4.

b. Freigebigkeit, Milde, Barmhersigkeit.

Zusammengehalten mit denjenigen Sprichwörtern, welche
den Herrn an den Lohn erinnern, möchten die folgenden fast ein
unangenehmes Licht auf den Charakter der Dichter sowie ihrer
Dichtungen werfen und fast den Anschein erregen, dass Belohnung und Geschenke ein Hauptzweck ihrer poetischen Thätig-
keit sei. Peire de la Mula macht sich denn auch hierüber
lustig: Arch 34,192ª,c.2: *Aquil arlot truan vant cridan dui e dui:*
Dats me que bos joglars sui. Diese Annahme mildert sich
jedoch sehr, wenn wir berücksichtigen, dass meistens der Liebe
Lohn erfleht oder um ein Unterpfand der Liebe angehalten
wird, nur in einer geringeren Anzahl von Fällen aber der ma-
terielle Gewinn oder Vorteil von dem Dichter, der dann meistens
wohl ein »joglar« war, im Auge gehabt wurde:

177. Non es hom en pres ses donar. R. Vid., Dkm.159,9. — cf. An.
239, F.184,26. — 178. Grans corts mantenguda ses donar res no val. P.
Br.14, M.W.III.253,c.4. — 179. Donan sai que conquier rics hom pretz e
fina valor. Esquileta1,R.5,143. — 180. Anc per pro donar senes autras
foudatz | rix hom no fon cochaz. G. de Born.75,c.2. — 181. Per donar
es hom ancse | mais mantengutz e mais prezatz | e be uengutz on que
sia. G. P. de Cazals7, Arch.34,401,c.2. — 182. Honratz es hom per des-
pendre e pro lauzaz per donar | e blasmatz per uoler prendre | et en-
colpat per gardar | l'aver. G. de Born.38,M.G.844,c.1. — cf. B. Zorgi 15,c.4.
— Gui 1, Arch.35,101. — 183. Trop vuelas mais donar que querre. Sen.,
Dkm.211,80. — 184. Mieills gazaigna e plus gen | qui dona q'aicel qui pren.
F. de Mars.10,c.4, Arch. 51,263. — 185. Tolomeu det un bel iuiemen | qe

teng per seu zo q'il avia donat | e per perdut zo c'auia jostat. An.48,Arch.50,
276. — 186. Ieu auzi dir a mon aviol | que qui non dona so quel dol |
maintas vetz non pren so que s vol. G. Fig.4, M.W.III.115,23. — 187. Qe
uol non pren, qi non dona qe dol. An.219, Hs.F.211,14. — 188. Us cobes
despen mais c'us larcs | motas ves e truep que sans Marcx | ajuda mais e
sans Donatz | que dieu ni dretz ni amistatz | per que fai mal qui non ser
e non dona | e non presta si cum razos faissona. B. Carb.94. Dkm.8,2. —
189. Auc hom escars non fo aventuros. B. del Pojet 2, M.W.III.284. —
190. Plus es francs, larcs e privatz, | fe qu'eu uos dei, | rics hom ab gerra
que abpatz. B de B.11,26. — 191. Grans gerra fai d'escars senhor larc. B.
de B.29,3. — 192. Per gerra vey l'escars larc tornar | e per gerra vey
tolre e donar. Blacasset6. M.W.III.246,c.1. -- 193. Grans guerra quant
hom no i pot gandir | fai mal senhor vas los sieus afranquir. P. Card.4,
M.W.III.76,c.2. — 194. Anta l'adutz e de pretz lo descarga | gerra cellui
cui hom no'n troba franc. B. de B.29,25. — 195. Mais pretz om bon dona-
dor quan ses querre trai don avan. Uc de la B.1, M.W.III.213,c.4. — 196.
Es major merces e plus francs dos | quant hom fai ben a paubre vergonhos
qu'a mains d'autres qu'an en querre fianza. P. Vid.32,5. — 197. Assatz
ual mais es es plus saboros | qan ses querre es fach auinen dos. A. de
Sest.12, M.G.785,c.3. — 198. Dobla ualors | es de far bens et honors | lai
on mestier an | auz c'om quieira ni deman. G. de Poic.3, Arch 33,457,c.4.
- 199. Cel qi ses qere uol donar | be fai lo dos mai mil taut aprezar,
qu'ai ben vist ses qere far ric do | e dos qeritz merma lo meil del pro.
G. de Born.50, M.G.869,c.4. — 200. Cel don ten hom plus car | quant es
pres ses demandar | ses afan e ses atendre. G. de Born.38, M.G.844,c.3. —
201. Trop ual mais us pauc dos leu donaz | non fai uns grans, quant es
sobretariatz. Palais 1,c.1. — 202. Quan le dos es trop tarzaz | perd s'en
souen le dos el graz. G. de Born.51, M.G.862,c.5. — 203. Trop val meyns
dos quant es trop tarzatz. L. Cig.21, M.W.III.125,c.4. — 204. Bella dompna
ben sapchatz | qe mil tans ualria | us dos que hom fort uolria | sera tost
donatz | que qui trop la tardaria | car cel qui dona viatz | fai sos gratz
meillor. G. de Poic.3, Arch.33,457,c.5. — 205. Salomos dis »odis mou tenso
e charitatz cobre trastoz doleiz«. Trad. de Bède, Chr.234,34. — 206. Meils
es que hom appelle ab charitat als chauls manjar que a vedel gras ab
ira. Trad. de Bède, L.R.II.858. — 207. En cort de rei deu hom trobar
drechura | et en glesa merce e chausimen | e franc perdon de mortal
faillimen | segon los ditz de la sainta escriptura. B. de la Barta 4, M.W.III.
270,c.2. — 208. Dretz es qui merce crida | que trueb de son mal mescina.
P. R. de Tol.12, M.G.792,c.5. — 209. Hom forfaitz, qan s'omelia | deu trobar
merce, sis chastia. Uc deS.C.4, M.G.1147,c.4. — 210. Servirs non val lai
on dreitz non plaideia | ni plaideiars lai on merces sordeia. B. Zorgi 14,
M.G 665,c.6. — 211. Merce deu trobar preyan | tot fin aman. G. Evesques
1,c.3. — 212. Razos destrui, razos bat, razos pen | per que val pauc razos
ses chausimen. P. de C.XIX.35. — 213. Ben conosc e sai | que merces vol
so que razos dechai. F. de Mars.18, M.W.I.319,35. — 214. So que razo creys
merces vai merman. A. de Peg. 27, M.W.II.160,c.4. — 215. Mantas vetz
jutg razos a mort | que merces perdona lo tort. A. de Mar., M.W.I.173,XX,
32. — 216. Als vencedors es honors que merce los vensa. G. de Poic.14,
M.W.III.216,c.1. — 217. Qui vencut vens noi fai gran esfortz. R. Jord.6,
M.G.81,c.1. — cf. Alegret 1,c.2, M.G.18. — 218. Ben pauc fai d'ardimen |
qui contral uencut s'en pren. Bereng. de Palazol 9,c.4. — 219. Val en
meins, so cre | bars qui dechai aquo, que vencut ve. P. de C.XII,7. — 220.
Totz homs deu far perdonemen. B. Carb.24.u.58, Dkm.17,81. — 221. Quan
lo ricx sos menors acuelh gen | dobla son pretz el creys mais de lauzors.

P. R. de Tol.16, M.W.I,136,c.4. — 222. Qui es leials servidors de bon cor enuers son seignor, deu ben per dreit trobar merces. Lamb. de B.3,c.6. — 223. Lai on es beutatz et pretz ualens i non deu faillir merces ni chauzimens i ni guizardo de fin joi ses duptansa. G. Faid.57, M.G.100,c.4.

c. Undank.

224. Soven de pan e de vi i noiris rics hom mal vezi i e sil tengues de mal aire i segurs es de mal mati i si noi met lo gazaignaire i don lo reproviers eissi. Marc.17, Chr.54,27. — 225. Pietz fai per semblan e maior desconoissenza i sel que uai trichan cellui quel serv. Bereng.dePa-lazol 9,c.3. — 226. Quil sieu destrui que noi fai grand esfortz. R.Jord.6, M.G 81,c.3. — 227. Qui ls sieus meteis vens i no m par sia ges grans afortimens. P.R.deTol.15. M.W.I.145,24. — 228. Tort fai i quil sieu dechai. R.deMir.33, Arch.51.214,c 3. — 229. Fai peccat quil sieu costronh ses maleg. B.dePrad.3,c.2. — 230. Peccat fai qui mermal sieu. B.dePrad.3,c.5. — 231. Non es benestan qu'hom eys los sieus ausia. Blacatz 6, M.W.II.136,c.2. 232. Parra us rams de feunia quil sieu franc hom lial murir fay. El.de Barj.8, M.G.1024,c.5. — 233. Om non deu enrequir lo seu e pois l'ausia. P.deC.IV,17. — 234. Blasm'es, dona, qui ls sieus ausi de dieu e dels pus connoissens. A.d.E., R.5,23. — 235. Dompna qe aucit lo seu i a escien non vei i ueis deu i e ço es ben veritatz pura i ke trobem en sainta scritura. P.deC.9.193. — 236. Qui non dona i ni perdona i als sieus ni ten pas i mal meyssona. P.Card.10, M.G.760,c.2.   237. Anc hom que greucs lo sieus non fo noi perdes. G.dePoic.6, Arch.33,458,c.5. — 238. Er greu que non dechaia i quils sieus destru ni esmaia. P.Br.2, M.G.917,c.2. — 239. Quils sieus desenansa i el desenan pren mermansa i part lo blasme quel naten. El.deBarj.11, M.G.945,c.2. — 240. Ben mei dison tuit li saui del mon, que cel al dan cui es la seignoria. Gr.deCal.9,M.G.286,c.3. — 241. Si mor vostre er lo dampnatie. An.56,6. — 242. Ben es paraula conoguda, que trop servirs tol guizardo. D.dePrad.13, M.G.1044,25. — 243. Mai ualria mortz que vius i qui pert sa bona sazo serven, quant selb l'es esquius i de qui aten guazardo. G Riq.8,19. — 244. Servir longamen en perdon i ten hom per pietz que ren c'auja ni ueia. B. Zorgi 14, M.G.665,c.2. — 245. Amar ses pro non cal frugz que engrais. G.deBerg.16,c.4, M.G.167. — 246. Mala serf cel que grat non a. B.dePrad., Dkm.142,4. — 247. Om honra mal aisel don non a cura. G.Faid.52,c.5, M.W.II.89. — 248. Servira ses gua-zardo crei que captals en sofranha. P.Vid.15,27. — 249. Es jois frevolitz e sems i quan de servizi non ven gratz i cellui que nes mout treballatz. G.deBorn. 25, M.G.823. — 250. Servirs mal gazardonatz i aicel quel pren es grans peccatz, i que per mal gazardonador i son paubre maint bo servidor. P.Vid.24,45. — 251. Trop servirs ten dan maintas sazos i que son amic en pert hom, so aug dire. F.deMars.1, Arch.51,264,c.2. — 252. Es m'aven-gut so c'ai auzit que dis en Folqetz l'amoros: Trop servirs. . . . R.Vid., Chr. 224,34. — 253. Pert son temps sel que vol envelhir i am seinhorieu don bens nol pot venir. Beren.Trobel 1,7, Meyer 513. — 254. Sens es e grans valors i qui de brau senhor felo i se lonha ses mal resso. P.Vid.16,28. — 255. Assatz fai qui de mal seingnoratge i si sap partir e longuar bonamen. P.deC.3,23. — 256. Es fols qui nos desuia i de so don nos pot iauzir. El.deBarj.8, M.G.1076,c.1. — 257. Mot fai gran folia i qui trop am en perdos. P.de C.XXII.25.

IV. Fleiss, Anstrengung, Beharrlichkeit, Mut, Furcht, Trägheit.

258. Ap gens seruir ai uist mains aturs far. El.Cair.5,c.6. — 259.
Bos servirs mi deu ualer. Lamb.deB.5.,c.5, Arch.33,449. — 260. Ab bon
esfors conquer hom manentia. Arn.P.d'Agange 1,c.3, M.G.1082. — 261.
Bos eslortz malastre vens. G.Ad.1, M.W.III.188,14. — 262. No sui doptos /
que bos esfortz nom sia pros. B.dePrad.1, Dkm.142,17. — 263. Per
esfortz son maint home estort, que antramen foran uencut e mort. B deB.
6,23. — 264. Ab ben ferir vens hom leu maisnada. Tomers e Palaisis1,c.3,
Hs.D[a]198[b]. — 265. Ab trebalh et ab larguetat conquier reis pretz el gua-
zanhu. B.deB.14,71. — 266. Senes trebalh no mante hom proeza. J. Esteve 2,
M.G.195,c.2. — 267. Greu conquer hom ses afan. Peire deValeiral. F.169.
— 268. Anc ses afan ric gazaing non vi faire. P.deC.4.101,30. — 269.
Sols aural prez que sols sofre l'afan. B.deB.4,7u,17,21. — 270. Adura
ben aquel ti ve | adura mal fai atertal. Flam.2063. — 271. Ben sai e
conosc veramen | que vers es so quel vilas di | que nuils hom qu'es dins
son aizi | trobe tot so que vai queren | e s'anc non ac malanansa | non sap
que s'es benestansa. R.deVaq.8, M.W.I.884,c.1. — 272. Fams met en
vianda sabor | e trebal fay lo lieyt milor | al sadol es bresca amara el
famolent de re nos gara. Sen., Dkm.210,33. — 273. Cert sapchatz que
grans repaus | es de soldat razitz e claus. Brev.34008. — 274. Mal temps
fai reconnoisser dieu | e bel temps engenra vaneza. G.delOl.38, Dkm.89,10.
— 275. Proat lo ai, sai que bos es affanz et esforz do servir per respeg
de iauzir | et ioi ual mil dos tanz qes conquis ab affan, quel autre ioi
non fan. Cad.3, M.G.274,c.4. — 276. Plus cars auers | dona sofrirs ses
temers. G.deBorn.29,16. — 277. Cum plus es desiratz grans iais | mais
ual e quant plus traina. P.Br.7, M.G.567,c.3. — 278. Ieu uei q'us tarzats
bes fai plus cor esgauzir. G.deBorn.68, Arch.33,326,c.2. — 279. Tot so
c'om ten meillor | es a conquerre peior. Cad.22, M.G.94,c.4 — cf. Rost.
B.deMarseilla8,17, Meyer498. — 280. Ab espaven quer hom ric don. P.R.
deTol.18, M.W.I.146. — cf. G.d'Uisel 8, M.W.III,44. — 281. Ieu ai ben tro-
bat legen | quel gota d'aigua que chai | fer en un loc tan soven | que
trauca la peira dura. B.deVent.16, M.W.I.26,36. — 282. La gota si tot
s'es pauca | can catz soven, la peyra trauca. Sen., Dkm.211,20. -- 283. Per
pujar en honor porta mants cilicis. G.deCerv., Chr.305,29. — 284. Vay
perezos a la formiga | que d'ajustar lo blat nos triga. Sen., Dkm.210.31.
— 285. Qui dorm l'estiu l'ivern no mol, | joves qui col, viels vay a dol.
Sen., Dkm.212,9. -- 286. Estieus paiss yverns el socor | e jovent deu pai-
cher vilor. Sen.,Dkm.211.10. — 287. Qui en son jovent | ben non aprent /
non er ja enseinhatz | can sera viels. B.Carb.14,10, Meyer471. — 288.
Lo nualos langueiss en pansan | el pros sojorna en trebaian. Sen., Dkm.
218,24. — 289. En la vinha del noalos | creisso espinas e cardos. Sen.,
Dkm.210,28. — 290. Lo nualos vay leu casen | et en sa maiso plou
soven. Sen. Dkm.212,3. — 291. Greu conquer hom ben terra en dormen. B.
deB.18,40. — 292. Al flac jelos cug dir mat ses tot roc. Blacasset 6, M.W.
III,246,c.6. — cf. R.de C.5, P.O.273,c.6. — 293. Anc a volpil dormen | non
intret grils en boca ni en den. El.Cair 6, M.W.III.90,c.6. — 294. Coutel
s'ieu no l'afil | non uol saillar al fozil. Oste 1,c.6. — 295. Greu ab cor
uolage | fai hom ren don sia lauzaz. G.deBorn.51, M.G.862,c.3. — 296.
Bem deuria sovenir | so quelbam ditz en rizen | que nulhs hom ses ar-
dimen | non pot guaire conquerir. Uc B.2, M.G.747,83. — 297. Qui trop

sojorna e col | son cors greu pretz auer sol. An.219, F.211,11. — 298.
Nulhs hom non es reu presatz | tro qu'a mains colps pres e donatz. B.
de B.1.29. — 299. Joves cui guerra non pais | n'esdeven leu flacs e savais.
B.de B. 2,34. — 300. Mais uos nalgron qe la lanza li esperon, zo auc
dire. F.de Rom.9, Arch.34,112. — cf. G.de Born 75,c 5. — 301. Los esperos
mais lan valgut a sazos que lança ni branz. Lautelmet del Aiguillon,c.4.
— 302. Elh sapcha de se | ques auc nuls rix maluatz | non fou per dieu
saluatz G.de Born.75,c.3. — 303. Una vetz me dis | que pros hom s'afor-
tis | e malvatz s'espaventa. B. de Vent.37,Chr.61,9. — 304. Sel que per
vergonha s mor | e per temensa de parlar | no l deuria dieus perdonar.
A.d.E., R.5.22. — 305. Pauc val temers. Gavauda 5,c.7. — 306. Auctos es
tos que trop pert per temer. P.Card.6, M.W.II.214. — cf. Arnt de Tintig-
nac1,c.5. M.G.968. — 307. Auzit ai dir que mal fai qui s'esmaya. Peirols
4,28, M.W.II.10. — 308. Es fols qui s'esmaia | e qui no sen essaia. A.de
Sest.2, Arch.51,250,c.2. — 309. Cresetz lo reprovier | qu'om noncas ni abat
nie fier | qui no s'essai¹). P.de C.IX,29. — 310. Ieu aug a maintos dizer |
quel mon es qui l'a cometer | si non de menassa se tem²). B.Calvo 17,
M.G.619,c.2. — 311. Nos fadia qui pren. G.Faid.44,18, M.W II.99. — 312.
Qui no troba no tria | e qui pren nos fadia. Peirols 6, M.W.II.12,7. —
313. Ben sab hom al meilor d'amar | aqel qe pren o aqel qes fadia. Rain.
de Pons 1. c.6, Arch.32,412. — 314. Si ben queretz trobaretz. Brev.29273.
— 315. Ric joy e gran ai trobat, | com deu avenir qui l'anes queren.
G.de St. L.15, Meyer272,19. — 316. Die us tot lan | e ben agieu e ben
njatz | e ben auretz | si ben sercatz. Bertr. de Tot lo mon 2,c.4. — cf. B.
Carb.2,c.2. — 317. Leu troba qui pesca en estanc. Guill de Durfort 1,c.1.
— 318. Tart pren qui non cassa. G del Ol.71, Dkm 42.10. — 319. Qui
ben comensa | razos es que uenssa. Trobaire de Villa Arnaut 2,c.5. — 320.
La meitat del fait tenc per faita | qui de be comensar se traita. Sen.,
Dkm.214,5. — 321. Ja non er acabatz nuls fagz | tro sia comensatz. G.
de Born.51, M.W.I.185,49. — 322. En tot bon comensamen | deu aver
melhor fenimen. G.Magret 3, M.W.III.242,c.4. — 323. El voluntatz val lo
faitz mantas ves. B.Carb.66, Dkm.71. — 324. Toz temps aug dir q'una jois
altre n'adutz. P.R.de Tol.18, Arch.35,421. — 325. Vos sabetz, dona gentil
clara, que us plazers autre n'adutz. A.d.E.. R.V.21. — 326. Bos comensa-
mens mostra bona via | qui no s'en cambia P. Vid.19,36. — 327. Anc
si uens quis recre³). Peirols 27, M.W.II.26,c.6. — 328. Uci que pretz
l'agensa | qui ben fenis ni comensa, | mas quis recre ni s'estrai | si me-
zeis dechai. G.de Luc.2,c 2, Arch 34,189. — 329. Eu dic lo ver aissi cum
dir lo solh | Qui ben comens e poissas s'en recre | melhs li fora quo non
comenses re. P.Vid.37,34. — 330. Tals usansa es bes estars | qe pieitz o
fac totz hom que s'en estraia | pois o comens que cel que nois n'asaia.
R.de Mir.19, M.G.1094,c 1. — 331. Qui laissa so q'ua ben comensat | nou
a bon pretz per aquo qu'es passat. G.d'Uisel 19, M.W.III.48,c.4 u. R.Vid.

---

1) Unser Text ersetzt »non chai« bei Napolski durch ein »noncas«
der Hs. M.

2) »Die Welt gehört dem, der sie angreifen wird und sich nicht vor
Drohungen fürchtet.« Analog ist ein italienisches Sprichwort, welches
Bonifaci Calvo, da er ja Italiener ist, geläufig gewesen sein mag: Il
mondo è di chi lo piglia. Obiger Text ist eine allerdings sehr freie
Interpretation des unverständlichen Textes der Hs. I.

3) Der Text bei Mahn ist unklar, die Uebersetzung etwa: »Sich selbst
besiegt, wer abfällt«.

M.G.2, pg.27. —· 332. Greus es trop longa entendensa | e mal com lais so
que comensa. UcdeS.C.24. Arch.34,185,c.6. — cf. B.Carb.27, Dkm 17,18.
— 333. Lo reprouers es fis e uers | co que dons dona e plora sers | las
lacrimas denon perir. Marc.23,c.5, A.A.VII.98. 334. Precs de domna no
dura mas un dia. Uc de la B.1, M.W.III.212,c.3. — 335. Si deu suenh
donar qui ben comensa | qu'el comens'ab la fin | ai' acordansa | qu'el
comensars es honors | quant a la fin siec lauzors . . . el lauzors es en
la fis | dels ben ditz e dels faits fis. P.Card.44, M.W.II,228,c.1. — 336.
Es del tot soma en be fenir | e ben fenis qui ben vieu ses mentir. G.
delOl.43, Dkm.47,19. –· 337. Nostre savis dis segon fi val comensamens /
mas no fis segon comensar. Serveri, Suchier Dkm.270,527. — 338. Lo
savis me di qe ges al meil tenzar | no deu home lauzar | per son gen
escremir | ni per colps grans | quel pretz pren al fenir. G.de Born.45,c.6,
M.G.849. — 339. Comensar pot hom leuiairamen | mas a la fi son tug
bo fag paruen. El. de Barj. 10, M.G.1081,c.4. — 340. So qu'a gent
comensat a cap traia | quar en la fin canton lauzor veraia. L.Cig.20,
M.W.III,128,25. — 341. De totz faitz cossira la fi. Sen., Dkm.194,27. —
342. La fi jugga les mals els bos | quel comensament es doptos. Sen.,
Dkm.194,37 u. 209,8. — 343. Icu deg mais la bona fin grazir | quar totz
bos faitz aug lauzar al fenir. B.de Vent.1, M.W.I.16,7. — 344. Totz
hom qui ben comensa e ben fenis | lonha de si blasm'e ven lauzor. G.
Fig.7, M.W.III.114,1. — 345. Qui dreich sec dieus tot ben li cossen | o
tart o temps siuals al finimen. G.de Mont.10, Arch. 34,200,c.4. — 346. Al
partir n'a tot lo pretz e lonor. P.Br.21, Arch.34,169,4. — 347. Ni nulhs
hom so qu'es a far | non deuria per fag comtar. G.del Ol.65,Dkm.46,33.
— 348. De far l'obra son trop li dictator | de drechura e pauc li fazedor.
G. Riq.45,57. 349. En digz non es bos pretz saubutz | mas als fagz es
reconogutz | e pels fags ven lo dir apres. R.d'Aur.34, M.W.I.73,19. —
350. Ges per lo diz non er bon pretz sabuz | mais a li faiz es hom re-
conogutz. An.133, Arch.50,279. — 351. Als faitz conoiss hom be las
gens | que las peraulas so nientz. Sen., Dkm. 203,13. — 352. Als faitz
conoicheras las gens | que las paraulas van mentens. Sen., Dkm.200,29.
— 353. Tuit maistre son chausit al labor. B.Zorgi 8, M.G.574,c.6. — 354.
Non es maiestres bos | per sol dictar appellatz | sils faitz non fa cabalos.
G. Riq 30,21. — 355. Paraula qui frug non porta | a si ni ad autre es
morta. G.del Ol.27, Dkm.40,20. — 356. Ab gienh ni ab saber | no pot
hom pretz retener | si ab faitz no ls fai o no ls creys. Cad.6, M.W.III.66,
c.3. — 357. Val mais si faitz que si pessatz. Uc B.8, M.W.III.209,c.6. —
358. Non cug qu'a la mort | negus plus en port aver ni arney | mas los
faitz que fey. P. Card.40, M.W. II.194,c.6. — 359. Auzit ai retraire /
qu'uns temps er, ço m'es vezaire | que il or fin e il gris e l vaire | n'i-
rant ab lo fum tot un. Uguet, Milà 323. — 360. Dant pren hom mantas
ves en cujar. Bereng. Trobel 1,10, Meyer 513. — 361. Selb teuc per fol
quen trop cuydar satura. Peire Espanol 3,c.2.

V. Glück, Glückswechsel, Hoffnung, Geduld.

Der grössere Teil der hierher gehörigen Sprichwörter hat
die Unbeständigkeit des Glückes zum Gegenstande, sie warnen
also mehr vor ihm als einem bösen Kobolt und nur sehr wenige reden Gutes vom Glück.

362. Astruc ni malastruc non cal mati levar. G.del Ol.19, Dkm.29,27.
— 363. S'en van dizen c'astruc no cal mati levar. R.Vid., Dkm.176,5. —

364. Dis li prouerbis plans | qe fai son pron non eresa sos mans. An., Arch. 50,274, N.90,7. — 365. No s mova qui ben estai. Peirols 9,33, M.W.II.4 u. An.77, Arch.36,380. — 366. Qui no s mov a pauc d'envazidor. L.Cig.23, M.W.III.125,c 3 — 367. No t'afizas en auentura | que trop es falsa et oscura. Sen., Dkm.194,24. — 367a. En pauc d'ora se camja l'aventura. G.Fig., Lévy 14, pg.64. — 368. Aver vengut cochadament | sol viat tornar a nient. Sen., Dkm.211,34. — 369. Leu despen qui de leu a gazan. G.Faid. 35, M.W.II.108, c.4 - 370. Tub dizo, can seschai | De mal venc e en mal s'envai , e de mal gazanhatz deniers | nois gauzis lo tertz eretiers. Brev.33042. — 371. Ieu perc cant degra guazanhar. G.del Ol.6, Dkm.35,11. — 372. Qui pert so que guazanhar poiria | per bon dreg a viutat carestia. P.Card.67, M.W.II 196,c.2. -- 373. Tals se cuia calfar que s'art. P.Card. 11, M.W.II.210,5. — 374. Mantas vetz qui s cuida calfar s'art. El.Cair.9, M.W.III.29,32. — 375. Eras sai be que vers es | tal se cuia calfar que s'art. A.de Mar.11, M.W.I.173,34. — 376. Vers es l'eixemples de Rainart | tal se cuida chalfar, qi s'art. P.de C.9,164. — 377. Vers es lo reprochiers c'om di, | tal se cuia calfar que s'art. A.d.E., R.5,20. — 378. Om dil repropchier que uers es | Aital cuia penre qu'es pres. A d.E., Mil.422,24. — 379. I dous esguard m'es com la bella flors | qu'apres lo frug amarcis las sabors. J.Bonels 1, M.W.III.311,c.4. — 380. Ab grant joi mou mantas ves e comensa | ço, dou om puoiss a dolor e consire. B.de Vent., Dkm.137,29. — 381. Segon la mia esmansa | hom non deu la dia lauzar | en tro qua ven a le uespar. Vesc.de Torena 1,c.4, M.G.116. — 382. Quan cug poiar, l'om ave a deissendre. P.de la Garda 5, M.W.III.202,26. — cf. G.Faid.19,c.4. — 384. On hom plus aut es pueiatz | mais pot en bas chazer. B.Zorgi 12, M.W.III.12,c.1. — 385. Hom on plus aut es puiatz | plus bas chai, si s laissa chazer. P.Rogiers 17, M.W.I.124. — 386. On plus d'aut chai pretz plus fraig e pesseia. A.de Peg.21, M.G.1173,c.3. — 387. Vida e pretz qu'om ve de folha gen, | on plus aut son, cazon leugeiramen. F.de Mars.15, M.W.I.326,56. — 388. Garda ti on pus aut seras | que major colps cairas si cas. Sen.,Dkm.197,2. — 389. On plus aut son puiatz en las honors | cazon plus bas ab pena et ab plors | el fons d'iffern. P.Card.69, M.W.II.237,c.4. -- 390. Afor de balansa | qu'on plus aut si lansa | plus bas chai son cors. P.Card.10, M.G.760,c.5. — cf. Morgue de Toyssan2,c.3. — 391. La cima deuers la raiz. Uc Cat.1,c,7, A.A.VII.99. — 392. La raizitz tornes cima. El.Cair.4, Arch.33,444,c.2. — 393. L'aygua pueia contra mon | ab fum ab niul et ab uen | et on plus aut es dissen. G.Magret 1, M.G 601,c.1. — cf. F.de Mars.20, M.W.I.324,c.5. -- 394. Cel qui ten en sa baillia | castel a maing demandador | del perdre deu aver paor. Uc de S.C.4, M.G.1147,c.5. — 395. Cel que mais a plus s'esmaia. P.d'Alv. 6, Arch.51,8,c.5. -- 396. Aug dir e contendre | Qui ren non a ren non pot perdre. Lamb.de B.5, Muss. 444,c 1. — 397. Hom peitz no pot dechazer | ni degeitz no pot meins valer. P.Vid.29,79. — 398. Mas qui pueia pus que non deu dissen. A.de Peg. 39, M.G.1001,c.2. — 399. Qui trop poia bas dissen. F.de Mars.5, Arch.51,267,7. — 400. Totz trop sou mal (401.) qieu sai lo ver | del aut montar on cascus gron. G.Faid.56, M.G.446,c.3. — 402. Trop mi sui aut mes | per qu'ieu tem bas cazer. R.de Vaq 20, M.W. I.372,c.5. — 403. M fai d'aut en bas chazer. R.de Vaq.24, M.W.I.377,2. — (Dieselbe Redensart: Gavauda 11,c.3. — Peire dela Mula 2, Arch.34,192. — J.Esteve 3, M.G.749,c.5. — Guill.Godi 1,c.2. — Jacme Mote 1,48, Meyer 463. — Uc de S.C.5,c.1. — P.de Buss.2, M.W.III.280,c.3. — B.Carb. 53, Meyer 516.) — 404. Qi es hui poderos e s'asaiz | denan ben leu pot esser sotraiz. An. 211, Arch.50,274, N.91,56. — 405. Segon que cors naturals | amerma l'us el autre creys. G.del Ol.1, Dkm.39,4. — 406. So que l'us pueia l'autre

dissen. A.de Peg.27, M.W.II.160,c.4. — 407. So qu'als us platz als autres es salvatge. P.Card.49, M.W.II.197,c.6. — 408. Ai auzit dir manta sazo ! que l'autrui dol badalha so. A.d.E., R.5,22. — 409. Autrui dol albadalhas son. Flam.2199. — 410. Atressi ve homs paures en auteza (com lo riex chay d'aut en bas motas vetz. B.Carb.26, Dkm.14,10. — 411. De ben aut poit hom bais cuzer | e de bais poizar contra mon. An.74, Arch.50,281.N.144,1. — 412. Tals quida hom que perda que gazeiugna. Paul L.deP.1, Arch 50,279. N.126,11. — cf. Perd., M.W.III.70,c 4. — Cad.22, M.G.94,c.3. — 413. En pauc d'ora camia l baillon. G.del Baus, M.W.III.315,c.5. — 414. En petit d'ora ue grans bes, | si es qui lenqueira nil deman. Arn.de Tintinhac 2,c.2, M.G.598. — 415. Dieus don em pauc d'ora gran be. P.Br.7, M.G.567,c.4. — 416. Em petit d'ora deus laora. Flam.5137. — 417. Al reprochier m'acort qu'ai auzit dels ancessors | qu'a temps venson vensedors | e per temps e per sazo | vencut fan gran vensezo. P.Vid.16,36. — 418. Greu a hom gran ben ses dolor ; mas ades vens lo jois lo plor. P.d'Alv.4,M.W. I.102,9. — 419. Apres los mals uen los bes. El.Cair.14, Arch.33,442,c.2. — 420. Aprop lo mal m'en veura bes ben tost. Cerc.4, Jahrb.I.92,47. — 421. Aprop lo mal naura ben tota via. Raimaut de Pons 1,c.5, Arch.32, 412. — 422. Vist far apres escur temps ben clar. Milo 6,c.5. — 423. Apres la plucia fara bel so ditz hom salvatjes. A.d.E., R.5,22. — 424. Mout fai gran uilanage | qui trop lieu s'espaventa (qaprop lo brun aurage | uei qil douss'aura ueuta. R.deVaq.27,33, M.G.712. — cf. Grt.de Quintinhac1, Brev.33596. — B.deVent.2,40 — B.de B.9,10. — 425. Om vai dizen : | Ben fenis qui mal comensa. F.de Mars.10, Arch.51,263,40. — 426. Eu aug dire qu'om savis a sazos | conquier manha bes soven ab esperanza. P.R.de Tol. 18, Arch 35,421,c.3. — 427. Ben es dreitz que longamen | esper hom gran jauzimen. G.de Born.12, M.G.848,c.9. — 428. Ben esperans guazanha. G. de Born.7, M.G.689,13. — 429. Ben esperan uen hom a salvamen. R.Jord. 11, M.G.107,c.4. — 430. Per bon esper enrequis paubr'om manta uia. P. Milo 9, M.G.288,21. — 431. Greu er cortes hom que d'amor se desesper. Cerc.4, Jahrb.I,92,55. — 432. No tanh quom se desesper. A.de Belenoy 13, M.G.995.c.2. — 433. Per nuill affar desesperar hom nois deuria. El.Cair.10, Arch.51,249,c.4. — 434. Cel que long' atendensa | blasma fai gran fallizo | qu'er an Artus li Breto | on avian lor plevensa. P.Vid., Chr.109.13. — 435. Proar uoill s'om conquer qui aten. G.deCal.7, M.G.719,c.2. — 436. Atenden fai pros hom rica conquesta. A.Dan.17, Arch.51,140,c.7. — 437. Ai uist fort chast pres per atendre | e mains bos uassals conquist. G.de Biaru 1,c.2. — 438. Ieu ai vist per bon atendre conquerer. Bertran 2,c 3 u.c.5. — 439. Uist ai e trobat en ma sort | que d'agre potz doussor gitar ab breu aten. R.de Vaq.21,c.3. — 440. Esperan vei la flors venir frug. F.de Mars.14, M.W.I.318,c.5. — 441. Pus l'espigu'es issida | balaia lonc temps lo gras. B.de Vent.30, M.G.709,c.7. — 442. Maistre, tosca la brosta | nos pareis al test novel. Cerc., Rom.VIII.126. — 443. Ja sabetz vos que mal trai qui aten A.de Sest.18, Arch.33,416,c.4. — 444. Li reprochier quel saui ditz enten | qu'onor e pretz conquer hom mal trazeu El.de Barj. 10, M.G.1081,9. — 445. Senher, ab maltraire conquer hom guirensa. G.Riq. 59,32. — 446. Ai sen de Cato | qu'ab gent sufrir dei sobrar ; mou amic s'iratz mi par | qu'aissi torna l luecz en cendre. Bern.de la Fon, P. O.395,c.4. — 447. Mot l'es obs sacha sofrir | qui vol a gran honor veuir. A.de Mar , M.W.I.174.XXI.30. — 448. Aicel reproviers me ditz ver certamens ; a bon coratg'e bon poder qui's ben sufrens. Guil.IX.11, M.W. I.8,VII.15 — 449 Quis pot soffrir | iu sia sauis e membratz G.de Born.56, M.G.875,c.2. — 450. Tostemps bos sofrires ueus. G.de Born.3, M.G.817,c.3. — 451. Ço dis li gens anciana | qu'ab sofrir uenz savis fol. J.Rudel 5,

St.II.44. — 452. Ab sofrir vens hom tot dia | e'n son mant paubre manen.
G.Faid.41,16, M.W.II.99. — 453. Sufrez e venceres los. D.de Prad.10, M.W.
III.23 i,c.3. — 454. Cilh venceran que mielhs sofriran. R.Vid., Dkm.150,6.
— 455. Per esforz venson li bon sofren. P.Vid.4,32. — 456. Conue si
nonca nai re | quesper o nenssa soffren. G.de Born.42, c.6, M.G.847. —
457. Per sofrir son mant orgoilh basat | e per sofrir son maut ric joi
donat | e per sofrir uençon liau seu gador | que ouidis diz elibre que
nou ment | que per sofrir a hom d'amor son grat | e per sofrir son mant
tort meudat, | e sofrirs fai maint hom onrat iauseu. Gr.deCal.10, Arch.35,
435,c.5. — Cf.45ff.

Wenig entsprechen dem Charakter des heissblütigen Süd-
länders die Ansichten, die seine Sprichwörter über Hoffen, Geduld bei Ertragung der Mühsale des Lebens etc. entwickeln.
Man muss annehmen, dass gegen die in diesen Sprichwörtern
ausgesprochenen Lehren am meisten gesündigt wurde, weshalb
das Sprichwort dieselben um so nachdrücklicher zu verteidigen
sich berufen fühlte. Wie uns das Sprichwort nicht genug Geduld einschärfen kann, so kann es auch nicht genug vor Ungeduld, Uebereilung und Zorn warnen:

458. Hom deu gardar, som pes, | ans que comens fag honrat. G.Riq.
9,10. — 459. En totz fatz deu gardar totz homs bos anz quel fassa. G.de
Mont.13,c.2. — 460. Savis hom cant vol enpendre | grans fatz ans del
comensar deu gardar lunes ez atendre. B.Carb.79,1, Meyer473. — cf. G.
de Born 20,8. Revue d.l.r.1884.I,209. — 461. Savis que a pro vist e proat,
sap pro cossirar can li scat. Sen, Dkm.206,21. — 462. Al savi cove que
s'un ades loinhan | per miels salhir enan. B.de Vent.36,43, M.W.I.40. —
463. Arcire se trais per miels salhir enan. F.de Mars. 3, M.W.I.322,c.5.
— 464. Miels aten hom en atendeu | motas vetz no fa en corren. Sen.,
Dkm 200,19. — 465. Qui s cocha pert e consec qui aten. Pist.4, M.W.III.
182,7. — 466. Eras sai ben az escien | que selh es savis qui aten | e selhs
es fols qui trop s'irais. J.Rud.1, St.IV.49,12. — 467. El pros es folz quant
s'irais. Guionet 1,c.4. — 468. Assatz es mortz totz hom que viu iratz | a
cui non es jois ni plazers donatz. F.de Mars., M.W.I.331,14. — 469. Hom
que viu iratz val meyns que si moria. B.d'Alam.11, M.W.III.146,50. — cf.
Monge de Toyssan 3,c 3. — 470. Mal chanta de gaug qui es iratz. L.Cig.23,
M.W III 125,c 1. — 471. Era uos dirai que non chanta hom consiros. Ri-
cauz de Tarascon 1,c.4. 472. Non auzis ancmais parlar | qu'om chant
quan plorar deuria. P.Bremon lo Tort 1,c.3, M.W.I.86. — 473. Mais val
benananza, qui n'a poder qu'ira ni malanansa. A.deSest.12, M.G.784,c.6. —
474. Cors qu'es ples d'aziramen | fai falhir boca soven. P.Vid.21.26. —
475. Me soven d'un reprochier qu'ieu auzi retraire l'autrier | Qui amic
vol de cocha s gart. A.d.E., R.5,23.

VI. Getäuschte Hoffnung, vergebliche Liebe.

476. Trop long'esperanza son joi non aten. El.Barj.13, Arch.34,417,c.2.
— 477. Tostemps ai auzit dir qu'el mon non a tan greu martir | com
lonc esperar quil sec fort. R.Vid., Chr.222,15. — 478. Maint joi son perdut per lonc esper. Rain de Pons 1,c.2, Arch.32,412. — 479. Diras que
trop atendres non es bos. Lamb.de B.8,c.6, Arch.33,449. — 480 Loncs
atens renes joi, so sapchatz, es jois perdutz. Blacatz 7, M.W.II.138,c.3. —
481. Segner, gran ben son perdut per bistenza. Blacatz 12,c.3. — 482.

Per trop longua entensio | perdon guay solaz lur sazo. G.de Berg.13, M.G. 165,c.4. — 483. Membre li que longu'entensios | a destorbat mainta bona fazenda. A.de Sest.12, M.G.784,6.

Eine solche getäuschte Hoffnung wird gewöhnlich mit dem Namen der »Bretonischen« bezeichnet, cf. 965 ff. Neben dieser Bezeichnung findet sich dann auch eine grosse Anzahl sprichwörtlicher Redensarten und Sprichwörter, die vergebliches Hoffen und Harren oder unnütz verschwendete Mühe und Arbeit bezeichnen:

484. Fag ai l'obra de l'aranha e la muza del Breto. P.Vid.15,17. — 485. Erguels non es si non obra d'aranha. P.Vid.V.8. — 486. Non cr'obra d'araigna. G.de Poic.4, M.de M., Ph. pg.35,50. — 487. Sos pretz es aitals cum fils d'aranha. P.Vid.6,70. — 488. Fil d'aranha. G.Magret 4, M.W.III. 243,c.2. — 489. M farai lo conort del salvatge. R.Jord.11, M.G.107,c.4. — 490. Mer lo conort del salvage. R.de Beljoc 1,1. — 491. Auretz per soudada al partir bada fol, fol bada e la muza meliana. Marc.30, Chr.53.10. — 492. Bada, fols, bada. B.Marti 3,c.3 493. La musa port e badalh, selh quen amar a fizans, | questra grat mus e badalh. Marc.14,c.6. Hs.C. 171a. — 494. Tals bad' en la peintura | qu'autre n'espera la maua. Marc. 30, Chr.54,10. — 495. Si vos n'aves joel, | autre n'a la carn e la pel. Uc de Maensac 1,7, Meyer 274. — 496. Aquesta mia atenduda | qu'eu fas c'aillors nom ballanz, | cre qu'era la remazuda | del puei que brui set anz, | pois no'm issi mais la sorzitz. G.de St.Didier 11, M.W.II.49,c.5. — 497. Sa crema pert quil met lezer | qui filh d'aze bateia jorn ni cer. A.de Peg.4, M.G.1187,c.4. — 498. La troja ten al mercat | cel quez ab deu si combat. P.Card., Chr.171,40. — 499. Qui en agurs niz es sons aten, | sembla lo fol que l'ombra pren. Sen., Dkm.197,36. — cf. R.de Tarasc.2,c.4. — 500. Per fol tenc qui longua via | ama pus que breu tener. B.Carb.71, Dkm. 10,21. — 501. Anc non ausi lo proverbi d'aital grat n'aia | el que quen dormen sa donna baia. Flam.4075. — 502. En tal soualh | a mes batalh / don nou tanh. G.de Mont.3, M.W.III.138,c 3. — 503. Fol batulh avez mes a vostre sonalh. B.de B.44,15. — 504. Folns es qui sa samensa 'span en loc don non espera frug. Gav.1, M.G.201,c 5. — 505. Bien gieta e mar el dezertz sa semensa don frug no sper. Gav.5,c.5, M.W.III.27. — 506. Geta en larena lo blat. Lamb.de B.7, Arch.33,451,c.2. — 507. Si pert qui en desert | semena fromen ses arar | ni en calmeilh espan son uoilh | non sap gayre de l'aorar. P.Card.42, M.G.941,c.9. — 508. Ar auiatz de can loing trais aiga a son moli. P.Br.20, Arch.34,410. — 509. Eu planc del colp don anc non fui feritz. P.Brem.8, F.50,18. — 510. Plagna d'aisso qieu non ai. G.de Born. 29,20, Revue d.l.r.1881.I.209. — 511. Torn ferir en la pallia, | don esper qel gran sallia | e noi fo las messions G.de Born.62, M.G.947,c.2. — 512. Purga la pura farina del breu. V.et Vert, L.R.III.281. — 513. A dur auzel! tol la pel | quel qu'escorgui voutor. Marc.24, M.G.796,65. — 514. Cassava lebre ab lo bov. A.Dan.1, M.G.426,c.1. — 515. Encaus soven so qu'ieu non aus atendre | e cug penre ab la perditz l'austor | e combat so dont ieu nom puesc defendre. G.Magret 1, M.G.602,6. — 516. Mon cor trob fol car cassa | so quieu non cre qe cossega. El.Cair.2, Arch.33,441, c.2. — 517. Non a sen qui uol ateigner | lai on non pot aconsegre. El. Cair.4. Arch.33,444,c.4. — 518. Qui sec so que non poiria consegre es foldatz. B.Carb.9,6. — 519. Ieu m'en prenc so que non aus querer. Gr.de S 1,c.5, R.3,394. — 520. Mabric say, on sols non fer. Ponz f.d'U.2.c.1. — 521. Qui dona seignoria a fol obra'n axi | cum si peyres metia al mon de

Mercuri. G.de Cerv., Chr.306,10. – 522. Fols cerai si del trefueill | uau queren la carta fueilla. G.de Cal.4, M.G.338,c.5. — 523. Combat ab quiers de cera | bastimens de peira dura. R.de Mir.36, M.G.1112,c.3. — 524. Cel fabrega fer freich qi uol ses dan far son pro. R.de Vaq.18,c.1. Arch.32,401. — 525. Conosc en ver que bati fer freg ab martel. D.de Prad.10, M.W. III.238,c.7. — cf. R.Jord.12, M.G.108,c.4.

VII. Thorheit.

Die Thorheiten der Menschen zu geisseln hat sich ja das Sprichwort überhaupt als eine seiner vorzüglichsten Aufgaben gestellt und so auch unsere provenzalischen Sprichwörter. Viele der vorangehenden Sprichwörter haben schon der Handlungen des Thoren Erwähnung gethan und durch viele der nachfolgenden werden wir ihm noch gegeisselt sehen. Hier haben wir es mehr mit seinem Wesen zu thun und unserer Stellung zu ihm.

526. Ara sai que mans fols pais, | so dil reproviers, farina. P.Br.7, M.G.567,21. — 527. Seneca que fon hom sabens ditz c'aissel es savis clamatz | que mielhs sap cobrir sas foldatz | e, [527a.] Salomos dis eyssamens | que totz le pus nessis que sia | pecca al mens set vetz lo dia. G. del Ol.57, Dkm.31,2. — 528. Hom non es tan pros ni tan presatz | que non aia blasme de cui que sia. Cad.13, M.W.III.63,c.2. — 529. Om se fai escarnir | can cuia trop saber. Nat de Mons, M.W.III.309. — 530. Cel es fols qui cuia esser senatz. F.de Mars.16, Arch.51,265,c.4. — 531. Auzit ai dir soven | qu'ades pass'om premiers per lo folhatge | e pueys tanh be qu'om s'an reconoissen. Jord. de Venaissi 1, M.W.III.58,c.4. — 532. Ades on plus uiu mais apren. G.d'Uisel 1, M.G.402,1. — 533. Nulhs non a doctrina | ses autrui disciplina. A.de Mar., M.W.I.176,XXII.23. — 534. Fols es qui no s chastia. G.Ad.5, M.W.III.201. — 535. Es fols qui no s castia. P.Vid.19,29. — 536. Fols es qui falh e no s castia. P.f.d'Uzes 1, M.W.III. 297,c.5. — 537. Es conseills senatz | quom de sai se castey | que sos tortz lai nol grey. G.de Born.73, M.W.III.203,c.7. — 538. Mais val veser les autrus cases | que passar per totz los mals passes. Sen., Dkm.212,17. — 539. Al faillimen d'autrui taing com se mir | per so com gart si meteus de faillir. F.de Mars.11, Arch.51,66,c.5. — cf. El.Cair.11, M.W.III 95,c.1. — 540. Sauis apren e fols quda. Torcafol 3,9, A.A.VII.106. — 541. Lo proviers uai aueran som par | Dome escaudat quem tem tebe ancse. Sordel 20, M.G.641. — 542. Escaudat tebeza tem. V.et Vert., L.R.V.311. — 543. Fols non tem, trol mal pren. B.de Vent.30,28, Arch.33,456. — 544. Homs fols leu no s chastia | tro qa pres dan angoissos. Arn.Catalan 6,c.3, M.G.986. — 545. Homs ques fols, cho dizion li autor, non er castiaz. P.R.de Tol.17,c.2. — 546. Ieu auch dir per usatge, | fols non tem tro qes chastiatz. Dalfinet 1, Arch.34,191,c.2. — 547. Soven apres mort penedensa. A.d.E., Milá 424. — 548. Pus el eys s'a enques la folatie | no m'en repteiz si la foldat len ve | caysi s'aug dire que drets es. An.56,c.2. — 549. Fols nos pot de folia laissar. B.d'Alam.19, F.155. — 550. Totz temps fols a folia cor. Pistoleta 4, M.W.III.192,25. — 551. Siec ben fola via fol oc. B.Carb.17,c.4. — 552. Qui non sap non sap. Flam.6124. — 553. Therensis dis que savis fo | que cascuna test' a son sen. B.Carb.9, M.W.III.157. — 554. Fols coue que foley | e de savi que cabaley. B.de Vent.24, M.G. 706,c.6. — 555. Qui repren sel on non es uertutz | mi par qu'es folb et per fol es tenguts. B.Carb.68, Dkm.23,29. — cf. G.de Poic.7,c.5, M.G.1309.

— 556. Le savi non deu al fol contendre. B.Carb.45. Dkm.10,3. — 557. Homs de be segon beutat | non deu peur'ab fol conten. B.Carb.54, Dkm. 25,24. — 558. Al fol deu hom sos foldatz laissar dire El.deBarj.6, M.W. III.c 3. — 559. Folia deu hom a folor | respoudre e saber a sen. A.de Peg. 6, M.W.III.251,c.4. — 560. Als guers deu hom esser guers. B.Carb., Dkm.19,30. — 561. Us pauc verset romansa: Am los grieus greus. B.Carb.14,34, Meyer471, 562. Segon dreitura | cerca fols sa folatura, | cortez cortez' aventura | el vilas ab sa vilana. Marc.30, Chr.53,34. — 563. Dis homs ades vol companhar | per natura tota cauz'ab sa par. G del Ol.20, Dkm.18,20. — 564. Atressi fai gran foldat qui ab sen renha en loc com hom fay foleyan. B.Carb.8,c.1. — 565 Us fals digz entre la folla gen | val atretan cum si uers proatz es. M.de M.1, M.G.16,54. — 566. Val mais a mos entens | en luec foudatz que sobriers sens. G. Ad. 7, M.W.III. 187,c.4. — 567. Jouens dis conrada folia ual en luec mais que sens A de Mar.20,c.2. — 568 Maintas vez ai vist gran sen nozer | et aiudar mantas vez grans foudatz. El.Cair.8, M.G.810,c.2. — 569. Luecx de sen, luecx de folleiar. P f d'Uzes 1, M.W.III.297,c.4. — cf. A. de Peg.27. — 570. Dis en Peire Rotgiers, en loc siatz fatz ab los fatz. R.Vid , Dkm.175,32. — 571. Si voletz el segle parer | siatz en luec folhs ab los fatz | et aqui meteys vos sapchatz | ab los savis gen captener ; qu'aissi s cove qu'om los assay | ab ira la us l'antres ab jai, ab mal los mals ab ben los bos. P.Rogier 7, M.W.I.124,c.6. — 572. Ab deschansimenz ! venz hom los auols genz | et ab ben qui o sap faire ! venz hom los pros els leials. P.G.de Tol.2,c.2. — 573. Ab mal deu hom uenser felo. R.de Mir. 46, M.G.1095,c.5. — 574. No sai conort mas aquel del juzeu ! que sim fai mal, fai lo adeis lo seu. P.Vid.35,37. — 575. Ju d'aizo no sove mos parers qui sim faz mal | far non ai per un dos. An.43,c.2. — 576 Coratje, sert sapchatz, | non a ben t:o qu'es venjatz. B.Carb.72, Dkm 20,15. — 577. Contrast de fol torna a malvestat, | c'al premier mot vos annara blasman. P.Card , Dkm.141,10. — An.115, M.G.1261. — 578 So ditz Salomos que l'efan vol mal | a sel quel va castiau. Sen., Dkm.207,15. — 579. Anc rascas nou amet penchenar. P.Card.66, M W.II.182,c 6. — 580. Blasmes es del fol al pro lauzors. Cad.13, M.W.III.63,c.2. — cf. An.86. — 581. So qel fols blasmon es lauzors. An.210, Arch.50,273. N.LXXIX. — 582. Laia cauza es tengud'al doctor, | so dis Catos, can nescis lo repren') B. Carb.12. M.W.III,153,11. — 583 Ben es nesis veramen | qui blasma so que non enten. D.de Prad.,Chr.182,27. — 584. En lui es era connoissens ; lo reprouiers qel savi di | com non conois tant ben en si ! cum en autrui son falhimen. Uc de Mataplana 1,c.2, Arch. 34,195. — 585. Tals cuja repenre autrui ! que l'autre pot repenre lui. P.Card , Dkm 160,15. — 586. No es hom savis tro qu'en se ! sap veser so qu'e autres ve. Sen., Dkm.196,13. — 587. Quils autres afollia ! e si meteys non castia ! non obra ges adreg guazanh. G.d'Uisel 1,57, M.G.187. — 588. Mal fai qui blasma ni encolpa autrui de so quel porta crim. B Carb.61, Dkm.6,11. — 589. Lag seria si tu fasias | so de que los austres castias . . . | qui l'autru buel volra meggar ! veja si aura lo sieu clar. Sen., Dkm.213,14. — 590. Es razos deschauzida | qu'om veia ! pel en l'autrui oill | et el sieu no conois lo trau. Cerc.2, Jahrb.I.93,c.2. — 591 Tals conois busq en autrui buell ! qen lo sieu trau non sa uezer. An.227, Arch.50,272. — 592. En lautrui oill saben pel descobrir ! e non senton lo trau qen lor oill an. An.242. Arch. 50,280. — 593. Aisel deu qui repren gardar se ! com no puosca lui rependre de re | qu'enanz deu hom si mezeis far lial ! c'autrui apel traidor ni venal. A.de Peg.52, M.G.1223,c.2. — 594. Fis amics vertadiers deu

---

1) Man kann sicher die Besserung eines schlechten Zustandes annehmen, wenn derselbe beginnt von den Unwissenden getadelt zu werden.

premiers en si mezeis demostrar | qual volra l'autre enseguar. Ad.de R.
3,c 1. — 595. Tot l'an dizet | . . . que totz homs faill assatz mais quan
reprent, | cant el faill reprendent, que le repres. B.Carb.14,48, Meyer 471.
— 596. Aquo de quieu non say un mot | cugi ad autruy ensenhar. B.
Marti 7,c.9. — cf. B.Trobel 1,35, Meyer 514. — 597. Yeu o fas enaissi col
joguire | que assatz mielhs, que non joga m'ensenha. B.Carb.85, Dkm.5,3.
— 598. A tote gens donray conseil leaus | se tout nel say a mon hous
retenir, | chascun pourra triar lou ben del mal. An.31. — 599. S'us fols
ditz be nol deu hom mens prezar quel profieg es d'aquel quel sap gardar /
ja sia so que al fol pro non tenha | bon es d'auzir ab c'om lo ben retenha.
B.Carb 85, Dkm.5,5. — 600. De long sermo devem far breu prezic | que
ben cobram lo gran segon l'espic. A.de Peg.26, Chr.146,10. — 601. Ben
saup lo mel de la cera triar e lo meilz deuezir. R.d'Aur.40,c.4. — 602.
Ieu tral gra de la palha. Gav.8,3, M.G.1069. — 603. Del fromen triar
lo juelh. G.Magret 4, M.W.II.243,c.4. — 604. Bon cossel si li fol
le te dona | nol mespreses per la pressona. Sen., Dkm.200,11. —
605. Atressi tanh als fols dire plazer | co als savis. cant se pot eschazer.
B.Carb.39, Dkm.7,15. — 606. Li proverbis consent hi be que ditz aissi:
Fer qui non ve. D.de Prad., Chr.182,34. — cf. Palais 3,c.1. — 607. Poyran
dir que de fol apren hom sen. P.Card.37,c.3, M.G.976. — 608. Cel es fols
qui per fol cor se guia. B.Calvo 8, M.G.614,c.4. — 609. Fols qui en fol
se fia. P.f.d'Uzes 1, M.W.III.297,c.5. — 610. Tost es grans onta uenguda /
quis pliu trop en fol compaigno. D.de Prad.13, M.G.1044,c.4. — 611. Folhs
es qui sos folhs buelhs cre | mayntas vetz, so mes ueiaire. El.Barj.4, M.G.
913,c.4. — 612. Fols es qui cre tot quan veson siei huoill. P.de C.XIV.
31. — 613. Si l'uns orbs l'autre guia | non van amdui en la fossa cazer? /
Si fan, so dis dieus, qu'ieu en sai ben lo ver. G.Fig.5, M.W.III.113,c.2.

VIII. Klugheit, Verstand.

Wenn auch die damalige Bevölkerung wohl wenig von
Wissensdurst in sich hatte, so zeigen doch die Sprichwörter,
dass man dem Wissen und dem Verstande seine Achtung zollte.
Es galt dies auch namentlich vom schicklichen Reden:

614. Mais val sens que non fai manentia. G.Aug.4,Chr.74,18. — 615.
Mai val gienh que no fa forsa. Sen., Dkm.213,5. — 616. Cel c'al saber es
rics en sa camisa. G.Aug.4, Chr.72,24. — 617. Ieu dic que paucx ni
grans | no val saber qui l'avia. P.f.d'U.1, M.W.III.297. — 618. Razos
ab bon saber | deu en tot penre poder. G.Riq.44,15. — 619. Vers es que
huey e ier | que totz pros hom conquier | ab sen et ab saber | et ab ric
cor poder. A.de Mar., M.W.I.176, N.22.u.R.Vid., Dkm.161,6, — 620. Salomo
al solel aderma | lo savi que de sen no merma. Sen., Dkm.193,34. — 621.
Val mais bo sen de moler | que aur ni argen. Sen., Dkm.198,15. — 622.
Savia femna fa la maiso, | la fola noy laissa tuso. Sen., Dkm.198,23. —
623. De foudat sec dans totas sazos | e de sen sec gaugz e honors e pros.
Uc B.3, M.W.III.209,c.1. - 624. Un proverbi dizon tuig | que sens rescost
non porta frug. D.de Prad., Stickney 20,11?. — 625. Om dia que sabers
a pauc de valor | si clardatz no'l dona lugor. L.Cig.5, M.W.III.
129,6. — 626. Cil sabo que miells entendut so. Rofian 1,c.5, M.
G.954. — 627. Quecs a dreig que se razo | mas uers venz qui
bel despo. R.d'Aur.7, 22, Arch.33,435. — 628. Sobre totz bes es
saboros | gent parlar e cortes respos. G.Magret 1, M.G.601, c.2. —
— 629. Per gent parlar bocca non ca. Brev.32512. — G.Durandus B.G.§36.
— cf. Bernart 4,c.4, Arch.84,880. — Dkm.103,22. — B.Marti 6,c.9. — 630.

Gentz parlars ab avinen respos | adutz amics e non creis messios. Uc B.
3, M.W.III.209,c.2. — An.4, Arch.50,275, N.96. — 631. Paraula dossa fai
amicx | et assuauja enemicx. Sen., Dkm.200,31. — 632. Es razos qu'om sia |
de bel respos als grans et als menutz. P.Vid,34,14. — cf. An., Arch.50,
282, N.156. An.56.c.6. — 633. Non fass'ad autre dia | so c'a lui non vol
fach sia. B.Carb.78, Dkm.25,4. — 634. Ades vol de l'aondanza | del cor
la bocha parlar. A.dePeg.2, M.G.1183,c.1. — cf. B.Marti 6, c.14. — 635.
Savis hom ri pauc e suau | el fol ri tot jorn e s'esgau. Sen., Dkm.206,9.
— 636. Savi s'aluenha d'autrui huis | el fol agacha pel pertuis. Sen., Dkm.
199,15. — 637. Lo fol te son cor a la bocha | el savis estujal a la cocha.
Sen., Dkm.207,33. — 638. De trop parlar ve sofracha. Sen., Dkm.199,22.
— 639. De trop parlar ve mals. Cad.18,28, M.W.III.65. — 640. Eu lauzi
dir en un uer reprouer | per trop parlar creisso maint engombrer. A.de
Peg.30, M.G.604.12. — 641. Per sobras de parlaria | aitals homs si des-
ment tot dia. G.del Ol.5, Dkm.29,9. — 642. Trop parlars fay desmentir |
si meteys mantas sazos | so es veraya razos. G.del Ol.75, Dkm.41,13. —
643. Que van cuidan | trop parllan | fols es. R.d'Aur.16, M.G.326,c.2. —
644. Val mais bos abstouers | que fol parlars. P.Vid.5,57. — cf. B.Carb.
14,46, Meyer 471. — 645. Mais val calar | que fol parlar. Gll.Durandus
B.G.836. — cf. R.G.de Bez.9, Azais 27,c.5. — 646. Fols es qui vol retraire |
so que sap que lay a celar | e fols qui vol dir totz sos vers. P.f.d'Uzes
1, M.W.III.297,c.5. — 647. Hom coitatz de folatge | jur'e pliu e promet
gatge. Marc., Chr.53,20. — 648. Fils, de jurar garda ta bocha | am que
piegas dieu a la cocha | lenga que jura ni ditz mal | a dieu pregar fort
petit val. Sen., Dkm.214,23.

Selbst Lügen ist eher gestattet als unschickliches Reden.

649. Mai per un cen ual gen mentirs assatz | no fai folha uertatz.
G.Faid.32, M.G.477,c.6. — 650. Dic que mais val mentir per aver loc |
c'aital vertatz, per c'om perdes ganre. B.Carb.93, Dkm.9,14. — 651. Ieu
uuelh mais plasen mensonja auzir | que tal vertat de que tos temps
sospir. Gr. lo Ros 7, M.W.III.171. — 652. Eu volh plus volontiers | dir
cortez'ufana | que vertat vilana. R.de Mir., Chr.150,32.

Im Uebrigen aber wird der Lüge die gerechte Verurteilung
zu teil.

653. Mantas vetz ni auzit dir | que messonja nos pot cobrir | que nos
mostre qualque sazo. F.de Mars.23, M.W.I.320,26. — 654. Anz uos dic
ueramen | que mal met e despen | sas novas qui trop men. G.de Born.63,
Arch.33,326,c.4. — 655. Ges non ditz vertat aicel que men. B.deB.18,23.
— 656. Qui men no ditz ver. P.Vid.2,50.

IX. Mässigkeit und Unmässigkeit.

Die hier aufgeführten Sprichwörter besagen im Allgemeinen,
dass man in jeder Sache die richtigen Grenzen inne halten soll.

657. Autz essays nos fai ges ses mezura. Serveri 5, M.G.770,c.2. —
658. Ses mezura sens ni sabers | no val ni grans manentia. P.f.d'Uzes,
M.W.III.297,c.4. — 659. E mans locs fai sens fraitura | don hom non
garda mezura, so ditz la gens anciana. Marc.30, Chr.54,4. — 660. Reis
deu gardar messura . . . | e deu gardar sa cort de desmesura. B.de la
Barta 4, M.W.III.270,c.3 u c.5. — cf. B.Zorgi 18. — G.de Cab.4, M.G.348,c.2.
— 661. Qui m des Monpeslier | non parlera qu'ieu truep en l'escriptura |

qu'Ovidis dis qu'ieu feira desmezura. B.Carb.6, M.W.III.257.V.c.4. — 662.
Es fols quis desmezura | e nos ten de guiza. B de Vent.44, Chr.63,1. —
663. Ses mesura non es res. B.de B.45,14. — 664. Auh dir: Qui mai des-
pen que non gazanha | non pot esser que nol sofranha. Brev.32029. —
665. La sal un mes a tan gran for | perqueu tem fort e tem ancor | quel
prouerbis ques tan diz torn en mal | Condugz ab carn totz esperdutz per
sal. B.d'Alam.5,c.2.   666. Mens en val tot frutz que dessazona. R.de
Mir.4, M.W.II.129,c.3. — 667 Si co hom per trop si cofon, | si cofon per
pauc eyssamen | per c'om deu el miey dreitamen : metre son sen ab
tempramen   B.Carb.82, Dkm.8,12. — 668. Am mais la meitat. Guillem 5,
c.2, Arch.34,381. — 669. Tut trop son mal, so auc dir a la gen | e mal
tut pauc sadrec o raisonatz. Sordel 26, M.G.1274,33.   cf. G.de Mont.13,
c.3. — 670. Totz trops e mals. B.Carb,91, Dkm.11,5. — 671. Fug trops
tostemps en tota re | ce ja de trop not venra be. Sen., Dkm.195,13. —
672. Totz trops es mals enaissi sertamens | o truep ligen els libres dels
auctors. B.Carb.90, Dkm.18,9.

Einige speziellere Fälle dieser Sprichwörter-Gruppe sind schon
anderen Orts erwähnt (z. B. 251, 400, 638, 693), einige mögen
hier noch ihren Platz finden:

678. Trop lausar es blasmes e faillensa. Sordel 19, M.W.II.250,10. —
674. Trop lauzars es mentida maintas vetz senes doptansa P.Vid.16,34.
— 675. Propris laus es foles. B Marti 6. — 676. Proverbis es qui trop
s'azaisa | greu er si per amor nos laiza. Flam.1638. — Cf. Sen., Dkm.214,
7. — B.Marti 7,c.4. — Brev.28709. — 677. M sove d'un reprovier c'ai
mantas vetz auzit contar | que aital fais deu hom levar | sul col qu'el
puesca sostenir. A.d.E., R.V.21. — cf. P.f.d'l'zea 2,c.4. — 678. Mant arbre
fan fruyt tal per que la branche frayn. Gl.de Cerv, Chr.305,5. — 679.
La gens laigua ditz: Tant vai lo dorex a l'aigua | tro que l'ansa lay
rema. B.Carb.29, Dkm.5,15. — 680. Proverbis es comus | que tant vay
lo dorc a l'aygua | tro que se trenca. V. et Vert , L R.II.73. — 681. Ben
ditz ver lo proverbis que soven audit ay: | que tan grata li cabra tro
pogna que mal jay. R.Ferrand, Vie de St.Honorat 136,25. — 682. Tan grata
la cabra que mal jatz. Liv.de Sydrac, fol.108, L.R.II.282.

X. Habsucht und Gier.

683. Un pauc auzel en mon punh que no s n'an | am mais qu'al cel
una grua uolan. G.Faid.59. M.W.II.83,c.6. — (684. Mandet dizen qu'ames
may un petit auzel el punh que una grua uolan el cel. G.Faid., M.B.pg.
22,13.) — 685. Mais dei donc amar e mon poing | un bel auzelet qu'eu
tengues | qu'al cel doas gruas o tres | qu'eu no prengues. Gll.Amiels,
M.W.III.314,c.3. — 686. Mais volria una calha | estreg tener en mon se
no faria un polhe | qu'estes en autrui sarralha. Cerc.1, Jahrb.I.97,c.3. —
687. Mais amaria seis deniers en mon ponh que mil sols al cel. R.d'Aur.
28, Chr.69,26. — 688. Mais pres lo frug on ab las mas atenha | que cel
ques aut on lansar me covenha. A.de Peg.3, M.G.330,c.3. — 689. Assatz
val mais guazanhar en argen | que perdr'en aur segon mon escien. A.de
Peg.27, M.W.II.160,c 2. — 690. Cho son li fals cobe desconoisen | cui
cobeitatz engana per nien. P.de C.L85. — 691. Soven fai cobeitatz falhir
los plus essenhatz. P.Vid. 20,31. — 692. On plus a (l'avars) e pus es co-
beytos | el cobeitatz fai lo tant enueyos | que non auria pro ab tota fransa.
P.Card.24, M.G.1241,c.2. — 693. Aisel que trop vol tenir | a molt petit de
sciensa.   Peire Gl.de Luzerna 8,c.3, M.W.I.26, N.XI. — 694. Qui tot vol

tener tot pert. F.de Rom., Chr.196,19. — 695. On plus pren qecs so que
cassa | plus a del segre ochaia. F.de Mars.7, Arch.51,263,c.2. — 696. Es
plus renoviers cobeitos | on plus a d'aur e d'argen a se mes P.de C.
XXIII.37. — 697. Ar sai eu quel reprovier ditz ver: | Tos temps vol hom so
c'om no pot aver. Peirols 20,39, M.W.II.11. — 698. Ni tal enveja no fai
res | com aisso qu'om no pot aver. Cerc.4, M.W.III.303,c.2. — 700. Selb
qual joguar si cofon, | ades on plus pert plus aten. G.Faid.56, M.G.445.c.3.
— 701. Fols qui sec totz sos volers. P.f.d'Uzes, M.W.297,c.5. — 702.
Gran foldat | fai sel que sec sa fola voluntat. B.Carb.1,c.2. — 703. So
que non podes auer blasmatz. A.de Peg.19, M.G.591.c.4. — 704. La volps
al sirier dis o | quan l'ac de totats partz cercat | las sircisas vic loing de
se | e dis que non valion re. Peirols 23. Chr.142,21.

Sinnbilder der Habsucht und Gier sind Jude und Wolf:
Bern. de Rovenac 4,c.4.

XI. Stolz.

705. En trop d'orgoill ant gran dan maintas gens. B.de Dia, Chr.72,
18. — 706. Ressos es plus gens perdre per humiliar | que per orguoill
gazaignar. G.de Poic.6, Arch.53,458,c.2. — 707. Es semblan que l'orguoilla
caia ios. F.de Mars.16, Arch.51,265,8. — cf. B.de Venzac 1,c 5. — 708. Cum
plus dissen plus poia humilitatz | et orguoilla chai on plus aut es poi-
atz. F.de Mars.16, Arch.51,262. — 709. Ben sabes verament | que Dieus
puga cel c'a humilitat | e baysa cel qu'en erguel es montat. Rain.de Tres
Sauzes 1, 25, Meyer 658. — 710. Lerguelh del pau. R. de Vaq.25, M.G.
1078,c.5.

XII. Ehre, Wert und Ruhm.

Die hier aufgeführten Sprichwörter zeigen, dass der Begriff
der Ehre bei dem damaligen Rittergeschlecht ein sehr ausgeprägter war.

711. Reis pos viu aunitz | val meins que sebelitz. P.Vid.3,61. — 712.
Reis aunitz val meins que pages. P.Vid., Chr.110,23. — 713. Am mais
un pro vavassor | qu'un comte o duc galiador. B.de B.37,34. — 714. A
baron d'aut lignatge | ual mais esser perigolatz | qel uiu aunitz ni des-
honratz. G.de Born.50, M G.862.c.2 — 715. Coms que diseritatz viu gaire
no val re. Sordel 24, Chr.208,16. — 716. Rics hom joves serratz | val
meins que mortz soterratz. P.Vid.20,47. — 717. Rich hom q'es d'auol
cor | fai be lo jor qe mor. F.de Rom.2, Arch.34,226,c.6. — 718. Eu non
teing ges lo plus ric per manen | qui pert vergoign'e deu per avol sen.
P.de C.I.8. — 719. Onors val mais que avols manentia. B.del Pojet 2, M.G.
III.284. — cf. G.d'Uisel 16, M.G.530,c.2. — B.de B.33,15 u.17,6. — A.de Peg.
19, M.G.591.c.3. — 720. Mais val mortz que vius sobratz. B.de B.II.40. —
cf. Blacasset, M.W. III.246,28. — 721. Am pro mort mais qu'avol viu. P.Vid.
14,4. — 722. Mais val prous mortz qu'aols vidoira. Le trob.de villa A: naut, Dkm.
137,1. — cf. P.de C.I.17. — 723. Mais val mortz ondrada que uius men-
diguejar. Croisade c.1 A., Chr.186,7. — 724. Ben uers le prouerbis a dir: |
Qui ren non a, an'ab los mortz dormir. An.236,c.1. — 725. Mais val
mort que vida amara. Sen., Dkm.210,20. — 726. Vida ses valor pretz
meyns que mort. P.Card.4, M.W.III.76,c.4. — 727. Un reprochier si auzit
dir: | piegers es sofrirs que morirs. A.d.E., Mila 423. — 728. Assatz muor
qui uiu en lonc afan. Monge de Toyssan 8,c.5. — cf. F.de Mars., Arch.51,

270,c.5. — 729. Mielhs es per un dos | morir queetar per tostemps doloyros. B.Carb.8,c.2. — 730. Mais vuelh trop morir | qu'estar en dolor ni'n pantays. B.Carb.13,41, Meyer169. — 731. Mays mi platz honratz morir, que nuilhs entremesclatz iauzirs. A.deB.13, M.G.995,c.4. — 732. Ieu conosc e sai ques vers | que uiures ual mais ioi jauzir. G.deBorn.8,c.4. — 733. Com podetz dir que deuria | vida meils que mortz valer | a selui que no s jauzis | de joi e tos temps languis. Gil. de la Tor 12, M.W.III.248,c.4. — 734. Qui ioi ni solaz fui | a peich de mort se condui. L.Cigala9, Arch.33, 299,c.2. — 735. Aunitz bes no val tant de dan honrat. G. Riq. 9, 31. — 736. Ditz lo reprovier | qu'ouratz bes mal refrang. R.deVaq.20, M.W.I. 372,74. — 737. Bos pretz ja es tan cars | que nol pot conprar avars. G. deBorn.23, M.G.824,c.3. — 738. Terra pot hom laissar | a son filz per eritar | mais pretz non aura ja | qui de son cor non l'a. An.,Arch.50,282,CLI. — 739. Dis en Perdigos: En paratge non conosc ieu maire | mas qu'en a mais cel qui mielhs se capte. R.Vid.Chr.220,8. — 740. Pretz verays per mort no per son briu. G Riq.10,3. — 741. Malvestatz ab pretz no s'aparia | ni s'acordon per lo mieu escien. B. del Pujet 2, M.W.III.283,c.4. — 742. Vida es anta e desonors | qui non a pretz segon q'es sa ricors. Cad.13, M.W.III.63,c.1. — 743. Qui mais ual mais dopta far faillida. A.Dan.12, M G.415,c.5. — 744. Hom pros poit leuzieremen falhir. G.deMont.11, Appel 95. — 745. Usages es et adurat mainz dia | qu'om blasma plus qan fail cel qe val tan | qe dels malvaiz nos o ten hom a dan. G.d'Uisel 3, Arch. 32,402,c.2. — Cf.Cad., M.W.III.58,c.5.— B.Carb.70, Dkm.6,3u.M.W. III. 153,13. Gr.loRos7, M.W.III.171,c.2. — 746. Be sai quant hom plus savis es | adoncs si deu mielhs de falhir gardar. P.R.deTol.16, M.W.I.136,7. — 747. Mais deu esser savis encolpatz | qe fol qan fal e plus se nos castia. An.157, Arch.50,279. — 748. Falb le rics may cannon ditz ver | no falh paures c'o fay per non poder. G.delOl.53, Dkm.32,30. — 749. May fai de falhensa hom entendens | can falh c'us que n'er blos. B.Carb.40, Dkm.25,21. — 750. Cant es pus cabalos senher, can falh, mais fay de falhimen. B.Carb. 4,c.2. — 751. Qui falh vezen mal e be | falh trop may qe sel que nol ve. B.Carb.9,c.3. — 752. Flors on mielhs es florida | elha si fraub per nien | quan so que mostra desmen. Cad.12, M.G.952,c.4.

XIII. Gewohnheit, Not, Gewalt, Unrecht.

753. Costuma torna a natura. Sen.,Dkm.211,27. — 754. Ieu o truep sert e l'escriptura | c'avol us o bon forsan natura. G.delOl.11, Dkm.46,13. — 755. Qui falh en un, semblan fai, que en plus falhis el temps que n'auria lezer. B.deB.6,17. — 756. A mans met cel que vas un desmezura. F.deMars.16. — 757. Uns mal sol un autr'aduire. D. de Prad. Chr. 181,18. — 758. La flum'acenduda es grieu per amortir. Peirols 27, M.W.II.26,c.4. — 759. El proverbis n'es guirens ses contendre | que ditz: Iove castiar e vielh pendre. G.delOl.55, Dkm.38,17. — 760. Se ditz ben un repropchier pel mon, | sel qu'una ves escorja autra non ton[1]). P.Card.57, M.W.II.195,47. — 761. Dreitz ditz que necessitatz : non a ley et es veritatz. B. Carb. 65, Dkm.12,31. — 762. Quan cug a riba venir | adoncs me cove a nadar. M. de M. 7, Ph. XIII. 63. — 763. Qui pauc troba non pot gaire penre, so sabez vos, si col proverbis diz. G.deCab.Biographie, Arch.50,259b. — 764. Ieus

---

1) Derjenige, welcher einmal geschunden hat, begnügt sich ein anderes Mal nicht mit Scheeren, sondern bleibt bei seiner Gewohnheit, höchstens »escorgua e ton«, so P.Card.58, M.W.II.234,16.

aug dir que ses manjar | fort petit fan ll cals e mens las dens. B. Carb.
13,9, Meyer 469. — 765. Si non pot aver caval, adonc compra palafrei.
Gll. IX.4, Chr.32,12. — 766. Chascus beuri'ans de l'aiga ques laisses morir
de sei¹). Gll.IX., Chr.32,19. — 767. Selh a cuy grans fams en prent | manja
lo pan | que non l'aban. P.d'Alv.5, M.W.I.97,c.4. — 768. Meins val d'una
renc | zo qe per forsa tenc. P.Vid.45,c.5. — 769. Nuill dreit non a valor
gran | lai on forsa fai son talan. F.deMars.9, M.G.59,c.3. — 770. Me parl
/ quel laire ric pend el meschin. An., Arch.50,281, N.142. — 771. Paubre
lairon pent hom per una veta | e pen tals qu'a emblat un roci | et aquest
dreitz non es dreitz sageta | qu'el ric laire penda l lairon mesqui. P.Card.
30, M.G.605, c 4. — 772. A mal met sel que fa ad u | so que no deu far
a negu. Sen., Dkm.202,33.

XIV. Treulosigkeit, Betrug, Täuschung.

773. Es pus mortals d'enguan | sos colps que non es de bran. G.del
Ol.31, Dkm.37,8. — 774. Mais valou colps d'amic certa | no fan baizars
d'ome trefa. Sen., Dkm.202,13. — 775. Si dechay ses fallensa | quis cuj
ab enjan fromir | que ancse ai auzit dir | qu'ab selh reman quel comensa.
J.Esteve3, M.G.749,c.1. — 776. Qui ab geing ab femna reigna | dreitz es
que mals len aveigna | si cum la letra esseigna. Marc.18,60, Arch.33,336.
— 777. Bona fes e mala | ab son don laora | e non garda c'ora | lo fer
desotz l'ala. G.delOl.8, Dkm.44,1. — 778. Ferir sotz l'ala. A.deSest.18,
Arch.51,251,c.5. — 779. El cuelh lo ram, ab que s fier. B.deVent.23,
M.W.1.30,c.4. — 780. Drutz que lonc si saplata | el eis si coill lo ram ab
cum lo bata. Aug.Nov.1, M.G.578. — 781. Ja non er qu'ieu eys lo ram
no cuelha quem bat em fier. B.deVent. 42,5. — 782. Bem bat amors ab
las uergas qu'ieu cuelh. P.Vid.36,6. — 783. Om cuoill mantas vetz los
balais | ab qu'el mezeis se balaia. B.deDiel, M.W.I.87,15. — 784. D'aquestas
mas fon culhitz lo bastos | ab que m'aucis la belazer qu'anc fos. B. de
Vent.11,c.4. — 785. Dez, dist lo reis, molt i fai gran foldat | cil qui nur-
rist lo basto ab ques bat. Aigar et Maurin, Scheler pg.35,867.

Sprichwörtliche Redensarten für »betrügen« finden sich
mehrere:

786. Un dat mi plomba²). A.Dan.11,4, M.G.425,c.4. B.deB.29.12. —
787. L'amors camia cubertament los daz. UcCat.1,c.7, A.A.VII.99,c.8. — 788.
La mala beitaritz camiet me datz. G.deBorn.33,c.5, Arch.34.397. — cf.Gav.
5,c.6,M.W.III.27. — 789. Gardaz que vos fassatz paniers als ostes³). G.de
Born., M.G.826,7. — 790. Tota vostra esperansa es en trazir et en faire
paniers. R.deVaq.1, M.G.1307,c.6. — 791. Le savis dis c'om non deu per
semblan home jutgar, si proat no l'a be. B.Carb.60, Dkm.11.21. — 792.
Om non deu jutgar per sol semblan. Monge de Toyssan3,c.1. — 793. Greu

---

1) Jemand, der nicht gewohnt ist Wasser zu trinken, sondern etwas
Besseres, z. B. Wein, wird in der Not dennoch zum Wasser greifen. Die
mehrfach gegebene Erklärung Sprüche Sal. 9,17: »Die verstohlenen Wasser
sind süss und das verborgene Brod ist niedlich«, ist nicht ganz zutreffend,
sie wäre anzuwenden auf 697 ff.

2) Die Falschspieler bedienten sich Würfel, die auf einer Seite mit
Blei ausgefüllt waren; auf diese fiel natürlich immer der Würfel.

3) »panier« klingt an »panar = rauben« an.

pot hom jutgar per semblan. J. Esteve, M.W. III. 260, o.3. — 794. Ades proarai vos o | qu'ieu hai vist faire tracio | a home qe n'era prezatz. Peire del Poi., Dkm.135,10. — cf. G.del Ol. 3, Dkm. 44,9. — 795. Vers es cargens | e garnimens | fan de cusso baron semblar. P.Card.42,c.16, M.G. 941. — 796. Tals ha el cors signe de patz | que vay el coragge armatz. Sen., Dkm.213,28. — 797. Tals a sus el cap corona | e porta blanc vestimen | quil voluntatz es fellona | cum lop o serpen. P.Card.29, M.W.II. 226,c.4. — 798. Es lop e sembla ovela. Sen., Dkm.214,2. — 799. Lo fils uolpiz, eå pauc sesaia, | cor de conil ab semblan de leon. Sordel20, M.G. 641,c.6. — 799b. Alcun son trop major de fama que de fach no so: so es sert. G.del Ol.3, Dkm.44,9. — 800. Soven sotz belh parven se rescon gran falsia. Sordel30, M.W.II.253,c.3. -- cf. F.deMars.15, M.W.I.327. — 801. Ab semblan de bon morsel | se prenon li glot auzel. G.del Ol.65, Dkm. 45,31. — 802. Non es aurs tot cant que lutz, | tal vos ri eus fa bels salutz | que o fa per vostre destrix. A.d.E., R.V.22. — 803. L'aigua que soau sesdui | es peier que cella que brui. B.deVent.29,37, M.G.68. — 804. Las aygas que nosson movens | son corrompablas et olens. Sen., Dkm. 210,37. — 805. Tostemps uei com aten | la ploia quant fort trona[1]). G de Born.74,c.7, Arch 33,305. — 806. Estanhs folhatz | es mes soen sotz bon aur | per que mais ualh e que mais dur. G. de Born.53, M.G.866,c.5. — 807. Autre blat ai vist ab fromen | afinar | et ab plom argen. G.Magret 3, M.W.III.242,c.5. — 808. Cant es als obs sa valor vista, | ben val mais per draps que per lista. B.Carb.86, Dkm.12,25. — 809. Se dis que us draps motas votz | val mai per drap que per list'. B.Carb.87, Dkm.24,25.

XV. Sprichwörter und sprichwörtliche Redensarten verschiedenen Inhalts.

810. Ben deu hom camiar bon per meillor. F.deMars.6, Arch.51,268, c.5. — 811. Escrich truep en un nostr'actor | c'om pot ben camjar per melhor. G.del Ol.23, Dkm 33,1. — 812. Cel qui camja bon per melhor sil melhs pren be deu mais valer. B. de B.10,1. — 813. Mos pas ades se cambia | de ben en miels tota via. R.deC.5, M.W.III 286,c.6. — 814. Far mielhs de be. P.Br.5,c.1. A.deMar.18. — 815. Ai triat per ma fe | mielhs de melhor e de be. P.Br.16,c.2. — 816. Cocelhs es de Salomo | que quascus hom d'espero | lachel mal e quel be prenda. Matfre E.8, Azais134,c.9. — 817. Ai lo plom e l'estanh recrezut e per fin aur mon argent cambiat. G. Ad. 9, M.W.III.186.c.5. — 818. Icu non sui ies cel que lais aur per plom. A.Dan.17. Arch.51,140,c.2. — 819. Prenda laur e lais l'estaing. R. deMir.42, M.G.1090,c.6. — 820 Me torn tot mon fen en uert fuelh. G.Riq., M.W.IV.1,c.5. — cf. B.de B.7,7. — 821. Qui fa fols priuat de se, | mais ama prenre mal qe be. An.86, Arch.50,276. -- 822. No camial miels per sordeior. Arn.de Tintinhac 2,c.6, M.G.598. — 823. Nous cuges qiem biays / nil mielhs per lo sordeior lais. Sifre 1.c.6, M.G 1020. — 824. Malditz es hom qui l ben laissa el mal pren. P.Card.49, M.W.II.197,c.3. — 825. Deu esser mal uolient | aicel qe tot conois e lo peis tria. An., Arch.50,283. — 826. Ben bargaing | sieu per estaing | don mon aur que follors. G.de Born.40, M.G.845,c.4. — 827. Ab bel semblan et ab doussa compaigna | me dauret gen so que ara m'estaigna. Peirols 31, M.W.II.18,c.2. — 828.

---

1) Es ist am wenigsten vom Regen zu befürchten, wenn es donnert, also gefährlich aussieht. Ein anderes von derselben Erscheinung hergenommenes Sprichwort sagt das Umgekehrte, cf. 916.

Em fes cuiar | que mais valgues | qe fis argenz esmeratz estainz. G. de
Born.33,c.4, Arch.34,397. — cf. B.deB.14,51. B.Calvo2,9. — 829. Daur fa
estanh. Serveri4,c.3, M.G.768. — cf. Perd.2, Arch.34,177,c.2. — 880. Ben
laissa clartat per umbra | sel qui vas son dan s'alargua. Gav.7, M.G.1067,
c.4. — 831. Trop foleia qui sec son dan. Lamb. de B. 5, c.4, Muss.444. —
832. Pren di rainaut per domerc | e laissa bon cuba per dorc | e ydria
per pauca dorca. Gav.7, M.G.1067,c.2. — 833. Ben camja civada per juelh
| e tiriaca per vere | et anguila per aneduelh | qui laissa Dieu per laia re.
P. Card. 17, M.W.II.224,c.5. — 834. Per clar iorn pren escur ser. Gav.11,
c.4. — 835. Senher, sobre totz de colors ı son li drap e qui la sap triar
| falh, si compra los sordeiors. G.deBorn.1, M.W.I.187,c.8. — 836. Si mals
m'es pres no vuelh que piegz m'en prenda. P. de laGarda 5, M.W.III.202,
c.2. — 837. Ira de mal en pejor. B.Zorgi18,c.5, Lévy7,51. — 838. De mal
etz estorta e peitz anatz sercan. G.Riq. — cf. A.dePeg.15. — 839. Cazutz
sui de mal en pena. B de B.9,1. — 840. Eu fatz dun dan dos. El. Fon-
saladal,c.2, Arch.34,395. — 841. Sel que fai d'un dan dos | non fai ben ni
gent son afar. Gll.deMurs5,9, Meyer291. — 842. Sai be qu'ieum fau donar
per un dan dos. R.deVaq.(Brev.81530). — 843. No mespreses petita res |
que de petit ve tot cant es | qui de petit amassa pro | ades ha pro que
prenga e do. Sen., Dkm.214,19. — 844. Ieu ai uist comenzar un pon | ab
una piera solamen. An. 74,5, Arch. 50,281. — 845. Ieu uei soven per
gaiada | recebre gran coltellada. An. 213, Arch. 50, 274. — 846. En grand
affar notz pauc petit erransa. G.deBorn. — 847. En gran dreit notz pauc'
occaizo. P.Vid.23, 16. — 848. Per un pauc pert hom soven assatz. El.
Cair.6, M.W.III.90,c.2. — 849. Auzit ai dir e vay mi remembrant, | c'un
fer pert hom per fauta d'un clavel | et per un fer, cant ben m'o vauc
pensant, | pert lo caval, pueis lo cors el castel . . | . . per lo mens pert
lo mais mantas ves. An.33, Meyer519,VI. — 850. Om ques al joc s'espert
| que per menz perdre lo mais pert. Flam. 3324. — 851. Sai que l'hom
a perdut | molt plus tost qu'om non gazaigna. Az.deP.1, M.W.III.176,11.
— 852. Us mals dona mai de blasmor | qu'il fa que sen ben de lauzor.
B.Carb.70, Dkm.6,3. — 853. Nois poiria dreich dir | que maintas vetz paucs
peiura | trop mais qassatz non meillura. B.Zorgi17, M.G.667,c.3. — 854.
En amor notz una leuiaria | mais qe nei pot us granz senz esmendar.
Bernart4,c.5, Arch. 34, 380. — 855. Qui son bon pretz en un dia despen |
de dos mes non ave en cobrar. B.Carb.22, Dkm.16,20. — 856. Qui despen
tot son pretz en un ser | pueys de cent jorn no pot tan recobrar. Uc B.7,
M.W.III.207,c.4. — 857. Qui un jorn pert de ioi ni de be | ja recobrar
nol poiria en iasc. Palais1,c.2. — 858. Lo savis retrai | cus iors ual mais
cus auz | e qui prent a tugir | can so deu enantir ; nolles negus enanz.
Cad.3, M.G.302,c.3. — 859. So mostra l'escriptura | ad ops de bon aven-
tura | val un sols jorns mais que cen. B. deVent 30, 41, Arch. 33, 456. —
860. Sias li membrans | que maintas uetz ual mais us jorns cus ans. D.de
Prad.17, M.G.1052,441,c.6. — 861. Mainz val us ans d'un dia. G.Ad.5, M.
W. III.210,19. — 862. Muys es manifestatz | del savi us sol dia | que la
tota etatz | de ceyl qui sec folia. G. deCerv., Chr.306,37. — 863. Usa ton
temps qu'a greu venra | a tos obs tan bo co s'en va. Sen., Dkm. 209,31.
— 864. Pus es fachal jornada | ja non er atras tornada. G.delOl 61, Dkm.
43,27. — 865. Qui non fes can far poiria | ja non fara quan far volria.
Flam.5242. — 866. Qui no fai can far poiria | non o fara cant far volria.
B.Carb.73, Dkm.9,20. — 867. Us reproviers me ditz dels ancessors | qui
temps espera e no fai quan temps ve | s'el temps li falh, ben estai e cove ;
| que loncs espers a manhs plagz destorbatz. G.Ad.9, M.W.III.186,13. —
868. No y vezetz mentrel lums es ardens | gardatz vos y quel temps es

tenebros | e no y veyretz quan lo lums es rescos. UcB.3, M.W.III.209,c.4.
— 869. Qui de fort fuzil | non uol cotel tocar | ia nol cug afillar | en un
mol sembeli. G.deBorn 45, M.G.849,c.2. — 870. No seb trair'aiga de clar
riu. L.Cig.5, M.W.III.129,c.3. — 871. Ara diran tut li desconoissen | que
cel es fols qu'am autrui mais que se. J.Bonels, M.W.III.311,c.2. — 872.
Dieus e dretz e razos s'acordon | c'om deu mais amar si mezeis c'autre.
G.de Mur 5,17, Meyer 491. -- 873. Mais uuoill pelar mon prat cautrel mi
tonda. G.de Born.69,28, Arch.33,322. — 874. Faich vermelh de mon gonfanon blanc. B.de B.29,10. - 875. Farez uermelh so ques blanc. Gav. —
876. Totas res pot hom en mal escrire. B.deVent.12, Chr.59,30. — 877. Ben
es uertatz que laire | cuia tuich siont siei fraire. B.deVent.29,31, M.G.68.
·- cf. G.deBorn.1, M.W.I.187,c.3. -- 878. Del reprovier mi sove | qui non
contraditz autreia. Peirols22,29, M.W.II.22. — 879. Si tu vols selar un
lag plag | contra dreg be t'estara lag | car dieus ti fara parsonier | de la
pena e del logier. Sen., Dkm.210,7. — 880. Atrestan es vas Dieu encol-
patz | selh que manten lairon com es lo laire. P.Card.69, M.W.II.239,c.1.
— 881. Parsoniers es del mal quil consen. G.de Mont.10, Arch.34,200,c.6.
— 882. Qui consen faillimen | d'autrui e no len repren | companhier e
parsoniers. G. de Poic. 10, c.2. — 883. La flam esconduda es greu ad es-
cantir. P.d'Alv., L.R.II.312,10. — 884. Eu sai qel fuocs sabrasa per cobrir.
F.deMars.6, Arch.51,268,c.5. — 885. La peyra que hom ve venir | non te
dan, qu'om s'en pot gandir. Sen., Dkm.194,9. — 886. Folz es qui cela al
mege son malage. R.deVaq.29, Arch. 35,102,30. — 887. Sap qu'aver no
pot secors | mas per un metje sol on cre. G.Faid.5, M.G 352,c.4. — 888.
So dis us versetz de Cato: Senher es fols certamen | can no vol creire
son sirven. B.Carb.9,c.3, M.W.III.257. — 889. Lai on hom a son thezor |
vol hom ades tener son cor. B.deVent.41, M.W.I.19. — 890. Lai vir la
forzal gein | ols huila el coratge tein. G.de Born.10, M.G.865,c.2. — 891.
Sai be qu'es falhimen lo repropchiers c'om dire sol | que olh non vezo,
cors non dol. A.deMar.95,39. — cf. Brev.34138. — 892. Le repropchiers
no dis ges ver | que cors oblida qu'u e i l h s non ve. Peirols33, M.W.II.
27,25. — 893. Selh que ditz qu'al cor non sove | de so qu'om ab los
h u e l h s no ve, | li miei l'en desmento ploran. Perd.14, M.W III.74,41.
— 894. Quays quom oblit so que no ve soven. A.deB.3, M.G.194,c.2. —
895. Lai vir on la dens me dol. B.de B.28,41. — 896. A la den | torna
soven | la lenga on sent la dolor. Marc.24, M.G.797,52. — 897. Sai a la
dolor de la den vir la lengua. F.deMars.5, Arch.51,267. — 898. No puesc
sofrir | qu'a la dolor de la den la lengua no vir. G.deBorn.51, M.W.I.185.
— 899. La lenga vir on la dent mi fa mal. Uc de l'Escura 1,c.4. — 900.
Ab semblan cog et ab cor cru | gratar me fai lai on nom pru. B.dePrad.
1, Dkm.142,9. — 901. Om maiers es plus calfa l focs. G.Ad.1, M.W.III.
188,18. — 902. Vers es so quel reprochiers ditz | que bos pretz creys on
plus luenh es auzitz. G.d'Uisel 1, M.G. 189,49. — 903. Cum plus dorm
mielhs me ressida. G. de Cab.1, M.W.I.112. — 905. Qui mais viu plus
poigna de fenir. G. Faid.14, M.W.II.96,4. -- 906. Hon mais m'esfors cas-
cun jorn d'aver vida | pus m'aprobenc, so es sert, de la fi. G. del Ol.43,
Dkm.47,11. — 907. Le crims nais anz que paresca. R.d'Aur. 22,26, M.G.
626. — 908. Ades o sapchon tal e cal | qe chauz non port altre cabtal.
Lignaur1,c.4. — 909. Nulha res non secreta sia c'o sapchan tres. B.Carb.
58, Dkm.24,3. — 910. Seneca dis que saup philozophia, | que mieu e tieu
mogron discordi'el mon. G.delOl.56, Dkm.34,20. — 911. Guerra tol soven
so quadui patz. G.deBorn.58, Arch.33,319,c.5. — 912. Amors tol mais que
no vol dar. R.deVaq., Brev.28092. — 913. Erguelhs es grans e folors | qui
ab plus fort de se tensa. G.dePoic.14, P.O.218. — 914. Qu'ab plus fort

de si se desmesura fai gran foldat. F.deMars.21. — 915. Puesc dir: Qui
dereir'autruy cavalgua non baiza qui vol. A.d.E., R.V.22. — 916. En reprocier c'auzian me dis ! que tant trona tro plov'). A.Dan.1,39, M.G.426. —
917. Auzit ai dir, | c'om enoios non pot morir. Brev.33662. — 918. El
pros coms Raimon de Toloza | dis una paraula ginhoza | que retrairai per
so que no s'oblit: | e cant yeu aug so que non ai auzit, | et yeu me pes
so que non ai pessat. G.del Ol.23, Dkm.33,3. — 919. Gara ti doncs e
membre ti | del proverbi de Constanti | que ditz: Hom que no fai la filla
| gart se no faza la similla. D dePrad.,Stickney71,1151. — (920. Elam dis
un reprovier, | don, vos·re dat son menudier | et eu revit vos a doblier').
Gll.IX.2, Chr.30,12.) — 921. Es digz con si gar col proverbis espo | que
not fizes en uelay | ni en clergue ni en lay : qun pauc retray | al premier
trabustire. P.Card.9, M.G.758,c.5. — 922. Fassail plan de Puoi de Doma
| quan d'el plus prop es tant s'apil | si col proverbis s'acoigna | sil trai
l'uoill, el pouois loil oigna : sofra e sega ab cor humil. A.Dan., Canello
99,36. — 923. Sap mais e bes atressi ! e sap com val cars al moli'). R.de
Vaq.8. — 924. Cavalgan pogran a damas. Flam.214. — 925. Son pelan
la grua. Cr.CII. p.227, Fauriel. — 926. Hom vai dins lo tertre camjau.
A.deScarlat, M.W.III 222,c.4. — 927. Doussa cum pimens. Marc.44,9, Arch.
33,341. — cf. B.dePrad.3,c.3. R.deB.38,91. — 928. Plus pesan que plom.
P.delaMulal, Arch.34,192. — 929. Plus cau dun sauc. L.delAiguillon1,c.5.
— 930. Ensems quol palh el gras. G.deBorn.32,26. — 931. Mesclal gran
en la palha. B deB.44,26. — 932. Penre los buous e'ls boviers. Cad.6,
M.W.III.66,c.4. — 933. L'ou e la mealha. B.deB.44,5. — 934. Lo vert el
madur. B.de B.32,61. — 935. L fetg' el fel. Pist.3,c.7. — 936. Cim e
razitz. L.Cig.7,c.2. G.Fig., Lévy pg.82, Anm.13. — 937. Nol laissarau ni
cima ni razitz. Austorc de Segret1,c.4. -- 938. No porta soc ni sauca.
P.Card.18,27. — 939 Non dis ni buf ni baf. Flam.1241. — cf. B.deVenzac
3,c.2. — 940. Meins me tenh que juzeus. P.Vid.9,28. — Not pretz un
grapaut. Raim.Escrivan,Chr.318,36. -- Nom costet un alh. B. de B.44,1.
R.deVaq. 22, M.W.I.360,18. An.143, M.G.110,c.2. Arlabecca, Dkm.76,15. —
Toz non los dopt un aulaigua. Palais 2,c.2. - Non valran una mora. G.
deBorn.57, M.G.877,c.7. Adem.loNegrel,c.4. — No val una raba. R.d'Aur.
15,c 6. P.delaMulal, Arch.34,192. — Non daria una pruna. R. deVaq 12,
M.G.522,c 2. - Non val una poma. A.Dan 13, Chr.137,19. — Ges una
pauca mela non me pretz. R.d'Aur.40.c 7. P.R.deTol.5, M.W.I 137,c.7. — No
m notz lo pretz d'una fia R.deMir.24, M.W II.118,c.5. — Pera. Brev.29228. —

---

1) Das Sprichwort enthält eine Mahnung zur Vorsicht, etwa die, dass
man sich nicht zu früh in Sicherheit dünken soll.

2) »Herr, euere Würfel (Würfe) sind klein und ich überbiete euch
ums Doppelte«. Wenn auch der Text leicht zu übersetzen, so hat doch
seine Auslegung als Sprichwort Schwierigkeiten. Wir werden deshalb
»reprovier« besser mit »Vorwurf« übersetzen, also: »Sie machte mir
einen Vorwurf«, sc. aus meinem schlechten Spiel. — Sonst scheint diese
Bedeutung des Wortes nicht so gewöhnlich gewesen zu sein, denn
Raynouard (IV. 653. I. no. 17) führt nur ein Beispiel an (aus Passio de
Maria): »De reprochiers sadolatz.«

3) Entweder ein Pfiffikus, der das Gras wachsen hört, oder auch ein
schlauer Mensch, der mehr wie gewöhnliche Menschen weiss und kann
und daher gelegentlich dieselben auch einmal betrügt, ohne gefasst zu
werden.

Negus lo pretz d'un aguilen non portava. Uc de l'Escural,c.5. — Non pretz una notz. Mat. de Caerci 1, c. 5. — No val una castanha. P.Vid. 6, 60. — Un'aglan. Gav.1, M.G.201,c.3. R.G.deB.2, M.G.190,c.5. — Non valria un uou. A.Dan.1,c.2 G.deBorn.21, M.G.826,c.3 Marc.37, Arch.33,340. G.Riq.87, 43. — Non preza una mealha. An., Dkm.76,12. — No ls tem una rusca de vern. P.Br.6, M.W.III.251. — Bec de gau. Brev.32159. — No pretz un assanha. D.dePrad.5,c.6. — Non ual un poing de cendre. B.Zorgi15,c.3, Lévy 2,19. — Un ponh de sal. B.Zorgi. Lévy5,12. — Non daria un plom. Brev. 28160. — Non val lo pres d'un dat. Rain. de Tres-Sauzes 1,43, Meyer658. Uc de S.C.44,c.2. Brev.29822. — Non prezera un guan. P.R.deTol.9, M.W.I. 139. Brev.33528. Raim. de Tors de Mars.2,c.3, M.G.323. — Non mi valgues un clavelh. G.de St.L., M.W.II.39,c.4. — Non es prezatz un boto. B.Carb. 34, Dkm.91. R. G. de Bez. 6, M. G 1018, c.5. Gauseran de St. L.1, c.5. B. Zorgi 14, M.G.665,c.3. — Non pretz lo ualen d'un tros. Palais2,c.2. — Non prezar un dinier. R.d'Aur.31, M. G. 620,c.6. B.Marti8,c.1. Bertr.del Pojet 2,c.3, M.G.138. Uc de S.C.44,c.2. — De dieu non tenc un poges. An.52. Meyer673. — Un sols nom prec. A.de Mar.7, M.G.212,c.2. — Un botacays. R.de Vaq.12, M.G.529,c.2.

XVI. Gott, Heilige, Geistlichkeit.

Vor dem Wesen Gottes spricht sich im Sprichwort immer die grösste Achtung aus, und zwar sind es namentlich seine Allwissenheit und Allmacht, welche das Sprichwort hervorhebt.

911. Dieu que no faill en re. R.d'Aur.25, M.G.1028,c.1. — 912. Qu'anc non menti. Flam.5854. — 943. De dieu mov tot saber Salamos n'es guireus. P.Card., M.W.II.224. — 944. Selh qu'en dieu non cre | non deu terra tener. Uc de S.C.42, M.W.II.151,c.5. — 945. On hom mais sai viu d'ans | ses dieu, mais tai de sos dans. F.deRom.10, M.W.III 99,c.2. — 916. Cui lauza pobles, lauza dominus[1]). P.de C., Chr.126,4.

Gar nichts hat uns das Sprichwort von der übrigen heiligen Familie aufbewahrt. Die sprichwörtlichen Redensarten die Heiligen betreffend sind auch nur in sehr geringer Anzahl vorhanden. Da dieselben aber bei den christlichen Nationen des Mittelalters eine grosse Rolle im täglichen Leben spielten, können wir auch bei den Provenzalen eine bedeutend grössere Anzahl von diesen Redensarten voraussetzen, als hier aufgeführt sind.

947. En luoc Sain Johan[2]). B.deB.26,14. R.G deB.7,c.3. Azais 9. — 948. Domna, ben aic l'alberc saint Julian | quan fui ab vos dins vostre ric ostal[3]).

---

1) Das Wort »dominus« ist wohl eine durch die Geistlichkeit in den Text gebrachte gelehrte Form. Sie deutet darauf hin, dass das Sprichwort seine Heimat mehr in den Klöstern und in der Kirche als auf der Gasse hatte.

2) Sain Johan. Der Lieblingsjünger Jesu hatte wohl auch im Himmel einen guten Platz.

3) Saint Julian ist der Schutzheilige der Gastfreundschaft.

G.IX.3,14. — 949. Truep que sans Marcx ajuda mais e sans Donatz | que dieu ni dretz ni amistatz. B.Carb.94, Dkm.82. — 950. De pejor obralha que non es lo fers saint Launarz. B.deB.44,33.

Wenn die geringe Anzahl der Sprichwörter auf diesem Gebiete schon wenig kirchlichen Sinn anzeigen, so finden wir einen ferneren Beweis für diese Behauptung darin, dass die Dichter gar nicht gut auf die Geistlichkeit zu sprechen sind, und die auf dieselbe bezüglichen Sprichwörter weniger von Achtung zeugen, als vielmehr Spott und Satyre enthalten.

Stehendes Epitheton für den Mönch ist: *tonduz*, Torcafols 2, c.3; *barbuz*, Torcafols 2, c.5.

951. Ama mais batalhas e torneis | que monges patz. P.Vid.45,52. — 952. Aissi cum un confraire | noi es uns nol poscatz tondr'e raire | o ses congreuz dels quatre pes ferar. B. de B. 43,79. — cf. B.d.B.2,51 und B.de B.I.47.

In gleicher Weise unterwürfig und friedliebend wie der Mönch sind Jude, Diener, Lamm.

953. Obedient plus qe serf ni iudeu. F. de Rom. 8, Arch.33,309,c.2. — 954. Anhels me par. B.deB.45,51-52.

Einen recht satyrischen Zug finden wir in:

955. Ausels uola mal ses pluma | e pauc mal cella ab meinz d'arzos | e mal fot bisbes ses coillos. G.deBerg.4, M.G.589,c.1.

XVII. Historische Sprichwörter.

Während die volkstümlichen Sprichwörter eine moralische oder allgemeine Wahrheit enthalten, macht das historische Sprichwort Anspielungen auf den physischen oder moralischen Charakter eines Landes, einer Stadt oder deren Bewohner; oder auch es ruft uns ein bemerkenswertes Ereignis ins Gedächtnis, einen besonderen Charakter, einen berühmten Mann, einerlei welcher Art die Eigenschaft sei, der er diese Berühmtheit zu verdanken hat. Dass sich das Sprichwort auch gern der Romanen entlehnter Ereignisse fabelhafter Art bemächtigte, ist selbstverständlich. Es sind weniger eigentliche Sprichwörter als gewisse ständige Gleichnisse und sprichwörtliche Redensarten, welche hierher zu rechnen sind.

Beginnen wir mit den Anspielungen auf Völker, so sehen wir, dass die Sprache der Deutschen dieselbe Rolle bei den Provenzalen gespielt hat, welche die romanischen Sprachen, »welsche« genannt, heute bei uns vertreten, nämlich die, etwas Unverständliches zu bezeichnen; vergleiche dazu die Ausdrücke »welschen« und »spanisch vorkommen«.

---

1) Die beiden Heiligen sind hier significante Bezeichnungen für Geld und Geschenke.

956. Ieu non enten plus que selbs d'Alamanha | qui parl'ab me. P. deC.XX.20. — 957. Quant la prec, ela fai un semblan | que no in'enten plus que un Alaman. Pist.2.15. — 958. No t'enten plus d'un Toesco o Sardo o Barbari[1]). R.deVaq.7, M.W.I.262,c.6.

Neben der Sprache der Deutschen ist es dann auch die der Bretonen, Griechen und Lateiner, deren Unverständlichkeit im Volke sprichwörtlich war:

959. Anc no vi Breto ni Baivier | que tan mal entendre fezes | cum fai home lag messorguier. P.Card.5, M.W.II 243. — 960. Quais quieu ai lengua bretona | que negus hom no m'enten. P.Card.29, M.W.II.226,c.5. — 961. Cascus me tenra per Breto e dira quieu chan cluzamen. B.Carb.18, c.5. — 962. Ieu l'enten mens quels grifos. G. Riq.25,76, M.W. IV. 246. — 963. L'auzel canton lor latis. Cerc.4, M.W.III.303. — 964. Lo dous temps d'abril | fa'ls auzelhs mutz cantar, | quascun en son lati. P.deBuss., M.W. III.278,c.1. Ferner: Ameusde la Broqueira 2, c.1. Marc.17, B.Chr.54,15. An. 145, Meyer520,31.

Die Bewohner der Bretagne finden wir auch noch in einer anderen Beziehung sprichwörtlich geworden: An ihrem in der Schlacht gefallenen König Artus hingen sie mit solcher Liebe, dass sie an dessen Tod nicht glauben mochten und daher seine Wiederkunft stets erwarteten, welche Hoffnung sich allerdings als thöricht erwies und sie dem Gespött der Nachbarn aussetzte. Cf. Rain. de Pons 1, c. 4, Arch. 32, 412.

965. Per mercel prec quel sovenha | sil plai que ab lieys nom fos | l'esperansa dels bretos. G.Faid.16, M.G.456,c.4. — 966. Contendemen fai deBreto. G.deMont.12, M.W.III.140,c.6. — 967. Fag ai la muza del Breto. P.Vid.15,17. — 968. Er ma far lo conort del bertan. R.deVaq.25, M.G. 1078,c.3. — 969. Esperar e muzar me fai coma Breto. P.Vid.7,61. — 970. Anc non auzi fors de breto | domen tant longa atendezo. G.Ad.2, Arch.83,456,c.2. — 971. De bona dompna cove . . . . | que nol fassa semblar breto. G.deBerg.13, M G.165,c.4. — 972. Atressim sona em reclama | cum fetz lo sens bertalais | amors e ren nom dona. G.deBorn.57, M G 877, c.3; cf. G.deBorn.34, M.G.833,c.4 und R.d'Aur.10, M.G.320. — 973. Servirs qu'om no guazardona ; et esperansa bretona | fan de senher escudier | per costum'e per usatge. B. deVent.23,37, M.W. I. 31. — 974. Tals cuia far mantenen qe sa'sperans'o bretona[2]). G.de Born. 74, Arch.33,305,c.4. — 975. Breton lor atendre. G. deBiarn 1,c.3. — 876. Eu sec la trassa del buen Bertolai. An.124, Gröber,Zeschr.I.63,70. — 977. Me men e matrai | lo bou bertalai | qe plus noi ateing. G.deBorn.34, M.G.833,c.4 ; cf. R.d'Aur.10,c.2.

---

1) Wie beliebt damals die deutsche Sprache, wie das deutsche Wesen überhaupt, bei den Romanen war, mögen folgende Citate noch zeigen: La gent d'Alamaigna . . . cor mi'n fai laigna ab lor sargotar. Peire de la Caravana, M.W III. 271,c.4. Alamans trob deschauzitz e vilas e quan negus se fen d'esser cortes, ira mortals e dols et enois es, e lor parlar sembla lairar de cas. P.Vid.41,9. Letzteres Citat erinnert lebhaft an Julian (um 350 n. Chr.), der den am Rhein gehörten Gesang der Deutschen als Rabengekrächze bezeichnete (Misopogon. II. 56). Vgl. auch Chanson des Saxons II. 38, Auberi ed. Tobler 23 Z. 4 und Gautier Epop. fr. III[1]243.

2) Dass diese Redensart ein Verbum »bretonar« erzeugen konnte, deutet auf ihre grosse Popularität hin.

Die historischen sprichwörtlichen Redensarten bezüglich der Eigennamen sind wohl zahlreicher gewesen, als wir aus den wenigen Überresten, die uns vorliegen, schliessen können.

Die aus 4 Brüdern bestehende Familie der Algais finden wir ihrer Räubereien wegen sprichwörtlich geworden.

978. Us tengues us dels Algais | en lega lo terz d'un dia. Ebles d'Uisel 3, 6. — 979. Ges en la companha Martin d'Algai | hom pietz non trai. Uc de S.C., Diez.L.u.W 4!5. — 980. Vol gerra mais plus que non fetz uns dels Algais. B. de B.2,53. — 981. Dieu prec que trachors…abais aissi com fes los Algais. P.Card.48.21. — 982. Fetz tals tres tracios | que no feira iudas ni guaynelos. P.Card.65, M.G.764,c.1.

Wie der Volksmund uns diejenigen, die durch ihre Schlechtigkeit eine traurige Berühmtheit erlangt haben, als abschreckendes Beispiel vorhält, so hat er auch den Guten ein Denkmal gesetzt zur Anfeuerung und Nachahmung für die Nachwelt.

Als Bild der Tapferkeit, wird Roland namentlich erwähnt.

983. Tan fortz cum Rotlans. Brev.29050. — 984. Valra darmas Rolan. Lo vesques de Clarmout 1,9, Arch.34,114. — 985. Ual armas Rotlao. Guigo 1,c.5, M.G.355. — 986. A sufert plus cus Rolanz. G.Raim.3,c.1. Arch.34, 413. — 987. Eu no m'apel Olivier ni Rothlan. G.d'Apchier3, M.W.III.276. — 988. A cor ab mais d'ardimen qu'Alixandres, Olivier ni Rotlan. Serveri3, M.W.III 320,c.7. Cf. B de Born. 30,21; Rostaing, B.de Mars.6,41; B. Carb.17,c.3; Paves, Arch 34,408; A.de Malaspina, M.W.III.182,c.6.

Was die Freigebigkeit für eine bedeutende Rolle spielte, haben wir schon oben gesehen. So heben denn auch die Loblieder auf die Helden der Zeit, sowie die Klagegesänge auf ihren Tod keinen Zug der Gepriesenen mehr hervor als die mit Reichtum verbundene Milde und Freigebigkeit, doch finden wir dieser Eigenschaft wegen nur drei Personen sprichwörtlich geworden: Alexander, Karl und Artus.

989. Alixandres lo reys que venquet Daire | no cre que tan dones ni tan messes | ni anc Charles ni Artus tan valgues. F. Faid.22, c.2, M.W.II. 93. — 990. Per dar conquis Alexandres rois . . . . e per donar conquis Carles Baivieira. P.de la Mula2, Arch.34.192. — 991. Anc non fon tan larcs segon mon parer | Alexandres de maujar ni d'aver | ni ges d'armas Galvains plus non valia ! ni non saup tan Yvan de cortezia | nis mes Tristans d'amor en tan d'assai. A.de Peg.10, M W.II.168. Cf. G.Fabrel,c.4; An.239, F.184,4.

Man hat das Leben des Cavaliers in Herrendienst, Frauendienst und Gottesdienst eingetheilt, daher werden wir uns nicht wundern, wenn auch diejenigen, welche am treuesten verliebt waren, einen Platz in der Erinnerung des Volkes gefunden haben. Und dass der Frauendienst nicht der unwichtigste der drei war, sehen wir aus der grossen Anzahl der auf die Liebe bezüglichen Sprichwörter als auch aus den vielen hier uns aufbewahrten Namen treu Verliebter, die teils glücklichen, gewöhnlich aber unglücklichen Liebesverhältnissen entnommen sind.

Aus der Bibel finden wir die folgenden Bilder von Liebe und
Treue bei den Provenzalen zu Hause:

992. L'am mais per saint Raphael | que Jacobs no fetz Rachel. P.
Vid.14,49. — 992a. Ieus am mais que no fetz Sarra Abram. B.Zorgi,Lévy
3,120. — 993. Vos dezir plus que deus cil d'Edoma. A.Dan., Chr.137,26.
— 994. Am lejal e fizel | e just plus que deus Abel. P.Vid.14,29.

Der antiken Sage entlehnte Gleichnisse der Treue sind:

995 Ieu am la miels e may no fes priamus tibe. Gr.deS.5, M.G.946,
c.4. — 996. L'am mais que Tusbe non amet Piramus. R.deVaq.2, M.W.I.
365,c.5. Cf. Rofianl,c.5, M.G.954. - 997. Eu sui plus fis | qu'elena paris.
G.deBorn 28,c 2, M.G.949 Cf. A.Dan.16, M.G.427,28; R.Jordan8,c.6; Lamb.
deB.7, Arch.33,451. — 998. Anc non amet hero tant Leandier. R.Jord. 8,
c.6. — 999. Anc apoloine de tir mels amar no pogra. An.5, M.G.282. —
1000. Anc Narcissus qu'amet l'ombra de se, · si be s mori, no fo plus fols
de me. Peirols21,M.W.II 16,c.3. — 1001. Aissim perdei cum perdet se lo
bels Narcissus en la fon. B.deVent. Cf. G.lo Ros7, M.W.172,c.3.

Aus den Romanen der Zeit selbst sind die folgenden
Gleichnisse:

1002. Plus vos am senes enjan | non fes Yseut son bon amic Tristan.
F deMars.13,42. — 1003. Mais vos am ses bausia | non fetz Tristanz s'amia.
P.deC.VI.42. — 1004. Fis amans li sui trop meillz non fo d'Iseut Tristans.
P.deC.XXIII,14. — 1005. Ainch no amet tan Tristans Ysolt la bella . . .
F.deRom.2, Arch.34,426,c.3. — 1006. Nou feiric ab son cairel tristan nizoi
plus formen . . . B.Zorgi 2, M.G.308,c.4. Cf. R.deMir 45, M.G.1122,c.4; B.
deVent.44, Chr.63,29. — 1007. Tan vos sui ferms e leials | qe Tristans fo
vers Yseut fals | e vers Blanchaflor Floris ac cor galiador. P. de C. 9,
135. — 1008. Pus que floris ab blancaflor suy eu amans . . . G.Evesques
1.c.3. — 1009. Sapciatz canc plus coralmen non amet floris blanciflors . . .
F. de Rom.3,c.3. Cf. B.deDia5, M.W.I.88; R.deVaq.23, Arch.35,413,c.6. —
1010. Anc Andrieus de Paris, Floris, Tristans ni Amelis | no foron d'amor
tan fis. Peirols6,c.17. — 1011. Si tan gen muri Andrieus non amet miels
en son cor qu'ieu . . . El.deBarj. 6, M.W.III,c 4. — 1012. Amadaus ay
mays candrieus la reyna. R.deVaq.25, M.G.1078.c.4. Cf. G.Faid.17, M.G.
495,c.5; Ugo de Pena I, c.8; Jord.deCofolen1,c.6, M.G.211; R.deVaq.16,; R.
del'rad.3,c.1; R.Jord.13,c.4; An.144. — 1013. Vos am mais Landrics no
fes N'Aja. P.deMars.4, Lévy pg.18,3. — 1014. Am vos mais que Landrics
no fes Aja. P.d.C XV.42. — 1015. Ieu serai de bon celar e pus fis, si
dieus m'ampar, que no fo Landricx a Naja. P.R.deTol.3, M.W.I.,134. —
1016. Ieu l'am mais no fetz auda rotlan. G.deS.1, M.G.1185,c.2. — 1017.
Vos am mais non fetz Seguis Valensa. B.deDia., Chr.71,10. — 1018. Ieu
am mais que non amet valens guis de nantuelb la pieusel ayglentina. R.
deVaq.25; M.G.1078,c.2. — 1019. Erex non amet herida tan ni Yscutz
tristan. An.92. — 1020. Anc non amet plus d'un uen cel de Monclar
n'Audierna. A.Dan.10, M.W.II.73,3. — 1021. Eu lam mais qu'aimiers non
fetz son oncle. B.Zorgi4, M.G.573,c.6 — 1022. Aissi 'l serai fis, ses falsa
entresenha, | cum fo'l leos a N'Golfier de las Tors[1]). G. Faid. 15, M.W. II.
103,c.5.

--- --- ---

1) Jener Kreuzfahrer hatte einen Löwen von einer Schlange um-
wunden angetroffen und ihn befreit. Der Löwe folgte seinem Retter
von nun an auf Schritt und Tritt und soll ihm sogar ins Meer nach-
gesprungen sein, als er das Heilige Land verliess.

Als Bild der höcbsten Weisheit hat Salomo dem Volke vorgeschwebt.

1023. Sen de Salomo. Matfre8, Azais134,c 2; An.154; Piat.3, M.W.III. 193,c.2. — 1024. Saber de Salamo. B.Zorgi 15,c.7, Lévy2,60. — 1025. Sen feing salomos. Gll.Raimon3,c.2, Arch.34,413; Uc B.3. — 1026. Ai sen de Cato. Bern.de laFon., P.O.395,c.4 ; Peire del Poi., Dkm.135,2. -- 1027. Lombart de sen. G.Faid.51, Arch.33,454,c.6. — 1028. La beutatz d'Ansalon. B Zorgi, Lévy2,59.

Während bei unserem Volke heute Methusalems Alter sprichwörtlich ist, war es bei den Provenzalen Enochs:

1029. S'ieu vivia tan cum Enocs. G.Ad.1. M.W.III.188,15. — 1030. Visques tan cum Ilelias et Enoc. Aug.Nov.2, M.W.III.178,c.2.

Ein sündiger Mensch wurde, wie bei uns, mit dem Namen Adam bezeichnet:

1031. Adam cujon contrafar. B.deB.27,39.

Nachtrag.

Während vorstehende Abhandlung im Drucke fast fertig gestellt war, erschien in den Romanischen Forschungen Bd. III. eine Arbeit von B. Peretz in Göttingen, die denselben Gegenstand behandelt, nämlich: »Altprovenzalische Sprichwörter mit einem kurzen Hinblick auf den mhd. Freidank«.

Wenn auch die Arbeit von Peretz und die unsere, nur nach dem Titel beurteilt, fast identisch zu sein scheinen, so ergänzen sie sich doch gegenseitig so vielfach, dass ein nachträglicher Blick auf die erstere hier angezeigt erscheint.

Fasst man das Verzeichnis der benutzten Quellen ins Auge, so sieht man, dass der Verfasser keinen Unterschied zwischen lyrischen und epischen Stoffen gemacht, sondern die näher liegenden Werke beider Gattungen als Grundlage für seine Arbeit gewählt hat. Hiermit tritt sogleich das unsere Arbeit ergänzende Material zu Tage, nämlich die Sprichwörter aus manchen provenzalischen Epen, die unsere Arbeit ja fast gar nicht berücksichtigt hat. So finden wir im Verzeichnis der benutzten Quellen: Aneliers, guerra de Pamplona (Ed. Michel), Flamenca (ed. v. P. Meyer), Guerre contre les Albigeois (ed. v. P. Meyer). Freilich sind auch hier noch immer Lücken geblieben, wir wollen nur an den Girartz de Rossilho erinnern, der, wenn auch öfters citiert, doch nicht im Original dem Verfasser als Quelle gedient zu haben scheint. Ein zweites ergänzendes Moment für unsere Arbeit ist wohl in der Behandlung der nachklassischen lyrischen Producte zu suchen, die, wie die Epen, für unsere Arbeit nicht direkt ausgebeutet worden sind, sondern nur eine sporadische sekundäre Benutzung erfahren haben.

Was die abweichende Ansicht über die sogenannten gelehrten Sprichwörter, die Peretz ausgeschlossen sehen möchte, anbelangt, so ist unsere Auffassung bereits in der Abhandlung durch hinlängliche Gründe unterstützt worden. Peretz selbst verfährt hierin nicht consequent genug, indem er Sprichwörter wie z. B. 16 (ab la una ma lavon l'autra), 23, 92, 176, 276 etc. in die Sammlung aufgenommen hat.

Bei den nun folgenden nachzutragenden Sprichwörtern ist die Anordnung so getroffen, dass erstens die Sprichwörter, die einer unserer Gruppen leicht subsummierbar sind, deren Nummern erhalten haben, zweitens die übrigen mit Nr. 1032 u. ff. bezeichnet werden*).

1a. El ric s'irais mentre l'amoros dansa. B.G.335,24. — 3a. C'amors faill meillors meillorar. B.G.392,23. — 3b. Res non es, amors non ensein. Flam. 4340. — 3c. Pueis dizon tug quant hom t'ai falhimen | Bem par d'aquest, qu'en donas no enten. B.G.406,24. — 11a. Ar ai ben d'amor apres cum sap de son dart ferir. P.Card.3. — 11b. D'amor son gran poder. M.W.4,210. — 11c. Amors non a seinor ni par. Flam.3722. — 31a. Qui ama desena. B.G.323,4. — 31b. Mais lai on amors tiral fren | E bos conseils e volentatz | Revens tot sens una foldatz. Flam. 5265. — 68a. Mas en amor non a hom senhoratge. B.G.70,42. — 68b. Amor non gara sagramen. Chr.⁴260,18. — 68c. Cals es est reprovers | Que cel que mais vos ama vos deu estre esquerriers. Albig. 6894. — 68d. Quis tol repaus amor si tol. Flam. 1530. — 68e. Car trop tarzar en dompney es folia. B G.225,9. — 68f. . . . trop alongiers | Esveilla falses lauzengiers. Flam.5004. — 68g. Plus que no pot ses aiga viurel peis | No pot esser ses lauzengiers domneis. P.Vid.S. 84. — 85a. Cel quel lauza la folor | Vol que la tassas maior. Leys III.272. — 91a Al gran besonh ve hom qui es ami. G. de Ross., Hofm.4233. — 91b. Prosperitatz aperelia tost amicz, aversitatz los proa tost. L.R.4,660. — 91c. A la cuinda pod hom probar | Amis de boca senz amar. Giornale di f.r.1,38. — 97a. Car sai eu ben per ver certanement | Qu'om mort ni pres n'a amic ni parent. B.G.420,2. — 98a. Le mal que fas te met al bas. Leys III.306. — 112a. Que car den comprar qui car ven. B.G.323,5. — 117a. De gran forfait gran venjansa. B.G.10,14. — 117b. C'om renda mal segon la forfaitura | E ben per ben. G.Fig., Lévy 65,59. — 118a. Car qui fai deleial obra | Segon c'a servit o cobra B G.335,27. — 146a. Volpilla es aigla que voutor pren. B.G. 466,28. — 152a. De mals grans | Non pot issir mais bos pans B.G.457,38. — 153a Qui no vol autre honrar | No vol esser bonratz Chr.⁴305,11. — 155a. Mas de mal frug mala sabor. B.G.323,1. — 163a. De malvatz arbre non pot issir | Mais malvatz fruha L.R.2,112. — 163b Qui petit semena petit met. L.R.4,214. — 163c. Qui bon fruyt vol avar | Bon arbre deu plantar. Heyse, Rom. Ined. S. 13. — 166a. Quar li enfanz de lur parenz | Aprenon toz lur nuirimenz. S.Agnes, Sardou139. — 174a. A tals vassals. tal senhor. B.G.10,32. — 174b. Aytal salsa, aytal pebrada. L.R.4,473. — 184a. Meliers chauza es donars que penres. L.R.2,358. — 184b Tals tolh que deuria donar. B.G.372,5. — 204a. Si dos promes est tost datz | Si meseis dobla e sos gratz. Flam.1669. — 204b. Qui trop fai son don atendre | No sap donar ni doin a vendre. Flam.1667. — 204c. Be sabetz que segon razo | Lo dons trop atendutz se ven. G Fig, Lévy 48,35. — 204d. Car s'us dons non sec tot promessa Non es mais angoissa de pessa. Flam. 1665. —

---

*) Der Hauptsache nach musste ich mich beschränken die Stellen, so wie sie Peretz giebt, wiederzugeben, da mir die Literatur gegenwärtig nicht zur Hand ist, doch hat Herr Prof. Stengel die Güte gehabt eine Anzahl anstössige Citate zu controlieren und zu berichtigen.

215a. La letra aucis, e l'esperit vivifia. L. R. 4,55. — 215b. Merces dis eisamen | De gran tort, gran perdonansu. I. R. 4,516. — 245a. Ben vei e sai e crei qu'es vers | Qu'amors engraiss'e magrezis. B. G. 323, 15. — 258a. Quar long servirs ab merces veus | Lai on ne val forsa ni genhs. B.G.155,23. — 258b. Per que bon cor val mais | Que forsa en totz assais. B.G.70,39. — 273a. Ayzina fay pecar | Et avers follejar Leys 3,272,152. — 273b. Mal' aizina fa peccar. Brev. 3415). — 273c. Mals nais de mal' aizina. Brev. 31408. — 327a. Mas so ditz hom | Qu'avols es quis recre. B.G.356,5. — 340a. Qui ben vol comenzar bons fait, si li deu acabar car lo pretz li remaigna. Giornale d. f. r. 1,38. — 340b. Re no pren comeniar, si non a bona fi. Heyse, Rom.Ined.17. — 350a. De cortezia es leus | Lo dirs e tener greus. Brev. 32236. — 352a. A l'obra conois hom l'obrier. Brev. ?. — 358a Nu al mon venen e nu nos en retornen. R. 2,104. — 361a. Cuidars es vanitatz | E paubreza vergonha, e vergonha bontatz. Alb. 6591. — 367b. Fortuna ve alcuna veguada als us, et autra veguada als autres. L. R. 4,351. — 368a. Car avers leu va e leu ven. D.de Prad., Stickney251. — 378a. Qui geta laz si penra en lui. L.R.4,4. — 378b. Qui fai fossa contra son vizi, chaira en lei. L.R.3,347. — 378c Qui met peira contra son vizi, si nafrara en lei. L. R.4,530. — 403a. Vilas quant en gran ricors pueia, l'avers lo fai folleiar. B.G.80,27. — 409a. Pois cascun s'encorcilha | Del autrui joi e s'esmaia. B. G. 70,7. — 418a. Tos temps sec joi ir'e dolors | e tos temps ira jois e bes. B.de Vent. 22. — 460a. Qui avan non garda areyre cai. Leys 3,272. — 460b. Qui non garda de long, mal a de pres. G.de Ross, Hofm.4727. — 477a. Trop car compra qui espera. L.R.3,171. — 496a. Tals cuia be | Aver filh de scapoza | Que no y a re | Plus que selh de Toloza. P. Card. 52*). — 496b. Tal semena ben e gen son blat qui nol maixona. B. G. 242,77. — 496c. Tals cuia lo pa trobar fah | quel fromens es el cam. L.R.3,401. — 525a. Trop es de greu occazio | qui penna contra l'agulho. Leys 3,270 — 539a. Suavet se castia qui per autre se castia. L.R.1,354. — 544a. E pent s'om tart, pois quant a pres lo dan. G. Fig., Lévy 64,24. — 545a. Car tos temps ai auzit dire | que batres non tol fol consire. Flam.1285. — 547a. Mas com ditz lo proverbis, tart se son perseü | Qu'els au claus lor estable el cavals son perdu. Albig 1534. — 550a. Pero d'un lat coratge | No s pot partir us rics pessatz. B.G.242,51. — 550b. Fol preser, fol messatge. Milá 410 Anm. — 554a. Mas costum'es tostemps que folhs foleya. B. G. 70,42. — 563a. Cascun enuisi | Troba gens de son bas | Car greu veiretz amas | Far de fols ab senatz. M.W.4,160. — 563b. El mou non a neguna creatura | No trueb sa par. B.G.234,9. — 563c Quascus auzels quier sa par. L. R. 2,215. — 563d. Cascuna bestia ama son semblan. L. R. 2,215. — 563e. Qu'ieu vey say e lay | Cascun auzel ab son par | Domnegar. B.G.

---

*) Von Peretz ganz falsch gedeutet (S. 428). Vgl. M. v. Mont. ed. Klein 9,10: »Enoja me . . . marritz qu'ama trop sa sposa Neus s era domna de Tolosa«. Levy (Literaturbl. 1886) leugnet zwar, dass diese Stelle mit 496a und der Erzählung der Cento-Novelle von dem Toulousaner Arzt, dem die Nichte des Erzbischofs bereits zwei Monate nach der Heirath ein Kind gebar, zusammenhänge. Er meint: »Der Zusammenbang lehrt, dass die hier erwähnte domna de Tolosa gerade als die Liebe des Gatten in hohem Grade würdig anzusehen ist«. Ich übersetze aber: »Widerlich ist mir . . . der Ehemann, der in seine Frau zu arg verliebt ist, wäre sie auch eine Toulousanerin [wie die bekannte des Arztes]«.

E. Stengel.

133,3. — 563f. Com quecs ab sa par s'aizi. B.G.30,9. — 564a. Car li sen
e li joc | An lur temp e lur loc. A. de Mar., M.W. I, 178. — 566a. Qu'en
tal luec vos valra foldatz | On sens nous poiria valer. B. G. 256,7. —
574a. Qui ve gran maleza faire | De maldir no se deu traire. B. G. 335,
45. — 574b. Contra menzonga sun fait de veritat. Chr.⁴ 6,29. — 578a.
De fol home fai enemic | Quel castia de son destric. Dkm. S. 206. —
582a. Totz hom que so blasma que deu lauzar | Lauz'atressi aco que deu
blasmar. — 582b. Per quem par folhs qui cre | Sel qui de mal ditz be. —
582c Seguon escrich troban e declarat l'aux an lo sen de cognoyscer lo
mal. Joyas 2,94. — 587a. Tals cujas autrui galiar | Que si mezeis lass'
e repren. B.G.372,5. — 594a. Que mantas ves a mais de sen | Le repres
que aquel que repren. M.G. 1235. — 597a. Malvaz pastor ha en aital |
Qu'a sos obs noz, ad autres val. Flam. 1097. — 598a. Qil seu no pod
cobrar mal cobrera Spaigna Giornale 1,38. — 599a. Lo mal el ben
aprenga | El mielhs gart e retenga. M.W. 1,177. — 606a. Car cecs e
pecs au tal maneira | Que negus non garda on feira. Chr.⁴ 182,35. —
624a. Quar tezaurs estoratz no val charbo. G. de Ross., Hofm. 8453. —
645a. Que trop parlars | Fai pieg que peccatz criminaus. B.G.389,18. —
652a. E ges ades non deu hom dire ver | Soven val mais meutirs et
escondires. B.G.30,9. — 652b. Mais val belha fadia | Q'us dos dezavinens.
B. G. 30,20. — 652c. Val mais paraula grossamen dicha | Que messonja
polidamens escricha. L.R.4,591. — 671a. Car trop tarzar en dompney es
folia. B. G. 225,9. — 674b. Car trop son trop aissi o trop. D. de Prad.,
Stickney 374. — 676a. Qu'auzit ai dir e sai qu'es vers | Que trop aizes e
trop lezers | Adus amor mais c'autra res. Flam. 1824. — 687a. Am mais
retener qu'esperar. Arch. 34, 187. — 690a. Cobeitatz vos engana | Qu'a
vostras berbitz tondetz trop de lana. B.G.217,2. — 692a. Qu'ades on
mais a plus quier. M. de M., Philipson 24,35. — 705a. Pero d'aitan me conort
| Que anc d'ergueil be non pres | Az ome per c'a mal port. B. G. 319,6.
— 753a. Sempre pesca qui una pren. Flam. 7334 — 754a. E fora dreitz,
qu'avol eissemple moc. P.Vid.S.83. — 760a. Qui avols es en cauz | Avols
es on ques vaza Leys 3,272. — 761a. Proverbis es comus: A la mager
necessitat deu hom primieyramens accorre. L. R. 4,308. — 767a. Qui non
pot mordre pessugu. B.G.174,8. — 769a. Car forsa paibs le prat. Albig.
I,506. — 769b. Forsa vens justizia. G.deRoss., Hofm.8223. — 797a. L'habit
no fa pas bon religios. L. R. 3,523. — 799a. Tal menassa c'a paor. L.R.
4,192. — 799c. Tals cuia esser cortes eutiers | Qu'es vilans dels quatre
ladriers. B. G. 389,5. — 800a. Tals a lo semblant effanti | Quel sens es
de Trebellia. P.Card.53. — 809a. Com lo proverbis ditz: Non es tot bel
so que pro te. L. R. 4.649. — Zu 816 vgl.: Ben es fols quil be ve el mal
pren. P deC..ed v.Nap.1,32 und: Qui per be mal pren... Saber pot, qu'assatz
a de ques plaigna. id. 1,5. — 825a. Tri de dos mals lo menor. Albig.
2493. — 844a. Qu'ieu ai vist comensada tor | D'una sola peira bastir.
B.G.242,51. — 866a. Qui no fay can poyria | Can far vol se fadia. Leys
2,272. — 866b. Qui pert son temps de son pro far Ges cau se vol nol
pot cobrar. Dkm.199,19. — 886a. Pero fai fol qi non s'en plaing | Al
mege qi lo pot guarir. P. d. C. 109,42. — 911a. Car de guerra ven tart
pro et tost dan. B.G.10,15. — 911b. Prop a guerra qui l'a en mieg son
sol. L.R.4,654. — 911c. Prop al guerra qui l'a al micich del sol | E pus
prop l'a qui l'a sotz son coissi. L. R. 1,435. — 915a. Quant hom es en
autrui poder | No pot totz sos talaus complir. B.G.364.39. — Zu 916
Anm.: Tan t'ena entro que plou (Leys 3,372). Man wird vor jedem Ereignis erst hinlänglich vorher gewarnt. — Zu 921 vgl.: Si col proverbi

despon : Ja not fixar ni en clerge ni en lairon. B.G.335,9. — 943a. Ni
anc ses Dieu fi ni comensamen. G. Fig., Lévy 50,5. — 943b. Ni ja nulhs
hom s'ilh estiers bes capte | Per gen tener ab dieu nos dezave. B.G.
225,4.

1032. Tartarassa ni voutor | No sent plus leu carn puden ... P.Card.
55. — 1033. Los bes d'amor venon a tart | El mals ven quasqun dia.
P.Card.11. -- 1034. Que per un gaug nau ben cent marrimens. B.G.386,2.
-- 1035. Quascus sab son afar. B.G.372,5. — 1036. Et hom sol dir:
dolent celui | Que castia si et altrui Giorn.dif.r.I.37. — 1037. Car cel
que l'autrui serca per pendrels autruis bes | Mais li valdria mort o que
ja no nasques. Albig 3512. — 1038. El pendutz es fora de consiriers
B.G.97,3. — 1039. Aspra paraula escomov forceneria L.R.4,279.   1040.
Membres ti qu'asatz quier qui s complaing. B.G.323,18. — 1041. Laissem
lo boc en la corda. L.R.2,230. - 1042. Cosel .. queret deu chi vos
pot coseler. R.II.139. — 1043. Lai on hom sab cosscilh, que lai lo quera.
G. de Ross., Hofm.3026. — 1044. Bon conseil sembla espeil. D. de Prad.,
Stickney 1345. — 1045. Qu'en desconort | Aconsec hom assas per temps.
Flam.4103. — 1046. Meyns an fe l'enfant quels peiros. B.G.71,1. —
1047. Entre mal e be | No haurem frachura. Leys 3,140. -- 1048. Ben
sap far paisser erba vert, | Femna quel marit incrima. B.G.323,1. —
1049. Honestaz es e cortezia | Pensar tal ren qe bona sia. Giornale I,38.
— 1050. So ditz lo reprouerbi e demostra la leitz: | Cui mal fis no t'i
fis ... Alb.5410. — 1051. Sobre totz colz gen fols pesc*). Arch.33,435.
-- 1052. Car qui sovent sa rauba trossa | Jamais non cuyllera mossa.
L.R.4,273. — 1053. Pueis no sap en qual part fuga | Selh qui del fuec
es guastuz. B.G.293,18. — 1054. Qui ben s'acusa nis repen. Gloss.occit.
228. — 1055. Ma pauc val aquel houor que tost ven a chavon. Nobla
leyczon, hrg. von Mätzner 203. -- 1056. Juoc de mas engerna bregas.
L.R.4,140. — 1057. Honestat non porta costaller. L.R.3,537. - 1058. Hom
ditz quel lops en la faula. Leys 3,270. — 1059. El repropiers dis: Sit
m'asautas**)|Non es tot em pelz ni en gautas. Flam.8075. — 1060. Ja nuls
hom pres no dira sa razo. B.G.420,2. — 1061. Que riquessa ni sens ni
cortezia Que sia el mon, nous pot de mort defendre. B.G.167,14. -
1062. Ieu non dic ges c'om en estanh | Non puesca maracde pauzar.
L.R.4,155. - 1063. Mas so qu'es a venir no pot hom pas mudar. Albig.
2481. - 1064. Que d'aquel colp morig dont diss la reprover | Que non
pod om fugir adayso que dios quer .... Aneliers Guerra 4458. --
1065. Cascuna creatura | S'alegra per natura. L.B.2,244. — 1066. De tal
en sai que pisson a presen, | Et, al beure, recondos dins maizo. L.R.4,
545. — 1067. Qui a obs foc ab det lo quer. L.R.3,30. — 1068. Quar li
huelh son drogoman | Del cor. G.Fig , Levy61,28. — 1069. Cre far l'asca
o Nadal | Quant son XX dinz son ostal. R.5,104. — 1070. Ses bo mot
pauc val la mostra. L.R.4,274. — 1071. Segon lo peccat penedensu. L.R.
4,489. — 1072. Pensar deu hom qe pensar pens | Don porca avenir qalqe
beus. Giornale I,38. -- 1073. Que razo es e costumier | Que sel que pert se

---

*) = Peretz 158. Unverständlich. Die Hs. bietet richtig: »E quis
vol corn crit e flaug D'amor pos ieu cresc Sobre totz, calsqu'en fol pesc«.

**) so Meyer in den Corrections um Schluss, also nicht das sinnlose
mazautas, unter dem Peretz 212 die Stelle alphabetisch eingereiht
hat. Meyer hat im Glossar asautur noch mit assaillir übersetzt,
es ist natürlich = »passen, gefallen«.

deu clamar | E sel quel tol, pot contrastar. G. de Berg., Keller 4,24ff. —
1074. Hyvern se ses' [o ven] areyre | Passada la festa san Peyre. Suchier,
Dkm.111,520. — 1075. Qui torn'a maison non fuich. B.G.443,2. — 1076. Qui
toca la pez s'en entacha. L. R. 5,367. — 1077. En brau loc fon plantada
planta quel frug pejura. Milá 381. — 1078. Un belh plorar no fan quatorze ris. B.G.70,11. — 1079. De gran ven pauca plueia. Leys 3,280. —
1080. Prometres taing a bon entendedor | Et atendres a bon prometedor.
B.G. 74,8. — 1081. Tostemps dizon que bona jent corteza | A le scinbers
cant es bons e cortes. Meyer, Derniers tr. S.55. — 1082. E tanh si be qu'ab
enap | Ab qui bec lai cogos | Beva sai lo suffrenz   L R. 2,216.
1083. Per V. sols a om la pess'el pan. B.G.437,29. — 1084. Qui sol se
conselha, sol se repent. L.R.2,461. — 1085. Haias mal, haias be | Ab los
tieus te capte. Leys 3, 278. — 1086. So ditz lo reproiers: Tolas de
baratiers. L.R.2,184. — 1087. Si cobes y est del tot | Tanh se quo pagas
tot. Leys 3,278. — 1088. Atressi com hom pot faire | De covers morgue
tondut | Fai hom de trachor pendut. B.G.335,48. — 1089. Quar ges nulhs
hom no troba ben ni gen | Si no troba so c'a lui es plazen. B.G.74,8. —
1090. Qui son vilan non serma | En deslialtat lo ferma.   B.G.80,27.

Druckfehler.

n° 70: Dons forsas — 85: major — 97: remandras — 151: avena —
185: c'aui'ajostat — 195: pretz' — 204: s'ora . . l'atardaria — 205: de-
leiz — 218: s'enpren — 246: Mal a — 331: qu'a — 335: quel . . . quel
— 397: de geitz — 457: uenç on liaurengador — 519; m'enprenc —
522: uau — 665: es perdutz — 675: Sobrelaus follesc es — 695: ochaio
— 740: brui — 745: a durat — 748: can non . . . nonpoder — 756: maus
s. n° 772 — 768: d'un arenc — 770: pendel — 788: La mal'abeitaritz
— 804: nos son — 852: quil fa qu'es en — 857: sel temps — 922: plan
del . . . el puois — 1015: a n'Aja — 1020: n'Audierna.

INDEX.*)

*) Die Nachweise aus dem Nachtrag sind durch vorgesetztes [kenntlich gemacht.

blandir 46.
blasmar 182, 434, 577, 81,
  83, 88, 703, 45, [582.
blasme 234, 39, 344,
  528, 80, 673.
blasmor 852.
blat 284, 506, 807, [496b.
blos 749.
bobans 38.
bobansar 4.
[boc 1041.
boca 293, 474, 629, 634,
  637, 648, [91c.
bonamen 225.
[bontatz 361.
bos 119-26, 48-9, 53, 55,
  61, 63, 65-6, 71, 250,
  59-62, 75, 322, 26, 39,
  42-3, 49, 54, 448, 79,
  571, 644, 754, 77, 801,
  10, [152, 63 c, 340,
  797, 1049, 70, 81.
botacays 940.
boto 940.
bou, buons 514, 932.
boviers 932.
branz 301, 773.
brancha 678.
brau 40, 254, [1077.
[bregas 1056.
bresca 272.
Breto 434, 84, 884. 959,
  61, 65-71.
bretona 960, 973-5.
breu 439, 500, 12, 600.
brosta 442.
brui 740.
bruire 496, 803.
brun 16, 424.
buf 939.
busc 591.

Cabaleiar 554.
cabalos 354, 750.
cabra 681-2.
cais 764.
cal 362-3.
calar 645.
calfar 373-7, 901.
calha 686.
calmeilh 507.
[cam 496c.
camiar 367a, 413, 787,
  810-3, 17, 22, 38, 926.

camisa 616.
cantar 340, 470-2, 961-4,
caps 175, 340, 797.
captals 74, 248, 908.
captener 571, 739, [343b,
  1085.
cara 34.
cardos 289.
carestia 372.
Carles, Charles 989, 990.
carn 495, 665, [1032.
cars 111-3, 200, 76, 737,
  923, [112, 477.
carta 522.
cases 538.
cassar 318, 514, 16, 695.
castanha 940.
castiar, -gar 84-5, 209.
  534-7, 44-6, 78, 87,
  89, 747, 59, [539, 78,
  1036.
castel 394, 849.
Cato 1026.
cau 929.
causa 563, 82, [184.
caval 163, 765, 849, [547.
cavalguar 915, 24.
[caza 760.
cazer, chazer 281-2, 90,
  384-90, 402-3, 10-1,
  613, 29, 707-8, 839,
  [378b, 460.
[cecs 606.
cel 683-5, 87.
celan 63.
celar, selar 61-9, 95-6,
  646, 879, 86.
cella 955.
celos 54, 55, 292.
cendre 446, 940.
cent 856, 59, [1034.
cera 523, 601.
cercar, sercar 316, 562,
  704, 838, [1037.
cerf 21.
certas 774.
chanz 908.
[charbo 624.
charitatz 205-6.
chast 437.
chauls 206.
chausimen 207, 12, 23.
chausir 353.
[chavon 1055.

cilicis 283.
cima 391-2, 936-7.
civada 833.
clamar 527, [1073.
clar 422, 589, 834.
clardat 625, 830.
[claure 547.
claus 273.
clausa 72.
clavel 849, 940.
clergue 921, [921.
cluzamen 961.
cobeitatz 690-2, [690.
cobeitos 692, 96.
cobes 188, 690, [1087.
cobrar 600, 855, [598,
  690, 866b, 1087.
cobrir 205, 527, 653, 884.
cocha 71, 91-94, 475,
  637, 48.
cochadamen 368.
cochar 180, 465.
cofondre 667, 700.
cog 900.
[cogos 1082.
coillos 955.
[coimi 911c.
coitar 647.
col 677.
colps 118, 298, 338, 88
  509, 773, 74.
coltellada 845.
combat 523.
combatre 498, 515.
comensa 335.
comensamens 322, 26,
  37, 42, [943.
comensar 319-21, 28-32,
  35, 37, 39-40, 44, 80,
  425, 58, 60, 775, 844,
  [340, 844.
cometre 310.
compaigna 827.
companhar 563.
companhier 882.
companhos 73, 93, 610.
[complaigner 1040.
[complir 915.
comprar 110-2, 45, 737,
  65, 835, [112, 477a.
coms 713, 15.
comtar 347.
comunals 22.
condugz 665.

pejor 279, 727. 803, 37.
pejurar 853, [1077.
pel 495, 513, 90, 92,
 [1059.
pelar 873, 925.
pena 151, 389, 839, 79.
penchenar 579.
pendre 770-1, [1038, 88.
penedensa 547, [1071.
[pennar 525.
pensar 143, [1049, 72.
perditz 515.
perdon 207, 44, 57.
perdonamen 220.
[perdonansa 215b.
perdonar 43, 87, 215,
 36, 304.
perdre 34, 124, 76, 85,
 202, 37, 43, 51, 53,
 306, 71-2, 94, 96, 412,
 17, 65, 78, 80-2, 97,
 507, 650, 65, 89, 94,
 700, 6, 18, 848-51,
 1001, [547, 866b, 1073.
perezos 284.
perigolar 714.
perir 333.
persona 604.
pertuis 636.
pesan 928.
pescar 317, [753, 1051.
[pessa 204d, 1083.
pessatz 357, 918, [550.
pesseiar 386.
[pessugar 767.
petit 13, 414, 16, 648,
 84, 93, 764, 843, 46,
 [163b.
[pez 1076.
pimens 927.
Piramus 996.
[pissar 1066.
Pisa 111.
plagner 509-10, [816,
 86.
plagz 3, 155, 867, 79.
plaideiar 141, 210.
[planta 1077.
[plantar 163c, 1077.
plasen 651, [1089.
plazer 154, 325, 407, 68,
 605, 731.
plevensa 434.
pliu 610, 47.

ploia, plucia 423, 805,
 [1079.
plom 807, 17-8, 928, 40.
plombar 786.
plorar 333, 472, 893,
 [1078.
plors 38 ', 418.
plou 290, 916, [916.
pluma 955.
plus 395, 98, 755.
pobles 946.
poder 8, 15, 25, 448, 73,
 618, 748, 865-6, [11b,
 866, 915.
poderos 404.
poges 940.
poiar, pujar 283, 382-5,
 89, 93, 96-9, 406, 11,
 708-9, [403.
poignar 681, 905.
poing 683-5, 87, 940.
polbe 686.
[polidamens 652c.
poma 940.
pon 844.
[port 705.
portar 283, 355, 58, 493,
 588, 624-5, 797, 908, 38.
prat 873, [769.
precx 38, 334.
preiar 45, 211, 648.
premiers 531, 94.
prendre 106-7, 46, 82-7,
 239, 50, 98, 311-3, 18,
 60, 78. 437, 99, 515,
 43-4, 57, 618, 85, 759,
 63, 801, 19, 21, 24, 32,
 36, 43, 932, [146, 84,
 378, 753, 816, 1037.
preon 105.
[pres, adv. 460b, 1060;
 s. 97.
presen 550b, 1066.
pretz 3, 145, 53, 77, 79,
 94, 221, 23, 65, 69, 97,
 328, 31, 38, 46, 49-50,
 56, 86-7, 444, 87, 737-8,
 40-2, 855-6, 902, 40,
 [340.
prezar 181, 95, 298, 528,
 99, 688, 726, 94, 940.
prezic 600.
Priamus 995-6.
[primieyramen 761.

privatz 190, 821.
pro, pron 76, 97, 199,
 245, 62, 364, 461, 524,
 99, 623, 92, 713, 843,
 [809, 666, 911a.
proar 275, 435, 61, 565,
 791, 94, [91b, c.
proeza 266.
profieg 599
[promessa 204d.
[prometedor 1080.
prometre 647, [1080.
prop 922, [911b, c.
pros 298, 303, 436, 67,
 528, 72, 80, 619, 721-2.
[prosperitatz 91b.
pru 900.
pruna 940.
puden 1032.
puei 496.
punir 100-1.
purs 512.

Quecs 627, [563f.
querer 27, 115, 18, 83,
 95-9, 271, 80, 314-5,
 519, 22, [563c, 692, 1040,
 42-3, 64, 67.
quiers 523.

Raba 940.
Rachel 992.
rainaut 832.
rams 232, 779-81.
rascas 579.
[rauba 1052.
raynart 172, 376.
razits 161-2, 273, 391-2,
 986-7.
razonar 627, 69.
razos 22, 100, 50, 88,
 212-5, 319, 590, 618,
 32, 42, [1060.
receber 845.
recobrar 856-7.
[recondre 1066.
reconoisser 274, 349-50,
 531.
recre 327-9, [327.
recrezut 817.
reculhir 157.
refranher 736.
reis 207, 65, 660, 711-2.
[religios 797.

sons 499.
sordeiar 210.
sordeiar 822-3, 35.
sort 439.
sorzitz 496.
sospirar 651.
sostenir 677.
soterrar 716.
sotrais 404.
soudada 491.
soven 281-2, 90, 426,
  74, 515, 800, 6, 94,
  96, 911, [1052.
sovenir 296, 893.
[Spaigna 598.
spirar 8.
[suavet 539, s. soau.
suenh 335.
sufrir, sofrir 43-4, 48,
  51, 67-9, 269, 76,
  446-57, 727, [1082.

Taing 30, 66, 68, 127-9,
  31, 33, 37, 452, 502,
  31, 39, 605, [1080, 82,
  87.
talan 25-6, 769, [915.
tart 318, 45, [544, 911,
  1083.
[tartarassa 1032.
tarzar 202-3, 78, [68 c,
  674.
tebe 541.
tebeza 541.
temensa 59, 304.
temer 56-7, 60-1, 306,
  10, 402, 541-3, 46,
  940.
temeros 58.
temers 276, 305.
temps 103, 253, 74, 345,
  59, 417, 22, 863, 67-8,
  [564, 866b, 1045.
tempramen 667.
tenebros 868.
tener 50, 76, 94, 103,
  221, 36, 44, 79, 320,
  61, 498, 500, 55, 82,
  99, 637, 62, 85-6, 93-4,
  718, 45, 68, 885, 89,
  90, 941, [350, 943b.
tonsar 838, 913.
tenso 205.

terra 291, 738, 944.
tertre 9-6.
tertz 370.
test 442.
testa 553.
thezor 889, [621.
Tibe, Tusbe 995-6.
tieu 910, [1085.
[tirar 31b.
tiriaca 843.
tocar 869, [1076.
Toesco 958.
[Toloza 496.
tolre 192, 242, 513, 911-2,
  [68d, 1846, 545, 1078, 86.
ton 760.
tondre 760, 873, 951,
  [690, 1088.
tot 71, [844.
tornar 192, 368, 92,
  446, 577, 753, 820,
  64, [1075.
torneis 951.
tort 43, 46, 115, 215,
  28, 457, 537, [215b.
tost 204, 610, [911.
tostemps 24, 324, 450,
  77, 550, 651, 71, 97,
  729, [418.
tot 9, 14, 694, 876-7,
  [1037.
trabustire 921.
trachors 981, [1088.
tracio 794, 982.
traidor 593.
trainar 277
traire 195, 340, 463,
  508, 602, 870, 922,
  79, [574.
traitar, se 320.
trau 590-2.
traucar 281-2.
tray 65.
trazir 790.
trebaillar 95, 249, 88.
trebal 94, 265-6, 72.
[Trebellia 800.
trefas 774.
trefueill 522.
tres 909.
triar 312, 598, 601, 825,
  35, [825.
trichar 225.
trigar, se 284.

Tristan 991, 1002-7, 19.
trobar 79, 139, 207-9,
  11, 22, 71, 312, 14-5,
  17, 763, [496c, 563a, b,
  674b, 1089.
troja 498.
tronar 805, 916, [916.
trop 202-4, 51-2, 97,
  306, 99-400, 2, 76, 79,
  529, 610, 38-43, 67,
  69-74, 76, 93, 705,
  [204b, 645, 74, 76, 90.
tros 940.
[trossar 1052.
tuso 622.

Ufana 652.
umbra 830.
un, una 36, 324-5, 59,
  405-7, 575, 649, 729,
  55-7, 60, 72, 840-2,
  44, 55-7, 59-62, [367,
  1084.
uoill s. huel.
us s. 754.
usanza 330.
usar 863.
usatge 546, 745.

Vaire 359.
valedor 80.
Valensa 1017.
valer 2, 5, 6, 8, 28, 72,
  78, 80, 100, 44, 46,
  78, 97, 201, 3-4, 10,
  12, 19, 43, 59, 75, 77,
  300-1, 5, 23, 37, 57,
  97, 469, 73, 565-6,
  614-5, 21, 44-5, 48-50,
  58, 66, 89, 704, 11-2,
  14-6, 19-20, 33, 43,
  45, 74, 806, 12, 58-61,
  940, [258, 566, 97,
  624, 52, 1037.
valor 179, 98, 254, 625,
  726, 69, 808.
vaneza 274.
[vanitatz 361.
vassals 437, [174.
vavassor 713.
vedel gras 207.
[veguada 367.

Marburg. Universitäts-Buchdruckerei (R. **Friedrich.**)

AUSGABEN UND ABHANDLUNGEN

AUS DEM GEBIETE DER

ROMANISCHEN PHILOLOGIE.

VERÖFFENTLICHT VON E. STENGEL.

LXXII.

DIE

METAPHER BEI DEN VORLÄUFERN MOLIÈRE'S

(1612—1654).

VON

ERNST DEGENHARDT.

MARBURG.

N. G. ELWERT'SCHE VERLAGSBUCHHANDLUNG.

1888.

Herrn

Professor Dr. Edmund Stengel

in dankbarer Verehrung

gewidmet.

Dans mon commencement, en l'avril de
mes jours.
La riche metaphore occupa mes amours.
Amidor. Vis. V. 7.

Einleitung.

Vorliegende Arbeit wurde auf Anregung meines verehrten Lehrers, des Herrn Professor Stengel, unternommen. Meier[1]) hatte gezeigt, in welcher Weise Molière den metaphorischen Ausdruck verwandte und welche Geschicklichkeit er sich nach und nach im Gebrauche dieses wichtigen poetischen Mittels erwarb. Darnach war es von Interesse zu untersuchen, welche Zustände Molière in Bezug auf die Metapher vorfand, denn erst dann konnte sein Verdienst um dieselbe im richtigen Lichte erscheinen. Aus diesem Grunde wählte ich die französischen Lustspiele der Periode vom Beginn des XVII. Jahrhunderts bis 1655 (L'Etourdi) zum Gegenstand dieser Abhandlung.

Die drei letzten Lustspiele Larivey's, deren Veröffentlichung in diesen Zeitraum fällt, habe ich deshalb nicht in den Rahmen meiner Arbeit gezogen, weil sie besser gemeinsam mit den übrigen Werken dieses Dichters zu behandeln sind.

Nicht berücksichtigt wurden folgende Metaphern, da die Art ihres Auftretens annehmen liess, dass ihre eigentliche, bildliche Bedeutung nicht mehr empfunden wurde:

abaisser, abondance, abonder, adorer (62×), adorable (8×), apporter, approfondir, appuy (11×), appuyer, arracher, arrester, attacher. — bas, bruit (31×). — cacher, charme (31×), charmer (48×), couvrir. — decouvrir, dérober, dissiper, doux, dur. — échapper, éclater, élever, emporter, emu, enclos, enfermé, entrer, étendre. — ferme, fin, flatter, fond (5×), fondement (7×), fonder (14×), former. — imposer. — maistresse (46×), mêler, merveille (29×), merveilleux (8×), miracle (9×), mollement. — penetrer, plein, porter, pousser, prix, prodige, profond. — ramas, ravir, relever, remplir, rude, ruine (12×), ruiner (8×). — servir, serviteur (24×), sortir, superflu, surmonter, suspendu, suspens. — tirer, toucher, tomber, tourment (55×), tourmenter (7×), transporter, triompher (14×). — vif (17×), voler. —

---

1) cf. D. Meier: Vergleich und Metapher in den Lustspielen Molière's. Diss. Marbnrg 1885.

Die von mir gebrauchten Abkürzungen bedeuten:

Alizon. = Discret: Alizon.
Chans. = La Comédie de Chansons.
Com. = Du Peschier: La Comédie des Comédies.
Corr. = Troterel: Les Corrivaux.
Duc d'Oss. = Mairet: Les Galanteries du Duc d'Ossonne.
Fil. = Lestoille: L'Intrigue des Filous.
F. Tab. = Farces tabariniques.
Plaid. = Bois-Robert: La Belle Plaideuse.
Prov. = Montluc: La Comédie de Proverbes.
R. = Mareschal: Le Railleur.
S. = Rotrou: La Soeur.
V. d. S. = Du Ryer: Les Vendanges de Suresne.
Vis. = Desmarets: Les Visionnaires.

Die im Texte der Abhandlung hinter den Metaphern stehenden Zahlen beziehen sich auf deren Nummern in der Materialsammlung.

Diejenigen Metaphern, welche sich als ausschliessliches Eigentum eines Dichters erwiesen, sind durch ein vorgesetztes Sternchen gekennzeichnet.

Folgende Ausgaben wurden der vorliegenden Untersuchung zu Grunde gelegt:
Éd. Fournier: Le Théâtre français au XVI et au XVII siècle. Deuxième édition. Paris.
Viollet le Duc: Ancien théâtre françois. Paris 1856.
Georges d'Harmonville: Les Oeuvres de Tabarin. Paris 1878.

Benutzt wurden ausserdem folgende Bücher:
Les Oeuvres de Monsievr de Balzac. Paris 1665.
Brinkmann: Die Metaphern. Bonn 1878.
Gerusez: Histoire de la littérature française. Paris 1880.
R. v. Gottschall: Poetik. Breslau 1858.
Hegel: Aesthetik.
Lotheisen: Geschichte der französischen Literatur im XVII. Jahrhundert. Wien.
D. Meier: Vergleich und Metapher in den Lustspielen Molière's. Diss. Marburg 1885.
Vischer: Aesthetik.
Volkmann: Psychologie.
W. Wackernagel: Poetik Halle 1873.

Characteristik der Personen durch die Metapher.

Pierre Troterel: Les Corrivaux. 1612.

§ 1. Unter den hier behandelten Stücken nimmt dieses Lustspiel nach Form und Inhalt eine recht tiefe Stelle ein. Mit Bezug auf die grobe Sinnlichkeit der Ausdrücke lassen sich den Corr. wohl nur die Prov., die F. Tab., sowie Teile der Fil. an die Seite stellen. Troterel entschuldigt allerdings im »Advertissement au Lecteur« seine lascive Sprache: Er will das Laster ganz unverhüllt zeigen und so den Zuschauer zwingen, es zu hassen. Um diesen Zweck zu erreichen trägt der Dichter indes seine grellen Farben stärker auf, als es nötig wäre und bringt Situationen auf die Bühne, wie man sie sonst wohl nur bei Dryden suchen dürfte. Man vergleiche z. B. Corr. II. 2, 4, III. 3.

§ 2. Fast alle Personen des Stückes zeigen in ihren Reden diese zügellose Freiheit der Sprache. Unter den weiblichen Figuren der Corr. bildet vielleicht Clorette eine Ausnahme, während schon Molive stellenweise recht derb ist [cf. *chien* (155), *toctonner* (410), *sécher* (917)] und Florette sich den männlichen Personen des Lustspiels würdig anreiht [cf. *bufle* (146), *pourceau* (150), *nil à pous* (193)]. Unter den letzteren ist nur Hilard, der in einer kurzen Rolle als weiser Berater auftritt, nahezu frei von Ausdrücken niederer Gattung.

§ 3. Bragard, welcher im Personenverzeichnis als »bouffon« aufgeführt ist, gebraucht 26 Metaphern, von denen er nicht eine einzige wiederholt. Die Liste der von ihm angewandten Bilder besteht aber überwiegend aus sehr derben Ausdrücken, die vielfach dem Tierreich entnommen sind. So finden sich *mulle* (144) *lice* (156), ferner *gueule* (135) *museau* (136) *bec* (180) u. a. Bezeichnend für ihn ist der Ausdruck:
> » . . fleurez un peu quelques fleurs de jardins
> De peur de goziller vos tripes et boudins«. (394).

welcher in ähnlicher Weise nur noch in Prov. von dem Bedienten Alaigre gebraucht wird. Eine gewisse Ursprünglichkeit ist Bragard nicht abzusprechen, wie die Metaphern *frontispice*

(430) und *pendans* (411) zeigen; auch liesse sich hier vielleicht der obscöne Gebrauch von *belouse* (606) anführen.

Von Ausdrücken, die ihn aus seiner eigentlichen Sphäre heben, wäre nur zu erwähnen.

> . . . . quelque tourment,
> Qui nous afflige et nous *tempeste*. (56).

cf. dazu: eschauffer (4), *enfumé (21), *gringoté ramage (188), niais (194), caquet (201), dire (274), *pourmener (295), *anticaille (447), entonner (452), monnoye (473), dechasser (568a), jeu (587), dancer (619), *braquemard (664), *hallemerde. (667), divin (803).

§ 4. Höher als **Bragard** stehen ihren Bildern nach **Gaullard** und **Brillant**, die beiden Rivalen. Zwar ist auch **Gaullard** nicht frei von anstössigen Bildern [cf. *crotte de loup* (161) und *crever* (755)] doch hat er ausser diesen die feineren Metaphern *fauxbourgs d'enfer* (548), *changeons un peu de notte* (636) und

> . . . . c'est le sot de Brillant,
> Qui fait du rodomont et jamais n'est vaillant«. (880).

cf. dazu: frère (217), coeur (257), frotté (301), amer (384), charger (467), attrapper (574), diable (808).

§ 5. Wie **Gaullard** gebraucht auch **Brillant** kräftige Ausdrücke, z. B. *veau* (147), *caboche* (448) und *écumer* (141). Doch finden sich bei ihm neben diesen die bildlichen Wendungen *ardent* (2), *captiver* (730), *tresor* (474) und andere aus dem hergebrachten Wortschatze der Liebhaber jener Periode, so namentlich *coeur* (257) vier Mal.

cf. dazu: vie (228), consommer (352), chasser (568), dominer (875).

§ 6. **Almerin**, Bedienter des **Brillant** und gewandter Nebenbuhler seines Herrn, hat sich allerlei Bilder aus der gebildeten Sprache angeeignet. So gebraucht er z. B. *feu* (6), *glace* (100) und *assaillir* (690) und zwar in völlig geschickter Weise. Dabei finden sich modische Metaphern wie *je brusle* (18) *j'ars* (19), doch in deren Gesellschaft zugleich die mehr ursprünglichen aber weniger salonfähigen Bilder *je *grille* (375), *je *roty* (373).

Für einen Bedienten nicht gewöhnlich ist ferner der metaphorische Gebrauch von *revesche* (386) und *image* (637). Ihre Anwendung in Gemeinschaft mit den früher erwähnten hebt **Almerin** stellenweise aus dem Niveau des Bedienten. **Almerin** möchte es gern überall den Modeherrn gleich tun und wirklich zeigt er sich ihnen zuweilen äusserlich ähnlich. Während diese aber ihre Sinnlichkeit wenigstens notdürftig zu verhüllen wissen, bricht sie bei **Almerin** bei jeder Gelegenheit rückhaltslos hervor und zeigt sich in ihrer ganzen Gemeinheit. Hierdurch macht Troterel den Fehler, welchen er bei der Zeichnung des

Almerin begieng, dass er ihn nämlich für einen Bedienten oft zu gebildet reden liess, zum Teil wieder gut. — Obenan steht unter den von Almerin gebrauchten niedrigen Metaphern das wiederholt in höchst obscönem Sinne verwandte *engin (517), neben welchem die doch immerhin kräftigen Ausdrücke bestes à corne (132) und *croupion (181) fast verblassen.

Durch die Worte vous estes la founique und später Je disois que vous estes *phenique (396), welche wohl gebildet klingen sollen, kennzeichnet der Dichter den Bedienten Almerin in komischer Weise.

cf. dazu: vent (53), estriller (140), coeur (257), frotter (301), presser (333), moul (358), cuire (376), tenir conte (487), enfiller (530), *ostocade (646), combattre (695), piquer (736), poindre (739), creve (755), prescher und sermonner (813).

§ 7. Die viel umworbene Clorette ist, wie schon erwähnt, fast frei von Bildern niederer Art. Zwar nennt sie Almerin einmal bon chien (155) aber kurz darauf schon in weniger derber Weise plaisant *robin (189). Sonst bewegt sie sich im Ganzen in den modischen Metaphern; u. a. gebraucht sie embrazer (11), amour vaincoeur (718) und von ungewöhnlichen Ausdrücken:

>Il semble qu'à mentir il se baigne et se plonge«. (305, 306).

> . . . vous passez le merc de toute modestie«. (498).

cf. dazu: clair (42), ame (227), coeur (257), sauter (291), rompre (319), saoul (358), amer (384), deguisé (401), poindre (739), demon infernal (806), prescher (813).

§ 8. Molive, die Mutter der Clorette gebraucht nächst Florette von allen Personen in Corr. die meisten metaphorischen Wendungen. Sehr wählerisch ist Molive nicht in ihren Bildern, doch häufig originell und energisch. Zum Beweise hierfür wären heranzuziehen: *tortonner (410), masque (403) und estre de la feste (617). (cf. auch chienne (155), endiablé (807). sécher (917). Einer höheren Classe gehört an der nur einmal in den vorliegenden Lustspielen belegte Ausdruck *l'hiver de mes ans (74), ebenso die Metaphern

>De si grands desplaisirs, si tristes et cuisans«. (376).

>Un chacun à mentir . . . est fragile«. (912.

Mehrfach finden sich bei Molive Bilder aus dem Gebiete von Wunden, Krankheiten und Tod; mourir (757) allein wird vier Mal gebraucht. Ferner finden sich playe (734), blesser (732), poignant (739) und im Anschluss hieran coup (650), atteinte (651), sowie die Worte:

>A peine que mon coeur en deux ne s'est fendu.« (338).

cf. dazu: ardentement (2), muguet (129c.), vie (228), *maigre (267), endormy (232), frotter (301), consommer (352), taacher (118), salle (419), chasser (568), venin (766).

§ 9. Am zahlreichsten sind in den Corr. die bildlichen
Ausdrücke bei Florette und zwar gehören ihre Metaphern den
verschiedensten Classen an. In ihrem Verkehr mit Clorinde
und Molive (cf. Corr. I. 2, III. 2) redet Florette meist die
gebildete Sprache, wenn sie auch zuweilen verrät, dass sie *tous
les tours du mettier* kennt. (cf. Corr. pg. 241). Wird sie aber
herausgefordert, wie von Bragard (II. 2), so beweist sie in
drastischer Weise, wie sie ihm gewachsen ist in Wort und Tat.
Somit lassen sich die von Florette gebrauchten Metaphern leicht
nach den Scenen gruppieren.

In I. 2, III. 2, IV. 4 kommen Kraftausdrücke nicht vor.
Neben *chaleur* (3), *ardeur* (1) und *allumer* (15) findet sich
das seltenere Bild *bruslant tison* (9). — Von Ausdrücken des
Krieges verwendet Florette z. B. *assaut* in bildlicher Weise,
wobei zu bemerken ist, dass diese an sich nicht häufige Metapher
in den vorliegenden Lustspielen nicht weiter aus einer Frauen-
rolle belegt ist. Die Worte lauten:

> . . . elle ne sçait pas encores comment il faut
Se parer finement d'un amoureux assaut«. (689).

Hervorzuheben wäre hier noch der metaphorische Gebrauch
von *eau (92) in

> . . . on n'espand dessus de l'eau de la raison«.

Anders zeigt sich Florette in II. 2, in welcher Scene sie
freigebig mit Ausdrücken aus dem Tierreich ist. Sie nennt
Bragard *bufle (146), *pourceau* (150), *nit à pons* (193) und *perroquet* (191), aber auch die Bezeichnungen *seignore sans cervelle*
(229) und *bouchon de cabaret* (453) sind noch stark genug.

cf. dazu: muguet (129c), *ronger (170), deniaiser (195), rompre (315),
pousser (354), brasser (366), faire la sucrée (581), tacher (418), sale (419)
mestier (478), prester (502), lien (508), ressort (518). chasser (565), atteinte
(651), invincible (715), vaincre (719), captive (731), poindre (739), immortel
(761), remedier (772).

§ 10. Bei Mersant sind höher stehende Metaphern
fast gar nicht vorhanden. Es wären nur zu erwähnen:

> »Pourveu qu'à mon courroux une fois je l'immolle«. (821).
> . . . ce vilain ribaut a beaucoup plus de force
Que nous autres vieillards, qui n'avons que *l'ecorce«. (116).

Zahlreich dagegen sind bei ihm Bilder niederer Gattung. Wie
Bragard den metaphorischen Gebrauch von *belouse* (606) dem
Billardspiel entlehnt hat, so verwendet Mersant *bistoquer (607)
in ähnlich obscöner Weise. Nicht minder lasciv ist die Metapher
enfiller (530). Neben solchen fällt das Schimpfwort *chienne*
(155) kaum noch auf, auch nicht der einem wenig gebildeter,
sinnlichen Anschauungskreise entlehnte bildliche Ausdruck

> . . . un ennuy qu'on nomme fantaisie
Qui le jour et la nuit s'en paist et *rassasie«. (149. 361).

cf. dazu: *ronger (170) und dent (219).

§ 11. Hilard dagegen führt eine seiner Rolle als kluger Ratgeber angemessene Sprache und gebraucht, mit Ausnahme von *étriller* (140) nur Metaphern höherer Gattung, wie *apas* (565), *lacs* (571), *°faire trofée* (720).

cf. dazu: eschauffer (4), feu (6), chasser (568), guarison (773), *°règne* (877 a.).

§ 12. Über den Caché im Prolog der Corr. ist wegen seines Mangels an Metaphern nichts zu bemerken [cf. *pecore* (145)] und nur wenig über den *Prologueur* selbst. Unter den neun Metaphern, welche dieser überhaupt gebraucht, befinden sich 4 aus dem Tierreich, nämlich *beste* (132), *pecore* (145), *veau* (147), *ruminer* (148), welcher Umstand mit dem allgemeinen Character des Stückes im Einklang steht: Der Prolog leitet die Corrivaux ganz zweckmässig ein.

cf. dazu: testonner (416), *°vaisseau* (450 a.), entonner (452), prester (502), faire gille (624).

Zu tadeln ist an den Corr., dass Troterel die Character- und Standesunterschiede der einzelnen Personen durch deren bildlichen Ausdruck zu wenig hervorgehoben hat.

Adrien de Montluc: La Comédie de Proverbes. 1616.

§ 13. Wenn man die fünfzehn redenden Personen dieses Lustspiels nach den von Meier a. a. O. § 21 aufgestellten Klassen gruppiert, so würden der ersten Klasse nur Lidias, *gentilhomme plus noble que riche*, und dessen Bruder, der Prévost[1]), zugetheilt werden können. Thesaurus würde, trotzdem er »Docteur« ist, seiner ganzen Sprache nach der zweiten Klasse anheimfallen, ebenso Macée und Florinde, sowie Capitain Fierabras der »Miles gloriosus« des Stückes. Bertrand, dessen Rolle zu klein ist, um seine Stellung genau festlegen zu können, nähert sich der dritten Gruppe, welche, wenn wir ihn derselben zurechnen, nicht weniger als neun Repräsentanten in den Prov. haben würde. Mit diesem Übergewicht der der dritten Klasse angehörigen Personen zeigt sich die ganze Sprache der Prov. im Einklang, wie die folgende Untersuchung lehren wird. Dieselbe wird auch zeigen, dass, wie schon in § 1 angedeutet wurde, die Sprache der Prov. ausserordentlich sinnlich ist und nahezu jedes höheren Schwunges entbehrt. Wenn ein solcher sich stellenweise anbahnt, so scheint es fast, als ob dadurch die Komik erhöht werden sollte, denn Redewendungen im höheren Stil, wie sie z. B. Thesaurus und Macée (Prov. I. 6) sowie Lidias und Florinde (Prov. II. 3) bisweilen verwenden, können als solche in ihrer niederen Umgebung kaum wirken.

---

1) Der *Prévost* ist im Personenverzeichnis nicht angegeben.

§ 14. Wie alle Personen der Prov. zeigt L i d i a s eine gewisse Originalität in seinen Ausdrücken, die man fast gesucht nennen könnte. Die gewöhnlichen Metaphern der Liebhaber gebraucht er gar nicht, denn das einmalige Vorkommen von *mon coeur* (257) ist ohne Belang. Dagegen sind ihm eigentümlich ursprüngliche Ausdrücke wie

> »Ma vue me fait *faux-bond«. (292).
> »il faut . . . dire notre *ratelée de ce jargon«. (539).
> »*poursuis ta pointe seulement«. (700).

Gleichfalls nur bei ihm belegt ist die Entlehnung von *rentrer de pique noir* (601) aus der Sprache des Spiels. Der höheren Sprache angehörig sind ferner einige Metaphern aus dem Gebiete der Musik: *accordez vos flustes* (631), *chanson* (632), *changer de notte* (636), die Redensart *tenir sur le tapis* (437) und vielleicht auch die Wendung *serrer la bride* (547).

Fast alle übrigen von L i d i a s gebrauchten Metaphern sind einer niedrigeren Gattung zuzurechnen, z. B.: *l'amour ne me trottoit plus dans le ventre* (286) und die Ausdrücke *coq* (200) und *caquet* (201).

cf. dazu: eclaircir (40), *bois (113), renard (160), bec (180), cheveux (232), dent (249), courir (287), rompre (315), mangé (351), *estoffe (407), *draper (408), *enchère (481), compte (486), prester (502), planter (532), attraper (574), dancer (619), faire gille (621), vers (628), *jeter en avant (671).

§ 15. Solche Bilder aus dem Tierreiche finden sich auch bei dem P r é v o s t, doch tragen sie nicht den derben Character der meisten diesem Felde entnommenen Metaphern: *patte (137), *lièvre (159), *plumer l'oison* (174), *bec* (180). — Ausserdem liefern ihm Krieg und Fechtkunst einige bezeichnende Ausdrücke *à beau pied sans lance* (663), *faire la guerre* (692), *trève* (709), doch interessanter ist die Metapher *Canailles. . . . ne *croupissez pas davantage et vous retirez* (90).

Den Reiz des Ursprünglichen hat die bildliche Verwendung von *poires d'angoisse* (124), *mettre à la lessive* (304), *arpenter* (458), *brisée* (578), *mettre au net* (785).

cf dazu: *perle (107), *carré (329), *deployer (409), fourrer (422), charger (467), tresor (474), attraper (574), mourir (757).

§ 16. Für Capitain Fierabras ist zunächst die Herbeiziehung von Begriffen aus dem classischen Altertum characteristisch; von solchen gebraucht er im metaphorischen Sinne:

> ». . le Mars des mortels«. (885).
> »Où sont-ils ces mirmidons?« (894).
> »ces *pigmées qui ont enlevé ma Florinde« (895).
> »Je suis le phoenix des vaillans«. (897).

Diesen Metaphern schliessen sich an bombastische Wendungen wie

»... une flame qui eust peu causer quelque fumée au lustre de ma gloire«.

(20. 32).

   »... le vent de ma parole«. (53).
   »... les tonneres de ma renommée (60).
   »... le vaillant, terrible et foudroyant Fierabras«. (58).

Als »Kriegsheld« wirft er natürlich mit Ausdrücken aus der Sprache des Kriegs um sich; aus seinen Reden lassen sich belegen: *contrescarpe (674), *le bastion de mon coeur (675), faire brèche (678), eventer la mine (680), *changeons de batterie (683), donner un assaut (689) und stratagèmes (699).

Auch der Sprache der Jäger bedient er sich gern und entlehnt ihr die Metaphern chasser (568), attraper (574), *depestrer (575), sowie die mehr farbreichen Wendungen prendre au trebuchet (569), crever dans mes paneaux (572), tendre des filets (573) und den glücklich gewählten metaphorischen Gebrauch von *fureter (579).

Mit Bildern aus dem Tierreich ist er verhältnissmässig sparsam. Den Räuber Clorindens nennt er *vautour (183); sonst gebraucht er aus diesem Gebiete beste brute (132) und caquet (201) in verächtlicher Weise, sowie *pattes (137), aisle (176), bec (180) und *griffe (182). Im verächtlichen Sinne verwendet er ferner avortons de la nuict (225), caboche (448), *boue (87), sowie testes sans cervelles (229), cracher (278), epouster (299). Obwohl er eine grosse Zahl seinem Wesen fern liegender Ausdrücke hat [cf. *bander les voiles (561), roollet (626) und achever de peindre (642)], sind doch bei ihm die Worte auffallend: Il a fallu ... que ... Fierabras se soit laissé mettre hors de game par des mortels (635).

cf. dazu: chaleur (3), echauffer (4), *chaloir (5. a), allumer (15), eclater (30), *tarir (91), or (109), *paille (121), etriller (140), niais (194), teste (231), veue (241), coeur (257), *entrailles (261), *abbreuver (302), *esguiser (320), pousser (334), appetit (350), avaler (354), remascher (360), *bouillir (368), *aigre (387), *cabinet (433), *calote (434), *livre (463), *once (464), *joyeau (472), thresor (474), *faire banqueroute (476), detaler (496), lien (508), planter (532), *virevolte (543), frein (546), chemin (552), pescher (564), armes (660), captivité (729), écorcher (741), *bander les yeux (742), *bouffi (752), estouffer (765), demon (806), fleau (851), *deluge (900).

§ 17. Bei Docteur Thesaurus sollte man in erster Linie gelehrte metaphorische Wendungen erwarten, doch sind dieselben bei ihm wenig zahlreich. Immerhin lässt er in seinen bildlichen Ausdrücken den Gelehrten mehr an den Tag treten als der Docteur in Com., bei welchem tatsächlich keine Metapher aus dem engeren Gebiet der Wissenschaften zu belegen ist. Von solchen gebraucht Thesaurus:

Ce ne sont que des *zerots en chiffre au regard de moy (787).
Moy ... qui suis *l'enciclopedie de toutes les sciences (795).

[cf. daneben *impression (523) und *sabbath (826)].

Bilder aus der Sprache des Spiels zieht er mit Vorliebe herbei:

nous en demeurons à deux de jeu (587).
*faisons partie nouvelle (592).
*jouer à quitte ou double (595).
*jouons sur nouveaux frais (599).
*la colère vous emporte du blanc au noir et du noir au blanc (608).

Sonderbar ist der Gebrauch von **fressure* (262) als Schmeichelnamen und auch der von *ma petite *rate* (169) in ähnlichem Sinne. Derber klingen die übrigen Ausdrücke, welche Thesaurus dem Tierreiche entlehnt [cf. *animal* (133), **oreille d'asne* (143), *Pecora campi* (145), **faire le saut de crapaut* (208)], aber sie fallen ihrerseits wieder weniger ins Gewicht, wenn man einige seiner anderen Bilder [cf. **chier* (279), **pot aux tripes* (450)] daneben hält.

cf. dazu: clair (42), vent (53), *sable mouvant (85), *airain (112), queue (138), cheval (139), *vollée (178), *couvée (197), maistresse (219), dent (249), coeur (257), dos (258), *abreuver (302), coudre (311), *cosser (322), boire (363), cuire (376), *farine (389), trousser (420), chausser (423), caboche (448), baston (449), *timbré (499), river le clou (515), biais (555), *sonner la retraitte (706), *tailler des croupières (707), *charbonner (784), diable (808), royaume (867).

§ 18. Über Macée lässt sich nur bemerken, dass sie in ihrer Sprache nicht von den übrigen Personen der Prov. abweicht.

cf. dazu: echauffer (4), beste (132), nid de chien (193), oison (204), nez (245), sauter (291), traisner (327), *bouillon (370), *gras (390).

§ 19. Bei Florinde könnte man einige modische Metaphern erwarten, doch verwendet sie solche gar nicht. Es finden sich bei ihr überhaupt auffallend wenig Bilder einer höheren Gattung. Als solche wären nur anzuführen die sonst nicht mehr belegten Kriegsausdrücke **contremine* (681) und **bricolle* (684) [cf. auch **levée de boucliers* (693), *busquer fortune* (713), sowie aus anderen Gebieten *roole* (627) und **offrande* (817)]. Fast alle übrigen von Florinde gebrauchten Metaphern gehören der niederen Sprache an: z. B. *etriller* (140), *veau* (147), *bec* (180), *perroquet* (191), *caquet* (201), *caqueter* (202).

cf. dazu: noir (69), *reverdir (129. a), camus (248), pied (264), *lessive (304), rompre (315), *grater (342), musque (403), coiffer (415), *ferré (514), planter (532), frein (546), *depestrer (575), sain (770), *rebours (915). —

§ 20. Die Magd Alizon verwendet im metaphorischen Sinne den ursprünglichen Ausdruck *une *charretée de paroles* (540); sonst steht sie ihren Metaphern nach [cf. *beste* (132), *bec* (180), *saoul* (358)], auf dem Niveau der Bedienten Philippin und Alaigre.

cf. dazu: *chaloir (5. a), or (109), grue (186), casser (314), presser (333), degousté (357), chausser (423), bastir (425).

§ 21. Diese zeigen beide in ihren zahlreichen bildlichen Ausdrücken dieselbe Incongruenz, indem sich bei ihnen neben höher stehenden Bildern solche der niedrigsten Gattungen finden. Von Metaphern der gebildeten Sprache verwendet Alaigre

Ils ont *callé leurs voiles (560).

Il faut sçavoir son *rollet (626).

Originell sind bei ihm die Redensarten:

*daubons des machoires (372).

je mettrois tes oreilles à la *composte (388).

un *grenier à coups de poing (538).

escrimer des talons (645),

ebenso die bildlichen Ausdrücke *jambes de fetu (120), *poteau (436), *goulot (454), mettre au croc (456), prendre les brisées (578), prendre à la pipée (581), *donner une cassade (600).

Von den vielen Metaphern, welche Alaigre aus dem Tierreich nimmt, ist hervorzuheben:

. . . qu'elle fait bien la chatemite (153).

[cf. dazu: veau (147), *cochon (151), jambe *d'allouette (187), *maquercaux (205) und *crapaut (208)]. Einer gleich kräftigen Metapher des Philippin entsprechen Alaigre's Worte il a vomy d'injures (281).

cf. dazu: *verre (105), *perle (107), *bois (113), repaistre (149), niais (191), rire (277), dechirer (313), *quarrer (329), *gratter (342), fourrer (422), monnoye (473), river le clou (515), ressort (518), enfiler (530), *appeau (580), dancer (619), *bouffi (752), remède (771), diable (808), fondre (911).

Die beiden Bedienten zeigen vielfach eine Ähnlichkeit in ihren metaphorischen Ausdrücken und haben auch manche derselben gemeinsam, z. B. planter (532), beste (132), gueule (135), bec (180).

§ 22. Philippin eigentümlich sind die Bilder: Tu es bien *dessalé (383), *carrelure de glube (551), agencer *l'emplastre (779), Tu es un beau *frelempier (827), ebenso sind die folgenden Metaphern nur aus seiner Rolle zu belegen: *geler (23), *rire jaune (66), *debagouler (280), *tondre (321), *parcment (412), *devider (527), *paver (550), *frapper au but (585), *adresser l'esteuf (613), *ecorcheur (740), *adulteré (901), *estroite (908), *flouquière (910).

cf. dazu: prendre la chèvre (152), crier (276), *carré (329), manger (351), *avaler (351), cuire (376), huile (391), sac (455), forger (513), jouer son jeu (587), quitter la partie (590), feste (617), personnage (625), mourrir (757), medecine (775), ecrire (783), rondement (916).

§ 23. Von den übrigen Personen des Stückes ist nicht viel zu sagen. Bei Bertrand finden sich als ihm eigentümliche Metaphern nur *butor (184) und *lardé (392); ausser diesen verwendet er: chaud (5), pleuvoir (51), frotter (301), cuire (376), echauffourée (605), Rodomont (880). Clabaut und der

2**• Archer entziehen sich ihres Metaphernmangels wegen ganz der Betrachtung.

cf. dazu: Clabaut: frotter (301), pousser (334). — Archer: museaux de chiens. (136), *plume (173).

§ 24. Die Zigeuner zeigen in ihren bildlichen Ausdrücken einige ursprüngliche Komik [cf. *trottain (218), *quille* (614), sowie *robe* (406) und *jouer à la ronfle* (603)], doch sind die Worte:

> nous aurions bien le vent en *poupe (559).

der Zigeunermutter nicht angemessen.

cf. dazu: *plume (173), bec (180), *griffe (182), cul (265), diable (808).

§ 25. Auffallend ist in der Comedie de Proverbes der Umstand, dass die conventionellen Metaphern nur in verschwindend kleiner Zahl auftreten. Abgesehen von Fierabras [cf. *chaleur* (3), *allumer* (15), *flame* (16), *lien* (508)] finden sich modische Bilder nur in dem Ständchen des dritten Aufzugs (cf. Prov. III. 5. pg. 221).

cf. für die Musique: *flame (16), faire la rancherie (482), *donner quinze et bisque (609), divin (803), *Venus (883) und Mars (885).

§ 26. Es ist nicht zu leugnen, dass die Prov. viele ursprüngliche und farbreiche Metaphern enthält, aber diesem Vorzuge gegenüber ist geltend zu machen, dass die bildlichen Ausdrücke häufig mehr als derb sind und namentlich, dass eine Characteristik der Personen durch die Metaphern fehlt. Einige Spuren einer solchen finden sich höchstens bei Fierabras. Alle Figuren des Stückes entnehmen ihre metaphorischen Wendungen den verschiedensten, ihnen teilweise ganz fernstehenden, Anschauungsgebieten und daher wird eine wirklich characteristische Färbung der einzelnen Stände nicht erreicht. Lidias, der Prévost, der Docteur Thesaurus und seine Familie gebrauchen zwar viele metaphorische Redewendungen, die ihrer Stellung angemessen sind, doch daneben auch eine so grosse Anzahl von Bildern aus der Sprache des niederen Volkes, dass diese die höheren Metaphern völlig überwuchern und nicht zur Geltung kommen lassen. Bei Alaigre und Philippin, sowie bei den Zigeunern zeigen sich andererseits vielfach Metaphern aus der höheren Sprache, die mit ihrem vulgären Character nicht in Einklang zu bringen sind.

Es mag sein, dass die Absicht, in diesem Lustspiel möglichst viele Sprichwörter anzubringen, Montluc verhindert hat eine gute Characteristik der Personen durch ihre Sprache zu geben. Jedenfalls ist zu constatieren, dass eine solche bei den Figuren der Prov. fehlt und dass im ganzen eine Person wie die andere aussieht, — trotz der Standesunterschiede.

Farces Tabariniques.

§ 27. Es ist bis jetzt noch nicht gelungen die Entstehungs-
zeit dieser Stücke genau zu bestimmen, aber so viel weiss man,
dass sie zwischen 1619 und 1626 aufgeführt worden sind. In
dieser Zeit verkaufte nämlich der Quacksalber Mondor seine
Wundermittel auf dem Pont-Neuf oder auf der benachbarten
Place Dauphine (cf. d'Harmonville a. a. O. pg. VI) und vor
seinem Schaugerüst pflegte sich das Pariser Volk in grossen
Scharen zu versammeln. Mondor verdankte das hauptsächlich
seinem Begleiter Tabarin, welcher einer der beliebtesten
Spassmacher der Zeit Ludwig's XIII. war. Die Impromptus
des Tabarin, dessen witzige an seinen Herrn gerichtete Fragen
und die sich daraus entspinnenden Dialoge übten eine grosse
Anziehungskraft auf die untersten Schichten der Pariser Bevölkerung aus. Doch gab es auch Galavorstellungen, bei welchen
die vorliegenden Farcen gespielt wurden. Für solche Gelegen-
heiten hatte Tabarin einige Gehülfen, unter welchen sich
auch ein Frauenzimmer befand, das je nach Lage der Sache
Dirnen oder Zierpuppen spielte und dementsprechend entweder
den Namen Francisquine oder Isabelle führte (cf. a. a. O.
pg. X).

§ 28. Die vier vorhandenen Farcen Tabarins können un-
getrennt behandelt werden; es treten nämlich in ihnen ausser
Tabarin noch fünf Figuren auf, welche in allen Stücken denselben Namen und die gleichen Züge tragen. Diese stehenden
Personen, deren Rollen sich sicher stets in den Händen derselben Darsteller befanden, sind Piphagne, Rodomont,
Lucas, Francisquine und Isabelle. In der zweiten Farce
tritt auch Fritelin auf, doch kommt er hier seines gänzlichen
Bildermangels wegen nicht in Betracht.

§ 29. Boileau gedenkt des Tabarin mit den Worten:

»J'aime sur le théâtre un agréable auteur
Qui, sans se diffamer aux yeux du spectateur,
Plaît par la raison seule, et jamais ne la choque.
Mais pour un faux plaisant, à grossière équivoque,
Qui, pour me divertir, n'a que la saleté,
Qu'il s'en aille, s'il veut, sur deux tréteaux monté,
Amusant le pont Neuf de ses sornettes fades,
Aux laquais assemblés jouer ses mascarades«.
(cf. Art poétique. Chans. III.).

Man sieht es den F. Tab. deutlich an, dass sie für ein niedriges
Publikum berechnet waren, denn ihr Character ist durchaus
vulgär. Kunstmässig sind sie nirgends, auch scheinen sie wohl
meist aus launigen Einfällen zusammengesetzt.

§ 30. Tabarin zeigt einige Ähnlichkeit mit dem modernen Clown; sein Character ist vielfach satyrisch und dem entspricht die metaphorische Verwendung von *estriller* (140), *espouster* (299) und *frotter* (301). Seinen Herrn ahmt Tabarin zuweilen nach und entnimmt seiner Sprache z. B. die Metapher *siringuer des sanglots* (778). Dem grossen Haufen gefiel Tabarin hauptsächlich durch seine groben Zweideutigkeiten, welche sich bei ihm in grosser Zahl finden (cf. 1. F. Tab. pg. 230. 1.). Hierher gehört z. B. der bildliche Gebrauch von *baril à la moutarde* (451). Characteristisch für Tabarin sind auch die Metaphern *mesurer les costes* (457), *escrimeur de dents* (643) und *estropier* (754).

cf. dazu: cendre (23), greale (52), gueule (135), chatte (153), trotter (286), saoul (358), brusser (365), charge (466), descharger (469), vendre (483), couster (484), payer (488), marché (493), enchaisné (506), attraper (574). —

§ 31. Piphagne, der ältliche Liebhaber, und Rodomont zeichnen sich dadurch aus, dass sie ein verderbtes Italienisch, beziehungsweise Spanisch reden. Bemerkenswert ist, dass Piphagne in seinem italienischen Jargon die beliebten Modemetaphern gebraucht: *ardente* (2), *foco* (6), *fiamma* (16), *inflammao* (17). Bezeichnend ist ferner der Gebrauch von *incendio* (7), *radioso* (34 a.), *stelé* (47 a.), *oppugnar* (686) und von *va ... in *brouetto* (854).

cf. dazu: clartaé (45), occhi (239), cieco (244), transperçao (738), fievre (746), remedio (771).

§ 32. Bei Rodomont, welcher Name ein Anagramm von Montdor sein soll (cf. a. a. O. pg. X), finden sich nur 2 Metaphern, nämlich *poerco* (150) und *endiablados de Tabarin* (807), aber bei Lucas sind sie zahlreicher und zeigen eine buntscheckige Mischung. Von conventionellen Bildern verwendet er *feu* (6) und *flammes* (16), aus dem Tierreiche nimmt er *beste* (132) und mit Vorliebe (3×), *friquette* (190). Ihm eigentümlich ist der Ausdruck

Tn sens bien maintenant *l'usufruict de tes debauches (840)

neben welchem noch die Wendungen

je ne sçais que cracher poësie (278)
le phenix des amans (897)
le fierabras Rodomont (879).

anzuführen sind.

cf. dazu: greale (52), casser (314), fendu (338), friande (380), miroir (440), marché (493).

§ 33. Über Isabelle und Francisquine ist nur zu bemerken, dass die wenigen Metaphern, welche sie verwenden,

der gleichen Begriffssphäre entstammen und dass so der Standes-
unterschied zwischen beiden nicht markiert wird.

cf. **Isabelle: monnoye (473), °harmonieux (629). Francisquine:**
attraper (574), tragedie (622), remède (771).

L. du Peschier: La Comédie des Comédies.

§ 34. Dieses Lustspiel ist ein gegen Guez de Balzac gerich-
tetes Tendenzstück, eine Parodie seines Stils [1] und seiner Ansichten. Nur wenn man sie von diesem Gesichtspunkt aus
betrachtet kann man die Comédie des Comédies in ihrer Eigenart
schätzen. Als Lustspiel kann sie lediglich für ein Publikum
Interesse gehabt haben, das mit Balzac's Schriften vertraut
war, während sie dem gewöhnlichen Theaterpublikum unverständlich bleiben musste [2]).

§ 35. Unter dem D o c t e u r, der Hauptperson der Com.,
hat man sich Balzac selbst zu denken. Die Maske ist ziemlich
durchsichtig, denn der D o c t e u r spricht nicht allein in seinen
langen, phrasenreichen Perioden ganz in dem rhetorischen Stile
Balzac's, sondern es ist bei ihm auch, ganz wie bei dem per-
siflierten Dichter, mit der Gesundheit schlecht bestellt. Das
Lustspielmoment in Com. ist, dass du Peschier Balzac, den
Zweifler am Glück der Ehe, als Liebhaber auf die Bühne bringt
und dass dieser in dem rhetorischen Wettkampf um die Hand
der C l o r i n d e von seinem Rivalen, dem P a l a d i n, geschlagen
wird.

§ 36. Fast jeder der Personen der Com. sind zudem
Balzac'sche Phrasen in den Mund gelegt. A l c a n d r e rät z. B.
dem Paladin ab Clorinde zu heiraten (cf. Com. II. 1) und zwar
folgendermassen: »*Il viendra une saison où tu auras plus
d'horreur de son visage que les coulpables n'en ont de leurs
juges; son front s'estendra jusques au haut de sa teste, les
joues luy tomberont sous le menton, et ses yeux de ce temps-là
seront de la couleur de ses lèvres d'à cette heure*«. Diese
Worte finden sich mit nur geringen Abweichungen in Buch III,
Brief 20 von Balzac's Werken. — C l o r i n d e weist das Liebes-
werben des D o c t e u r zurück (cf. Com. II. 2) indem sie sagt:
»*j'ay un père de qui je despends, et . . . c'est un homme fantasque, et qui me tient la bride courte: il compte tous les soirs
mes cheveux pour sçavoir si je ne donne point de mes faveurs*

---

1) cf. Chans: Avertissement au Lecteur pg. 459, II. L'on a fait
une Comedie de proverbes et une autre en langage de l'Orateur françois.

2) Das Personenverzeichnis der Com. erinnert an das der italienischen
Commedia dell'arte: Pantalon, Docteur, Paladin etc.

à personne« (cf. dazu Balzac's Werke, Buch III, Brief 12). Pantalon, Clorindens Vater, versetzt Balzac einen Hieb, indem er die Ehe seiner Tochter mit dem Paladin unter folgenden Worten (cf. Com. IV. 1) gutheisst: *N'ayez crainte de faire, comme vostre voisin, des muets, des borgnes et des monstres, mais faictes-moy des enfants qui ne soient pas assez meschans pour desirer vostre mort, qui ayent assez de sagesse et de patience pour l'attendre«.* Es bezieht sich diese Stelle auf Balzac's Gründe gegen die Ehe, wie er sie im zwölften Briefe des dritten Buches ausgesprochen hatte.

§ 37. An Metaphern ist die Comédie des Comédies nicht gerade reich, doch findet sich unter den vorhandenen manches characteristische Bild; auch ist bemerkenswert, dass sich anstössige Metaphern in dem Stücke gar nicht finden und dass die bildlichen Ausdrücke meist der höheren Sprache angehören.

§ 38. Der Docteur gebraucht die meisten Metaphern. — Sie sind vielfach dem Gebiete der Naturerscheinungen entnommen: *échauffé* (4), *froideur* (25), *ombres* (61), *couleur* (64), *noire* (69). Bezeichnend sind die Worte: *cette eloquence … n'est pas moindre que celle qui autrefois portoit des foudres et des tonnerres* (57. 60).

Häufig verwendet der Docteur metaphorische Ausdrücke, die mit dem Menschen und seinem Leben in Verbindung stehen [cf. *naistre* (222), *teste* (231), *visage* (237), *sein* (256), **vieillesse* (266), *nue* (268), **dormant* (283)]; die Worte: *la nature encore *vierge n'avoit point commencé à faire des monstres* (215) klingen ganz nach Balzac.

Die Beredsamkeit nennt der Docteur **emperière du monde* (861), aber auch sonst gebraucht er gern hochklingende Metaphern: *faire naufrage* (563), **encenser* (822), *phantosme* (832).

cf. dazu: soleil (46), *nuage (50), *ordure (88), or (109), fer (111), *branche (115), nourrir (349), *guise (402), fard (417), charger (467), monnaye (473), mestier (478), conte (486), prester (502), enchaîné (506), atraper (574), personnage (625), coup (650), armes (660), guerre (692), victoire (717), sain (770), remède (771), guarir (774), prison (846), bannir (859), couronner (868), regner (877).

§ 39. Bei dem Paladin zeigt sich eine Vorliebe für ähnliche Metaphern, wie sie der Docteur gebraucht: **la neige de son teint* (99), *source de vie* (93), *fleurs de rhetorique* (126), *faire nauffrage* (563), *donner de la *vogue* (562). Seines kranken Rivalen gedenkt er mit den Worten: *Toutes ses parties intestines sont en perpetuelle guerre civile* (692). Modische Metaphern verwendet er weniger, trotzdem er Liebhaber ist.

cf. dazu: ardant (2), saison (73), *face (236), oeil (239), effacer (325), taster (343), gouster (355), *provision (397), thresor (474), mestier (478), compte (486), attaquer (688), vaincre (719), sainement (770), divin (803), *coup d'estat (841), prison (846).

§ 40. Von den übrigen Personen der Com. ist wenig zu sagen. — Clorinde, deren Namen auch in den Briefen Balzac's eine Rolle spielt [1]), gebraucht *jetter des rozes à la teste* (130 a.), *flestrir* (129) und *tenir la bride courte* (547) im metaphorischen Sinne.

cf. dazu: aveugle (244), coeur (257), nu (268), courir (287), goust (356), compte (486), payer (488), prester (502), armer (659).

§ 41. Philandre [2]), der Secretair des Docteur tritt nur in einer ganz kurzen Scene auf und entzieht sich somit der eingehenden Betrachtung; er bewegt sich im ganzen in den Phrasen seines Herrn. Interessant ist, dass er Cicero, den Balzac sich als grösstes Vorbild [3]) genommen hatte, *excellent* *cuisinier de l'eloquence* (377) nennt.

cf. dazu: viande creuse (371), *faix (465), armer (659).

§ 42. Hydaspe [4]) bietet ebenfalls wenig Gelegenheit ihn durch seine Metaphern zu characterisieren.

cf. dazu: saison (73), or (109), glisser (337), *fortifier (677), combat (696), immortel (761).

§ 43. Alcandre und Pantalon zeigen keine bemerkenswerten Eigentümlichkeiten in ihrem bildlichen Ausdruck; ihre Metaphern ähneln denjenigen der übrigen Personen der Com.

cf. Alcandre: saison (73), cours (288), plonger (306), vaincre (719), servitude (724), gouverner (876). — Pantalon: soleil (16), or (109), fruict (125), courir (287), goust (356), baston (449), naufrage (563), armes (660).

§ 44. Im Epilog der Com. unterzieht Griselin, der Narr des Docteur, diesen einer kritischen Betrachtung: Er beginnt mit den Worten [5]): *N'est — il pas vray, Messieurs, qu'il y a*

---

1) An Clorinde richtete Balzac die Briefe XVII—XXI des dritten Buches.

2) Der Name Philandre findet sich bei Balzac: Lettres. Buch III, Brief 12. Der Brief ist adressiert an »Monsieur Girard, Secretaire de Monseigneur le Duc d'Espernon«. Diesen nennt Balzac im Laufe des Briefes »Philandre«.

3) cf. z. B. Lettres Familières de M. de Balzac à M. Chapelain. Buch II, Brief 12: »L'accusateur de Ciceron, dont vous me demandez des nouuelles, c'est le redoutable Schiopius. Il a fait imprimer vn Liure à Milan, dans lequel il accuse Ciceron d'Incongruité, & de Barbarisme ... Cette iniustice faite à Ciceron, seroit vne consolation à Scaliger, s'il reuenoit auiourd'huy au Monde.

4) An Hydaspe richtet Balzac drei Briefe, nämlich Buch III, Brief 3 u. 4 und Buch IV. Brief 25.

5) Dieselben finden sich fast wörtlich bei Balzac, Buch II, Brief 7. Wen Balzac mit diesen Worten verspottet ist nicht ersichtlich.

long-temps qu'il ne s'est veu en France un comedien de si bonne maison que mon maistre, que vous voyez aujourd'huy paroistre sur le theatre? Später fährt er fort: *Toutesfois, quelle plus miserable condition sçauroit-il arriver à un homme, après avoir bien eu de la vogue et du credit, de n'estre plus en fin que le subject des comedies et des farces* (cf. Com. V. 2). Den Hohn auf die Spitze treibend schliesst Griselin die Satyre auf seinen Herrn in dem Tone, der dem Docteur eigen ist; dem entsprechen auch die Metaphern, welche der Narr gebraucht, z. B. *fleur* (126) und **florissant* (128).

cf. *dazu*: comble (78), pere (211), dire (274), effacer (325), **vogue (562), personnage (625).

§ 45. Von einem lebhaften Dialoge ist in der »Comédie des Comédies« nichts zu finden; ohne Unterschied reden alle Personen in langen, an rhetorischen Formeln reichen Phrasen, wie sie Balzac zu bilden pflegte. Der Zweck des Stückes war eben der, Balzac lächerlich zu machen und ihn mit seinen eigenen Waffen zu schlagen; diesem Zwecke mussten alle Figuren des Stückes dienen.

Deshalb zeigt die »Comédie des Comédies«, wenn man das ganze Lustspiel betrachtet, zwar ein durchaus eigentümliches Colorit, doch kann man von einer characteristischen Färbung der einzelnen Personen durch ihre Metaphern nicht wohl reden: Balzac hat für alle Modell gestanden. Daher denn auch die Übereinstimmung einzelner Personen mit Bezug auf sonst ungewöhnlichere Metaphern. Es wird z. B. gebraucht *saison* (73) vom Paladin, Alcandre und Hydaspe, *or* (109) vom Docteur, Pantalon und Hydaspe, *fleur* (126) vom Paladin und Griselin, **vogue* (562) vom Paladin und von Griselin, *naufrage* (563) vom Paladin, dem Docteur und von Pantalon, *personnage* (625) von dem Docteur und von Griselin, *sain* (770) endlich vom Paladin und dem Docteur.

Pierre du Ryer: Les Vendanges de Suresne. 1635.

§ 46. Die in den §§ 13-42 besprochenen Stücke nehmen unter den hier in Betracht zu ziehenden Lustspielen gewissermassen eine Sonderstellung ein. Die »Farces Tabariniques« waren nach dem Geschmack des niedrigsten Publikums hergerichtete Gelegenheitsstücke, denen der Name eines Kunstwerks nicht gebührte. Montluc war bei der Composition der »Comédie de Proverbes« in der freien Entfaltung der Sprache durch selbstgezogene Grenzen gehindert und die »Comédie des Comédies« endlich war ausgesprochenermassen ein Tendenzstück, dessen Dialog nach einem vorhandenen Muster zugeschnitten wurde. Die Verfasser dieser Stücke hatten also ihre Stoffe nicht unbefangen vom rein dichterischen Standpunkt aus behandelt und diesem Umstand ist es zuzuschreiben, dass die Zeichnung der Charactere in Prov., F. Tab., und Com. eine mangelhafte und verschwommene war. Etwas besser, als hier, war es bei Corr. bestellt, wenngleich auch in diesem Stücke die Sprache an einem höheren Schwung durch das Sujet gehindert wurde, dessen obscöne Momente den Dialog notwendig in eine niedrige Sphäre hinabdrücken mussten.

§ 47. Derartige Hindernisse für eine freie Entfaltung des dichterischen Genius finden sich bei keinem der folgenden Stücke — die »Comédie de Chansons« natürlich ausgenommen — und demnach sollte die Characterisierung der Personen eine freiere und farbreichere werden. Aber leider begegnen wir hier wieder vielfach einer neuen Schranke, welche von den Dichtern oft mit zu sklavischer Ängstlichkeit beobachtet wird. Es ist diese Schranke die herrschende Geschmacksrichtung des Publikums.

Oft bewegt sich der Dialog ganz und gar in den eng gesteckten Grenzen der modischen Metapher, nur hier und da schüchtern einen Übergriff in ein ausserhalb derselben liegendes Gebiet wagend. In den Liebhaberrollen ihrer Stücke zeigen die Dichter am augenscheinlichsten, wie sie sich völlig dem Zuge des Zeitgeschmacks unterworfen haben, denn in diesen beginnt jetzt die Herrschaft solcher Metaphern wie: †ardeur, †feu, flambeau, †flame, †enflammer, †brusler, froid, éclat, combler, chaine, lier, trait, †vainqueur, †vaincre, joug, †captif, †captiver, †blesser, blessure, †divin, martire, fers.

Allerdings finden sich die mit einem † bezeichneten Metaphern vereinzelt schon in den bislang besprochenen Stücken, doch treten sie erst von jetzt ab in grösserer Zahl und in characteristischer Weise auf.

§ 48. Gehen wir nun zu einer speciellen Betrachtung der »Vendanges de Suresne« über.

Du Ryer lässt hier Personen auftreten, welche vorwiegend den gebildeten Gesellschaftsklassen angehören und dem entsprechend ist die Sprache des Stücks gestaltet. Sie ist fast frei von Bildern niederer Gattung, aber das, was wir oben von den Liebhaberrollen dieser Lustspiele im allgemeinen behaupteten, lässt sich hier im speciellen nachweisen. Das Stück behandelt eine doppelte Liebesintrigue und die in dieselbe verwickelten Figuren, also vornehmlich Tirsis, Polidor, Dorimene und Florice, zeigen in ihren modischen Metaphern ganz deutlich den Typus der Lustspielliebhaber jener Periode.

§ 49. So beteuert Polidor seine grosse Liebe zu Dorimene, die er *mon cœur* (257), *deesse* (801) und *beauté divine* (803) nennt, mit einer Häufung der Metaphern *chaleur* (3), *feu* (6), *flume* (16). In seinen Klagen nennt er die Liebe *infernalle flume* (16) und *supplice de l'ame* (857); sie hat ihn verwundet [cf. *trait* (669), *blesser* (732)] und in Fesseln geschlagen:

> vous me liez les mains (509)
> l'oeil qui nous captive (731)
> Je trouve dans mes fers le comble de ma gloire (848 u. 78)

Modisch klingen auch die Metaphern *victimes* (818) und *sacrifice* (819), während die Wendungen

> . . . l'amour triomphant
> Est si grand dans mon coeur, qu'il cesse d'estre enfant (213).
> Sur mon coeur amoureux ses yeux l'ont *crayonné (640).

zwar etwas geziert, aber doch ursprünglicher sind.

cf. dazu: eschauffer (4), eclat (29), esclaircir (40) clair (42), ombrage (62), saison (73), fleur (126), brutal (134), indomptable (165), voler (177), naistre (222), sein (256), dire (274), parler (275), consumer (353), dégousté (357), engager (503), fertile (534), *limiter (556), coup (650), attaindre (652), victoire (717), vainqueur (718), captif (731), immortel (761), dieu (800), demon (806), autel (815), *tributaire (871).

§ 50. Rein conventionell ist auch Tirsis; *flume* (16) findet sich bei ihm 4 Mal und *feu* (6) zwei Mal, dazu die Bilder

> les plus ardents baisers (2)
> Bruslant comme je fais, je me vay mettre en cendre (18 u. 23).
> Tes discours sont des vents, qui font croistre mes feux (53 u. 6).

Wenn die Geliebte seine Werbungen zurückweist, braucht Tirsis die Metaphern *blesser* (732), *martyre* (810), *fers* (848), *supplice* (857), zu denen Ausdrücke wie *douce guerre* (692), *vaincre* (719), *asservi* (725) und *captif* (731) stimmen. Dass Tirsis in seiner Leidenschaft für Dorimene ziemlich Materialist ist, deutet die metaphorische Verwendung von *payer* (448), *acheter* (492) und *loyer* (500) an.

cf. dazu: allumer (15), éclatter (30), soleil (46), combler (79), fruict (125), fleur (126), devorer (164), naistre (222), naissance (224), despens (185), lien (508), poli (519), chasser (568), peindre (642), coup (650), abattre (656), rebelle (694), piquer (736), remede (771), enfer (809), idolastre (830).

§ 51. Philemon spielt in seiner kurzen Rolle den Weltweisen in Bezug auf das weibliche Geschlecht. Die Verliebtheit seines Freundes Tirsis nennt er *servage* (726), *gêne* (853) und rät diesem, seine Fesseln abzustreifen:

> Si l'une t'a guery par sa legereté,
> Que l'autre te guerisse avec sa cruauté (74).

cf. dazu: embrasser (348), poly (519), chemin (552), pourtraict (638), choquer (653), vaincre (719), remede (771), bannir (859).

§ 52. D o r i m e n e verwendet ausser Modemetaphern wie *ardeur* (1), *ardant* (2), *feu* (6), *allumer* (15), *flame* (16), *enflammer* (17), *brusler* (18), *martire* (810) auch *fard* in übertragener Bedeutung:

> Enfin pour reparer l'esprit et le visage
> C'est (l'argent) le fard le plus seur ... (417).

cf. dazu: lien (508), vainqueur (718), servage (726), blesser (732), *ausserdem* fruit (125), dompter (166), visage (237), respirer (269), laver (303), presser (333), charger (467), peindre (642), choquer (653), mourir (757), *noyer (760), lire (789), demon (806), regner (877).

§ 53. Etwas frischer in ihren Bildern ist F l o r i c e; sie ist auch nicht mehr eine naive Schwärmerin, wie D o r i m e n e, sondern sie hat schon einige Erfahrung in Liebesintriguen und weiss kräftig lenkend in die Fäden derselben einzugreifen. Sie gebraucht von bildlichen Ausdrücken

> l'amour ouvrit les portes de mon coeur (432)
> se mettre en chemin des delices (552).
> Tu m'auras mise au but où vise mon attente (582)

und daneben *feu* (6), *flame* (16), *brusler* (18), *froideur* (25) und *froid* (26).

cf. dazu: coeur (257), vainqueur (718), martire (810), fers (848), combler (79), nu (268) parler (275), pousser (334), deguiser (401), *eschange (490), chasser (568), trait (669), percer (738), mourir (757) guerir (774).

§ 54. Bei den Eltern der D o r i m e n e zeigen sich die conventionellen Bilder gleichfalls zahlreich vertreten, doch stehen C r i s è r e und D o r i p e nicht ganz im Banne derselben. D o r i p e hat den originellen Ausdruck

> J'ay *sondé la dessus l'esprit de Dorimene (777)

und C r i s è r e die Worte

> Ce sont de vrays serpens en hommes transformez (207)

neben welchen sich *muguet* (129 c.), *animal* (133), *caquet* (201) und *fardeau* (470) als kräftigere Metaphern finden.

cf. D o r i p e: lien (508), joug (723), remede (771), *ausserdem* éclat (29), effacer (325), ornement (413), chemin (552). C r i s è r e: ardeur (1), blesser (732), remede (771), guerir (771), *ferner* esclat (29), fruit (125), arracher (326), presser (333), consommer (352), payer (488), chasser (568), chanson (632), escrire (783).

§ 55. O l e n i e ist in ihren Bildern ohne eigenartige Züge; hervorzuheben ist aus ihrer Rolle nur der metaphorische Gebrauch von *chaine* (505), der in den vorangegangenen Lustspielen sich noch nicht belegen liess.

cf. dazu: presser (333), armes (660), invincible (715), vainqueur (718), guerir (774).

§ 56. L i s e t e, die Soubrette des Stückes, ist in ihren Bildern etwas lebhafter und vielseitiger, als die meisten der

bisher erwähnten Personen in den V. d. S. Neben den modischen Ausdrücken *feu* (6), *flame* (16), *enflammer* (17), *brusler*
(18), *froid* (26), *refroidi* (27) verwendet sie *attainte* (651) und
faire l'office (842) in bildlicher Weise. Ihrem etwas spöttischen
Character angemessen sind die Wendungen:

> J'aprehendois souvent de vous trouver en cendre (23)
> ... il est comme une borne au passage planté (532)
> Pour y mieux reussir emprunte l'artifice (501).

Ihr eigentümlich ist der Ausdruck

> ... un oeil de travers *tire tout droit au coeur (583).

cf. dazu: parler (275), ebranler (336), charger (467), vainqueur (718),
remede (771).

§ 57. Einer niedrigeren Sphäre gehört an Guillaume,
der Winzer, doch finden sich bei ihm einige Metaphern der
feinen Sprache: *cet objet divin* (803), *le lis de son sein* (130),
[cf. *couler* (94), *effacer* (325) und *géner* (852)]. Auch *prison*
(846) verwendet er, allerdings in anderer Weise, als die Liebhaber:

> Mon ventre en un besoin serviroit de tonneau
> Pour estre la prison de tout le vin nouveau.

Dass Guillaume ein grosser Verehrer des Weines ist zeigt
er noch in humorvoller Weise in seinen Metaphern:

> Je prefere aux *baisers des plus belles du monde
> Les humides baisers d'une tasse profonde (347)
> Caressez comme moy les verres et les pots (345).

Bezeichnend für Guillaume ist auch der Gebrauch von
mestier (478) und *payer* (488).

cf. dazu: fruit (125), voler (177), charger (467), fièvre (746), court (903).

Ormin entzieht sich der Betrachtung wegen seines gänzlichen Mangels an Metaphern.

Antoine Mareschal: Le Railleur. 1636.

§ 58. Der Metaphernschatz der »Vendanges de Suresne«
hatte sich als ein wenig reichhaltiger erwiesen, in dem Du
Ryer vorwiegend conventionelle Bilder verwendet hatte; die
gesuchte Zierlichkeit im Ausdruck war zur Einförmigkeit aus-
geartet. Im Vergleich mit den V. d. S. berührt die anziehende
Vielseitigkeit des bildlichen Ausdrucks im »Railleur« desto er-
frischender.

Mareschal's Stück ist schon an sich einigermassen interessant
durch eine fesselnde, wenn auch stellenweise nicht ganz klare
Intrigue, und namentlich durch den Umstand, dass der Dichter
uns vielfach Einblicke in die zeitgenössische Cultur gewährt.
Indem er dieselbe der Satyre unterzieht führt er die Handlung

mehrfach zu wohl gelungenen komischen Scenen (cf. z. B. R.
I, 2. I, 4); zudem ist sie mit einem oft gut pointierten Dialog
ausgestaltet.

§ 59. Clarimand ist die Hauptfigur des Stückes und die
Person, welche dem Lustspiel den Namen gab. Sein Reichtum
an Metaphern ist auffallend — er gebraucht deren 140 — und
zwar liefern ihm die verschiedensten Anschauungsgebiete bildliche Wendungen, so dass ihre grosse Zahl nicht ermüdend
wirkt. Selbstredend finden sich bei Clarimand viele Modemetaphern [cf. *ardeur* (1), *ardent* (2), *échauffer* (4), *feu* (6),
allumer (15), *flame* (16), *brüler* (13), *froid* (26), *noeud* (511),
coup (650), *atteinte* (651), *blesser* (732), *divin* (803), auch *combat*
(696), *vainqueur* (718)], doch seltsamer Weise (mit Ausnahme
von *mourir*) nicht die, welche er selbst als der obligaten galanten
Sprache zugehörig bezeichnet. Als Clarimand nämlich das
Liebesgespräch seiner Schwester Clorinde mit Amedor be-
lauscht, sagt er:

La *traitte, en ce chemin, ne sera pas trop grande (480)
Attends qu'il ait parlé d'encens, de voeux, d'offrande.

und etwas später:

Sil parle de son coeur, tu l'auras derobé,
Laisse luy dire au moins je meurs, je vous proteste.
Et tous ces autres mots qui luy seront de reste (cf. R. I. 2).

Mourir (757) wird im metaphorischen Sinne von Clarimand
mehrfach gebraucht, doch findet sich auch einmal *expirer*,
allerdings wohl nur, um die Wiederholung zu vermeiden:

Que cet honneur combat, avant que de mourir!
Il expire pourtant . . . (756).

§ 60. Clarimand's satyrischem Wesen angemessen sind
die Worte:

. . . les ruelles des licts
*Sempestent de leurs mots de roses et de lys (747a. 130. 130a.)

sowie der bildliche Gebrauch von *lepre* (748), *contagion* (749),
troubler la leçon (799), *oracles* (898). Bezeichnend sind folgende
Ausdrücke:

Un essein d'avortons, que le siècle produit
Bat l'oreille des grands, les *assiège, les suit (210. 225. 687)
Ce jeune financier, en faveur de la somme
S'est fait en supputant *batiser gentilhomme (812)

Züge zu Clarimand's Character liefern auch die Wendungen:

Fay jouer les ressorts des yeux et de la bouche (518)
Tu prends dé-ja l'amorce . . . (566)
. . . je scay comme il faut commencer la brisée (578)
Courage! il *couche gros; dans l'humeur qui le pique
Tous les termes suivront d'un dépit poétique (596. 736).

Voila suivre les tons d'une commune gâme.
Après, sur cet *accord ils chanteront (634. 635)
Aussi tost on mettra la ceruse en *campagne
Les essences, le blanc et vermillon d'espagne (710).

cf. auch *eclos (129b.), *empraint (521), *imprimer (522), sentinelle (703).

§ 61. Ausdrücke niederer Gattung finden sich bei Clarimand nicht, wenn man nicht etwa *camus* (248) hierher
rechnen will [1] und die Worte [2]):

Le meilleur quil vous faut c'est un comte allemand
Je veux qu'il soit cheval, et parle vieux romant (139).

Die einmalige Verwendung von *beste* (132) ist ohne Bedeutung.

cf. dazu: éclat (29), éclaircy (40), *air (49), vent (53), foudroyer
(58), couleur (64), argent (105), or (109), *biche (158), *hure (163),
ninis (191), naissance (224), ame (227), visage (237), donner dans la veuë
(241), aveuglement (243), sourd (251), sein (256), dire (274), parler (275),
cours (288), laver (303), rompre (315), trancher (317), retrancher (318),
entrainer (328), presser (333), caresser (345), goûter (355), farcir (393),
fourrer (422), *débatiser (426), *etablir (427), charge (466), *appesantir
(471), vendre (483), payer (488), acheter (492), prêter (502), engager (503),
poli (519), fecond (533), chemin (552), chasser (568), jeu (587), peindre
(642), parer (649), trait (669), combatre (695), victoire (717), servage
(726), *esclave (727), écorcher (741), lire (789), sacrifier (820), idolatrer
(830), monstre (833), fers (848), reyne (866), dominer (875), court (903).

§ 62. Amedor ist vorwiegend conventionell [cf. *feu* (6),
flame (16), *ame* (227), *martire* (810)], doch hat er als Metaphern
nuict (71), *roche* (84), *voile* (404), *ressorts* (518), **dresser quelque
partie* (604) und den derberen Ausdruck *faire le veau* (147).

cf. dazu: flambeau (14), naistre (222), effacer (325), attainte (651),
victoire (717), asservi (725), demon (806), gouverner (876).

§ 63. Eine vom Dichter gut ausgestattete Figur ist Beaurocher. Er hat etwas von dem Character eines Figaro und

1) cf. dazu Florinde, Prov. I. 7 (203. 1) und Beronte, Fil. I. 2
(527). 2).

2) Diese Stelle ist für uns von einigem Interesse, indem sie lehrt,
wie unsere Nachbarn jenseit der Vogesen damals von den Deutschen
dachten. — Für solche Ansichten der Franzosen sind diese Worte übrigens
nicht der einzige Beleg in den hier besprochenen Stücken. Man vergleiche R. IV. 3: »Qui ne la connaitroit seroit bien d'Allemagne« wozu
Fournier die Anm. giebt: »C'est-à-dire serait idiote«. Ferner Com. II. 2:
»Faites mieux, conseillez-moy d'aller chercher du repos en Allemagne;
jetez-moy dans un precipice, et puis dittes que Dieu me conduise« (cf.
dazu: Balzac, Lettres. Buch III, Brief 17) »Mais maintenant . . . les
vertus d'Alemagne on succedé à toutes ces sobrietez« (Com. IV. 1), wozu
Fournier die Anmerkung setzt: »L'Allemand étoit déjà(!) le type de
l'ivrogne et du mangeur«; mit dieser beruhigt er sich aber noch nicht,
sondern giebt auf pg. 539. 1 (Anm. 3) und auf pg. 543. 2 (Anm. 2) noch
ähnliche gelehrte Erklärungen über deutsche Nationaleigentümlichkeiten.

weiss die Fäden der Intrigue geschickt zu schürzen und zu
lösen. Wie Clarimand hat Beaurocher einen satirischen
Zug und damit steht im Einklang seine Metapher *branle de
sortie* (620) wozu die Stellen

> . . . honorons, en te jettant dans l'eau
> La Seine et le Pont-Neuf des dépouilles d'un veau (147).
> . . . qui donne du nez dedans le mariage (245).

zu vergleichen sind.

Ausser den Metaphern *orage* (54), *source* (93), *fiel* (263),
amorce (566), *étouffé* (765) bleibt aus Beaurocher's Rolle
eine Reihe bildlich verwendeter Kriegsausdrücke hervorzuheben:

> Mon coeur à ce *signal d'une douce *écarmouche,
> Vu recueillir ces mots jusque dessus ta bouche (698 u. 705).
> . . . votre fortune est hautement *campée (711).

cf. dazu: ardeur (1), feu (6), enflamer (17), froideur (25), ciel (48),
fruict (125), naistre (222), dire (271), parler (275), *voyage (294), arracher
(326), presser (333), charger (467), *marchander (494), engager (503),
ressort (518), *route (553), *échapper (576), jeu (587), remettre la partie
(591), trait (609), assaut (689), combat (696), victoire (717), vaincre (719),
proye (722), guerir (774), enfer (809), *souple (919).

§ 64. Mit einer gewissen Vorliebe scheint Mareschal den
überspannten Poeten de Lyzante gezeichnet zu haben. Die
Sprache desselben ist bilderreich und seinem Character angemessen, etwas hochtrabend und gesucht. — Seinen Dichterstolz
zeigt de Lyzante in den Wendungen:

> Pour me vanger de luy j'uy formé ce tonnerre (60)
> Que mes vers soient oüis selon leur ornement! (413)
> En quelle seureté se verront vos autels,
> Si l'on choque mes vers, comme vous immortels? (653)
> Je veux . . . . ensevelir vos noms (828)
> On n'y treuvera pas une voyelle en *crime (838)

Am besten bekundet sich Lyzante's hohe Meinung von
sich selbst in den Worten, mit welchen dieser sich bei Clytie
einführt. (cf. R. I. 4). Sie lauten:

> L'Apollon de ce siècle et le maistre des vers (886).

§ 65. Deutlich ausgeprägt ist bei dem schwärmerischen
Dichter das Streben nach erhabenen Ausdrücken, das beweist
z. B. die bildliche Verwendung von *tempeste* (55), *rocher* (84a.),
naufrages (563) und ebenso der Gebrauch von *embrazement*
(12), *flambeau* (14), *glacer* (101), *chaine* (505) neben den diesen
verwandten Modemetaphern *ardeur* (1), *échauffer* (4), *feux* (6),
enflamer (17), *blessure* (733), *supplices* (857). In dem ›Cartel‹,
welches Lyzante für Taillebras verfasst hat, nennt er den
Capitain *Parque des mortels* (891) und *l'Alcide occidental* (893),
welche Bezeichnungen gleichfalls zu seiner gewohnten pomp-

haften Ausdrucksweise stimmen [cf. *armes* (660), *esclave (727), *peste* (747), *ange* (805), *enfer* (809), *royaume* 867)]. Dass der Poet nicht besonders tapfer ist und Sorge trägt, sein kostbares Talent der Welt zu erhalten, beweist er in der metaphorischen Redensart

> Traistre, au moins au besoin je scauray faire gile (624).

cf. *dazu:* cendre (23), ombre (61), naistre (222), presser (333), goûter (355), poli (519), trait (669), victoire (717), immortel (761), poison (767), divin (803), bannir (859), tyran (872).

§ 66. Eine gewisse Characterverwandtschaft mit Lyzante zeigt Taillebras, für den Mareschal wohl das damals beliebte Muster des »Miles gloriosus« benutzte.

Taillebras ergeht sich gern in hoch klingenden Phrasen wie

> Ce nom de Taillebras dans tout le monde éclatte (30)
> Le foudre des combats, l'effroy de l'univers (57)
> Ma dextre, qui n'a point d'égale ni de prix
> Souffre à peine sa *soeur, et la tient à mépris (216)
> Le fils aisné qu'enfanta la valeur (221)
> C'est que mon coeur *bouillonne et par la s'évapore (369)
> Que ma gloire n'en ait ni honte ni blesseure (733)
> Que diront tant de preux de qui je suis l'Alcide (893)
> M'interrompre! parler! Ah! ventre! quelle audace!
> Jette ce mirmidon jusques dessus Parnasse (894).

[cf. auch *reduire en cendre* (23), *gravé* (520), *lire* (789)].

§ 67. Dazu verwendet er mehrfach Ausdrücke aus dem Kriege und der Fechtkunst [cf. *de taille et d'estoc (647), *trait* (669), *éventer la mine* (680), *assaut* (689)] und ist ausserordentlich eitel auf seinen eingebildeten Kriegsruhm. Dieses beweisen seine Worte

> Que ne puis-je à ces mots emprunter mille oreilles! (501)

die er spricht, als Clytie ihn *Mars espagnol* und *genereux Palladin* nennt (cf. R. IV. 4). Dass es mit seiner Tapferkeit aber in Wahrheit schlecht bestellt ist, zeigt sich an mehreren Stellen:

> Cherchons un autre gîte, il fait icy trop chaud (5)
> Sus! il en faut découdre (312)
> . . . on me roße; au secours! (855).

Ganz märtyrerhaft resigniert klingt

> Tais-toy, mon ame; souffre, avale ce *breuvage (865).

§ 68. Oft zeigt sich Taillebras ritterlich galant; er verwendet dann Modemetaphern [cf. *ardeur* (1), *feu* (6)] und einige andere Ausdrücke aus der höheren Sprache:

> Mais excusez, ma reyne,
> L'amour demande seul et mes feux et ma peine,
> Le respect qui me lie oblige mon courroux (866. 509).

Ihm eigentümlich ist der bildliche Gebrauch von *farfadet* (76) und **homicide* (764) ebenso der von *fagotter* in den Worten

> Elle (l'épée) a mis sur les prez plus d'hommes à l'envers
> Que les poetes du temps n'ont **fagotté de vers (332).

Sehr derb ist die Heranziehung von *vomir* (281) im metaphorischen Sinne; es ist dies der einzige Fall, dass Mareschal eine derartig niedrige Ausdrucksweise gewählt hat. Launig sind die Metaphern:

> Qu'il ne m'y laisse pas longtemps faire la gruë (186)
> Je le vay bien frotter de sa lame au vieux loups (301).

cf. dazu: **éclairer (41), orage (54), flux (97), brutal (134), ame (227), parler (275), presser (333), **pincer (340), tâter (343), chatouiller (344), déguiser (401), **chaussure (424), naufrage (563), jeu (587), berner (612), **mortel (758), estouffer (765), sain (770), demon (800), boureau (849), roy (864), royal (865), **infus (913).

§ 69. Über die weiblichen Figuren im »Railleur« ist im allgemeinen zu bemerken, dass die Sprache derselben ihrem Stande angemessen ist und dass sich bei ihnen viele Züge einer treffenden Characteristik finden.

La Dupré, welche der vornehmen Halbwelt angehört, bewegt sich vorwiegend in modischen Bildern [cf. *ardent* (2), *feu* (6), *flame* (16), *enflamer* (17)]. Bezeichnend für sie sind die teilweise etwas frivolen Wendungen:

> A ton goust peu de fiel **assaisonne une oeillade (263)
> Un baiser accordé te sembleroit trop fade (382)
> Ton gré m'est un miroir, où mon front s'étudie (410)

denen sich die Worte

> degouté d'une mesme viande
> Ce **pigeon en viondra chercher de plus friande (198).

womit sie Clarimand's gedenkt, anreihen lassen.

cf. dazu: fruict (125), fiel (263), respirer (269), trancher (317), goust (356), payer (484), enchainer (506), peindre (642), **contester (691), **mettre en campagne (710), guerison (773), geiner (852), royal (865), **prince (869).

§ 70. Die sanfte Clorinde ist conventionell in ihren Bildern [cf. *feu* (6), *froid* (26), *coeur* (257), *trait* (669), dazu *glace* (100), *sacrifier* (820) und *domter* (166), *combatre* (695), *captiver* (730), *prison* (846)]. Ein lebhafteres Colorit zeigen die Metaphern *flux* (97), *étaler* (495), *bride* (547) und *tenir au filet* (573).

cf. dazu: **element (98), ame (227), **front (235), dire (274), rire (277), **insensible (284), trancher (317), entrainer (328), fade (382), coûter (464), **borne (557), chasser (568), armes (660), sanglant (735), piquer (736), mourir (757), geiner (852).

§ 71. Clorinde und Clytie sind verschieden im Character. Erstere ist mehr sentimental, letztere mehr practisch. Clorinde ist zartfühlend, — Clytie hat etwas rücksichtslos energisches und stellenweise ist sie ein wenig leichtfertig.

Die beiden Charactere so zu zeichnen war ein glücklicher Griff Mareschals. Clorinde passt ihrem ganzen Wesen nach zu Amedor — Clytie durchaus zu Clarimand dem berechnenden Spötter. Der Unterschied im Denken und Empfinden zwischen Clorinde und Clytie zeigt sich sehr klar in der dritten Scene des vierten Actes, in welcher La Dupré auftritt, um den beiden liebenden Frauen Ratschläge zu erteilen. Clorinde weicht erschreckt zurück vor der freien Sprache der Courtisane und deren bedenklichen Anweisungen, Clytie zieht ihre practischen Schlüsse daraus, wenn sie die Ansichten der Dame aus der Halbwelt auch nicht überall billigt.

§ 72. Der Characterunterschied zwischen Clorinde und Clytie prägt sich in bezeichnender Weise auch in ihren Metaphern aus. Es ist selbstverständlich, dass Clytie Modeausdrücke gebraucht, wie *ardeur* (1), *feux* (6), *flame* (16), *froid* (26), *divin* (803), doch treten diese angesichts der zahlreichen ausdrucksvolleren Bilder in den Hintergrund. — Ganz poetisch ist die metaphorische Wendung

> . . . le soleil, à peine en se levant de l'eau,
> Tout endormi regarde encore son *berceau (232, 443)

und auch die Ausdrücke

> . . . en mes mains vostre destin *balance (461)
> . . . un peché d'une aymable *teinture (524)

gehören der höheren Sprache an. Diesen würde der Gebrauch von *tenir à la croix (856) unbedenklich an die Seite zu stellen sein, wenn nicht die Umgebung dieser Metapher das verhinderte. Die betreffende Stelle lautet:

> . . quelques vains discours de ce lardeur de chiens
> M'ont tenue à la croix par de sots entretiens.

Dieser wenig zarten Ausdrucksweise entsprechen die drastischen Worte:

> . . . crois tu me pescher avec des vers *pouris? (561. 89)

mit welchen sie dem eitlen Lyzante den Todesstoss versetzt. Unfein ist auch die Verwendung von *flus de bouche (751) als Metapher, doch ist Clytie sonst frei von anstössigen Bildern. — Der Sprache des Spiels entlehnt sie *couvrir le jeu (593), *reynes de carte* (602), neben welchem Ausdruck sie auch *reynes d'ombre* (61), gebraucht. Ähnlich verwendet sie *des royaumes en *l'air* (49). Etwas satyrisches liegt in den Worten

> L'un se *mire en sa mine, et l'autre n'en a guere (441).

und auch in den Metaphern *faire la sucrée* (381), *leçon (799), *Mars espaynol* (885).

cf. dazu: couleur (64), fruict (125), effacer (325), presser (333), bâtir (425), payer (488), marché (493), infertile (535), filet (573), jeu (587), chanson (632), trait (609), élancé (673), combat (696), victoire (717), asservir (725), étouffer (765), remede (771), lire (789), *regir (877b.).

§ 73. Eine Zusammenfassung dieser Betrachtungen ergiebt, dass dem »Railleur« nach Inhalt und Form eine höhere Stellung einzuräumen ist, als den bislang berücksichtigten Lustspielen. Der Dichter zeigt überall eine lebendige Frische und Natürlichkeit im bildlichen Ausdruck, wenn er sich auch nicht völlig von der Modesprache los gemacht hat. Ganz konnte Mareschal dieselbe auch nicht entbehren, denn in gewissen Fällen war gerade die Verwendung der conventionellen Metaphern geeignet zu einer Characterisierung von Personen.

Amedor und Clorinde z. B. sind ein der Schablone entsprechendes Liebespaar mit eifersüchtigen Plänkeleien, hergebrachten Geständnissen der gegenseitigen Zuneigung und sonstigen Eigentümlichkeiten der Verliebten, und deshalb ist für sie der Gebrauch von Modemetaphern bezeichnend. Wo es aber galt scharf umrissene Gestalten zu schaffen, wie Beaurocher, Clarimand und Clytie, da standen Mareschal die reichsten Mittel zu Gebote und er zeichnete die Personen durch passende Bilder aus den verschiedensten Begriffsphären. Und doch kann man nicht behaupten, dass er in solchen Fällen die Metaphern etwa zu weit hergeholt oder Ausdrücke verwendet hätte, die dem Anschauungskreise der betreffenden Figuren zu fern lagen. Einzig und allein könnte man gegen die metaphorische Verwendung von *mettre en campagne* durch La Dupré in dieser Hinsicht Bedenken tragen, doch kann dieses Bild schon als eine bekannte, allgemein verwandte Redensart aufgefasst werden. Zu früher betrachteten Stücken steht der »Railleur« noch dadurch in einem angenehmen Gegensatz, dass Mareschal, abgesehen von Taillebras' Metapher *vomir*, obscöne Bilder vermeidet.

Mairet: Les Galanteries du Duc d'Ossonne. 1627.

§ 74. Die Hauptperson dieses Lustspiels, das jedem Gefühl des Anstandes und der Moral Hohn spricht[1]) ist eine historische Persönlichkeit, nämlich der im Jahre 1624 gestorbene Herzog von Ossunna[2]), welcher von der Krone Spanien als Vicekönig von Neapel bestellt war. Drei Jahre nach seinem Tode brachte ihn Mairet im vorliegenden Lustspiel auf die

---

1) cf. Lotheissen a. a. O. Band I. pg. 338.
2) cf. Balzac: Lettres. Buch II, Brief 1. erwähnt den Herzog von Ossunna.

Bühne, als Helden von Liebesintriguen, deren öffentliche Darstellung heute eine Unmöglichkeit sein würde [1]).

§ 75. Trotzdem indes das Sujet im höchsten Grade bedenklich ist, zeigt sich in der Sprache des Duc. d'Oss., abgesehen von einzelnen Stellen, wie z. B. III. 3., doch eine gewisse Vornehmheit. Diese kann auch wohl als richtiger »Localton« dieses Lustspiels gelten, denn dasselbe spielt ganz in der feinen Gesellschaft und desshalb hat auch das viele Conventionelle, welches der Dialog des Stückes aufweist, in gewisser Hinsicht seine Berechtigung.

§ 76. Der Herzog zeigt ganz die verfeinerte Sprache der galanten Liebhaber jener Zeit. Modisch sind z. B. seine Metaphern *ardeur* (1), *feu* (6), *flame* (16), *divin* (803), *martire* (810) und nicht minder conventionell galant sind die bildlichen Ausdrücke *soleil* (16), *deesse* (801), *divinité* (802), sowie die Worte:

> . . . on ne garde point le thresor de Venise
> Comme on fait ce thresor de grace et de beauté (474)
> . . . estant vous-mesme un ange de clarté
> Vostre divin aspect m'eust-il pas escarté (805).

Ganz zur Stellung des Herzogs passt es, dass er dem Herrschertum [cf. *dominer* (875), *gouverner* (876), *regner* (877)] und dem Kriegswesen [cf. *conqueste* (685), **pousser la pointe* (701)] Metaphern entlehnt, und zu diesen stimmen solche, welche der Fechtkunst entnommen sind, wie *mettre bas les armes* (660) und

> Un bel oeil dont le doux et modeste regard
> M'a lancé dans le coeur un invisible dard (670).

[cf. dazu *accablé* (655), *trait* (669)].

Den Vorzug einer grösseren Originalität hat der bildliche Gebrauch von *faquin* (654), *fantosme* (832), *interdire* (858) und

---

1) Es ist auffallend, dass Mairet gerade in der Vorrede zu diesem höchst obscönen Lustspiel sagte: »Les plus honnêtes femmes fréquentent maintenant l'Hôtel de Bourgogne avec aussi peu de scrupule qu'elles feroient celui du Luxembourg« (cf. Fournier pg. 375. 1). Weiter ist bemerkenswert, dass Mairet, obgleich er in seiner Pastoral-Tragicomödie Silvanire (1625) als Vorkämpfer für das streng regelmässige Drama aufgetreten war, im Duc d'Oss. die von ihm selbst empfohlenen Gesetze nicht beobachtete. Die Einheit der Zeit ist nicht gewahrt, denn innerhalb 24 Stunden kann Camille nicht lebensgefährlich verwundet werden, krank liegen und wieder als flotter Liebhaber auftreten; auch verlangt die Intrigue mehrere Nächte. Ebensowenig ist die Einheit des Orts beobachtet, denn der ausserordentlich verwickelte Plan des Stückes würde auf einer heutigen Bühne stellenweise (cf. Act. II) Wandeldecorationen verlangen. Jedenfalls musste der Zuschauer, um all' dem Scenenwechsel folgen zu können ohne den Faden zu verlieren. eine grosse geistige Gelenkigkeit besitzen.

auch die Metaphern *pleuvoir* (51), *amorce* (566) und *comédie* (623) gehören nicht zu den ganz gewöhnlichen.

cf. dazu: esclaircir (40), clair (42), esclaircissement (44), couller (94), fruit (125), beste (132), naitre (222), aveugle (244), sentir (247), cul (265), nu (268), retrancher (318), effacer (325), pousser (334), chatouiller (341), nourrir (349), consumer (353), gouster (355), goust (356), mesure (457), despens (185), conte (486), payer (488), engager (503), planter (532), borner (558), jeu (587), jouer (588), quitter la partie (590), picquer (736), mourir (757), estouffer (765), demon (806).

§ 77. Almedor, der Vertraute des Herzogs, hat in seinen Bildern mit diesem grosse Ähnlichkeit. Von Interesse ist die metaphorische Verwendung von **Dom Guichot* (881) in den Worten:

> Certes il fait bon voir ces Dom Guichots nocturnes
> Le manteau sur le nez, craintifs et taciturnes.

Mit dem spöttischen Ton dieser Stelle stehen auch die folgenden Verse im Einklang, welche geeignet sind, den ironischen Character Almedors zu zeigen:

> Il pleut de sa fenestre une influence humide
> Dont l'odeur qui part tout *embasme le chemin,
> Ne sent jamais rien moins que l'ambre et le jasmin (780)
> Il n'est point toutes fois, de l'un à l'autre pole,
> D'endroict si difficile où cet oyseau (le poullet) ne vole,
> Pourveu qu'on le soutienne avec des aisles d'or (176).

cf. dazu: feu (6), flame (16), refroidi (27), ciel (48), saison (73), aveuglément (243), aveugle (244), *injure 839.

§ 78. Emilie zeigt ziemlich dieselben Modeausdrücke wie der Herzog und Almedor, ausserdem die damit verwandten Metaphern *noeud* (511) und *sacrifier* (819).

Von allen Personen des Stückes zeigt Emilie, namentlich in den ersten Acten, wo ihre Sprache sich oft zu wirklicher dramatischer Schönheit erhebt, den meisten Adel. In ihrem Schmerze um Camille sagt sie: [cf. auch *saison* (73), **augurer* (899)]

> . . . je scay toutes fois que j'ay fourny l'espée
> Qui de tes jeunes ans a la trame coupée (525).

Dieser bildliche Ausdruck hat etwas gekünsteltes, was auch von den folgenden Worten zu sagen ist, die ein gröberes Bild enthalten:

> Clair soleil de mes jours par la mort endormy
> Dans le rouge Ocean du sang qu'il a vomy (46, 281, 282).

Den zu eifersüchtigen Gatten, der ihren Geliebten morden will, nennt Emilie *execrable *vipere* (206) und *serpent odieux* (207), [cf. dazu *brutal* (134), *monstre* (833)].

In den letzten Acten wird ihre Figur weniger sympathisch. Emilie's Leidenschaft für Camille erkaltet und macht der

Liebe zum Herzog Platz. Hiermit ändert sich auch der Character ihrer Sprache; dieselbe wird freier und zeigt hier und da einen spöttischen Zug. Sarcastisch gefärbt sind z. B. folgende bildliche Wendungen:

Les baisers d'une veuve auront plus de *saveur,
Perdez le goust des miens (356, 379)
Achevons de luy taster le pous (782).

cf. dazu: feu (6), flame (16), *renflamer (17a.), fumée (20), esteindre (24), vent (53), *obscure (63), esblouir (242), course (289), rompre (315), trainer (327), esbranler (336), mesurer (457), thresor (474), payer (488), prester (502), fecond (533), piege (570), jeu (587), coup (650), esventer (680), conqueste (685), combat (696), piquer (736), guerison (773), enchanter (836), phoenix (897).

§ 79. Eine grössere Vielseitigkeit im bildlichen Ausdruck und eine weniger scrupulöse Verwendung desselben zeigt Flavie. Die Metaphern *eclat* (29), *pleuvoir* (51), *ombrage* (62), *sous couleur de vostre confidence* (64), *source* (93) entlehnt sie aus dem Gebiete der Naturerscheinungen und der Anthropologie die gröberen Wendungen:

Si belle occasion de contenter ses voeux
Merite bien plutost qu'on la prenne aux cheveux (232)
. . . vostre vertu m'est en si bonne *odeur (246).

Von Kriegsausdrücken ist aus ihrer Rolle ausser den banal gewordenen Metaphern *vainqueur* (718), *vaincre* (719), *captif* (731) hervorzuheben

Camille en sa lettre une *embusche me dresse (712)

Flavie eigentümlich ist die bildliche Verwendung von *rendre le change* (491) in den Versen

L'occasion me donne un sujet assez ample
De luy *rendre son change, et tromper par exemple

und auch der Gebrauch von *deschirer* (312) und *descoudre* (313) im Sinne der folgenden Worte ist ohne weiteren Beleg in den vorliegenden Lustspielen:

Nostre amour est de ceux qu'on doit faire durer,
Ou bien qu'il faut descoudre et non pas deschirer.

Selbstverständlich finden sich bei Flavie auch Modemetaphern, z. B. *ardeur* (1), *échauffer* (4), *feu* (6), neben welchen die seltenere Metapher *attiser (10) zu erwähnen ist, ferner *flame* (16), *naitre* (222) und *chaisne* (505).

cf. dazu: esteindre (24), esclaircir (40), couller (94), endormir (282), course (289), briser (316), nourrir (349), desguiser (401), voile (404), charger (467), couster (484), despens (485), compte (487), chasser (568), attraper (574), chanter (633), coup (650), picquer (736), prescher (813), prison (846).

§ 80. Bei Camille fehlen conventionelle Bilder fast ganz; von solchen gebraucht er nur den Kosenamen *mon coeur* (257).

Viele Metaphern sind aus seiner Rolle nicht zu belegen und deshalb entzieht er sich ziemlich unserer Betrachtung. Als Beispiele seiner bildlichen Ausdrucksweise mögen die Worte dienen:

> Octave, en bonne foy, serois-tu bien si grue
> De croire que la soeur m'eust donné dans la veue (186. 241)
> C'est un friand morceau qu'une prompte vengeance (396).

cf. *dazu*: brutal (134), pas (293), laver (303), rompre (315), effacer (325), commerce (479), payer (488), marque (498), piequer (736), phoenix (897).

§ 81. Paulin und Horace[1]) bieten noch weniger Anhaltspunkte zu einer Schilderung ihres Characters nach den Metaphern dar. Auch sind ihre Rollen, namentlich die des Horace [cf. *brutal* (134) und *courir* (287)] nebensächlich.

Paulin redet ganz seinem Stande gemäss; etwas überschwenglich ist er in seiner Ausdrucksweise in der zweiten Scene des Stückes [cf. *tempeste* (55), *sacrifier* (820)], in welcher er den Herzog um Hülfe gegen seine Verfolger anruft und ihm schmeichelt mit den Worten

> . . . vos rares vertus, de qui la renommée
> Est par toute l'Europe esgalement semée (531).

cf. *dazu*: bras (254), endormir (282), cours (288), engager (503), fecond (533).

§ 82. Stephanille, die Zofe der Flavie, zeigt einige Frische in ihren kecken Ausdrücken, wofür als Beispiel die Verse dienen können

> Messieurs, vous pouvez bien remettre la partie (591)
> Et danser pour ce soir un bransle de sortie (620),

welche sie Camille und dem Herzog zuruft, als diese in Gefahr sind, von Paulin bei ihren Geliebten überrascht zu werden.

cf. *dazu*: mordre (171), pousser (334), fourrer (422), charge (466), jeu (587).

§ 83. Fabrice, der Bediente Paulin's, hat im ganzen Stück knapp 3 Verse zu sprechen und kann daher nicht in die Betrachtung gezogen werden.

Octave, Camille's Bedienter, lässt in seinen Metaphern seinen Stand durchaus nicht erkennen, da er meist Bilder verwendet, die sonst lediglich von der besten Gesellschaft gebraucht werden, z. B. *aveuglement* (243), *chaisne* (505), **embusche* (712).

Auch die Wendungen

> . . . vostre amour ne vole qu'à la jupe (177)
> Aisément d'une intrigue une autre pourroit naistre (222)

---

1) Im Personenverzeichnis steht *Basile* als Vater der Emilie angegeben, doch führt derselbe im Stücke (cf. IV, 5) den Namen *Horace*.

scheinen O c t a v e eine andere Stellung anzuweisen, als sie gewöhnlich von Bedienten eingenommen wird, zumal sich Bilder
niederer Gattung bei ihm gar nicht finden.

cf. dazu: fruit (125) main (256), endormir (282), fardeau (470), coup
(650), sanglant (735).

§ 84. Solche sind überhaupt im Duc d'Oss. kaum anzutreffen und die Schamlosigkeit des Stückes kommt durch die
Metaphern nicht zum Ausdruck. Das ist einerseits ein Vorzug,
indem so das anstössige Element des Lustspiels etwas gemildert
wird, andererseits aber trägt dieser Umstand dazu bei, die
Schwächen des Stückes zu zeigen, dass nämlich Mairet hier
durch den bildlichen Ausdruck eine scharfe Characteristik nicht
herbeiführt und dass eine feinere Nuancierung in der Character-
färbung der einzelnen Personen im Duc. d'Oss. nicht in dem
Masse zu finden ist, wie wir sie bei einem Dichter, der mit
Corneille in die Schranken trat, erwarten sollten.

Discret: Alizon. (1635).

§ 85. In der Einleitung zu »Alizon« finden sich die Worte:
*une dame de mes amies m'ayant fait le recit des grotesques et
veritables amours de la veuve d'un pauvre bourgeois de Paris,
j'en ay traicté l'histoire en rime sous le nom d'Alizon Fleurie,
avec des paroles les plus approchantes de la sorte de parler
des personnages qui y sont introduits, et chacun selon sa condition, pour rendre le sujet plus risible.* Wirklich ist zuzugeben,
dass man die Bemühungen des Dichters, jede Person des Lustspiels ihrem Stande gemäss reden zu lassen, in dem vorliegenden
Stücke wahrnehmen kann [1]).

---

1) Der Verfasser, der sich unter dem Pseudonym ‚Discret' verbirgt,
besass einen Hang zur Satyre — das beweisen schon die Widmungen,
welche er der ersten und zweiten Auflage seines Werkes voraufschickt.
Die erste derselben ist an die jungen Witwen und alten Jungfern ge-
richtet, während die zweite sich an die Butterhändlerinnen der Pariser
Hallen wendet. In letzterer sind folgende Worte characteristisch: »comme
il a pris fantaisie à messieurs les libraires de faire revivre dame Alizon,
qui estoit ensevelie dans le tombeau depuis plus de vingt uns, j'ai creu
estre obligé vous en faire present, ne pouvant la mettre en des mains
plus douces et plus coulantes que les vostres, afin que, si les vers ne
sont assez coulans à la fantaisie de ces messieurs qui les voudront lire,
vous les frottiez de beurre frais pour les rendre plus glissans et plus
faciles à passer dans leurs delicates oreilles . . . . Si Alizon se trouve
rude, vostre marchandise la peut adoucir; si ses paroles et ses com-
pliments sont bas, ils ont du rapport avec les vostres; si son humeur
est gaye et enjouée, elle a de la simpatie avec celle des dames de vostre
qualité«.

Die drei jungen Liebespaare Poliandre, Belange, Roselis
und Silinde, Floriane, Clariste sind von anstössigen Ausdrücken frei, während Karolu und Alizon Fleurie, sowie
Ieremie — natürlich auch der Batelier — häufig nach Art
des niederen Volkes reden. Dass Alizon oft in unfeiner Weise
komisch wird, kann wohl zum Teil darin eine Erklärung finden,
dass die Rolle sich in den Händen eines Mannes befand, dessen
Wiedergabe von alten Jungfern typisch geworden war [1]).

Das Stück ist nicht gerade reich an Metaphern, doch findet
sich unter ihnen manches characteristische Bild.

§ 86. In der komischen Einleitungscene, in welcher Alizon
Fleurie ihr Eheglück mit dem verstorbenen Gatten schildert,
sagt sie:

> I'estois son Alizon, son amour, son delice,
> I'estois sa *Penelope, il estoit mon *Ulysse (892)

und mit Heranziehung von Figuren aus dem bekannten Roman
d'Urfé's:

> Chez nous tous les plaisirs estoient à l'abandon:
> Si j'estois son *Astrée, il estoit *Celadon (878).

Zu dem Tone dieser Worte stimmt die mehrfache Verwendung des beliebten Schmeichelnamens *mon coeur* (257) und
die conventionelle Metapher *enflamer* (17).

Eine drollige Mischung von modischer Ausdrucksweise und
ursprünglicher Komik zeigt Fleurie in den Versen:

> ... ma peau, ressemblant la coine d'un jambon
> Faisant voir aujourd'huy ma face *rissolée
> Comme une solle fritte ou à demy bruslée
> Rends tous mes serviteurs aussi froids qu'un glaçon (374. 26).

Eine gesuchte jugendliche Naivität und gezierte Scherz-
haftigkeit zeigt Alizon an verschiedenen Stellen und sicherlich
musste diese bei der alten Fleurie komisch wirken. Etwas
derartiges tritt zu Tage in den Worten

> Puis que ma bequenot me prend icy sans vert
> Ie ne puis celer ce qu'elle a decouvert.
> La mine est eventée au temps que l'on desire
> Aussi bien aujourd'huy falloit-il vous le dire (610. 630).

cf. dazu: eschauffer (4), bras (254), briser (316), presser (333), gouster
(755), tacher (418), faire la rencherie (482), lire (789), interdire (858).

§ 87. Alizon ist viel umworben, denn Monsieur Karolu,
Maistre Ieremie und L'Armichon, der Colporteur, be-

---

1) »Son titre lui est venu de l'acteur qui la jouait, et qui lui-même
n'est connu que par ce nom de théâtre. Il en avait fait l'étiquette d'un
type, celui des ,Vieilles ridicules', dont aucune comédienne n'avait encore
pris le rôle« (Fournier pg. 400).

mühen sich um ihre Gunst. Karolu trägt den Sieg davon,
denn die Ehe mit ihm verspricht Alizon die grössten materiellen
Vorteile. Und dazu weiss Karolu auch durch seine feine
Sprechweise zu gewinnen, z. B. durch Worte, wie

> ... l'eclat de vos beautez parfaits (29)
> Dans un sens tout parfait vostre rare eloquence
> Des meilleurs orateurs tient la gloire en balance (460).

[cf. noch *vent* (53), *combler* (79), *naistre* (222), *divin* (803)].

Einen anderen Ton schlägt Karolu seinem Rivalen Ieremie
gegenüber an. Als dieser ihn zum Kampfe herausgefordert hat,
stellt er sich ihm äusserlich mutig, innerlich zagend gegenüber.
Er versucht ihn durch Vernunftgründe zu bewegen, vom Kampfe
abzustehen, indem er sagt:

> La nuict chasse souvent la folle passion (568).

Aber als ihm dieses nicht gelingt, da spielt er den Eisen-
fresser:

> Tu vomiras ce mot avec ce coup mortel (281).

cf. dazu: presser (333), goûter (355), bastir (425), porte (432), moule
(415), *surcharger (468), fardeau (470), attraper (574), *jouer du reste
(598), *avant-gardes (702), trêve (709), martyre (810), *alumettes (902).

§ 88. Maistre Ieremie, in dessen Figur wieder das
Vorbild des »Miles gloriosus« zu erkennen ist, befleissigt sich
einer prunkhaften Sprache; als er seine Heldentaten berichtet,
erzählt er:

> On me nommoit le grand Mars des François (885)

wozu der pomphafte Ausdruck stimmt:

> Ie fus bien près d'aller au royaume des Parques (867)

Der höheren Sprache eigen ist die metaphorische Verwendung von *Cypris (884). ebenso gehören ihr an Ieremie's
bildliche Ausdrücke

> Sous le visage faux d'un masque politique
> Chaque seditieux se disoit catholique (237, 403)

sowie *jouer sa comedie* (623), *jouer ce rolle* (627). Die Verse

> Les femmes de Paris, se bandans contre moy,
> M'eussent defiguré; mais, par une sortie,
> Pour eviter debat, je quittois la partie (590)

deuten an, dass es mit Ieremie's gerühmter Tapferkeit nicht
weit her ist und das bekräftigen die halb feigen, halb auf-
schneiderisch mutigen Worte

> Karolu me fait peur, et cent fois une armée
> N'a point donné de crainte à ma droite animée (226).

Aber nicht immer spricht Ieremie so vornehm. Nachdem
Fleurie seine Werbung abgewiesen hat, ist sie, die vorher
Cypris war, nur ein *animal* (133), und den glücklichen Rivalen
nennt er in seiner Wut *vieux *hibou* (185).

cf dazu: chaud (5), flame (16), mordre (171), endormir (292), presser (343), remascher (360), fourrer (422), payer (488), lier (509), fil (528), enfiler (530), detour (554), attraper (574), prendre à la pipée (581), remettre la partie (591), berner (612), choquer (653), armer (659), traict (669), victoire (719), vaincre 719, immortel (761), guarison (773), demon (806).

§ 89. Der dritte Verehrer Alizon's der Colporteur Armichon tritt nur einmal auf; seine Metaphern zeigen sich in den Worten:

I'ay les Perfections de la dame Alizon
Pour captiver chacun dans sa belle prison (730. 846) [1]).

§ 90. Die drei Liebhaber bewegen sich vorwiegend im Rahmen der conventionellen Umgangssprache — Roselis, trotz seines süsslichen Namens verhältnismässig am wenigsten.

Poliandre's Metaphern sind der Mehrzahl nach modisch [cf. *chaleur* (3), *chaud* (5), *allumer* (15), *flame* (16), *froideur* (25), *glace* (100), *tresor* (474), *divin* (803), dazu *armes* (660), *vaincre* (719), *captiver* (730)]; ausser solchen verwendet er *s'aprivoiser* (168), *vagabond* (297) und *estre idolastre* (830) in bildlicher Weise.

cf. dazu: éclat (29), meurement (122), animer (226), rompre (315), effacer (325), gouster (355), mourir (757).

§ 91. Auch Belange gebraucht zahlreiche Modemetaphern [cf. *ardeur* (1), *feu* (6), *enflamé* (17), *brusler* (18), *froid* (26), *blesser* (732)], dazu *esclavage* (728), und *reyne* (866). Origineller ist seine Metapher

Ce propos que je tiens ne me semble inutile
Pour faire voir l'etat d'un esprit bien fragile (912).

cf. dazu: clair (42), comble (78), couler (94), naistre (222), nud (268), effacer (325), presser (333), consommer (352).

§ 92. Roselis, der von den drei Liebhabern des Stückes die wenigsten Metaphern verwendet, hat bedeutend mehr ursprüngliche Bilder, als seine Collegen. Zwar gebraucht auch er *feu* (6) und die ebenfalls sehr beliebten Ausdrücke *servage* (726), *martyre* (810), *dresser un autel* (815), *bannir* (859), doch neben diesen in übertragener Bedeutung auch *astre* (47), *rompre le coup* (650), *venin* (766), *phenix* (897) und die ungewöhnliche Metapher

Elle void dans tes feux les siens ensevelis (828).

[cf. *auch*: rire (277) *und* *rebrousser chemin (300)].

---

1) Literarhistorisch ist die betreffende Scene (I. 2) interessant, weil hier, ähnlich wie im »Lutrin«, V, eine Reihe damals beliebter Schriften aufgezählt wird. Es sind seltsame Raritäten, die hier genannt werden.

§ 93. Alizon's Töchter scheinen manches von der Sprechweise ihrer Mutter angenommen zu haben. Im Vergleich mit ihren Liebhabern besitzen sie etwas volkstümliches, ungezwungenes; nur im Verkehr mit den Modeherren bemühen sie sich, deren verfeinerte Sprache nachzuahmen.

Aus Silinde's Rolle wäre von bildlichen Ausdrücken anzuführen:

> On nous estimeroit tout a fait imprudentes
> Si voyant le bonheur nous presenter la main (255)
> Nous ne courions après par un mesme chemin (552).
>
> Ce bois est un sejour aimable
> Un de ses tapis nous servira de table (437).

cf. dazu: flame (16), froid (26), loup (161), donner dans la veue (241), briser (316), gouster (355), degousté (357), deguiser (401), coup (650), armes (660), crever (755).

§ 94. Clariste verwendet mehr Metaphern als Silinde, und damit hängt zusammen, dass bei ihr auch die Modemetaphern zahlreicher auftreten, als bei ihrer Schwester.

Während bei dieser von den bekannten conventionellen Ausdrücken nur *flame* (16) sich fand, gebraucht Clariste *chaleur* (3), *feu* (6), *enflamer* (17) in bildlicher Weise [cf. auch *flame* (16), *captiver* (730)]. An Lebendigkeit gewinnen ihre Reden durch Bilder wie die folgenden:

> Certaine opinion où mon ame est plongée (306)
> C'est justement fraper où mon desir se glisse (337)
> Tu t'engages, ma soeur, dans un piége hasardeux (570).

[cf. dazu: *guerre* (692), **truchement* (792)]. Anzuführen wären aus ihrer Rolle endlich noch die Worte:

> Mil apprehensions cherchent le miserable.
> Alors qu'il veut cacher son estat deplorable,
> La tristesse est sa *mère, et son père un regret (211. 212).

cf. dazu: clair (42), *couper (319), marque (498), coup (650), lire (789), empire (860), tyranniser (874).

§ 95. Floriane ist ohne bedeutende characteristische Züge. Ausser einigen Modemetaphern [cf. *ardent* (2), *chaleur* (3), *flame* (16)], verwendet sie *noir* (69), *attraper* (574), *atteinte* (651) im metaphorischen Sinne.

§ 96. Der Batelier ist im ganzen recht natürlich gezeichnet, nur stimmt das Lied, welches er vorträgt, nicht zu seinem Stande. In diesem findet sich das Bild

> Du Phare la renommée
> A mis sa gloire en fumée (20)

während seine übrigen Metaphern ganz volkstümlich sind: *beste* (132), *niais* (194), *attraper* (574).

cf. Batelier: clair (42). Soldat: immortel (761).

§ 97. Die Metaphern des vorliegenden Lustspiels stehen mit dem Character und der Stellung der sie verwendenden Personen wohl im Einklang und dieser Umstand trägt dazu bei, das Stück als ein durchaus realistisches [1]) zu kennzeichnen.

Desmarets-Saint-Sorlin: Les Visionnaires. (1640).

§ 98. Dieses Werk gehört ohne Zweifel zu den besten unter den hier behandelten Comödien. Die einzelnen Figuren der Vis. zeigen alle ein lebendiges Colorit und der Gegenstand des Lustspiels ist wohlgeeignet Interesse zu erwecken. Dasselbe hat einige Ähnlichkeit mit Molière's »Femmes savantes« und man hat auch Beziehungen zwischen den beiden Stücken entdecken wollen [*]). Hier, wie dort wird das Preciousentum in seiner Überspanntheit gegeisselt und in Folge dessen trägt auch der sehr reiche Metaphernschatz der »Visionnaires« ein eigenartig phantastisches Gepräge. Es passt auf ihn Shakespeare's His words are a very fantastical banquet, just so many strange dishes.

(Much ado about nothing II. 3).

§ 99. Eine Analyse der verschiedenen Charactere in den Vis. giebt Desmarets im »Argument« des Stückes. Wenn wir diese verfolgen, so müssen wir zugeben, dass der Dichter in der Zeichnung seiner Lustspielgestalten durch deren Ausdrucksweise und speciell durch ihre Metaphern recht glücklich gewesen ist.

§ 100. Über Artabaze sagt der Dichter an der betreffenden Stelle: »*Le premier est un capitan, qui veut qu'on le croye fort vaillant: toutefois il est poltron à un tel point, qu'il est reduit à craindre la fureur d'un poëte, laquelle il estime une chose bien redoutable; et est si ignorant, qu'il prend toutes ses façons de parler poëtiques et estranges pour des noms de demons et des paroles magiques.* Ganz so, wie Desmarets ihn schildern will, zeigt sich Artabaze schon in den ersten beiden Scenen der Vis. Er ist der perfecte Aufschneider, getreu nach dem Muster des »Miles gloriosus« oder des »Capitano Matamoros« zugeschnitten.

Mit seinen Prahlereien [cf. auch *Mars* (885)]
Ie suis . . . le foudre de la guerre (57)
. . . je traine avec moy le carnage et l'horreur (327).

---

1) Als solches gewährt »Ahzon« nach verschiedenen Seiten hin Interesse, denn es giebt das Stück ein anschauliches culturhistorisches Bild und enthält ausserdem vielfache Anspielungen auf zeitgenössische Geschichte etc.

2) cf. Vis. II, 1 und F. S. II, 3, ferner Vis. IV, 4 und F. S. III, 5.

Voyant que le soleil couroit incessamment
l'arrestay pour jamais sa course vagabonde (287. 289. 297)

steht seine Angst vor dem dichtenden Amidor im drastischen
Widerspruch:

Quel prodige est-ce cy? je suis saisi d'horreur.
... La rage le possede;
Contre les furieux la fuite est le remede (771)

sagt er, als er Amidor's dichterische Kunstausdrücke vernimmt,
und später

... il fait mille grimaces
Et *masche entre ses dents de certaines menaces (359).

§ 101. Es lassen sich auf Artabaze, gerade wie auf seine
Genossen Fierabras (Prov.), Rodomont (F. Tab.), Taillebras
(R.) und Maistre Jeremie (Alizon) die Worte anwenden:

Ce sont de vains éclairs qui n'ont jamais de foudre
(de Lyzante R. I, 4).

Sobald es angeht, spielt der Capitain den Mutigen und
bemüht sich, so imponierend wie möglich zu sprechen. Mit
Vorliebe entlehnt er Bilder aus dem Gebiete der Kriegs- und
Fechtkunst: *desarmer (658), lancer (672), stratageme (699),
trève (709), [cf. dazu dompter (166), coup (650), tyrannie (873)].
Der Sprache des Spiels entstammt die Metapher:

Nul ne sçauroit plus haut porter l'ambition
Que d'oser *renvier sur ma presomption (594).

Dem Alcidon gegenüber ist Artabaze ganz herablassend
und gönnerhaft:

Ie veux vous combler d'heur, il m'en prend fantaisie
Et deussent tous ces rois crever de jalousie (79. 755).

cf. dazu: ardeur (1), ardent (2), chaleur (3), flame (16), azur (104),
coral (106). *yvoire (172), voler (177), cours (288), *faiste (431), *voute
(435), caboche (448), borner (558), *pourchasser (567), attraper (574), personnage (625), fleau (851), nymphe (889), *broüiller (906).

§ 102. In Amidor will Desmarets einen leidenschaftlichen
Anhänger derjenigen französischen Dichter schildern »qui vivoient
devant ce siecle, lesquels sembloient par leurs termes empoullez
et obscures, avoir dessein d'espouvanter le monde«. Die Satyre
richtet sich offenbar gegen Ronsard und seine Nachahmer.
Characteristisch für Amidor sind die folgenden Worte, welche
zugleich eine Anzahl Metaphern enthalten:

Dans mon commencement, en *l'avril de mes jours (72)
La riche metaphore occupa mes amours:
Puis j'aymay l'antithese au sortir de l'eschole:
Maintenant je me meurs pour la haute hyperbole (757)
C'est le grand ornement des magnifiques vers (413)
C'est elle qui sans peine embrasse l'univers (348)
Au ciel en un moment on la void esclancée (673)

C'est elle qui remplit la bouche et la pensée.
O ma chere Hyperbole, Hyperbole mon cœur (257)
C'est toy qui d'Atropos me rendras le vainqueur (718)

(cf. Via. V. 7).

Wenngleich Amidor in diesen Versen ausspricht, dass er der Metapher nicht mehr in erster Linie huldigt, so strotzen doch seine Reden förmlich von solchen.

§ 103. Viele dieser, den heterogensten Anschauungsgebieten entnommenen bildlichen Wendungen sind anschaulich, manche von ihnen haben auch poetischen Wert, meistens aber sind sie zu unnatürlich. Voll Stolz sagt Amidor:

Quel homme enfla jamais comme moy sa parole (339)

und gewiss leistet er in dieser Hinsicht Grosses; es scheint fast, als ob er es ängstlich vermeidet, sich einfach und schlicht auszudrücken. Als Proben seiner bombastischen Sprechweise können folgende Verse dienen:

Ce grand roy qui cent rois enfanta de sa cendre (221)
Ce torrent de la guerre? (95)
Ce tonnerre orageux qui menace et qui gronde
*Eflochera bien tost la *machine du monde (324, 516)
. . . . quelle horrible tempeste
Quel voile tenebreux *encourtine ma teste? (404. 438)
Eole a déchaisné ses vistes *postillons (507. 541).

Auch nachstehende Phrasen haben etwas Geziertes:

D'Helicon seulement j'aime le noble val
Et l'eau *fille du pied de l'emplumé cheval (214)
Quand la *brunette nuict, développant ses voiles
Conduira par le ciel le grand *bal des estoiles (68. 618).

§ 104. Derartige gekünstelte Bilder finden sich bei Amidor noch in grosser Zahl; dahin gehören auch die Metaphern *rembrunir (67), *emmaillotter (331), *manteau (405), robe (406), *manoir (423), entonner (452), forger (513), *virevolter (544), *empoullé (907) und besonders die wissenschaftlichen Ausdrücke *cacochime (750) und *paralytique (753).

§ 105. Etwas weniger geschraubt, aber immer noch gesucht sind die Wendungen: ces celestes *brandons (8), le ciel porte-flambeaux (14), sowie die Metaphern azur (104), coral (106), poil-doré (110), *ebene (131), *sapper (679), *livrer bataille (697).

§ 106. Einige Modemetaphern fehlen bei Amidor nicht [cf. ardeur (1), flame (16), froideur (25), froid (26), divin (803)] ebenso wenig einige mythologische Figuren in übertragener Bedeutung, nämlich Mars (885), *Melp. mene (887), *Charites

(888) und *nymphe* (889). — Neben so vielen unnatürlichen Bildern ist Amidor das folgende lebendigere eigen:

Dans un mesme sujet cent beautez amassées
Fournissent un essain de diverses pensées (210).

cf. dazu: *fumeux (22), cendre (23), *estincelles (36), esclaircir (40), argent (108), or (109), *roseau (119), lis (130), enfant (213), animer (226), *sourcilleux (238), *gorge (252), *ventre (259), *haleine (270), vomir (281), *galopper (290 a.), puiser (307), verser (309), appetit (350), friand (380), sucré (381), tresor (474), compte (486), trame (525), planter (552), chasser (568), attraper (571), trait (669), proye (722), picquer (736), immortel (761), poison (767), *hieroglyphe (786), *celeste (804), *sec (918).

§ 107. Filidan *est un de ceux dont le nombre est si grand, qui se picquent d'aymer les vers sans les entendre, font des admirations sur des choses de neant et passent ce qui est de meilleur, et prennent des Galimathias en termes relevez pour quelques belles sentences, et pour les plus grands efforts de la poésie*. Begierig fasst der schwärmerische Filidan Amidor's sinnloses *l'azur d'une bouche* (104) und *le coral de deux yeux* (106) auf und verliebt sich in diese sonderbaren Attribute einer weiblichen Schönheit:

. . . le seul recit m'a l'esprit enchanté (836).

§ 108. Für letztere ist er überhaupt sehr empfänglich, das beweisen seine Metaphern:

Le recit m'a blessé, je mourroy de sa veuё (732. 757)

wobei auch die folgenden Ausdrücke angeführt werden können: *ce desire me devore* (164), *quelque amoureuse playe* (734) und

. . . un seul de ses regards me rend outrepercé (738)

Conventionelle Bilder sind bei Filidan sehr häufig [cf. *ardeur* (1), *ardent* (2), *feu* (6), *flame* (16), *enflammer* (17), *vainqueur* (718), *captiver* (730), *divin* (803), *martire* (810)]; ihnen verwandt sind die Metaphern *astre* (47), **éclair* (59), *deesse* (801), **celeste* (804).

cf. dazu: ciel (48), *precipiter (83), *dompteur (167), naistre (222), flechir (330), taster (343), consommer (352), *enyvrer (364), couster (484), semer (531), image (637), *tableau (639), pourtraire (639), abattre (656), trait (669), picquer (736), bannir (859), roi (864).

§ 109. Phalante *est un riche imaginaire*, in Wahrheit arm, an Phantasie reich. Auffallend ist es, dass er bei der Beschreibung des nur in seiner Einbildung existierenden Schlosses[1] so viele Bilder aus der Anthropologie verwendet: *naistre* (222), **chevelu* (233), *sein* (256), *dos* (258), *veine* (260), *parler* (275),

---

1) Es mag Desmarets, der selbst Architect war, viel Vergnügen gemacht haben, eine derartige Beschreibung in sein Stück einzuflechten.

rire (277), *s'embrasser* (348). Daneben gebraucht P h a l a n t e zur prunkvollen Schilderung die Metaphern **cristal* (102), *azur* (104), *argent* (108), *or* (109), *tresor* (474) und ausserdem *tapis* (437) und **voltiger* (542) in den Worten:

> . . . cent legers bateaux
> Paints de blanc et d'azur voltigent sur les eaux.

cf. dazu: ardent (2), combler (79), animer (226), *epuiser (308), effacer (325), flechir (330), etaler (495), fecond (533), guerre (692), vaincre (719), guerir (774), prison (846).

§ 110. Melisse ist *»amoureuse d'Alexandre le Grand«* [1]; woher sie ihre Leidenschaft für den Helden des Altertums hat, lehren die Verse:

> Un tome de Plutarque
> M'a fourny le pourtraict de ce divin monarque (803).

Die Begeisterung der Melisse für ihr Ideal zeigt sich z. B. in den bildlichen Wendungen:

> . . . ô cher Alexandre, ô prince qui m'embrase (11)
> Vainqueur de l'Orient, guerrier infatigable,
> Foudre, qui si soudain ravages l'univers (57)
> Ce grand Alexandre . . . ce dieu de valeur (800).

[cf. auch *coeur* (257), **celeste* (804)].

Als P h a l a n t e sie ihrer Überspanntheit wegen tadelt, bricht Melisse in die Worte aus.

> Nommer une chimere un heros indompté? (165)
> Appeler inconnu celuy de qui l'histoire
> A descrit les beaux faicts tous *rayonnans de gloire (31).

M e l i s s e neigt zur Übertreibung und verwendet demgemäss meist schwülstige Bilder: *devorer* (164), *dompter* (166), *semer l'effroy* (531), [cf. dazu *fruict* (125), *flechir* (330), *lancer* (672), *captiver* (730)]. Weniger affectiert sind die Metaphern *fleur* (126) und *lien* (508).

cf. dazu: ardeur (1), flame (16), effacer (325), goûter (355), marque (498), tragedie (622), image (637), immortel (761).

§ 111. H e s p e r i e *»se croit estre aymée de tous ceux qui la regardent«* Sie verwendet da, wo sie die Qualen ihrer An-beter schildert, Bilder aus dem Gebiete der Naturerscheinungen und der Sprache des Krieges; dazu redet sie vielfach von Wunden und Tod im übertragenen Sinne und entlehnt, indem sie sich selbst vergöttert, mehrere Metaphern dem Cultus.

Ihre Schönheit hält H e s p e r i e für die Ursache all' des Übels, das anzurichten sie sich einbildet.

---

1) Das Modell dieser Figur ist wohl bei den Precieusen zu suchen, cf. Lotheissen I. pg. 187.

> Voyez si j'ay sujet de répandre de pleurs
> D'accuser ma beauté, source de nos malheurs (93)

[cf. *azur* (104), *coral* (106), *tresor* (474)].

Ihre Reize sind Schuld, dass sie von der gesammten Männerwelt angebetet wird:

> Mille voeux élancez m'entourent comme abeilles (673)
> Mes yeux à tous les coeurs *livrent une bataille (697).
> . . . tous les amans qui vivent sous les cieux
> Se trouvent asservis au pouvoir de mes yeux (725)
> Ie ne puis ouvrir l'oeil sans faire une blessure
> Ny faire un pas sans voir une ame à la *torture (733. 850).
> On s'adresse à moy seule, et pas un seul mortel
> Pour offrir son encens ne cherche un autre autel (823. 815).

Doch darf Hesperie keinen ihrer Verehrer mit ihrer Hand beglücken, denn

> Si j'en vay choisir un, quel barbare dessein?
> Ie mets à tout le reste un *poignard dans le sein (668).

Überspannt klingen bei ihr ferner die Metaphern *tison* (9), *flame* (16), *brûler* (18), *martyre* (810), *sacrifices* (819).

cf. dazu: feu (6), *flotte (96), domter (166), aisle (176), voler (177), aveuglement (243), coeur (257), veine (260), plonger (306), presser (333), déguiser (401), compte (486), fecond (533), piege (570), attraper (574), coup (650), trait (669), captif (731), blesser (732), crever (755), mourir (757) idolastrer (831), nymphe (889)

§ 112. Die Figur der Sestiane, *amoureuse de la comedie*, ist durch ihre Metaphern wenig characterisiert.

Sie verwendet bildlich einige Ausdrücke aus der Anthropologie [cf. *bras* (254), *veine* (260), *pied* (264), *haleine* (270)] dazu *bec* (180), *fil* (528), *destour* (554).

Literarhistorisch ist ihre Rolle interessant, weil der Kampf um die drei Einheiten und den Bau des Dramas durch sie auf die Bühne gebracht wird (cf. Vis. II, 2 und II, 4). Sestiane sieht in allen möglichen Ereignissen den Stoff zu einem Drama und verarbeitet denselben auf der Stelle. Bezeichnend für sie sind die Worte, welche sie bei einer derartigen Gelegenheit spricht:

> Il ne faudroit qu'y coudre un morceau de romant
> Ou trouver dans l'histoire un bel evenement (396. 311).

cf. dazu: couler (91), anistre (222), semer (531), chanter (633), abattre (656), *embrouiller (905).

§ 113. Alcidon, der Vater dieser drei Mädchen, ist nicht viel vernünftiger, als seine Töchter; es setzt ihn in die grösste Verlegenheit, dass er nur drei Töchter hat, während er keinen der vier Bewerber abweisen möchte, denn jeder derselben hat gute Eigenschaften, die für ihn sprechen:

C'est (la valeur) . . . le lustre des maisons (32)
    . . . pourray-je avec rudesse
Te chasser de chez moy, venerable richesse
*Nourrice des humains? (568. 220)
Ie ne voy rien si beau qu'un scavoir admirable
C'est un riche tresor (474)
Le sçavoir et les biens, sans la flame amoureuse
Ne peurent jamais rendre une alliance heureuse (16).

cf. dazu: ardeur (1). flambeau (14), enflammer (17), *splendeur (31),
rayon (35), éclaircir (40), precipice (82), dompter (166), bras (254), fleschir
(330), revendre (483 n.). compte (186), engager (503), image (637), atteinte
(651), *faire la ronde (704), captiver (730), guerir (774), divin (803), Mars
(885).

§ 114. Lysandre ist die einzige verünftige Person im
Stücke. Er erkennt die Torheiten Alcidons und seiner
Töchter:

  Pour moy, je prevoy bien, si l'on n'y remedie
  Que ces nopces pourront finir en comedie (623. 772)
  Mais pour bien juger et pour faire un bon choix
  Il faut dans la balance en mettre deux ou trois
  Ceux de qui le talent plus solide vous semble
  Les *peser meurement, les comparer ensemble (460. 462. 122).

cf. dazu: chaleur (8), descharger (469), vaincre (719), idole (829),
ensorceler (831), enchanter (836), Apollon (886).

§ 115. Wie schon angedeutet hat der Metaphernschatz
der »Visionnaires« eine ganz eigentümliche Färbung. Alle Personen des Lustspiels sprechen affectiert, selten entschlüpft ihnen
ein natürlicher Ausdruck. Die alltäglichen Bilder werden sorgfältig vermieden und sogar die sonst allgemein beliebte Modemetapher tritt in den Hintergrund zu Gunsten mehr gezierter
Ausdrücke.

Die »Visionnaires« sollten sich alle in ihrer Überspanntheit
zeigen und so erklärt es sich, dass die vom Dichter ihnen in
den Mund gelegten Metaphern ziemlich denselben Typus tragen
und dass durch sie die einzelnen Personen verhältnismässig wenig
individualisiert sind. Vielleicht hätte der Contrast zwischen
dem besonnenen Lysandre und den Phantasten stärker und
häufiger markiert werden können.

Bemerkenswert ist, dass Desmarets, der in den »Visionnaires«
die Phantasterei seiner Zeit mit viel Geschick lächerlich gemacht hatte, in seinen späteren Lebensjahren selbst zum überspannten Träumer und Mystiker wurde.

La Comédie de Chansons. (1640).

§ 116. Es gehört nicht in den Rahmen unserer Betrachtung
den dichterischen und literarischen Wert dieses die Grenzen

des Anstandes häufig überschreitenden Lustspiels zu prüfen.
Es kann sich hier nur um die Frage handeln, ob der Verfasser
der Chans. den bildlichen Ausdruck zur treffenden Characteristik
seiner Gestalten benutzt hat. Diese Frage müssen wir durchaus
verneinen

§ 117. Im »Avertissement au Lecteur« (cf. pg. 458) heisst
es: »*C'est une comedie, où il n'y a pas un mot qui ne soit un
vers ou un couplet de quelque chanson.*« Das Stück lässt sich
demnach mit einem Harlequinsgewand vergleichen, zu welchem
allerlei notdürftig passende Flicken verarbeitet wurden. Der
Compilator der Chans. benutzte alles, was ihm in den Wurf
kam: alte und neue Gesänge, volkstümliche Lieder und solche,
wie sie sich in der feineren Gesellschaft fanden. Dieses Ver-
fahrens rühmt sich zwar der Verfasser: »*Puisque les plus
beaux airs de cour sont meslez en ce lieu avec des vaudevilles,
c'est comme si l'on avoit meslé l'or et la soye à la paille pour
rendre un ouvrage plus exquis*«; aber sicherlich musste unter
solchen Umständen die Characteristik der einzelnen Personen
durch ihren Ausdruck nicht nur leiden, sondern fast ver-
schwinden. Der Verfasser war in der freien Bewegung der
Sprache gehemmt; er konnte, wollte er die adoptierten Schranken
nicht durchbrechen, seinen Ausdruck nicht nach Wunsch der
Situation anpassen. So kommt es, dass sich z. B. der »gentilhomme« Alidor in seinen Bildern wenig von dem Bedienten
Jodelet und gar nicht von dem Soldaten La Roze unterscheidet.

§ 118. Alidor verwendet wie alle Personen der Chans.
viele Modemetaphern, namentlich tritt *flame* (923) bei ihm in
ermüdender Wiederkehr auf. Neben den bekanntesten conventionellen Bildern gebraucht er viele diesen eng verwandte,
z. B. *flambeau* (922), *radieux* (933), *astre* (937), *lys* (953), *rose*
(954), *cuisant* (1009 a.), *enchaisné* (1029), ferner *roy* (1104) und
nymphe (1112). Ähnlich wie La Roze (cf. 1048) sagt er:

»L'émail dont la terre se peint (1046. 1049).

Ihm eigentümlich ist der Ausdruck:

Fay moy ton *Ixion
Que j'embrasse une nue (1114).

cf. dazu: feu (921), renflamer (924 a.), brûler (925), langage (984),
clarté (935). soleil (936), nuict (939), *jour (940), saison (941), *printemps
(942), rocher (945), or (948), fruit (950), *refleurir (952), aprivoiser (959),
une (974), ocil (976), aveugle (978), oreille (979), sein (980), *bossu (982),
voix (983), parler (985), *aller (991), pas (992), *courrière (993), flechir
(997), presser (998), consumer (1006), porte (1018), emprunter (1026),
prester (1027), chasser (1038), *jouer au fin (1043), coup (1050), atteinte
(1051), armer (1053), armes (1054), trait (1055), dard (1056), rebelle (1061),

combattre (1065), vainqueur (1068), proie (1070), asservir (1071), servage (1072), captivité (1073). blesser (1075), mourir (1078), guerison (1082), guerir (1083), dieu (1085), divin (1087), martire (1089), idolâtrer (1094), enchanter (1096), tesmoin (1097), prison (1099), fers (1100), bannir (1102), empire (1103), couronner (1105), tyran (1106), tyrannie (1107), tyranniser (1108), *maistriser (1110).

§ 119. Alidor's Bedienter Jodelet redet gerade so gebildet wie sein Herr und gebraucht gleich diesem oft die sonst höheren Kreisen eigenen Modemetaphern [cf. *feu* (921), *flambeau* (922), *flame* (923), *brusler* (925), *blesser* (1075), **déité* (1086), *divin* (1087), *martire* (1089)]. In etwas unterscheidet er sich von Alidor, nämlich darin, dass er mehr bildliche Ausdrücke aus dem Kriegshandwerk und der Fechtkunst entlehnt, als dieser; dem Tierreich entnimmt er die Metaphern *chat* (956) und **taupe* (960). Dass er ein Verehrer des Weins ist, zeigt er in den humoristischen Worten, mit denen er eine Flasche entkorkt:

> Oste, petit coeur
> Ta *perruque blonde.
> Ta douce liqueur
> Rajeunit le monde (981. 1016).

cf. dazu: esclater (930), *trelui-ant (932), rubis (947), doré (949), voler (961), *jumelle (971), parler (985), verser (995), poudre (996), *ficher (1001), consumer (1006), goust (1008), couster (1023), borner (1037), chasser (1038), attraper (1041), *pourtraiture (1045), coup (1050), atteinte (1051), atteindre (1052), armer (1053), armes (1054), trait (1055), dard (1056), attaquer (1058), assaillir (1059), guerre (1060), *estendars (1063), combattre (1065), vaincre (1069), asservir (1071), servage (1072), crever (1077), mourir (1078), mort (1079), autel (1091), idole (1093), *voleur (1098), supplice (1101), empire (1103), tyran (1106), regner (1109), nymphe (1112), *espagnol (1117).

§ 120. In ähnlicher Weise zeigt La Roze die bekanntesten galanten Ausdrücke, dazu *fleur* (951), *lys* (953), *rose* (954), *noeud* (1030), *lier* (1031), *deesse* (1085 a.), *fers* (1100) und viele Bilder aus der Kriegssprache.

Neben diesen fällt die Verwendung einer Anzahl Metaphern aus dem Tierreiche auf: *chattemitte* (956), **oiseau* (962), *passereau* (965), *tourterelle* (966), **colombelle* (967), *caqueter* (969).

cf. dazu: ardeur (920), feu (921), flame (923), enflammer (924), brusler (925), esteindre (927), *luire (931), clair (934), *printemps (942), roche (944), fruict (950), enfant (970), *engendrer (972), naistre (973), vie (975), oeil (976), coeur (981), endormir (986), *reveiller (987), trotter (988), trot (989), pas (992), *avant-courier (993), laver (994), *estreindre (1000), pousser (1002), caresser (1004), gouster (1007), morceau (1014), fard (1015), fourer (1017), lict (1019), prester (1027), *auble (1035), chasser (1038), *rets (1040), *compas (1047), *émailler (1048), armes (1054), dard (1056), conqueste (1057), rebelle (1061), *parlementer (1062), *estendars (1063), *venir aux prises (1064), combat (1066), *capitaine (1067), captif

(1074), blesser (1075), mourir (1079), *enterrer (1080), remède (1081), divin (1087), autel (1091), sacrifice (1092), empire (1103), roy (1104), *nectar (1113).

§ 121. Dass auch Matthieu conventionelle Metaphern hat [cf. *flame* (923), *brusler* (925), *soleil* (936), *enchaisner* (1029), *bannir* (1102)] beweist, wie wenig der bildliche Ausdruck in der »Comédie de Chansons« zur Characterisierung benutzt wurde. Viel zu hoch für Matthieu sind ferner dessen originelle Metaphern:

> Portez sur l'aisle du silence
> Ils venoient troubler les esprits (963)
> La taverne est un *Averne
> Ou un precipice creux (943. 1116).

Seine Verehrung für den Rebensaß bekundet er durch die Verse:

> C'est estre plus beste qu'un asne
> De ne point prendre son plaisir
> Et ne point gouster la merveille
> Du doux *fredon d'une bouteille (955. 1007. 1044).

cf. *dazu*: éclat (929), caqueter (969), huyle (1011), *arrerages (1024), semer (1033), chasser (1038), destrousser (1042), *escole (1084), tyran (1106).

§ 122. Die weiblichen Figuren der Comédie de Chansons« unterscheiden sich in ihrem bildlichen Ausdruck wenig von den männlichen; sie zeigen dieselben Fehler wie diese.

Bei Silvie finden sich einige modische Wendungen, meist aber spricht sie in ziemlich derber Weise: *casser du grez (946), caquet (968), caqueter (969), viande creuse (1009), *fricasser (1013). Ihren Character lässt sie durchblicken in den Worten:

> Ie veux pour y prendre appetit
> Un baiser qui morde un petit (958)
> Ces baisers froids et languissans
> Ne sçauroient chatouiller mes sens (928. 1003).

Zarter ist ihr Bild

> Baise donc ces prez humides
> Que l'aube embellit de *pleurs (977).

cf. *dazu*: feu (921), flamme (923), cendre (926), froid (928), vent (938), saison (941), apprivoiser (959), naltre (973), courir (990), appetit (1005), tresor (1022), engager (1028), trebuchet (1089), trait (1055), divin (1087), ange (1088), ensorceler (1095), rond (1118).

§ 123. Jeanne, die Freundin der Silvie, hat etwas soubrettenhaft schnippisches in ihrem bildlichen Ausdruck:

> Au croc les armes je remets (1020)
> Il n'a pas vaillant cinq *sous (1021)
> C'est ma *rente d'estre battue (1025).

Als Schimpfwörter verwendet sie »chien de roisie (957) und *voleux (1098).

cf. *dazu*: feu (921), flambeau (922), flamme (923), enflammer (924), vent (938), lys (953), rose (954), *carogne (961), ame (974), courir (990), *anger (999), fade (1010), farcir (1012), river le cloud (1032), planter (1034), attraper (1041), rendre les armes (1051), vainqueur (1068), captif (1074), *maladie (1076), remède (1081), divin (1087), prescher (1090), tyrannie (1107), Mars (1111), *Amour (1115).

Jeanne, die Mutter **Jodelet's**, tritt nur in einer kurzen Scene (I. 7) auf und spricht ganz ohne Metaphern.

Rotrou: La Soeur. (1645).

§ 124.   Rotrou, Lestoille und Bois Robert, die Verfasser der drei Lustspiele, welche zu betrachten nun noch übrig bleibt (S. Fil. Plaid.), gehören unter die Zahl der bekannten fünf Hofdichter Richelieu's, die dem Cardinal allmonatlich ein neues Stück liefern mussten.   Abgesehen von Corneille ist Rotrou der bedeutendste unter diesen Dichtern und so zeichnet sich auch sein hier zu behandelndes Lustspiel »La Soeur« vorteilhaft vor denen seiner Collegen aus.   Der Bau des Stückes verrät Rotrou's Streben nach der Form des regelmässigen Dramas und die Figuren der S. zeigen vielfach den Habitus der Lustspielgestalten, wie sie später Molière auf die Bühne brachte [1]). Die Sprache in Rotrou's Lustspiel ist meist edel und immer massvoll, doch ist zu bemerken, dass das Interesse des Zuschauers in etwas peinlicher Weise durch das Gespenst einer vermuteten Blutschande rege gehalten wird.

§ 125.   Die Liebhaber des Stückes, **Lélie** und **Eraste**, verkörpern ganz den Typus dieser immer wiederkehrenden Bühnenfiguren.   Beide drücken sich stets gewählt aus und es muss hervorgehoben werden, dass sie mit den eigentlichen Modemetaphern verhältnismässig sparsam sind.

Lélie entnimmt indes die meisten seiner Bilder denselben Gebieten, welchen die conventionellen Wendungen entstammen: *flambeau* (14), *lien* (508), *noeud* (511), *servitude* (724), *asservir* (725), *sacrifier* (820), *bannir* (859), *tyran* (872). Originell und **Lélie** eigentümlich sind die Ausdrücke:

> ... cette avare *echo, qui respond par ta bouche
> Seroit plus indulgente à l'ennuy qui me touche (77)
> ... en vain mon adresse, avec tout son effort,
> Tente de son honneur l'inexpugnable *fort (676).

---

1) Man hat bei Molière Anklänge an die S. nachgewiesen, und zwar in »Les Fourberies de Scapin« I, 2 (cf. S. I, 4) »Le Médécin malgré lui« II, 6 (cf. S. III, 5) und »Le Bourgeois gentilhomme« IV, 6 (cf. S. III, 5). Die Angaben bei Fournier (pg. 511, 1. Anmerk. 1. 511, 2. Anmerk. 1.) sind falsch.

Der Umstand, dass Lélie seinen Vater beständig hintergehen muss, um die Geliebte besitzen zu können, veranlasst es, dass er einige Metaphern aus der Theatersprache entlehnt:

> I'ay fait mon personnage en cette comedie (625. 623)
> ... mon père revient; toy, commence ton rôle (627).

cf. dazu: feu (6), flamme (16), esclaircissemens (44), couleur (64), nuict (71), precipice (82), source (93), couler (94), espine (118), fruit (125), rose (130a), naistre (222), aveuglement (243), endormir (282), *veiller (285), cours (288), pas (293), rompre (315), effacer (325), arracher (326), presser (333), gouster (355), *amertume (385), *mets (398), *tache (418a.), engager (503), lier (509), détour (554), parer (649), atteinte (651), trait (669), *poursuite (708), vainqueur (718), *butin (721), joug (723), captivité (729), blesser (732), *assassiner (762), *empoisonner (769), remede (771), remedier (772), guerir (774), divin (803), fers (848).

§ 126. Bei Eraste fällt es auf, dass er die grosse Mehrzahl seiner Bilder aus drei Anschauungsfeldern nimmt, nämlich aus dem Gebiete des Kriegs und der Fechtkunst, dem des Cultus und der Religion und aus dem Staatswesen. Allerdings sind einige derselben verblasst, doch zeigen auch manche eine lebhaftere Färbung. Zu letzteren kann man rechnen: *parer* (649), *accabler* (655), *trève* (709), [cf. *coup* (650), *arme* (659), *trait* (669), *victorieux* (716)], *divinité* (802), *immoler* (821). [cf. *sacrifier* (820)] und endlich eine Reihe aus dem Rechtswesen und dem Herrschertum hergeleiteter Metaphern: *juge (845), *tesmoin* (845), *bourreau* (849), *souveraine* (862), *monarque absolu* (863), *offrir l'hommage* (870), [cf. dazu *interdire* (858), *empire* (860)]. Zu seiner sonstigen Ausdrucksweise stimmt Eraste's glücklich gewähltes Bild:

> Toy, qui brillant rayon du soleil qui m'eclaire,
> Toy, qui de nostre amour fidelle secretaire (35. 46).

cf. dazu: ardeur (1), feu (6), flame (16), enflammer (17), éclaircir (40), éclaircissement (44), combler (79), fruit (125), puiser (307), effacer (325), arracher (326), presser (333), tresor (474), payer (488), lien (508), rôle (627), pourtrait (638), *assassiner (762).

§ 127. Bei Anselme treten besonders die Metaphern aus dem Gebiete der Naturerscheinungen und der Anthropologie in den Vordergrund.

Unter ersteren befinden sich einige conventionelle Bilder [cf. *ardeur* (1), *chaleur* (3), *feu* (6), *allumer* (15), *flame* (16), *froid* (26)] und die seltener auftretenden *brasier* (13), *cendre* (23), *éteindre* (24), *étincellant* (37), *enluminé* (38), *tenebres* (70) [cf. noch *eclaircir* (40), *clair* (42), *saison* (73)]. Aus der Sphäre der Anthropologie verwendet Anselme im bildlichen Sinne *renaistre* (223), *ame* (227), *éblouir* (242), *sein* (256), *muet* (271), *voix* (272), *égaré* (296), [cf. dazu *parler* (275), *crier* (276), *cours* (288)].

§ 128. Wenn nun zwar bei ihm die Metaphern aus diesem Gebiet überwiegen, so ist Anselme doch nicht einseitig in seinem bildlichen Ausdruck, sondern hat manche treffende Metapher aus den verschiedenartigsten Anschauungskreisen:

> ... sans fard il faut ouvrir nos ames (417)
> De leurs filets, enfin, je n'ai pu m'affranchir (573)
> Deserts toujours de glace et de neige couverts
> Froids et tristes *jouëts des rigueurs des hyvers (615).
> Ha Geronte, raillons mais non jusqu'à l'injure;
> Quel plaisir prenez-vous à rouvrir ma blessure? (733).

Ganz pathetisch, aber conventionell klingen die Worte:

> Oüy, c'est vous, oüy, mon coeur reconnoist son vainqueur (718)
> Au cher pourtraict qu'amour m'engrave dans le coeur (638. 520).

In seinem Zorn wird Anselme ironisch:

> Tu veux authoriser cet usage indiscret;
> Et sous un voile turc, me chargeant d'infamie (404. 467)
> M'affronter à la turque et couvrir leur folie

cf. dazu: effacer (325), presser (333), consommer (352), consumer (353), balance (460), charge (466), tresor (474), couster (484), dépens (485), engager (503), *degager (504), lien (508), lier (509), semer (531), infertile (535), borner (558), attrapper (574), traict (669), assaillir (690), joug (723), mourir (757), *interpreter (791), office (842), bannir (859).

§ 129. An der Figur des Dieners Ergaste wird es deutlich, dass Rotrou, obwohl er so begabt war, dass er sich an der Seite Corneille's behaupten konnte, doch eine der Hauptaufgaben des dramatischen Dichters noch nicht recht verstanden hatte. Wenngleich er nämlich bei der Characterisierung der einzelnen Personen durch ihren Ausdruck, auch durch den bildlichen, stellenweise poetisches Geschick gezeigt hatte, so war Rotrou doch in diesem Punkte noch nicht ganz tactfest. Er scheint die Figur dieses schlauen und zu tollen Streichen bereiten Dieners mit Vorliebe behandelt zu haben — vielleicht liess ihn aber gerade diese Vorliebe von der richtigen Bahn abweichen. Ergaste ist nämlich insofern fehlerhaft gezeichnet, als er sich für seinen Stand viel zu hoch ausdrückt. Zwar ist es auch in früheren und späteren Lustspielen, auch bei Molière, zu beobachten, dass die Diener sich vieles von der Sprache ihrer Herrn aneignen, doch tritt dabei ihr eigentlicher Stand durch diesem angemessene Bilder an den Tag.

§ 130. Ergaste dagegen unterscheidet sich fast in nichts von den Mitgliedern der besseren Gesellschaft, die in dem Stücke auftreten; höchstens haben zwei seiner Metaphern einen derben Anstrich, und diese stehen wieder in ganz feiner Umgebung:

Plus je rumine enfin contre cette disgrace
Plus ma foible raison s'egare et s'embarasse (148. 296).
*Déchiffrant vostre vie avec d'autres critiques,
Par tous les carrefours il en fait des chroniques,
Et ne se plaist à rien tant, qu'à vous *éplucher (788. 323).

Der Stellung Ergaste's einigermassen angemessen sind ferner seine metaphorischen Ausdrücke aus der Fechtkunst [cf. *mettre hors d'escrime (644), escrimer (645), parer (649), faquin (654)]; auch dass er Modemetaphern [cf. ardeur (1), ardent (2), chaleur (3), feu (6), flame (16), divin (803)] hat lässt sich aus den oben angegebenen Gründen noch erklären; aber neben diesen findet sich bei ihm eine grosse Zahl von bildlichen Wendungen, die über seinen Stand hinausgehen.

§ 131. Zu diesen gehören *abysme (80), gouffre (81), source (93), arpenter (458), tresor (474), noeud (511), *sterile (536), joug (723), sacrifier (820), immoler (821), empire (860) und besonders die Worte:

Ce vent impetueux s'est reduit en *rosée
Et j'ay de vostre sort avec art redressé
*L'edifice penchant (75. 429).

cf. dazu: vent (53), tempeste (55), noir (69), mordre (171), oeil (239), baigner (305), presser (333), enfler (339), *meuble (439), charge (466), mestier (478), couster (484), dépends (485), étaler (495), marque (498), déchainer (507), fertile (534), borner (558), attraper (574), personnage (625), rôle (627), coup (650), trait (669), eventer (680), combattre (695), *soldat (714), vaincre (719), percer (738), remede (771), *dicter (798), *chrestien (811), office (842).

§ 132. Orgye, der verächtlichste Character des Stückes, liebt es in höhnischer Weise zu reden und dabei zieht er höhere Ausdrücke in den Staub:

Le Careeme n'est plus, et vous prechez encore!
Venons au fait de grace (813)
Quand il faut demander, nous faisons des *sermons,
Mais à restituer nous sommes des demons (814. 806).

cf. dazu: ardeur (1), *briller (33), clair (42), pere (211), renaistre (223), animer (226), sourd (251), couster (484), dépens (485), bride (547), tragedie (622), ensevelir (828), *conseillere (843), empire (860).

§ 133. Aurelie spricht ihrem Stande angemessen; im allgemeinen ist sie etwas überschwenglich [cf. nuit (71), estouffer (765), interdire (858)], aber ohne characteristische metaphorische Wendungen.

cf. dazu: ardent (2), fruit (125), visage (237), égarer (296), amere (384), tresor (474), despens (485), traict (669), éventer (680), guerre (692), guerir (774), fers (848).

§ 134. Bei Eroxene sind die modischen Bilder zahlreicher als bei Aurelie; derselben Sphäre, wie diese, entstammt die seltener auftretende Metapher

Mais non, ne touche rien de ce jaloux ombrage (62).

cf. *dazu*: feu (6), combler (79), aveugle (244), parler (275), presser (333), consommer (352), lier (509), *style (796), martyre (810), empire (860).

§ 135. Wie Aurelie und Eroxene ist auch Constance an bildlichen Ausdrücken ziemlich arm. Neben einigen conventionellen und diesen verwandten Bildern [cf. *fruit* (125), *lien* (508), *lier* (509), *noeud* (511), *remede* (771)] findet sich in ihrer Rolle die nur einmal belegte Metapher:

O Dieu! quel *interest on tire de sa perte,
Après l'avoir pleurée, et qu'on l'a recouverte (477).

cf. *dazu*: ardent (2), froideur (25), combler (79), fruict (125), naistre (222), effacer (325), depens (485), semer (531), borner (558), blesser (732), office (842), interdire (858), *souverain (862), couronner (868).

§ 136. In der Zeichnung der Lydie, der Dienerin des Orgye, ist Rotrou glücklicher gewesen, als bei Ergaste. Zwar zeigen sich die bei letzterer Figur gerügten Fehler zum Teil auch an der Gestalt der Lydie, doch in bedeutend geringerem Masse, als dort. Lydie hat das ächte Gepräge einer Zofe und ihre Sprache ist ein Gemisch von erlernten Modeausdrücken [cf. *ardeur* (1), *combler* (79), *lier* (509)] und volkstümlich witzigen Wendungen. Zu letzteren gehören die Worte:

. . . le dos . . . me cuira plus d'un jour (376)
Anselme vient à luy: quelque trame se brasse (525. 306).
Amour, que ton pouvoir *démonte de cervelles (545).

cf. *dazu*: chaud (5), éteindre (24), noir (69), *immonde (86), source (93), fruit (125), cours (288), presser (333), charge (466), décharger (469), couster (484), payer (488), *payement (489), fecond (533), chasser (568), lacs (571), attraper (574), *theatre (621), coup (650), atteinte (651), trait (669), combattre (695), sanglant (735), mourir (757), remedo (771), guerir (774), *fable (797), monstre (833), *tribunal (837), empire (860), tyran (872), regner (877).

§ 137. Die Personen des Geronte und seines Sohnes Horace bleiben trotz ihrer Bedeutung für die Intrigue des Stückes ziemlich im Hintergrund. Horace redet nur »türkisch« und kommt deshalb hier gar nicht in Betracht. Die Metaphern des Geronte sind alle farblos, mit alleiniger Ausnahme von

Quelque trame s'ourdit, prevenez-en l'effet (526).

cf. *dazu*: eclaircir (40), sein (256), presser (333), charger (467), conqueste (685), blesser (732), gesne (853).

§ 138. In »La Soeur« hat Rotrou wenig Figuren geboten, die durch ihre Ausdrucksweise scharf individualisiert sind. — Lélie, Eraste, Anselme, Geronte, ebenso Aurelie, Eroxene und Constance sind Repräsentanten der besseren Gesellschaft und reden überall ihrem Stande angemessen, haben aber in ihrer Sprache keine eigenartigen, characterisierenden Züge. Bei

Ergaste lassen sich solche zwar nachweisen, aber in ausserordentlich bescheidenem Masse. Nur Lydie und Orgye bieten in ihren Metaphern Anhaltspunkte für ihre Characteristik.

Claude de Lestoille: L'Intrigue des Filons (1647).

§ 139. Wie »Alizon« (und auch der »Railleur«) gewinnt dieses Lustspiel dadurch an Interesse, dass es einen realistischen Anstrich hat und häufig zeitgenössische Geschichte und Cultur berührt. (cf. Fil. III, 5.) Lestoille schildert in demselben das Treiben einiger Pariser Spitzbuben und macht dieselben zu einem Werkzeug für die Liebesintrigue Lucidor's um die Hand der Florinde. Die Personen der Fil. lassen sich somit in zwei grössere Gruppen teilen: solche, die der feinen Gesellschaft angehören und die Spitzbuben mit ihren Bundesgenossen, den Hehlern.

§ 140. Lucidor ist vom Dichter nach der bekannten Schablone für Liebhaber behandelt. Die Bilder aus dem Ge-Gebiete der Naturerscheinungen sind bei ihm am zahlreichsten; ausser den überall wiederkehrenden Metaphern *feu* (6), *flame* (16) hat er *éclat* (29), *soleil* (46), *orage* (54), *noir* (69). Ebenso wenig, wie diese haben den Reiz der Neuheit *rose* (130a.), *joug* (723), *captif* (731), *demon* (806). Wirklich ursprüngliche Metaphern verwendet Lucidor überhaupt nicht, doch sind die folgenden Bilder wenigstens nicht ganz alltäglich:

> L'amour garde par tout ceux qui luy sont fideles
> Et pour nous enfuir il nous offre des aisles (176)
> . . . si mon action attire vostre blâme,
> De ce mesme poignard je couperay ma trame (525).
> Ses cheveux semes de tant d'appas
> Ainsi que vostre coeur ont ils lié vos bras? (531. 509).

cf. dasu: éclaircir (40), comble (78), pourceau (150), ébloüir (242), aveugle (244), nu (268), rire (277), cours (288), rompre (315), arracher (326), presser (333), trésor (474), couster (484), chasser (568), image (637), coup (650), trève (709), sanglant (735).

§ 141. Olympe hat meist höhere Metaphern von conventioneller Färbung: *noeu* (511), *naufrage* (563), *joug* (723), *blesser* (732), **prisonniere* (847). Characteristisch sind die Worte:

> Vous subornes ma fille, et contre mon dessein
> Luy soufflez par l'oreille un poison dans le sein (767).

§ 142. Welche Bilder aus dem Tierreich von der besseren Gesellschaft verwendet wurden, lehren die Verse:

> L'amant dans la poursuite est un renard si fin (160)
> Que nous n'avons **poulets qu'il n'attrape à la fin (199)

Mais il devient *lyon aux caresses premières (162)
Nous fait trembler de peur, nous retient prisonnieres
Et dans la joüissance il se change en serpent (207).

cf. dazu: éclaircir (40), clair (42), briser (316), charge (466), emprunter (501), preter (502), attraper (574).

§ 143. Florinde ist bilderarm, selbst Modemetaphern verwendet sie wenig [cf. *flame* (16), *brusler* (18), *captif* (731), *fers* (848)]. Als sie sich von Lucidor betrogen wähnt, sagt sie:

Moy, soupirer pour luy! moy, l'estimer encore!
Non, non, je me reprens, je le hais, je l'abhorre;
J'ay recouvré la vuë, et changé tout soudain
Une si grande estime en un plus grand dédain (240).

und etwas später:

Ie veux rompre avec luy pour ne plus *renoüer (315. 512).

Dass diese Stimmung gegen Lucidor aber wieder einer gemässigteren Platz machen wird, deuten die Verse an:

. . . mon amour est mort pour ne jamais renaistre (757).
Pour ne jamais renaistre, ha! je me vante à tort (223)
Un amour si parfait renaist dès qu'il est mort.
Dans mon coeur je le sens qui déja *resuscite (776)
Et pour l'en empescher ma force est trop petite.

cf. dazu: éclaircir (40), aveugle (244), briser (316), ebranler (336), chasser (568), coup (650), choquer (653), étouffer (765), guerison (773), monstre (833), regner (877).

§ 144. Clorise, die Vertraute der Florinde, zeigt nur Spuren derjenigen Frische, mit welcher diese Lustspielfiguren meist behandelt sind:

Ie seray souffletée, et sans plus de caquet
Il faudra me resoudre à faire mon paquet (201).
Ie vous parle sans fard (417).

cf. dazu: clarté (45), ébloüir (242), égarer (296), *tendre (584), peindre (642), *vertigo (744), martyre (810), monstre (833), fondre (911).

§ 145. Eine grössere Beweglichkeit im bildlichen Ausdruck, als die bislang betrachteten Figuren der Fil. hat Tersandre. Metaphorische Wendungen aus dem Kreise der Naturerscheinungen überwiegen auch hier: *éteindre* (24), *clarté* (45), *soleil* (46), *astre* (47), *couleur* (64), *noir* (69), *nuit* (71), dazu die Modemetaphern *feu* (6), *flamme* (16), *brûler* (18), denen sich aus anderen Gebieten *vaincre* (719) und *joug* (723) anreihen [cf. auch *lien* (508) und *mourir* (757)].

Hierzu stimmt der Gebrauch von *coral* (106) und *or* (109) im bildlichen Sinne:

Vous l'avez deviné, je baise quand je veux
Le coral de sa bouche et l'or de ses cheveux.

Derber sind die Metaphern:

Alles vous rejoüir et *saoulez vos desirs (358)
Est-ce ainsi, sac à vin, que l'on tient sa promesse (455).

cf. *dazu*: éclater (30), éclaircir (40), éblouïr (242), aveuglement (243), aveugle (244), *renvèrser (335), glisser (337), déguiser (401), vendre (483), engager (503), *fasciner (510), chasser (568), *partie (589), playe (734), *tuer (759), guerir (774).

§ 146. R a g o n d e verwendet, da sie viel mit der feinen Gesellschaft zu tun hat, eine Anzahl von Bildern aus der höheren Sprache [cf. *saison* (73), *fleur* (126), *vaincre* (719), *martire* (810), *empire* (860)], meist jedoch redet sie ganz volkstümlich und nicht selten in derber Weise. Verschiedentlich zeigt sie auch ein Gemisch von höheren und niederen Ausdrücken. Dies ist der Fall in den Worten:

> Ie croy bien que d'abord quelque diable en soutane (808)
> Lancera contre vous mille traits de chicane (669)
> Mais contre la justice ayant bien *regimbé (142)
> Il faudra qu'à la fin ils *viennent à jubé. (816)
> Mais voicy ce mangeur de charrette ferrée,
> Qui m'est venu tantost faire une échauffourée (605).

Volkstümlich sind die Wendungen:

> Ils me chanteront pouïlle, ils me feront desordre (633)
> Et jamais ces *mâtins n'ont abboyé sans mordre. (154)
> Il *pondoit sur ses oeufs et vivoit à gogo (196)
> . . . quelqu'un la void, soudain on en caquette. (201)
> . . . vous avez menti cent *pieds dans vostre gorge (459).

Von Interesse sind ferner die folgenden Metaphern der R a g o n d e:

> Devant ce fanfaron, devant ce Fierabras,
> Qu'à peine je connois qui ne me connoit pas,
> Me traiter de gaillarde, et conter des sornettes! (879)
> Dieu! quel *maistre Gonin! (882).

Bei letzterem Ausdruck ist zu bemerken, dass Gonin ein beliebter Taschenspieler am Hofe Franz I. war.

cf. *dazu*: feu (6), éclat (29), clair (42), soleil (46), *cramoisy (65), or (109), *vol (179), niais (194), donner dans la vue (241), *bouquer (346), déguiser (401), lever la masque (403), coiffer (415), forger (513), *filer (529), paneau (572), rattraper (574), *tymbre (630), éventer (680), mèche (682), *malade (743), crever (755), mourir (757), *trépas (763), medecine (775), *latin (793), monstre (833), *avocat (844), court (903), *feslé (909).

§ 147. B e r o n t e hat viel Ähnlichkeit mit R a g o n d e. Wie diese gebraucht er viele höhere Metaphern: *flambeau* (14), *allumer* (15), *grêle* (52), *glace* (100); *tendron* (117), *épine* (118), *rose* (130 a), *coeur* (257), [cf. ferner: *chaud* (5), *feu* (6), *eteindre* (24), *éclat* (29), *luminaire* (39), *fruit* (125)].

Aus dem Tierreiche entlehnt er *aisle* (176), *voler* (177), *bec* (180), *mouche* (209) und aus dem Gebiete des Handels das originelle Bild:

> Mais vous, qu'avez-vous fait, m'ayant si mal traité,
> Pour avoir fait *faillite à vostre lâcheté (475).

§ 148. Characteristisch für Beronte ist seine ironische Verwendung von Metaphern aus den verschiedensten Anschauungsgebieten. Dass er diese so häufig und unter allen möglichen Umständen gebraucht lässt seine Gestalt als die am besten durchgeführte unter den Figuren der Fil. erscheinen.

Für seine Sprachweise sind sehr bezeichnend die Worte:

> Ils m'ont poché d'abord un oeil au beurre noir, (395)
> Et cassé sur le nez et bouteille et miroir . . . .
> Qu'ils m'ont bien testonné! Suis-je pas beau garcon? (416)
> Je ne me suis point vû traiter de la façon,
> Ma teste en mille endroits est relevée en bosse,
> Et jamais receleur ne fut à telle *nopce; (616)
> Me prenant pour cheval ils m'ont bien étrillé (140)
> Et chez moy chacun d'eux *joué au Roy dépouillé (611).

Denselben Ton zeigen die Verse

> Si dans ce petit coin ils m'eussent rencontré,
> Dieu sçait de quelle sorte ils m'auroient *accoutré. (400)
> . . . par ce seul moyen j'ay racheté ma vie (492)
> Qu'un *collier trop étroit m'eût sans doute ravie. (414)
> Troussons de peur de coups nostre sac et nos quilles (614).

Hierher gehören auch *lyon (162), *cane (203), frotter (301), coiffer (415), danser (619).

cf. dazu: éclaircir (40), clair (42), combler (79), indompté (165), *écerveler (230), éblouir (242), camus (248), *regorger (253), cû (265), dire (274), rire (277), trancher (317), *galer (341), manger (351), friand (380), trousser (420), *poupine (444), décharger (469), fertile (534), *pont au Change (549), attraper (574), *haper le taillis (577), prendre sans vert (610), portrait (638), atteinte (651), armes (660), *flèche (662), lancer (672), attaquer (688), *grec, *arabe, *bas breton (794), diable (808).

§ 149. In ähnlicher Weise wie Beronte sprechen die drei Spitzbuben. Namentlich hat Le Balafré die Neigung, bildliche Ausdrücke in satyrisch-ironischer Weise zu verwenden:

> Où donc ce malotru peut-il s'estre fouré? (422)
> Dans ce chambre à l'envi nous l'avons bien *bouré (421)
> Et nous le poursuivions pour l'achever de peindre. (642)
> . . . il a tous jours la cervelle en *écharpe (781).

cf. dazu: froter (301), moule (445), prester (502), *coucher de son reste (597), *fraper (657), combattre (695).

§ 150. Bei Le Borgne finden sich verwandte Bilder:

> Il grimace par fois comme un enfant qu'on sèvre,
> Tantost rit, tantost pleure, et pour rien prend la chèvre (162).
> As-tu *cuvé ton vin? n'est-tu point yvre encore? (367)
> Il a fait en secret un branle de sortie. (620)
> Il boit, mais sans jamais se barbouiller *l'armet (661).

Drollig ist das Vorgefühl, welches er von seinem mutmasslichen Ende hat:

> ... nos membres tout brisez
> Sur quelque grand chemin se trouvant exposez,
> Sont l'horreur des passans, la *butte des tempestes
> Servent d'exemple au peuple, et de *patûre aux bestes (586a. 537).

Als weiteres Beispiel seiner Art zu reden können die Verse dienen:

> Ces engoule-bouteille au gozier tout de feu (6)
> Ne sont pas des mignons qui boivent pour un peu
> Et n'osent de rubis enluminer leurs trognes (103).

cf. dazu: loup (161), nez (245), sentir (247), plonger (306), trousser (420), attraper (574), *partie (589), *creux (904).

§ 151. Le Bras de Fer., der dritte des schurkischen Kleeblatts, schliesst sich mit seinen Bildern würdig an seine Collegen an:

> Ainsi qu'à des valets ce faquin parle à nous (654).
> Et nous à detourné cette casaque bleuë
> Qui nous mit l'autre jour cent archers à la queuë (138).
> ... ferons-nous encor longtemps le pied de gruë? (186).

cf. dazu: fer (111), bec (180), détrousser (420n.), attraper (574), rouer (855).

§ 152. Die Angehörigen der besseren Stände sind von dem Dichter der Fil. ganz schablonenhaft behandelt, aber bei der Zeichnung der Gestalten aus der Verbrecherwelt hat er anerkennenswertes Geschick bekundet; namentlich sind ihm die Figuren der **Ragonde** und des **Beronte** gut gelungen.

Gerade dem Umstande, dass Lestoille solche der Hofwelt so fern stehenden Menschen glücklich und mit Humor geschildert hatte, ist wohl der Erfolg seines Lustspiels zuzuschreiben [1]). Man weiss, dass die Königin Mutter sich das Stück bald nach dessen erster Pariser Aufführung in Fontainebleau darstellen liess und dass es von der Hofwelt eifrig beklatscht wurde.

Bois-Robert: La Belle Plaideuse. (1654).

§ 153. Das Stück ist nicht gerade bilderreich, doch ist zu bemerken, dass die Sprache der Plaid., wenn sie auch nicht farbenprächtig ist, den Vorzug ziemlicher Originalität hat, da die conventionellen Metaphern hier sehr zurücktreten. Die Charactere, welche Bois-Robert auf die Bühne bringt, sind keineswegs neu, doch hat er es verstanden, ihnen wenigstens einige frische Züge zu verleihen und sie in manchem Punkte von dem hergebrachten Muster abweichend darzustellen.

---

1) Launiger Weise ist das Stück einem hohen Pariser Polizeibeamten, Mr. Charles Testu, gewidmet.

§ 154. So ist bei **Ergaste** nur eine einzige Modemetapher [cf. *feu* (6)] zu beobachten und von andern in der galanten Sprache oft wiederkehrenden Bildern lediglich *remede* (771) und *sacrifier* (820). Ihm eigentümlich sind dagegen die Ausdrücke:

> Vous commenciez desja de luy *rompre en visiere,
> Mesnageons son humeur, car elle est un peu fiere (648).
> Sans raison on me raille et *picquotte sans cesse (737).

cf. dazu: éclat (29), éclater (30), aveugle (244), courir (287), flechir (330), presser (333), coiffer (415), coup (650), lire (789), interdire (858), couronner (868).

§ 155. Dasselbe spärliche Auftreten von modischen Wendungen zeigt sich bei **Corinne**, indem diese von solchen nur *feu* (6) und *blesser* (732) gebraucht. Ausdrucksvoller sind ihre Metaphern:

> ... l'aage aura *meury cet osprit si charmant (123)
> Le langage du coeur est le plus eloquent (273)

neben welchen sich *sentir* (247), *quitter la partie* (590), *choquer* (653), *lire* (790) in übertragener Bedeutung finden.

cf. dazu: clair (42), borner (558), royal (865).

§ 156. **Argine**, die Mutter der **Corinne**, hat meist originelle Bilder:

> Et pour le voir de prez
> Ce mignon, ce musqué, ce diseur de *fleurettes . . . (127)
> . . . Descouvre son dessein,
> Nicette, et va *fouiller jusque dedans son sein. (298)
> Tu *r'habilleras tout, je connoy ton adresse. (399)
> De vos beaux entretiens nous sommes si bercées,
> Qu'enfin, pour dire tout, nous en sommes lassées. (442)
> Si nous avions le quart des grands biens qu'on espere,
> Nous ne viscrions pas à ceux de vostre pere (582).

cf. dazu: feu (6), enflamer (17), presser (333), desguiser (401), mourir (757).

§ 157. **Nicette** besitzt die Eigentümlichkeit aller Kammerzofen, das schnippische Wesen. Dasselbe zeigt sich in den Worten:

> C'est l'or seul qui fait vivre, et non les mots dorez. (110)
> Il faut avoir l'esprit bien chaussé (423).

[cf. *estoc* (114), *niais* (194), *mèche* (682)]. Kräftiger sind ihre Redensarten:

> Monsieur, je ne suis pas si sotte ni si beste. (132)
> . . . nos chiens de clers, je croy qu'ils estoient yvres,
> Montoient nos contredits à quatre vingt dix livres. (155)
> Il auroit un peu moins de caquet,
> S'il estoit court d'esprit, ainsi que de monnoye. (201)
> Laisser luy moy pocher les yeux à coups de poin. (395)

cf. dazu: gouffre (81), naistre (222), courir (287), presser (333), boire (363), mesurer (457), court (903).

§ 158. Filipin, der Bediente des Ergaste, steht im Mittelpunkte der Handlung; auch erweckt seine Sprache mehr Interesse, als die der übrigen Figuren der Plaid. Seine Stellung kennzeichnet Filipin durch Metaphern, wie

> Il se veut *r'emplumer un peu sur vostre bourse. (176)
> . . . je mourrois d'ennuy, si, credule au caquet,
> Tu te laissois duper par quelque esprit cocquet. (201)
> Ie veux estre berné, si le voisin credule
> Ne donne dans le piège. Il est fort ridicule, (570)
> C'est un oyson tout franc. (204)
> Ces fines mouches-là vous en font bien à croire
> Elles s'entendent mieux que deux larrons en foire (209).

Bei weitem derber ist seine bildliche Verwendung von *boudins* (394). Zur Bekräftigung seiner Worte bedient sich Filipin der Metaphern *demon* (806), *diable* (808), *enfer* (809).

§ 159. Characteristisch für ihn (wie in Fil. für Beronte) ist der ironische Gebrauch verschiedener Bilder:

> Mison à l'usurier vient de taster le pous, (782)
> Si vous n'avez argent, il ne tiendra qu'à vous.
> Monsieur, nous avons fait la faute, il la faut boire (363).
> . . . il void que pour ce double hymen
> Sans bource delier, il n'a qu'à *dire amen (825).

Ähnlich verwendet er *faire la sucrée* (381), *coiffer* (415), *desgainer* (665) und *rengainer* (666).

cf dazu: *clairette (43), naistre (222), oreille (250), main (255), rire (277), pousser (334), charge (466), destour (554), attraper (574), *portée (586), jeu (587), joüer (588), personnage (625), coup (650), blesser (732), *manie (745), mettre en poudre (914).

§ 160. Der Geizhals Amidor zeigt, wie dies bei den komischen Alten im Lustspiel häufig der Fall ist, ein Gemisch von hohen und niedrigen Metaphern. Zur ersteren Klasse gehören bei ihm die folgenden bildlichen Ausdrücke:

> C'est là cette *Circé qui, par *enchantement (890, 835)
> Le perd et l'entretient dans son aveuglement. (243)
> C'est mon vaurien de fils et son valet infame
> Qui pour voler mon lit ont ourdy cette trame. (525)
> Il faut donner un frein à tes debordemens. (546)
> Avant qu'il eust connu ce charme empoisoneur,
> C'estoit un garçon sage, il n'aimoit que l'honneur. (768)

[cf. dazu *chauffer* (4), *feu* (6), *tison* (9), *éclat* (29)]. Recht ausdrucksvoll ist seine metaphorische Wendung:

> Quoy! l'affaire est donc faite? . . . Elle est bien *esbauchée (641).

Diesen stehen derbe Bilder gegenüber, wie:

> Ouy, reste de potence, ouy, *gibier de bourreau. (157)
> Elle a pourtant souvent plumé l'oyson sans rire,
> La matoise qu'elle est (174).

Ie voy bien qu'il retourne a son vomissement;
Oûy, l'ingrat persevere en son déreglement (281 a.).

cf. dazu: naistre (222), sentir (247), sourd (251), veine (260), *galop
(290), rompre (315), retrancher (318), presser (333), embrasser (348), desguiser (401), commerce (479), payer (488), lier (509), forger (513), poli
(519), piege (570), attraper (574), coup (650), sentinelle (703), treve (709),
piquer (736), pous (782).

§ 161. Die übrigen Personen der »Belle Plaideuse« sind
für die Handlung unwichtiger, haben nur kurze Rollen und
geben in ihrem metaphorischen Ausdruck nur wenige Mittel zu
ihrer Characterisierung an die Hand.

Barquet entzieht sich auf Grund seines völligen Metaphernmangels ganz der Betrachtung, ebenso Midan.

Isabelle hat einige wenige Modemetaphern [cf. feu (6),
brusler (18)], daneben meur (122), enfanter (221), attraper
(574), und

On dit qu'elle leur tend de dangereux appas. (565)
Madame, aidez-moy donc, si vous l'estimez tant,
A le tirer icy du piege qu'on luy tend (570).

§ 162. Bei Lise, der Kammerzofe der Isabelle, finden
sich die zu ihrem Character stimmenden Metaphern:

Proferant ces grands mots qui sentent le grimoire, (247)
Comment ne t'es-tu pas *demanché la machoire? (446).

§ 163. Dorette hat zwei ihr eigentümliche bildliche
Wendungen:

Les chimeres qu'il *hume avec tentation
Luy remplissent desja l'imagination. (362)
Ma foy, c'est *pain benit que luy faire une piece (824).

Ausser diesen höheren Metaphern gebraucht sie solche aus
einer niedrigeren Sphäre, und so erhält ihr Character Ähnlichkeit mit dem einer Kammerjungfer:

Il me semble desja que je voy le bonhomme
Devorer tantost l'une, et tantost l'autre somme. (164)
C'est Midan tout craché, tu luy ressembles bien (278).

cf. dazu: dégouster (357), personnage (625).

§ 164. Falandre[1] drückt sich seinem Stande angemessen
meist in besseren Bildern aus [cf. ardent (2), fruit (125), piege
(570), personnage (625)], nur stimmen dazu nicht ganz die Worte:

Ma soeur en aura six (chevaux), beaux, vigoureux, ardens,
Qu'un malheureux procez nous a mis sur les dents (249).

---

1) Falandre ist der Sohn der Argine und tritt auf: Plaid. II. 3, III.
1, 2, 3, 6, 7; im Personenverzeichnis der Plaid. ist er nicht aufgeführt.

§ 165. Falandre's Bedienter Brocalin verwendet einige feinere Metaphern: *trame* (525), *joüer son rôle* (627) [cf. auch *panneau* (572)] und dazu einige volkstümliche Redensarten:

> Enfin, c'est par gageure, il en aura dans l'aisle. (176)
> Voyez un peu desja quelle mouche la picque. (209)
> Il ne tiendra qu'à vous de prendre avant soupper
> L'occasion au *poil (234).

cf. *dazu*: niais (194), sou (358), mourir (757).

§ 166. Der Voisin, welcher als besonnener Ratgeber des Amidor auftritt, hat einige gut gewählte Metaphern:

> l'en ay plus descouvert cent fois par ce biais
> Qu'en les questionnant (555).

cf. *dazu*: *niche (192), donner les mains (255), fiel (263), détaler (496), prester (502), joug (723).

Unterschiede in der Verwendung der Metapher bei Molière und bei dessen Vorläufern.

Rückblick.

§ 167. Zur Erläuterung der Unterschiede im Gebrauche der Metaphern bei Molière und den hier behandelten Dichtern mag die folgende tabellarische Übersicht dienen, deren Anordnung in Übereinstimmung mit Meier a. a. O. pg. 14—18 getroffen ist. Die Buchstaben und Nummern in der ersten Rubrik der Tabellen stehen im Einklang mit Meiers Disposition.

§ 168. *α*) **Metaphern, die bei Molière von K. I., hier auch von anderen Klassen gebraucht werden**[1] **und zwar von:**

		K. II.	K. III.
A.	1	allumer, flambeau, tison.	feu.
	2a	mettre en poudre.	— —
	b	gouffre.	
	c	tempeste, glace, source, eau.	plonger, couler.
	3	rose.	lis.
	4	loup, mouche.	loup.
B.	1	teste, oeil, oreille, rire, visage, respirer.	rire.
	2	bastir, fermer la porte.	bastir, fermer la porte.
	4	cuire, bouillir, avaler.	cuire, avaler.
	5	masque, coiffer.	coiffer.
	6	miroir.	— —
	7	balance.	— —
	8	quitter la partie.	quitter la partie.
	9	endormir, pourmener.	pourmener.
	10	planter.	— —
	11	frein.	— —
	14	trame.	forger.
	17	étaler.	— —
	18	tresor.	— —
	21	guérison.	— —
	22	venin.	— —

1) Für die Gruppen: B. 3, 12, 13, 15, 16, 19, 20, 24b, 29 fehlen die Beispiele.

		K. II.	**K. III.**
B.	23	lire.	— —
	24a	— —	peindre.
	25	comédie.	— —
	26	prince, empire.	
	27	armer, arme, lancer, éventer, embusche, vainqueur, vaincre, invincible.	butte.
	28	sanglant.	— —
	30	prison.	prison, geiner.
	31	immoler, martyre, divin, monstre.	divin, enfer.
V.		enfer.	

§ 169. *αα*) Bei Molière von K. I., hier von dieser nicht, aber von anderen Klassen gebrauchte Metaphern:

A. mettre en poudre, gouffre, eau; mouche.

B. oreille; fermer la porte; avaler; masque, coiffer; pourmener; médécine; prince; butte; enfer.

§ 170. *β*) Bei Molière von K. II., hier auch von anderen Klassen werden die folgenden Metaphern verwendet[1]), und zwar von:

		K. I.	**K. III.**
A.	1	— —	feu.
	2a	fer.	fer.
	c	air, pleuvoir.	plonger.
	4	devorer, poulet, bec, caquet, animal, serpent, niais.	queue, bec.
B.	1	langage, nez, dents, pied, pas.	
	4	faire la sucrée.	faire la sucrée, dauber.
	5	manteau, r'habiller.	— —
	6	fard.	
	7	balancer, peser, retrancher.	— —
	8	jeu.	jeu.
	10	fertile.	fertile.
	12	— —	piège.
	13	filet.	
	14	ressort.	forger.
	15	fil.	
	18	marché.	— —
	21	sain, resusciter.	— —
	24a	— —	peindre.
	b	chanson.	— —
	27	assiéger, trève.	— —
	28	crever.	— —
	30	bourreau.	geiner.

§ 171. *ββ*) Bei Molière von K. II., hier von dieser nicht, aber von anderen Klassen verwendete Metaphern sind:

Für die Gruppen: A. 2b, 3, B. 2, 3, 9, 11, 16, 17, 19, 20, 22, 23, 25, 26, 29, 31, V. fehlen die Beispiele.

A. fer, air; poulet.

B. langage, pas; dauber; manteau, r'habiller; balancer, peser, retrancher; laver; amorce; machine; sonder; borne; resusciter; couleur; conquête, assiéger; assassiner, tuer; supplice, bannir, bourreau; sacrifice; imprimer.

§ 172. γ) Bei Molière von K. III., hier auch von anderen Klassen werden die folgenden Metaphern benutzt[1]), und zwar von:

		K. I.	K. II.
A.	2a	rocher, roche.	— —
	c	nuage.	— —
	3	bois, espine.	— —
	4	caquet, animal, cheval, pourceau, patte, gibier, serpent, oyson, niais, aprivoiser.	étriller, cheval, ruminer, pourceau, pécore, asne, patte, pigeon, gueule.
B.	1	nez, pied, pas, caboche, dos.	caboche, cracher, dos, gratter.
	3	enfanter.	enfanter.
	4	morceau.	saoul.
	6	sac à vin.	
	10	— —	planter.
	14	ressort.	— —
	15	— —	filer doux.
	17	mestier.	mestier.
	21	peste.	
	23	— —	perdre son latin.
	25	rolle.	rolle.
	26	roi.	— —
	27	trève.	trève.
	28	crever.	
	29	de taille et d'estoc	— —
	30	bourreau, rouer.	— —

§ 173. γγ) Bei Molière von K. III., hier von dieser nicht, wohl aber von anderen Klassen gebraucht werden folgende Metaphern:

A. échauffer; rocher, roche; nuage; asne, patte, gibier, serpent, oyson, pigeon, aprivoiser.

B. pied, pas, cracher, dos, enfanter; morceau; sac à vin; machine; filer doux; chemin; peste; perdre son latin; roi; trève; de taille et d'estoc; bourreau.

§ 174. Wie in der Abhandlung über die Characteristik der einzelnen Personen durch die Metaphern schon verschiedentlich gezeigt worden ist, steht die Zeichnung der Charactere im vorklassischen Lustspiel meist auf einer niedrigen Stufe. Die Dichter waren sich noch nicht recht klar über die Bedeutung der Metaphern als poetisches Mittel und verwendeten sie häufig ohne tiefer gehendes Verständnis des Wertes derselben. Nur

---

1) Für die Gruppen: A. 1, 2b, B. 2, 5, 7, 8, 9, 11, 12, 13, 16, 18, 19, 20, 22, 24a, 24b, 31, V. fehlen die Beispiele.

Mareschal (R.), Desmarets (Vis.), Bois-Robert (Fil.) und der pseudonyme Dichter von Alizon zeigten, wie wir gesehen haben, Geschick im Gebrauche des metaphorischen Ausdrucks.

§ 175. Dass die Metapher als Mittel zur Characterisierung der dramatischen Gestalten wenig verstanden und demgemäss verwandt wurde erhellt auch daraus, dass ein Versuch, bei den typischen Figuren (Kammerjungfer, Bedienter etc.) gemeinsame Züge im Gebrauche der Metaphern nachzuweisen, keinen Erfolg hatte. Für die Bedienten ergaben sich gar keine Berührungspunkte von Bedeutung und bei den Vertretern des »Miles gloriosus« (Fierabras, Rodomont, Paladin, Taillebras, Jeremie und Artabaze) fanden sich nur 5 Metaphern als deren gemeinsames Eigentum. Diese sind: *remascher* (F. J.), *berner* (T. J.), *stratageme* (F. A.), *fleau* (F. A.), *mirmidon* (F. T.). Einige andere Metaphern (z. B. *Mars*) fanden sich bei einzelnen Typen des »Miles gloriosus«, konnten aber nicht als ihnen wenigstens vorwiegend angehörend angesehen werden. Bei den »Liebhabern« würde sich natürlich eine Reihe der bekannten, im Laufe der Abhandlung oft hervorgehobenen conventionellen Metaphern als gemeinsames Gut bezeichnen lassen.

§ 176. In Bezug auf die grösste Originalität in der Verwendung der Metaphern muss Montluc in den Prov. obenan gestellt werden, da 127 Metaphern sein ausschliessliches Eigentum sind. Allerdings wird sein Verdienst dadurch etwas eingeschränkt, dass er wohl viele sprüchwörtliche Redensarten gebrauchte. Den Prov. stehen am nächsten R. Vis. Fil. Die Mitte halten S. Corr. F. Tab. Plaid., denen sich Com. Alizon, Duc d'Oss. anreihen. Den Beschluss macht Du Ryer in den V. d. S. mit 10 ihm eigentümlichen Metaphern.

§ 177. Die französischen Lustspiele aus der Periode von 1612—1654 sind durchweg in einer gröberen Sprache geschrieben, als die der folgenden Epoche: die in ihnen auftretenden Personen der feinen Gesellschaft sind allgemein viel weniger wählerisch in ihrem bildlichen Ausdruck, als die in den Comödien Molière's.

§ 178. Andererseits wird aus den voraufgegangenen Betrachtungen ersichtlich, dass die Dichter der vorklassischen Lustspiele die conventionellen Metaphern zum Teil noch nicht so ausschliesslich als Eigentum der K. l. hinstellten, als dies später durch Molière geschah. Zwar werden die graciös faden Modemetaphern auch in den vorliegenden Dichtungen meist von Angehörigen der Hofgesellschaft gebraucht, doch beweist die obige Tabelle, dass solche und verwandte Bilder, die also bei Molière lediglich Besitz von K. I. sind, sich hier auch bei K. II. finden: *tison* (9), *flambeau* (14), *allumer* (15), *tempeste* (55), *eau* (92), *source* (93), *glace* (100), *rose* (130 a.), *bouillir* (368), *cuire* (376), *trésor* (474), *invincible* (715), *vainqueur* (718), *vaincre* (719), *divin* (803), *martyre* (810), *immoler* (821), *prison* (846).

§ 179. Sogar bei K. III. trifft man Metaphern, die im klassischen Lustspiel nur der K. I. angehören: *feu* (6), *couler* (94), *lis* (130), *cuire* (376), *coiffer* (415), *divin* (803), *prison* (346).

§ 180. Auf der anderen Seite fällt es auf, wie viele Metaphern, die Molière als nur den niederen Klassen zukommend betrachtet, hier auch von der besseren Gesellschaft benutzt werden. Am deutlichsten zeigt sich das bei den Bildern, die dem Tierreiche entnommen sind. Während sich bei Molière nur einige Raubtiere »im Metaphern-Vokabular der hohen Kreise« fanden, verwenden diese hier auch: *animal* (133), *patte* (137), *cheval* (139), *pourceau* (150), *gibier* (157), *aprivoiser* (168), *niais* (194), *caquet* (201), *oyson* (204), *serpent* (207).
Dem lässt sich der Gebrauch von *caboche* (448), *sac à vin* (455) und *crever* (755) an die Seite stellen.

§ 181. Ferner führt Meier a. a. O. von Metaphern aus dem Gebiete der Anthropologie als den hohen Kreisen eigen an: *teste* (231), *visage* (237), *oeil* (239), *oreille* (250), *respirer* (269), *rire* (277). Diese treten bei den Vorläufern Molière's auch bei K. II. auf (cf. Tabelle); dagegen stehen bei Molière den niederen Klassen nur *nez* (245), *dents* (249), *dos* (258), *pied* (264), zur Verfügung, und diese finden sich hier bei K. I. und K. II. wieder.

§ 182. Das Gift, dessen metaphorische Verwendung bei Molière »nur in den höchsten Kreisen heimisch« ist, wird hier auch von K. II. in diesem Sinne herangezogen.

§ 183. Dass auch die Metaphern aus dem Rechtswesen und dem Cultus in den vorliegenden Lustspielen nicht lediglich bei den Gebildeten anzutreffen sind, beweist der Gebrauch von *divin* (803), *enfer* (809), *prison* (846) und *geiner* (852) durch K. III.

§ 184. So lassen sich denn die hier gemachten Beobachtungen dahin zusammenfassen, dass die bei Molière den höheren Gesellschaftsklassen als eigentümlich zuerkannten Anschauungsgebiete bei den Dichtern der vorklassischen Periode auch von Personen aus den niedrigen Volksschichten herangezogen werden. Andererseits legen diese Dichter zu häufig vulgäre Ausdrücke gebildeten Leuten aus K. I. und K. II. in den Mund.

Ein solches Verfahren ist aber als ein fehlerhaftes aufzufassen, indem auf diese Weise die Characterzeichnung der einzelnen Figuren nicht scharf umrissen werden konnte, sondern verschwommen und unklar werden musste.

Die frühesten Dichtungen Molière's kranken noch an diesem Fehler, wie aus Meier's Darstellung hervorgeht. Molière erkannte diese Mängel in der Verwendung der Metapher als poetisches Mittel zur sicheren Zeichnung der Charactere und trachtete danach, sich von ihnen zu reinigen.

Dass Molière sich wirklich von diesen Fehlern befreite und dann die Metapher in echt künstlerischer Weise in seinen Bühnendichtungen verwendete ist eins der Hauptverdienste dieses unsterblichen Reformators des französischen Lustspiels.

Materialsammlung

zu

Les Corrivaux, La Comédie de Proverbes, Farces tabariniques, La Comédie des Comédies, Les Vendanges de Suresne, Le Railleur, Les Galanteries du duc d'Ossonne, Alison, Les Visionnaires, La Soeur, L'Intrigue des Filous, La Belle Plaideuse.

---

1. Naturerscheinungen*).

1. Regarde si je manque ou d'ardeur ou de foy. Filidan. *Vis.*I.7 (435.1.) *R:*Taillebras.II.3(356.2.)II.4(357.1.)Clarimand.III 8(360.1.)V.5(371.1.) *Alison:* Belange.I.5(406.1.) *Vis:* Filidan. I.4(433.1.) IV.4(449.1.) Amidor. III.4 (444.1.) Alcidon.IV.6(451.2.) *S:*Ergaste.II.2(503.1.) Anselme.II.2(503.1.) Lydie. IV.10(517.1.) Eraste.IV.9(517.1.) — Je m'en vay souspirer l'ardeur de mon amour. Filidan. *Vis.* I.4(433.2.) *Corr:* Florotte.II.2(252.) — Que je reconnoy bien en l'ardeur qui m'enflamme Que ce qui plaist à l'oeil ne deplaist pas à l'ame. Dorimene. *V.d.S.*I.3(325.1.) *R:* Clytie.V.5(371.1.) *V.d.S:* Dorimene. I.3(325.1.) 2×. *Duc d'Oss:* Le Duc. II.3(383.2.) Flavie. IV.8 (392.1.) — . . . j'attendray le temps que l'on les marira Avec autant d'ardeur que ma fille en aura. Crisère. *V.d.S.* V.4(345.1.) *R:* Lysante.

---

*) Für die wörtliche Anführung von Belegstellen war die Prägnanz der betreffenden Beispiele massgebend, und zwar wurde das kürzere Citat unter sonst gleichen Bedingungen im allgemeinen dem längeren vorgezogen. In Fällen, wo bei derselben Metapher Bedeutungsunterschiede vorzuliegen schienen, sind mehrere Belege gegeben. — Zur leichteren Orientierung wurden die Beispiele aus den bei Fournier gefundenen Lustspielen nicht allein nach Act und Scene, sondern auch nach Seite und Spalte angeführt.

III.4(361.1.) Beaurocher.II.1(834.1.) V.6(872.1.) *Vis:* Artabaze. III.2(441.2.)
Filidan.IV.4(449.2.) Melisse.V.8(454.1.) *S:* Orgye.IV.11(517.2.)

2. Ceste passion que j'avois autrefois si a r d a n t e m'est bien passée.
Paladin. *Com.* II.1(241.2.) *Corr:* Brillant. II.4(261.) *N.F.Fab. I:* Piphagne.
(233.) *V.d.S :* Tirsis.III.4(336.1) Dorimene.I.3(325.1) III.4(336.2.) *Alizon:*
Floriane.V.4(427.2) *Vis:* Filidan.IV.3(449.1.) Phalante.III.5(446.1.) Artabaze.
IV.7(451.2.) *S:* Ergaste.II.2(503.2.) *Plaid:* Falandre III.1(566.2.) — Il a les
yeux a r d e n s comme un chat que l'on berne. Clarimand. *R.* II.4(357.1.)
R: La Dupré.V 2(369.2.) — Vostre fille, ma niepce, est a r d a m m e n t
esprise De l'amour de Brillant, qui la voit et courtise. Florette. *Corr.*
III.2(271.) *Corr:* Brillant.IV.3(288.) Molive.III.2(275.) *S:* Constance.IV.4
(515.1) Aurelie.IV.4(515.1.)

3. . . . Poliandre a glissé dans ton ame Quelque douce c h a l e u r de
l'amoureuse flame. Clariste. *Alizon.* IV.1(419.1.) *Corr:* Florette.I.2(239.)
Prov: Fierabras. III 6(223.1) *V.d.S:* Polidor. I.2(324.2.) *Alizon:* Poliandre.I.5
(405.2.) III.5(416.2.) *Vis:* Artabaze. III.2(441.2.) Lysandre. V.9(457.2.) *S:* An-
selme.II.6(506 2.) — . . . le teint blanc sans c h a l e u r s Ressemble extre-
mement à des pâles couleurs. Floriane. *Alizon.* II.1(403.1.) — La boüil-
lante c h a l e u r d'une amour illicite. Ergaste. *S.* I.1.(497.2.)

4. . . . jusques au mourir vous m'avez e s c h a u f f é e. Fleurie. *Ali-*
son. I.4(405.1.) *Com:* Docteur. III.1(248.1.) *V.d.S:* Polidor. V.3(344.2.) *R:* Ly-
zante.II.4(357.2) Clarimand. III.7(359.2.) *Plaid:* Amidor. V.1(576.2.) — Ces
beaux mignons frisez, avecque leurs moustaches E s c h a u f f e n t plus le
sang que ne font les pistaches. Clarimand *R.*I.2(350.2.) *Corr:* Bragard.I.1
(235.) Hilard. V.1(292.) *Prov:* Macée. I.6(202.2.) Fierabras. II.1(206 2.) *Duc*
d'Oss: Flavie III.1(385.1.)

5. Il y fait c h a u d. Ils sont armez comme des Jacquemarts. Bertrand. *Prov.*I.3(199.1.) *R:* Taillebras.III.7(363.1.) *Alizon:* Jeremie.I.3(403.2.)
S: Lydie.V.5(520.2.) — O la c h a u d e pratique! Beronte. *Fil.*II.2(531.1.)
— Roselis en cela me semble un peu trop c h a u t. Poliandre. *Alizon.*I.5
(406.2.)

5a. Que vous en c h a u d quils soient verds ou gris? Alizon. *Prov.*
I.6(202 1.) *Prov:* Fierabras.III.3(218.1.)

6. Je voy bien que mon f e u commence à vous déplaire. Ergaste.
Plaid. I.1(553.1.) *N.F.Tab.I:* Lucas.(235.) Piphagne.(233.) 2✕. *V.d.S:* Polidor.
I.2(324.2.) II.7(333.2.) Tirsis. III.1(334.1.) Dorimene.II.6(332.2.) *R:*Beaurocher.
V.6(372.1.) Clytie. V.5(371.1.) *Duc d'Oss:* Duc. I 1(377 1.) Emilie. II 4(384.2.)
Flavie. III.1(385.2.) *Alizon:* Clariste. IV.1(420.2.) *Vis:* Hesperie. IV 6(450.2.)
Filidan.I.7(435.1.) *S:* Lelie.I.4(501.1.) IV.6(526.1.) Ergaste II.2(503.2.) *Plaid:*
Corinne. I.1(553.1.) Amidor.II.4(563 2.) — L'amour est autrement le supplice
de l'ame; Son f e u n'est dans les coeurs qu'une infernalle flame. Polidor.
*V.d.S:*III.2(334.2.) *V.d.S:*Lisete.IV.1(337.2.) *R:*Lyzante.I.4(351.1.) IV.2(364.2.)
Taillebras I 4(352.2)Amedor.III.6(362.1.)Clarimand. V.3(369.2.) *Duc d'Oss:* Al-
medor.III.5(388.2.) Emilie.IV.6(391.1.) IV.13(394.1.) Flavie.IV 12(393.2.) *Ali-*
zon: Belange.V.4(427.2.) *S:*Anselme.II.6(506.2.) *Plaid:* Isabelle.II.3(562.1.) —
Ce visage de f e u, ce front, ces yeux ardens. . . . La Dupré. *R.* V.2(369.2.)
Fil: Le Borgne.V.1(544.2.) — Mais il est difficile autant comme ennuyeux.
D'avoir un coeur de glace, et le f e u dans les yeux. Clorinde. *R.*I.1
(350.1.) *Plaid:*Argine.I.2(554.1) — Le f e u de son courroux, tant soit il
vehement, Dans un peu de piot s'éteint facilement. Beronte. *Fil.*III.3
(537.1.) *R:* Beaurocher.II.1(354.1.) — Il faut que certain f e u de la jeu-
nesse passe. Corinne. *Plaid.* II.4(563.1.) — On conteroit plustost les
fueilles des forests Et les f e u x qui des nuicts assistent le flambeau.
Hesperie. *Vis.*I.6(434.1.) — Ce que vous desirez (les diamants) de cent
f e u x étincelle. Ragonde. *Fil.* II.8(531.2.)

7. Questo incendio (l'Amor) mi a transportao dé sorté que mi som resolvo de querir copulation. Piphagne. *I.F.Tab.*(230.1.) *N.F.Tab.I*: Piphagne.(2:4.)

8. . . . les celestes **brandons** Versent sur ton chef mille dons. Amidor. *Vis.* III.4(444 2.)

9. . . . je suis vostre honte, et le fatal **tison** Qui remplira de feu toute vostre maison. Hesperie. *Vis.* IV.6(450.2.) *Corr:* Florette.I.2(239.) *Plaid*:Amidor.V.1(576.1.)

10. Je vivrois avec luy comme à l'accoustumée, Fuyant en mes rigueurs le trop ou le trop peu, De crainte d'**attiser** ou d'esteindre son feu. Flavie. *Duc d'Oss.*IV.12(393.2.)

11. Amour a si bien sçeu par vos yeux m'**embrazer**. Clorette. *Corr.* III.3(278.) *Vis*:MelisseIV.2(448.1.)

12. . . . d'un si grand **embrazement** A peine dans mon coeur en connoy-je la cendre. Lyzante. *R.*IV.2(364.2.)

13. Quelque nouvelle amour dont le feu nous consume, Nostre premier **brasier** aisément se r'allume. Anselme. *S.*II.6(506.2.)

14. Le ciel porte-**flambeaux** d'un noir manteau se couvre. Amidor. *Vis.*1 3(132.2.) *R:* Amedor.III.5(362.1.) — O **flambeau** de mes jours (la mère) et source de ma vie! Lelie. *S.*IV.3(514.1.) — Je ne voy rien si beau qu'un sçavoir admirable. Cest un **flambeau** divin que l'on doit respecter. Alcidon. *Vis.*II.6(139.2) — . . . le **flambeau** d'amour s'allume à la cuisine. Beronte. *Fil.*I.2(528.1.) *R:* Lyzante.IV.2(364.2.)

15. . . . moy qui crains sur tout d'**allumer** sa colere. Dorimene. *V.d.S.* II.7(333.1.) *Corr:* Florette.III.2(274.) *Com:* Pantalon.IV.1(253.2) *Alizon*: Poliandre III 5(416.2) — Ce petit demon avoit **allumé** en moy une flame. Fierabras. *Prov.* III.6(223.1.) *V.d.S:* Tirsis. III.1(333.2.) *R:* Clarimand. V.1(368 1.) *Fil:* Beronte. I 2(528.1.) — Leur courroux s'éteignant, l'amitié se r'**allume**. Anselme. *S.* V.2(518.1.) *S:* Anselme.II.6(506.2.)

16. Mille amans sur ce bruit à des **flames** si belles Ainsi que papillons viennent brûler leurs aisles. Hesperie. *Vis.* VI.6(451.1.) *V.d.S:* Tirsis.III.1(333.2.) — . . . Poliandre a glissé dans ton ame — Quelque douce chaleur de l'amoureuse **flame**. Clariste. *Alison* IV.1(419 1) *Prov:* Fierabras. III 6(223.1.) *1.F.Tab:* Piphagne. (230.1.) *V.d S:* Lisete. I.6(327.1) Florice.II.2(329.1.) Polidor.III.2.334.2.) *R:* La Dupré.II 2(355.1) Amedor.III.5 (361.2.)Clarimand.V.3(370.1)Clytie.V.5(371.1.) *Duc d'Oss*:Almedor.II.1(381.1) Flavie.IV.9(392.2.) *Alizon*:Clariste III.3(415.2.)Floriane.V.4(427.2.) *Vis*: Alcidon.I.7(435.1)Melisse.II.1(435.2)Artabaze.IV.5(450.2.)Amidor.V 7(456.1.) *S*: Erguste.I.4(501.1.)*Fil*:Tersandre.II.4(532.2.)Lucidor.IV.3(542.1.)Florinde.IV.3 (543.1.) — Je le choisis tousjours, et ma bouche de **flame** Tâche à pousser l'amour jusques dedans son ame. Florice. *V.d S.*I 6(327.2.) *Vis*: Hesperie.II.2(436.2) — . . . par la mort de l'object de ma **flame**, Il seroit en mon choix de vous donner mon ame. Emilie. *Duc d'Oss.* III.3 (387.2.) *Prov:* Musique. III.5(221.2.) *N.F.Tab.I*: Lucas. (235.) *V.d.S:* Tirsis. I.1(323.1.) III 4(336.2) III.1(334.1)Florice.V.1(343.2.) Polidor.I.2(324.1.) Dorimene. II.6(332.2.) *R:* Clarimand.I.1(350.1.) Amedor.III.1(359.1.) Clytie.V.4 (370.2.) V.5(371.1.) *Duc d'Oss:* Duc.I.1(377.2.) II.3(383.2.) Flavie.IV.8(392 1.) *Alizon*: Jeremie.II.4(411.1.) V.3(424.1.) Poliandre III.5(416.2.) Silinde.IV.1 (419.1) *Vis*:Filidan.I.4(433.1.)I.5(433.2.)Hesperie.I.6(434.1.)IV.4 449.2.)Amidor.II.6(439.2.)*S*:Erguste.I.4(497.2.)II.2(503.2.)Anselme.II.6(506.1)IV.4(514.2.) Lelie.IV.6(516.1.) Eraste IV.10(517.1.) *Fil*: Lucidor.II 6(533.2.)

17. Tu sçaurois, si l'Amour avoit pu t'**enflammer**, Quel tort fait un reproche à qui sçait bien aymer. Eraste. *S.* I.3(499.2) *R:* Lyzante.II.4 (357 2.) Beaurocher. V.6(372.2.) *Vis*: Filidan. I.5(433.2.) *Plaid*: Argine. 1 2

(554.1.) *1.F.Tab*: Piphagne.(230.1.) *N.F.Tab.I*: Piphagne.(233.) 2✗. *V.d.S*: Lisete.I.6(327.2.) *Alizon*: Karolu.I.4(404.2.) — ... quelle fureur l'enflamme! Eraste. *S*.IV.9(516.2.) *V.d.S*: Dorimene.I.3(325.1.) *R*:La Dupré. IV.3(365.1.) *Alizon*: Clariste.V.2(423.1.) — Recevez ce baiser d'une bouche enflamée. Belange. *Alizon*.V.4(427.2.) *V.d.S*: Dorimene II.7(332.2.) *Vis*: Alcidon.I.7(435.1.)

17a. ... ma douleur se renflame. Émilie. *Duc d'Oss*. I.4(379.1.)

18. Ton coeur est fait de chair, il pleure, il bruslè, il ayme. Florice. *V.d.S*. V.1(343.1.) *Corr*: Almerin.II.3(258.) *V.d.S*: Dorimene. I.3(325.1.) 2✗.IV.5(340.1)Florice.II 2(329.1.)Lisete.IV.1(337.2.) *R*:Clarimand.II.2(355.1) *Alizon*: Belange.III.5(417.1) *Vis*: Hesperie.II.2.(436.2.)(437.1.) *Fil*:Tersandre. II.4(532.2.)Florinde.IV.3(543.1.) *Plaid*: Isabelle. II.3.(562.1.) — Bruslant comme je fais, je me vay mettre en cendre. Tirsis. *V.d.S*.I.1(323.2.)

19. J'ars, je brusle, je cuicts, je grille, Et suis tantost en feu tout entier converty. Almerin. *Corr*.II.3(258.)

20. Ce petit demon avoit allumé en moy une flame qui eust pu causer quelque fumée au lustre de ma gloire. Fierabras. *Prov*.III.6 (233.1.) — ... le feu d'amour n'est jamais sans fumée. Emilie. *Duc d'Oss*.IV.6(391.1.) — Du Phare la renommée A mis sa gloire en fumée. Batelier. *Alizon*.III.3(414.1.)

21. ... que j'eusse avec moy frère Jean l'enfumé! Bragard. *Corr*. I.1(239.)

22. ... les vapeurs d'un fumeux vin nouveau! Amidor. *Vis* I.3 (432.1.)

23. Voila nostre maistre qui est tellement passionné de l'amour; — il sen va en cendre. Tabarin. *1.F.Tab* (230.1.) *V.d.S*: Tirsis.I.1(323.2.) Lisete V.1(337.2.) *R*: Lyzante IV.2(364.2.) Taillebras.IV.4(367.1.) *Vis*: Amidor. III.4(444.1.) *S*: Anselme.II.6(506.2.)

24. ... elle a pris mes liens, Et semble avoir éteint tous vos feux dans les miens. Tersandre. *Fil*.II.6(533.2.) *Duc d'Oss*: Flavie. IV.9 (392.2.) IV.12(393.2.) Emilie.IV.3(394.1.) *Fil*: Beronte.III.4(537.1.) — Du jour au lendemain éteint l'affection. Lydie. *S* II.7(506.2.) *S*: Anselme.V.2(518.1.)

25. Il y a plus d'artifice que de froideur en vostre silence. Docteur. *Com*.IV.1(250.2.) *R*: Beaurocher.II.2(355.1.) V.3(370.2.) *V.d.S*:Florice. I.6(337.2.) 2✗.*Alizon*: Poliandre.I.5 (405.2.) *Vis*: Amidor. III.4 (444.1.) *S*: Constance IV.2(543.1.)

26. D'autres ont l'esprit fort, mais bien moins sociable, Froids parmy les plaisirs comme dans le soucy. Clarimand. *R*.I.1(352.1.) *V.d.S*: Florice I.6(327.1.)Lisete IV.1(338.1.)IV.2(338.1.) *R*: Clarimand I.1(349.2.) II.2 (355.1.) II.2(356.1.) Clytie.IV.1(364.1.) Beaurocher. V.3(370.1.) *Alizon*: Fleurie. I.4(405.1.) — Le coeur plus froid scaura payer d'un bon visage. Clarimand. *R*.I.1(350.1.) *Alizon*: Silinde.IV.1 (419.1.) *Vis*: Amidor.III.4(444.1.) *S*: Anselme.III.5(511.1.) — Vous viendrez froidement me dire quelque conte. Clorinde. *R*.III.1(359.1.) *Alizon*: Belange.I.5(406.1.)

27. Pareille privauté que l'on souffroit jadis Enflame en moins de rien les coeurs plus refroidis. Lisete. *V.d.S*.I.6(327.2.) *Duc d'Oss*: Alcidor. III.5(388.2.)

28. Dis tout ce que tu voudras, cela ne me cuit ny me gelle. Philippin. *Prov*.III.1(216.2.)

29. Il donne de l'éclat aux maisons inconnues. Doripe. *V.d.S*.II.5 (331.2.) *V.d.S*:Polidor. I.2(324.2.)Crisère.IV.6(340.1.) *R*:Clarimand.III.3(360.2.) *Duc d'Oss*:Flavie.III.1(385.2.) *Alizon*: Karolu.I.4(404.2.) Poliandre.III 3(414.2.) *Fil*: Beronte II.3(531.2.)Lucidor.IV.8(542.1.) IV.8(542.2.) Ragonde IV.8(542.2) *Plaid*: Ergaste.I.8(558.1)Amidor.I.8(558.1.)

30. O Ciel! dans ce portrait voy-je pas éclater Tous les traits dont Florinde a sceu me surmonter? Tersandre. *Fil.*II.2(531.1.) *Prov:* Fierabras.III.3(219.2.) *V.d.S:*Tirsis.I.2(324.2.) *R:* Taillebras.I.4(353 2.) *Plaid:* Ergaste.III.7(569.2.)

31. J'adore avec respect vostre illustre grandeur, Et de vos faicts guerriers j'admire la s p l e n d e u r. Alcidon. *Vis.*IV.7(451.2.)

32. Cest (la valeur) . . .*le l u s t r e de maisons. Alcidon. *Vis.*IV.7 (452.2.) *Prov:* Fierabras.III.6(223.1.)

33. O verité trop forte, et qu'on ne peut celer! Tu renais quand tu veux, plus b r i l l a n t e et plus claire. Orgye. *S.*V.3(519.1.)

34. . . . les beaux faits tous r a y o n n a n s de gloire. Melisse. *Vis.* II.1(435.2.)

34a. . . . l'objetto r a d i o s o de la mea passion. Piphagne. *N.F. Tab.II.*(241.)

35. . . . j'estois en soucy En quel lieu je pourrois te rencontrer aussi; Toy, qui brillant r a y o n du soleil qui m'eclaire. Eraste. *S.*I.3 (498.1.) — Pourrois-je rebutter celuy dont la doctrine Paroist comme un r a y o n de sagesse divine? Alcidon. *Vis.*V.1(453.1.)

36. Ses regards sans arrest, sans nulles e s t i n c e l l e s. Amidor. *Vis.* I.4(433.1.)

37. J'ay cru qu'il avait beu; ses yeux é t i n c e l l a n t s . . . Sembloient tacitement en rendre temoignage. Anselme. *S.*III.5(511.2.)

38. Ces engoule-bouteille au gosier tout de feu Ne sont pas des mignons qui boivent pour un peu Et n'ozent de rubis e n l u m i n e r leurs trognes. Le Borgne. *Fil.*V.1.(545.1.) *S:*Anselme.III.5(511.2.)

39. Puisse mon l u m i n a i r e estre éteint tout à fait. Beronte. *Fil.* IV.5(544.2.)

40. Je viens rendre, Alcidon, vostre esprit e s c l a i r c y. Amidor. *Vis:* V.7(456.1.) *Prov:* Lidias.III.5(222.2.) III.7(226 1.) *V.d S:* Polidor.III.5(337.1.) *R:* Clarimand.III.3(360.1.) *Duc d'Oss:* Duc.II.2(382.2) Flavie.II.4(385.1.) *Vis:* Alcidon.IV.6(450.2.) *S:* Eraste.I.3(499.2.) Geronte.III.2(508.1.) Anselme. III.4 (510.1.) V.2(518.2.) V.4(519.2.) (520.1.) V.7(521.2.) *Fil:* Beronte.I.2(527.2.) Tersandre.II.5(533.1.) III.5(537.1.) Florinde.II 7(584 1.) Lucidor.V 4(548.1.)

41. . . . ce bel oeil qui m' é c l a i r e. Taillebras. *R.*II.3(356 2.)

42. Faut-il tant consulter en matiere si c l a i r e? Le Duc. *Duc d'Oss:* II 2(383.1.) *Corr:* Clorette. III.2(276.) *S:* Orgye. V.3(519.1.) *Fil:* Beronte. I.2 (527.2.) — Il faut que je m'explique enfin plus c l a i r e m e n t. Corinne. *Plaid.* I.1(553.1.) *Prov:* Thesaurus. Prol.(197.2.) *V.d.S:* Polidor. V.8 (346.2.) *Duc d'Oss:*Flavie.IV.12(393.2.)*Alizon:*BatelierIII.1(412.2.)Belange.III.5(417.1.) Clariste.IV.2(421.2.) *S:*Anselme.V.4(520.1.) *Fil:*Ragonde.III.3(531.2.) Olympe. V.3(547.1.)

43. Qu'il a la voix c l a i r e t t e! Filipin. *Plaid.* IV.4(573.1.)

44. . . . mon coeur repugne aux e s c l a i r c i s s e m e n s. Lelie. *S.* I.1 (498.1.) *Duc d'Oss:* Le Duc.II.2(383.1.) *S:* Eraste.I 4(501.1.)

45. Ha! que je devois bien, imprudent que je suis, Tirer quelques c l a r t e z pour dissiper mes nuits. Tersandre. *Fil.*II.5(532.1.) *N.F.Tab.II.* Piphagne.(243 2.) *Fil:*Clorise.II.4(532 2.)

46. Je n'oublieray pas le sujet de ce travail afin de ne concevoir rien qui ne soit digne de cette belle fille; il seroit impossible . . . de n'estre point échauffé de ce s o l e i l. Docteur. *Com.*III.1(248.1.) *V.d.S:* Tirsis.III.4(336.1.)*Duc d'Oss:*Emilie.I.4(379.1.)2✕.Le Duc.II.1(380.2.) *S:*Eraste. I.3(498.2.) *Fil:* Lucidor.II.6(534.1.) Tersandre.III.6(539.2.) — . . . vingt mille écus d'or sont vostre mariage. Mais quoy! si vostre mere y met un

jour la main, Ces vingt mille soleils s'eclipseront soudain. Ragonde. *Fil.* IV.3(542.2.)

47. J'ay chery quelque temps un astre de la cour. Roselis. *Alizon.* IV.2(420.1.) *Vis:* Filidan.I.7(435.1.) *Fil:* Tersandre.II.6(534.1.)

47a. . . . madona Olimpia . . . lé stelé del mia anima. Piphagne. *N.F.Tab.I* (233.)

48. Merveille de nos jours, astre luisant qui brille Dans le c i e l des beautez, vien te monstrer à moy. Filidan. *Vis.*I.7(435.1.) — . . . c'est un c i e l d'amour. Almedor. *Ducd'Oss.*II.1(381.2.) *R:* Beaurocher.V.3(370.1.)

49. . . . ces exploits en l ' a i r , que tes discours nous vantent. Clarimand *R.*I 4(353.2.) *R:*Clytie.II 3(356 2.)

50. J'ay l'esprit si plein de n u a g e s. Docteur. *Com.*I.1(238.1.)

51. Il ne faut pas douter que de ceste disgrace Ne p l e u v e n t cent mal-heurs sur l'une et l'autre race. Flavie. *Ducd'Oss.*I.3(378.2.) *Prov:* Bertrand.I.6.201.1.) *Ducd'Oss:* Le Duc.III.4(388.2.)

52. S'il tombe sur mon dos une g r è l e de coups? Beronte. *Fil.* V.2(546.2) *N.F.Tab.I:*Tabarin.(236.) *N.F.Tab.II.* Lucas.(244.)

53. Ces grands conteurs ne font rien moins que nostre conte. Qui laissent, au lieu d'or, du v e n t et de la honte. Clarimand. *R.*II.2(355.1.) *Corr:* Almerin.IV.3(288.) *Prov:*Fierabras.III·2(216.2.) *V.d.S:*Tirsis III.1(334.1.) *R:*Clarimand.IV.1(363.2.) *Alizon:*Karolu.III.3(414.1.) — Ce v e n t impetueux s'est reduit en rosée: Et j'ay de vostre sort avec art redressé L'edifice penchant. Ergaste. *S* IV.(512.2.) — Mais encore, n'avez-vous point eu vent qu'ils estoient? Thesaurus. *Prov.*III.7(224.2.) *Ducd'Oss:* Emilie.IV·6(391.2.)

54. Quitte mes sens, audace, et paroy sur mon front; Que parmy les assaux d'un si cruel o r a g e On n'y lise qu'ardeur, que gloire, et que courage. Taillebras. *R.*II.4(357.1.) *R:*Beaurocher.V.3(369.2.) (370.1) *Fil:* Lucidor.IV.3(543.1.)

55. Monseigneur, cet honneur, et ceste mesme teste, Que vous me conservez au fort de la t e m p e s t e , Feront voir comme quoy je vous suis obligé. Paulin. *Ducd'Oss.*I.2(378.2.) *R:* Lyzante.IV.2(364.2.) *S:*Ergaste. IV.1(512.2.)

56. . . . quelque tourment — Qui nous afflige et nous t e m p e s t e · Bragard. *Corr.*III.1·267.)

57. . . . cette eloquence . . . n'est pas moindre que celle qui autrefois portoit des foudres et des tonnerres. Docteur. *Com.*III.1(247.1.) — J'y suis dépeint au moins comme un f o u d r e de guerre? Taillebras. *R* III.4(361.1.) *R:* Taillebras.I.4(352.2.) *Vis:* Artabaze.I.1 (481.1.) Melisse. IV.1(447.1.)

58. Son coeur tremble de peur, et sa bouche f o u d r o y e. Clarimand. *R.*III.4(361.1.) — . . . le vaillant, terrible et f o u d r o y a n t Fierabras. Fierabras. *Prov.*III.6(223.1.)

59. Cet é c l a i r de beauté vient de paroistre icy. Filidan. *Vis.*IV.5 (450.2.)

60. Pour me vanger de luy j'ay formé ce t o n n e r r e (le cartel)· Lyzante. *R.*III.4(360.1.) *Prov:* Fierabras. II.6(215.1.) *Com:* Docteur.III.1 (247 1.) — Frappez, Dieux, achevez ce grand coup de t o n n e r r e. Lyzante. *R.*II.4(357.2.)

61. Je veux . . . leur faire veoir que ce qu'ils croioient autre fois estre la pure et parfaite eloquence n'estoit que son o m b r e. Docteur. *Com.*I.1(237.1.) *Com:* Docteur.I.1(238.2.) *R:*Lyzante.III.4(361.1.) — Va, suy tes reynes d ' o m b r e , ainsi que l'est ta foy. Clytie. *R.*IV.4(366.2.)

62. Tant de monde en aura par tout dans le village Que vous les pourrez voir sans donner de l'ombrage. Polidor. *V.d.S.*II.7(333.2.) *Duc d'Oss:*Flavie.IV.14(394.2.) — Mais non, ne touche rien de ce jaloux ombrage. Eroxene. *S* II.3(505.1.)

63. Il en mourra, le traistre, et si la diligence M'empesche d'en tirer une illustre vengeance Une obscure suffît. Emilie. *Duc d'Oss.* I.4(379.1.)

64. ... sous couleur de nostre confidence. Flavie. *Duc d'Oss.*IV.11 (393.1.) *Com:*Docteur.I.1(239.2.) *R:*Clytie.II.3(356.1.) Clarimand.V.3(370.1.) *S:* Lelie.IV.6.(515.2.) *Fil:* Tersandre.II.4(532.2.)

65. ... peut estre Clorinde est laide en cramoisy.*) Ragonde. *Fil.* I.3(528.1.)

66. Je rit jaune comme farine. Philippin. *Prov.*I 7(204.2.)

67. ... la nuict aussi-tost rembrunit ce sejour. Amidor. *Vis.*I.3 (432.2.)

68. ... la brunette nuict. Amidor. *Vis.*I.4(433.1.)

69. Accusez le destin, dont la noire malice Nous ravit le bonheur de vous rendre service. Floriane. *Alizon.* IV.2(419.2.) *Prov:*Florinde.III.3 (219.2.) *Com:*Docteur.I.1 (238.1.) *S:* Lydie. II.7 (506.2.) Ergaste. III.5(510.2.) *Fil:* Lucidor.I.3(528.2.) Tersandre.II.2(531.1.)

70. Oh! combien ce beau jour dissipe de tenebres! Anselme. *S.* V.6(521.1.)

71. Ha! que je devois bien, imprudent que je suis, Tirer quelques clartez pour dissiper mes nuits. Tersandre. *Fil.*II.5(533.1.) — Le soir qui sous ses loix rangeroit mon destin, Seroit suivy pour moy d'une nuict sans matin. Lelie. *S.*I.4(500.1.) *R:*Lyzante.III.6(362.2) *S:* Aurelie. II.1(502.2.)

72. ... l'avril de mes jours. Amidor. *Vis.*V.7(456 2.)

73. Il viendra une saison où tu auras plus d'horreur de son visage que les coulpables n'en ont de leurs juges. Alcandre. *Com.*II.1(242.2.) *Com:*Hydaspe.I.1 (238.2.) Paladin.IV.1(252.2.) *V.d.S:* Tirsis.I.2(324 2.) *Duc d'Oss:*Emilie.I.4 (379.2.) IV.13(394.1.) Almedor.II.1(382.1.) *Vis:* Amidor.IV.4 (449.1.) *S:*AnselmeIII.3(510.1.) *Fil:* Ragonde.I.4(529.1.)

74. ... l'hiver de mes ans. Molive. *Corr.*IV.1(279.)

75. Ce vent impetueux s'est reduit en rosée Et j'ay de vostre sort avec art redressé L'edifice penchant, et presque renversé. Ergaste. *S.*IV.1 (512.2.)

76. ... que ce farfadet pour guerir sa migraine Boive tout l'Helycon, puise tout l'Hypocreine. Taillebras. *R.*I.4(352.2.)

77. ... cette avare echo, qui respond par ta bouche. Lelie. *S.*I.1. (497.1.)

2. Die unbelebte Natur (Mineralreich).

78. Dans la saison du jasmin ... il est au comble de ses richesses. Griselin. *Com.*V.2(256.2.) *V.d.S:* Polidor. III.2(335.1.) *Alizon:* Belange.1.5 (406.2.) *Fil:* Lucidor.I.3(528.1.)

79. Le Ciel, belle Eroxene, Vous comble ... d'heur et de prosperité. Eraste. *S.*IV.8(516.2.) *V.d.S:* Florice.II.4 (330.1.) V 1(343.1.) Tirsis V.8

---

*) C'est-à-dire d'une laideur du meilleur teint. Le cramoisi étant la couleur par exellence, tout ce qui était »en cramoisi« passait pour exellent, pour parfait. cf. Albrecht, die Leipziger Mundart. Leipzig 1881: Karmesinvergnügt = sehr heiter.

(347.1.) *Alison*: Karolu.V.4 (426.2.) *Vis*: Phalante.II.1 (436.1.) Artabaze.IV.7 (451.2.) *S*: Eroxene.IV.8(516.2.) Lydie.V.2(518.1.) Constance.V.5(520.2.) *Fil*: Beronte.V.4(547.1.)

80. Source d'infirmitez, deplorable vieillesse! Plus je veux penetrer tes a b y s m e s profonds, Plus je te considere et plus je me confonds. Ergaste. *S*.III.5(510.2.) *S*: Ergaste.IV.2(513.1.)

81. . . . il faut bien dépendre, et Paris est un g o u f f r e. Nicette. *Plaid*.IV.1(571.1.) *S*: Ergaste.IV.2(513.1.)

82. J'aurois bien merité le reste de mes jours De voir devant mes pieds, pour eternel supplice De la necessité le triste p r e c i p i c e. Alcidon. *Vis* V.1(453.1.) *S*: Lelie.I.1(498.1)

83. O celeste beauté En quel exces de maux m'as tu p r e c i p i t é. Filidan. *Vis*.I.5(434.1.)

84. Par trop de sentiment je deviens une r o c h e. Amedor. *R*.III.1 (359.2.)

84a. Et comment amollir ce r o c h e r endurci? (la maistresse.) Lyzante. *R*.III.3(360.1.)

85. Il est vray que je suis plus mal-heureux qu'un chien qui se noye de m'estre fié à une femme et d'avoir établi ma seureté sur un s a b l e m o u v a n t. Thesaurus. *Prov*.I.6(201.1.)

86. O noire perfidie! ô siecle! ô monde i m m o n d e! Lydie. *S*.II.7 (506.2.)

87. Il faut que je leur aille servir à present de fleau et couronner ce front de lauriers, que l a b o u e (la fille) en badinant avoit fletris. Fierabras. *Prov*.III.6(223.1.)

88. Il n'y a que la mort seule qui puisse mettre fin à toutes ses o r d u r e s. Docteur. *Com*.IV.1(251.1.)

89. Va, crois-tu me pescher avec des vers p o u r i s? Clytie. *R*.II.4 (357.2.)

90. Canailles . . . ne c r o u p i s s e z pas davantage et vous retirez. Prevost. *Prov*.III.5(221.2.)

91. Les courriers . . . ont t a r y de chevaux toutes les postes et les relais du monde. Fierabras. *Prov*.II.6(215.1.)

92. O bon Dieu! quel mal c'est! O quel brustant tison Si l'on n'espand dessus de l'e a u de la raison. Florette. *Corr*.I.2(239.)

93. Voyez si j'ay suject de répandre des pleurs, D'accuser ma beauté, s o u r c e de nos malheurs. Hesperie. *Vis*.IV.6 (451.1.) *Com*: Paladin.IV.1 (252.2.) *Duc d'Oss*: Flavie. III.1 (385.1.) *S*: Lydie. II.7 (506. 2.) Ergaste.III.5 (510.2.) Lelie.IV.3(514.1.) — Qu'il se hâte à cercher son malheur en sa s o u r c e! Beaurocher. *R*.V.3(370.2.) *S*: Lydie.V.2(518 2.)

94. Va voir ce qu'elle fait et te c o u l l e tout contre. Flavie.*Duc d'Oss*.II.4(384.1.) *Duc d'Oss*: Le Duc.III.2(385.2.) *Alison*: Belange.III.3(414.2.) — Je luy c o u l e ce mot jusque dedans le soin. Guillaume. *V.d.S*.III.3 (335.2.) — Quinze ans s'estoient c o u l e s, sans aucunes nouvelles. Lelie. *S*.I.4(500.2.) — Ils pensent que c'est là que se void le galant; Que se donne l'oeillade et le poulant c o u l a n t. Sestiane. *Alison*.V.5(455.2.)

95. Ma femme, le t o r r e n t de la passion vous emporte. Thesaurus. *Prov*.I.6(201.2.) — Ce grand roy qui cent rois enfanta de sa cendre? Ce t o r r e n t de la guerre? Amidor. *Vis*.II.4(437.2.)

96. Une f l o t t e d'amans vient de vous arriver. Hesperie. *Vis*.II.2 (436.2.)

97. Dans le pompe du train, dans le luxe et le f l u x Il est vray qu'aujourd'huy l'on ne les connoist plus. Clorinde. *R*.IV.3(365.2.) — . . . un f l u x d'injures nompareilles. Taillebras. *R*.II.4(357.1.)

98. . . . ma chambre est tout vostre e l e m e n t. Clorinde. *R.*III.1 (359.1.)

99. Ce dieu qui fait les Mores . . . n'a pas le pouvoir de noircir la n e i g e de son teint. Paladin. *Com.*II.1(242.2.)

100. Mais il est difficile autant comme ennuyeux D'avoir un coeur de g l a c e, et le feu dans les yeux. Clorinde. *R.*I.1(350.1.) *Corr.* Almerin.II.3(259.) *Alizon:* Poliandre.III.5(416.2.) *Fil:* Beronte.V.2(546.2.)

101. . . . la crainte, Qui me g l a c e le sang, tient ma voix en contrainte. Lyzante. *R.*III.6(362.2.)

102. . . . dans ce temps fatal Jaillit sous ses pieds un long trait de c r i s t a l. Phalante. *Vis.*III.5(445.2.)

103. Ces engoule-bouteille au gozier tout de feu Ne sont pas des mignons qui boivent pour un peu Et n'osent de r u b i s enluminer leurs trognes. Le Borgne. *Fil.*V.1(545.1.)

104. . . . le ciel se fait plus pur, Et joyeux se revest de sa robe d'a z u r. Amidor. *Vis.*I.4(432.2.) *Vis:* Amidor.I.4 (433.1.) Filidan.I.6(434.1.) III.1(440.2.) Artabaze.III.1(440.2.) 2✕.Phalante.III.5(446.2.)

105. Pour luy, il a . . . le cul de v e r r e. Alaigre. *Prov.*III.7 (225.2.)

106. Vous l'avez deviné, je baise quand je veux Le c o r a l de sa bouche . . . Tersandre. *Fil.*II.6(553.2.) *Vis:* Amidor.I.4(433.1.) Hesperie.I.6 (434.1.) Artabaze.III.1(440.2.) Filidan.III.1(440.2.)

107. Vous avez rencontré celle . . . qui est la p e r l e des filles. Prevost. *Prov.*III.7(223.1.) *Prov:* Alaigre.III.7(223.2.)

108. . . . vos cheveux sont d'or, et vostre front d'a r g e n t. Clarimand. *R.*IV.1(364.1.) *Vis:* Amidor.I.4(433.1.) Phalante.III.5(446.2.)

109. Toutefois je me trompe, et quand vostre richesse Consisteroit sans plus en l'or de vostre tresse Lucidor est fidelle, et si coiffé de vous Qu'il feroit vanité de se voir vostre époux. Ragonde. *Fil.*IV.3(542.2.) *R:* Clarimand.IV.1(364.1.) *Vis:* Amidor.I.4(433.1.) *Fil:* Tersandre.II.6(553.2.) — Un homme de paille vaut une femme d'o r. Fierabras. *Prov.*III.6 (223.1.) *Prov:* Alizon.II.2(208.2.) *Vis:* Phalante.III.5(446.2.) — . . . cet o r dont ces premiers siècles estoient composez. Docteur. *Com.*IV.1(252.1.) *Com:* Pantalon.III.1(248.1.) Docteur.IV.1(251.2.) Hydaspe.V.1(254.2.)

110. C'est l'or seul qui fait vivre, et non les mots d o r e z. Nicette. *Plaid.*I.3(5 5.1.) — . . . le fils poil-d o r é du grand Saturnien. Amidor. *Vis.*I.2(432.1.)

111. Si de ce bras de f e r une fois je l'attrape, Il sera bien subtil et bien fort s'il échape. Bras-de-Fer. *Fil.*I.1(526.1.) — Aux siècles passez (que l'on appelle d'or pour n'avoir pas esté de f e r), le peuple ne se conservoit dans son innocence. Docteur. *Com.*IV.1(251.2.)

112. Mais je crains que ce ne soit un somme d'a i r a i n. Thesaurus. *Prov.*I.4(200.1.)

3. Die Pflanzenwelt.

113. Monsieur, s'il n'est ce que vous dites, au moins est-il du b o i s dont on les fait (les honnestes hommes). Lidias. *Prov.*III.7(226.1.) *Prov:* Alaigre.III.7(224.1.)

114. Ce que je vous disois n'est pas de mon e s t o c. Nicette. *Plaid.* I.3(555.1.)

115. Nostre belle rivière ayme tellement cette terre qu'il semble qu'elle ne s'en veuille jamais eloigner, par tant . . . de b r a n c h e s, qu'elle y fait. Docteur. *Com.*III.1(246.2.)

116. Car ce vilain ribaut a beaucoup plus de force Que nous autres vieillards, qui n'avons que l'ecorce. Mersant. *Corr.*V.1(292.)

117. C'est un jeune tendron de l'âge de quinze ans, Mais qu'on ne peut gagner qu'à force de presens. Beronte. *Fil.*II.2(531.1.)

118. Le espines d'amour ne sont point sans leurs roses. Lelie. *S.* I.1(497.2.) *Fil:*Beronte.II.3.(531.2.)

119. Ses deux cuisses sans chair, ou plustost deux roseaux. Amidor. *Vis.*I.4(433.1.)

120. Pour luy, il a les jambes de fetu. Alaigre. *Prov.*III.7(225.2.)

121. Un homme de paille vaut une femme d'or. Fierabas. *Prov.* III.6(223.1.)

122. ... excusez une humeur, Qui changera sans doute en un age plus meur. Isabelle. *Plaid.*II.1(559.1.) — Pensez y meurement. Polandre. *Alizon.*IV.2(421.2.) *Vis:*Lysandre.I.7(434.2.)

123. ... l'aage aura meury cet esprit si charmant. Corinne. *Plaid.* II.4(563.1.)

124. Je veux leur faire manger des poires d'angoisse. Prevost. *Prov.*III.4(220.2.)

125. Vous parlez de baisers, c'est un pretieux fruit. Guillaume. *V.d.S.*III.5(373.1.) — Les filles sont des fruits qui ne sont pas de garde. Crisère. *V.d S.*IV.9(342.2.) *Com:*Puntalon.III.1(247.2.) — Mais quel fruict attends-tu de cette amour extrême? Tirsis. *V.d.S.*I.2(324.2.) *V.d.S:* Dorimone.II.6(332.2.) *R:* La Dupré.II.1(354.1.) Beaurocher.V.3(370.1.) *Duc d'Oss:* Le Duc.II.1(381.1.) V.8(398.2) Octave.IV.3(390.2.) *S:* Aurelie.II.1(502.2.) Constance. IV.2(513.1.) Lelie. IV.7(516.2.) Lydie. V.2(518.1.) *Fil:* Beronte. II.2 (531.1.) — Quelque ardent et mortel que son foudre puisse estre, Un fruit de ma ruine est qu'il ne peut l'accroistre. Eraste. *S.*I.3(493.2.) *R:* Clytie.V.6(371.2.) *Duc d'Oss:* Le Duc.II.2(383.1.) *Vis:* Melisse.IV.1(417.1.) *S:* Lelie.I.4(501.1.)2×. *Plaid:* Falandre.III.1(564.2.)

126. Mon maistre est tout remply de belles fleurs de rhetorique. Griselin. *Com.*V.2(256.1.) *Com:* Paladin.IV.1(252.1.) *V.d.S:* Tirsis.III.4(336.1.) — Je deteste l'amour quand il donne des pleurs, Et je ne le suy point s'il ne donne des fleurs. Polidor. *V.d.S.*III.2(334.2.) — ... vostre mere, Qui, se voyant encore en la fleur de ses ans, Se laisse cajoller par mille courtisans. Ragonde. *Fil.*I.4(529.1.) *Vis:*Melisse.IV.1(447.1.)

127. Ce mignon, ce musqué, ce diseur de fleurettes. Argine. *Plaid.*I.2(554.1.)

128. ... ses discours sont tous florissans. Griselin. *Com.*V.2 (526.1.)

129. Je suis plus flestrie que les roses de l'année passee. Clorinde. *Com.*III.2(248.1.)

129a. Mon père ... croyoit ... que nous eussions planté l'amour pour reverdir. Florinde. *Prov.*I.7.(204.2.)

129b. C'est lors qu'un pucelage est eclos pour mourir. Clarimand. *R.*II.2(355.2.)

129c. Aimer sans nostre avis, et choisir un muguet! Crisère. *V.d.S.*I.6(332.1.) *Corr:* Florette.I.2(239.) Molive.V.2(295.)

130. ... si ma main Eust pû cacher ce mot dans le lis de son sein ... Guillaume. *V.d.S.*III 5(337.2.) *R:* Clarimand.I.4(353.1.) *Vis:* Amidor.III.4(443.2.)

130a. ... je ne suis pas resolue ... de me deffendre d'un ennemy qui ne me jette que des rozes à la teste. Clorinde. *Com.*III.2(248.2.) — Cette belle farouche Vous fait-elle cueillir les roses de sa bouche?

Lucidor. *Fil.*II.6(533.2.) *R*: Clarimand.I.4(353.1.) *S*: Lelie.I.1(497.2.) *Fil*: Beronte II.3(531.2.)

131. L'ebene de ses dents digne de mille vœux. Amidor. *Vis.*I.4 (433.1.)

4. Die Thierwelt.

132. Monsieur, je ne suis pas si sotte ni si beste. Nicette. *Plaid.* I.3(555.1.) *Duc d'Oss*: Duc.III.4(388.1.) — . . . en s'allant elle m'appella beste. Batelier. *Alizon.*II.2(413.1.) *Corr*: Prologueur. Prol. (234.) *Pror.* Alaigre.I.2(198.2.) Alizon.I.4 (199.2.) Macée. I.6 (201.1.) Philippin.I.7 (205.2.) 2me. *F. Tab*: Lucas.(232.2.) *R*: Clarimand.V.6(372.1.) — A tous seigneurs tous honneurs, beste brute! Fierabras. *Prov.*II.1(206.1.) — Considerez un peu ces benests d'amoureux. O les bestes à corne! ô qu'on ne m'y tient pas! Almerin. *Corr.*I.3(245.)

133. Une fille est estrange ayant l'Amour pour maistre, Et c'est un animal dificile à conaistre. Crisère. *V. d. S.*IV.6(340.2.) *Pror*: Thesaurus. I.4(199.2.) *Alizon*: Jeremie.III.6(417.2.)

134. Les brutaux comme toy seront de ton costé. Polidor. *V. d. S.* III.5(337.1.) *Duc d'Oss*: Camille. IV.1 (389.1.) Horace. IV.5(391.1.) — De là vint la secrette et forte jalousie Qui d'un brutal espoux troubla la fantaisie. Emilie. *Duc d'Oss.*I.4(379.1.) *R*: Taillebras.III.7(362.2.) *Duc d'Oss*: Emilie.II.3(383.2.) 2×. V.6(398.1.)

135. Tousjours gaillard, dispos et la gueule bien fresche. Bragard. *Corr.* III.1;264.) *Prov*: Philippin. II.3(209.1.) (201.1.) (211.1.) Alaigre.II.3 (210.1.) *I. F. Tab*: Tabarin(231.1.) (231.2.)

136. Car, mon amy, je veux, d'une plaine abordade, Sur le haut de ses biens lascher une taillade, Après, d'un second coup, luy fendre le museau. Bragard. *Corr.*I.1(237.) — Les pauvres museaux de chiens! nous avons bien revisité leur fripperie. 2me Archer. *Prov.*III.5(222.1.)

137. Les veulent ou non, ils passeront par mes pattes. Fierabras. *Prov.*II.2(207.2.) *Prov*: Prevost.III.4(220.2.)

138. . . . cette casaque bleuë Qui nous mit l'autre jour cent archers à la queuë. Bras-de-Fer. *Fil.*I.1(526.1.) — . . . ceux qui tiennent la queue de la poisle. Thesaurus. *Prov.* Prol.(197.2.)

139. Vous devinez les festes quand elles sont venues. Mais poussez vostre cheval. Thesaurus. *Prov.*III.3(217.2.) — Le meilleur qu'il vous faut c'est un comte allemand, Je veux qu'il soit cheval, et parle vieux romant. Clarimand. *R.*II.2.(355.1.)

140. Me prenant pour cheval ils m'ont bien étrillé. Beronte. *Fil.* I.2(527.1.) *Corr*: Almerin.I.3(249.) Hilard.V.1(291.) *I. F. Tab*: Tabarin.(232.2.) 2me. *F. Fab*: Tabarin.(234.1.) *Prov*: Fierabras.II.2.(208.2.) Florinde.II.3(210.2.)

141. Par la digne morbœuf! le gallant est furé. Tenez! regardez-le! voyez comme il ecume. Brillant. *Corr.*I.3(249.)

142. . . . contre la justice ayant bien regimbé Il faudra qu'à la fin ils viennent à jubé. Ragonde. *Fil.*IV.3(542.2.)

143. . . . cela t'a passé en oreille d'asne. Thesaurus. *Prov.*I.4 (199.2.)

144. Ton visage, croupière, a cinquante pendans, Vieille mulle ridée· Bragard. *Corr.*II.2 (255.)

145. Escoutez, oyez-vous ceste grosse pecore? (le Prologueur.) Le Caché. *Corr.* Prol. (233.) *Corr*: Prologueur. Prol. (233.) *Proc*: Thesaurus. I.4 (199.2.)

146. Mais tenez, ecoutez, voyez un peu ce b u f l e! Oyez-vous ce qu'il dit? Florette. *Corr*.II.2(255.)

147. . . . honorons, en te jettant dans l'eau, La Seine et le Pont-Neuf des dépouilles d'un v e a u. Beaurocher. *R*. II.4 (358.1.) *Corr*: Prol. (232.) Brillant.I.3(244.) *Prov*: Alaigre.II.3(210.1.) Florinde.III.3(219.1.) *R*: Amedor.IV.5(367.2.)

148. . . . je r u m i n e enfin contre cette disgrace. Ergaste. *S*.IV.3 (513.2.) *Corr*: Prologueur. Prol.(233.)

149. . . . un ennuy qu'on nomme fantaisie, Qui le jour et la nuit s'en paist. Mersant. *Corr*.II.1(250.) — Prenez du vin: aussi mal de teste veut r e p a i s t r e. Alaigre. *Prov*.II.3(210.2.)

150. Vous estes un p o u r c e a u, voire encor plus infame. Florette. *Corr*.II.2(254.) *N.F.Tab.I*: Rodomont.(poerco.) (236.) *Fil*: Lucidor.V.4(548.1.)

151. Il faut mourir, mon petit c o c h o n (Philippin.) Alaigre. *Prov*. I.2(178.1.)

152. Il grimace par fois comme un enfant qu'on sèvre, Tantost rit, tantost pleure, et pour rien prend la c h è v r e. Le Borgne. *Fil* I.1(526.2.) *Prov*: Philippin.II.3(210.1.)

153. Morbleu! qu'elle fait bien la c h a t e m i t e! Alaigre. *Prov*. III.3(217.2.) — O la fausse chatte! (Francisquine.) Tabarin. *N.F.Tab.II*. (240.)

154. Ils me chanteront pouïlle, il me feront desordre, Et jamais ces m â t i n s n'ont abboyé sans mordre. Ragonde. *Fil*.I.2(527.1.)

155. . . . nos c h i e n s de clers, je croy qu'ils estoient yvres. Nicette. *Plaid*.I.3(554.2.) *Corr*: Clorette.II.3(260.) — Ha! la petite c h i e n n e! Ha! le traistre meschant! Molive. *Corr*.III.2(272.) *Corr*: Mersant.II.1(250.)

156. Ton visage, croupière, a cinquante pendans, Vieille mulle ridée, ou plustost vieille l i c e. Bragard. *Corr*.II.2(255.)

157. Ouy, reste de potence, ouy, g i b i e r de bourreau. Amidor. *Plaid*.I.8(558.1.)

158. J'ay le droit de chasser . . . Ouy, mesme jusqu'aux b i c h e s. Mais de celles, sans plus, qui dans les lieux d'honneur Vous font, selon l'argent, passer pour un seigneur. Clarimand. *R*.II.4(357.2.)

159. J'ay une memoire de l i è v r e, je la pers en courant. Prevost. *Prov*.III.5(222.2.)

160. L'amant dans la poursuite est un r e n a r d si fin. Olympe. *Fil*.I.4(530.1.) — Nous avions pris la peau du r e n a r d pour attraper ce viel coq de docteur Thesaurus. Lidias. *Prov*.III.5(222.2.)

161. . . . à pas de l o u p nous reviendrons. Le Borgne. *Fil*.IV.5 (544.2.) — Je venois bien icy me confesser au l o u p. Silinde. *Alizon*.IV.1 (419.1.) — Comment! crotte de l o u p, tu frappes comme un sourd! Gaullard. *Corr*.I.1(238.)

162. L'amant . . . devient l y o n aux caresses premières. Olympe. *Fil*.I.5(530.1.) *Fil*: Beronte.V.6(549.1.)

163. Il a les yeux ardens comme un chat que l'on berne, La h u r e d'un lyon qui sort de sa caverne. Clarimand. *R*.II.4(357.1.)

164. J'ay couvert jusqu'icy le feu qui me d e v o r e. Tirsis. *V.d.S*. I.1(323.1.) *Vis*: Filidan.III.1(440.1.) V.6(456.1.) Melisse.IV.2(447.2.) — Il me semble desja que je voy le bon homme D e v o r e r tantost l'une, et tantost l'autre somme. Dorette. *Plaid*.V.5(579.2.)

165. Nommer une chimere un heros i n d o m p t é? Melisse. *Vis*.II.1 (435.2.) *Fil*: Beronte. III.6(540.1.) — . . . l'amour est i n d o m p t a b l e. Polidor. *V.d.S*. I.4(326.2.)

166. Et doit-on s'estonner, si ce puissant vainqueur, Ayant dompté la terre a sçeu dompter mon coeur? Melisse. *Vis* II.1(435.2.) *V.d.S:* Dorimene.I.3(325 1.) *R:* Clorinde.IV.3(365.1.) *Vis:* Hesperie.II.4(438.1.) Artabaze.III,1(440.1.) IV.7(452.2.) Alcidon.IV.7(452.2.)

167. . . . venez rendre hommage à ce dompteur d'armées. Filidan. *Vis.*III.3(441.1.)

168. Il faut s'aprivoiser et frequenter chez jelles. Poliandre. *Alizon.*III.5(417.1.)

169. Est-ce vous, mon enfant? . . . Est ce vous ma petite rate? Thesaurus. *Prov.*III.7(224.1.)

170. Las! que je sens mon coeur cruellement rongé. Mersant. *Corr.* II.1(250.) *Corr:* Florette.III 2(272.)

171. Pour moy je voudrois bien qu'on reglast ce desordre, Et vrayment, la police y devroit un peu mordre. Stephanille. *Duc d'Oss.*IV.7 (391.2.) — Cette fascheuse envie a sur moy voulu mordre. Jeremie. *Alizon.*V.1(423.1.) *S:* Ergaste.II.2(504.1.)

172. Ah! vous estes amant De quelques yeux d'azur, de quelque teint d'yvoire? Artabaze. *Vis.*III.1(440.2.)

173. Nous avons bien revisiter leur fripperie; ils n'en ont pas tiré leurs brayes nettes: ils y ont laissé de leurs plumes. 2me. Archer. *Prov.*III.5(222.1.) *Prov:* LeCoesre.II.4(213.2.)

174. Mes archers petillent d'impatience d'aller plumer l'oison Prevost. *Prov.*III.4(220.1.) *Plaid:* Amidor.III.7(570.1.)

175. Il se veut r'emplumer un peu sur vostre bourse. Filipin. *Plaid.*I.4(555.2.)

176. L'Amour garde par tout ceux qui luy sont fideles, Et pour nous enfuir il nous offre des aisles. Lucidor. *Fil.*IV.3(542.1.) — Le bruit que je feray . . . leur donnera des aisles aux talons. Fierabras. *Prov.* II.2(206.2.) *Duc d'Oss:* Almedor.I.1(377.2) *Fil:* Beronte.V.6(549.2.) — Mille amans sur ce bruit à des flammes si belles Ainsi que papillons viennent brûler leurs aisles. Hesperie. *Vis.*IV.6(451.1.) — Pourveu que, grand de coeur et souple du jarret, Vous fassiez à l'épée aussi bien qu'au fleuret, Quelque adroit qu'il puisse estre, il en aura dans l'aisle. Beronte. *Fil.*III.5(538.2.) *Plaid:* Brocalin.III.5(568.1.)

177. Bon courage, mes pieds, courons vite, volons. Beronte. *Fil.*I.1 (526.1.) *V.d.S:* Polidor. III.2(334.2.) Guillaume. III.2 (334.2.) -- Tousjours voloit entr'eux la victoire douteuse. Artabaze. *Vis.*III.2(441.2.) *Duc d'Oss:* Octave.IV.1(389.1.) *Vis:* Hesperie.II.2(436.2.)

178. Il ne faut pas tout prendre de vollée. Thesaurus. *Prov.*II.2 (208.1.)

179. . . . il marche en Espagnol Et pense que le ciel est trop bas pour son vol. Ragonde. *Fil.*III.2(535.1.)

180. Je crois que tu ne sçaurois estre un moment sans avoir le morceau au bec. Florinde. *Prov.*II.3(209.1.) *Corr:* Bragard.III.1(271.) *Prov:* Philippin. I.7(204.2.) Alaigre.II.3(209.2.) Fierabras. II.2(207.1.) Florinde. II.3 (208.2.) III.3(219.1.) La Fille.II.4(213.2.) Prevost,III.7(224.1.) *Vis:* Scstiane. V.5(455.2.) *Fil:* Beronte.V.2(546.2.) -- Vous dites d'or, et si vous n'avez pas le bec jaune. Alizon. *Prov.*II.2(208.2.) — Quoy! souffrir qu'un pendart, qui devroit estre sec, Nous fasse ainsi passer la plume par le bec? Bras-de-Fer. *Fil.*I.1(526.1.) *Prov:* Lidias.II.3(208.2.)

181. Nous luy ferons un signe avec le croupion. Almerin. *Corr.* II.3(258.)

182. Il me bout dans le corps de ne pouvoir dès à present mettre

In griffe sur eux. Fierabras. *Prov.*II.2(208.1.) *Prov:* Fierabras.II.2(207.1.) Le Coesre.II.4(213.1.)

183. Je suis ... le massacreur du vautour (Lidias) qui m'a ravy la proye. Fierabras. *Prov.*II.2(206.2.)

184. Et eux fins, les gros butors! Ils sont armez comme des Jacquemarts. Bertrand. *Prov.*I.3(199.1.)

185. ... c'est toi, vieux bibou, qui fus traistre à ma flame. Jeremie. *Alizon.*V.3(424.1.)

186. Octave, en bonne foy, serois-tu bien si grué, De croire que la soeur m'eust donné dans la veue? Camille. *Duc d'Oss.*IV.1(389.1.) *Prov:* Alizon.II.2(208.1.) — Quil ne m'y laisse pas long temps faire la grué? Taillebras. *R.*III.4(361.2.) — ... ferons nous encor longtemps le pied de grué? Bras-de-Fer. *Fil.*IV.4(543.1.)

187. Il m'a tendu sa grande jambe d'allouette, et m'a fait donner du nez en terre. Alaigre. *Prov.*II.3(209.3.)

188. O! quand j'ay beu deux coups, mon amy, je fay rage Et faict fort bon ouyr mon gringoté ramage. Bragard. *Corr.*III.1(269.)

189. O le plaisant robin! (Almerin.) Clorette. *Corr.*II.3(261.)

190. ... j'ay une petite friquette (Isabelle) au logis. Lucas. 2*'F.Tab.*II.(232.1,) *N.F.Tab.I:* Lucas.(235.) *N.F.Tab.II:* Lucas.(241.)

191. Vrayment, vous estes un gentil perroquet. Florinde. *Prov.* III.3(219.2.) *Corr:* Florette.II.2(255.)

192. Il faut luy faire niche. Le Voisin. *Plaid.*IV.7(575.2.)

193. Tu te ris donc de moy, vieux hère, nit à pous. Florette. *Corr.* II.2(255.) — Nous sommes venus à nid de chien, nous sommes volez et ruines. Macée. *Prov.*I.6(201.1.)

194. Que vous estes niais de vous taire aujourd'huy. Ragonde. *Fil.* IV.2(541.1.) *Corr:* Bragard.I.1(237.) *Prov:* Alaigre.II.3(211.1.) Fierabras.III.3 (220.1.) *R:* Clarimand.I.2(351.2.) *Alizon:* Batelier.III.1(413.1.) *Plaid:* Nicette. I.2(554.1.) Brocalin.V.5(579.2.)

195. Elle se pourroit bien laisser deniaiser A ce gentil muguet de son cher pucelage. Florette. *Corr.*I.2(239.)

196. A-t-on vû partizan faire mieux son mago? Il pondoit sur sur ses oeufs et vivoit à gogo. Ragonde. *Fil.*IV.3(542.2.)

197. ... quelques docteurs. ... de la dernière couvée. Thesaurus. *Prov.* Prol.(197.1.)

198. Ce pigeon (Clarimand) en viendra chercher de plus friande. La Dupré. *R.*II.2(355.1.)

199. L'amant dans la poursuite est un renard si fin, Que nous n'avons poulets, qu'il n'attrape à la fin. Olympe. *Fil.*I.5(530.1.)

200. ... ce viel coq de docteur Thesaurus. Lidias. *Prov.*III.5 (222.2.)

201. ... je mourrois d'ennuy, si, credule au caquet, Tu te laissois duper par quelque esprit cocquet. Filippin. *Plaid.*I.4(556.1.) *Corr:* Bragard.II.2(255.) *Prov:* Lidias.I.7(203.1.) Fierabras. II.2 (207.1.) Florinde. II.3 (208.2.) (210.2.) *V.d.S:* Crisère.II.6(332.1.) IV.6(341.1.) *Fil:* Clorise.I.3(528.2.) *Plaid:* Nicette.I.2(554.1.)

202. ... si quelqu'un la void, soudain on en caquette. Ragonde. *Fil.*I.5(529.2.) *Prov:* Florinde.III.7(225.2)

203. Feray-je le lyon quand vous faites la cane? Beronte. *Fil.*V.6 (549.1.)

204. C'est un oyson (le voisin) tout franc. Filipin. *Plaid.*V.4(578.2.) *Prov:* Macée.I.6(201.1.)

205. Mais, Messieurs, sans ceremonie, couvrez ces **maquereaux** (les Bohémiens) de peur qu'ils ne s'eventent. Alaigre. *Prov*. III.5(222.2.)

206. Ce sont de tes efforts, execrable **vipere**. Emilie. *Ducd'Oss*. I.4(379.1.)

207. Ainsi donc ce meschant sur mon honneur se vange. Ha! Monsieur, montrez-moy ce **serpent** odieux. Emilie. *Ducd'Oss*.IV.5(391.1.) *V.d.S*: Crisère.II.6(332.1.) *Fil*: Olympe.I.5(530.1.)

208. Saute, **crapaut** (Philippin), voicy la pluye! Alaigre. *Prov*. I.7(204.2.) *Prov*:Thesaurus.I.5(201.1.)

209. Mais d'où vient qu'au logis de cette fine **mouche** Heurte ce gentilhomme? Berontc. *Fil*.I.2(527.2.) *Plaid*:Filipin.I.4(556.1.) — Voyez un peu desja quelle **mouche** la picque. Brocalin. *Plaid*.III.5(568.2.)

210. Un **essein** d'avortons que le siècle produit Bat l'oreille des grands, les assiege, les suit. Clarimand. *R*.I.4(353.1.) *Vis*: Amidor.II.4 (438.2.)

5. Der Mensch.

A. Die Person des Menschen und seine Lebensgewohnheiten.

211. O verité trop forte . . . Tu renais quand tu veux plus brillante et plus claire, Et te sçais reproduire aussi bien que ton **pere**. Orgye. *S.V*.3(519.1.) *Alizon*: Clariste. IV.1(418.1.) — Que direz-vous du pauvre Brutus, qui tua son **pere** pensant tuer un tyran? Griselin. *Corr*.V.2 (256.2.)

212. Mille apprehensions cherchent le miserable . . . La tristesse est sa **mère**, et son **père** un regret De n'oser decouvrir à chacun son secret. Clariste. *Alizon*.IV.1(418.1.)

213. Vous y verrez enfin que l'amour triomphant Est si grand dans mon coeur qu'il cesse d'estre **enfant**. Polidor. *V.d.S*.II.7(333.2.) — Je veux vous presenter des **enfants** de ma Muse. Amidor. *Vis*.III.2 (442.1.)

214. . . . l'eau **fille** du pied de l'emplumé cheval. Amidor. *Vis*. V.7(456.1.)

215. La nature encore **vierge** n'avoit point commencé à faire des monstres. Docteur. *Com*.IV.1.(251.2.)

216. Ma dextre, qui n'a point d'égale ni de prix, Souffre à peine sa **soeur**, et la tient en mepris. Taillebras. *R*.V.2(369.1.)

217. Tien, pren ton appetit sur ce **frère** jambon. Gaullard. *Corr*. III.1(267.)

218. Il faut trousser ses quilles et ses **trottains** de peur d'être pris. LeCoesre. *Prov*.II.4(213.2.)

219. . . . l'experience est **maistresse** de toutes les sçiences. Thesaurus. *Prov*.Prol.(197.2.)

220. . . . pourray-je avec rudesse Te chasser de chez moy, venerable richesse, **Nourrice** des humains. Alcidon. *Vis*.V.1(453.1.)

221. Vous dites vray, Madame, on ne s'arreste guere Aux bruits impertinens qu'**enfante** le vulgaire. Isabelle. *Plaid*.II.3(562.2.) *R*:Taillebras.II.4(358.2.) *Vis*: Amidor.II.4(437.2.)

222. Venise, où j'arrivay pour mon embarquement Veid finir mon voyage, et **naistre** mon tourment. Lelie. *S*.I.4(500.2.) *Com*: Docteur.V.1 (255.2.) 2×. *V.d.S*: Polidor.I.2(324.1.) Tirsis.III.4(336.1.) *R*: Lyzante.II.3 (356.2.) Amedor.III.5(362.1.)Beaurocher.V.6(372.1.) *Ducd'Oss*: Duc.I.1(377.2.) Octave.IV.3(390.1.) Flavie.IV.8(392.1.) IV.12(393.2.) *Alizon*: Belange.I.5 (406.1.) Karolu.V.4(426.2.) *Vis*: Sestiane.IV.4(450.1.) Filidan.IV.4(449.2.) *S*:

Constance. IV.2 (513.2.) (514.1.) Lelie. IV.6 (516.1.) *Plaid*: Filipin. I.6 (557.1.) Nicette. IV.2(572.1.) Amidor. IV.7(575.1.) — ... cent diverses fleurs n a i s s e n t aux environs. Phalante. *Vis.* III.5 (446.1.) *Com*: Docteur. I. 1 (240.2.)

223. Un amour si parfait r e n a i s t dès qu'il est mort. Florinde. *Fil.* III.1 (531.1.) *S*: Anselme. V.2(518.1.) Orgye. V.3(519.1.) *Fil*: Florinde. III.1 (535.1.)

224. C'est elle que j'adore, et de qui les rigueurs Ont d o n n é la n a i s s a n c e à toutes mes langueurs. Tirsis. *V.d.S.* I.1(323.1.) *R*: Clarimand. V.5(371.1.)

225. Ces petits a v o r t o n s de la nuict ... qui ont enlevé ma Florindo ... Fierabras. *Prov.*II.6(215.1.) *R*: Clarimand.I.4(353.1.)

226. Karolu me fait peur, et cent fois une armée N'a point donné de crainte à ma droite a n i m é e. Jeremie. *Alizon.*V.1(422.2.) — ... vous devez tous deux vous aimer comme frères, Sans jamais contre nous a n i m e r vos colères. Poliandre. *Alizon.* I. 5 (406.2.) *Corr*: Florette.II. 2(252.) *Vis*: Amidor. I.4(453.1.) Phalante. III.5(446.1.) *S*: Orgye. IV.11(517.2.)

227. Embrassons nous, mon a m e, il faut rire de tout. Clarimand. *R*. V.6(372 2.) *R*: Clorinde. I.1(350. 1.) Amedor. I.2(351. 1.) *S*: Anselme. IV.4 (514.2.)2✕. — ... mon cher amant et mon a m e demie. Clorette. *Corr.* III.3(277.) — ... l'a m e de l'univers. Taillebras. *R.*IV.4(366.2.)

228. ... le bruit que le monde pensoit Estre tout roide mort la v i e ainsi reçoit. Molive. *Corr.*III.2(272.) *Corr*: Brillant.III.3(276.)

229. Ma valeur abhorre trop la captivité et le lien de je ne sçay quels mariages, que des t e s t e s s a n s c e r v e l l e s ont inventez. Fierabras. *Prov.*III.3(220.2.) *Corr*:Florette.II.2(253.)

230. Ces filous en sont cause, ils m'ont é c e r v e l é. Beronte. *Fil.* III.5(538.1.)

231. J'ay baisé les pieds de celuy qui est la t e s t e de toute la chrestienté. Docteur. *Com.*I.1(238.2.) *Prov*: Fierabras.II.6(215.1.)

232. Si belle occasion de contenter ses voeux Merite bien plutost qu'on la p r e n n e a u x c h e v e u x. Flavie. *Duc d'Oss.*III.1(385.2.) *Prov*: Lidias.I.1(198.1.)

233. Les arbres en sont beaux et droicts et c h e v e l u s. Phalante. *Vis.*III.5(446.2.)

234. Il ne tiendra qu'à vous de prendre avant soupper L'occasion au poi l. Brocalin. *Plaid.*V.7(580.2.)

235. Vostre secte, qui cherche où mieux ils paraîtront Les étale en discours (les desirs), les porte sur l e f r o n t. Clorinde. *R.*IV.3(365.1.)

236. La chrestienté a changé dix fois de f a c e. Paladin. *Com.*IV.1 (252.2.)

237. Allons, Florice, allons, peut-estre que demain Le ciel nous cachera son v i s a g e serain. Dorimene. *V.d.S.*V.1(344.1.) — Vous donnez seule au mal un v i s a g e de joye. Clarimand. *R.*I.3(352.1.) — ... la mort, que vous avez mesprisée en toutes les formes et sous tous les v i s a g e s. Docteur. *Com.*V.1(254.2.) *Alizon*: Jeremie.II.2(408.2.) (409.2.) *S*: Aurelie.II.1(502.1.)

238. Mettons-nous à l'abry d'un rocher s o u r c i l l e u x. Amidor. *Vis.* I.4(432.2.)

239. Il est donc à propos de la v o i r du m e s m e o e i l. Ergaste. *S.*IV.2(514.1.) — Si elle (L'Église) ne les approuve pas, elle ferme neantmoins les y e u x pour faire semblant ne les pas voir. Paladin. *Com.* III.2(249.2.) *N.F.Tab.I*:Piphagne.(occhi)(233.)

240. J'ay recouvré la v u ë, et changé tout soudain Une si grande estime en un plus grand dédain. Florinde. *Fil.*III.1(535.1.)

241. Belange asseurement luy donne dans la veue. Silinde. *Alizon.*IV.1(418.2.) *Prov:* Fierabras.III.3.(219.1.) *R:*Clarimand.I.2(350.2.)III.2 (360.1.) *Duc d'Oss:* Camille.IV.1.(389.1.) *Fil:* Ragonde.I.4(529.1.)

242. Je vay rendre ma soeur tellement esbloüye . . . Emilie. *Duc d'Oss.*IV.6(391.2.) *S:* Anselme.V.4 (520.1.) *Fil:* Clorise.II.4(532.2.) Tersandre. II.6(533.2.) Lucidor.IV.3(542.1.) Beronte.V.4(547.2.)

243. Ah! quel aveuglement! en doutez vous encore? Hesperie. *Vis.*V.4 (455.1.) *R:* Clarimand. I.1 (350.1.) *Duc d'Oss:* Octave. V.3 (395.2.) *S:* Lelie. I.4(500.1.) IV.6 (516.1.) *Fil:* Tersandre. II.6(533.1.) *Plaid:* Amidor.V.1 (576.1.)

244. La Fortune se plaist à nous estre infidèle, Et quiconque la suit est aveugle comme elle. Lucidor. *Fil.* II.6 (593.1.) *Com:* Clorinde.II.1 (244.1.) *I.F.Tab:* Piphagne.(cieco)(231.2.) *Duc d'Oss:* Almedor.II.2(381.2.) Duc. II.3(383.2.) *Fil:* Tersandre.III.5(537.2.) — Traistre, oublie Eroxene, et qu'au sort d'Aurelie Un serment solennel aveuglement te lie.. Eroxene. *S.* V.7(521.2.) *Duc d'Oss:* Almedor.II.2(381.1.)

245. Vous mettez vostre nez bien avant dans nos affaires. Macée. *Prov.*I.6(202.1.) *R:* Beaurocher. II.2(355.1.) — Ce coquin a bon nez, il prendra mieux son temps. Le Borgne. *Fil.*IV.4(543.1.)

246. . . . vostre vertu m'est en si bonne odeur. Flavie. *Duc d'Oss:* IV.14(394.2.)

247. . . . ces grands mots qui sentent le grimoire. Lise. *Plaid.* II.3(561.2.) *Duc d'Oss:* Le Duc.III.2(386.1.) *Plaid:* Corinne.III.7(569.2.) Amidor.V.1(576.2.) — . . . sentant nostre partie. Il a fait en secret un branle de sortie. Le Borgne. *Fil.*IV.4(543.1.)

248. On rit d'une noblesse et si courte et camuse. Clarimand. *R:* II.4(357.2.) — Me voila bien camus. Beronte. *Fil.*I.2(527.2.) *Prov:* Florinde.I.7(203.1.)

249. . . . j'ay mis en arrière la dent que j'avois contre vous. Thesaurus. *Proc.*III.7(224.2.) — Las! que je sens mon coeur cruellement rongé! Par les dents d'un ennuy qu'on nomme fantaisie. Mersant. *Corr.* II.1(250.) — Ma soeur en aura six (chevaux), beaux, vigoureux, ardens. Qu'un malheureux procez nous a mis sur les dents. Falandre. *Plaid.* III.2(566.2.) *Prov:* Lydias.III.1(215.2.)

250. Pour venir à vos fins vous promettez merveilles; Mais quand il faut donner, vous n'avez plus d'oreilles. Filipin. *Plaid.*V.6(580.1.)

251. Que de ceremonie, et de sourds complimens! Clarimand. *R.*I.2 (350.2.) *S:* Orgye.V.4(520.1.) *Plaid:* Amidor.I.8(558.1.) — Battez vous sourdement. Clarimand. *R.*II.4(359.1.)

252. Ce mont si merveilleux en Sicile placé, . . . Vomissant des brasiers de sa brûlante gorge, Amidor. *Vis.*II.6(439.2.)

253. Il regorge de biens. (le logis.) Beronte. *Fil.*IV.5(544.1.)

254. Eux morts, moins d'ennemis sur les bras me demeurent. Paulin. *Duc d'Oss.*I.5 (380.1.) *Alizon:* Fleurie. I.1 (402.2.) *Vis:* Alcidon.V.1 (453.1.) Sestiane.V.5(455.2.)

255. On nous estimeroit tout à fait imprudentes, Si voyant le bonheur nous presenter la main, Nous ne courions après par un mesme chemin. Silinde. *Alizon*II.1(407.2.) — . . . si vous secondez tant soit peu leurs desseins, Si pour le logement vous leur donnez les mains Le baron doit encore espouser vostre fille. Le Voisin. *Plaid.*V.3(578.1.) *Plaid:* Filipin.III.4(567.2.) — Nous nous cognoissons un peu de longue main. Octave. *Duc d'Oss.*IV.1(389.2.)

256. L'estang dont le sein vaste engouffre ces canaux D'un bruit continuel semble plaindre leurs maux. Phalante. *Vis.*III.5(446.1.) *S:* Ge-

ronte. III.1(507.1.) Anselme. IV.4(514.2.) — Crois-tu que je te mette un amant dans le sein? Clarimand. R:I.1(350.1.) *Com*: Docteur.I.1(238.1.) V.1(255.2.) *V.d.S*: Polidor.III.2(335.2.)

257. Si contre mon devoir j'ay chery ses appas, Dorimene, mon coeur, ne m'en accuse pas. Florice. *V.d.S.* V.1(343.1.) *Corr*: Gaullard.I.1 (235.) Almerin. II.3(259.) Brillant. III.3(276.)(278.) IV.3(287.) IV.4 (290,) Clorette.III.3(277.)(278.)IV.4(290.) *Pror*:Lidias.I.7(204.2.) Fierabras.III.3(219.1.) *Com*: Clorinde.V.1(255.1.) *V.d.S*: Polidor. II.7(332.2.) *R*: Clorinde. I.1 (350.1.) *Duc d'Oss*: Camille. V.2(395.1.) *Alizon*: Fleurie. II.2(410.1.) IV.2(422.1.) V.4 (426.2.) *Vis*: Melisse.IV.2(447.2.) Hesperie. IV.6(451.1.) Amidor. V.7.(456.2.) *Fil*: Beronte.II.3(531.2.) — . . . il ne faut rien celer et rien garder sur le coeur qui nous fasse mal. Thesaurus. *Prov*.Prol.(197.2.)

258. Ce lieu semble coupé du dos d'une montagne. Phalante. *Vis.* III.5(446.1) — La fortune m'a bien tourné le dos. Thesaurus. *Prov*.I.1 (201.1.)

259. Ce mont si merveilleux en Sicile placé, . . . Dans son ventre ensouffré n'eust jamais tant de flame Qu'une de ces beautez en versa dans mon ame. Amidor. *Vis*.II.6(439.2.)

260. Au milieu du parterre une grande fontaine Jette en l'air un torrent de sa feconde veine. Phalante. *Vis*.III.5(446.1.) — . . . des vers, de vostre veine. Hesperie. *Vis*.IV.4(449.2.) *Vis*: Sestiane.II.3(437.2.) Phalante.III.4(443.1.) *Plaid*: Amidor.III.7(569.2.)

261. Fussent-ils aux Antipodes ou dans les entrailles de la terre ils seront bien cachez si je ne les trouve. Fierabras. *Prov*.II.2(207.2.)

262. Est-ce vous, ma petite fressure? (Florinde.) Thesaurus. *Prov*. III.7(224.1.)

263. A ton goust pou de fiel assaisonne une oeillade. La Dupré. R.II.1(354.2.) — Clytie en ses faveurs dissipera ce fiel. Beaurocher. R. V.3(370.1.) — Parlez luy, mais sans fiel. Le Voisin. *Plaid*.V.6(580.1.)

264. Nous mettons nos beautez aux pieds de vos merites. Sestiane. *Vis*.II.4(437.2.) — Si j'eusse creu que vous en eussiez voulu abuser, je ne vous eusse pas tant donné de pied sur moy. Florinde. *Prov*.I.7 (203.1.)

265. . . . j'ay tantost mis bouteille sur cû. Beronte. *Fil*.III.6(540.1.) *Prov*: La Vieille.II.4(213.1.) *Duc d'Oss*: Le Duc.II.2(382.2.)

266. . . . la vieillesse de l'Eglise est menacée. Docteur. *Com*. IV.1(251.1.)

267. Ceste ruse est trop maigre: à d'autres! c'est en vain. Molive. *Corr*.IV.1(280.)

268. N'appelle point devoir une amour trop conuë, Leur ame malgré moy m'a paru toute nue. Florice. *V.d.S*.II.4(330.2.) *Com*: Docteur.III.1 (247.1.) *Duc d'Oss*: Le Duc.I.1(377.2.) *Fil*: Lucidor.I.3(528.2.) — Vous . . . aymerez en moy une bonté toute nue. Clorinde. *Com*.II.1(243.2.) *Alizon*: Belange.II.5(411.2.)

269. Tout respire sur vous valeur, guerre et bataille. La Dupré. R.V.2(369.2.) *V.d.S*: Dorimene.II.3.(330.1.)

270. Des vents brise-vaisseaux l'haleine s'adoucit. Amidor. *Vis.* I.4(432.2.) — Ils desirent aussi que d'une haleine egale On traitte sans destour l'action principale. Sestiane. *Vis*.II.4(438.2.)

271. L'injustice est muette. Anselme. S.V.4(520.1.)

272. Il me souvient de plus . . . Qu'il ne m'est de ma vie arrivé de la voir, Que ces doux mouvemens, dont le sang s'interprette, N'ayent semblé m'advertir, par une voix secrette De l'étroitte union dont nature nous joint. Anselme. S.V.2(519.1.)

273. Le l a n g a g e du coeur est le plus eloquent. Corinne. *Plaid.*
III.7(569.1.)

274. L'oeil vous a cent fois dit ce que vous dit la bouche. Polidor.
V.d.S. II.3 (329.2.) *Corr:* Bragard. I.1 (239.) *Com:* Griselin. V.2 (256.2.) *V.d.S:*
Polidor.II.3(329.2.) *R:* Clarimand.I.2(350.2.) Clorinde.III.5(361.1.) Beaurocher.
III.7(363.1.) *Alizon:* Belange.III.5(417.1.) *Fil:* Beronte.III.5(537.2.)

275. Mon sang veut p a r l e r seul en ce doux mouvement. Eroxene.
S. V.6(520.2.) *V.d.S:* Lisete. 1.6(327.1.) Polidor. III.2(335.1.) *R:* Clarimand.I.1
(349.2.) V.5(371.1.) Taillebras. I.4 (353.2.) Beaurocher. II.1 (354.1.) *Vis:* Pha-
lante.III.5(446.1.) *S:* Anselme.III.2(508.2.)

276. Mes boyaux c r i e n t vengeance. Philippin. *Prov.*II.3(209.1.) *S:*
Anselme.V.4(520.1.)

277. Tu as les yeux r i a n t s comme une truye bruslée. Alaigre.
Prov. III.7(224.2.) *Vis:* Phalante. III.5(445.1.) *Fil:* Beronte. II.3(531.2.) —
. . . puis que le destin ne fait plus de menace Et qu'il tourne vers nous
une r i a n t e face. Roselis. *Alizon.* V.4(247.1.) *R:* Clorinde.I.2(351.2.) *Fil:*
Lucidor.II.6(533.1.) *Plaid:* Filipin.II.4(563.2.)

278. C'est Midan tout c r a c h é, tu luy ressembles bien. Dorette.
*Plaid.*III.5(568.2.) *Prov:* Fierabras. III.3(219.1.) — . . . je ne sçais que
c r a c h e r poësie. Lucas. *N.F.Tab.I.*(235.)

279. Il ne faut point tant c h i e r des yeux. Thesaurus. *Prov.*I.6
(201.2.)

280. Il faut estre asseurez comme meurtriers . . . Il ne faut rien
d e b a g o u l e r. Philippin. *Prov.*III.7(224.1.)

281. Ce mont si mervoilleux en Sicile placé, . . . V o m i s s a n t des
brasiers. Amidor. *Vis.*II.6(439.2.) — Il a plus v o m y d'injures contre
vous qu'il ne passe de gouttes d'eau sous un moulin. Alaigre. *Prov.*
II.3(210.1.) *R:* Taillebras.IV.5(367.2.) *Duc d'Oss:* Emilie. I.4(379.1.) *Alizon:*
Karolu.V.4(425.2.)

281a. Je voy bien qu'il retourne à son v o m i s s e m e n t; Oüy, l'ingrat
persevere en son dereglement. Amidor. *Plaid.*IV.6(574.1.)

282. Enfin, l'on voit tous-jours que maistre Jeremie N'a non plus
qu'autrefois la valeur o n d o r m i e. Jeremie. *Alizon.*1.3(404.1.) *Corr:* Molive.
III.2(272.) *R:* Clytie. IV.1 (363.2.) *Duc d'Oss:* Emilie. I.4(379.1.) *S:* Lelie. I.4
(501.1.) — Ma soeur d'autre costé croit m'avoir e n d o r m i e, Avec sa
confidence et fausse preud'hommie. Flavie. *Duc d'Oss.*IV.11 (393.1.) *Duc
d'Oss:* Paulin.I.5(380.1.) Octave.IV.3(390.1.)

283. Nostre belle rivière . . . rend ses eaues d o r m a n t e s. Docteur.
*Com.*III.1(247.1.)

284. La couleur en est morne, i n s e n s i b l e, et trop fade. Clorinde
*R.*I.2(351.2.)

285. L'exercice, du jour, endort l'inquietude, Mais la nuict elle v e i l l e
et nous devient plus rude. Lelie. *S*I.4(501.1.)

B. Menschliche Tätigkeiten.

286. L'amour ne me t r o t t o i t plus dans le ventre. Lidias. *Prov.*
I.7(204.2.) *1.F.Tab:* Tabarin.(230.1.)

287. Je crois qu'au temps qui c o u r t les guenons sont de mise.
Nicette. *Plaid.*IV.2(572.1.) — Il c o u r t une certaine maladie contagieuse.
Pantalon. *Com.* III. 1 (247.2.) *Prov:* Lidias. I.7 (204.2.) *Com:* Clorinde. II.2
(245.1.) *Duc d'Oss:* Horace. IV.5(391.1.) *Vis:* Artabaze.I.1(431.2.) — Faites
qu'au prix c o u r a n t cet usurier le donne. Ergaste. *Plaid.*I.5(556.2.)

288. Si de ce long recit vous n'abregez le c o u r s Le jour achevera
plus tost que ce discours. Lelie. *S.* I.4(501.1.) *Corr:* Florette. III.2(271.)

Com: Alcandre. II 1 (241.1.) *R*: Clarimand. II.4 (358.2.) *Duc d'Oss*: Paulin. I.5 (379.2.) *Alizon*: Belange. IV.2(421.1.) *Vis*: Artabaze. IV.7(452.2.) *S*: Anselme III.2(508.1.) Lydie. V.2(519.1.) *Fil*: Lucidor. IV.3(542.2.)

289. Ma soeur ayme Camille, et c'est l'obscure source Dont tant de maux ont pris et vont prendre leur c o u r s e. Flavie. *Duc d'Oss*. III.1 (385.1.) — Voyant que le soleil couroit incessamment J'arrestay pour jamais en c o u r s e vagabonde. Artabaze. *Vis*. I.1(431.2.) *Corr*: Florette. III.2(272.) *Duc d'Oss*: Emilie. I.3(379.1.)

290. Mon fils à l'hospital s'en va le grand g a l o p, S'il les void d'avantage. Amidor. *Plaid*. V.1(576.2.)

290a. Eole a déchaisné ses vistes postillons Qui g a l o p p e n t desja les humides sillons. Amidor. *Vis*. I.3(432 2.)

291. Que vous me contentez! mon coeur de joye en s a u t e. Clorette. *Corr*. IV.4(291.) *Prov*: Macee. III.7(225.1.)

292. Ma veue me fait f a u x - b o n d, ou j'appercois un frère. Lydias. *Prov*. III.5(222.1.)

293. Allons, c'est la raison qu'un long et bon repas Au moins attendant mieux recompense tes p a s. Camille. *Duc d'Oss*. IV.4(391.1.) *S*: Lelie. I.1(498.1.)

294. Un, qui donne du nez dedans le mariage, Et n'apprehende point ce perilleux v o y a g e. Beaurocher. *R*. II.2(355.1.)

295. Haye! j'ay la migrène Logée en mon cerveau; comme elle s'y p o u r m è n e! Bragard. *Corr*. III.1(270.)

296. Je me treuve moy-mesme, et m'é g a r e à la fois Dans l'excez du plaisir. Aurelie. *S*. V.5(520.2.) *S*: Anselme. III.6(512. 1.) Ergaste. IV.2 (513.2.) *Fil*: Clorise. II.4(532.2.)

297. Mais, quoy que mon humeur paroisse v a g a b o n d e Je ne laisse pourtant de cherir tout le monde. Poliandre. *Alizon*. I.5(405.2.) *Vis*: Artabaze. I.1(431.2.)

298. Descouvre son dessein, Nicette, et va f o u i l l e r jusque dedans son sein. Argine. *Plaid*. I.2(554.2.)

299. Je le feray entrer dans un sac, et le feray e p o u s t e r par sa maistresse. Tabarin. *2me. F. Tab*.(238.2.) *Prov*: Fierabras. II.2(208.2.)

300. Continuez, ou bien nous r e b r o u s s o n s chemin. Roselis. *Alizon*. III.3(415 1.)

301. Si monsieur l'Espagnol t'avoit de son costé, Je suis seur que le Turc se verroit bien f r o t t é. Gaullard. *Corr*. I.1(238.) *Corr*: Almerin. I.3 (249.) Molive. IV.1(280.) *Prov*: Clabaut. I.3(199.1.) Bertrand. I.3(199.1.) *2me. F. Tab*. Tabarin.(234.2.) *N. F. Tab. II*: Tabarin.(243.) *R*: Taillebras. III.7(363.1.) *Fil*: Le Balafré. I.1(526.2.) Beronte. I.1(526.2.)

302. Vous estes trop chaut pour a b r e u v e r, ce seroit tomber de fièvre en chaut mal. Thesaurus. *Prov*. II.6(208.1.) *Prov*: Fierabras. II.6 (215.1.)

303. . . . le sang que n'aguere ont versé tes blesseures, Tout celuy qui t'anime et qui t'en est resté, Ne te sçauroit l a v e r de ta desloyauté. Camille. *Duc d'Oss*. IV.2(290.1.) *V. d. S*: Dorimene. I.4(326.1.) *R*: Clarimand. V.6 (372.2.)

304. Si je les puis tenir, je les m e t t r a y à t e l l e l e s s i v e qu'ils voudroient avoir esté endormis pour quinze jours! Prevost. *Prov*. III.4 (220.2.) — Il estoit tout jeune et joyeux de croire se pouvoir mettre en mes bonnes graces, qui e s t o i e n t à l a l e s s i v e pour luy. Florinde. *Prov*. II.3(208.2.)

305. Il semble qu'a mentir il se b a i g n e. Clorette. *Corr*. III.2(276.) — . . . les yeux b a i g n e z de pleurs. Ergaste. *S*. I.1(498.1.)

306. Seroit-il bien possible qu'un homme comme vous . . . se p l o n g e dans une oisivité pareille à celle des morts? Alcandre. *Com.* II.1(240.1.) *Corr*: Clorette. III. 2(276.) *Alizon*: Clariste. IV. 2(420. 2.) *Vis*: Hesperie. II. 2 (436.2.) *Fil*: Le Borgne. V.2(546.1.)

307. Il p u i s e dans Sophocle, ou dedans Eurypide. Amidor. *Vis.* II.4(435.1.) *S*: Eraste.I.3(499.1.)

308. . . . le peintre é p u i s a ses doctes resveries. Phalante. *Vis.* III. 5(446.1.)

309. . . . les celestes brandons V e r s e n t sur ton chef mille dons. Amidor. *Vis.* III.4(444.2.) *Vis*: Amidor.II.6(439.2.)

311. Il ne faudroit qu'y c o u d r e un morceau de romant. Sestiane. *Vis.* II.3(437.2.) — Motus, bouche c o u s u e! Thesaurus. *Prov.* Prol.(197.2.)

312. Nostre amour est de ceux qu'on doit faire durer, Ou bien qu'il faut d e s c o u d r e et non pas dechirer. Flavie. *Duc d'Oss.* IV.11(393.1.) — Sus! il en faut d é c o u d r e! Taillebras. *R.* II.4(358.2.)

313. Vous verrez qu'elle (Florinde) n'est point tant d e c h i r é e. Alaigre. *Prov.* III.5.(223.1.) *Duc d'Oss*: Flavie. IV.11(393.1.)

314. Son honneur estant deaja fendu, il ne foudroit pas tomber de trop haut pour le c a s s e r tout à fait. Lucas. *2me F. Tab.* (232.1.) — Pour du latin, je n'y entends rien; mais pour du grets (Grec), je vous en c a s s e. Alizon. *Prov.* I.4(199.2.)

315. J'ay faict par cy devant ce qui m'estoit possible Pour r o m p r e leur amour, mais elle est invincible. Florette. *Corr.* III.2(272.) *R*: Clarimand.I.3(352.1) *Duc d'Oss*: Emilie.IV.13(394.1.) *Alizon*: Poliandre.II.3(411.1.) *S*: Lelie.I.1(495.1.) *Fil*: Lucidor.IV.3(542.2.) Florinde.IV.3(542.2.) *Plaid*: Amidor.I.8(558.2.) — Je veux r o m p r e avec luy pour ne plus renoüer. Florinde. *Fil.* III.2(535.2.) *Duc d'Oss*: Camille.IV.2(390.1.) — Ne nous r o m p e z plus la teste: elle nous fait desja mal de vos caquets. Florinde. *Prov.* II.3(210.2.) *Corr*: Clorette.I.3(246.) *Prov*: Lidias.I.7(204.2.) Florinde.II.3 (208.2.)

316. B r i s e z sur ce propos pour en entendre un bon. Silinde. *Alizon.* II.1(407.1.) *Duc d'Oss*: Flavie.III.2(387.1.) *Alizon*: Fleurie.II.2(409.2.) *Fil*: Olympe.I:5(529.2.) Florinde.III.2(535.2.)

317. T r a n c h e z ce mot trop intentionné. Clorinde. *R.* I.2(351.1.) — Ils t r a n c h e n t du Monsieur, et dans leurs vains projets, Ils sont nobles sans fiefs, et seigneurs sans sujets. Clarimand. *R.* II.4(357.2.) *R*: La Dupré. IV.3(365.1.) *Fil*: Beronte.V.4(547.1.)

318. Tous ces empeschements dont ma flame est suivie Me r e t r a n c h e n t l'espoir, me font croistre l'envie. Le Duc. *Duc d'Oss.* I. 1 (377.2.) *R*: Clarimand.I.1(350.1.) *Plaid*: Amidor.I.8(558.1.)

319. . . . l'explication, trop longue, à mon avis, Me fera c o u p e r court pour changer de devis. Clariste. *Alizon.* IV.1(418.2.)

320. Ma langue aussi bien e s g u i s é e que mon espée, va dire . . . au docteur Thesaurus que je suis le roy des hommes. Fierabras. *Prov.* II.1 (206.1.)

321. Dame, il faut que je m'essaye pour mieux jouer mon personnage, afin qu'on n'y trouve rien à t o n d r e. Philippin. *Prov.* III.1(216.1.)

322. Voilà qui est vuidé aussi bien qu'un peigne; aux autres, ceux-là sont c o s s e z. Thesaurus. *Prov.* Prol.(197.1.)

323. Déchiffrant vostre vie avec d'autres critiques, Par tout les carrefours il en faict des chroniques, Et ne se plaist à rien, tant qu'à vous é p l u c h e r. Ergaste. *S.* II.2(504.1.)

324. Ce tonnere orageux qui menace et qui gronde, Eflochera bien tost la machine du monde. Amidor. *Vis* I.8(432.2.)

325. Les fautes des enfants blessent legerement; Une larme, un sous-pir, les efface aisement. Constance. *S*.IV.2(513.2.) *Com*: Paladin. II.1(241.2) Griselin. V.2(256.1.) *V.d.S*: Doripe.II.5(332.1.) Guillaume. V.2 (344.1.) *R*: Amedor. I.2(351.2.) Clytie. IV.3(364.2.) *Duc d'Oss*: Le Duc. V.6 (397.1.) Camille V.6(397.1.) *Alizon*: Poliandre.I.5(405.2.) Belange.IV.2(421.1.) *Vis*: Phalante.III 5(447.1.) Melisse.V.3.(454.1.) *S*: Lelie.I.4(501.2.) V.7(521.2.) Anselme.V.4(519.2) Eraste.I.3(499.2.)

326. J'arracheray bien tost cet amour de son coeur. Crisère. *V.d.S.* IV.5(340.2.) *R*: Clytie.V.3.(370.2.) *S*: Lelie.I.1(497.1.) Eraste.I.3(499.2.) *Fil*: Lucidor.IV.2.(540.1.)

327. Mais las! je crains pour vous les malheurs ordinaires, Que trainent apres soy les actes sanguinaires. Emilie. *Duc d'Oss*.I.5(379.2.) *Prov*: Macée.III.7(225.1.) *Vis*: Artabaze.I.1(431.1.)

328. L'un vous entraine au bal, l'autre à l'Academie. Clorinde *R*.III.1(359.1.) *R*: Clarimand.II.4(358.2.)

329. Il m'a repondu, se quarrant comme un pourceau. Alaigre. *Prov*.II.3(209.2.) *Prov*: Alaigre.I.6(203.1.) III.3(217.2.) Philippin.III.1(216.2.) Prevost.III.5(222.1.)

330. Rien ne sçauroit flechir une humeur rigoureuse. Phalante. *Vis*. III.4(443.1.) *Vis*: Melisse.II.2(436.2.) Filidan.IV.4(449.1.) Alcidon.IV.7(452.2.) *Plaid*: Ergaste.I.1(553.2.)

331. Pourquoy s'assujettir aux crotesques chimeres De ces emmail-lottez dans leurs regles austeres. Amidor. *Vis*.II.4(438.1.)

332. Elle a mis sur les prez plus d'hommes à l'envers Que les poëtes du temps n'ont fagotté de vers. Taillebras. *R*.I.4(353.2.)

333. Attendez donc encor, rien ne presse l'affaire. Olenie. *V.d.S.* IV.9(342.2) *Corr*: Almerin. II 3(260.) *Prov*: Alizon. II.1(206.2.) *V.d.S*: Dori-mene.IV.8(341.2.) Crisère.IV.9(342.2.)2✕. *R*: Clarimand.I.1(349.2.) II.4(356.2.) IV.1(364.1.)2✕. V.6(372.1.) Taillebras.II.4(358.2.) Lyzante.III.4(361.2) Clytie. IV.1(363.2.) Beaurocher.V.2(369.1.) *Alizon*: Belange.I.5(406.1.) Jeremie.III.6 (417.2) Fleurie.III.3(415.2.) Karolu.V.3(424.2.)2✕. *Vis*: Hesperie. II.2(436.2.) *S*: Lydie.I.1(499.2.) V.2(518.2.) Lelie.I.4(501.1.) Ergaste.II.2(504.2.) III 5(510.1.) Eroxene.II.3(505.2.) Eraste. II.6(506.2.) Geronte. III.2(507.2.) Anselme. IV.5 (515.2.) *Fil*: Lucidor. IV.3(542.1.) *Plaid*: Nicette. I.3(554.2.) Amidor. III. 1 (567.1.) Ergaste.IV.2(571.2.) Argine.IV.1(571.1.) IV.2(572.1.)

334. Achevons de pousser la fourbe jusqu'au bout. Filipin. *Plaid*. III.4(567.2.) *Corr*: Florette.IV.4(289.) *Prov*: Clabaut I.3(199.1.) *Prov*: Fiera-bras.III.3 (218.2.) *V.d.S*: Florice. I.6(327.2.) *Duc d'Oss*: Le Duc. III.2(386.1.) Stephanille.IV.3(390.2.)

335. Le bruit m'a renversé, la peur m'a fait la playe. Tersandre. *Fil*.II.5(533.1.)

336. A la fin vos raisons ebranlent ma constance. Florinde. *Fil*. IV.3(543.1.) *V.d.S*: Lisete.IV.2(338.2.) *Duc d'Oss*: Emilie.IV.13(394.1.)

337. C'est que Poliandre a glissé dans ton ame Quelque douce cha-leur de l'amoureuse flame. Clariste. *Alizon*.IV.1.(419.1.) *Com*: Hydaspe.I.1 (240.1.) *Alizon*: Fleurie.I 4(404.2.) *Fil*: Tersandre.II.5(533.1.)

338. Son honneur estant desja fendu, il ne faudroit pas tomber de trop haut. Lucas. 2me.F.Tab.(232.1.) *Corr*: Molive.III.2(272.)

339. ... bien loin de l'enfler, Il vidoit sa finance, à force de souffler. Ergaste. *S*:II.2(504.1.) *Vis*: Amidor.IV.3(449.1.)

340. Ah.! ce trait delicat me chatoüille et me pince. Taillebras. *R*.V.2(369.2.)

341. Nous avous vû Galas, et l'avons bien galé. Beronte. *Fil*.III.5 (539.1.)

342. J'ay eu belle escapée, car j'ay pensé d'estre gratté depuis le Miserere jusques à vitulos. Alaigre. *Prov*.II.3(209.2.) *Prov*: Alaigre.II.3 (210.1.) Florinde.II.3(210.2.)

343. Elle me tâte, et veut dessous un feint mal-hour Voir si ma patience égale ma valeur. Taillebras. *R*. II. 3(356.2.) *Com*: Paladin. II.1 (241.1.) *Vis*: Filidan.I.5(433.2.)

344. Je ne sçay quoy de doux qui flatte mon martyre Et d'un secret plaisir chatouille mes esprits, Me force d'achever le voyage entrepris. Le Duc. *Duc d'Oss*.II.2(382.2.) *R*: Taillebras.V.2(369.2.)

345. Caressez comme moy les verres et les pots. Guillaume. *V.d.S.* V.2(344 1.) *R*: Clarimand.II.4(357.2.)

346. Faut-il que vos parens contraignent vos desirs? . . . Bon gré, mal gré leurs dents, je les ferois bouquer. Ragonde. *Fil*.I.4(529.1.)

347. Je prefere aux baisers des plus belles du monde Les humides baisers d'une tasse profonde. Guillaume. *V.d.S.*III.5(337.1.)

348. Maintenant je me meurs pour la haute hyperbole . . . C'est elle qui sans peine embrasse l'univers. Amidor. *Vis*.V.7(456.2.) *V.d.S*: Philemon III. 2 (335.1.) *Vis*: Amidor. II. 4 (438. 2.) Phalante. III.5 (446.1.) *Plaid*: Amidor.II.1(559.1.)

6. Speise und Trank.

349. . . . des choses serieuses qui nourissent ma melancholie. Docteur. *Com*.V.I.(255.2.) *Duc d'Oss*: Le Duc.I.1(377.1.) Flavie. IV. 9(392.2).

350. Je cede le comique à ces esprits abjects, . . . Au grossier appetit d'une ame populaire. Amidor. *Vis*.II.4.(438.1.) *Prov*: Fierabras.III.3 (220.2.)

351. Philippin est sçavant jusqu'aux dents: il a mangé son breviaire. Lidias. *Prov*. III. 1.(215.2.) *Prov*: Philippin. I. 7 (204. 1.) *Fil*: Beronte. III. 5 (538.1.)

352. Pourquoy? veux tu que l'age au logis la consomme? Anselme. *S*. II.2(503.2.) *Corr*: Molive. II. 1 (250.) Brillant. IV.4(290.) *V.d.S*: Crisère.II.5 (331.2.) *Alison*: Belange.V. 4 (427. 2) *Vis*: Filidan. I.5 (433.2.) *S*: Eroxene.II.3 (505.1.)

353. . . . . la beauté qui me fait consumer, Dort fort bien. Le Duc. *Duc d'Oss*. II. 2 (382. 2.) *V. d. S*: Polidor. III. 2(335.1.) *S*: Anselme. II. 6 (506.2.)

354. Quand je remasche les reponces dont elle m'a traitté, je les trouve si aigres que je ne les puis avaler. Fierabras. *Prov*.III.5(221.1.) *Prov*: Philippin.I.2(198.2.)

355. Vous avez gousté de deux differens siècles. Paladin. *Com*: IV.1(252.2.) *R*: Lyzante.IV.2(364.2.) Clarimand.V.3(370.1.) *Duc d'Oss*: Le Duc. I.1(377.1.) II.1(380.2.) *Alison*: Fleurie. I. 4 (404.2.) Poliandre. I.5.(405.2.) II.3 (410.2.) III.3(415.2) Silinde.II.1(406.2.) Karolu.V. 4 (426.2.) *Vis*: Melisse.IV.1 (447.1.) IV.2(447.2.) *S*: Lelie.IV.2(513.1.)

356. . . . j'ay le mesme goust pour les escrits que pour les melons. Pantalon. *Com*. III. 1 (247.2.) *Com*: Clorinde. III. 2 (248.2.) *R*: La Dupré. II. 1 (354.1.) *Duc d'Oss*: Le Duc.I.1(377.1.) Emilie.V.6(396.1.)

357. Voyez le beau galand, qu'il a bien de bonté! Je t'en casse, ma foy, tu n'es pas dégousté. Dorette. *Plaid*.III.5(568.1.) *Prov*: Alizon.III. 7(227.2.) *V.d.S*: Polidor.III.5(337.2.) *Alison*: Silinde.III.1(412.2.)

358. . . . je veux tout mon saoul t'estriller et frotter. Almerin. *Corr*.I.3(249.) *Corr*: Clorette.I.2(243.) *Prov*: Alizon.III.7(227.2.) *N.F.Tab.II*: Tabarin.(243.) *Plaid*: Brocalin.III.5(568.1.)

858a. Alles vous rejoûir et saoules vos desirs. Tersandre. *FV.*II.4
(532.1.)

359. . . . il fait mille grimaces, Et masche entre ses dents de certaines menaces. Artabaze. *Vis.*III 2(441.2.)

360. Je les veux accoster sous un autre visage, Et par un fin discours remasscher mon courage. Jeremie. *Alizon.*II.2(408.2.) *Prov:*Fiera-
bras.III.5(221.1.)

361. . . . un ennuy qu'on nomme fantaisie . . . s'en rassasie.
Mersant. *Corr.*II.1(250).

362. Les chimeres qu'il hume avec tentation, Luy remplissent desja
l'imagination. Dorette. *Plaid.*V.5(579.2.)

363. Vous avez fait la faute, et vous voules que les autres la boivent.
Thesaurus. *Prov.*I.6(201.2.) *Plaid:* Nicette. I.8(555.1.) Filipin.III.4(567.2.)
V.9.(582.2.)

364. . . . mon ame aussi tost, d'un doux charme enyvrée, S'est à
tant de beautes innocemment livrée. Filidan. *Vis.*I.5(433.2.)

365. Tais toy, mon ame; souffre, avale ce breuvage. Taillebras.
*R.*IV.5(367.2.)

366. Je suis tenu de servir mon maistre, et prendre soigneusement
garde aux actions qui se brassent contre son honneur. Tabarin. 2ᵐᵉ
F.Tab.(234.1.) — L'on me vient d'avertir que ma niepce Clorette Brasse
avecque Brillant une amitié secrette. Florette. *Corr.*I.2(239.) — Anselme
vient à luy: quelque trame se brasse. Lydie. *S.*II.6(506.1.)

367. As-tu cuvé ton vin? n'est tu point yvre encore? Le Borgne.
*FV.*V.1(546.1.)

368. Le sang me monte au visage; il me boult dans le corps de
ne pouvoir dès a present mettre la griffe sur eux. Fierabras. *Prov.*II.2
(208.1.)

369. C'est que mon coeur bouillonne, et par là s'évapore. Taillebras. *R.*II.4(358.2.)

370. Vrayment, je m'en vais luy donner son bouillon. Macée.
*Prov.*I.5(201.1.)

371. Ciceron . . . ne sert jamais que des viandes creuses. Philandre. *Com.*I.1(237.2.)

372. Allons à la souppe, goulu; flacquons-nous la et daubons des
machoires. Alaigre. *Prov.*II.3(210.2.)

373. . . . je roty Et suis tantost en feu tout entier converty. Almerin. *Corr.*II.3(258.)

374. . . . ma peau, ressemblant la coine d'un jambon, Faisant voir
aujourd'huy ma face rissolée Comme une solle fritte ou à demy bruslée,
Rends tous mes serviteurs aussi froids qu'un glaçon. Fleurie: *Alizon.*I.4
(405.1.)

375. J'ars, je brusle, je cuicts, je grille . . . . Almerin. *Corr.*II.3
(258.)

376. Pour trop gratter il me cuit aux ongles. Bertrand. *Prov.*I.3
(199.1.) — . . . le dos . . me cuira plus d'un jour. Lydie. *S.*V.6(521.1.)
Corr: Almerin. II.3(258). *Prov:* Thesaurus. I.6(202.2.) Philippin.III.1(216.2.)
— Helas! me gardois-tu sur l'hiver de mes ans de si grands desplaisirs,
si tristes et cuisans? Molive. *Corr.*IV.1(279.) — Je vois bien à vos
yeux que vostre teste n'est pas cuite. Thesaurus. *Prov.*I.5(200.2.)

377. Cet excellent cuisinier de l'eloquence, Ciceron. Philandre.
*Com.*I.1(237.2.)

378. A ton goust peu de fiel a s s a i s o n n e une oeillade. La Dupré. *R.* II. 1 (354.1.)

379. Les baisers d'une veuve auront plus de s a v e u r. Emilie. *Duc d'Oss.*V.6 (396.1.)

380. Donc je la nommerois Cyprine domte-coeur, Qui . . . du poison sucré d'une f r i a n d e oeillade Rendroit des regardans la poitrine malade. Amidor. *Vis.* II. 4 (438.1.) *N.F.Tab.II:* Lucas.(241.) *Fil:* Beronte.II.3(531.2.)

381. Mais pourquoy faictes-vous ainsi d e la s u c r é e? Florette. *Corr.* I. 2 (241.) *R:* Clytie.V.4(370.2.) *Vis:* Amidor. II. 4 (438.1.) *Plaid:* Filipin. I. 4 (556.1.)

382. Un baiser accordé te sembleroit trop f a d e. La Dupré. *R.* II. 1 (354.1) *R:* Clorinde.I.2(351.2.)

383. Tu es bien d e s s a l é, tu sçais bien qui choisit et prend le pire est maudit de l'evangile. Philippin. *Prov.*II.3(211.1.)

384. Helas! ce nom de mere Renouvelle en mon coeur une douleur a m e r e. Aurelie. *S.* III.3(508.2.) *Corr:* Gaullard. III 1 (266.) Clorette. III.1 (275.)

385. O dure loy du sort! Qui mesles l'a m e r t u m e à cet heureux transport. Lelie. *S.*IV.2(513.1.)

386. Mais je vous prie, au nom des bons saincts de la presche, De n'estre à ma demande aucunement r e v e s c h e. Almerin. *Corr.* II.3(258.)

387. Quand je remasche les reponces dont elle m'a traitté, je les trouve si a i g r e s que je ne les puis avaler. Fierabras. *Prov.* III.5(221.1.)

388. Marmut! si je m'estois mis en colère un demy-quart d'heure, j e m e t t r o i s tes oreilles à la c o m p o s t e. Alaigre. *Prov.*III.3(220.1.)

389. Demosthenes, Cicero, et autres de mesme f a r i n e . . . The-saurus. *Pror:* Prol.(196.1.)

390. Il dort la g r a s s e matinée. Macée. *Prov.* I. 5 (200.2.).

391. En aymant fort et ferme vous perdrez vostre h u i l e et vostre temps. Philippin. *Prov.* III. 3 (218.2.)

392. . . . ils luy ont baillé plus de coups que de morceaux de pain. Je ne sçay s'il en mourra, mais ils l'ont l a r d é plus menu que lièvre en paste. Bertrand. *Prov.* I. 6 (201.1.)

393. Un essein d'avortons que le siecle produit Bat l'oreille des grands, les assiege, les suit; Paris en est f a r c y. Clarimand. *R.* I. 4. (353.1.)

394. . . . fleurez un peu quelques fleurs de jardins, De peur de go-ziller vos tripes et b o u d i n s. Bragard. *Corr.* II.2(256.) *Plaid:* Filipin.I.1 (557.2.)

395. Laissez luy moy p o c h e r les yeux à coups de poin. Nicette. *Plaid.*V.1 (576.2.) *Fil:* Beronte.I.2.(527.1.)

396. Il ne faudroit qu'y coudre un m o r c e a u de roman. Sestiane. *Vis.*II.3(437.2.) — C'est un f r i a n d m o r c e a u qu'une prompte vengeance. Camille. *Duc d'Oss.*IV.4(390.2.)

397. Vous avez faict une p r o v i s i o n . . . de santé qui doit durer. Paladin. *Com.*IV.1(252.2.)

398. Sophie estoit le nom de ce charme visible, Qui surprenant un coeur jusqu'alors insensible, En feist en ce repas, par ses regards vain-queurs, Un m e t s à ce tyran qui ne vit que de coeurs Lelie. *S.* I. 4 (500.2.)

7. Die Kleidung.

399. Descouvre son dessein, Nicette, et va fouiller jusque dedans son sein . . . Tu r'habilleras tout, je connoy ton adresse. Argine. *Plaid*. I.2(551.2.)

400. Si dans ce petit coin ils m'eussent rencontré, Dieu sçait de quelle sorte ils m'auroient accoutré. Beronte. *Fil*. I.1(526.2.)

401. . . . il n'est plus de couleur Qui puisse déguiser un si honteux malheur. Tersandre. *Fil*.II.4(532.2.) *Corr*:Clorette.IV.4 (290.) *V.d.S*: Florice. II.4(331.1.) *R*: Taillebras. II.4(357.1.) *Duc d'Oss*: Flavie.V.6(396.2.) *Alizon*: Silinde.IV.1(419.1.) *Vis*.I.6(434.1.) *Fil*: Ragonde.V.5(548.2.) *Plaid*: Amidor.IV.6(574.1.) Corinne.V.5(579.1.)

402. Je soutfre la vie en guise de penitence. Le Docteur. *Com*.II.2 (211.2.)

403. Sous le.visage faux d'un masque politique, Chaque seditieux se disoit catholique. Jeremie. *Alizon*.II.2.(409.2.) — Et quoy! ne voy je pas la vilaine, la masque? Molive. *Corr*.IV.1(280.) *Prov*:Florinde.II.3 (213.1.) — Ne vous déguisez plus, il faut lever le masque, Songer à la retraite et courir comme un Basque. Ragonde. *Fil*.V.5.(548.2.)

404. Que cette nuict est claire et qu'elle a peu de voiles! Amedor. *R*.III.5(361.2) — Le voile de la nuict couvrira nostre honte. Flavie. *Duc d'Oss*. III.1(385.2.) *Vis*: Amidor. I.3(432.2) I.4(433.1.) *S*: Anselme.II.2 (503.1.)

405. Le ciel porte-flambeaux d'un noir manteau se couvre. Amidor. *Vis*.I.3(432.2.)

406. Laissons nos . . . habits à ces pauvres diables, à qui on donnera la sausse si on les trouve avec la robe du chat. Le Coesre. *Prov*.II.4 (213.2.) — . . . le ciel se fait plus pur, Et joyeux se revest de sa robe d'azur. Amidor. *Vis*.I.4(432.2.)

407. Je songe qu'il y a une maison destinée pour ceux de nostre estoffe. Lidias. *Prov*.III.1(216.2.)

408. Les oreilles luy doivent bien corner; mais c'est assez le draper en son absence. Lidias. *Prov*.I.7(205.1.)

409. Je vous veux aussi conter la rencontre de certaine musique qui vous fera rire à gorge deployée. Le Prevost. *Prov*.III.5(223.1.)

410. Parbieu! je te vay bien frotter et loctonner! Molive. *Corr*.IV.1 (280.)

411. Ton visage, croupière, a cinquante pendans. Bragard. *Corr*. II.2(255.)

412. Tu ressemble mieux à un parement de gibet qu'à un quarteron de pommes. Philippin. *Prov*.III.1(215.2.)

413. Sans doute Palmedor espousant nostre fille Seroit un ornement pour toute la famille. Doripe. *V.d.S*: II.5(331.2.) *R*:Lyzante.II.4. (357.1.) *Vis*: Amidor.V.7.(456.2.)

414. . . . par ce seul moyen j'ay racheté ma vie, Qu'un collier trop étroit m'eût sans doute ravie. Beronte. *Fil*.V.5(549.1.)

415. Voila que c'est, Monsieur, de vous laisser coiffer, Et de vous laisser prendre à ces pieges d'enfer. Filipin. *Plaid*.I.4(555.2.) *Prov*:Florinde.I.7(205.1.) *Fil*:Beronte.III.4(537.1.)Ragonde.IV.3(542.2.) *Plaid*:Ergaste. IV.1(571.1.)

416. Ces batteurs de pavé, ces maruuts sans ressource, Vouloient m'ôter la vie aussi bien que la bource. Qu'ils m'ont bien testonné! Beronte. *Fil*.I.2(527.1.) *Corr*:Prologueur.Prol.(233.)

417. . . . sans fard il faut ouvrir nos ames. Anselme. *S.*II.6(506.1.) *Fil:* Clorise.IV.3(541.2.) — C'est (l'argent) le fard le plus seur que l'on mette en usage. Dorimene. *V.d.S.* IV.8(341.2.) *Com:* Docteur.I.1(239.2.)

418. C'est tacher nostre honneur par une calomnie. Fleurie. *Alizon.* II.2(409.2.) *Corr:* Florette.I.2(242.) Molive.III.2(272.)

418a. . . . ô tache à vostre sang infame! Lelie. *S.* IV.6(516.1.)

419. . . . je sçay qu'il me va longuement retarder, Et de sales propos me poindre et brocarder. Florette. *Corr.* II.2(253.) *Corr:* Molive. III.2(274.)

420. Nous trousserons la pinte, et non pas d'avantage. Le Borgne. *Fil.* IV.5.(544.2.) *Fil:* Beronte. II.3(532.1.) — Mais dites-moy un peu qui vous avoit si bien troussée en malle? Thesaurus. *Prov.* III.7(224.1.)

420a. Il ne passe personne en ce maudit quartier; Mais si quelqu'un y vient, il faut qu'on le détrousse. Le Bras-de-Fer. *Fil.* IV.4(543.2.)

421. Où donc ce malotru peut-il s'estre fouré? Dans sa chambre à l'envi nous l'avons bien bouré. Le Balafré. *Fil.* I.1(526.1.)

422. Il n'est pas de reduit, où l'un d'eux ne babille; Ils se fourrent par tout. Clarimand. *R.* I.4(353.1.) *Prov:* Aluigre.I.7(205.1.) Prevost.III.4 (221.1.) *Fil:* Le Balafré.I.1(526.1.) — Pare ce coup fourré. Jeremie. *Alizon.*V.3(424.2.) — O la plaisante paix! c'est une paix fourrée. Stephanille. *Duc d'Oss.*V.6(397.1.)

423. Si je chausse ma teste, je n'iray pas. Alizon. *Prov.*I.6(202.1.) *Prov:* Thesaurus.Prol.(197.1.) Alizon.I.4(200.2.) *Plaid:* Nicette.I.3(554.2.)

424. Ah! ventre! voicy bien chaussure à votre poinct! Taillebras. *R.*V.2(369.1.)

8. Das Haus.

425. Bâtir sans fondement des fortunes en songe. Clytie. *R.* II.3 (356.2.) *Prov:* Alizon.III.7(227.1.) *Alizon:* Karolu.III.6(418.1.)

426. Vous n'avez jusqu'icy débatisé personne. Clarimand. *R.* II.2 (355.1.)

427. Leurs titres les plus grands sont au front d'un volume, Et leurs biens établis sur le son et la plume. Clarimand. *R.* I.4(353.1.)

428. C'est ce Dieu genitif . . . qui . . . Ordonna le manoir à chacun element . . . Amidor. *Vis.* II.6(439.2.)

429. . . . j'ay de vostre sort avec art redressé L'edifice penchant, et presque renversé. Ergaste. *S.* IV.1(512.2.)

430. Quoy! vous m'avez donné dessus mon frontispice! Bragard. *Corr.* II.2(255.)

431. Vous allez trebucher du faiste du bonheur. Artabaze. *Vis.* V.9(457.2.)

432. . . . l'amour ouvrit les portes de mon coeur. Florice. *V.d.S.* V.1(343.2.) — A ce folastre amour il a fermé la porte. Karolu. *Alizon.* V.3(423.2.)

433. . . . . . il vient de sortir un bon expedient du cabinet de mes plus rares conceptions. Fierabras. *Prov.* III.2(217.1.)

434. Ces brigands . . . quels qu'ils soient sous la calote du ciel . . . ils seront bien cachez si je ne les trouve. Fierabras. *Prov.* II.2(207.2.)

435. Il alla se sauver dans la voûte celeste. Artabaze. *Vis.* I.1 (431.2.)

436. Accolez ce poteau (le Prevost). Alaigre. *Prov.* III.5(222.2.)

9. Geräte.

437. Deux prez de deux costez font voir cent mille fleurs Qui parent leurs tapis de cent vives couleurs. Phalante. *Vis.* III.5(445.1.) *Alizon*: Silinde.III 3(413.2.) *Vis*: Phalante.III.5(446.1.) — Je croy que l'on n'oublioit pas à me tenir sur le tapis. Lidias: *Prov.* I.7(204.2.)

438. ... quelle horrible tempeste, Quel voile tenebreux encourtine ma teste? Amidor. *Vis.* I.3(432.2.)

439. La fille, ayant atteint l'âge de la raison, Est un meuble importun dedans une maison. Ergaste. *S.* II.2(503.2.)

440. Ton gré m'est un miroir, où mon front s'étudie. La Dupré. *R.* II.1(354.1.) — C'est une petite friquette, le miroir de la perfection. Lucas. *N.F.Tab.II.*(241.)

441. L'un se mire en sa mine, et l'autre n'en a guere. Clytie. *R.* II.4(357.1.)

442. De vos beaux entretiens nous sommes si bercées, Qu'enfin, pour dire tout, nous en sommes lassées. Argine. *Plaid.*I.2(554.1.)

443. ... le soleil, à peine en se levant de l'eau, Tout endormi regarde encore son berceau. Clytie. *R.*IV.1(363.2.)

444. Que ne luy montrez-vous cette jeune poupine, Dont le teint est si frais et l'oeil est si riant? Beronte. *Fil.*II.3(531.2.)

445. Il fait bon conserver le moule du pourpoint. Karolu. *Alizon*. V.3(424.1.) *Fil*: Le Balafré.V.2(546.2.)

446. Proferant ces grands mots ... Comment ne t'es-tu pas demanché la machoire? Lise. *Plaid.*II.3(561.2.)

447. ... bon homme d'anticaille, Que tu me resjouis de parler de bataille. Bragard. *Corr.*V.1(293.)

448. Si tu n'avois la caboche bien faite, tu serois déjà à Pampelune. Fierabras. *Prov.*II.1(205.2.) *Corr*: Brillant.III.3(277.) *Prov*: Thesaurus. III.3(220.1.) *Vis*: Artabaze.III.3(442.2.)

449. Voilà un galand homme, et qui mérite d'estre le baston de ma vieillesse. Pantalon. *Com.*IV.1(253.1.) *Prov*: Thesaurus.I.6(201.1.)III.7 (224.1.)

450. Moy qui suis ... le pot au tripes. Thesaurus. *Prov*: Prol. (197.1.)

450a. ... le profond vaisseau d'où sort vostre memoire. Le Prologueur. *Corr*: Prol.(232.)

451. Si vous me baillez un coup d'estoc, vous percerez le baril à la moustarde. Tabarin. *2me F.Tab.*(233.2.) *N.F.Tab.I*: Tabarin.(236.)

452 ... le nombre est petit des autheurs importans Qui açache m'entonner un carme magnifique. Amidor. *Vis.*II.4(438.1.) *Corr*: Le Prologueur.Prol.(232.) Bragard.III.1(267.)

453. Allez, double villain! bouchon de cabaret! Florette. *Corr.* II.2(254.)

454. Pour moy, j'ai beu tanquam sponsus, j'en ay jusques au goulot. Alaigre. *Prov.*II.3(212.1.)

455. Est-ce ainsi, sac-à-vin, que l'on tient sa promesse? Tersandre. *Fil.*III.6(540.1.) *Prov*: Philippin.II.3(211.1.)

456. Ils ont mis leur procedure au croc. Alaigre. *Prov.* II.3(209.2.)

10. Mass, Gewicht und Geld.

457. Je m'en vay chercher cinq ou six crocheteurs auprès de la Samaritaine, afin de te mesurer les costes. Tabarin. *2me.F.Fab.*(234.1.) *Duc d'Oss*: Emilie.II.4(884.2.) Duc.III 3(388.1) *Plaid*: Nicette.I.3(555.1.)

458. J'eusse bien veu du monde et, sans sçavoir par où, Arpenté le Jappon, l'Egypte et le Perou. Ergaste. *S.* IV. 1(513.1.) *Prov:* Prevost. III.5(222.1.)

459. ... vous avez menti cent pieds dans vostre gorge. Ragonde. *Fil.*I.3(528.2.)

460. Dans un sens tout parfait vostre rare eloquence Des meilleurs orateurs tient la gloire en balance. Karolu. *Alizon.* I.4(404.2.) — Mais pour bien juger et pour faire un bon choix Il faut dans la balance en mettre deux ou trois; Ceux de qui le talent plus solide vous semble. Lysandre. *Vis.*I.7(434.2.) — De peur ... qu'il n'en faille enfin passer aux violences Qui font de la Justice exercer les balances. Anselme. *S.*V.4 (520.1.)

461. ...en mes mains vostre destin balance. Clytie. *R.*V. 6(371.2.)

462. Il faut dans la balance en mettre deux ou trois: Ceux de qui le talent plus solide vous semble, Les peser meurement, les comparer ensemble. Lysandre. *Vis.*I.7(434.2.)

463. Une livre de melancolie ... Fierabras. *Prov.* III.3(220.2.)

464. ... une once de debtes. Fierabras. *Prov.*III.3(220.2.)

465. Il n'est pas merveille si ceux qui gouvernent à Paris ... s'y viennent descharger du faix qui leur pèse. Philandre. *Com.* I. 1(237.2.)

466. Tu me pourrois donner plus que mon pesant d'or, Si je ne croyois bien que tu m'aymes encor, Que je ne prendrois pas la charge que j'ay prise. Stephanille. *Duc d'Oss.*IV.3 (390. 1.) 2me F. Tab: Tabarin. (233.2.) 2✕. *R:* Clarimand. III.2 (360.1.) IV. 1(363.2.) *S:* Ergaste. II.2(503.1.) Lydie.V.2(518.2.) Anselme.V.4(519.2.) *Fil:* Olympe.I.5(529.2) *Plaid:* Filipin. II.4(564.1.)2✕.

467. Le temps l'avoit chargé d'années et des incommoditez de la vieillesse. Docteur. *Com.*IV.1(251.1.) *Corr:*Gaulhard.III.1(266.) *Prov:*Prevost. III.4(220.2.) *V. d. S:* Lisete. I.7(328.2.) Dorimene.IV.4(329.2.) Guillaume.V.8 (346.2.) *R:* Beaurocher. II. 1(354.2.) V.3 (370.1.) *Duc d'Oss:* Flavie. I. 5(380.1.) *S:* Anselme.II.2(503.1.) Geronte.III.2(507.2.)

468. Nous voilà surchargez de faveurs infinies. Karolu. *Alizon.* V. 4(426.2.)

469. Lucidor ... déchargea sa colere sur moy. Beronte. *Fil.*III.5 (534.1.) *1.F.Tab:* Tabarin. (231.2.) *V.d.S:* Crisere.V.8(346.2.) *Vis:* Lysandre. V.9(457.2.) *S:* Lydie.V.2(519.1.)

470. O qu'une femme pauvre est un fardeau pesant. Octave. *Duc d'Oss.*IV.3(390.2.) *V.d.S:* Crisere.V.8(346.2.) *Alizon:* Karolu.II.2(410.1)

471. Vostre oeil s'appesantit, le teint blêmit encore. Clarimand. *R.* II.4(358.2.)

472. Tu as perdu le joyau le plus precieux de ta maison (la fille) sans l'avoir joué. Fierabras. *Prov.*II.1(205.2.)

473. Vrayement, nous te les conterons, et en belle monnoye: frappons, frappons! Isabelle. 2me. F. Tab.(234.2.) *Corr:* Bragard.I.1(236.) *Com:*Docteur.I.1(238.1.) *Prov:* Alaigre. III.7(226.2)

474. Vous avez fort bien fait d'oster mademoiselle Florinde au capitaine Fierabras; c'est un tresor dont il estoit indigne. Prevost. *Prov.* III.7(223.2.) *Prov:* Fierabras. II.2(206.2.) *Duc d'Oss:* Le Duc. III. 4(388.2.) *S:* Ergaste.II.2(504.2.) Anselme.IV.4(514.2.) — Ces rares qualitez, ces precieux tresors, Dont le Ciel enrichit son esprit et son corps. Ernste. *S.* II.6 (506.1.) *Corr:* Brillant.I.3(244.) *Com:* Paladin.IV.1(252.2.) *Duc d'Oss:* Le Duc. I.1(377.2.) Emilie.IV.13(394.1.) *Alizon:* Poliandre. IV.2(421.1.) *Vis:* Amidor. I.4(483.1.) Alcidon. II. 6(439.2.) Phalante. III.5(446.2.) Hesperie.IV.6(451.1.) *S:* Aurelie.II.1(502.1.) *Fil:* Lucidor.III.5(589.2.)

11. Handel.

475. Mais vous, qu'avez-vous fait, m'ayant si mal traité, Pour avoir f a i t f a i l l i t e à vostre lâcheté?   Beronte. *Fil.*V.6(519.1.)

476. L'amour commence à me bander les yeux pour me faire f a i r e b a n q u e r o u t e à l'honneur.   Fierabras. *Prov.*III.3(220.2.)

477. O Dieu! quel i n t e r e s t on t i r e de sa perte, Apres l'avoir pleurée, et qu'on la recouverte!   Constance. *S.*IV.4(514.2.)

478. Le m e s t i e r d'amoureux vaut bien moins que le nostre. Guillaume. *V.d.S.*II.1(329.1.) *Corr:* Florette. I.2(239,241.) *Com:* Paladin. II.1 (241.1.) LeDocteur.IV.1(251.1.) *S:* Ergaste.IV.2(514.1.)

479. Le c o m m e r c e incogneu me donne à soupçonner. Camille. *Duc d'Oss.*V.5(395.2.) *Plaid:* Amidor.I.8(558.2.)

480. La t r a i t t e, en ce chemin, ne sera pas trop grande; Attends qu'il ait parlé d'encens, de voeux, d'offrande. Clarimand. *R.*I.2(351.1.)

481. Ostons-nous du grand chemin de peur de payer la f o l l e e n-c h è r e des fautes d'autruy. Lidias. *Prov.*II.5(214.2.)

482. On me verra bien fort faire la r e n c h e r i e. Fleurie. *Alizon.* I.1(402.2.) *Prov:* Musique.III.5(221.2.)

483. ... je leur v e n d r a y cher un plaisir si heureux. Clarimand. *R.*III.2(359.2.) *N.F.Tab.II:* Tabarin.(241.) *R:* Clarimand.V.3 (369.2.) *Fil:* Tersandre.II.3(532.1.) II.4(532.2.)

483a. N'agueres je croyois n'avoir trop que d'un gendre; Mais, bons Dieux! maintenant j'en ay quatre à revendre. Alcidon. *Vis.*V.5(455.2.)

484. ... l'effet trop prompt de vostre obeissance M'a c o u s t é de sanglots, ô ma chere Constance. Anselme. *S.*IV.4(514.2.) *2me.F.Tab:* Tabarin (233.1.) *R:* Clorinde.III.1(359.1.) *Duc d'Oss:* Flavie. IV.11(393.1.) *Vis:* Filidan. I.7(435.1.) *S:* Lelie. I.1(497.1.)2✕. IV.6(516.1.) Ergaste.I.1(497.2.) Lydie. I.3(399.2) V.2(518.1.)(518.2.) Orgye.V.4.(520.1.) *Fil:* Lucidor. IV.1 (540.2.)

485. Les polis de ce temps s'en font une science Qui s'acquiert a u x d e s p e n s de nostre patience. Tirsis. *V.d.S.*I.2(324.1.) *Duc d'Oss:* Le Duc. II.3(384.1.) III.2(386.1.) Flavie. II.4(384.2.) *S:* Aurelie.III.3(509.2.) Anselme. III.5(511.1.) Ergaste.III.5(511.1.) Constance IV.2(513.2.) Orgye.V.3(519.1.) V.6(520.2.)

486. A ce c o m p t e vos soeurs ont perdu la pudeur? Alcidon. *Vis.* IV.6(451.2.) *Prov:* Lidias.III.7(224.1.) *Com:* LeDocteur.I.1(239.1.) IV.1(250.2.) 2✕. Paladin.II.1(242.1.) III.2(249.2.) Clorinde.II.1(244.1.) *Duc d'Oss:* Le Duc. II.1(381.2.) *Vis:* Amidor.IV.3(449.1.) Hesperie.IV.6(451.1.)2✕.

487. On se venge deux fois quand la vengeance est prompte, Et puis mon frere mesme y trouvera s o n c o m p t e. Flavie. *Duc d'Oss.*IV.11 (393.1.) *Corr:* Almerin.II.3(258.)

488. Ainsi donc son amour et sa facilité Seront p a y e z de fraude et d'infidelité. Camille. *Duc d'Oss:*IV.2 (390.1.) *Com:* Clorinde. II.1(243.2.) (244.1.) *N.F.Tab II:* Tabarin.(244.) *V.d.S:* Guillaume.I.7(328.2.) III.5(337.2.) Tirsis.III.4(336.1.) V.8(346.1.) Crisère.V.8(346.1.) *R:* Clarimand. I.1(350.1.) Clytie IV.1(361.1.) LaDupré.IV.3(364.2.) *Duc d'Oss:* Emilie.II.4(384.2.) *Alizon:* Jeremie.V.4(425.2.) *S:* Eraste.IV.8(516.2.) Lydie.IV.11(517.2.) *Plaid:* Amidor.I.8(558.1.) — Ce compliment tout seul me p a y e a v e c u s u r e. Le Duc. *Duc d'Oss* III.4(388.1.)

489. ... le beau p a y e m e n t (les coups) dont il m'a satisfaite. Lydie. *S.*V.2(518.1.)

490. ... leurs regards mourans par de douces langueurs Faisoient voir en secret l'e s c h a n g e de leur coeurs. Florice. *V.d.S.*II.4(330.1.)

491. L'occasion me donne un sujet assez ample De luy r e n d r e un
c h a n g e, et tromper par exemple. Flavie. *Duc d'Oss*.IV.11(393.1.)

492. ... bien souvent l'amour s'a c h e p t e par la peine. Tirsis. *V.
d.S*.I.4(325.2.) *R*: Clarimand. I.1(350.1.) — ... par ce seul moyen j'ay
r a c h e t é ma vie. Beronte. *Fil*.V.5(549.1.)

493. On ne me vit jamais triste à si b o n m a r c h é. Clytie. *R*.I.3
(352.1.) *2ᵐᵉF.Tab*: Lucas.(234.2.) *N.F.Tab.II*: Tabarin.(241.)(242.)2✕.

494. Le seul ouy difficile, alors qu'on le m a r c h a n d e Leur fait
honte à donner, plus à qui le demande. Beaurocher. *R*.V.1(368.1.)

495. Votre secte, qui cherche où mieux ils paraîtront, Les é t a l l e
(les desirs) en discours, les porte sur le front. Clorinde. *R*.IV.3(365.1.)
Vis: Phalante.III.5(445.1.) *S*: Ergaste.IV.6(515.2.)

496. Ils ont beau d e t a l e r, je ne me donneray pas la peine de
courir apres eux. Fierabras. *Prov*.III.6(223.1.) *Plaid*: LeVoisin.V.1(576.1.)

497. ... cette foiblesse est un effet du temps, Qui pour nostre
malheur m a r q u e vos derniers ans. Ergaste. *S*.III.5(510.2.) *Alizon*:
Clariste.IV.2(420.1.)

498. Je ne demande pas ... que mon amitié soit de si bonne
m a r q u e. Camille. *Ducd'Oss*.IV.2(390.1.) *Vis*: Melisse.IV.1(447.1.) — ...
vous passez le m e r c de toute modestie. Clorette. *Corr*.II.3(260.)

499. J'ay la cervelle trop bien t i m b r é e pour ne pas sçavoir ce que
j'ay à faire. Thesaurus. *Prov*.I.4(200.1.)

500. Je ne demande, Pour le juste l o y e r des maux que j'ay soufferts,
Qu'un peu de vostre temps. Tirsis. *V.d.S*.III.4(386.2.)

501. Pour y mieux reussir e m p r u n t e l'artifice. Lisete. *V.d.S* II.4
(330.2.) *R*: Taillebras.IV.4(366.2.) *Fil*: Olympe.I.5(530.1.)

502. Or doncques escoutez, p r e s t e z - n o u s vos aureilles. Le Prologueur. *Corr*: Prol.(232.) *Corr*: Florette. II.2(253.) *Prov*: Lidias. I.7(204.2.)
Com: Clorinde. II.1(243.2.) Docteur. IV. 1. (251.2.) *Duc d'Oss*: Emilie. IV. 10
(392.2.) *R*: Clarimand. III.4(361.1.) *Fil*: Le Balafré.V.2(546.2.) Olympe.V.3
(547.1.) *Plaid*: Voisin.V.6(579.1.)

503. E n g a g e tes appas, et ne retiens que toy. Clarimand. *R*.I.1
(350.2.) *V.d.S*: Polidor.III 2(335.1.) *R*: Clarimand.I.2(350.2.) Beaurocher.V.3
(369.2.)V.6(371.2.) *Ducd'Oss*: Paulin.I.2(378.2.) Duc.II.3(384.1.) *Vis*: Alcidon.
V.2(453.2.)2✕. *S*: Lelie.I.4(501.1.) Anselme.II.6(506.2.) *Fil*: Tersandre.II.4
(532.2.)

504. En me calomniant, il d e g a g e ma foy. Anselme. *S*.II.2(504.2.)

12. chaine, noeud, lien.

505. Un esprit arresté dans ses c h a i n e s fatales De mesme que les
fous a de bons intervalles. Olénie. *V.d.S*.IV.9(342.2.) *R*: Lyzante. III.3
(360.1.) *Ducd'Oss*: Octave.IV.3(390.2.) Flavie.IV.11(393.1.)

506. Et l'ingrate contrainte où vos voeux sont geinez Enflame vos
desirs, plus ils sont e n c h a i n e z. La Dupré. *R*.IV.3(365.1.) *2ᵐᵉF. Tab*:
Tabarin (234.1.) *Com*: Docteur.I.1(238.2.)

507. Les Turcs sont aujourd'buy d é c h a i n e z contre nous. Ergaste.
S.IV.2(518.1.) *Vis*: Amidor.I.3(432.2.)

508. Plaise au Ciel seulement qu'on ne vous blâme pas De porter
des l i e n s honteux à vos appas. Tersandre. *Fil*.II.7(534.2.) *Corr*: Florette.
I 2(240.) *Prov*: Fierabras.II.2(207.2.) *V.d.S*: Dorimene.II.6(332.2.) Doripe IV.
6 (341.1.) Tirsis.V.8(347.1.) *S*: Anselme.II.6(506.2) Lelie IV.3(514.1.) Con-
stance.IV.6(516.1.) *Fil*: Tersandre.II.6(533.2.) — N'est-ce pas te confondre,

ou d'un double adultere, De ce lien sacré profaner le mystere? Eraste.
*S.*I.4(501.2.) *Prov:* Fierabras.III.3(220.2) *Vis:* Melisse.V.3(454.2.)

509. ... ses cheveux semez de tant d'appas, Ainsi que vostre coeur
ont ils lié vos bras? Lucidor. *Fil.*II.6(583.2.) *V. d. S:* Polidor. II.3(330.1.)
R: Taillebras.1 4(352.2.) *Alizon:* Jeremie.V.4 (426.2.) *S:* Lelie.I.1(498.1.) IV.6
(516.1.) Lydie.L.3(499 1.) Anselme.II.2(504.2.) Constance.IV.2(513.1.) Eroxene.
V.7(521.2.) *Plaid:* Amidor.II.1(559.1.)

510. La barbe ... Et ton crotesque habit ont fasciné ma veuß.
Tersandre. Fil.III.5(538.1.)

511. Un amy travesty, vos parens assemblez, Vous peut-il pas unir
de ces noeuds simulez? Ergaste. *S.*1.4(501.2.) *R:* Clarimand.V.5(371.1.)
Duc d'Oss: Emilie.IV.13(394.1.) *S:* Lelie.I.1(498.1.) IV.6(516.1.) Constance.IV.
2(513.1.) *Fil:* Olympe.V.4(547.2.)

512. Je veux rompre avec luy pour ne plus renoßer. Florinde.
*Fil.*III.2(535 2.)

13. Technik (bes. das Weben).

513. Que fait-on que mensonge en l'empire d'Amour, C'est là qu'impunement à toute heure il s'en forge. Ragonde. *Fil.*I.3(528.2.) *Prov:*
Philippin.III.3(218.2.) *Plaid:* Amidor.I.8(558 2.) V.1(577.1.) — ... le fils
poil-doré du grand Saturnien Dans l'esprit forge-vers plante le dithyrambe. Amidor. *Vis.*I.2(432.1.)

514. Et la bource, il ne l'a pas trop bien ferrée. Florinde. *Prov.*I.7
(205.1.)

515. Nous leur riverons bien leur clou, et leur dirons qu'il n'y
a point de plus empechez que ceux qui tiennent la queue de la poisle.
Thesaurus. *Prov:* Prol.(197.1.) *Pror:* Alaigre.II.3(210.1.)

516. Ce tonnerre orageux qui menace et qui gronde, Eflochera bien
tost la machine du monde. Amidor. *Vis.*I.3(432 2.)

517. ... le desir mon engin viendra poindre De m'aller vistement
à quelqu'une conjoindre. Almerin. *Corr.*I.3(245.) *Corr:* Almerin.II.3(258.)

518. Fay jouer les ressorts des yeux et de la bouche. Clarimand.
*R.*I.1(350.2.) *Corr:* Florette. II.2(256.) *Prov:* Alaigre.II.8(209.2.) *R:* Beaurocher.V.2(369.1.) *Vis:* Amidor.I.4(483.1.)

519. Les plus polis du temps y font leçon d'amour. Clarimand. *R.*
II.2(355.2.) *V.d. S:* Philemon.I.1(323.2.) Tiraie.I.2(324.1.) *R:* Lyzante.II.8
(356.1.) — ... ma plume en prose estoit assez polie. Amidor. *Plaid.*
III.7(569.2.)

520. ... mon coeur reconnoist son vainqueur, Au cher pourtraict
qu'amour m'engrave dans le coeur. Anselme. *S.*IV.4(514.2.) *R:* Taillebras.II.3(356.2.)

521. Chassez l'opinion dans son esprit emprainte. Clarimand. *R.*
III.3(360.2.)

522. ... la mesme main qui décrit ma langueur, Comme sur le
papier, l'imprime dans mon coeur. Clarimand. *R.*V.1(368.1.)

523. .... quelques docteurs de nouvelle impression. Thesaurus.
Prov: Prol.(197.1.)

524. N'est-ce pas un peché d'une aymable teinture? Clytie. *R.*
IV.3(365.2.)

525. Le Ciel donne à vos jours mille felicitez. Clothon d'or et de
soye en compose la trame. Amidor. *Vis.*II.6(439 2.) *Duc d'Oss:* Emilie.
I.4(379.1.) *Fil:* Lucidor.IV.3(542.2.) — ... quelque trame se brasse.
Lydie. *S.*II.6(506.1.) *Plaid:* Brocalin.III.5(567.2.)

526. C'est mon vaurien de fils et son valet infame Qui pour me voler mon lit ont ourdy cette trame. Amidor. *Plaid.* IV. 7 (575. 1.) *S:* Geronte.III.3(509.2.)

527. Je sçay entraver sur le gourd, ... il me tarde que j'en devide une migouflée à ce malautru de capitaine. Philippin. *Prov.* III.1(216.1.)

528. Poursuivons donc le fil du duel commencé. Jeremie. *Alizon.* V.8(425.1.) — Tout changement destruit cette agreable idée, Et le fil delicat dont vostre ame est guidée. Sestiane. *Vis* II 4(438.2.)

529. Je sçauray dans le nid remettre ce poulet, Et craignant son courroux filer doux comme lait. Ragonde. *Fil.*III.3(535.2)

530. Si vous venez plus près je vous enfileray. Jeremie. *Alizon.* V.4(425.2.) *Corr:* Almerin. II.3 (256.) Mersant. III.3(279.) *Prov:* Alaigre.I.7 (203.2.)

14. Ackerbau.

531. ... vos rares vertus, de qui la renommée Est par toute l'Europe esgalement semée. Paulin. *Duc d'Oss.*I.2(378.1.) *Vis:* Sestiane.II.4(439.1.) Melisse.IV.1(447.2.) *S:* Anselme.V.2(518.1.) Constance.V.6(521.1.) *Fil:* Lucidor.II.6(533.2.) — ... il medite des vers Pour semer vostre nom par tout cest univers. Filidan. *Vis.*III.2(441.1.)

532. ... il croyoit . . que nous cussions planté l'amour pour reverdir. Florinde *Prov.*I.7(204.2.) — Il ne faut pas demeurer icy plantés comme des échalats. Lidias. *Prov.*I.7(205.1.) Alaigre.II.3(210.1.) Lidias III.1(216.2.) Florinde.III.3(217.2) Fierabras III 5(221.1.) *V.d.S:* Lisete. V.1(344.1.) *Duc d'Oss:* LeDuc.II.2(382.2.) *Vis:* Amidor.I.2(432.1.)

533. Pour la persuader, que ton esprit fecond Assiste ce poulet, luy serve de second. Clarimand. *R.*V. 1 (368.1.) *Duc d'Oss:* Paulin.I.5(380 1.) Emilie.V.6(398.1.) *Vis:* Phalante.III.5(446.1.) Hesperie.V.4(455.1.) *S:* Lydie. II.7(506.2.)

534. Bien qu'ès inventions ton esprit soit fertile, Tu chercheras long-temps ce secret inutile. Polidor. *V.d.S:* V.3(344.2.) *S:* Ergaste.IV.2 (513.1.) *Fil:* Beronte.IV.5(544.1.)

535. Vivans, si nous voulons, nos oeuvres sont utiles; Mais apres le trespas elles sont infertiles. Anselme. *S* V.4(519.2.) *R:* Clytie.IV.3 (361.2.)

536. Ce mal-heureux païs, si fatal aux chrestiens, Si fertile en tous maux, si sterile en tous biens! Ergaste. *S.*IV.2(513.1.)

537. . . . nos membres tout brisez ... Servent d'exemple au peuple, et de pature aux bestes. LeBorgne. *Fil.*V.1(545.1.)

538. C'est un grenier à coups de poing, ce morfondu-là. Alaigre. *Prov.*III.7(225.1.)

539. Puisque nous sommes avec les loups, il faut hurler, et dire nostre ratelée de ce jargon. Lidias. *Prov.*III.1(216.1.)

15. Fuhrwerk. Das Reiten.

540. A bon entendeur ne faut une charretée de paroles. *Alizon.* *Prov.*I.4(199.2.)

541. Eole a déchaisné ses vistes postillons. Amidor. *Vis.*I.3(432.2.)

542 ... cent legers bateaux, Peints de blanc et d'azur, voltigent sur les eaux. Phalante. *Vis.*III.5(446.2.)

543. Faut-il, ... que ces petits avortons de la nuict ... ayent eventé la mine ... et que mes stratagèmes et virevoltes n'ayent servy qu'à les faire fuir comme trepillards! Fierabras. *Prov.*II.6(215.1.)

544. Quels feux virevoltans nous redonnent le jour? Amidor. *Vis* I.3(432.2.)

545. Invincible vainqueur des coeurs les plus rebelles, Amour, que ton pouvoir démonte de cervelles! Lydie. *S*.II.4(505.2.)

546. Il faut donner un frein à tes debordemens. Amidor. *Plaid*.I.8 (558.1.) *Prov*: Florinde.II.3(208.1.) Fierabras.II.6(215.1.) *Plaid*: Amidor.II.1 (559.1.)

547. Je croy, mon coeur, que cela fust cause qu'on ne vous serroit plus tant la bride. Lidius. *Prov*.I.7(204.2.) — Vous scavez, que j'ay un père de qui je despends, ... et qui me tient la bride courte. Clorinde. *Com*.II.2(215.2.) — Que cerche vostre main dessus mon sein timide? Manvais, ce brasselet luy servira de bride. Clorinde. *R*.III.6 (362.1.) — Ne laschez point la bride à vostre passion. Orgyc. *S*. V.4(520.1.)

16. Strasse und Weg.

548. Il se peut asseurer qu'il passera le fleuve Qui coule murmurant prez les faux-bourgs d'enfer. Gaullard. *Corr*.I.1(235.)

549. ... un partisan Qui voloit en un jour plus que vous en un an, Et qui, par un impost qu'il mit sur la vendange, A fait de son logis un second pont au Change. Beronte. *Fil*.IV.5(544.1.)

550. Je crois que tu as les gosier pavé. Philippin. *Prov*.II.3(211.1.)

551. Il y a longtemps que je ne me suis donné une telle carrelure de glabe. Philippin. *Prov*.II.3(212.1.)

552. Il faut estre d'accord de tous leurs sentimens, Approuver et loüer leurs moindres ornemens, ... Dire quelle couleur est et fut à la mode; Voila pour estre aymé le chemin plus commode. Philemon. *V.d.S.* I.1(325.2.) *Prov*: Fierabras. III.2(217.1.) III.3(218.1.) *V.d S*: Philemon. I.1(323.2.) Florice.IV.1(338.1.) Doripe. IV.6(341.1.) *R*: Clarimand.I.2(351.1.) II.4(359.1.) *Alizon*: Silinde.II.1(407.2.)

553. L'une épouse le mary, l'autre épouse le bien; On mettra coluy-ci doucement dans la route. Beaurocher. *R*.V.2(369.1.)

554. Ergaste, et viste, un mot. un détour, une rusé. Lelie. *S*.III.5 (510.1.) *Alizon*: Jeremie.V.3(424.1.) *Vis*: Sestiane.II.4(438.2.) *Plaid*: Filipin. I.4(556.1.)

555. J'en ay plus desconvert cent fois par ce biais Qu'en les questionnant. Le Voisin. *Plaid*.V.5(579.2.) *Prov*: Thesaurus.III.2(216.2.)

556. ... ma fidelité Semblable à vos beautez n'a rien de limité. Polidor. *V.d.S.*II.7(333.2.)

557. Cet outrage est sanglant, et passe un peu les bornes. Clorinde. *R*.IV.4 (366.2.)

558. Serois-tu bien si facile, ou si beste. Que de borner ta gloire en sa seule conqueste? Le Duc. *Duc d'Oss*.III.4(388.1.) *Vis*: Artabaze.IV. 7(452.1.) *S*: Ergaste.II.2(503.2.) Anselme.III.2(508.1.) Constance.IV.2(513.2.) *Plaid*: Corinne.V.10(582.2.)

17. Seewesen und Fischfang.

559. Si nous pouvions trouver d'autres langes pour nous couvrir, nous aurions bien le vent en poupe. La Vieille. *Prov*.II.4(215.1.)

560. Ils ont callé leurs voiles pour ne sçavoir pas de quel costé vous avez pris vos brisées, ny quelles gens leur avoient joué cette trousse. Almigre. *Prov*.II.3(209.2.)

561. Allons, gueux de l'Ostière! bandez vos voiles et vuidez d'icy. Fierabras. *Prov*.III.3(220.1.)

562. Je ne m'estonne plus ... qu'on donne de la vogue à beaucoup de foibles esprits. Paladin. *Com*.III.2(249.1.) *Com*: Griselin.V.2(255.2.)

563. Mon bien et mon bonneur sont-ils pres du naufrage? Olympe. *Fil*.V.4(547.1.) *Com*: Paladin II.1.(241.2.) Docteur.IV.1(252.1.) Pantalon.V.1 (255.1.) *R*: Taillebras.II.4(359.1.) Lysante.IV.2(364.2.)

564. Je n'ay qu'à pescher l'argent. Fierabras. *Prov*.III.3(218.1.) — Va, crois-tu me pescher avec des vers pouris? Clytie. *R*.II.4(357.2.)

565. Par le corbleu! je viens d'inventer un apas Qui le fera tomber cautement en nos lacs. Hilard. *Corr*.IV.2(285.) *Plaid*: Isabelle.II.3(562.1.)

566. ... l'or qui gaigne tout, et par qui tout se force, A manqué pour ce coup de puissance et d'amorce. Le Duc. *Duc d'Oss*.I.1(377.2.) *R*: Beaurocher.V.1(368.2.) — Tu prends dé ja l'amorce et tu ressents l'attainte. Clarimand. *R*.I.1(350.1.)

18. Die Jagd. (Das Schiessen).

567. Moy que mille beautez pourchassent à l'envy. Artabaze. *Vis*.IV.7(451.2.)

568. Je t'ay vû sans te voir; mais tu m'ôtes d'erreur, Et chasses loin de moy cette aveugle fureur. Tersandre. *Fil*. III.5(537.2.) *Corr*: Molive. II.1(251.) Brillant. II.4(261.) Florette.III.2(272.) Hilard. IV.2(284.) *Prov*: Fierabras.III.3(220.2.) *V.d.S*: Tirsis.I.1(323.1.) III.4(335.2.) Crisère II.6 (332.1.) V.8(347.2.) Florice.IV.1(343.2.) *R*: Clarimand.II.2(355.1.) III 3(360.2.) Clorinde. III.1(359.1.) *Duc d'Oss*: Flavie. III.1(385.2.) *Alizon*: Karolu.V.3 (423.2.) *Vis*: Amidor. I.4(432.2.) Alcidon.V.1(453.1.) *S*: Lydie. IV.11(517.2.) *Fil*: Florinde.IV.3(543.1.) Lucidor.IV.3(543.1.)

568a. Pour dechasser toute tristesse, Je veux encor boire d'autant. Bragard. *Corr*.III.1(268.)

569. Il vaut mieux les laisser se venir prendre au trebuchet. Fierabras. *Prov*.II.2(208.1.)

570. Il faut que ma douleur au dedans je retire, Que mes ressentiments, pour un temps suspendus, Laissent choir l'assassin dans mes pieges tendus. Emilie. *Duc d'Oss* I.4(379.2.) *Alizon*: Clariste.IV.1(418.2.) *Vis*: Hesperie. I.6(434.1.) *Plaid*: Filipin. I 4(555.2.) V.4(578.2.) Amidor II.1 (559.1.) V.1(576.1.)(576.2.) Isabelle.II 3(562.2.) Fulandre III.7(569.2.)

571. O noire perfidie! ò siecle! ò monde immonde! Qui se peut garantir des lacs que tu nous tends? Lydie. *S*.II.7(506.2.) *Corr*: Hilard. IV.3(285.)

572. Le voila gay, qui parle avec Jean le Veau, Achevons de les faire entrer dans le panneau. Brocalin. *Plaid*.V.5(579.2.) *Prov*: Fierabras.II.2(207.1.) *Fil*: Ragonde.III.4(537.1.)

573. Ils viendront d'eux mesmes se brusler à la chandelle. Je leur veux tendre des filets, où ils se viendront prendre comme moineaux à la glüe. Fierabras. *Prov*.II.2(208.1.) *R*: Clorinde I.2(351.2.) Clytie.V.4 (370.2.) *S*: Anselme.III.7(512.2.)

574. Ah! ma soeur, quelle ruse afin de m'attraper? Hesperie. *Vis*. II.2(437.1.) *Corr*: Gaullard. I.1(236.) *Prov*: Fierabras. II.6(215.1.) III.3 (218.2.) Prevost.III.4(220.2.) Lidias. III.5(222.2.) *N.F.Tab.I*: Tabarin.(235.) *N.F.Tab.II*: Tabarin.(243.) Francisquine.(243.) *Com*: Docteur.V.1(255.2.) *Duc d'Oss*: Flavie. IV.8(392.1.) *Alizon*: Florinne.II.1(407.1.) Jeremie. II.5 (412.1.) Batelier.III.4(416.2.) Karolu.IV.2.(422.1.) *Vis*: Amidor. I.4(433.1.) Artabaze.III.1(440.1.) *S*: Erguste.I.4(502.1.) Lydie.II.7(507.1.) Anselme.III.4

(510.1.) III.6(512.1.) *Fil*: Bras-de-Fer. I.1(526 1.) IV.4(543.1.) IV.5(543.2.) Olympe.I.5(530.1.) LeBorgne.V.2(546.1.) Beronte.V.2(546.2.) *Plaid*: Isabelle. II.3(562.1.) Amidor. II.4(563.1.) Filipin.II.4(563.2.) III.6(569.1.) IV.2(572.1.) — . . . je veux bien mourir si j'y suis r a t t r a p é e. Ragonde. *Fil.*III.3 (536.2.)

575. . . . je ne m'en fusse jamais d e p e s t r é e sans cette contremine. Florinde. *Prov.*I.7(204.2.) *Prov*: Fierabras.II.2(207.2.)

576. La patience enfin m ' é c h a p p e à cette fois. Beaurocher. *R.*IV. 5(367.2.)

577. Mon maistre contre moy s'estant mis en courroux, J'ay hapé le t a i l l i s. Beronte. *Fil.*IV.5(543.2.)

578. Je cherchais certains Egiptiens qui pillent par tout où ils passent; mais je crois que j'ay q u i t t é l e u r b r i s é e. Prevost. *Prov.*III.5 (222.2.) — Or je sçay comme il faut c o m m e n c e r la b r i s é e, Par une occasion heureuse et fort aisée. Clarimand. *R.*III 3(360.2.) *Prov*: Alaigre. II.3(209.2.)

579. Seigneur docteur, j'ay remué le ciel et la terre depuis le rapt de vostre fille; j'ay f u r e t é partout sans pouvoir decouvrir leur cache. Fierabras. *Prov.*III.2(216.2.)

580. Peste bleu! que voilà un joli a p p e a u de cocu. Je n'aurois non plus pitié d'elle qu'un advocat d'un escu. Alaigre. *Prov.*II 3(213.1.)

581. Je vais, comme un oyseau, le p r e n d r e à l a p i p é e. Jeremie. *Alizon.*V.1(423.1.) *Prov*: Alaigre.III.1(216.2.)

582. Si nous avions le quart des grands biens qu'on espere, Nous ne v i s e r i o n s pas à ceux de vostre pere. Argine. *Plaid.*IV.1(571.1.) *V.d.S*: Florice.I.6(328.1.)

583. . . . un oeil de travers t i r e tout droit au coeur. Lisete. *V.d.S.* V.1(343.1.)

584. A quoy t e n d ce propos? Clorise. *Fil.*II.4(532.1.)

585. Vous y estes; laissez-vous-y choir, vous avez f r a p p é a u b u t. Philippin. *Prov.*III.1(216.1.)

586. . . . de son petit esprit Je connoy la p o r t é e. Filipin. *Plaid.* V.4(578.2.)

586a. . . . nos membres tout brisez . . . Sont l'horreur des passans, la b u t t e des tempestes. Le Borgne. *Fil.*V.1(545.1.)

19. Spiel und Tanz.

587. S'il me fust arrivé de l'appeller ma soeur, Il l'eust veuë, et dès-là mon j e u n'estoit plus seur. Émilie. *Duc d'Oss.*III.8(387.2.) *Prov*: Thesaurus.Prol.(197.2.) *R*: Clytie.II.4(358.1.) Taillebras.III.7(362.2.) Clarimand.IV.1(364.1.) Beaurocher.V.2(369.1.) *Duc d'Oss*: Duo.III.4(388.2.) Stephanille.IV.3(390.1.) — La vessie pleine de sang a bien j o u é son jeu quand Alaigre l'a percée au milieu de mon ventre. Philippin. *Prov.*I.7 (203.2.) — Tous deux en cette humeur de s'aymer et se plaire Se d o n n e r o i e n t b e a u j e u, qui les laisseroit faire. Clarimand. *R.*III.2 (359.2.) *Corr*: Bragard.II.2(255.) *Plaid*: Filipin.V.4(578.2.)

588. Il est vray que je j o u é à me faire assommer; N'importe, à tout hazard quitte pour se nommer. J'ay l'espée en tout cas. Le Duc. *Duc d'Oss.*II.2(383.1.) *Plaid*: Filipin.III 1(365.2.)

589. . . . sentant nostre p a r t i e, Il a fait en secret un branle de sortie. Le Borgne. *Fil.*IV.4(543.1.) *Fil*: Tersandre.II.3(532.1.)

590. Les femmes de Paris . . . M'eussent defiguré; mais par une sortie, Pour éviter debat, je quittois la partie. Jeremie. *Alizon.*II.2(409.2.)

Prov: Philippin. III.1 (216.2.) *Duc d'Oss*: Duc. II.2(383.1.) *Plaid*: Corinne. I.2 (554.1.)

591. Exprès je viens icy pour trouver guarison Lors que le medecin n'est plus à la maison. Il me faut à demain r e m e t t r e la partie. Jeremie. *Alizon*.I.3(404.1.) *R*: Beaurocher.V.6(372.2.) *Duc d'Oss*: Stephanille. V.6(397.2.)

592. Taco nilo, pour neant, f a i s o n s p a r t i e n o u v e l l e. Thesaurus. *Prov*.Prol.(197.1.)

593. Mais voicy Clarimand; preparons nous un peu A le bien recevoir, et c o u v r i r t o u t l e j e u. Clytie. *R*.V.4(370.2.)

594. Nul ne sçauroit plus haut porter l'ambition, Que d'oser r e n v i e r sur ma presomption. Artabaze. *Vis*.IV.7(452.1.)

595. Il ne faut pas tout prendre de vollée et j o u e r à q u i t t e o u d o u b l e. Thesaurus. *Prov*.II.2(208.1.)

596. Courage! il c o u c h e g r o s; dans l'humeur qui le pique Tous les termes suivront d'un dépit poëtique. Clarimand. *R*.II.4(358.1.)

597. Funeste ou bien heureux, j'y c o u c h e d e m o n r e s t e. Et quiconque viendra me saisir au colet, Se verra salüer d'un coup de pistolet. Le Balafré. *Fil*.V.2(546.1.)

598. Or sus, c'est maintenant qu'il f a u t j o u e r d u r e s t e. Karolu. *Alizon*.V.3(425.1.)

599. Taco nilo, pour neant . . . j o ü o n s s u r n o u v e a u x f r a i s. Thesaurus. *Prov*.Prol.(197.1.)

600. Contre-faisant les bohemiens, nous pourrons facilement d o n n e r u n e c a s s a d e au docteur. Alaigre. *Prov*.II.5(214.2.)

601. Mais, pour r e n t r e r d e p i q u e n o i r e, parlons de nostre capitaine. Lidias. *Prov*. II.3(208.2.)

602. Ce sont r e y n e s d e c a r t e, et qui n'ont point de corps. Clytie. *R*.II.3(356.2.)

603. Voicy du monde sous ces arbres, qui j o u e à l a r o n f l e, qui ont quitté leurs volans avec leurs habits, de peur d'avoir trop chaut. La Fille. *Prov*.II.4(213.2.)

604. Non plus que vostre coeur m'appelle vers Clytie, Lors que vous y d r e s s e z sans moy q u e l q u e p a r t i e. Amedor. *R*.I.2(350.2.)

605. Mais voicy ce mangeur de charette ferrée, Qui m'est venu tantost faire une é c h a u f f o u r é e. Ragonde. *Fil*.V.4(548.1.) *Prov*: Bertrand. I.6(202.1.)

606. Que je voudrois avoir aussi-tost un escu, Voire deux, voire trois, dans un pauvre fouillouse, Comme on a mis de coups dedans vostre b e l o u s e. Bragard. *Corr*.II.2(254.)

607. C'est estre bien hardy! Mais au moins, dittes-moy, l'a-t-il point b i s t o q u é e. Mersant. *Corr*.IV.2(285.)

608. Il ne faut pas que la colère vous e m p o r t e d u b l a n c a u n o i r et du noir au blanc. Thesaurus. *Prov*.II 2(208.1.)

609. Sa gloire ne court point de risque Puis qu'il a d o n n é q u i n c e et b i s q u e A tous les potentats. La Musique. *Prov*.III.5(221.2.)

610. Un jour il crût p r e n d r e s a n s v e r t Ce brusleur de maisons. Beronte. *Fil*.III.5(539.1.) *Alizon*: Fleurie II.1(407.2.)

611. Ils m'ont bien étrillé Et chez moy chacun d'eux joüé a u R o y d é p o ü i l l é (cf. Anm) Beronte. *Fil*.I.2(527.1.)

612. On ne me b e r n e pas d'une telle façon. Jeremie. *Alizon*.II.4 (411.2.) *R*: Taillebras.I.4(353.2.)

A n m e r k u n g: Jeu où l'on enlevait pièce à pièce les vêtements du patient.

613. Holà! c'est à Florinde qu'on addresse l'esteuf (d. h. die Serenade). Philippin. *Proc.*III.5(221.2.)

614. Troussons, de peur de coups, nostre sac et nos quilles. Beronte. *Fil.*II.3(532.1.) *Prov*: Le Cocsre II.4(213.2.)2✕.

615. Deserts tousjours de glace et de neige couverts, Froids et tristes jouëts des rigueurs des hyvers. Anselme. *S.*IV.4(514.2.)

616. Ma teste en mille endroits est relevée en bosse, Et jamais receleur ne fut a telle nopce. Beronte. *Fil.*I.2(527.1.)

617. Aussi-tost que Clorette eut dit à vostre frère Que son amy viendroit avec elle coucher, Il appela Hilard, et l'envoya chercher Gaullard et son adjoint, ausquels il fit requeste De venir avec eux pour estre de la feste. Molive. *Corr.*V.2(295.) *Prov*: Philippin.III.3(219.2.)

618. Quand la brunette nuict, développant ses voiles Conduira par le ciel le grand bal des estoiles . . . Amidor. *Vis.*I.4(433.1.)

619. Il faudra qu'en charrette, . . . J'aille sans violons danser au bout d'un bois. Beronte. *Fil.*V.2(516.2.) *Corr*: Gaullard III.1 (265.) *Prov*: Lidias.I 2(198.2.) Alaigre.II.3(211.2.) *Fil*: Beronte.V.6(549.1.)

620. Il a fait en secret un branle de sortie. Le Borgne. *Fil.*IV.4 (543.1.) *R*: Beaurocher.V.6(372.2.) *Duc d'Oss*: Stephanille.V.6(397.2.)

20. Das Theater und die Künste.

621. O noire perfidie! ô siecle! ô monde immonde! Un theatre des jeux, et du sort, et du temps. Lydie. *S.*II.7(506.2.)

622. Ce drolle icy sera tantost bien estonné quand il rencontra Lucas et Fritelin dans le sac. Pour moy, je m'en vay regarder par la fenestre la fin de la tragedie. Francisquine. *1.F.Tab.*(231.2.) *Vis*: Melisse.IV.2 (448.1.) *S*: Orgye.V.4(520.1.)

623. De toutes les nations du secours on mandie; Mais chacune à dessein jouant sa comedie Est contrainte à manger . . . Des chiens. Jeremie. *Alizon.*II.2(409.1.) *Duc d'Oss*: Le Duc.III.5(388.2.) *Vis*: Lysandre. V.5(455.1.) *S*: Lelie.I.4(501.2.)

624. Loin de me secourir, donc il me vient frapper? Traistre, au moins au besoin je scauray faire gile. Lyxante. *R.*III.6(362.2.) *Corr*: Le Prologueur.Prol.(233.) *Prov*:Lidias.I.7(205.1.)

625. Je sçay encores moins cacher mes deffauts et faire le personnage d'un homme de bien. Docteur. *Com.*IV.1(251.1.) *Prov*:Philippin. III.1(216.1.) *Com*: Griselin.V.2(255.2.) *Vis*: Artabaze.IV.2(448.1.) *S*: Lelie.I.4 (501.2.) Ergaste.III.5(510.1.) *Plaid*: Falandre.III.1(564.2.) Filipin.III.1(567.2.) Dorette.III.6(568.2.)

626. Faut-il que l'invincible Fierabras . . . soit maintenant au bout de son roollet! Fierabras. *Prov.*II.6(214.2.) *Prov*: Alaigre.III.1(215.2.)

627. Que sçay-je maintenant si ce n'est point un drolle Qui pour mieux m'attraper me vient jouer ce rolle? Jeremie. *Alizon.*II.5(412.1.) *Prov*: Florinde.II.3(208.2.) *S*: Ergaste.I.4(502.1.) Lelie.II.1(502.2.) Eraste.II.5 (506.1.) *Plaid*: Brocalin.V.5(579.2.)

628. Je le trouve plus sot qu'un panier percé, plus effronté qu'un page de cour, plus fantasque qu'une mulle etc. . . . Vous dites là bien des vers à sa louange. Lidias. *Prov.*I.7(205.1.)

629. De leur mariage ne peut resulter qu'une harmonieuse union. Isabelle. *1.F.Tab.*(231.2.)

630. Il enrage de voir son amour maltraitée, Son tymbre en est festé. Ragonde. *Fil.*III.2(535.1.)

631. Accordez vos flustes encore un coup. Que disoit-on en mon absence? Lidias. *Prov.*I.7(204.2.)

632. Quel est le courtisan qui vous fait ces leçons? Et qui vous entretient de ces belles chansons? Crisère. *V.d.S.*II.5(331 2) *R:*Clytie. IV.1(364.1.) — Revenons à nostre première chanson. Que disoit-on en mon absence? Lidias. *Prov.*I.7(204.2.)

633. Il m'a chanté goguette, et sans aucune cause. Ragonde. *Fil.* III.2(535.1.) *Duc d'Oss:* Flavie. IV. 10 (393.1.) *Vis:* Sestiane. II.4 (438.2.) *Fil:* Ragonde.I.2(527.1.)

634. Amedor: Madame, vous prendrez le siege la premiere. — Clorinde : Si je fay cette faute, et dans cette maison, C'est pour vous obeir plustost que par raison. — Clarimand: . . . sur cet accord ils chanteront. Clarimand. *R.*I.2(351.1.)

635. Ha! ventre! je desespère quand je songe qu'il a fallu que le vaillant Fierabras se soit laissé mettre hors de game par des mortels. Fierabras. *Prov.*III.6(223.1.) — Voila suivre les tons d'une commune gâme. Clarimand. *R.*I.2(351.1.)

636. Mais tien, escoute-moy, changeons un peu de notte. Gaullard. *Corr.*III.1(265.) *Prov:* Lidias.I.7(204.2.)

637. Valeureux fils de Mars, et sa vivante image ... Alcidon. *Vis.* IV.7(451.2.) *Corr:* Almerin. II.3(259.) *Vis:* Filidan. I. 5 (434.1.) Melisse.V.3 (454.1.) *Fil:* Lucidor.IV.3(542.1.)

638. J'ay ... Fait de vos actions un portrait raccourcy. Beronte. *Fil.*V.6(549.1.) *V.d.S:* Philemon.I.1(322.2.) *S:* Eraste.I.3(499.2.) Anselme.IV.4 (514.2.)

639. O merveilleux tableau de mille dous attraits Qu'une Muse en mon coeur a doucement pourtraits. Filidan. *Vis.*I.5(433.2.)

640. Sur mon coeur amoureux ses yeux l'ont crayonné. Polidor. *V.d.S.*I.2(324.2.)

641. Quoy! l'affaire est donc faite? — Elle est bien esbauchée. Amidor. *Plaid.*V.8(580.2.)

642. Quant vous baisez les fleurs dont la terre se peint Vous monstrez à baiser celles de vostre teint. Tirsis. *V.d.S.*III.4(366.1.) *V.d.S:* Dorimene. II.7(332.2.) *R:* La Dupré. IV. 3 (366.1.) Clarimand.V. 5 (371.1.) *Fil:* Clorise.II.1(552.1.) — Dans sa chambre à l'envi nous l'avons bien bouré, Et nous le poursuivions pour l'achever de peindre. Le Balafré. *Fil.* I.1(526.1.) *Prov:* Fierabras.II.6(215.1.)

21. Die Fechtkunst und die Waffen.

643. Jamais vous ne vistes un tel escrimeur de dents. Tabarin. *1.F.Tab.*(230.2.)

644. Voicy le coup fatal qui nous met hors d'escrime! Et nous voila tombez d'un gouffre en un abysme! Ergaste. *S.*IV.2(513.1.)

645. Ils nous . . . monstrèrent leurs talons, dont il n'escrimoient point mal. Alaigre. *Prov.*III.7(224.2.) *S:* Ergaste.IV.6(515.2.)

646. Ha! je me vay tuer d'un grand coup d'estocade D'un verre plein de vin. Almerin. *Corr.*II.3(260.)

647. La rime ne doit porter que de taille et d'estoc. Taillebras. *R.*III.4(360.2.)

648. Vous commenciez desja de luy rompre en visiere, Mesnageons son humeur, car elle est un peu fiere. Ergaste. *Plaid.*III.7 (569.1.)

649. Ce malheureux vieillard, sans dessein de nous nuire, Et d'une ame ingenuë, a pensé tout détruire; Mais ton langage turc en a paré le coup. Lelie. S. IV. 1 (512.2.) S: Ergaste. IV. 2 (514.1.) — Il pare du phebus, qui luy vaut une lame. Clarimand. R. I. 4 (352.2.) S:Eraste. I. 4 (501.2.)

650. Vous les faites mourir par un coup de malheur. Silinde. *Alizon*. V. 2 (423.1.) *Corr:* Molive. IV. 1 (280.) 2✕. *Com:* Le Docteur. V.1(254.2.) *V.d.S:* Tirsis. I. 4 (326 I.) Polidor. II. 7 (383.1.) 2✕. *R:* Clarimand. V.6. (371.2.) *Duc d'Oss:* Emilie. I.3(378.2.) Flavie III.1(385.2.) Octave. IV.3(390.2.) *Alizon:* Clariste. IV. 1 (419.1.) *Vis:* Hesperie. II. 2 (437.1.) IV. 6 (451.1.) Artabaze. IV.7 (452.1.) *S:* Eraste I.3(499.1.) Lydie.I.3(499.1.) Ergaste.IV.2(513.1.) *Fil:* Lucidor. II. 6 (533.2.) Florinde. II.7(534.1.) *Plaid:* Filipin. II.4(563.2.) Ergaste.IV.2 (572.1.) Amidor.IV.3(572.2.) — Voilà ce qu'au besoin il me falloit sçavoir, Pour destourner le coup que j'allois recevoir. Emilie. *Duc d'Oss.* V.6(396.2.) — Il faut rompre ce coup par quelque invention. Roselis. *Alizon*.II.3(411.1.)

651. ... la crainte ... m'attaque et me porte une si sive atteinte. Beronte. *Fil.*V.2(546.2.) *Corr:* Florette. II. 2 (252.) *V.d.S:* Lisete.V.1(343.1.) *R:* Clarimand. I. 1 (350.1.) Amedor. III. 1 (359.1.) *Alizon:* Floriane.V.4 (427.1.) *Vis:* Alcidon.V.1(453.1.) *S:* Lelie.I.1(497.1.) Lydie.V.2(518.2.)

652. Vous y lirez les plaintes Que fait pousser l'absence aux ames bien attaintes. Polidor. *V.d.S.*II.7(333.2.)

653. En quelle seureté se verront vos autels, Si l'on choque mes vers, comme vous immortels? Lyzante. *R.*II.4(358.1.) *V.d.S:* Philemon.III. 2(335.2.) Dorimene.III.4(336.2.) *Alizon:* Jeremie.II.2(409.1.) *Fil:* Florinde.I.4 (529.1.) *Plaid:* Corinne.III.7(569.2.)

654. Ainsi qu'à des valets ce faquin parle à nous. Le Bras-de-Fer. *Fil.*I.1(526.1.) *Duc d'Oss:* LeDuc.I.1(377.1.) *S:* Ergaste.II.2(505.1.)

655. Mon ame, de chagrin et d'ennuis accablée ... Le Duc. *Duc d'Oss.*I.1(377.1.) *S:* Eraste.I.3(499.1.)

656. Tu releves enfin mon espoir abatu. Tirsis. *V. d. S.* I. 5 (326.2.) *Vis:* Sestiane.II.4(439.1.) Filidan.IV.4(449.2.)

657. Quel bruit, chers compagnons, a frapé nos oreilles? Le Balafré. *Fil.*IV.4(543.1.)

658. L'humilité me charme: C'est ce qui m'adoucit, c'est ce qui me desarme. Artabaze. *Vis.*IV.7(451.2.)

659. Celle de qui depend ta joye et ton bonheur Delaisse ton amour et s'arme de fureur. Jeremie. *Alizon.* II.4 (411.1.) *Com:* Philandre. I. 1 (237.2.) Clorinde.II.2(245.2.)

660. Je vous suis venu dire qu'il vous faut armer des armes de la patience. Fierabras. *Prov.*II.2(206.2.) *Com:* Pantalon. III.1(248.1.) Docteur. V. 1 (254.1.) *V. d. S:* Olenie. IV. 9 (342.2.) *R:* Lyzante. IV. 2 (361.2.) *Alizon:* Poliandre.I.5(405.2.) Silinde.V.2(423.1.) *S:* Eraste.I.4(501.2.) *Fil:* Beronte.II.1 (530.2.) — Puis est-il insolent qui ne mist bas les armes Devant la majesté de vos yeux pleins de charmes. Le Duc. *Duc d'Oss.* III.2(386.2.) — Mes yeux rechercheront ses traits dans mon miroir, Dont l'agreable effort plein de force et de charmes Semblera le combatre en luy rendant les armes. Clorinde. *R.*I.1(350.1.)

661. Il boit, mais sans jamais se barboüiller l'armet. Le Borgne. *Fil.*V.1(545.1.)

662. Mais il faut au besoin de tout bois faire flèche. Beronte. *Fil.*II.1(530.2.)

663. Il y a tantost trois heures que je trotte à beau pied sans lance pour descouvrir en quel canton de la ville sont certains egrillards de bohemiens. Prevost. *Prov.*III.4(220.2.)

664. Quoy! vous m'avez donné dessus mon frontispice! Si je deguaine un coup mon roide braquemard! Bragard *Corr.*II.2(255.)

665. Comme il ne se peut pas resoudre à desgainer, Il faut qu'Ergaste emprunte. Filipin. *Plaid.*V.2(577.2.) *Plaid:* Filipin.V.6(580.2.)

666. Je gage qu'il naistra quelque obstacle imprevu, Qui fera rengainer l'argent qu'on aura veu. Filipin. *Plaid.*I.6(557.1.)

667. Ça, ça, ça! vertugoy! ma longue hallemerde! Bragard. *Corr.* V.1(293.)

668. Si j'en vay choisir un, quel barbare dessein? Je mets à tout le reste un poignard dans le sein. Hesperie. *Vis.*V.4(454.2.)

669. Du moins suis-je assuré que mes yeux innocens, Pour la blesser, n'ont point de traits assez puissans. Clarimand. *R.*IV.1(363.2.) *V.d.S:* Polidor.III.2(334.2.) *R:* Clarimund I.1(349.2.) V.3(370.1.) Clorinde.I.1(350.1.) Beaurocher.II.1(354.1.) Taillebras.II.3(356.2.) Lyzante.III.3(360.1.) Clytie.V. 5(371.1.) *Duc d'Oss:* Le Duc. I.1(377.1.) *Alizon:* Jeremie.V.1(422.2.) *Vis:* Hesperie.I.6(434.1.) Amidor.II.4(438.1.) Filidan.IV.4(419.2.) *S:* Eraste.I.3 (499.2.) II.6(506.2.) Aurelie.II.1(502.1.) III.3(509.2.) Anselme.III 6(512.1.) Ergaste.IV.2(513.1.) Lydie.V.2(518.2.) Lelie.V.7(521.2.) — ... quelque diable en soutane Lancera contre vous mille traits de chicane. Ragonde. *Fil.* IV.8(542.2.) *V.d.S:* Florice.V.1(343.1.) *Duc d'Oss:* Duc.III.2(386.1.) *Vis:* Filidan.I.5(433.2.) Hesperie.II.2(437.1.) *S:* Ergaste.IV.7(516.2.)

670. Un bel oeil dont le doux et modeste regard M'a lancé dans le coeur un invisible dard ... Le Duc. *Duc d'Oss.*I.1(377.1.)

671. Il vous croira ... dès la premiere parole que vous jetterez en avant. Lidias. *Prov.*III.7(224.1.)

672. Voyez comme il nous lance un regard de travers. Artabaze. *Vis.*III.2(441.2.) *Vis:* Melisse.IV.1(447.2.) V.3(454.2.) *Fil:* Beronte.V.6(549.2.)

673. Mille voeux élancez m'entourent comme abeilles. Hesperie. *Vis.*II.2(436.2.) *R:* Clytie.V.5(371.1.) *Vis:* Amidor.V.7(456.2.)

22. Der Krieg.

674. ... les caresses de quelque sultane ... qui s'estimeroit trop heureuse de me baiser la contrescarpe. Fierabras. *Prov.*III.3(220.2.)

675. Elle m'eust embrassé la cuisse pour me temoigner ... qu'elle se fust sentie plus heureuse que de posseder tous les monarques de l'univers d'estre plantée si avant dans le bastion de mon coeur. Fierabras. *Prov.*III.5(221.1.)

676. Mais en vain mon adresse, avec tout son effort, Tente de son honneur l'inexpugnable fort. Lelie. *S.*I.4(501.1.)

677. Vous cherchez à vous fortifier d'hommes et d'amys contre le Paladin. Hydaspe. *Com.*V.1(254.2.)

678. Je te fais tort de croire que tu ayes fait brèche à ton honneur. Fierabras. *Prov.*II.1(205.1.)

679. Quel esclat, quel fracas confond les elemens? Jupin de l'univers sappe les fondemens. Amidor. *Vis.*I.3(432.2.)

680. ... il ne se peut que les uns ou les autres N'esventent tost ou tard leurs secrets et les nostres. Emilie. *Duc d'Oss* IV.6(391.1.) *S:* Ergaste.I.4(501.2.) Aurelie.III.3(508.2.) *Fil:* Ragonde.III.2(535.1.) — Je ne puis plus celer ce qu'elle a decouvert; La mine est eventée au

temps que l'on desire. Fleurie. *Alizon.* II:1 (407.2.) *Prov:* Fierabras. II. 6 (215.1.) *R:* Taillebras.II.3(356.2.)

681. ... je ne m'en fusse jamais depestrée sans cette contremine. Florinde. *Prov.*I.7(204.2.)

682. Qui ne prendroit cecy pour une comedie? ... La mèche est decouverte, implorez sa mercy. Ragonde. *Fil.*IV.3(541.2.) — Ma foy, tout est perdu, la mesche est eventée. Nicette *Plaid.*V.1(576.1.)

683. Changeons un peu de batterie, ma bonne mère. Fierabras. *Prov.*III.3(218.2.)

684. Je ne me veux pas m'amuser à ces bricolles de discours. Florinde. *Prov.*III.1(216.1.)

685. Mes yeux n'ont plus dessein de faire des conquestes. Geronte. *S.*III.3(509.1.) *Duc d'Oss:* LeDuc.III.4(383.1.) Emilie IV.12(393.2.)

686. ... qui cunqué se laissé oppugnar di questa fiamma .... Piphagne. *I.F.Tab.*(230.1.)

687. Un essein d'avortons que le siecle produit Bat l'oreille des grands, les assiège, les suit. Clarimand. *R.*I.4(353.1.)

688. Allez, et que le Ciel rende vaine la crainte Qui m'attaque. Beronte. *Fil.*V.2(546.2.) *Com:* Paladin.IV.1(252.2.)

689. Où sont-ils ces mirmidons qui ont si temerairement donné un assaut à mon courage? Fierabras. *Prov.*III.6(223.1.) *R:*Taillebras II.4 (357.1.) Beaurocher.V.3(369.1.) — Car elle ne sçait pas encores comme il faut Se parer finement d'un amoureux assaut. Florette. *Corr.*I.2 (239.)

690. Quelque dol specieux, qui la puisse assaillir (la nature). Anselme. *S.*III.3(509.2.) *Corr:* Almerin.II.3(260.)

691. Vous avez l'action et le coeur en conteste. La Dupré. *R.*IV.3 (365.1.)

692. Le sort, dès le berceau me declarant la guerre ... Aurelie. *S.*II.1(502.1.) *Com:* Docteur.III.1(246.1.) V.1(254.1.) — La faim commençoit fort à me faire la guerre. Clariste. *Alizon.*III.3(413.2.) *Prov:* Prevost. III 7(223.1.) *Vis:* Phalante.II 1(435.2.) — Mais que pourrois-je craindre en cette douce guerre, Si je voy maintenant mon ennemy parterre? Baise, baise à ton gré sa bouche et son beau sein. Tirsis. *V.d.S.*III.4(336.1.) — Toutes ses parties intestines sont en perpetuelle guerre civile. Paladin. *Com.*III.2(249.1.)

693. Mais parlons un peu de nostre levée de boucliers. Nos gens son bien camus. Florinde. *Prov.*I.7(203.1.)

694. Invincible vainqueur des coeurs les plus rebelles. Lydie. *S.*II.4 (505.2.) *V.d.S:* Tirsis.III.4(337.1.)

695. Vous avez à combattre un quatrième accident. Lydie. *S.*I.3 (199.1.) *Corr:* Almerin.II.4(262.) *R:* Clorinde.I.1(350.1.) Clarimand.V.1(368.1.) V.5(571.1.) *S:* Ergaste.II.1(502.2.) *Fil:* LeBalafré.V.3(546.2.)

696. ... pour faire l'essay de ta legereté J'ai donné ce combat contre ta fermeté. Clarimand. *R.*I.1(350.1) *Com:* Hydaspe.I 1(240.1.) *R:* Clytie.I.3(352.1.) Beaurocher.V.3(370.1.) Clarimand.V.5(371.1.) *Duc d'Oss.* I.4(379.2.)

697. Mes yeux à tous les coeurs livrent une bataille. Hesperie. *Vis.*IV.6(451.1.) *Vis:* Amidor.I.4(433.1.)

698. ... Mon coeur, à ce signal, d'une douce écarmouche, Va recueillir ces mots jusque dessus ta bouche. Beaurocher. *R.*II.1(354.1.)

699. Pour gagner mon amour par un beau stratageme, Elle feint sur le champ une colere extreme. Artabaze. *Vis*.IV.7(452.1.) *Prov*: Fierabras.II.6(215.1.)

700. Ce qu'il dit et rien c'est tout un, je ne m'en mets pas d'avantage en peine; poursuis ta pointe seulement. Lidias. *Prov*.II.3 (210.1.)

701. Non, non, pousse ta pointe, et fais tant si tu peux Que l'autre vienne encor au point où tu la veux. Le Duc. *Duc d'Oss*.III.5 (388.1.)

702. Pourveu que mes deux yeux me servent d'avant-gardes. Karolu. *Alizon*.V.3(424.1.

703. Vous sçavez mollement joüer de la prunelle L'un des yeux contre terre, et l'autre en sentinelle. Clarimand. *R*.II.2(355.1.) *Plaid*: Amidor.II.1(559.2.)

701. . . . quelque bruit, faisant icy la ronde. Alcidon. *Vis*.V.2 (454.1.)

705. La Dupré: »... poursuy toujours! Que ne puis-je baiser encore ton discours!« Mon coeur, à ce signal d'une douce écarmonche, Va recueillir ces mots jusque dessus ta bouche. Beaurocher. *R*.II.1(354.1.)

706. Ils auront sonné la retraitte et . . . ils se seront mis à couvert de peur de la pluye. Thesaurus. *Prov*.I.6(202.2.)

707. S il sçavoit ma deconvenue, il seroit . . . en chemin pour leur tailler des croupières. Thesaurus. *Prov*.II.6(201.1.)

708. . . . j'apprends, à la fin de mes poursuites vaines, Que je ne puis pretendre autre fruict de mes peines. Lolie. *S*.I.4(501.1.)

709. A tes tours de souplesse on ne void point de treve. Amidor. *Plaid*.I.8(558.1.) *Prov*: Prevost. III.7(227.1.) *Alizon*: Karolu.III.3(414.1.) *Vis*: Artabaze.III 2(441.2.) *S*: Erasto.I.3(498.2.) *Fil*: Lucidor.I 3(528.2.)

710. Ce galland contrefait cageolle sa compagne, Met toute à la loüer l'eloquence en campagne. La Dupré. *R*.IV.3(365.2.) *R*: Clarimand. II.2(355 1.)

711. . . . vostre fortune est hautement campée. Beaurocher. *R*.IV. 5(367.2.)

712. Si Camille en sa lettre une embusche me dresse Mon procédé me sauve. Flavie. *Duc d'Oss*.IV.9(392.2.) *Duc d'Oss*: Octave.IV.1(389.1.)

713. Nous allons busquer fortune ailleurs. Florinde. *Prov*.III.3 (220.1.)

714. O la bonne balourde, et le plaisant soldat! (Anselme). Ergaste. *S*.II 2(505.1.)

715. J'ay faict . . . ce qui m'estoit possible Pour rompre leur amour, mais elle est invincible. Florette. *Corr*.III.2(272.) *V.d.S*: Olenie.IV.9 (342.2.)

716. . . . l'amour n'estoit victorieux. Eraste. *S*.II.6(506.2.)

717. L'Amour a maintenant dessus moy la victoire. Jeremie. *Alizon*. I.3(404.1.) *Com*: Docteur.V.1(255.2.) *V.d.S*: Polidor.III.2(335.1.) *R*: Lyzante. II.3(356.2.) Amedor.III.1(359.2.) Beaurocher.V.3(370.1.) Clarimand.V.5 (371.1.) Clytie.V.6(371.2.)

718. Lors qu'un premier amour a gaigné nostre coeur, Un autre a de la peine à s'en rendre vainqueur. Olenie. *V.d.S*.IV.9(342.2.) *Corr*: Clorette.II.3(259.) *V.d.S*: Dorimene.I.3(325.1.) II.3(330 1.) IV.4(339.1.) Florice. I.6(327.1.) V.1(342.2.) Polidor.III 2(335.1.) Lisete.IV.1(337.2.) *R*: Clarimand. I.1(350.1.) *Duc d'Oss*: Flavie. II.4(384.2.) *Vis*: Amidor.II 4(438.1.) V.7(456.2.) Filidan. IV.4(449.2.) *S*: Lelie.I.4(500.2.) Lydie.II.4(505.2.) Anselme.IV.4 (514.2.)

719. Souvent elle est reduite à v a i n c r e ses desirs. Ragonde. *Fil.*
I.5(529.2.) *Corr:* Florette. I.2(241.) *Com:* Paladin. II.1 (240.2.) Alcandre.II.1
(241.1.) *V.d.S:* Philemon. I.1(322.2.) Tirsis. III.4 (336.1.) V.6 (345.2.)2✕. *R:*
Beaurocher.V.3 (370.1.)2✕. *Duc d'Oss:* Flavie.II.4(384.2.) *Alizon:* Poliandre.
II.3(411.1.) Jeremie.V.4 (426.2.) *Vis:* Lysandre. I.7(435.1.) V.5 (455.2.) Pha-
lante.III.4(443.1.)(444.2.) *S:* Ergaste.II.1(502.2.) *Fil:* Tersandre.II.3(532.1.)

720. Femmes, filles, sans honte, en diverses façons, L'exercent à qui
mieux, et puis en f o n t t r o f é e. Hilard. *Corr.*V.1(292.)

721. . . . on crut leurs vaisseaux Le debris d'un écueil, ou le b u t i n
des eaux. Lelie. *S.* I.4(500.2.)

722. Pour un tel iugement le beau pasteur de Troye Aux Argives
flambeaux donna sa ville en p r o y e. Amidor. *Vis.* II.4 (438.1.) *R:* Beau-
rocher.V.3(370.1.)

723. . . . aspirer au j o u g d'un hymen honorable. Lelie. *S.* I.4(501.1.)
V. d. S: Doripe. IV.6(341 1.) *S:* Anselme. II.6(506.2.) *Fil:* Olympe.I.5(529.2.)
Plaid: LeVoisin.V.1(576.2.) — . . . au j o u g de vos loix vous reteniez la
belle. Tersandre. *Fil.* II.6(533.2.) *S:* Ergaste.II.2(503.2.) *Fil:* Lucidor.IV.3
(542.2.)

724. L'aymable s e r v i t u d e, où ma raison s'engage. Lelie. *S.* I.4
(501.1.) *Com:* Alcandre.II.1(241.2.)

725. . . . tous les amans . . . Se trouvent a s s e r v i s au pouvoir de
mes yeux. Hesperie. *Vis.* IV.6(451.1.) *V.d.S:* Tirsis.I.2(324.1.) *R:* Amidor.
III.5(362.1.) Clytie.IV.3(365.1.) *S:* Lelie.I.4(500.2.)

726. Adorables sujets de l'amoureux s e r v a g e. Roselis. *Alizon.*V.4
(427.1.) *V. d. S:* Philemon.I.1(323.1.) Dorimene. I.3 (325.1.) *R:* Clarimand.V.5
(371.1.)

727. E s c l a v e volontaire, aussi vain que constant Je baiseray ma
chaine encore, en la portant. Lyzante. *R.* III.3(360.1.) *R:* Clarimand.II.4
(358.2.)

728. Pendant les premiers feux de son dur e s c l a v a g e La coquette
tousjours lui faisoit bon visage. Belange. *Alizon.*I.5(406.1.)

729. Ma valeur abhorre trop la c a p t i v i t é . . . de je ne sçay quels
mariages. Fierabras. *Prov.*III.3(220.2.) *S:* Lelie.II.1(502.1.)

730. . . . la poësie a des charmes puissans Pour . . . c a p t i v e r nos
sens. Filidan. *Vis.* I.5 (433.2.) *Corr:* Brillant. I. 3 (243.) *V.d.S:* Polidor.III.2.
R: Clorinde.IV.3(366.1.) *Alizon:* LeColporteur.I.2(403.1.) Poliandre.I.5(405.2.)
Clariste.IV.1(418.1.) *Vis:* Alcidon.I.7(434.2.) Melisso.II.1(435.2.)

731. Cessez d'estre en m'aimant c a p t i f d'une c a p t i v e. Florinde.
*Fil.*II.7(534.2.) *Corr:* Florette. I.2(240.) *V. d. S:* Polidor. III.2(335.1.) Tirsis.
III.4(336.1.) V.8(347.1.) *Duc d'Oss:* Flavie. IV.8(392.1.) *Vis:* Hesperie. II.2
(438.1.) *Fil:* Lucidor.IV.3(542.2.)

23. Wunden, Krankheiten, Tod.

732. . . . l'oeil qui m'a b l e s s é ne me veut secourir. Tirsis. *V.d.S.*
I.1(322.2.) *Corr:* Molive.IV.2(288.) *V. d. S:* Tirsis.I.7(326.1.) III.4(336.1.) Cri-
sère. II.6(332.2.) V.4 (345.1.) Polidor.III.2(334.2.) Dorimene.IV.4(339.1.) *R:*
Clarimand.I.1(350.2.) II.4(357.2.) IV.1(363.1.) *Alizon:* Belange.I.5(406.1.) *Vis:*
Filidan. I.4 (433.1.) I.5 (433.2.) Hesperie. II.2(436.2.) IV.6(451.1.) *S:* Lelie.I.4
(501.1.)2✕. Geronte.III.3(509.1.)(509.2.) Constance.IV.2(513.1.) *Fil:* Olympe.
V.7(549.2.) *Plaid:* Corinne.I.1(553.1.) Filipin.IV.6(574.1.)

733. Que ma gloire n'en ait ni honte ni b l e s s e u r e. Taillebras.
R. III.4(361.1.) *R:* Lyzante.II.4(357.1.) *Vis:* Hesperie.I.6(434.1.) — Ha

Geronte, raillons, mais non jusqu'à l'injure; Quel plaisir prenez-vous à r'ouvrir ma blessure? Anselme. *S.*III.2(508.1.)

734. . . . tous les matins je . . . croy sentir au coeur quelque amoureuse p l a y e. Filidan. *Vis.*I.5(433.2.) *Corr:* Molive.IV.1 (280.) *Fil:* Tersandre.II.5(533.1.)

735. Cet outrage est s a n g l a n t. Clorinde. *R.*IV.4:366 2.) *Duc d'Oss:* Octave.V.1(395.1.) *S:* Lydie.II.7(507.1.) *Fil:* Lucidor.IV.3(542.2.)

736. . . . l'humeur qui le p i q u e. Clarimand. *R.*II.4 (358.1.) *Corr:* Almerin.I 3(245.) *Duc d'Oss:*Duc.II.3(383 2.) Emilie IV.13(394.1.) *Vis:* Filidan.III.1(440.1) Amidor.III 4(444 2.) *Plaid:* Amidor.II.1(558.2.) — Le rang et la beauté dont ces soeurs se p i c q u e n t. Camille. *Duc d'Oss.* IV.2 (390.1.) *V.d.S:* Tirsis IV.5 (339.2.) *R:* Clorinde.I.2(351.1.) Clarimand.III 2 (359.2.) *Duc d'Oss:* Flavie.V.6(397.1.)

737. Sans raison on me r a i l l e et p i c q u o t t e sans cesse. Ergaste. *Plaid* I.3(554.2.)

738. De quels traits de douleur, De crainte et de pitié vous me p e r c e z le coeur! Ergaste. *S.*IV.6(516.2.) *V.d.S:* Florice.II.4(330.2.) — . . . l'amor . . . m'a t r a n s p e r ç a o el cor. Piphagne. *1.F.Tab.*(231 2.) — . . . un seul de ses regards me rend o u t r e p e r c é. Filidan. *Vis.*I.5 (433.2.)

739. . . . quelque p o i g n a n t soucy. Florette. *Corr.* I.2 (240.) *Corr:* Florette.I.2(242.) II.2(253.) Almerin.I.3(245.2.) Clorette.II.3(256.) Molive.IV. 1(280.)

740. C'est ce grand e c o r c h e u r de sergent, Fierabras. Philippin. *Prov.*III.5(221.2.)

741. . . . ta voix m'é c o r c h e et l'oreille et les reins. Clarimand. *R.*II.4(357.1.) *Prov:* Fierabras.III.3(219.2)

742. L'amour commence à me b a n d e r les yeux. Fierabras. *Prov.* III.3(220.2)

743. Un m a l a d e d'amour sans espoir d'allegeance. Ragonde. *Fil.* III.2(535.1.)

744. Quel v e r t i g o vous prend et vous met hors de vous? Clorise. *Fil.*II.4(532.2.)

745. Ma foy, les jeunes gens ont d'estranges m a n i e s. Filipin. *Plaid.* I. 4(555.2)

746. Pour n'estre plus subjette à de semblables f i è v r e s (passions) Elle devroit dormir de mesme que les lièvres. Guillaume. *V.d.S.*III.4 (336.1.) *N.F.Tab.II:* Piphagne.(274.)

747. Auteur d'aventures funestes, Dont le flambeau, Amour, ne produit que des p e s t e s. Lyzante. *R.*IV.2(364.2.)

747a. . . . les ruelles des licts S'e m p e s t e n t de leurs mots de roses et de lys. Clarimand. *R* I.4(353.1.)

748. Il pare du phebus, qui luy vaut une lame; Sa l e p r e est dans les os, et passe jusqu'à l'ame. Clarimand. *R.*I.4(352.2.)

749. Mais par c o n t a g i o n s'il faut faire la beste, Je ne puis éviter d'estre valet de feste. Clarimand. *R.*V.6(372.1.)

750. . . . ta scythique cruauté Rendit mon esprit c a c o c h i m e. Amidor. *Vis.*III.4(444.1.)

751. Le voila tout muet . . . Luy, qui n'avoist tantost pas moins qu'un f l u s de b o u c h e. Clytie. *R* IV.6(367.1.)

752. Il est b o u f f i de vengeance. Alaigre. *Prov.*III.2(218.1.) *Prov:* Fierabras.II.2(207.1.)

753. La catastrophe d'un amant Ne trouve point de sentiment Dans ton ame p a r a l y t i q u e. Amidor. *Vis.* III. 4(444.2.)

754. Je vous prie, n'e s t r o p i e z point mon nom. Tabarin. *2ᵐᵉ F. Tab.* (233.2.)

755. Je veux vous combler d'heur . . . En deussent tous ces rois c r e v e r de jalousie. Artabaze. *Vis.* IV.7(451.2.) *Corr:* Gaullard.III.1(270.) *Alizon:* Silinde. II. 1 (407.2.) *Vis:* Hesperie. IV. 6 (451.1.) *Fil:* Ragonde. III. 4 (537.1.) — . . . Brillant, qui besongne en c r e v é. Almerin. *Corr.* II.3(258.)

756. Que cet honneur combat, avant que de mourir! Il e x p i r e pourtant . . . Clarimand. *R.*V.5(371.1.)

757. . . . le bruit que le monde pensoit Estre tout roide m o r t la vie ainsi reçoit. Molive. *Corr.* III.2(272.) *Corr:* Molive. III. 2(272.) *Prov:* Philippin. III. 7(227.2.) *V.d.S:* Florice.V.1(343.1.) *R:* Clarimand. II.2(355.2.) V.5(371.1.)2✕. *Alizon:* Poliandre. II. 3 (411.1.) *S:* Anselme.V. 4 (519.2.) *Fil:* Florinde.III.1(535.1.) Ragonde.III.3(536.2.) — . . . leurs regards m o u r a n s. Florice. *V. d. S.* II.4(330.1.) *Vis:* Amidor.II.4(438.2.) -- J'en meurs de rire. Brocalin. *Plaid.* III 5(567.2.) *Corr:* Molive.II.1(251.) III.2(274.) *Prov:* Prevost. III.5(223.1.) *V. d. S:* Dorimene.I.4(325 2.) IV.4(339 2.) *R:* Clorinde. I.1(350.1.) Clarimand.III.3(360.1.) *Duc d'Oss:* LeDuc.II.3 (383 2.) *Vis:* Filidan.I.4(433.1.) I.5(433.2.) Hesperie.I.6(434.1.) Amidor IV.4(450.1.) V.7(456 2.) *S:* Lydie.II.7 (506.2.) Anselme.III.2(508.1.) *Fil:* Tersandre.II.3(532.1.) II.4(532.2.) Florinde. II.7(534.2) *Plaid:* Argine.IV.1(570 2.)

758. Le Parnasse a-t'il pu fournir à mon cartel . . . un stile assez m o r t e l? Taillebras. *R.*III.4(360.2.)

759. . . . vostre longueur me t u ë. Tersandre. *Fil.*II.3(531.2.)

760. Je puis bien dire en me n o y a n t de pleurs Que je viens de trouver un serpent sous les fleurs. Dorimene. *V.d.S.*II.6(332.2.)

761. Il n'est pas raisonnable que nos passions soient i m m o r t e l l e s. Hydaspe. *Com.*V.1(254.1.) *Corr:* Florette.III.2(272.) *V.d S:* Polidor.V.8(346.2.) *R:* Lyzante. II.4(358.1.) IV.2(364.2.) *Alizon:* Jeremie. I.3(404.1.) Soldat.IV.2 (422.1.) *Vis:* Amidor.I.3(432.1.) Melisse.IV.1(447.1.)

762. Je doute quel des deux est moins m'a s s a s s i n e r Ou de la retenir, ou de l'abandonner. Lelie. *S.*IV.6(516.1.) *S:* Eraste.I.4(500.1.)

763. Chez moy credit est mort, et l'on n'ignore pas Que de mauvais payeurs ont causé son t r é p a s. Ragonde. *Fil.*III.3(536.2.)

764. Le Parnasse a-t'il pu fournir à mon cartel Des h o m i c i d e s vers? Taillebras. *R.*III.4(360.2)

765. . . . l'animosité, E s t o u f f e parmy vous la generosité. Le Duc. *Duc d'Oss.* I.2(378.1.) *Prov:* Fierabras.III.6(223.1.) *R:* Taillebras.IV.4(366.2.) Clytie.V.5(371.1.) V.6(371.2.) *S:* Aurelie.III.3(508 2.) *Fil:* Florinde.III.1(535.1.)

24. Gift und Medicin.

766. . . . un infame Qui jette son v e n i n sur l'honneur d'une dame. Roselis. *Alizon.*I.5(406.1.) *Corr:* Molive.III 2(272.)

767. Vous . . . Luy soufflez par l'oreille un p o i s o n dans le sein. Olympe. *Fil.* III.3(536.2.) — Qui . . . du p o i s o n sucré d'une friande oeillade Rendroit des regardans la poitrine malade. Amidor. *Vis.* II.4 (438.1.) *R:* Lyzante.I.4(352.2.)

768. Avant qu'il eust connu ce charme e m p o i s o n n e u r, C'estoit un garçon sage, il n'aimoit que l'honneur. Amidor. *Plaid.*V.1(576.1.)

769. O deplorable effet de ma triste fortune, ... Dont les plus chers presens me sont e m p o i s o n n e s. Lelie. *S.*IV.6(615.2.)

770. C'est à luy à qui vous devez sçavoir gré de m'avoir conservé l'honneur sain et entier. Florinde. *Prov.*III.7(224.2.) *Com:* Docteur.1 1 (237.1.) *R:* Taillebras.V.2(369.1.) — Je recoignois sainement qu'en la perte de ma vie une grande partie de la vertu de nostre siècle feroit nauffrage. Paladin. *Com.*II.1(241.2.)

771. Le temps est, ce me semble, un remede trop lent. Crisère. *V.d.S.*IV.9(342.2.) *Prov:* Alaigre.II.3(212.1.) *1.F.Tab:* Francisquine.(230.2.) *N.F.Tab.I:* Piphagne.(238.) *Com:* Docteur.II.2(244.2.) *V.d.S:* Lisete.I.6(327.1.) Philemon.III 1(334.1.) Tirsis.III.1(334.1.) III.2(355.2.) Doripe IV.6(340.2.) *R:* Clytie.II.3(356.2.) *Vis:* Artabaze.I.2(432.1.) III.1(440.2.) *S:* Ergaste.I.1(498.1.) Lydie.I.3(498.2.)2X. Lelie.I.4(501.1.) Constance.IV.2(513.2.) *Plaid:* Ergaste. III.1(565.1.)

772. . . . si l'on n'y remedie . . . ces nopces pourront finir en comedie. Lysandre. *Vis.*V.5(455.1.) *Corr:* Florette.III.2(271.) *S:* Lelie.I.4 (501.2.)

773. Où sont tant de fureurs qui pour ma guerison, Me devroient mettre en main le fer et le poison. Emilie. *Duc d'Oss:* IV.13(394.1.) *Corr:* Hilard.IV.1(282.) *R:* La Dupré.IV.3(366.1.) *Alizon:* Jeremie.I.3(404.1.) *Fil:* Florinde.II 7(534.2.)

774. Si l'une t'a guery par sa legereté, Que l'autre te guerisse avec sa cruauté. Philemon. *V.d.S.* I.1(323.1.) *Com:* Docteur.III.1(246.1.) *V.d.S:* Philemon.III.1(334.2.)2X. Crisère.IV.9(342.2.) Olenie.IV.9(342.2.) Florice.V.1(343.1.) *R:* Beaurocher.V.6(371.2.) *Vis:* Alcidon.I.7(435.1.) Phalante.II.1(436.1.) *S:* Lydie.I.3(499.2.) Lelie.I.4(500.2.)2X. Aurelie.II.1(502.1.) *Fil:* Tersandre.II.6(533.1.)

775. Il faut une croix marquée en un beau quart d'escu, pource que ce metail porte medecine. Philippin. *Prov.*III.3(218.1.) *Fil:* Ragonde. (536.2.)

776. Dans mon coeur je le sens qui déja resuscite (l'amour). Florinde. *Fil.*III.1:535.1.)

777. J'ay sondé la dessus l'esprit de Dorimene. Doripe. *V.d.S.*IV.6 (340.2.)

778. Il ne fait que siringuer des sanglots. Tabarin. *1.F.Tab.* (230.1.)

779. Pour moi, je m'en vais faire le marmiton et bien agencer l'emplastre pour bailler mieux la fée. Philippin. *Prov.*III.7(224 1.)

780. Il pleut de sa fenestre une influence humide Dont l'odeur qui part tout embasme le chemin, Ne sent jamais rien moins que l'ambre et le jasmin. Almedor. *Duc d'Oss.*II.1(381 1.)

781. . . . il a tousjours la cervelle en écharpe. Le Balafré. *Fil.* I.1(526.2.)

782. Mison à l'usurier vient de taster le pous, Si vous n'avez argent, il ne tiendra qu'à vous. Filipin. *Plaid.*IV.2(571.2.) *Duc d'Oss:* Emilie.V.6(396.1.) *Plaid:* Amidor.V.1(577.1.)

25. Die Wissenschaft.

783. L'on remarque en ses yeux sa bonne humeur escrite. Crisère. *V.d.S.*III.4(345.1.) *Prov:* Philippin.III.7(223.2.)

784. Qui dit ce qu'il sçait et donne ce qu'il a n'est pas tenu à davantage; si vous ne le voulez, charbonnez-le. Thesaurus. *Prov:* Prol.(197.2.)

785. Ils ont mis au net un pauvre prestre, qui n'avoit pas grand argent caché. Prevost. *Prov.*III.4(220.2.)

786. . . . ton humeur apogryphe Fait que l'on te nomme . . . Des hypocondres inconstans Le veritable h i e r o g l y p h e. Amidor. *Vis.* III. 4 (444.1.)

787. Ce ne sont que des z e r o t s en chiffre au regard de moy. The-saurus. *Prov:* Prol.(197.1.)

788. D é c h i f f r a n t vostre vie avec d'autres critiques, Par tous les carrefours il en fait des chroniques. Ergaste. *S.*II.2(504.1.)

789. Helas! que cet amour dont la force me dompte, N'est-il dessus mon front aussi bien que la honte. Pour le moins Polidor, mon aimable vainqueur Y l i r o i t aysement ce qu'il fait dans mon coeur. Dorimene. *V. d. S.* I.3 (325.1.) *R:* Clarimand.I.1(349.1.) V.5(37l.1.) Taillebras.II.4(357.1.) Clytie.V.4(370.2.) *Alizon:* Clariste.IV.2(421.2.) Fleurie.IV.2(422.1.) *Plaid:* Corinne.I 1(553.1.) Ergaste.I.1(553.1.)

791. . . . ces doux mouvemens, dont le sang s'i n t e r p r e t t e. Anselme. *S.*V.2(519.1.)

792. La crainte à ta raison servoit de t r u c h e m e n t. Clariste. *Alizon.* IV.1(419.1.)

793. Mais à vous convertir p e r d r a y-j e mon latin? Ragonde. *Fil.* I.4(529.1.)

794. Il semble . . . que de lui parler, de toucher un teton, Ce soit lui parler g r e c, a r a b e, ou b a s b r e t o n. Beronte. *Fil.*I.2(527.2.)

795. Moy qui suis . . . l'e n c i c l o p e d i e de toutes les sciences . . . Thesaurus. *Prov:* Prol.(197.1.)

796. C'est luy faire sur moy connoistre son empire; C'est d'un style eloquent . . . Expliquer mes soubçons. Eroxene. *S.*II.3(505.2.)

797. Laisser une beauté qui lui vouloit du bien, D'un peuple médisant la f a b l e et l'entretien, Est sans doute un exploict bien digne de memoire. Lydic. *S.*IV.10(517.1.)

798. Je ne sçay quel genie, en ce besoin extreme, Me dictoit un jargon que j'ignore moy-mesme. Ergaste. *S.*IV.1(512.2.)

799. Laisse luy dire au moins je meurs, je vous proteste, Et tous ces autres mots qui luy seront de reste: Ah! ce masque facheux a troublé sa l e ç o n. Clarimand. *R.*I.2(351.1.) *R:* Clytie.IV.1(364.1.)

26. Religion, Cultus und Aberglaube.

800. . . . j'ay leu de ce grand Alexandre Ce d i e u de la valeur. Melisse. *Vis.* II.1(435.2.) *V.d.S:* Polidor.III.2(334.2.)

801. Mon propre coeur me donne une preuve assez ample Que ma d e e s s e y loge. *Duc d'Oss.* II.2 (382.2.) *V. d. S:* Polidor. III.2(335.1.) *Vis:* Filidan.IV.4(419.2.)

802. Souffrez que j'aille offrir l'hommage que je doy A la d i v i n i t é dont j'adore la loy. Eraste. *S.*II.6(500.2.) *Duc d'Oss:* LeDuc.II.2(382.2.)

803. Cette d i v i n e lettre a le plus doux appas que l'on y pouvait mettre. Clarimand. *R.*V.1(368.1.) *Corr:* Bragard.II.2(256.) *Prov:* Musique. III.5(221.2.) *Com:* Paladin.II.1(242.2.) *V.d.S:* Guillaume.II.1(328.2.) Polidor. II.3(329.2.)2✕. III.3(334.2.) *R:* Lyzante.I 4(352.2.) Clytie.II.3(356.1.) IV.4 (366.2.) *Duc d'Oss:* Le Duc.I.1(377.1.) III.2(386.2.) *Alizon:* Karolu I.4(404.2.) Poliandre.III.3(414.2.) *Vis:* Amidor.I.4(432.2.) Filidan.I.4(433.1.)I.7(435.1.) IV.3(448.2.) Melisse.II.3(437.2.)IV.1(447.2.) Alcidon.II.6(439.2.) *S:* Ergaste. IV.2(514.1.) Lelie.IV.6(516.1.)

804. De tes membres divins la precieuse odeur Marquoit evidemment ta c e l e s t e grandeur. Melisse. *Vis.* IV.1(447.2.) *Vis:* Amidor.I.4(433.1.) II.4(438.1.) Filidan I.5(434.1.)

805. . . . dois-tu trouver estrange Que cette femme t'ayme, ou plutost ce bel a n g e ? Le Duc. *Duc d'Oss.* III.2(386.1.) *R:* Lyzante.II.3(356.1.) *Duc d'Oss:* Le Duc.I.1(377.1)III.2.(386.2.)

806. Cet orgueilleux d e m o n (le rival). Lucidor. *Fil* IV 3 (542 2.) *Corr:* Clorette.III.2(275.) *Prov:* Fierabras.III.6(223.1.) *V. d. S:* Dorimene.II.6 (332.2.) Polidor.III.2(334.2.) *R:* Amedor. III.1(359.1.) Tuillebras.IV.5(367.1.) *Duc d'Oss:* LeDuc.III.2(386.2.) *Alizon:* Jeremie.V.1(422.2.) *S:* Orgye.V.4(519.2.) *Plaid:* Filipin.II.4(564.1.)

807. Je pense qu'aujourd'huy le monde est e n d i a b l é. Molive. *Corr.* III.2(276.) — Endiablados de Tabarin. Le Capitaine. 2me *F. Tab.* (234.1.)

808. Ces d i a b l e s-là ont le nez fait comme des sergens. Alaigre. *Prov.* III.5(222.1.) *Prov:* Thesaurus.I.6(202.1.) *Fil:* Beronte.III.5(538.1.)(539.1.) Ragonde. IV.3(542.2.) *Plaid:* Filipin.I.6(557.1.) — O! je n'en doute plus, le pauvre d i a b l e est yvre. Gaullard. *Corr.* III.1(270.) *Prov:* LeCoesre.II.4 (213.2.) — Je veux estre berné, Si ce ne seroit fait de ce d i a b l e i n-c a r n é. Beronte. *Fil.* III.6(540.1.)

809. Voila que c'est, Monsieur, de vous laisser coiffer, Et de vous laisser prendre à ces pieges d ' e n f e r. Filipin. *Plaid.* I.4(555.2.) — . . . mon sort deplorable Fait un e n f e r du coeur d'un amant miserable. Lyzante. *R.* III.3(360.1.) — Mon e n f e r est partout où sa beauté n'est pas. Tirsis. *V.d.S.* I.1(323.1.) *R:* Beaurocher.V.3(370.1.)

810. Mon plus grand m a r t i r e Me vient de trop aymer, et de ne l'oser dire. Dorimene. *V.d.S.* I.3(325.1.) *V. d. S:* Tirsis. I.4(326.1.) Florice.I.6 (328.1.) Dorimene. II.7(333.1.) *R:* Amidor. I.2(351.1.) *Duc d'Oss:* Le Duc. II.2 (382.2.) *Alizon:* Karolu. III. 1(412.2.) Roselis. III.5(417.1.) *Vis:* Filidan. I.7 (434.2.) Hesperie.II.2(437.1.) *S:* Eroxene.II.3(505.1.) *Fil:* Ragonde.III.2(535.1.) Clorise.IV.3(541.2.)

811. . . . les Turcs, comme on sçait, sont fort mauvais c h r e s t i e n s. Ergaste. *S.* II.2(503.1.)

812. Ce jeune financier, en faveur de la somme, S'est fait en supputant b a t i s e r gentilhomme. Clarimand. *R.* III.1(359.2.)

813. Presque en un mesme temps, je voy que vous pechez Contre la modestie, et que vous la p r e s c h e z. Flavie. *Duc d'Oss.* III.2(387.1.) *Corr:* Clorette.I.2(243.) *Duc d'Oss:* Flavie.V.6(397.1.) *S:* Orgye.V.4(519.2.) — . . . cependant que je donne Des coups à ce pendart, il nous p r e s c h e et s e r m o n n e. Almerin. *Corr.* I.3(248.)

814. Quand il faut demander, nous faisons des s e r m o n s, Mais à restituer nous sommes des demons. Orgye. *S.* V.4(519.2.) *S:* Orgye.V.4 (519.2.)

815. Croyez qu'il n'est sur terre aucun objet mortel A qui plustost qu'à vous mon coeur d r e s s e u n a u t e l. Roselis. *Alizon.* IV.2(420.2.) *Vis:* Hesperie. II.2(436.2.) — On s'adresse à moy seule, et pas un seul mortel, Pour offrir son encens ne cherche un autre a u t e l. Hesperie. *Vis.* IV.6(451.1.) *V.d.S:* Polidor.III.2(335.1.)

816. . . . contre la justice, ayant bien regimbé Il faudra qu'à la fin ils viennent à j u b é. Ragonde. *Fil.* IV.2(542.2.)

817. Je suis une s a i n t e qui ne vous guariray jamais de rien. Addressez ailleurs vos o f f r a n d e s. Florinde. *Prov.* III.3(219.1.)

818. . . . quelques rimes Qui sont de mon amour les premieres v i c t i m e s. Polidor. *V.d.S.* III.2(334.2.)

819. Quand mesme par des voeux offerts en s a c r i f i c e A me recompenser j'aurois contraint Florice. Polidor. *V. d. S.* II.3(329.2.) *Vis:* Hesperie.V.4(455.1.)

820. Mon feu me pressant, je découvre à Sophie Et le coeur, et les voeux que je luy sacrifie. Lelie. *S.*I.4(501.1.) *R:*Clorinde.I.1(349.2.) Clarimand.III.2(359.2.) *Duc d'Oss:* Paulin. I.2(377.2.) Emilie. I.4(379. 1.) *S:* Eraste.II.6(506 2.) Ergaste.I.4(501.2) *Plaid:* Ergaste.IV.1(571.1)

821. Si mon bras ne l'immole à ma juste colere, Je veux bien que le Ciel ne me soit pas prospere. Ergaste. *S.*I.4(499.2.) *Corr:* Mersant.IV.2 (283.) *S:* Eraste.I.3(499.2.)

822. Je me fais e n c e n s e r de la sorte qu'on faisoit autrefois devant les singes deiffiez. Docteur. *Com.*I.1(238.1.)

823. On s'adresse à moy seule. et pas un seul mortel Pour offrir son e n c e n s ne cherche un autre autel. Hesperie. *Vis.*IV.6(451.1.)

824. Ma foy, c'est p a i n b e n i t que luy faire une piece. Dorette. *Plaid.*V.5(579.2.)

825. . . . il void que pour ce double hymen, Sans bource delier, il n'a qu'à d i r e a m e n. Filipin. *Plaid.*III.1(561.2.)

826. Il falloit que vous fussiez bien endormis pour ne pas entendre le s a b b a t h de ces maudites gens-là. Thesaurus. *Prov.*I.6(201.2.)

827. Tu es un beau f r e l e m p i e r, c'est bien à toy que j'en voudrois rendre compte! Philipin. *Prov.*I.7(204.1.)'].

828. O verité trop forte . . . Aucun siecle, aucun temps ne peut t'e n s e v e l i r. Orgye. *S.*V.3(519 1.) *R:* Lyzante.II.4(358.1.) *Alizon:* Roselis. III.5(417.1.)

829. Que l'un de son Idée en fasse son i d o l e. Lyzandre. *Vis.* V.8 (457.2.)

830. Enfin elle me tue et j'en suis i d o l a s t r e. Tirsis. *V. d. S.*III.1 (334.1.) *R:* Clarimand.I.4(353.1.) *Alizon:* Poliandre.II.3(411.1.)

831. Thirsis vous i d o l a s t r e et vous dresse un autel. Hesperie. *Vis.*II.2(436.2.)

832. J'ay laissé la meilleure partie de moy-mesme delà les Alpes, et ce n'est plus que mon ombre et un p h a n t o s m e qui vous paroist maintenant. Docteur. *Com.*I.1(238.2.) — . . . ces f a n t o s m e s vains de constance et de foy. Le Duc. *Duc d'Oss.*V.4(895.2.)

833. Oses-tu bien encor, m o n s t r e de médisance, Après un tel affront, paroistre en ma presence? Ragonde. *Fil.*III.4(536.2.) *R:* Clarimand.II.4(358.2.) *Duc d'Oss:* Emilie. I.4(379.1.)IV.5(391.1.) *S:* Lydie.V.2 (518.2.) *Fil:* Clorise.II.4(532.2.) Florinde.III.1(535.1.)

834. . . . par vos vers ravissans Vous nous e n s o r c e l e z. Lysandre. *Vis.*V.2(453.2.)

835. C'est là cette Circé qui, par e n c h a n t e m e n t, Le perd et l'entretient dans son aveuglement. Amidor. *Plaid.*V.1(576.1)

836. . . . le seul recit m'a l'esprit e n c h a n t é. Filidan. *Vis.*V.6 (456.1.) *Duc d'Oss:* Emilie.I.4(379.1.) *Vis:* Lysandre.V.2(453.2.)

27. Rechtswesen und Strafen.

837. . . . rendre compte au t r i b u n a l de Dieu. Lydie. *S.*V.2(518.2.)

838. On n'y trouvera pas une voyelle en c r i m e. Lyzante. *R.*II.3 (356.1.)

839. Au pied d'une fenestre exposes bien souvent Aux i n j u r e s du froid, de la pluye et du vent. Almedor. *Duc d'Oss.*II.1(381.1.)

---

1) Homme de rien et de bas emploi, comme le moine qui s'occupait des lampes du couvent et qu'on appelait »frère lampier«.

840. Tu sens bien maintenant l'usufruict de tes debauches. Lucas. *1.F.Tab.*(230.2.)

841. Je ne veux plus ... faire des coups d'estat qu'avec ma maistresse. Paladin. *Com.*II.1(241.2.)

812. Si vostre voix ne peut vous rendre ce service, Vos gestes et vos yeux en feront bien l'office. Lisete. *V.d.S.*I.6(327.1.) *S:* Ergaste.II.2 (503.1.) Constance.IV.4(515.1.) Anselme.V.6(520.2.)

843. ... dangereuse colere, Foiblesse des vieux ans, mauvaise conseillere. Orgye. *S.*V.3(519.1.)

844. Le miroir qu'elle prend afin de s'ajuster, Est le seul avocat qu'elle ira consulter. Ragonde. *Fil.*I.4(529.1.)

845. ... ce secret remords, qui nous sçait tourmenter, Et punir nos forfaits sans nous executer, Tesmoin, juge et bourreau de nostre perfidie, Vous la reproche assez, sans que je vous la die. Eraste. *S.* I.4 (500.1.)

816. Ce papier est tousjours un tesmoignage seur Que je ne cede pas au beautez de ma soeur, Puis que tous ses captifs, pour bien qu'elle les tienne, Sortent de sa prison pour entrer dans la mienne. Flavie. *Duc d'Oss.* IV.8(392.1.) *Com:* Paladin. II.1(210.2.) *R:* Clorinde. IV.3(366.1.) *Alizon:* Le Colporteur. I 2(403.1.)2✕. — Mon ventre en un besoin serviroit de tonneau Pour estre la prison de tout le vin nouveau. Guillaume. *V.d.S.*I.7(328.2.) *Com:* Docteur.III.1(246.2.) *Vis:* Phalante.III.5(445.2.)

847. L'amant ... Nous fait trembler de peur, nous retient prisonnieres. Olympe. *Fil.*I.5(530.1.)

848. ... l'on ne trouva point de veritable amant Qui n'estime les fers qu'il supporte en aimant. Tirsis. *V.d.S.* III.1(384.1.) *V.d.S:* Florice. II.4(331.1.) Polidor.III 2(335 1.) *R:* Clarimand.V.5(371.1.) *S:* Lelie.I.4(501.1.) IV.2(513.1.) Aurelie.II.1(502.1.) *Fil:* Florinde.III.1(535.1.)

849. Ah! respect, mon boureau, Entends plaindre le fer que tu tiens en foureau. Taillebras. *R.*II.4(358.1.) *S:* Eraste.I.4(500.1.)

850. Je ne puis ouvrir l'oeil sans faire une blessure Ny faire un pas sans voir une ame à la torture. Hesperie. *Vis.*I 6(131.1.)

851. Où sont-ils à present tons ces grands conquerans? Ces fleaux du genre humain? Artabaze. *Vis.* I.1(432.1.) *Prov:* Fierabras.III.6(223.1.)

852. ... l'ingrate contrainte où vos voeux sont geinez. La Dupré. *R.* IV.3(365.1.) *V.d.S:* Philemon. III.1(334.1.)2✕. Guillaume. III.5(337.2.) *R:* Clorinde.III.1(359.1.)

853. N'as-tu quitté Paris pour venir à Surêne Qu'à dessein d'y mourir ou d'y vivre à la gène? Philemon. *V.d.S.*I.1(322 2.) *S:* Geronte. III.3(509.1.)

854. ... qui cunqué se laissé oppugnar di questa fiamma s'en va tout in brouetto. Piphagne. *1.F.Tab.*(230.1.)

855. Je l'atteindray pourtant, et le rouray de coups. Le Bras-de-Fer. *Fil.*I.1(526.1.) *R:* Taillebras.IV.5(367.2.)

856. Quelques vains discours de ce lardeur de chiens M'ont tenuë à la croix par de sots entretiens. Clytie. *R.*II 4(357.1.)

857. L'amour ingenieux à donner des supplices Nous fait mesme en souffrant rencontrer des delices. Tirsis. *V.d.S.*III.1(334.1.) *V.d.S:* Polidor.III.2(334.2.) *R:* Lyzante.III.3(360.1.)2✕.

858. Ma fille! ha quelle aimable et douce violence M'interdit la parole. Constance. *S.* V.6(520.2.) *Duc d'Oss:* Le Duc. II.4(384.2) *Alizon:* Fleurie.V.4(426.1.) *S:* Aurelie.V.5(520.2.) Eraste.V.7(521.2.) *Plaid:* Ergaste. I.2(554.1.)

859. Te bannir de mon ame, ô chere passion! Lelie. S.IV.6(516.1.) *Com*:Docteur.IV.1(251.2.) *V.d.S*:Philemon.III.1(334.1.) *R*: Lyzante.I.4(353.1.) *Alizon*: Roselia. IV.2(420.1.) *Vis*: Filidan.III.2(441.1.) *S*: Anselme.II.2(504.2.)

28. Das Herrschertum.

860. Que fait-on que mensonge en l'empire d'Amour. Ragonde. *Fil*.I 3(528.2.) *Alizon*:Clariste. IV.1(418.1.) *S*: Lydie.I.3(499.1) Erguste.II.2 (504.2.) Eroxene.II.3(505.2.) Eraste.II.6(506.2.) Orgye.V.3(519.1.)

861. Cette emperière du monde (l'éloquence). Docteur. *Com*. I. 1 (237.1.)

862. Vous estes souveraine et pouvez tout sur moy Hormis de m'imposer cette barbare loy. Eraste. S.V.7(521.2.) — Aurelie en ces lieux! ô bonté souveraine! Constance. S.IV.4(515.1.)

863. Ce monarque absolu (l'amour). Eraste. S.II.6(506.2.)

864. Fust-il gladiateur, et le roy des filous. Je le vay bien frotter de sa lame aux vieux loups. Taillebras. *R*. III. 7 (363.1.) *Vis*: Filidan.I.4 (433.1.) III.1(440.2.)

865. Coeur royal, sois moins noble, et daigne le hayr. Taillebras. *R*.I.4(352.2.) *R*: LaDupré.V.2(369.2.) *Plaid*: Corinne.II.3(561.1.)

866. Adieu donc pour ce jour, reyne de ma pensée. Belange. *Alizon*.IV.2(421.1.) *R*: Taillebras.I.4(352.2.) Clarimand.II.4(358.2.)

867. Mais je crains . . . que ma femme ne soit allée au royaume des taupes Thesaurus. *Prov*. I. 4(200.1.) *R*: Lyzante. III.4(361.1.) *Alizon*: Jeremie.I.3(403.2.)

868. Un petit rond couronné de montagnes. Docteur. *Com*.III.1 (246.2.) — Et vous pour couronner cette heureuse journée, D'Eruste et d'Aurelie agréez l'hymenée. Constance. S.V.6(521.1.) *Plaid*: Erguste.I.1 (553.2.)

869. Vous avez l'air royal, et la jambe d'un prince. La Dupré. *R*. V.2(369.2.)

870. Souffrez que j'aille offrir l'hommage que je doy A la divinité dont j'adore la loy. Eruste. S.II.6(506.2.)

871. Un bel oeil te rend son tributaire. Polidor. *V.d.S*: I.4(326.2.)

872. Outre les cruautez et les meurtres secrets, Que ce tyran (l'amour) commet . . . L'inconstance peut bien estre un de ses ouvrages. Lydie. S.I.3(499.1.) *R*: Lyzante.IV.2(364.2.) *S*: Lelie.I.4(500.2.)

873. . . . ces respects ne sont que tyrannies. Artabaze. *Vis*.IV.7 (452.1.)

874. Dure necessité . . . Que vous tyranniez le respect et l'honneur. Clariste. *Alizon*.IV.1(418.1.)

875. Dieu! qu'une infame peur en cet esprit domine. Clarimand. *R*.III.3(360.2.) *Corr*: Brillant.II.3(261.) *Ducd'Oss*: Duc.I.1(377.2.)

876. Les philosophes . . . ne doivent point avoir de passions comme eux, ou pour le moins ils les doivent gouverner comme des bestes apprivoisées. Alcandre. *Com*.II.1(242.1.) *R*: Amedor.III.1(359.1.) *Ducd'Oss*: Duc.II.2(383.1.)

877. La malice qui regne en cette ame hypocrite. Florinde. *Fil*. IV.3(542.1) *Com*: Docteur. III.1(247.1.) *V. d. S*: Dorimene. II. 7(333 2.) *Duc d'Oss*: LeDuc.II.2(382.2.) II.4(384.2.) *S*: Lydie.I.3(499 1.)

877a. Jamais on n'avoit veu l'infame paillardise Tant en règne qu'elle est. Hilard. *Corr*.V.1(292.)

877b. Pardonnez à mon front, s'il faut que je rougisse Et qu'une honneste honte encore le regisse. Clytie. *R*.V.5(371.1.)

29. Erinnerungen aus der Literatur, Sage und Geschichte.

878. Chez nous tous les plaisirs estoient à l'abandon: Si j'estois son Astrée, il estoit Celadon. Fleurie. *Alizon*.I.1(402.1.)

879. Si le fierabras Rodomont vient pour la courtiser, tranche luy les deux jambes. Lucas. *2me F. Tab.*(233.1.) — Devant ce fanfaron, devant ce Fierabras, Qu'à peine je connois qui ne me connoit pas, Me traiter de gaillarde, et conter des sornettes! Ragonde. *Fil.*III.3 (536.2.)

880. Vous le cognoissez bien: c'est le sot de Brillant, Qui fait du rodomont et jamais n'est vaillant. Gaullard. *Corr.*I.1(236.) *Corr:* Gaullard.V.1(293.) *Prov:* Bertrand.I.6(201.2.)

881. Certes il fait bon voir ces Dom Guichots nocturnes Le manteau sur le nez, craintifs et taciturnes. Almedor. *Duc d'Oss.*II.1 (381.1.)

882. Dieu! quel maistre Gonin! Ragonde. *Fil.*V.4(547.2.)[1]).

883. Soyez sa Venus. La Musique. *Prov.*III.5(221.2.)

884. Il n'en regarde aucun, qu'avecque du mepris, Voyant que leurs appas n'egalent ma Cypris. Jeremie. *Alizon*.I.3(404.1.)

885. On me nommoit partout le grand Mars des François. Jeremie. *Alizon*.I.3(403.2.) *Prov:* Musique.III.5(221.1.) Fierabras.III.6(223.1.) *R:*Clytie. IV.4(366.2.) *Vis:* Artabaze.I.1(431.2.) Amidor.II.4(437.2.) — Valeureux fils de Mars . . . Alcidon. *Vis.*IV.7(451.2.)

886. Et vous, grand Apollon, que cherchez-vous icy? Lyzandre. *Vis.*V.7(456.1.) *R:* Lyzante.I.4(352.2.)

887. Allons, ma Melpomene, et vous, ma nymphe, adieu. Amidor. *Vis.*IV.4(450.1.)

888. Je saluë humblement L'honneur des triples soeurs, les trois belles Charites. Amidor. *Vis.*II.3(437.2.)

889. Sans doute il veut parler de la nymphe qui m'aime. Artabaze. *Vis.*III.1(440.2.) *Vis:* Artabaze.III.1(440.2.) Hesperie.IV.4(449.2.) Amidor.IV.4(450.1.)

890. C'est là cette Circé qui, par enchantement, Le perd et l'entretient dans son aveuglement. Amidor. *Plaid.*V.1(576.1.)

891. La Parque des mortels. (Taillebras) Lyzante. *R.*III.4(361.1.)

892. J'estois son Alizon, son amour, son delice; J'estois sa Penelope, il estoit mon Ulysse. Fleurie. *Alizon.*I.1(402.1.)

893. Que diront tant de preux de qui je suis l'Alcide Qui respectent ce bras qui fut leur homicide? Taillebras. *R.*II.4(358.2.) *R:* Lyzante. III.4(361.1.)

894. M'interrompre! parler! Ah! ventre! quelle audace! Jette ce mirmidon jusques dessus Parnasse. Taillebras. *R.*I.4(352.2.) *Prov:* Fierabras.III.6(223.1.)

895. . . . ces pigmées qui ont enlevé ma Florinde. Fierabras. *Prov.*II.6(215.1.)

896. Je disois que vous estes phenique. Almerin. *Corr.*I.3(246.)[2]).

897. Le phoenix des amans est clos dans ce tombeau. Camille. *Duc d'Oss.*IV.2(390.1.) *Prov:* Fierabras.II.1(206.1.) *N.F.Tab.I:*Lucas.(235.) *Duc d'Oss:* Emilie.I.4(379.1.) *Alizon:* Roselis.V.4(427.2.)

---

1) Fameux faiseur de tours de passe-passe, qui suivant Brantôme, dans ses Dames galantes, fit l'amusement de la cour de François I.

2) Cf. Almerin: Quand on veut parler d'un amour ferme et rare, Volontiers au phoenix un chacun l'accompare.

898. Sans cracher, sans tousser, écoutez ses o r a c l e s ; Il faut après cela s'écrier: O miracle! Clarimand. *R.* II.4(357.1.)

899. Nommez-vous ordinaire un mortel accident, Qui jette vostre frere en peril evident, Et de nostre famille a u g u r e la ruine? Emilie. *Ducd'Oss.*I.3(378.2.)

900. Je desespère quand je songe qu'il a fallu que . . . Fierabras se soit laissé mettre hors de game par des mortels sans avoir fait un d e l u g e de sang. Fierabras. *Prov.*III.6(223.1.)

30. Vereinzelt stehende Metaphern.

901. Tu as toujours le gosier a d u l t e r é. Philippin. *Prov.* III.7 (224.1.)

902. Vostre visage gay, vos membres si dispos, Font voir assez l'eclat de vos beautez parfaites, Qui fournissent l'amour de bottes d ' a l u m e t t e s , Pour enflamer le coeur d'un amant comme moy. Karolu. *Alison.*I 4(404.2.)

903. . . . c o u r t d'esprit, ainsi que de monnoye. Nicette. *Plaid.*I.2 (554.1.) *V.d.S:* Guillaume.V.2(344.1.) *R:* Clarimand.II.4(357.2.) *Fil:* Ragonde. II.3(531.2.)

904. Il a le cerveau c r e u x. Le Borgne. *Fil.*I.1(526.1.) *Fil:* LeBorgne. V.1(545.1.)

905. Car il ne voudra plus s ' e m b r o u i l l e r le cerveau. Sestiane. *Vis.*IV.4(450.1.)

906 . . . elle estoit b r o ü i l l é e en son entendement. Artabaze. *Vis.* IV.7(452.1.)

907. . . . un vers heroïque, Plein de mots e m p o u l l e z , d'epithetes puissants. Amidor. *Vis.*I.3(432.1.)

908. Vous avez la conscience e s t r o i t e. Philippin. *Prov.*III.3(218.1.)

909. Il enrage de voir son amour maltraitée, Son tymbre en est f e s l é. Ragonde. *Fil.*III.2(535.1.)

910 . . . ce malautru de capitaine, qui fera tousjours f l o u q u i è r e. Philippin. *Prov.*III.1(216.1.)

911. Je sçay qu'à f o n d r e en pleurs ce malheur vous convie. Clorise. *Fil.*I.3(528.1.) *Prov:* Alaigre.II.3(209.2.)

912. L'etat d'un esprit bien f r a g i l e. Belange. *Alison.*I.5(406.1.) *Corr:* Molive.II.1(251.)

913. Leurs graces à ce coup vous sont-elles i n f u s e s ? Taillebras. *R.*III.4(360.2.)

914. . . . cet hymen qui met le sien en p o u d r e. Filipin. *Plaid.* IV.6(574.2.)

915. Tout cecy ne m'est point à r e b o u r s. Florinde. *Prov.*II.3(211.2.)

916. Fais comme moy, qui vais tout r o n d e m e n t en besogne. Philippin. *Prov.*I.7(203.1.)

917. Ne sçavez-vous pas bien qu'il est si fort jallous Qu'il en s è c h e debout? Molive. *Corr.*II.1(251.)

918. Vous avez le parler grave, s e c, resonnant. Amidor. *Vis.*III.3 (442.1.)

919. Vous le rendez traitable et plus s o u p l e qu'un gand. Beaurocher. *R.*V.2(369.1.)

Materialsammlung

zu

La Comédie de Chansons.[1]

1. Naturerscheinungen.

920. . . . cette rare merveille Qui luit d'une si vive ardeur? La
Roze.I.3(462.1.) La Roze: III.4(482.2.)

921. Vous mesprisez les feux De mon amour extrême. - Alidor.II.2
(470.2.) Alidor:I.4(464.1.) IV.2(484.2.) Jeanne:IV.3(485.2.) Jodelet:V.4(489.1.)
LaRoze:II.3(471.2.) IV.3(484.2.)(485.2.) Silvie:II.1(468.2.) V.1(486.2.)

922. . . . pour vos beaux yeux, mes flambeaux, Je fuy des al-
manachs nouveaux. Alidor.I.4(464.1.) Alidor: I.4(464.1.) I.6(467.1.) Jeanne:
III.3(481.2.) Jodelet: III.3(480.2.)

923. La douceur de sa flame. Matthieu.V.5(491.2.) Alidor: I.1(460.1.)
I.3(462.2.) I.6(567.1.) II.2(470.2.)(471 1.)IV.2(484.1.)(484.2.)V.1(486.2.) Jeanne:
II.1(469.1.) Jodelet: I.1(460.2.) La Roze: III. 4(482.1.) V. 2(488.1.) Silvie: V. 1
(486.2.)

924. Jeune beauté, dont les graces divines Sçavent si bien tous les
coeurs enflammer. Jeanne.II.1(461.1.) La Roze: I.5(465.1.)

924a. O nuict! . . . qui renflames le ciel de nouvelle clarté. Ali-
dor.IV.4(486.1.)

925. Des l'heure qu'un amant Dit qu'il brusle et qu'il vous adore,
Il perd le jugement. Matthieu.V. 4(489. 2.) Alidor: I. 3 (462. 2.) I. 4 (464.1.)
II.2(470.2.) Jodelet: I.1(460.2.) III.3(481.1.) La Roze: IV.3(485 2.) V.2(488.1.)

926. Je n'ay sçeu me defendre D'un beau feu Qui m'a reduit en
cendre. Silvie. II.1(468.2.)

927. Pour en esteindre ma flamme, Je ne plains pas un ducat.
La Roze. III.4(482.1.)

928. Ces baisers, froids et languissans. Silvie. III.1(478.1.)

929. L'éclat de tant de beautez. Matthieu.V.4(489.2.)

930. . . . moy, de qui la panse esclatte. Jodelet.II.4(475.1.)

931. Cette rare merveille Qui luit d'une si vive ardeur? La Roze.
I.3(462.1.)

932. . . . vos rieux Aussi treluisans que les cieux. Jodelet.III.2
(480.1.)

933. Ses yeux gratieux Sont plus radieux Qu'une claire estoile.
Alidor.L.2(461.2.)

934. Permettez, ô Cloris! que je vous chante clairement La griefve
peine de ce bel amant. La Roze.IV.3(485.1.)

935. Sa rare beauté . . . Donne la clarté. Alidor.IV.2(484.1.)

936. Ce bien nompareil De voir mon soleil (Silvie). Alidor.I.2
(462.1.) Alidor: I.6(467.1.) 2✕(467.2.) II 2(469.2.)(470.1.) IV.2(484.1.) IV.3
(485.1.) 2✕. Matthieu: II.4(475.2.) V.4(490.1.)

---

1) Für die Materialsammlung schien eine Trennung der Metaphern
aus Chans. von denen aus den übrigen hier behandelten Lustspielen deshalb geboten, weil sie durchgängig nicht Eigentum des Verfassers oder
vielmehr Compilators dieses Stückes sind.

937. Astre dont la beauté de puissance divine Ma fortune domine Que ton eloignement M'a causé de souspirs et donné de tourment! Alidor.V.3(488.2.)

938. Le vent de ses souspirs feroit moudre un moulin. Jeanne.IV.3 (485.2.) Silvie: I.4(463.2.) Jeanne: II.1(469.1.)

939. Or que mon beau soleil ne luit Le jour ne m'est rien qu'une nuict. Alidor.I.6(467.1.) Alidor: II.2(469.2.)

940. Enfin mon beau soleil (Silvie) . . . dissipant mes nuicts, me redonne le jour. Alidor.II.2(469.2.)

941. ... la flamme Qui vient hors de saison Tyranniser mon ame. Alidor.II.2(471.1.) Silvie: IV.3(485.2.)

942. Bon jour, mon doux printemps (Silvie). LaRoze.V.2(487.1.) Alidor: V.1(486.2.)

2. Die unbelebte Natur (Mineralreich).

943. La taverne est . . . un precipice creux. Matthieu.II.4(473.L)

944. Vostre coeur de roche n'y resiste pas. LaRoze.IV.3(485.1.)

945. Portez-vous un coeur de rocher? Alidor.I.4(463.2.)

946. C'est trop faire de regrets. Je luy veux casser du grez. Silvie.IV.1(484.1.)[1]).

947. J'ay les yeux bordez d'escarlate, Et nasum plenum rubibus. Jodelet.II.4(475.2.)

948. Lieux pleins d'appas où refleurit le siècle d'or. Alidor.V.5 (492.2.)

949. Le siècle doré En ce mariage Nous est assuré. Jodelet.I.1 (462.1.)

3. Die Pflanzenwelt.

950. Le plus doux fruit de l'amour Se cueille quand on baise. Alidor.I.4(464.2.) LaRoze: I.5(465.2.)

951. Bon jour, ma douce fleur nouvelle. LaRoze.V.2(487.1.)

952. Lieux pleins d'appas où refleurit le siècle d'or. Alidor.V.5 (492.2.)

953. . . . les lys de sa joue. LaRoze. III.4(482.1.) Alidor: I.4(464.1.) V.1(486.2.) Jeanne: III.1(479.2.)

954. La rose au teint vous est commune. Jeanne.III.1(479.2.) Alidor: I.4(464.1.) V.1(486.2.) LaRoze: III.4(482.1.)

4. Die Tierwelt.

955. C'est estre plus beste qu'un asne De ne point prendre son plaisir. Matthieu. II.4(474.2.)

956 Ha! le meschant, malheureux chat! (l'amour). Jodelet.I.1 (460.2.) LaRoze: I.3(463.1.) (chattemitte).

957. . . . le gros chien de voisie m'assomme quasi de coups. Jeanne.III.1(477.1.) — . . . Toute nuict faisant la grogne. M'appelle ... chienne. Jeanne.III.1(477.1.)

958. Un baiser qui morde un petit. Silvie.III.1(478.1.)

959. Il faut que je m'aprivoise Avecque cette bourgeoise. Alidor. I.3(462.2.) Silvie.I.4(464.2.)

960. Cric, croc, taupe, musse qui boit! Jodelet.II.4(473.1.)

---

1) Casser du grès à quelqu'un, lit-on dans le dictionnaire comique de Leroux, c'est ne rien faire de ce qu'il souhaite.

961. Toute nuict faisant la grogne; M'appelle ... carogne. Jeanne.
III.1(477.1.)
962. Voilà l'oiseau (le verre) qui tousjours vole. LaRoze.II.4(474.2.)
963. ... l'aisle du silence. Matthieu.I.6(467.2.)
964. ... son coeur vole parmy les medisans. Jodelet.III.4(483.1.)
965. Bon jour, mon passerau (Silvie). LaRoze.V.2(487.1.).
966. Bon jour, ma tourterelle (Silvie). LaRoze.V.2(487.1.) 2✗.
967. Bon jour, ma douce colombelle (Silvie). LaRoze.V.2(487.1.)
968. Vous n'avez que du caquet. Silvie.III.2(480.1.)
969. Ma mère a dit qu'elle ne vouloit pas Que je caquetisse avec
les hommes. Silvie.I.4(463.2.) Matthieu:II.3(471.2.) LaRoze: II.4(475.1.)

5. Der Mensch.

A. Die Person des Menschen und seine Lebensgewohnheiten.

970. Le petit enfant Amour. LaRoze.III.4(482.1.)
971. ...je touchois de son sein La douce enflure jumelle. Jodelle.
III.4(483.2.)
972. Goustons ce fruict qu'amour engendre. La Roze.I.5(465. 2.)
La Roze: V.5(491.2.)
973. ... vous sentez naistre le desir. La Roze. V.4(489.1.) Silvie:
V.1(487.1.)
974. ... c'est un corps qui n'a point d'ame Qu'une dame sans
un amant. Jeanne.II.1(469.1.) Alidor: V.3(488.2.)
975. Bon jour, ma chère vie! LaRoze.V.2(487.1.)
976. Les voeux et les desirs sont les yeux d'un amant. Alidor.V.3
(488.1.) LaRoze: V.2(487.1.)
977. Baise donc ces prez humides, Que l'aube embellit de pleurs.
Silvie.I.1(464.1.)
978. Ce seroit tesmoigner trop aveuglement. Alidor.I.3(462.2.)
979. Vous fermez l'oreille à mes plaintes. Alidor.I.4(463.2.)
980. ... ces escueils sortis du sein de l'onde. Alidor.IV.3(485.2.)
981. Bon jour, mon coeur! La Roze.V.2(487.1.) Jodelle:II.4(473.2.)
982. Ils sont bossus les cimetières Des dames que j'ay fait mourir.
Alidor.I.3(462.2.)
983. ... j'emprunte la voix Du haut-bois. Alidor.IV.2(484.2.)
984. Parlons donc, ma chère esperance, Du coeur et des yeux seulement. Amour ce petit dieu volage, Nous apprend ce muet langage.
Alidor.V.4(489.1.)
985. Je crains les canonnades qui frappent sans parler. Jodelet.I.7
(468.2.) Alidor.V.4(489.1.)
986. Ce n'est pas à ce coup qu'il faut faire l'endormy. LaRoze.
II.3(471.2.)
987. Reveillons, reveillons, reveillons ces verres! La Roze. II.4
(474.1.)

B. Menschliche Tätigkeiten.

988. Ne trottez plus, beaux souspirs. LaRoze.IV.3(485.1.)
989. Bastienne, vous allez trop rude au trot. La Roze.I.4 (464.2.)
990. On fait courir par la ville D'assez mauvnis bruits de toy.
Jeanne.II.1(469.1.) Silvie: IV.4(486.1.)
991. Allez tout doux, mes souspirs! Alidor.IV.3(484.2.)
992. Suivez donc, mes souspirs, Amour qui guide vos pas. Alidor.
IV.3(484.2.) LaRoze.IV.3(485.1.)

993. Vous oyez ses souspirs, les a v a n t - c o u r i e r s du trespas. La Roze.IV.3(485.1.) — Pourquoy si tost, importune c o u r r i è r e? (Aurora). Alidor.V.1(486.1.)

994. . . . les fossez Qu'une eau sale et bourbeuse l a v e. La Roze. II.3(471.2.)

995. . . . je craignois de v e r s e r L'argent de mon escarcelle. Jodelle. III.4(483.2.)

996. . . . mon coeur est r e d u i t e n p o u d r e. Jodelet.I.3(462.2.)

997. . . . les tristes souspirs Dont je veux f l e c h i r. Cette cruauté. Alidor.IV.2(484.2.)

998. . . . ma belle est p r e s s é e. Alidor.V.3(488.1.)

999. Je voudrois avoir mangé Ceux-là qui m'en ont a n g é. Jeanne. III.1(476.2.)

1000. . . . beaux noeus Dont elle e s t r e i n t mille amoureux. La Roze.III.4(482.1.)

1001. . . . j'avois tousjours les yeux F i c h e z sur mon escarcelle. Jodelet.III.4(483.2.)

1002. . . . p o u s s é e d'une frenaisie. LaRoze.V.4(489.1.)

1003. Ces baisers froids et languissans Ne sçauroient c h a t o u i l l e r mes sens. Silvie.III.1(478.1.)

1004. Qu'il est bon ce piot! Qui ne le c a r e s s e est un idiot. La Roze.II.4(475.1.)

6. Speise und Trank.

1005. Je veux pour y p r e n d r e a p p e t i t Un baiser qui morde un petit. Silvie.III.1(478.1.).

1006. . . . l'amant non aimé void ses jours c o n s u m e r. Jodelet.I.1 (460.1.) Alidor:II.2(470.2.)

1007. . . . g o u s t e r la merveille Du doux fredon d'une bouteille. Matthieu.II.4(474.2.) LaRoze:I.5(465.2.)

1008. Aussi dit-on que le coust Fait souvent perdre le g o u s t. Jodelet.III.4(483.2.)

1009. Sont v i a n d e s c r e u s e s que vos chansons. Silvie.IV.3(485.2.)

1009a. C'est un tourment bien c u i s a n t. Alidor:I.1(460.2.)

1010. Ces mignardises sont f a d e s. Jeanne.III.1(477.2.)

1011. L'h u y l e (le vin) du septembre est bon. Matthieu.II.4(474.2.)

1012. Le gourmand f a r c i t sa hotte Sans m'en donner un morciau. Jeanne.III.1(477.1.)

1013. Vramen! il vous faut des tetons? Voire, on vous en f r i c a s s e. Silvie.I.4(464.1.)

1014. La blonde a gagné mon ame. C'est un m o r c e a u delicat. LaRoze.III.4(482.1.)

7. Die Kleidung.

1015. Que ce nectar est aimable! Que son f a r d nous embellit! La Roze.II.4(476.1.)

1016. Oste, petit coeur (la bouteille) Ta p e r r u q u e blonde. Jodelet. II.4(473.2.)

1017. Je me f o u r e dans la taverne. LaRoze.II.4(473.1.)

8. Das Haus.

1018. Trop de haine je leur porte, (aux yeux) Car ils ont ouvert la porte Aux peines que j'ay receu. Alidor.V.3(488.2.)

9. Geräte.

1019. Je la jette sur un lict verd (le gazon). La Roze. II. 3 (472. 2.) LaRoze: II.4(476.1.)

1020. Au croc les armes je remets. LaRoze. II.3(471.2.)

10. Mass, Gewicht, Geld.

1021. Il n'a pas vaillant cinq sous. Jeanne.III.1(478.1.)

1022. . . . c'estoit un tresor qu'il falloit tenir cher. Silvie. II. 1 (469.1.)

11. Der Handel.

1023. Trop l'amour de Jaquette Ma cousté sans l'avoir. Jodelet. III.4(483.2.)

1024. . . . il faut payer nuit et jour Les arrerages d'Amour. Matthieu.II.3(471.2.)3✕.

1025. C'est ma rente d'être battue. Jeanne III.1(476.2.)

1026. . . j'emprunte la voix Du haut-bois. Alidor.IV.2(484.2.)

1027. Preste l'oreille Au recit des maux que je sens. Alidor. II. 2 (470.2.) LaRoze:V.5(490.2.)

1028. Mais, si tu as encor ton coeur. Ne l'engage jamais, ma soeur. Silvie.II.1(469.1.)

12. chaîne, noeud, lien.

1029. . . . la beauté qui me touche Tient nos esprits enchaisnez. Matthieu.V.5(491.2.) Alidor:1.1(462.2.)

1030. Et les fées descoeffées Portent envie aux beaux noeus Dont elle estreint mille amoureux. LaRoze.III.4(482.1.)

1031. Lorsqu'un seul object les lie, Ils font tant des langoureux. LaRoze.III.4(482.1.)

13. Technik.

1032. La petite savequiere ... Va faire river son cloud. Jeanne. III.1(477.1.)

14. Der Ackerbau.

1033. . . . semer l'effroy. Matthieu.I.6(467.2.)

1034. . . . planter comme une creste Ses cornes sous son chapiau. Jeanne.III.1(477.1.)

15. Fuhrwerk. Das Reiten.

1035. Allez l'amble, Bastienne. LaRoze.I.4(464.2.)

16. Strasse und Weg.

1037. Mon amitié ne sera jamais bornée. Jodelet.III.3(481.2.)

17. Seewesen und Fischfang.

— — — — — — — — — —

18. Die Jagd. (Das Schiessen).

1038. Chassez la rigeur de vos yeux. Alidor. II.2(470.2.) Jodelet: II.4(474.2.)(475.1.) Matthieu:II.4(474.2.)V.5(493.1.) LaRoze:I.4(473.1.)II.4 (474.1.)

1039. Enfin ce petit dientelet A pris son coeur au trebuchet. Silvie.IV.3(485.2.)

1040. Car tous les souspirs et les larmes . . . . Sont des rets pour prendre les dames. LaRoze.V.5(492.1.)

1041. Philis est attrapée. Jodelet.III.2(479.2.) Jeanne:III.1(477.2.)

1042. Le pauvre Amour est destroussé; Bacchus, à coups de verre, Vous l'a si rudement poussé Qu'il a donné du cul en terre. Matthieu. II.4(475.2.)

19. Spiel und Tanz.

1043. Madame, c'est trop jouer au fin. Alidor.IV.4(486.2.)

20. Das Theater und die Künste.

1044. . . . la merveille Du doux fredon d'une bouteille. Matthieu. II.4(474.2.)

1045. J'apperceus venir vers moy De mes amours la pourtraiture. Jodelet.III.4(483.1.)

1046. L'émail dont la terre se peint. Alidor.V.1(486.2.)

1047. Que craignez-vous, beaux souspirs? Allez par compas. La Rose.IV.3(485.1.)

1048. La terre s'émaille de vert. LaRoze.I.2(461.1.)

1049. L'émail dont la terre se peint. Alidor.V.1(486.2.)

21. Die Fechtkunst und die Waffen.

1050. Beaux yeux dont j'adore les coups. Jodelet.III.3(481.2.) Alidor: II.2(471.1.) Jodelet: III.3(481.1.)

1051. Crains-tu que la pitié de ses douces atteintes N'esmeuve la rigueur? Jodelet.III.2(480.2.) Alidor: II.2(471.1.)

1052. Je n'en suis point atteint. Jodelet.I.1(460.1.)

1053. Celuy qui sçait armer de la raison son ame. Jodelet.I.1 (460.2.) Alidor: II.2(471.1.)

1054. Puisqu'il faut prendre les armes, Prenons celles de Bacchus (les verres). Jodelet.II.4(476.1.) LaRoze: IV.3(484.2.) — Enfin mon amour rend les armes. Alidor.IV.2(484.2.) Jeanne: III.1(479.1.)

1055. Celinde, ta beauté, qui n'a point de seconde, Peut d'un trait de ses yeux donner le jour au monde. Alidor.IV.3(485.1.) Alidor:I.4 (465.1.) Jodelet: I.1(460.2.) I.3(462.2.) Silvie:V.5(491.1.)

1056. Ces nymphes, dont les regards Sont d'inevitables dars. Jodelet. III.2(479.2.) LaRoze: IV.3(484.2.) Alidor: V.1(486.2.)

22. Der Krieg.

1057. . . . sans plus dedaigner Nulle conqueste (de femmes) Où je trouve à gaigner, Là je m'arreste. LaRoze.V.2(488.1.)

1058. . . . cette malheureuse bande Se voit attaqué du sort. Jodelet.V.5(491.2.)

1059. Puis il assaut (le sort), plus elle bande Sa force contre son effort. Jodelet.V.2(491.2.)

1060. . . . un pot qui fait la guerre Contre un verre. Jodelet.II.4 (473.1.) Jodelet:I.2(461.2.)

1061. Belle, au plaisir de l'amour estes-vous rebelle? LaRose.I.5 (465.2.) Alidor: II.2(470.1.) V.3(488.2.)4✕. LaRoze: V.2(487.1.)(488.1.)

1062. Ma belle, vos mignardises Ne m'ont que trop tourmenté; C'est assez parlementé. LaRose.I.4(465.1.)

1063. . . . de Bacchus les estendars Volent bien mieux que ceux de Mars. Jodelet.II.4(472.2.) LaRoze:I.4(463.1.)

1064. Ma belle, vos mignardises, Ne m'ont que trop tourmenté; ... Il en faut venir aux prises. LaRoze.I.5(465.1.)

1065. Arme-toy, ma raison, pour combattre la flamme. Alidor. II.2(471.1.) Jodelet: II.4(472.2.)

1066. ... les amoureux combats. LaRoze.I.5(466.2.)

1067. Au croc les armes je remets, Et ne reconnois desormais Que Bacchus pour mon capitaine. LaRoze.II.3(471.2.)

1068. Philandre a ravy mon coeur; Son oeil en est le vainqueur. Jeanne III.1(479.1.) Alidor:I.1(460.2.) IV.2(484.1.)

1069. ... les verres ont des charmes Dont les Cesars sont vaincus. Jodelet.II.4(476.1.)

1070. ... vous laissez l'autre en proie aux douleurs. Alidor.I.4 (465.1.)

1071. Mon ame est asservie. Alidor.I.2(462.1.) Alidor:V.3(488.2.) Jodelet.I.1(460.2.)

1072. Vos beautez et vos appas Me retiennent en servage. Jodelet. III.2(480.1.) Alidor:I.1(460 2.) II.2(471.1.) Jodelet:I.1(460.2.)

1073. Les attraits de vostre beauté ... m'ont mis en captivité. Alidor:I.4(463.2.)

1074. Si ma langue n'estoit captive .... Jeanne.III.3(480.2.) La Roze:I.3(463.1.)

23. Wunden, Krankheiten, Tod.

1075. Ton bel oeil, Margot, Blesse les coeurs sans dire mot. Jodelet. III.3(481.1.) Alidor:I.4(465.1.) II.2(471.1.) V.1(486.2.) Jodelet:III.2(479.2.) III.3(480.2.) LaRoze:V.2(488.1.)

1076. Je voudrois bien qu'il fust guery De ceste maladie (la tyrannie). Jeanne.III.1(477 2.)

1077. Si je ne vous espouse un jour Or me varra crever d'amour. Jodelet.III.2(480.1.)

1078. Cependant je meurs en langueur. Alidor.II.2(470.2.) Alidor: I.1(460.1.)2✗.(461.1.) IV.2(484.1.) IV.2(484.2.) Jodelet:III.3(481.1.) LaRoze: I.5(465.1.)

1079. La mort des beaux esprits, C'est la melancholie. Jodelet.II.4 (474.1.)

1080. Laissons là tous ces insensez Enterrez dedans les fossez. LaRoze.II.3(471.2.)

24. Gift und Medicin.

1081. ... je sçay bien le remède, C'est qu'il faut faire un amy. Jeanne.III.1(477.2.) LaRoze: V.4(490.1.)

1082. Ma guerison n'est plus en ma puissance. Alidor.II.2(470.2.)

1083. ... un doux transport dont je ne puis jamais guerir. Alidor.V.3(488.2.) Alidor:I.3(462.2.)

25. Die Wissenschaft.

1084. Le Cours et les Tuileries Sont les escoles d'Amour. Matthieu. II.3(472.1.)

26. Religion, Cultus und Aberglaube.

1085. ... ses beaux yeux ... mes dieux. Alidor.II.2(470.1.)

1085a. ... la beauté deesse des beautez. LaRoze.I.3(463.1.)

1086. Un ris, une parole, Forment ta déité. Jodelet I.1(460.1.)

1087. A ton jus **d i v i n** je feray caresse. Jodelet. II.4(473 2.) Alidor: IV.2(484.1.)(484.2.) V.3(488.2.) Jeanne: II.1(469.1.) III.1(479.2.) La Roze: II.4 (475.1.) Silvie: II.1(469.2.)

1088. Alidor, beau comme le dieu qui fait aimer, Possède encore la voix d'un **a n g e** pour me charmer. Silvie. IV.3(485.1.)

1089. L'excez d'un amoureux **m a r t y r e** Nous fait devenir fous. Alidor. V.4(489.2.) Alidor: I.1(460.1.) Jodelet: III.2(480.1.)

1090. Ma mère ne faisoit tous les jours que **p r e s c h e r** Que c'estoit un tresor qu'il falloit tenir cher. Silvie. II.1(469.1.)

1091. Pour eslever des **a u t e l s** à Clorinde Je ne sçaurois oublier ma Florinde. Jodelet. III.3(481.1.) LaRoze: I.3(462.2.)

1092. Offrons nos escus En **s a c r i f i c e** au dieu Bacchus. La Roze. II.4 (474.2.)

1093. Non tu n'es qu'une **i d o l e**. Jodelet. I.1(460.2.)

1094. ... l'objet dont Amour **i d o l â t r e** les appas. Alidor. I.2(462.1.)

1095. **A v e c q u e v o s t r e** doux parler, Vous nous venez **e n s o r c e l e r**. Silvie. I.4(463.2.)

1096. Mes sens d'amour et de plaisir sont **e n c h a n t e z**. Alidor. V.3 (488.2.)

27. Rechtswesen und Strafen.

1097. Cessez, tristes soins, Jadis de mes peines **t e s m o i n s**. Alidor. II.2(470.1.)

1098. **V o l e u r** (l'amour) de qui le crime Se connoist en tous lieux. Jodelet. I.1(460.2.) Jeanne: III.1(477.1.)

1099. Ma **p r i s o n** et mes fers sont mes chères delices. Alidor. I.1 (460.2.) Alidor: V.3(488.1.)

1100. ... sa foy, jadis legère, Perd ce titre dans mes **f e r s**. La Roze. I.5(466.1.) Alidor: I.1(460.2.) I.3(462.2.) LaRoze: I.3(463.1.)

1101. Qui cherit sa maison il aime ses **s u p p l i c e s**. Jodelet. I.1 (460.2.)

1102. J'ay **b a n n y** de moy tous les plaisirs. Alidor. IV.2 (484.2.) Alidor: I.1(460.1.) Matthieu: II.4(475.2.)

28. Das Herrschertum.

1103. Heureux qui de l'amour ne connoist point l'**e m p i r e**! Jodelet. I.1(460.1.) Alidor: I.2(461.2.) I.3(463.1.) IV.2(484.2.) IV.3(485.1.) La Roze: III.3 (482.1.)

1104. ... ses yeux sont **r o y s** de ma pensée. La Roze. V.2(488.1.) Alidor: II.2(470.1.) V.1(486.2.)

1105. La Gloire a son front **c o u r o n n é**. Alidor. I.3(462.2.)

1106. ... ce **t y r a n** des coeurs (l'amour). Alidor. I.1(460.2.) Jodelet: I.1(460.2.) Matthieu: II.4(476.1.)2✕.

1107. Je songe aux tourments que je sens, Dont je ne puis souffrir la **t y r a n n i e**. Jeanne. III.3(481.1.) Alidor: I.1(461.1.) Jeanne: III.1(477.2.)

1108. ... la flamme Qui vient ... **T y r a n n i s e r** mon ame. Alidor. II.2(471.1.)

1109. L'inconstance **r è g n e** à la cour. Jodelet. III.4(483.1.)

1110. ... ma liberté fut prise De ton oeil, qui me **m a i s t r i s e**. Alidor. V.3(488.2.)

29. Erinnerungen aus der Literatur, Sage und Geschichte.

1111. . . . un coeur de Mars. Jeanne. III.2(479.2.)

1112. Helas! qui me l'a ravie La nymphe que j'aimois tant. Alidor.I.6(466.2.)2✕. Jodelet: III.2(479.2.)

1113. Que ce nectar est aimable! LaRoze.II.4(476.1.)

1114. Fay moy donc ton Ixion Que j'embrasse une nue. Alidor. V.5(491.1.)

1115. Le voilà, je le voy qui nous donne un beau jour, Couvrant un coeur de Mars d'un visage d'Amour. Jeanne.III.2(479.2.)

1116. La taverne est un Averne. Matthieu.II.4(473.1.)

1117. Bien que nous ayons changé nos pas En des demarches espagnolles, Des Castillans pourtant nous n'avons pas Les humeurs ny les parolles. Jodelet.V.5(490.2.)

30. Vereinzelt stehende Metaphern.

1118. . . . me dy tout rondement. Silvie.V.3(488.2.)

Index.[1]

1) Hinter jeder hier aufgeführten Metapher ist zunächst die Nummer angegeben, unter welcher dieselbe in der Materialsammlung zu finden ist. Ein M., resp. ein R. deutet an, dass der fragliche bildliche Ausdruck durch Meier und Willems bei Molière, beziehungsweise bei Regnard belegt worden ist. Endlich sind alle Paragraphen der Abhandlung angegeben, in denen sich die betreffende Metapher erwähnt findet. — Meiers Arbeit ist in »Ausgaben und Abhandlungen« noch nicht vollständig erschienen, sondern bislang nur als Dissertation. Auch die Untersuchung von Willems über die Metapher bei Regnard liegt noch nicht im Druck vor.

armer 659, 1053. M.R. — § 40, 41,
88, 118, 119, 126, 168.
armes 660, 1054. M.R. — § 16, 38,
43, 55, 65, 70, 76, 90, 93, 118, 119,
120, 123, 148, 168.
armet 661. — § 150.
arpenter 458. — § 15, 131.
Armichon (*Alison*). — § 89.
arracher 326. — § 54, 63, 125, 126,
140.
arrerages 1024. — § 121.
Artabaze (*Vis.*). — § 100, 101.
asne 143, M.R. — § 17, 172, 173.
assaillir 690, 1059. — § 6, 119, 128.
assaisonner 378. M.R. — § 69.
assassiner 762. M. — § 125, 126, 171.
assaut 689. M.R. — § 9, 16, 63, 67.
asservir 725, 1071. — § 50, 62, 72,
111, 118, 119, 125.
assiéger 687. M.R. — § 60, 170, 171.
astre 47, 937. M. — § 92, 108, 118,
145.
Astrée 878. — § 36.
attaindre 652, 1052. M. — § 49, 119.
attaquer 688, 1058. M. — § 39, 119,
148.
atteinte 651, 1051. M. — § 9, 56, 59,
62, 95, 113, 118, 119, 125, 136, 148.
attiser 10. — § 79.
attraper 574, 1041. M.R. — § 4, 14,
15, 16, 30, 33, 38, 79, 87, 88, 95,
96, 101, 106, 111, 119, 123, 128,
131, 136, 142, 148, 150, 151, 159,
160, 161.
augurer 899. — § 78.
Aurelie (*S*). — § 133, 135, 138.
autel 815, 1091. M. — § 49, 92, 111,
119, 120.
avaler 354. M. — § 16, 22, 168, 169.
avant-courier 993. — § 120.
avant-gardes 702. — § 87.
Averne 1116. — § 121.
aveugle 244, 978. M.R. — § 31 (cieco),
40, 76, 77, 118, 134, 140, 143, 145,
154.
aveuglement 243. R. — § 61, 77, 83,
111, 125, 145, 160.
avocat 844. M. — § 146.
avorton 225. M. — § 16, 60.
avril 72. — § 102.
azur 104. — § 101, 105, 108, 109, 111.

Baigner 305. R. — § 7, 131.
baiser 347. — § 57.

bal 618. — § 103.
Balafré, Le — (*Fil.*). — § 149.
balance 460. M.R. — § 87, 114, 128,
168.
balancer 461. M.R. — § 72, 170, 171.
bander (les yeux) 742. — § 16.
bander (les voiles) 561. — § 16.
bannir 859, 1102. M.R. — § 38, 51,
65, 92, 108, 118, 121, 125, 128, 171.
banqueroute 476. R. — § 16.
baril à la moutarde 451. — § 30.
Barquet (*Plaid.*). — § 161.
bas breton 794. — § 148.
bastion 675. — § 16.
baston 449. — § 17, 43.
bataille 697. — § 105, 111.
Batelier (*Alison*). — § 85, 96.
bâtir 425. M. — § 20, 72, 87, 168,
batiser 812. — § 60.
batterie 683. M.R. — § 16.
Beaurocher (*R.*). — § 63, 73.
bec 180. M. — § 8, 14, 15, 16, 19,
20, 21, 24, 112, 147, 151, 170.
Belange (*Alison*). — § 85, 91.
belouse 606. — § 3, 10.
berceau 443. — § 72.
bercer 442. M.R. — § 156.
berner 612. M. — § 68, 88, 175.
Beronte (*Fil.*). — § 147, 148, 152.
Bertrand (*Prov.*). — § 13, 23.
beste 132, 955. M.R. — § 6, 12, 16,
18, 20, 21, 32, 61, 76, 96, 121, 157.
biais 555. M.R. — § 17, 166.
biche 158. R. — § 61.
bistoquer 607. — § 10.
blesser 732, 1075. M.R. — § 8, 47,
49, 50, 52, 54, 59, 91, 108, 111,
118, 119, 120, 125, 135, 137, 141,
155, 159.
blesseure 733. M.R. — § 47, 65, 66,
111, 128.
Bohémiens (*Prov.*). — § 24, 26.
boire 363. — § 17, 157, 159.
bois 113. R. — § 14, 21, 172.
Borgne, Le — (*Fil.*). — § 150.
borne 557. M. — § 70.
borner 558, 1037. M.R. — § 76, 101,
119, 128, 131, 135, 155.
bossu 982. — § 118.
bouchon 453. M.R. — § 9.
boudin 394. — § 3, 158.
boue 87. — § 16.
bouffi 752. — § 16, 21.
bouillir 368. R. — § 16, 168, 178.

oeil 239, 976. M. — § 31 (occhi), 39, 118, 120, 131, 168, 181.
office 842. — § 56, 128, 131, 135.
offrande 817. — § 19.
oiseau 962. R. — § 120
Olenie (V. d S.). — § 55.
Olympe (Fil.). — § 141, 142.
ombrage 62. M.R. — § 79, 134.
ombre 61. M.R. — § 38, 65, 72.
once 464. — § 16.
oppugnar 686. — § 31.
or 109, 948. R. — § 16, 20, 38, 42, 43, 45, 61, 106, 109, 118, 145, 146.
oracle 898. — § 60.
orage 54. M.R. — § 63, 68, 140.
ordure 88. M. — § 38.
oreille 250, 979. M. — § 118, 159, 168, 169, 181.
Orgye (S.). — § 132, 138.
Ormin (V. d S.). — § 57.
ornement 413. — § 54, 64, 102.
ourdir 526. M. — § 137.
outrepercer 738. — § 108.
oyson 204. M.R. — § 18, 158, 160, 172, 173, 180.

Paille 121. — § 16.
pain benit 824. — § 163.
paistre. — § 10.
Paladin (Com.). — § 39, 45, 175.
panneau 572. M.R. — § 146, 165.
Pantalon (Com.) — § 36, 43, 45.
paralytique 753. — § 104.
parement 412. — § 22.
parer 649. M.R. — § 61, 125, 126.
parlementer 1062. — § 120.
parler 275, 985. M. — § 49, 53, 56, 61, 63, 68, 109, 118, 119, 127, 134.
Parque 891. — § 65.
partie 589. — § 145, 150.
partie (dresser quelque —) 604. — § 62.
partie (faire nouvelle —) 592. — § 17.
partie (quitter la —) 590. M. — § 22, 76, 88, 155, 168.
partie (remettre la —) 591. — § 63, 82, 88.
pas 293, 992. M. — § 80, 118, 120, 125, 170, 171, 172, 173.
passereau 965. — § 120.
patte 137. M.R. — § 15, 16, 172, 173, 180.

pâture 537. — § 150.
Paulin (Duc d'Ous.). — § 81.
paver 550. — § 22.
payement 489. — § 136.
payer 488. — § 30, 40, 50, 54, 57, 61, 69, 72, 76, 78, 80, 88, 126, 136, 160.
pecore 145. M.R. — § 12, 17, 172.
peindre 642, 1046. M.R. — § 16, 50, 52, 61, 60, 118, 144, 149, 168, 170.
pendant 411. — § 3.
Penelope 892. — § 86.
percer 738. R. — § 31 (transpercao), 53, 181.
père 211. — § 44, 94, 132.
perle 107. — § 15, 21.
perroquet 191. — § 9, 19.
perruque 1016. — § 119.
personnage 625. M.R. — § 22, 38, 44, 45, 101, 125, 131, 159, 163, 164.
pescher 564. — § 16, 72.
peser 462. M.R. — § 114, 170, 171.
peste 747. M.R. — § 65, 172, 173.
Phalante (Vis.). — § 109.
phantome 832. — § 38, 76.
phénique 896. — § 6.
Philandre (Com.). — § 41.
Philemon (V. d S.). — § 51.
Philippin (Prov.). — § 21, 22, 26.
phoenix 897. — § 16, 32, 78, 80, 92.
picquotter 737. — § 154.
pied 264. M.R. — § 19, 112, 170, 172, 173, 181.
pied (Mass) 459. — § 146.
piege 570. M.R. — § 78, 94, 111, 158, 160, 161, 164, 170.
pigeon 198. R. — § 69, 172, 173.
pigmée 895. — § 16.
pincer 340. — § 68.
pipée (prendre à la —) 581. — § 21, 88.
Piphagne (F. Tab.). — § 28, 31.
piquer 736. M.R. — § 6, 50, 60, 70, 76, 78, 79, 80, 106, 108, 160.
pique noire 601. — § 14.
Plaideuse, La belle — (Bois-Robert). — § 153-166, 176.
planter 532, 1034. M.R. — § 14, 16, 19, 21, 56, 76, 106, 123, 168, 172.
playe 734. M. — § 8, 108, 145.
pleurs 977. — § 122.
pleuvoir 51. M. — § 23, 76, 79, 170.
plonger 306. M.R. — § 7, 43, 94, 111, 150, 168, 170.

Marburg, Universitäts-Buchdruckerei (R. Friedrich).

AUSGABEN UND ABHANDLUNGEN

AUS DEM GEBIETE DER

ROMANISCHE PHILOLOGIE.

VERÖFFENTLICHT VON E. STENGEL.

LXXIII.

DIE TRÄUME

IN DEN

ALTFRANZÖSISCHEN KARLS- UND ARTUS-EPEN.

VON

RICHARD MENTZ.

MARBURG.

N. G. ELWERT'SCHE VERLAGSBUCHHANDLUNG.

1888.

Seinen lieben Eltern

gewidmet

vom Verfasser.

Alphabetisches Verzeichniss der benutzten Chançons und Romane.

1. Solche Gedichte die Träume enthalten:

A. Karlsepen.

Aiol F.: Aiol und Mirabel, her. von Förster, Heilbronn 1876 (360, 4692, 6713.)

Aiol N.: Aiol, ed. von J. Normand und G. Raynaud (Société des anc. textes fr.) Paris 1877 (359, 4690, 6712).

A. et A.: Amis et Amiles, ed. von K. Hoffmann, II. Aufl. Erlangen 1882 (866).

An.: Anséis de Mes hs. L Nr. 24377, Bibl. nat. Paris, nach der Copie von Harff (2ᶜ 16).

A.: Auberi, ed. in Keller's Romvart pg. 203–243 und in Tobler: Mittheilungen aus altfrz. Handschriften, Leipzig 1870 (212,12).

A. le B.: Aubery le Bourgoing p. p. P. Tarbé, Reims 1849 (71,17, 87,23, 113,29).

Aye: Aye d'Avignon, ed. in den Anciens poëtes franc. par Guessard (1180, 1954, 2510).

B.: Li Romans de Bauduin de Sebourc (p. p. M. Bocca) 2 vol. Valenc. 1841 (l. p. 153,81).

B. a. g. p.: Berte aus grans piés p. p. A. Scheler, Brüssel 1875 (1676).

Cor.: Li coronemens Looys ed. in Guillaume d'Orange par Jonckbloet (291).

Cov.: Li Covenans Vivien ed. in Guillaume d'Orange par Jonckbloet (1016).

D.: Doon de Mayence ed. in den Anciens poëtes franc. par Guessard (1726, 8142).

F.: Roman de Fierabras ed. in den Anciens poëtes franc. par Guessard (6136).

Gar.: Garin de Monglane Ms. fonds fr. 24403 Bibl. nat. nach der Copie von H. Müller (fol. 109ᵃ,25)

Gauf.: Gaufrey ed. in Anciens poëtes franc. par Guessard (9794).

Gayd.: Gaydon ed. in Anciens poëtes franc. par Guessard (316).

G. de B.: Gui de Bourgogne ed. par Guessard und Michelant in den Anciens poëtes de la France. (751).

G. de N.: Gui de Nanteuil ed. in den Anciens poëtes de la France (1574).

Gé.: Gérard de Rossillon ed. von Fr. Michel (366,20).

G. de. V.: Girard de Viane ed. von J. Becker in der Vorrede zum Rom. de Fierabras. Berlin 1829. (1893).

Girb.: Girbers de Metz Hs. B. (1649, fol. 56r°c°49 und fol. 67r°c°34).

H.: Horn ed. von Brede und Stengel, Marburg 1883 (730, 4656).

H. de B.: Huon de Bordeaux ed. in den Anciens poètes de la France par Guessard (593).

H. C.: Hugues Capet ed. in den Anciens poètes de la France par Guessard (1456).

Herv.: Hervis de Metz Hs. E. nach der Copie von Hub. (Tirade 13. Vers. 1116 und Tirade 61). ·

Mort A.: Mort Aymeri de Narbonne ed. von der Société des anc. textes. Paris 1884 (310, 334, 353, 366).

Og.: La Chevalerie Ogier de Danemarche oder Ogier l'Ardenois par Raimbert de Paris (1159, 8260, 12446).

Ra.: Raoul de Cambrai p. p. P. Meyer und A. Longnon (Société des anc. textes). Paris 1882 (3512, 8467).

Ren.: Renaus de Montauban p. p. Michelant, Stuttgart 1862 (112,18 171,18).

Ronc.: Roman de Roncevaux p. p. Fr. Michel, Paris 1869 (1015, 1026, 4224, 4263, 11731).

Rol.: Das altfranzösische Rolandslied ed. von Th. Müller (718, 724, 2525, 2555).

Chans. des S.: Chanson des Saxons p. Jean Bodel ed. von Francisque Michel. Paris 1839. (II. p. 169 Tir. 279,10).

V.: Voyage de Charlemagne à Jérusalem et à Constantinople ed. von Koschwitz. Heilbr. 1880 und 1883 (67).

B. Artus- und Abenteuer-Romane.

Am.: Amadis et Ydoine p. p. Hippeau, Paris 1863 (2070).

Bl.: Blancandin et l'Orgueilleux d'amour p. p. H. Michelant, Paris 1867 (3717, 5306).

Bel.: Le bel inconnu p. p. Hippeau, Paris 1860 (4443, 4521).

Cl.: Cliges von Chrestien von Troyes ed. von Förster, Halle 1884 (3356).

G. de P.: Guillaume de Palerne ed. von Michelant, Paris 1876 (1118, 3991, 4705, 5182).

Hav.: Lai d'Havelok le Danois ed. im Appendix zu Gaimar (cf. oben) von Thom. Wright (397).

M. Br.: Münchener Brut von Gottfr. von Monmouth, ed. von Hoffmann und Vollmöller, Halle 1877 (1203, 3923).

T.: Tristan, ed. von Fr. Michel, Londres 1835 (2031).

Oc.: Octavian ed. von Vollmöller im III. Bd. von Förster's afr. bibl. Heilbr. 1883 (248).

C. Erzählende Dichtungen anderer Art.[*])

Al.: Roman d'Alixandre ed. v. Michelant, Stuttgart 1846 (p. 6 Vers 21).

Br.: Roman de Brut p. Wace ed. v. Le Roux de Lincy, Rouen 1838 (679, 11524).

Gaim.: The agn. metrical chronicle of Geoffrey Gaimar ed. von Thom. Wright, London 1857 (194).

Rou: Roman de Rou, ed. von Andresen.

——— — —

[*]) Nur vergleichsweise herangezogen.

2. Keine Träume boten folgende Gedichte:

A. Karlsepen.

La bataille d'Alescans, ed. in den Anciens poëtes de la Fr. par Guessard.

Bueves de Commarchis p. p. A. Scheler. Brüssel 1874.

Li Charrois de Nymes, ed. von Jonckbloet in Guillaume d'Orange, Haye 1854.

Destruction de Rome p. p. G. Gröber Romania II.

Entrée de Spagne in „Nouvelles recherches sur l'Entréé de Spagne" p. Antoine Thomas, Paris 1882.

El. de St. G.: Elie de Saint Gille p. p. Raynaud, Paris 1879.

Foulque de Candie p. Herbert de Dammartin p. p. P. Tarbé, Reims 1860.

Floovant ed. in den Anc. poètes de la Fr. par Guessard.

Gormund und Isambert, ed. von Heiligbrodt in den Rom. Stud. III p. 549.

Jourdains de Blaivies, ed. v. K. Hoffmann, Erlangen 1882.

Macaire, ed. in den Anciens poëtes de la Fr. par Guessard.

Mort de Garin li Loherain p. p. du Méril. Paris 1845.

Otinel, ed. in den Anciens poëtes de la Fr. par Guessard.

Parise la Duchesse, ed. in den Anciens poëtes de la Fr. par Guessard.

Prise d'Orange, ed. von Jonckbloet in Guillaume d'Orange.

Prise de Pampelune, ed. in den Afrz. Gedichten von Adolf Mussafia. Wien 1884.

Le Roman d'Aquin p. p. Jouon de Longrais. Nantes 1880.

Bruchstück des Aspremont, ed. in den afrz. Romanen der St. Marcus Bibl. von Imm. Becker.

Auberon, herausg. in den Complementi della chanson d'Huon de Bordeaux von A. Graf.

Karl Mainet, ed. in Romania IV. von G. Paris.

Moniage Guillaume, hrg. in den Abhandl. der I. Cl. der k. bair. Akad. d. Wissensch. VI. Bd. III. von Konr. Hoffmann.

B. Artus- und Abenteuer-Romane.

Aucassin und Nicolete, ed. von Suchier.

L'Atre Perilleux, cf. Herrigs Archiv LII. p. 135.

Brun de la Montagne, ed. von Paul Meyer, Paris 1875.

L'histoire du Chatelain de Coucy p. p. Crapelet, Paris 1829.

Li Romans de la Charette, ed. von Jonckbloet im II. Bd. seiner Lancelot-Ausgabe.

Claris und Laris, ed. von Dr. Alton 1885 (für den litter. Ver. zu Stuttgart).

Li Chevaliers as deus espees, ed von Förster, Halle 1877.

Ch. au lyon: Le Chevalier au Lyon, ed. von Holland, Hannover 1880.

Dur.: Durmart le Galois, ed. von Stengel 1873 (für den litter. Ver. zu Stuttgart).

Dolopathos, ed. von Brunet und Montaiglon. Paris 1856.

Erec und Enide in der Ztsch. f. d. A. Band X.

1*

Flore et Blanceflore p. p. du Méril, Paris 1856.
Fergus, ed. von Martin, Halle 1872.
Gilles de Chin, ed. von Reiffenberg 1847.
Jehan et Blonde, ed. von Suchier im II. Bd. der Oeuvres compl. de Beaumanoir.
Joufrois, ed. von Konr. Hoffmann, Halle 1880.
Lai d'Amors, Romania VII. 407 ff.
Lai de Doon, Romania VIII. 59 ff.
Lai de l'Espervier, Romania VII. 3 ff.
Lai de Guingamor, Romania VIII. 50 ff.
Lai du Lecheor, Romania VIII. 64 ff.
Lai de Tydorel, Romania VIII. 66 ff.
Lai de Tyolet, Romania VIII. 41 ff.
Lais de Marie de France, ed. von Warnke, Halle 1885.
Roman de la Manekine, ed. von Suchier, Paris 1884 für die Société des anc. textes franc.
Percev. : Perceval li Gallois, ed. von Potvin, Mons 1871.
Partonopeus de Blois, ed. von Crapelet, Paris 1834.
Rom. de la Violette, ed. von Fr. Michel, Paris 1834.
Escanor von Gir. d'Amiens, ed. von Michelant 1886.
Mesire Gauvain p. p. C. Hippeau, Paris 1862.
Meraugis de Portlesguez von Raoul de Houdenc p. p. Michelant, Paris 1861.
Messire Thibaut, Li romanz de la Poire p. p. Fr. Steblich, Halle 1881.
Richars li Biaus, ed. von Dr. W. Förster, Wien 1874.

1. Jedem unbefangenen Leser der altfranzösischen Epen wird die grosse Zahl von Träumen auffallen, die in uns ihnen begegnen. Immer und immer wieder treffen wir sie in den mannigfaltigsten Variationen und in den verschiedensten Verwendungen an. Freilich haben sich ja die Dichter zu allen Zeiten dieses Mittels bedient, sei es, um die Seelenzustände der Personen zu schildern, sei es, um die ganze Handlung interessanter und lebendiger zu machen. Aber in dieser Häufigkeit der Verwendung treffen wir sie doch nirgends so wie in den altfranzösischen Epen an. Sie machen geradezu einen hervorragenden Charakterzug derselben aus. Dazu kommt, dass mit den verschiedenen Klassen von Chançons sich auch der Charakter der Träume ändert. Es liegt daher auf der Hand, dass eine eingehende Untersuchung der Träume der Kenntniss der altfranzösischen Epen direkt zu gute kommen muss und habe ich mich zu diesem Zweck der Aufgabe unterzogen, die in den altfranzösischen Epen vorkommenden Träume zu sammeln und näher zu untersuchen.

2. Vorabeiten, die ich hätte benutzen können, existieren nicht; ich war lediglich auf gelegentliche Bemerkungen in den Ausgaben der verschiedenen Chançons angewiesen. Daneben aber kam mir ein Entwurf des Herrn Dr. Banning sehr zu statten, der das vorliegende Thema als Dissertation hatte bearbeiten wollen, später aber davon zurückgekommen war.[1]

3. Als Material habe ich ausser den Artus- und Abenteuer-Romanen die Epen benutzt, welche zum Cyclus Karls des Grossen gehören und noch einige mehr isolirt stehende Epen, die jedoch nur zum Vergleich herangezogen wurden. Im übrigen bin ich stets bemüht gewesen, auch die gleichzeitigen deutschen Epen [2] so viel wie möglich heranzuziehen und werde ich mehr als ein Mal Gelegenheit haben, auf verwandte Erscheinungen in denselben hinzuweisen.[3]

4. Bevor ich nun zu dem eigentlichen Gegenstand meiner Arbeit übergehe, ist es nötig, zuvor zwei Punkte zu erledigen, die für die Begrenzung meiner Arbeit von Wichtigkeit sind.

I. Man kann — besonders vom psychologischen Standpunkte aus — in den Träumen einfach nur Vorempfindungen, Vorahnungen sehen, die der Betreffende statt im wachen nur im schlafenden Zustande bekommt. Damit würden die Ahnungen als vollständig gleichberechtigt den Träumen zur Seite stehen und es wäre dann meine Aufgabe, auch diese zu behandeln. Solche Vorempfindungen kommen in den Chansons in der That auch vor. Als z. B. Karl der Grosse dem Ganelon die Insignien eines Gesandten übergiebt und dieser den Handschuh des Kaisers fallen lässt, fürchten die Franzosen, dass aus Ganelon's Gesandtschaft Unheil erwachsen würde,

Rol. (334, 335) Dient franceis: deus que purrat co estre De cest message nos vendrat grant perte.

---

1) So verdanke ich ihm ausser manchen interessanten Einzelheiten auch die Anregung zu einer textkritischen Untersuchung der Träume des Rolandliedes und des Romans de Montauban.

2) Die gleichzeitige lateinische Litteratur bot weniger Gelegenheit zur Vergleichung, da sie für die Träume fast ausschliesslich Visionen verwendet. cf. A. Ebert, Allgemeine Geschichte der Litteratur des Mittelalters im Abendlande.

3) Natürlich kann man mit gutem Recht hierfür nur solche deutsche Epen herbeiziehen, die auch deutschen Ursprungs sind.

eine Ahnung, welche sich im weiteren Verlauf als wohlbegründet erweist. Aber solche Ahnungen kommen doch
ausserordentlich selten vor, und da sie überdies niemals
wirklich durchgeführte Bilder von dem Bevorstehenden enthalten, glaube ich sie hinfort ausser Acht lassen zu können.
II. Eine andere Frage ist es, wie man sich zu den
Visionen stellen soll, die der Betreffende im wachen Zustande
bei hellem Tage hat. Sind diese zu den Träumen zu zählen
oder nicht? So hat im Rolandslied Karl der Grosse eine
Vision: Karl befindet sich auf der Verfolgung der Sarazenen,
aber schon beginnt es dunkel zu werden, so dass Karl
fürchtet, die Feinde möchten ihm im Schutze der Dunkelheit
entfliehen. Da bittet er Gott, die Sonne in ihrem Lauf auf-
zuhalten und — seine Bitte wird erhört. Ein Engel verkündet ihm, dass Gott ihm helfen werde und fordert ihn zur
Verfolgung des Feindes auf. Die Sonne bleibt in der That
stehen und Karl kann das Sarazenenheer vernichten Rol. (2447)
und Ronc. (4130). [1]) — Einen Befehl überbringt die Vision
im Roman de la Manekine: Hier hört Urban eine himmlische
Stimme, die ihm befiehlt, einen bestimmten Weg zu gehen,
dort werde er eine menschliche Hand finden. Er thut, wie
ihm befohlen und findet die Hand der Königin, die ihr früher
abgehauen war. Er bringt ihr dieselbe und sie heilt wunderbarer Weise wieder an.

Um ein weiteres Beispiel anzuführen, so sieht Gauvains
in einer Kapelle eine schwarze Hand, die die ganze Kapelle
erleuchtet, dabei hört er eine Stimme, die jammert und klagt
(Percev. 19926); so sind gerade im Perceval eine Menge von
Beispielen — ich erinnere nur an das wunderbare Bett, das
den darin Liegenden durch alle möglichen Spukgestalten
erschreckt — die aber sämmtlich des Bildlichen fast ganz
entbehren und zum grössten Theil keinem anderen Zweck
dienen, als die Situation möglichst unheimlich und schrecken-
erregend zu machen. In den meisten übrigen Fällen haben
sie schon einen etwas höheren Zweck, indem sie zur Ueber-
mittelung göttlicher Befehle verwandt werden. Aber das ist
auch alles, eine bildliche Vorführung des zukünftigen Ereig-

---

1) So schon bei Turpin! In beiden Fällen ist die Bibel zu Grunde
gelegt; cf. Josua, Cap. 10 Vers 12.

nisses, das wesentliche Merkmal eines prophetischen Traumes[1]),
ist in ihnen nie vorhanden. Sie bestimmen nur den Betreffenden
zu irgend einer Handlung und stehen somit selbst den oben
erwähnten Vorahnungen nach, welche doch immerhin eine
rätselhafte, unklare Empfindung repräsentieren, die in den
späteren Ereignissen ihre Erklärung findet.

Nur eine Vision ist mir bekannt, die sich der Natur
der Träume ausserordentlich nähert, ich meine die Vision
Durmart's, die nicht nur Bildliches enthält, sondern auch eine
genaue Auslegung entbehrt.

Durmart kommt bei Anbruch der Nacht in einen Wald. Da sieht
er einen Baum mit hell brennenden Kerzen und darunter ein Kind, dessen
Glanz noch das der Kerzen überstrahlt. Erschreckt bekreuzigt sich Durmart, da hört er eine Stimme, die ihm befiehlt weiter zu gehen, wenn er
aber jemals wieder dieser Erscheinung (mervelle) begegne, solle er den
Befehlen, die ihm aufgetragen würden, genau nachkommen, sonst würde
er dem Tode verfallen (Dur. 1512—42). Als er einige Tage darauf auf
die Jagd reitet, begegnet ihm dieselbe Erscheinung. Eine Stimme vernimmt er, die ihm befiehlt, nach Rom zu gehen, dort werde er von dem
heiligen Vater eine Erklärung dieser Erscheinung erhalten. Durmart
unternimmt in Folge dessen eine Reise nach Rom, erzählt dem Papste
seine Vision und erhält von ihm eine eingehende Auslegung derselben.
Der Baum bedeutet demgemäss die ganze Welt, die Lichter stellen die
Menschen dar und zwar die hell leuchtenden die guten, die ins Paradies
kommen, und die trübleuchtenden die schlechten, die zur Hölle fahren.
Das Kind aber, das alle Lichter noch überstrahlt, bedeutet Jesus Christus,
ihm soll er gehorchen.

Das ist die einzige Vision, die sich der Natur der Träume
nähert, sie ist von grösserer Ausführlichkeit, hat Bilder zum
Inhalt und erfährt nachher sogar eine genaue Interpretation,
im übrigen aber zeigen die Visionen eine von den Träumen
so wesentlich verschiedene Natur, dass ich mich für berechtigt
hielt, sie aus meiner Arbeit auszuscheiden.

5. Wenn ich in obigen von Visionen gesprochen habe,
so sind damit immer übernatürliche Erscheinungen gemeint,
die der Mensch in wachem Zustande — bei hellem Tage —
gehabt hat. Nun giebt es aber noch eine ganz besondere
Art von Erscheinungen, die ich von diesen Visionen sowohl
wie von den Träumen geschieden haben möchte. Sehr oft
finden wir nämlich folgende Situation vor: Der Mensch
schläft, ein Engel tritt herzu, und der Schlafende wird durch

---

1) Nur der Gattung der prophetischen Träume könnten sich die
Visionen überhaupt anschliessen.

den Schein oder die Stimme des Engels wach, der Engel
berichtet seine Botschaft, verschwindet wieder und der Mensch
schläft wieder ein. — Da liegt, wie es auf den ersten Blick
erscheint, eine einfache Vision vor, die der Mensch im wachen
Zustande — er ist ja wach geworden — gehabt hat. Aber
könnte nicht der Schlafende so lebhaft geträumt haben, dass
er am nächsten Morgen glaubt, er habe die Erscheinung
wirklich gesehen, während er thatsächlich nur von ihr geträumt hat?

Eine solche Ansicht, so ansprechend sie auch wäre, ist
aber als haltlos abzuweisen, denn diese Visionen sind doch
in ihrem ganzen Charakter, in Form und Inhalt so verschieden
von den Träumen, dass sie durchaus nicht mit denselben
verquickt werden können. Um das darzuthun, will ich zunächst eine Untersuchung solcher Visionen anstellen und
auf ihre Unterschiede von den Träumen hinweisen.

A. Die traumähnlichen Visionen.

6. Es giebt, wie oben bemerkt, eine Anzahl Visionen,
die eine gewisse Ähnlichkeit mit den Träumen haben, und
zwar sind es die prophetischen Träume, denen sie sich anschliessen, die sinnlichen Träume sind ganz anderer Natur,
als dass sie mit den Visionen in irgend welche Parallele
gestellt werden könnten. Diese sind daher bei der unten
folgenden Vergleichung von Traum und traumähnlichen Visionen unberücksichtigt gelassen.

7. Was zunächst die Bezeichnung für die Vision
betrifft, so bieten die Texte avision, vision und songe.
Die Bezeichnung songe kommt nur in einem Epos vor (in
Garin de Monglane) und da dieses Gedicht, wie unten gezeigt,
auch in anderer Beziehung von allen anderen Epen abweicht,
so können wir, indem wir Gar. allen andern Epen entgegen
setzen, songe als Bezeichnung einer Vision abweisen. Es
bleiben demnach die Ausdrücke avision und vision. [1]
Das entsprechende Verbum „eine Vision haben" wird durch
avoir une vision oder durch veoir ausgedrückt, meistens

---

1) Als Beispiele mögen folgende dienen: Une „avision" li vint en
son dormant (Gayd. 329). Ce li sembloit en „vision" (Oct. 250). „Une
vois vint" qui l'esvilla (Gilles de Chin 1725). „Si li dist une vois"
(B. II. 146, 24).

aber werden diese Ausdrücke durch andere Redewendungen
umschrieben, wie durch une vois vint, un angelos vint,
une vois dist etc.

8. Was die äusseren Umstände betrifft, unter denen
eine solche Vision eintritt, so sind es immer dieselben. Der
Betreffende liegt im Bett und schläft, plötzlich hört er eine
feierliche Stimme, die ihm irgend einen Befehl Gottes mitteilt. So hört Bauduin de Sebourc eine Stimme, die ihm
befiehlt, in den Wäldern Eremit zu werden (B. II. 146,21), und
hernach wird Croissans durch dieselbe Stimme beordert, den
Bauduin aufzusuchen und sich ihm anzuschliessen (B. II. 260,5).
In beiden Fällen ist von einer Person, die gesprochen, nicht
die Rede, die Betreffenden haben nur die Stimme gehört.
Meistens ist es aber ein Engel, der die Schlafenden anredet
und sie entweder durch seine Stimme oder schon durch das
helle Licht, dass er verbreitet, erweckt. So erscheint dem
kranken, von der Miselsucht befallenen Amis ein Engel, dessen
heller Lichtschein ihn aus dem Schlafe weckt (A. u. A. 2795).
Ebenso werden Gaydon (Gayd. 10655), Karl der Grosse (G.
de B. 147 u. 4092) und Garin (Gar. 60ᵃ,54) durch den hellen
Schein eines Engels erweckt. ¹)

9. Immer treten die Engel als Boten Gottes auf, nicht
nur, dass sie den Befehl als von Gott kommend bezeichnen,
sondern sie kündigen sich selbst als Engel und Boten Gottes an.

„Ne sui pas hons terrestre, ains sui esperités"
sagt der Engel zu Karl dem Grossen (G. de B. 4097). Aehnlich heisst es in Gar. (84):

„Je ne suis hons terrestre ne l'aiez pas quidié Ains sui angelez du
ciel diex m'a ci envoié" etc.

Meistens aber beschränkt sich der Engel darauf, den Befehl
als von Jesus Christus resp. Gott kommend zu bezeichnen.

„Jhesus te mande, li rois de paradis"
heisst es im Gayd. (10663) und ähnlich in G. de B. (4098):

„Ce te mande li Sires qui en crois fu penés"
und in A. u. A. (3162). In Gar. geht der Befehl von Gott
aus (Gar. 89):

„Ce te mande li sires qui la terre a formee."

---

1) Um ein Beispiel anzuführen, citiere ich G. de B. (4092): Karles li
empereres se coucha en son tref. Après la mie nuit quant son songe ot
finé, Atant es .I. bel angre qui gete grant clarté Aussi com s'il tenist .I.
grant chierge alumé.

Ebenso in Moniage Guillaume (835) und G. de B. (154) — Während in allen diesen Beispielen Engel auftreten, erscheint in Gil. de Ch. Jesus Christus selber. Er erscheint in seinem ganzen Glanze „so hell leuchtend wie die Sonne, wenn sie am hellsten scheint im Sommer" (Gil. de Ch. 1731).

10. So haben wir also entweder himmlische Stimmen oder Engel oder Christus selber als die Verkünder des göttlichen Willens zu verzeichnen. Immer wird dabei mit klaren Worten gesagt: So will es Gott, dass sollst Du thun. — Das wäre die äussere Form, in der sich eine solche Vision den Betreffenden darstellte.

11. Was nun den Inhalt derselben betrifft, so sind es mit geringen Ausnahmen sämmtlich göttliche Befehle.

So bekommt Bauduins die Weisung Eremit zu werden (B. II. 146, 21) und Croissans wird beordert, sich ihm anzuschliessen (B. II. 260, 5). Guillaume d'Orange wird auf den göttlichen Befehl hin Einsiedler (Mon. Guill. 832), Wilhelm von Oranien geht nach Genua ins Kloster und überlässt sein Reich seinem Sohne (Mon. Guill. 60)[1]) und Gilles de Chin unternimmt einen Kreuzzug, wie ihm Christus befohlen (Gil. de Ch. 1725)[2]). Karl der Grosse, der lange Zeit Luiserne vergebens belagert hat, erhält den Befehl nach St. Jacques zu gehen und dort zu beten (G. de B. 4092). Gaydon eilt auf Befehl des Engels Karl dem Grossen zu Hilfe, der in die Gewalt seiner Feinde geraten war und in Gefahr schwebte, aus Frankreich entführt zu werden (Gayd. 10650). Karl der Grosse seinerseits erhält den Befehl, Syrien zu erobern und dem König Vivien von Antiochien gegen die Heiden zu helfen (Rol. 3991). Garin schliesslich erhält die Weisung, sein väterliches Erbe an den jüngeren Bruder abzutreten und selbst auf Abenteuer auszuziehen (Gar. 75). — Einen besonders heiklen Befehl erhält Amis: Dieser bekommt von dem Engel den Auftrag, seinen Freund Amiles zu bewegen, seine beiden Söhne zu töten und sich dann — Amis leidet an der Miselsucht — mit deren Blut zu bestreichen, nur dadurch könne er von seiner Krankheit wieder genesen. Nach langem Widerstreben thut Amis das, Amiles willigt mit blutendem Herzen ein und der Kranke wird wieder gesund. Aber durch ein Wunder werden auch die beiden Söhne des Amiles wieder lebendig (A. u. A. 860 ff.)

Ueberall haben wir also göttliche Befehle zu verzeichnen, die den „Schlafenden"(?) zu irgend einer Handlung auffordern.

---

1) In der jüngeren Bearbeitung des Stoffes von Guillaumes de Batpaumes fehlt die Engelepisode, in Folge deren er ins Kloster geht.

2) Den Gilles fordert Christus — Christus ist hier an Stelle des Engels erschienen — nicht direkt zum Kreuzzug auf, er schildert ihm nur die Qualen, die er bei der Kreuzigung erduldet, aber am Morgen findet Gilles zu seiner Ueberraschung Briefe vor, die die Erscheinung zurückgelassen und die ihn zum Kreuzzug auffordern.

Eine orakelhafte Weissagung auf die Zukunft die sich in Bildern und Allegorien ausdrückt, haben wir nirgends gefunden.

12. Allerdings kommen wohl Prophezeiungen vor, aber diese sind zunächst ausserordentlich selten und dann so wenig verschleiert, so knapp und präcis, dass sie jede Deutung überflüssig machen. Meistens ist dabei die Prophezeiung überhaupt nebensächlich. Der göttliche Befehl ist die Hauptsache, und gleichsam, um den Betreffenden zur Ausführung dieses Befehls anzuspornen, wird ihm irgend etwas Gutes verheissen.

So muss Croissans im Auftrage des Engels dem Eremiten Bauduins einen Befehl Gottes überbringen, wonach er nach Syrien gehen solle. Hier, so lautet dann die Prophezeiung, werde er erfahren, wer seine Eltern gewesen, zu Macht und Ansehen werde er hier gelangen und zum König von Jerusalem gekrönt werden (B. II. 260,5). Diese ganze Prophezeiung hat doch weiter keinen Zweck, als ihn zu der Reise nach Syrien zu bewogen, also dem Befehl Gottes nachzukommen.

Aehnlich wird Karl der Grosse durch die Verheissung glücklicher Nachrichten zu der Erfüllung des göttlichen Befehls angespornt: Dieser wird bei der Belagerung von Luiserne von dem Engel aufgefordert nach St. Jacques zu gehen, um dort zu beten. Karl muss dieser Befehl sehr ungelegen kommen, denn er als Kriegsmann hat jetzt doch etwas besseres zu thun als nach St. Jacques zu pilgern. Aber die Verheissung glücklicher, froher Nachrichten lässt ihn dem göttlichen Befehl nachkommen. In der That erfährt er bald in St. Jacques, dass Luiserne genommen und die Feinde vertrieben wären (G. de B. 4092).

Andrerseits — hier tritt es so recht hervor, wie die Verheissungen nur einen Druck auf den Betreffenden ausüben wollen, um den göttlichen Willen zu erfüllen — wird dem Garin ein baldiger Tod prophezeit, wenn er nicht sein väterliches Erbe an seinen jüngeren Bruder abtrete (Gar. 98).

Ueberall also der Befehl und die Ausführung desselben die Hauptsache, die Prophezeiungen nur secundär und im Interesse der Erfüllung des Gebots.

13. Nur zwei selbständige Prophezeiungen liegen vor und diese sind noch dazu in demselben Epos vorhanden, in

dem sich schon die eine ganz abweichende und auffällige Bezeichnung „songe" fand. In Gar. (fol. 60ª54) wird dem Garin von einem Engel verkündet, er werde in nächster Zeit wegen eines Mädchens mit einem tapferen Ritter, Rohars mit Namen, zu kämpfen haben, und ein anderes Mal verkündet ihm der Engel, der nächste Tag werde ihm ein so grosses Unglück bringen, wie ihm in seinem ganzen Leben keins mehr zustossen werde (Gar. fol. 84ª21). Beide Prophezeiungen treffen ein, denn er hat wirklich einen Kampf mit dem genannten Ritter zu bestehen und andrerseits bringt ihm der in der zweiten Vision bezeichnete Tag in der That grosses Unglück, indem er seinen Feinden in die Hände fällt. Das sind die einzigen selbständigen Prophezeiungen, die in den Visionen vorkommen, im Uebrigen haben wir nur Befehle. Und diese beiden Visionen haben mit den Träumen nur das gemein, dass sie prophezeien, im übrigen sind sie von der Natur der Träume gerade so weit entfernt, wie die anderen Visionen, denn von Bildlichem zeigen sie keine Spur, nichts, das nach irgend einer Seite hin gedeutet oder ausgelegt werden könnte.

14. Wir haben also folgende Resultate für diese traum-ähnlichen Visionen erhalten:

a) Was die Bezeichnung derselben betrifft, so heissen sie „avision" oder „vision", nicht „songe".

b) In Betreff der inneren Form steht fest, dass die Visionen sich nie in bildlicher Weise ausdrücken.

c) Was die äussere Form betrifft, so sind die Träger der Vision entweder Christus selbst (einmal) oder Engel (das die Regel) oder himmlische Stimmen (zweimal) und

d) ist der Inhalt einer solchen Vision lediglich ein Befehl Gottes. Nur 2 Visionen mit selbständigen Prophezeiungen kommen vor und diese sind nicht zu den Träumen zu rechnen, da sie durch a, b und c als zu den Visionen gehörig charakterisiert werden.

15. Um nun ein anschauliches Bild von dem Unterschiede zwischen traumähnlicher Vision und Traum zu bekommen, wird es sich empfehlen, eine Normalvision, d. h. eine Vision, die obigen 4 Criterien voll entspricht, mit einem Normaltraum zu vergleichen. Ich wähle hierzu die Vision Gaydons — durch welche er bewogen wird, Karl zu Hülfe zu kommen — und einen Traum Karls des Grossen in G. de V. (1911).

16. a) Gaydon's Vision. Alori, dessen Bruder Gui und Verwandte desselben haben den Tod Karls des Grossen beschlossen, sie haben sich zu dem Zweck zunächst in Karls Vertrauen einzuschleichen gewusst und es erreicht, dass er sich ganz ihrer Führung anvertraut hat. Karl der Grosse ist damit in ihrer Gewalt; gerettet wird er aber durch Gaydon. Dieser schläft, nichts Böses ahnend, in seinem Bett, plötzlich erscheint ein Engel, vor dessen strahlender Erscheinung er aufwacht. Erschreckt bekreuzigt er sich, der Engel beruhigt ihn aber und sagt ihm, dass er von Jesus geschickt sei und ihm den Befehl zu überbringen habe, sich sofort zu erheben, seine Leute zu bewaffnen und Karl aus der Gewalt Gui's und seines Bruders zu befreien, die im Begriff ständen, ihn aus Frankreich zu entführen. Er solle schnell diesem Befehle nachkommen. Das thut nun Gaydon auch, erreicht die Verräther, schlägt sie in die Flucht und befreit Karl den Grossen.

17. b) Karls des Grossen Traum. Roland und Olivier haben sich bitter entzweit. Olivier hat Karls Heer mit 100 Rittern verlassen und die Anhänger Rolands, wie sie ihm gerade in den Weg kamen, getötet. Karl der Grosse beklagt den traurigen Streit tief. Des Nachts hat er aber einen Traum, der ihm baldige Beilegung des Streites verkündet. Er sieht nämlich im Traum, wie er seinen Habicht auf der Hand hat. Da fliegt ein Falke vorbei und der Habicht stürzt sich auf ihn, ein heftiger Kampf entspinnt sich, beide bluten; Karl hat grosse Besorgnis für seinen Habicht, er bittet Gott, ihm seinen Habicht zu erhalten. Die Bitte scheint zu fruchten, denn plötzlich stellen beide die Feindseligkeiten ein und es herrscht Friede zwischen ihnen. Der König ist sehr erfreut darüber, er wacht auf und ruft einen weisen „maistre" herbei, der ihm den Traum auslegen soll. Dieser deutet folgendermassen: der Habicht, den Karl auf der Hand trägt, ist Roland, sein Lieblingskämpe, der Falke, auf den sich der Habicht stürzt, ist Olivier. Zwischen beiden wird es zu einem harten Kampfe kommen, aber sie werden sich versöhnen und wieder Freunde werden. Der Kaiser ist über diese Auslegung natürlich sehr erfreut. — Die Prophezeiung erfüllt sich in der That vollständig, beide Helden kämpfen hartnäckig mit einander, aber es kommt zu keiner Entscheidung. Da steigt ein Engel vom Himmel herunter, gebietet Frieden und weist sie auf Spanien hin, wo beide vereint weit bessere, nützlichere Thaten verrichten könnten.

18. Um zunächst mit der Bezeichnung zu beginnen, so wird Gaydon's Vision nicht besonders genannt, es heisst einfach:

une vois qui vint de paradis.

Was für uns aber von Wert ist, ist der Umstand, dass Ausdrücke wie songe oder songer nicht gebraucht werden. Diese treffen wir aber sofort in Karl's Traum, wo es anfangs heisst „songa un songe" und auch später noch songer gebraucht wird. Grosse Unterschiede sind ferner hinsichtlich der äusseren Form, unter der der Befehl resp. die Prophezeiung in beiden Fällen mitgetheilt wird, zu konstatieren. Der von der Vision befangene Gaydon sieht als einziges lebendes Wesen nur den Engel, Karl der Grosse aber erblickt eine bunte Reihe von Gestalten: er sieht sich selbst mit dem Habicht, er sieht den Falken, sieht beide kämpfen, vor seinen Blicken spielt sich eine ganze Handlung ab, die ihm das grösste Interesse einflösst. Wie anders dagegen in der Vision: keine Handlung, kein lebensvolles Bild, nur eine trockene Aufforderung von seiten des Engels, Karl zu Hülfe zu eilen.

Am grössten ist aber der Unterschied zwischen beiden Erscheinungsarten in der inneren Form. In Gaydons ganzer Vision — und sie gehört zu den längsten und ausführlichsten — ist nichts bildlich ausgedrückt, alles ist in klaren, verständlichen Worten gesagt, die keine Nebendeutung zulassen. In Karls Traum dagegen finden wir alles bildlich ausgedrückt: der Habicht stellt Roland, der Falke Olivier dar, der Kampf der beiden Vögel allegorisiert also nur den Kampf der beiden Helden. Das ganze Bild ist für Karl zunächst so unverständlich, dass er erst der Hülfe des maistre bedarf, um die Bedeutung des Traumes zu verstehen: ein charakteristischer Zug, wenn man bedenkt, wie klar und bestimmt der Befehl in der Vision dagegen lautet.

Schliesslich ist der ganze Kern, der Inhalt, der beiden Erscheinungen ein anderer, denn, während die Vision Gaydon's einen Befehl repräsentirt — Karl zu Hülfe zu eilen — ist der Traum Karls lediglich eine, Prophezeiung auf die Zukunft. —

19. Wenn ich im Anfang dieses Abschnitts eine Charakteristik der traumähnlichen Visionen gab, so weiss ich wohl, dass dieselbe nicht erschöpfend genug ist, aber mir kam es vor allem darauf an, die Eigenschaften hervorzuheben, die sie von den Träumen unterscheiden.

B. Eigentliche Träume.

20. Nachdem im vorhergehenden die traumähnlichen Visionen untersucht sind und dargethan ist, wodurch sie sich von den eigentlichen Träumen unterscheiden, ist es nunmehr meine Aufgabe, auf letztere näher einzugehen.

21. Zunächst kann es gar keinem Zweifel unterworfen sein, dass die Franzosen jener Zeit an die Bedeutung der Träume geglaubt haben. Wenn z. B. ein Ritter durch einen bösen Traum von der lebhaftesten Besorgniss für die Zukunft erfüllt

wird, so muss er an die Bedeutung der Träume glauben. Ebenso wenn or sich einen Traumdeuter rufen lässt. Und derartigen Fällen begegnen wir ja oft. Aber es sind auch noch direktere Beweise vorhanden. So heisst es im Aiol, wo Mirabiaus ihren Gatten zum sofortigen Aufbruch aus dem Kloster veranlasst — wegen eines bösen Traumes den sie gehabt:

Qui consel ne vieut croire bien doit doit prendre mal cief A. N. 6741.

Also „dem Rat eines Traumes muss man folgen, wenn man nicht Gefahr laufen will." Aehnlich im Aiol F. (4707), wo es in Bezug auf Ylaire's Traum heisst:

Qui consel ne uieut croire bien doit estre honis.

22. Freilich finden sich auch Personen, die von Träumen nichts wissen wollen, aber das sind nie die Träumenden selbst, sondern allemal Freunde, denen die betreffenden ihren Traum erzählen und die ihren Genossen nun die Furcht vor dem bevorstehenden Unglück nehmen wollen. Beispiele können das am besten erläutern.

Dem Auberi wird im Traum ein baldiger Tod prophezeit, ganz bestürzt darüber erzählt er dem Lambert seinen Traum. Dieser sucht ihn aber zu beruhigen, er solle sich nicht ängstigen, sagt er:

„De sifet songe ne dorroie .I. boton."

Er will ihm hiermit doch nur die Angst nehmen, er für seine Person mag dabei doch an den Traum glauben (A. le B. p. 114.)

Oder ein anderes Beispiel:

Rodmund hat einen bösen Traum, den er seinem Freunde, dem Hardre, erzählt. Dieser sucht ihn aber zu beruhigen H. (4666).

. . . en sunges ne crerrai Fable est devenut quancunkes sungai.

Auch hier soll Rodmund nur beruhigt werden. Dass Hardre in Wirklichkeit nicht an Träume glaubt, ist damit nicht erwiesen. Es wären also beide Fälle als nicht stichhaltig abzuweisen.

23. Ein Fall existiert in den Volksepen allerdings, wo der Held nicht an Träume zu glauben scheint. Ich meine Renaus de Montauban, der seiner besorgten Frau auf die Erzählung ihres wunderbaren Traumes zur Antwort giebt:

. . . faites pais, si m'oies. Li hom qui croit en songe a bien Deu renoié. (Ren. 172.1)

Was mag den Dichter bewogen haben, dem Renaus diese Worte in den Mund zu legen, während er sonst doch überall den

Traum in seine Rechte treten lässt? Ich glaube annehmen zu
können, dass das für ihn nur ein Mittel war, um den Renaus als
einen besonders beherzten Helden schildern zu können. So zeichnet er sich dadurch sogleich vorteilhaft vor seinen Brüdern aus,
die, durch den Traum erschreckt, jetzt um keinen Preis zu
den Unterhandlungen gehen wollen. Renaus aber zeigt sich
als echter Ritter: er vertraut auf das ihm gegebene Wort
und ohne Waffen begiebt er sich nach Vaucouleur (cf. § 146).
Freilich weiss er, dass er sich damit in eine grosse Gefahr
begiebt, aber ihm gilt ein Manneswort als unantastbar, was
braucht er da auf die Warnung eines Traumes zu hören!
Wenn nun das Unglück hernach doch über ihn hereinbricht,
so ist die Teilnahme an dem Schicksal des Helden um so
grösser. Es war also ein ausgezeichneter Kunstgriff, die
allgemeinen Gesetze zu durchbrechen und den Renaus hier
ausnahmsweise die Traumwarnung nicht beachten zu lassen. [1]

Im übrigen können wir aber für die Franzosen des XII.
und XIII. Jahrhunderts unbedingten Glauben an die Träume
annehmen.

24. Fragen wir nun nach der Erklärung dieser Erscheinung, so beruht dieselbe auf der damals allgemein herrschenden
Ansicht, dass die Träume durch göttliche Inspiration hervor-
gerufen wurden.

So wendet sich Karl der Grosse, als er von einem Traum
erwacht, sofort an Gott als an den, der ihm das Traumbild
geschickt (D. 8161):

Biau sire Dex, fet-il, qui me set conseillier Chest songe merveilleux
aprendre et enseignier etc.

Auch im Rol. ist eine Stelle bezeichnend für diese Auffassung. Karl der Grosse hat hier einen Traum gehabt (Rol.
718—36), den er am nächsten Morgen dem Herzog Naymes
erzählt. Im Traum ist ihm nun kein Engel erschienen, trotzdem sagt er zu dem Herzog:

Enoit m'avint une avision d'angele (Rol. 836).

Also für ihn ist es selbstverständlich, dass ihm ein Engel

---

1) In der deutschen Literatur verwenden die Dichter dieses Mittel mit
ganz besonderer Vorliebe. So sucht Uote (Nibel., 450 nach Lachm.),
durch ängstliche Träume erschreckt, die Burgunder von ihrer Fahrt nach
Ungarn zurückzuhalten, aber Hagen antwortet: Swer sich an troume
wendet dörn weiz der rechten maere niht ze sagene. — Aber er hätte gut
gethan, Uote's Rat zu folgen, da ja das ganze Heer zu Grunde geht.

diesen Traum inspiriert hat und da der Engel ja immer nur als ein Werkzeug Gottes dient, würde der Traum demnach auf eine Eingebung Gottes zurückzuführen sein. — Einmal allerdings wird ein Traum als vom Teufel eingegeben bezeichnet. In D. (8312) hat sich nämlich Karl der Grosse in Folge eines Traumes, nur von Garin de Monglane und Doon begleitet, dem feindlichen Heer entgegen gestellt, aber bald sieht er sich umzingelt und als er nun nirgends mehr Rettung erblickt, meint er, der Traum sei ihm vom Teufel eingegeben.

Penser me fist déable que je li ai véé [1])

Aber dies Beispiel steht mit den obigen durchaus nicht in Widerspruch, denn gerade der, welcher an eine göttliche Inspiration der Träume glaubt, wird geneigt sein, einen böswilligen Traum auf Rechnung des Teufels zu setzen.

Es steht also fest, dass man in jener Zeit die Träume auf göttliche Inspiration zurückführte und daher auch keinen Zweifel an der Richtigkeit ihrer Prophezeiungen aufkommen liess.

a. Bezeichnung der Träume.

25. Wenden wir uns nach dieser Vorbesprechung zu den Träumen als solchen. Die Bezeichnung derselben lautet verschieden: songe, avision und vision. Ersterer ist der bei weitem am häufigsten vorkommende Ausdruck und giebt auch wohl die Bedeutung unseres „Traum" am besten wieder, da avision und vision ja auch für Visionen gebraucht werden. Die Bezeichnung reve habe ich sonderbarer Weise nirgends gefunden. — Für „träumen" lauten die altfranzösischen Ausdrücke sehr verschieden: songier, songier un songe, veoir une vision (avision), songier une vision, veoir, sambler, alles ist vertreten. rever habe ich nur ein einziges Mal gefunden, im Rom. de la Char., wo es Vers 6343 heisst

Est-ce songes où vos resvez?

Für alle anderen Ausdrücke giebt es Belege genug:

Si songiés toute nuit (D. 8325). Anuit songai .I. songe (A. N. 359). Anuit vi une avision (Aye 1955). Anuit songai une fiere avison (A. et A. 867). Ennuit m'iert vis (Cov. 1016). En dormant li sambloit que (B. a. g. p. 1678).

---

1) Denn dass Gott falsche Träume einflösst, ist unmöglich, so sagt Karl der Grosse in D. (8167): Onques Dieu ne gaba crestien qui l'ot chier.

b. Die Personen, welche träumen.

26. Geht man nun näher auf die Personen ein, die uns in den Chançons als träumend vorgeführt werden, so wird man bald finden, dass die Dichter in der Wahl der Personen nicht willkürlich gewesen sind. Heiden träumen nie, auch die edelsten und grössten Helden unter ihnen, sie haben nicht die Vergünstigung in die Zukunft zu blicken. Und mit Recht: sah man doch in jener Zeit in den Träumen eine göttliche Inspiration, wie sollten da also die Heiden, die doch nichts von Gott wissen wollten, dazu kommen, göttliche Offenbarungen und Prophezeiungen zu erhalten?!

27. Zwei Ausnahmen sind allerdings vorhanden, ich meine Brut und Rou, die, obgleich Heiden, beide Träume haben. Aber hier haben wir ja eigentlich Reimchroniken und keine Chançons de geste vor uns, so dass diese Beispiele als nicht hierher gehörig wegfallen würden. Ueberdies werden diesen 2 Heiden durch den Traum weiter keine Vortheile gegenüber den Christen gegeben. Sie werden nur dadurch bewogen, nach England zu gehen, um dort später Christen zu werden. Also auch hier wirken die Träume im Interesse des Christenthums.

28. Selbst unter den Christen haben nicht alle die Fähigkeit zu träumen. Einfache Leute, unbedeutende Ritter träumen nie, nur die Helden und die Herrscher resp. deren Angehörige. Es ist bezeichnend, dass der Held jedes Epos auch immer die meisten Träume hat. So finden wir in der Aye d'Av. 3 Träume der Aye — sie ist die einzige im ganzen Epos, die Traumerscheinungen hat — (Aye 1180, 1954 und 2510). Aehnlich zeigt A. le B. 2 Träume Auberi's (71,17 und 113,29). Fast überall trifft man am meisten Träume bei den Personen, die dem ganzen Epos den Namen gegeben haben, sie sind ja die Helden der Erzählung, sie müssen daher auch durch die meisten Träume ausgezeichnet werden.[1])

29. Freilich eine Person drängt — in den Karlsepen — in dieser Beziehung alle zurück: das ist Karl der Grosse. Er war ja der Beherrscher so vieler Tausende, der Schirm-

---

1) In folgendem führe ich eine Reihe Chançons an, deren Titel zugleich die in ihnen am meisten durch Träume ausgezeichneten Personen angeben: Aye, Mort. A., A. le B., Girb., Gayd., O., H. de B., H. C., Bl.

herr der Kirche, der erste der Christenheit, was Wunder, wenn er vor allen anderen der Gabe teilhaftig war, in die Zukunft zu schauen. Er hat daher auch in summa am meisten Träume, in manchen Epen sogar mehr, als der Special-Held, der der Chançon den Namen gab. Im Rolandslied, im G. de V., G. de B., Ch. des S. [1]) ist er es allein, der durch Träume ausgezeichnet wird; überall suchen es die Dichter hervorzukehren, wie gerade er der Gottheit so nahe steht und auf ihm speciell die göttliche Huld und Gnade ruht.

30. Anders freilich in den Epen, die Karl's Greisenalter behandeln, hier ist der Kaiser bei weitem nicht mehr der erhabene Held, der er früher war, er ist kleinlich, schwach, ränkesüchtig geworden. Er hat keine Autorität mehr, kurz ist der direkte Gegensatz von dem, was er früher war. Jetzt hat er natürlich auch nicht mehr die Gabe, alles in den Träumen vorherzusehen, jetzt werden vielmehr seine direkten Gegner durch Traumerscheinungen unterstützt. Diese Gegner sind aufständische Grosse, die, meist durch Karl oder einen seiner Freunde in ihrem Recht verletzt, mit dem Schwert in der Faust sich ihr Recht verschaffen wollen. So Huon de Bordeaux, dem Karl sein väterliches Erbe entzogen, Gui de de Nanteuil, dem er seine Braut abtrotzen will (für einen seiner Günstlinge) und sein streitbarster Gegner, Renaus de Montauban. Alle haben Träume, die sich speciell auf ihren Streit mit Karl resp. seinen Freunden beziehen. So heisst es in H. de B. (593):

Anuit, par nuit, quand je fui endormis, Songai .I. songe dont je suis asoplis etc.

In G. de N. (1574) hat statt seiner die Braut den Traum (cf. § 123), und den Renaus (Ren. 171,18) will seine Frau nicht von sich lassen, wegen eines ängstlichen Traumes, den sie gehabt. Auch Aye, der Karl den ihr verhassten Berenger aufzwingen will, hat Träume, die sich auf ihren Gegner beziehen (Aye 1180, 1954, 2510). Wir sehen also, wie sich jetzt die Situation geändert hat, wie jetzt die Gegner Karls durch Träume unterstützt werden, während Karl leer ausgehen muss; wir erkennen aber auch daran, wie sehr die

---

1) Rol. (718, 725, 2525, 2555). G. de V. (1893). G. de B. (147, 751). Ch. des S. (II. p. 169 CCXXIX. 10).

Dichter darauf ausgingen, immer nur wahrhaften Helden die
Träume zuzuwenden, nur diese dadurch auszuzeichnen.

31. Es kamen oben schon Beispiele vor, wo nicht der
Held selbst durch einen Traum von dem ihm Bevorstehenden
unterrichtet wird, sondern seine Gattin oder Braut. Diese
Beispiele sind sehr zahlreich, sie kommen besonders da vor,
wo dem Helden irgend ein besonders grosses Unglück, Tod
oder Gefangenschaft, droht.

So in Ra. (8469), wo Beatrix ihren Gatten Bernier nicht
nach St. Jacques pilgern lassen will, weil sie durch einen
Traum erschreckt ist (cf. § 160). Gui de Nanteuil's Braut
Eglantine träumt, dass sie Gui entrissen wird und macht ihn
dadurch auf einen bevorstehenden Angriff seiner Feinde gefasst (G. de N. 1574) (cf. § 123). Clarisse will ihren Gatten
Renaus nicht von sich lassen, weil sie ein böser Traum für
sein Leben fürchten lässt (Ren. 171,18). Mabillette, die Braut
Garin's de Monglane, wird, durch einen Traum erschreckt,
wach und bemerkt den geplanten Ueberfall auf Schloss Monglane. Ihrem Traum hat Garin also die Rettung seiner
Burg zu verdanken (Gar. 109^{b}11) (cf. § 150). Mirabel bewegt ihren Gemahl Aiol, schleunigst die Abtei zu verlassen,
da ein Traum sie in den Mönchen verkappte Räuber vermuten
lässt, die dem Aiol nach dem Leben trachten (A. N. 6712
und A. F. 6713) (cf. § 151).

Ueberall ist hier ein dem Gatten oder Geliebten bevor-
stehendes Unglück den Frauen avisiert. Diese sind dann von
der grössten Besorgnis für das Wohl ihrer Männer erfüllt
und suchen sie von allen gefährlichen Unternehmungen
zurückzuhalten. Manche achten nun nicht auf deren Warnungen, sondern gehen furchtlos in den Kampf, andere wieder
schenken den flehendlichen Bitten ihrer Frau Gehör. Jedenfalls erscheint aber im letzteren Fall der Held weniger mut-
los, als wenn er lediglich durch einen Traum sich von seinem
Unternehmen abschrecken liess. Er tritt hier immer fast
widerwillig und gezwungen, nur seiner Frau zu Liebe, zurück.
Es war ein geschickter Zug des Dichters, den Frauen die
Träume zuzuwenden und nicht den Männern selbst.

32. Hier können wir also in dem Umstand, dass Frauen
Träume beigelegt sind, nur einen Kunstgriff des Dichters
sehen, auf eine Glorificierung der Frauen — nur die Helden
und Fürsten haben ja Träume — können wir daraus nicht

schliessen. Aber es giebt auch so viele andere Beispiele, wo
Frauen Träume haben, dass sich daraus mit Recht eine hohe
sociale Stellung der Frauen bei den Franzosen dieser Zeit
folgern lässt.

So hat Sonneheut, Gascelin's Braut, einen Traum (A. le
B. 87,23) (cf. § 122). Aye d'Avignon hat nicht weniger als
3 Träume (Aye 1180, 1954, 2510) (cf. §§ 125, 154, 165).
Aude hat im Ronc. (11731—11831) unmittelbar hintereinander
4 Träume (cf. § 161) und Auberi's Gemahlin erfährt die
Niederlage ihres Gatten auch zuerst durch einen Traum (A.
212,12). Träume von Frauen finden sich ausserdem noch in
Ra. (3516), Oc. (248), M. Br. (3923), G. de P. (4705) u. a. m.
Sie sind, wie wir sehen, zahlreich vertreten.

33. Die Dichter haben also mit besonderer Vorliebe den
Frauen die Träume zugewiesen, und zwar geht das nicht nur
aus der Anzahl der Beispiele hervor, in denen Frauen träumen,
sondern einige Fälle beweisen das ganz eklatant. Da nämlich,
wo irgend ein Unglück das Ehe- oder Liebespaar gemein-
schaftlich trifft, wird immer die Frau von dem Unglück benachrichtigt. So werden Tristan und Isolde von König Marc
zusammen im Walde schlafend gefunden. Der König will
sie erst töten, besinnt sich aber eines anderen und lässt nur
sein Schwert und seinen Ring zurück als ein Zeichen, dass
er dagewesen. Von dieser Gefahr, in der das Liebespaar
geschwebt, wird Isolde durch einen Traum benachrichtigt,
Tristan nicht (T. 2031) (cf. § 151a). Guillaume de Palerne
und Melior sind einmal in Gefahr ihren Feinden in die Hände
zu fallen und wieder träumt Melior im Schlaf von dieser
Gefahr und nicht Guillaume (G. de P. 3991) (cf. § 127). In
B. a. g. p. ist Berte durch den Betrug ihrer Dienerin verstossen worden, die Eltern haben davon keine Ahnung, sie
wähnen ihre Tochter noch immer als Königin von Frankreich
in Paris. Da hat die Mutter einen ängstlichen Traum, der
sie bewegt, nach Paris zu reisen; der Betrug wird entdeckt
und Berte in ihre Rechte eingesetzt (B. a. g. p. 1676). Hier
ist doch die Verstossung der Tochter ein Unglück, das die
Eltern beide gleich hart trifft, aber der Traum wird wieder
der Mutter zu Teil, nicht dem Vater. Aehnlich ist es im
Herv., wo die Entführung der Biautrix auch der Mutter im
Traum mitgeteilt wird. Ich habe kein einziges Beispiel gefunden, wo bei einem derartigen Fall der Vater oder der

Mann die Traumerscheinung hat, stets sind die Frauen die
träumenden.

Die Frauenrollen werden also ganz besonders mit Träumen
ausgestattet, und ich meine, wenn man sieht, wie sonst immer
nur die Helden und Fürsten der Träume teilhaftig werden,
so muss man daraus schliessen, dass die Frauen sich bei den
damaligen Franzosen eines hohen Ansehens und einer grossen
Verehrung erfreuten.

34. Wir haben also Folgendes in diesem Abschnitt konstatieren können:

a) Die Träume sind auf die Christen beschränkt,
Heiden träumen nie.

b) Unter den Christen träumen auch nur die Helden
und Fürsten, unbedeutende Ritter[1]) oder gar Bürger
träumen nie. In der Verleihung von Träumen liegt
also eine Auszeichnung der Person.

c) Karl der Grosse nimmt die erste Stelle unter allen
'Helden ein, er hat am meisten Träume, aber auch nur
so lange, als er jung und rüstig ist, im Alter hat er
nicht mehr die Fähigkeit, alles im Traum vorauszusehen.

d) Besonders begünstigt werden die Frauen, sie haben
verhältnismässig viele Träume, und da sonst immer nur
allgemein verehrte Helden und Fürsten Träume haben,
kann man schliessen, dass die Frau schon eine hohe
sociale Stellung einnahm.

c. Wann und wie oft treten Träume auf?

35. Nachdem wir im vorhergehenden gesehen, welchen
Personen ausschliesslich die Träume zu gute kommen, frägt
es sich jetzt, wann ihnen diese Traumerscheinungen zu Teil
werden. Da zeigt es sich, dass Träume fast immer kurz vor
grossen, wichtigen Ereignissen eintreten, auf die sie dann
prophetisch hindeuten. Wir können daher auch immer mit

---

1) Eine einzige Ausnahme habe ich gefunden in Ren., wo ein einfacher
Ritter, Godefrois de Melans, einen Traum hat; aber auch hier bleibt das
alte Princip bewahrt, indem sein Traum nicht ihm selbst, sondern lediglich
dem König Yon zu gute kommt. Für ihn selbst hat der ganze Traum
gar kein Interesse (Ren. 112,27) (cf. § 132). In der holländischen Redaction
fehlt dieser Traum übrigens ganz, cf. Matthes: Renout van Möntalban,
Groningen 1875 in der Bibl. van Middelnederlandsche Letterkunde.

Gewissheit annehmen, dass schon wenige Seiten nach der
Erzählung eines solchen Traumes dass betreffende Ereignis
wirklich eintritt. Nur selten findet sich der Fall, dass ein
Traum lange auf seine Realisierung zu warten hat. Dann
steht der Traum wo möglich gleich zu Anfang der Erzählung,
um hier in schwachen Zügen schon den Inhalt des ganzen
Epos anzudeuten. So die fortlaufenden Träume Aymeri's
(Mort A. 310 ff.), die ja schon den Verlauf der ganzen Erzählung in ihren Hauptmomenten anzeigen.

36. Meistens wird ein Traum nur ein Mal in der Nacht
geträumt. Es kommen aber auch Fälle vor, wo der Traum
in derselben Nacht 3 Mal wiederkehrt. So in Gar. (109ª25 ff.)
(cf. § 150 ff.), wo Mabillette 3 Mal annähernd denselben Traum
träumt. Die ersten beiden Träume — sie träumt von wilden
Tieren, die durch's Fenster eindringen wollen — haben sie
nur bewogen, nach dem Fenster zu sehen, als derselbe Traum
nun aber zum dritten Mal erscheint, steht sie endlich auf
und geht zum Fenster. Der Zweck des Traumes ist also
erfüllt, sie bemerkt die Feinde, allarmiert die Besatzung und
rettet so das Schloss Monglane. — Hier hat die wiederholte
Vorführung desselben Traumes also eine grössere Wirkung
erzeugen sollen, der einzelne Traum hatte sie nur erweckt,
dem Dichter war es aber daran gelegen, sie zum Fenster
treten zu lassen und das erreichte er durch die Wiederholung
des Traumes. Dieselbe Tendenz, die Erzielung einer höheren
Wirkung, finden wir auch bei den übrigen Fällen:

So in V., wo Karl der Grosse bei der Erzählung seines
Traumes, auf Grund dessen er nach Jerusalem will, ganz besonders betont, dass ihm der Traum 3 Mal erschienen sei.
Für ihn hat demnach der Traum damit eine grössere Wichtigkeit erlangt.

V. (69—71): Jerusalem requerre la terre Damne-Dieu En crois et
la sepulcre voil aler aorer Je l'ai treis feiz songiet mei i covient aler.
Doon de Maience träumt denselben Traum auch 3 Mal (D.
8179 ff.) und ebenso geht es — um einen etwas ferner
liegendenden Stoff herbeizuziehen — dem Bischof Autbert im
Roman du Mont St. Michel, dem ebenfalls derselbe Traum
3 Mal erscheint. In H. C. (4961) wird Hugues in derselben
Nacht auch wiederholt von demselben Traum heimgesucht,
doch ist nicht speciell angegeben, wie oft der Traum zurückgekehrt ist.

Ueberall hat der Dichter die Absicht gehabt, durch die mehrmalige Vorführung des Traumes eine um so grössere Wirkung auf den Schlafenden zu erzeugen. Ein einfacher Traum hätte vielleicht am nächsten Morgen schon vergessen sein können, aber 3 mal derselbe Traum, das musste Eindruck hinterlassen. [1)]

37. Im vorhergehenden hatten wir sämmtlich Fälle, wo ein und derselbe Traum in derselben Nacht wiederkehrt. Nun giebt es auch Fälle, wo die Schlafenden wohl mehrmals in der Nacht träumen, aber Träume verschiedenen Inhalts. Diese stehen dann immer in Connex mit einander; da sie sich nun chronologisch an einander reihen und immer dieselbe Angelegenheit betreffen, so hätten sie auch einen einzigen grossen Traum bilden können. Nur die Menge des Stoffs mochte den Dichter bewogen haben, das ganze zu teilen und mehrere Träume herzustellen. So hätten sehr wohl zu einem einheitlichen Traum verschmolzen werden können die zwei Träume Karls des Grossen im Rol. (718 ff.), wo Karl erst von dem Verrat Ganelon's und dann von dessen Verurteilung träumt. Ganelon's Verrat ist die Ursache seiner Verurteilung, beides hätte also ganz gut in einem einzigen Traum vorgeführt werden können. [2)] Rol. 2525 liegt ganz genau derselbe Fall vor, ebenso in Ronc., wo Aude 4 Träume hat, die ebenfalls eng zusammen gehören. Hier tritt es eklatant

---

1) Schon in der Bibel haben wir ein entsprechendes Beispiel. Man erinnere sich der Berufung Samuels, wo Samuel schläft und sich im Schlaf vom Herrn gerufen wähnt. Er wacht auf, sieht aber nichts und schläft wieder ein, aber noch zweimal wiederholt sich derselbe Vorgang. Auch bei den Visionen ist eine dreimalige Wiederholung häufig, cf. Am. (2953), wo Ydoine ihren Gemahl bittet, sie nach Rom ziehen zu lassen. Eine Vision habe ihr verkündet, dass ihr das allein Heilung bringen könne. 2952: De par Diu, en avision, M'est par III termes aparu. .l. biaus hom flouri et canu. — Etwas abweichend von diesem und den obigen Beispielen, ist ein Fall, den G. Paris in seiner Histoire poétique de Charlemagne, p. 485, anführt. Hier erscheint Heudri, dem Sohne Pipins, in der Nacht ein Zwerg, der ihm befiehlt, sich bei Tagesanbruch zu erheben und nach Paris auf die Brücke zu gehen. Dort werde ihm etwas Angenehmes und etwas Unangenehmes passieren. Heudri thut es aber nicht und erst nachdem ihm der Zwerg zum dritten Mal erschienen ist, gehorcht er dem Befehl. Bemerkenswert ist, dass hier der Zwerg nicht dreimal in einer Nacht, sondern je einmal in 3 Nächten erschienen ist.

2) Vergleiche übrigens die Ausführungen über diese beiden Träume im Anhang.

hervor, dass der Dichter den ursprünglich einheitlichen Traum zerschnitten hat, indem der zweite Traum z. B. ohne den ersten nicht verständlich ist. Im ersten ist die Rede von einem Falken, der sie ergriffen und auf einen Berg getragen, und daran anknüpfend fährt nun der zweite Traum fort

Ronc. (11783): Sicom je sui ensom le pui portée Où li faucons m'ot guerpie et posée.

Ohne den ersten Traum wäre der Ausdruck „faucons" im zweiten jedenfalls ganz unverständlich, wie überhaupt beide durchaus zusammengefasst werden müssen, um sie durch das spätere Ereignis interpretieren zu können. Alle 4 Träume stellen hier nämlich nicht fortlaufende Ereignisse dar, es ist hier die Modification eingetreten, dass je 2 auf dasselbe hindeuten, dass aber die beiden letzten die Fortsetzungen von den zwei ersten bilden. Die beiden ersten Träume beziehen sich auf den Verrat Ganelon's, die zwei letzten auf die Wirkung desselben, auf den Tod Roland's und Olivier's. Also auch hier ist in den 4 Träumen Zusammengehöriges vorgeführt worden, man hätte sehr wohl aus dem Verrat Ganelon's und dem dadurch bewirkten Tod Roland's und Olivier's einen einzigen Traum machen können (cf. Ronc. 11731 und 11779: Ganelon's Verrat, sowie 11831 und 11850: Ganelon's Opfer, Roland und Olivier).

Ebenso ist es in Mort A., wo alle Träume nur den Inhalt der ganzen weiteren Erzählung skizzieren sollen, das hätte aber ebenso gut in einem einzigen Traum geschehn können.

38. Wir sehen also, wie thatsächlich nie verschiedene Sachen in derselben Nacht geträumt werden, es ist immer nur eine Angelegenheit, die nur durch einen unterbrochenen Traum vorgeführt wird. Das das eine Resultat dieses Abschnitts, das andere könnte so formuliert werden: Soll ein besonders wichtiges Ereignis dem Schlafenden angezeigt werden, so wird ihm der Traum 3 Mal vorgeführt.

d. Unmittelbare Einwirkung des Traumes auf den Schlafenden.

39. Was die unmittelbare Einwirkung eines Traumes auf den Schlafenden betrifft, so ruft jeder Traum schon an und für sich — ganz abgesehen von seinem Inhalt — das Gefühl des Schreckens hervor. Das ist nicht nur bei ängstlichen sondern auch bei Glück verheissenden zu beobachten.

Um zunächst mit den sogenannten „bösen" Träumen zu beginnen, so träumt Aye d'Avignon einen Traum

dont moult ert effréie (Aye 1181),

ebenso Guillaume d'Orange (Cor. 292), Eglantine (G. de N. 1575), Sonnehout (A. le B. 87,23) und Girbers de Mes (An. 2ᶜ16). Weitere Beispiele sind:

A. F. (4692) Anuit songai .I. songe, dont forment sui maris. — Ch. des S. II pg. 169, CCXXIX 11: La nuit songa .I. songe don fu an grant iror. — Oc. (248) Et la dame qui s'adormoit Estoit en [tres] molt grant freçon,

und noch eine ganze Reihe von Beispielen, die aufzuführen ich mir als überflüssig ersparen will.

40. Im vorstehendem waren ausschliesslich ängstliche Träume citiert und da war das Gefühl des Schreckens nur zu erklärlich. Aber auch die Glück verheissonden Träume erregen anfangs Furcht bei den Schlafenden. Das Geheimnisvolle, das Uebernatürliche [1]) vor allem, was in den Träumen lag — die Träume kamen ja von Gott — musste die Schlafenden mit Grauen und Schrecken erfüllen. So sieht Brut im Traum die Göttin Diana, die ihm und seinen Nachkommen ein reiches Land verspricht, sicherlich ein Versprechen, das ihn mit Freude erfüllen sollte. Nichtsdestoweniger ist Furcht und Schrecken bei ihm das vorherrschende Gefühl und so heisst es nun in M. Br. (1223/24):

Li dus de sun dormir s'esveille S'est esmaiez, n'est pas merveille.

Nur Elie, der Vater Aiols, dem in einem Traum die glückliche Zukunft seines Sohnes offenbart wird, ist sofort von Freude erfüllt:

Anuit songai .I. songe mout auenent, Dont li cuers me ua mout esbaudissant (A. F. 360/61 und A. N. 359/60).

Im übrigen aber ist das allgemeine Gefühl bei einem Traum das des Schreckens und dieser äussert sich oft in sehr lebhafter Weise.

41. Die geringste Wirkung ist zunächst die, dass der Schlafende darüber aufwacht.

---

1) So heisst es von Esmerée Traum, dass er „merveilleus et hideus, plain de mirancolie" war (B. I. pg. 153,85). Aehnlich in D. (8143): Une avision vit, qui le fist merveillier und in H. de B. (594): Songai .I. songe dont je suis asoplis. — Ferner wird der Traum der Clarisse „miravilleus et fier" genannt (Ren. 171,18), ähnlich in Bl. (5318) ein Traum „mervillous et fort" und in G. de P. (3993) „estrange".

So Auberi's Gemahlin, als sie von dem Unglück ihres Mannes träumt:

Lors s'esuilla moult esfraeement (A. 212,36).

Aye d'Avignon (2521):

La dame s'esveilla par mout grande friçon,

Floire (1681):

Paour ot, si s'esveille si mua son coraige

und noch eine Menge anderer Beispiele, die ich mir anzuführen erspare. Selbst Elie, der doch sogleich von Freude erfüllt ist bei dem Traum, wird durch denselben so frappiert, dass er darüber aufwacht:

A. F, (390) Donc m'esvellai del songe, n'en sai auant.

42. Es ist begreiflich, dass die darüber Erwachten Gott anrufen resp. sich bekrouzigen. Letzteres ist das gewöhnlichere, so in G. de V. (1935):

de sa main destre s'est seigniez maintenant.

Ferner in D. (8160):

Lors s'esveille le roy, si se prist à seignier

und Og. (12452):

Li rois s'esveille, si se prist à signier.

Statt sich zu bekreuzigen rufen die Träumenden auch oft Gott oder die Jungfrau Maria an. So in D., wo Karl der Grosse nach seinem Traum Gott anruft: (D. 8161). Ferner in Oc. (256) und Og. (12453), wo es in Ms. A heisst:

Et réclama le pere droiturier Kil le desfende de mort et d'enconbrier.

Häufiger noch wird die Jungfrau Maria angerufen. So in Og. (8273):

En haut s'escrie: Sains sépulcres, aidiés! Sainte Marie, vostre home consilliés!

Ferner in Aye (1192), Baud. de Seb. (nach seinem p. 153,81 beginnendenden Traum) und Rom. d'Aub. (nach seinem 113,29 beginnenden Traum).

Sonderbarer Weise sind für Jesus Christus keine Belege vorhanden.

Diese Anrufungen und Bekreuzigungen sind natürlich nichts weiter als Aeusserungen des Schreckens, den das Traumbild den Schlafenden eingeflösst hat.

Oft ist die Wirkung eines solchen Traumes noch drastischer geschildert. So zittert dem Aymeri de Narbonne der ganze Körper vor Schrecken (Mort A. 333):

Tote la char me trenble.

Die Mutter der geraubten Biautrix wird durch ihren Traum so erschreckt, dass sie in Ohnmacht fällt. Herv. (1127):

De la paour oi si mon cuer ire Je me pamai ne me poi controeter.

Und Karl der Grosse wird (in Og. 1174) von dem Traum sogar so ergriffen, dass das Bett unter ihm zusammenbricht.

43. Ueberall also erregt ein Traum Furcht nnd Schrecken und zwar sind alle Personen ohne Unterschied dieser Furcht unterworfen. Nur im Rol. wird Karl der Grosse nicht im geringsten von den Träumen ergriffen, hier wird es sogar hervorgehoben, wie er nach einem Traum immer ruhig weiter schläft (Rol. 724, 736, 2554, 2569). Was mag den Dichter bewogen haben, hier von der allgemeinen Regel abzuweichen? Ich glaube, dass er damit nur hat zeigen wollen, in wie engen Beziehungen Karl der Grosse zu Gott steht. Er hat ja immer so ausserordentlich viel Träume, steht dadurch also in beständigem Verkehr mit Gott, wie sollte da noch jeder einzelne Traum immer wieder erschreckend auf Karl einwirken können!

44. Eine ganze Kategorie von Träumen hat überhaupt keine erschreckende Wirkung, das sind die sinnlichen Träume, wie wir sie in den Artusromanen antreffen. Hier ist die Natur des Traumes ja auch eine ganz andere — der Bräutigam träumt von der Braut oder umgekehrt — und da ist es nur zu natürlich, dass hier keinerlei Schrecken erregt wird. Nur e i n Beispiel habe ich gefunden, wo der Träumende doch von Furcht ergriffen wird. Der Biaus Desconneus träumt, wie er auf dem Wege zu seiner Geliebten, in Gefahr kommt zu ertrinken, in der grössten Angst schreit er um Hülfe, worauf er von den herbeieilenden Dienern beruhigt wird; nach kurzer Zeit ängstigt ihn ein ähnlicher Traum, er schreit wieder um Hülfe und wird abermals von den Dienern beruhigt (Bel. 4487 und 4557). Hier ist es aber lediglich die Gefahr, die ihn erschreckt, nicht das Uebernatürliche, das Mystische, das bei den obigen Träumen die Ursache zur Furcht bildete.

e. Der Inhalt der Träume. Traumbilder.

45. Der Inhalt der Träume kann zweifacher Natur sein: entweder sinnlich oder prophetisch. Beide Arten von Träumen sind ihrer ganzen Natur nach grundverschieden von einander. Die sinnlichen Träume haben nicht die geringste Beziehung zu dem Folgenden, ihr Inhalt ist wollüstig, im einzelnen oft sogar zotig. Sie sollen nur die Liebe zwischen Bräutigam und Braut illustrieren, ja oft laufen sie wohl nur auf die

Erzielung eines sinnlichen Effektes hinaus [1]). Es ist daher auch begreiflich, dass Traumbilder hier wenig oder garnicht vorkommen. Ganz anders bei den prophetischen Träumen. Diese bestehen fast ausschliesslich aus solchen Traumbildern, so dass eine Charakteristik ihres Inhalts schliesslich auf eine Beschreibung dieser Traumbilder hinauslaufen würde. Freilich giebt es auch hier Träume, wo Personen direkt auftreten, ohne verbildlicht zu sein, aber meistens sind dann doch ihre Handlungen symbolisch und ausserdem figurieren neben ihnen immer noch Traumfiguren, so dass der bildliche Charakter des ganzen immer noch gewahrt bleibt.

46. Wenn ich nun im Folgenden den Inhalt der Träume wiedergebe, so kommt es mir hier darauf an, die Figuren und Personen, die in den Träumen spielen, vorzuführen. Auf die Bedeutung derselben kann hier noch nicht näher eingegangen werden, ebensowenig auf die Verknüpfung derselben untereinander [2]) — mehrere Traumbilder zusammen bilden ja erst einen Traum — ich stelle mir jetzt nur die Frage: welche Traumbilder und Personen enthalten die Träume?

I. Die Bilder in den Träumen.

α. Traumbilder aus dem Tierreich.

47, Am häufigsten werden in den altfranzösischen Epen Tiere zu Traumbildern verwendet. Alle Dichter unserer Chançons de geste haben sich derselben in den Träumen bedient, aber mit Beschränkung, mit Auswahl. Nicht alle Tiere waren ihnen für ihre Zwecke passend, kleine und schwächliche finden wir nirgends, es sind immer kräftige, gefürchtete Tiere. Das ist auch sehr begreiflich, denn für die Träumenden, die doch immer Fürsten oder Helden waren, konnten nur die ersten im Tierreich als Symbol dienen, und da ihre Gegner doch immer nicht zu unterschätzende Personen waren, so konnten auch diese nur durch gefürchtete Tiere ihre Vertretung finden. So wurden besonders die Raubtiere hierzu

---

1) Sinnliche Träume kommen nur in den Artusromanen vor, in den Volksopen ist mir kein einziger dieser Gattung aufgestossen, da sind alle Träume prophetisch.

2) Für das alles verweise ich auf die später folgende Gesammtdarstellung aller Träume mit Erklärung.

verwendet und wir finden diese in ausserordentlich mannigfaltiger Weise vertreten, selbst solche, die nur Producte der
Phantasie sind, wie Greif und Drache, sind herangezogen
worden.

48. Ueberall zeigt sich nun das Bestreben bei den
Dichtern, den Tieren im Traum denselben Rang einzuräumen,
don sie in Wirklichkeit haben. Das in Wirklichkeit kräftigere
Tier erhält auch im Traum den Sieg über das schwächere.
Nur ein Mal findet sich eine Abweichung von dieser Regel:
im Rol. (2555), wo ein Windhund es mit 30 Bären aufnimmt.
Danach müsste doch ein Windhund einem einzelnen Bären an
Kraft überlegen sein, was ja den thatsächlichen Verhältnissen
nicht entspricht. [1]) Das ist das einzige Beispiel, wo der Dichter,
der Wirklichkeit widersprechend, einem schwächeren Tiere
einen höheren Rang einräumt als dem stärkeren. Im übrigen
hat er sich stets beflissen, das Ganze der Wirklichkeit möglichst anzupassen.

49. Die erste Stelle nimmt daher auch der Löwe ein:
er übertrifft alle anderen Tiere an Kraft und Mut, auch der
Bär kann ihm nicht widerstohen. So in Mort A. (345),
wo ein Löwe es mit 14 Bären aufnimmt und sie in die
Flucht treibt. Nur dem Vogel Greif ist er unterlegen: so
wird der Löwe, der das der Aye geraubte Kind im Rachen
forttragen will, von einem Greifen ergriffen und nach Aufalerne getragen (Aye 2518) (cf. § 154). Im ersten Beispiel
ist der Löwe der Retter in der Not, im letzten ein Feind.
Meistens spielt er die letzte Rolle. So in Rol. (2549), wo
sich ein starker Löwe Karl dem Grossen in den Weg stellt,
als er seinem Heer zu Hülfe eilen will. [2]) Ferner in Girb.,
wo Gerins mit 2 Löwen auf der Brücke zu Paris zu kämpfen
hat (Girb. 1652) (cf. § 117). In Og. (1165) träumt Karl der
Grosse, dass sich 3 Löwen anf seine Getreuen stürzen und
Callot und den Herzog Naimes niederreissen. Schliesslich
werden aber 2 von ihnen durch Ogier getötet, während der

---

1) In Ronc. kämpft an der entsprechenden Stelle ein Löwe mit 100
Bären. Hier ist also ein Löwe an die Stelle des Windhundes getreten.
Dies Verhältnis wäre schon natürlicher, denn ein Löwe konnte es nach der
Anschauung jener Zeit wohl mit einem Trupp Bären aufnehmen.

2) In Ronc. (4240) hat Karl zuvor schon einen vierköpfigen Löwen
niedergeschlagen.

dritte die Flucht ergreift (cf. § 115). In A. (212,21) träumt Auberi's Frau von der Niederlage ihres Gatten, und da ist unter den Tieren, die ihn bedrängen, der gefährlichste ein Löwe (cf. § 156). Amis sieht im Traum einen Ritter mit einem Löwen kämpfen, der mit der Zeit menschliche Züge annimmt. Amis zieht sein Schwert und schlägt dem Löwen den Kopf ab (A. u. A. 871) (cf. § 152). Eglantine träumt, sie werde von einem Löwen entführt, gegen den Gui's Lanze machtlos wäre (G. de N. 1576) (cf. § 123). Isolde träumt, als sie mit Tristan zusammen vom König und seinem Jäger schlafend gefunden wird, 2 Löwen kämen, um sie zu verschlingen (T. 2036) (cf. § 151a). Im Ronc. träumt Aude von einem Löwen, der sich auf Roland stürzt, Roland haut ihm aber den rechten Fuss ab, worauf der Löwe sich entfernt (Ronc. 11760) (cf. § 161). Mélior sieht sich mit ihrem Geliebten von wilden Tieren angegriffen, unter anderen von einem Löwen und seinem Jungen. Als sie aber in der grössten Not sind, kommt ein Werwolf, ergreift den jungen Löwen und führt ihn davon (G. de P. 4007) (cf. § 127). Im selben Roman erblickt die Königin Félise im Traum wilde Tiere, unter anderen auch Löwen, die sie bedrohen (G. de P. 4726) (cf. § 126) und ähnlich wähnt auch Karl der Grosse sein Heer von Löwen und anderen wilden Tieren bedroht (Ronc. 4240. [1])

Ueberall tritt also der Löwe den Träumenden feindlich entgegen, als Freund und Helfer finden wir ihn nur selten. Zu Anfang dieses Paragraphen hatten wir schon ein Beispiel, ferner finden wir ihn in dieser Eigenschaft im B. (I. p. 153,81), wo ein Löwe den mit seiner Geliebten ins Gefängnis geworfenen Esmerés befreit (cf. § 129). Dann in Aye (1962), wo sich Aye durch einen Falken und einen weissen Löwen wieder aus der Gewalt zweier Adler befreit sieht (cf. § 125). Und schliesslich figuriert ein Löwe in dem Traum der Königin Félise als Freund und Bundesgenosse des Träumenden (G. de P. 4731) (cf. § 126).

Nur sekundär tritt er im Rom. d'Aub. le Bourg. (71,21) auf, wo Auberi im Traum von allen möglichen Tieren, darunter auch von 3 Löwen geängstigt und gequält wird.

Das wären die wenigen Fälle, wo ein Löwe im Traum

---

1) Im Rol. sind die Bären nicht erwähnt an der entsprechenden Stelle.

auf der Seite der Träumenden steht, meistens zeigt er sich als entschiedener Feind derselben.

Eine untergeordnete Rolle spielt der Löwe im Aiol, wo sich unter den Tieren, die sich in Elie's Traum vor Aiol verbeugen, auch der Löwe befindet (A. F. 365 und A. N. 364) (cf. § 102). Dieser Traum hat eine gewisse Aehnlichkeit mit dem der Argentille. Wie sich hier Bäume und Tiere vor Aiol als ihrem Gebieter verneigen, so verbeugen sich hier 2 Löwen, nachdem sie alle Tiere des Waldes verschlungen, demütig vor Cuaran (Gaim. 229) (cf. § 103).

50. Dem Löwen an Kraft am nächsten steht der Bär. Er ist ebenfalls fast immer feindselig gegen die Träumenden. So im Rol. [1]), wo 30 Bären Karl den Grossen anfallen, um einen von ihm gefangen gehaltenen Genossen zu befreien (Rol. 2558) (cf. § 133). In Ronc. träumt Aude von einer Schaar von mehr als 20 Bären, die sie zerreissen wollen (Ronc. 11835) (cf. § 161) und in A. (113,33) sieht sich Auberi sogar von 2000 Bären verfolgt (cf. § 121). In A. F. sieht sich Ilaire mit Aiol und Jobert im Walde von Quintefoille von zwei Bären angegriffen, die ihnen die Glieder zerreissen wollen (A. F. 4694) (cf. § 116). Argentille sieht Cuaran von einem wilden Bären und einer ungeheueren Anzahl wilder Füchse angegriffen. Aber Hunde und Eber kommen ihm zu Hilfe und reissen die Bären zu Boden (Gaim. 197 und Hav. 400) (cf. § 103). In Mort A. wird Aymeri von 14 Bären angegriffen, die ihm sein Streitross zerreissen. (Mort A. 339) (cf. § 114). Karl der Grosse sieht im Traum einen Bären und einen Leoparden, die ihn wüthend angreifen. Aber ein Windhund kommt ihm zu Hülfe, der dem Bären das rechte Ohr abreisst und den Leoparden wacker bekämpft (Rol. 727 und Ronc. 1028) (cf. §§ 113 u. 140)[2]). König Artus sieht im Traum einen Drachen mit einem Bären kämpfen: ersterer siegt (Br. 11529) (cf. § 139). Karl der Grosse wird im Traum von einer Menge wilder Tiere bedrängt, unter anderen auch von einem Bären (Rol. 2542 und Ronc. 4251). In Aye (2514)

---

1) In Ronc. sind an der entsprechenden Stelle 100 Bären erwähnt.

2) In der hs. Ks. ist der ganze Traum ausgefallen. Ueberliefert ist überhaupt an Stelle von urs : vers (Eber), aber da in allen anderen Bearbeitungen dieses Gedichts urs steht und an einer anderen Stelle (2557) in einem analogen Traum brohuns (Bären) so hat Müller hier auch urs für vers gesetzt.

sieht Aye ihr Kind von 2 Bären geraubt (cf. § 154). Blanche-flour träumt, sie werde von einer Bärin zerfleischt (B. a. g. p. 1678) und Sonneheut wähnt sich von Wildschweinen und einem Bären angegriffen. Letzterer kommt mit weit geöffnetem Rachen auf sie zu und schon glaubt sie, ihre letzte Stunde habe geschlagen, als Gascelin erscheint und sie errettet (A. le B. 87,33) (cf. § 122). Im selben Epos (71,21) hat auch Au-beri einen Traum, in dem er sich von wilden Tieren, unter anderen von 2 Bären, angegriffen sieht (cf. § 121). Mélior träumt, dass sie mit ihrem Guillaume von wilden Tieren an-gegriffen wird, unter anderen auch von einem Bären (G. de P. 4006) (cf. § 127). Im selben Roman träumt dann Königin Félise von wilden Tieren, die sie bedrängen, und hierunter figurieren ebenfalls die Bären (G. de P. 4726). Da kommen aber — und hier haben wir ein Beispiel, wo der Bär auf der Seite der Träumenden steht — zwei weisse Bären mit einem Löwen ihr zu Hülfe (cf. § 126). Einen anderen Beleg, wo der Bär ebenfalls für den Träumenden eintritt, haben wir in Mort A. (347), wo ein Löwe mit 30,000 Bären dem von 12 Bären bedrängten Aymeri zu Hülfe kommt (cf. § 114).

Meistens ist der Bär aber ein den Träumenden feindliches Tier, das ihn oder seine Angehörigen angreift. Eine secun-däre Rolle spielt der Bär, wie oben schon der Löwe in A. F. (365) — cf. die betreffende Stelle in dem Abschnitt unter Löwe.

51. Der Leopard tritt seltener auf, er ist wie der Löwe und der Bär meist feindlich gegen die Träumenden. Schwächer als die vorher erwähnten Tiere, tritt er meistens in Schaaren auf. In Gauf. (9795) kommt er ausnahmsweise allein vor. Hier träumt Robastre, dass er einen Leoparden, der sich in sein Zelt geschlichen, mit einen Knüppel nieder-strecke (cf. § 118). In Og. (8268) träumt Ogier, dass er von einem Riesen nebst 500 Leoparden angegriffen wird (cf. § 137). In demselben Epos hat Karl einen Traum, in welchem ihm 4 Leoparden Herz und Glieder ausreissen wollen (Og. 12449) (cf. § 137). In H. de B. (596) sicht sich Huon im Traum nebst seinem Bruder von 3 Leoparden angegriffen. Er selbst wird zerrissen, während sein Bruder entkommt (cf. § 149). Karl der Grosse träumt (Rol. 728 u. Ronc. 1031). er werde von einem Bären und einem Leoparden angegriffen. schliesslich aber von einem Windhund gerettet.

Unter den Tieren, die Karl der Grosse erblickt, als er von der Niederlage des Roland'schen Heeres träumt, sind auch die Leoparden vertreten (Rol. 2542 und Ronc. 4252). Ebenso im Traum der Mélior und dem der Félise, die beide unter den wilden Tieren, die sie bedrängen, auch Leoparden erblicken (G. de P. 4006 u. 4728).

In Bezug auf Aiol verweise ich auf den betreffenden Abschnitt beim Löwen. Ueberall finden wir also den Leoparden den Träumenden feindlich gegenüberstehen.

52. Der Wolf kommt nur selten vor, noch seltener als der Leopard. Er begegnet uns im Traume des Godefrois de Melans (Ren. 112,28), wo sich von einer Schaar von 1000 Wölfen 7 Wölfe abzweigen und auf Renaus stürzen (cf. § 132). Im Traum der Rhea Silvia sieht die Träumende ihre beiden Palmen von einem Vogel und von einer Wölfin gegen den feindlichen Amulius beschützt. (M. Br. 396) (cf. § 109). Hier wäre die Wölfin also ein Freund des Träumenden. Das sind die beiden einzigen Fälle, wo Wölfe in Träumen vorkommen.

53. Weit häufiger dagegen treten die Wildschweine auf. Sie waren besonders dazu geeignet, feindliche Heeresmassen darzustellen, da sie ja immer in Rudeln leben. Daher wohl ihre häufige Verwendung. Von einem einzelnen Wildschwein ist demnach selten die Rede, fast immer begegnen wir Heerden von Wildschweinen.

Um mit dem Ausnahmefall zu beginnen, wo das Wildschwein allein figuriert, so träumt im Rol. (725) Karl der Grosse nach der einen Lesart [1]), dass er von einem Eber und einem Leoparden angegriffen wird und diese ihm hart zusetzen, bis ein Windhund ihm Rettung bringt (cf. § 113). Godefrois de Melans träumt von 1000 Wölfen, die einen Eber verfolgen (Ren. 112,27) (cf. § 132). In A. (113,34) sieht sich Auberi im Traume von 2 Wildschweinen und 2000 Bären verfolgt (cf. § 136). Karl sieht im Traum seine Jäger auf der Jagd nach Wildschweinen. Letztere sind aber mutig und halten Stand vor den Hunden. Ein besonders grosser Eber stürzt sich auf den Herzog Naymes, wird aber von jenem getötet (Ch. des S. II. 169 CCLXXIX. 10) (cf. § 112). In H. (4658) träumt Rodmund, dass er auf der Jagd von

---

1) cf. die betreffende Anmerkung zu § 50.

einem Trupp Wildschweinen angegriffen wird. Ein starker
Eber verwundet sein Pferd und bringt dadurch den Reiter
zu Fall, so dass er sich nicht mehr erheben kann (cf. § 141).
Gaydon wird in einem Traum von Wildschweinen angegriffen,
von denen ihn eines stark verwundet, doch tötet er es schliess-
lich mit seinem Schwert (Gayd. 341) (cf. § 120). Aude träumt,
Roland und Olivier ritten auf die Jagd und da würden ihre
Hunde von einer Schaar von über 20 Wildschweinen vernichtet
(Ronc. 1190) (cf. § 161). Clarisse sieht ihren Gatten von
100 Wildschweinen umstellt, die ihn wüthend angreifen
(Ren 171,21) (cf. § 146). Und ähnlich sieht Auberi's Frau
ihren Gemahl von einer Heerde Wildschweine überfallen.
Ein Tier, das ihn besonders heftig angreift, schlägt er nieder
(A. 212,17) (cf. § 156). In Og. sieht sich Ogier von 100 Wildschweinen angegriffen (Og. 8264) (cf. § 137). Sonneheut träumt,
dass sie von einem Bären und Wildschweinen angegriffen wird
(A. le B. 87,32) (cf. § 122). Schliesslich ist unter den wilden
Tieren, die Mélior und Guillaume bedrohen, auch das Wildschwein vertreten (G. de P. 4006). Ueberall waren bis jetzt
die Wildschweine den Träumenden feindlich. Aber es kommen
auch Beispiele vor, wo die Wildschweine für die Träumenden
eintreten. So im Hav. (405) und Gaim. (199), wo Hunde
und Wildschweine dem Cuherant zu Hülfe eilen.

Ein solcher Fall ist aber immer nur eine Ausnahme.
Eine untergeordnete Rolle spielen die Wildschweine im A. le B. und
in A. F., hierfür verweise ich auf die betreffende Stelle in dem Abschnitt
„Löwe".

54. Der Hund kommt verhältnismässig selten vor.
Meistens stellt er, wie es in der Natur der Sache liegt, den
Freund, den Erretter, dar. So im Rol. (730) (Ronc. 1033).
wo Karl der Grosse, von einem Löwen und Leoparden arg
bedrängt, von einem Windhund gerettet wird (cf. § 140).
An einer anderen Stelle träumt Karl, dass er einen lévrier
(Windhund) im Arme hält und 4 Leoparden ihm Herz und
Glieder ausreissen wollen (Og. 12448) (cf. § 130). In A. F.
und N. träumt Ilaire, dass er mit seinen Genossen von 2
Bären angegriffen wird, die ihnen die Glieder zerreissen.
Aber Gott erbarmt sich ihrer und schickt ihnen 3 kräftige
Bracken zu Hülfe, die die Bären vertreiben und sie so aus
der Lebensgefahr erretten (A. 4697) (cf. § 116). In dem
Traum der Argentille wird Cuaran von Hunden aus seiner
bedrängten Lage befreit (Hav. 405).

8*

Einmal zeigt sich der Hund den Träumenden feindlich:
in Cor. (295), wo Guillaume d'Orange sich von einem wilden
Hund verfolgt sieht, den er aber schliesslich zu Boden schlägt
(cf. § 119). Das ist der einzige Fall, wo der Hund als Feind
des Träumenden auftritt, sonst ist er immer ein Freund und
Bundesgenosse.

55. **Anderere Vierfüssler.** Vereinzelt kommen dann
noch folgende Vierfüssler als Traumfiguren vor.

Der **Fuchs** tritt einmal in Argentille's Traum auf, wo
Argentille ihren Geliebten Cuaran von einem Bären und einer
Schaar Füchse verfolgt sieht. Letztere legen sich ihm aber
demütig zu Füssen (Hav. 400 und Gaim. 202) (cf. § 103).
Königin Félise träumt, dass ihr 2 weisse **Bären** Hülfe gegen
ihre Feinde brächten. Als sie dieselben näher betrachtet,
haben sie sich in 2 **Hirsche** verwandelt und schliesslich
sogar die Gestalt von zwei lieblichen Kindern mit Goldkronen
im Haar angenommen (G. de P. 4734). Einen **Kletteraffen** [1]) glaubt Mabillette an ihrem Fenster zu sehen und in
einem zweiten kurz darauf folgenden Traum ist es ein **beste
haie**, was sie erschreckt (Gar. 109ᵃ27 und 109ᵇ14). In Og.
wähnt sich Ogier von 100 **loiemiers**, Wildschweinen und
Leoparden verfolgt. In Ronc. (11753) sieht Aude Roland
und Olivier auf der Jagd nach einem **Hirsch** (cf. § 161) und
schliesslich sieht Karl der Grosse im Traum Callos, Ogier und
den Herzog Naymes, die ein schon erschöpftes Tier mit sich
führen.

56. **Die Vögel.** Wie unter den Vierfüsslern besonders
die Raubtiere zu den Traumbildern verwandt werden, so unter
den Vögeln die Raubvögel.

57. Der mächtigste unter diesen ist nun, wie in der
Natur, so auch im Traum der **Adler.** Er ist in Aiol (A. F.
375 N. 374), wo alle Vögel sich vor Aiol verbeugen, der erste
derselben, der alle anderen beherrscht (cf. § 102). Meistens
stellt sich der Adler feindlich zu den Träumenden:

So in Gayd. (333), wo sich ein Adler mit rotem Kopf
auf Gaydon stürzt und sein Pferd zerreisst (cf. § 120). In
B. a. g. p. (1680) träumt Blancheflour, dass sich ein Adler
auf ihr Gesicht setzt, während eine Bärin ihren Körper zerfleischt (cf. § 157). Clarisse sieht im Traum, wie 2 Adler

---

1) Im Londoner Ms. ist es ein fliegender Affe.

den Bruder ihres Gatten, Richard, ergreifen, in die Lüfte
führen und an dem Zweig eines Apfelbaumes aufhängen (Ren.
171,18) (cf. § 146). Aude träumt, dass ein grosser Adler
ihr die Brüste ausreisse (Ronc. 11785) (cf. § 161). Ebenso
Octavian's Frau, die im Traum einen Adler erblickt, der ihr
die Brüste zerreisst und ihre beiden Kinder entführt (Oc. 248)
(cf. § 151b). Biautrix wird im Traum von einen Adler
ergriffen und nach Spanien geführt, dort aber von einem
Greifen wieder befreit (Herv. Tirade 61) (cf. § 124). Mélior
sieht im Traum, wie ein grosser, wunderbarer Adler sie sammt
Guillaume davon trägt (G. de P. 5187) und Aye träumt,
dass sie von zwei Adlern entführt werde, denen sie aber wieder
durch einen Falken und einen weissen Löwen entrissen wird
(Aye 1959) (cf. § 125). Hier kann es eigentümlicher Weise
ein Falke mit 2 Adlern aufnehmen, was für eine höhere
Stellung des Falken sprechen würde. Aber es steht dies
Beispiel ganz allein da und im Gegensatz zu allen anderen
Fällen. In den Nibelungen z. B. kann der Falke der Chriemhild nichts gegen die zwei feindlichen Adler ausrichten, während er im obigen Beispiel die Adler in die Flucht treibt.
Mit Ausnahme des Traumes des Elie und der Mélior haben
wir also überall in den Adlern Feinde der Träumenden erblickt.
Sehr oft stehen sie im Gegensatz zu den Falken, die meistens
für die Träumenden Partei nehmen.

58. Der Falke. Als Freund und Bundesgenosse des
Träumenden zeigte sich der Falke schon in dem Traum der
Aye, wo er die feindlichen Adler verfolgt und sie dem Löwen
zutreibt, so dass der sie zerreissen kann (Aye 1961) (cf. § 125).
In dem Traum der Chriemhild ist der Falke ja der Lieblings-
vogel seiner Herrin, der nun den beiden Adlern zum Opfer
fällt. In H. (731) träumt Herselot, dass ein junger Graf der
Rigmel einen Falken schenke, den sie lieb gewinnt. In Aiol
sieht Elie im Traum einen grossen Adler mit zwei weissen
Falken nach Spanien fliegen. [Der Adler tritt nachher im
selben Traum als Aiol auf] (A. F. 377 und A. N. 376) (cf.
§ 102). Girbers träumt, dass er mit seinem Falken einen
Schwan fange und diesen seinem König Anseis überreiche
(Girb. fol. 57r°c3) (cf. § 163) und Aymeri träumt, dass er
mit seinem Falken einen Enterich und eine Ente erbeutet
habe, die ihm nachher wieder ein Trupp Bären entreissen will.
Ueberall ist der Falke hier ein Freund, ein Helfer, nur

selten zeigt er sich dem Träumenden feindselig: so in G. de V. (1903), wo Karl der Grosse seinen Habicht mit einem fremden Falken kämpfen sieht (cf. § 135). Dann hat in Girb. (1634) Girbers einen Falken, der aus dem Käfig Fromond's entwichen ist. Er will ihn füttern, aber dieser reisst ihm beinahe die Augen aus dem Kopf und fliegt davon (cf. § 131). In Ronc. (11741 und 11779) schliesslich ergreift ein Falke die Aude und trägt sie zu einem Adler, der ihr die Brüste ausreisst. Das sind die drei Fälle, wo sich der Falke den Träumenden feindlich zeigt.

59. Andere Vogelgattungen kommen nur vereinzelt vor. So begegnen wir einmal dem Habicht in einem Traume Karls des Grossen, der seinen Habicht mit einem fremden Falken kämpfen sieht (G. de V. 1903) (cf. § 135). Der Milan figuriert ein Mal in dem Traume des Hugues Capet, wo derselbe sich von einem Milan angegriffen wähnt (H. 4957) (cf. § 147).

Godefrois de Melans träumt, dass der König Yon dem Ren. de Montauban einen Sperber schenke (Ren. 112,25)[1]) (cf. § 132). Aude träumt, dass ihr ein Sperber aus dem Munde fliegt (Ronc. 11867) (cf. § 161). In Aiol sieht Elie 2 weisse Tauben aus einem schwangeren Bilde hervorflattern (A. F. 389 und A. N. 388) (cf. § 102). Esmerez sieht sich im Traum in einem finsteren Gefängnis, zusammen mit seiner Geliebten und einer wunderbar weissen Taube (B. I. pg. 153,92) (cf. § 129). Dem Aymeri fliegt ein weisser Vogel aus dem Munde, der einer Lerche ähnelt und in der Luft von weissen Tauben umkreist wird. (Mort A. 325) (cf. § 144). In derselben Chançon begegnen wir auch einem schwarzen Vogel, der einem von Spanien kommenden Feuer voraufliegt (Mort A. 314) (cf. § 144)[2]). Und im letzten Traum sieht Aymeri, wie zwei schwarze Eulen seiner Frau Suppen von Blut und Eisen vorsetzen und sie zwingen, dieselben zu essen. Hernach wollen die Eulen sie sogar in ein brennendes

---

1) Dieser Traum fehlt in der holländischen Redaction cf. Matthes: Renout van Montalban.

2) Bangert (Die Tiere in den altfranzösischen Chançons de geste) pg. 277 führt einen Traum an, worin 2 schwarze Raben die Elienor in die Hölle zu ihrem Vater führen und nachdem sie eine Unterredung mit ihm gehabt, sie wieder zurück nach Nimaye bringen (B. I. 73,23), aber das ganze ist kein Traum, sondern nur ein Märchen, das Elienor ihrem Bruder erzählt, um ihre Entfernung vom Hause zu erklären.

Feuer werfen. Da kommt aber Aymeri's Sohn herzu und
tötet die Vögel (cf. § 162). Im Traum der Rhea Silvia
schützen ein Specht und eine Wölfin die beiden Palmen
gegen den Amulius. (M. Br. 3958) (cf. § 109).

Ganz nebensächlich werden dann noch als Jagdbeute erwähnt: ein
Schwan (Girb. f. 57r⁰c¹3) und 2 Enten (Mort A. 337).

60. Häufige Anwendung haben auch die Fabeltiere
gefunden, wie Greif und Drache, und zwar werden ihnen
ausserordentliche Kräfte zugeschrieben. Der Greif rangiert
sogar noch über dem Löwen: denn in Aye (2517) erfasst ein
Greif einen Löwen und trägt ihn mit sammt dem geraubten
Kinde nach Aufalerne, der Residenz Ganors (cf. § 154).

In H. C. (4959) träumt der König von einem Greifen,
der ihn mit seinem Pferd in die Luft trägt (cf, § 147). Die
Mutter der Biautrix erfährt die Entführung ihrer Tochter
durch einen Traum, in dem die Räuber durch 2 Greifen
wiedergegeben werden [1]) (Herv. 1121) (cf. § 155). Biautrix
selber hat hernach einen Traum, in dem sie sich von einem
Adler entführt sieht. Sie wird diesem aber durch einen
Greifen wieder entrissen (Herv. Tirade 61) (cf. § 124). Karl
der Grosse träumt, dass seine Soldaten von Greifen angefallen werden und über 20,000 davon umkommen (F. 6142)
und in Rol. (2544) sieht er, als er von der Niederlage des
Roland'schen Heeres träumt, unter den feindlichen Tieren
auch 30,000 Greifen (in Ronc. nicht erwähnt) (cf. § 133).
Ueberall stellt sich der Greif also feindlich zu den Träumenden,
Ausnahmen sind nur in Aye und im Traum der Biautrix (Herv.)
zu verzeichnen.

Seltener als der Greif findet das andere Fabeltier, der
Drache, Verwendung.

König Artus sieht im Traum einen Bären mit einem
Drachen kämpfen; letzterer siegt schliesslich (Br. 11533) (cf.
§ 139). Aubori träumt, ein Drache schleppe seine Nichte
Sonnehout ins Gefängnis, aber sie werde von ihrem Bräutigam
Gascelin wieder befreit (A. le B. 71,27) (cf. § 121). Feindlich ist er auch im Rol. (2543), wo Karl der Grosse von den
wilden Tieren träumt, die sein Heer bedrängen.

61. An dieser Stelle werden ausserdem noch genannt

---

1) In hs. T. sind 10 Greifen genannt, entsprechend der Anzahl der
Räuber.

die Vipern und Schlangen. Erstere kommen nur hier vor, die Schlange findet sich aber häufiger. So figuriert sie in dem Traume Alexander's, wo er träumt, dass er ein Ei öffne und eine Schlange daraus hervorkomme (cf. § 111). Im Gar. träumt Mabillette von 2 grossen Schlangen, die das Fenster belagern (Gar. fol. 109ᶜ10), und schliesslich sind unter den Tieren, die sich in Elie's Traum vor Aiol verbeugen, auch die Schlangen vertreten (A. F. 365 und A. N. 364) (cf. § 102).

62. Wir sehen also, wie die meisten Tierbilder der Klasse der Raubtiere resp. Raubvögel entnommen sind. Zum grössten Teil sind sie dabei Feinde der Träumenden. Tiergattungen, die ausschliesslich oder überwiegend für die Träumenden eintreten, sind sehr selten. Nur Hunde und Falken wären zu nennen, alle übrigen verhalten sich der Regel nach feindlich zu den Träumenden.

β. Traumbilder, die nicht dem Tierreich entnommen sind.

63. Tiersymbole kommen in den Träumen, wie aus obigem ersichtlich, ausserordentlich oft vor, sie bilden fast ausschliesslich den Inhalt derselben und haben nur selten andere Traumbilder neben sich. Selbständig kommen letztere wenigstens nie vor, immer nur mit Tiersymbolen vermischt.

In Og. (8266) wähnt Ogier sich im Traume von einem Riesen angegriffen, dem 500 Leoparden folgen (cf. § 137). In Aiol verbeugen sich die Bäume und Wälder vor Aiol (A. F. 363 und A. N. 362) (cf. § 102). Aehnlich träumt Argentille, dass sich die Bäume vor Cuaran verneigen (Hav. 417 und Gaim. 222) (cf. § 103). Die Rhea Silvia träumt, dass sie ihrer Göttin ein Opfer darbringe und ihr dabei ein Band, dass sie auf dem Kopf getragen, ins Feuer falle. Aus der Asche des verbrannten Bandes schiessen 2 stattliche Palmen hervor, von denen eine ganz besonders gross ist und die ganze Welt überschattet (M. Br. 3930) (cf. § 109). Aehnlich die Geliebte Robert's von der Normandie, welche im Traum einen grossen Baum aus ihrem Körper hervorwachsen sieht, der die ganze Normandie überschattet (Rou 2870) (cf. § 110). In der Karlsreise träumt Karl der Grosse von dem Grab und dem Kreuz des Erlösers (V. 70) (cf. § 166) und im Rol. 720 (Ronc. 1020) sieht er, wie Ganelon ihm einen

Speer entreisst (cf. § 113). Raoul's Mutter sieht ihren Sohn
mit zerrissenem Gewand wieder zurückkehren (Ra. 3519)
(cf. § 159). Aude sieht im Traum Karl den Grossen mit
abgeschnalltem Degen und losgetrenntem gefesseltem
Arm (Ronc. 11808). Elie träumt von einem Bilde, das Aiol
von Spanien nach Frankreich führt und dort taufen lässt, worauf
es schwanger wird und 2 Tauben hervorbringt (A. F. 360)
und A. N. 359) (cf. § 102). Im Rol. 2533 (Ronc. 4231)
träumt Karl von Stürmen, Donner und Feuerzeichen,
die er am Firmament erblickt. Alles fällt über sein Heer her.
Wilde Tiere und Dämone stürzen sich auf seine Soldaten
und wollen sie zerreissen (cf. § 133). Das Feuer findet sich
überhaupt öfters in den Träumen, so in Cor. (293), wo Guillaume von einem grossen Feuer träumt, das, von Russland
kommend, Rom von allen Seiten ergreift (cf. § 119). Aehn-
in Mort A. (312), wo Aymeri ein grosses Feuer von Spanien
kommen sieht, das das ganze Land zerstört (cf. § 144).
Aude erblickt im Traume Erdfeuer, die sich weithin erstrecken, ausserdem sieht sie eine schwarze Wolke sich über
Spanien erheben (Ronc. 11805) (cf. § 161). In Bl. (5308)
träumt Alimodes vor seiner Niederlage, dass ein furchtbarer
Sturm sich erhebe und alles umwerfe (cf. § 142). In Girb.
(fol. 67r°c²42) sieht Gerin seinen Freund Hernais in einem
brennenden Kloster von seinen Feinden belagert. Aber ein
dichter Nebel trennt die Gegner und rettet so den Hernais
(cf. § 128).

Zu erwähnen wäre schliesslich noch das Ei, von dem
Alexander träumt, das die Welt repräsentieren soll (Al. p. 6,22)
(cf. § 111) und damit wäre die Reihe der nicht dem Tierreich entnommenen Traumbilder erschöpft.

γ. Personen in den Träumen.

64. In den prophetischen Träumen. Träume, in
denen nur Personen auftreten und das Bildliche des Traumes
lediglich aus irgend welchen symbolischen Handlungen derselben besteht, sind ausserordentlich selten. Sie haben mit
den sinnlichen Träumen am meisten von der eigentlichen
Traumnatur eingebüsst und nähern sich dem Charakter der
Visionen. Aber meistens treten neben den Personen immer
noch Traumbilder auf.

Wenn ich nun im Folgenden eine Uebersicht der prophetischen Träume gebe, in denen Personen auftreten, so soll zunächst von den Fälllen ganz abgesehen werden, in denen die betreffende Person der Träumende selbst ist. Denn das ist ganz allgemein, dass der Träumende, wenn er überhaupt von sich träumt, seine eigene Person im Traume sieht; Beispiele, wo er sich nur unter einem Bilde sieht, sind sehr selten.

So im Br. (11533), wo König Artus sich in der Figur eines Drachens mit einem Löwen kämpfen sieht.

Absehen will ich auch von den Fällen, wo die Gattin durch einen Traum von dem bevorstehenden Unglück ihres Mannes benachrichtigt wird, sie sind oben ausführlich behandelt, so dass sie hier noch ein Mal anzuführen überflüssig sein würde.

Schliesslich will ich noch die Fälle übergehen, in denen die betreffende Person nur ein Leidensgenosse des Träumenden ist. Hier ist die Person des Freundes ganz nebensächlich, sie hat für die Entwickelung des Traumes keinen Einfluss. Mir liegt es aber daran gerade, die Fälle anzuführen, in denen eine Person eine selbständige Rolle spielt.

So sieht Guillaume seinen Neffen Vivien vom Feldzug zurückkehren, traurig und zornig zugleich und zwar allein, ohne seine Truppen (Cov. 1016) (cf. § 158). Aehnlich in Ra. (3516), wo die Mutter Raoul's ihren Sohn aus der Schlacht kommen sieht mit einem zerrissenen Gewand (cf. § 159). Im selben Epos sieht Béatrix die Begleiter des — ermordeten — Bernier allein zurückkommen und fürchtet deshalb, dass dem Bernier ein Unglück zugestossen sei (Ra. 8469) (cf. § 160).

Karl der Grosse erblickt Callos, Ogier und den Herzog Naymes im Traum, wie sie von 3 Löwen angegriffen werden (Og. 1161) (cf. § 115). Aude träumt, dass Roland von einem Löwen angegriffen wird, den er aber in die Flucht schlägt. (Ronc. 11793) und hernach sieht sie 2 tote Ritter vor einem Altar liegen, in denen sie Oliviers und Roland zu erkennen glaubt (Ronc. 11844) (cf. § 161). Gleich darauf aber sieht sie die beiden in wilder Eile daherstürmen, der Felsen stürzt unter ihnen zusammen und die beiden Helden fallen in die Tiefe (11860). Zuletzt hat sie noch einen Traum, in dem sie Roland und Olivier in der Kirche sieht, sich tief bis zur Erde verbeugend (11865). In A. le B. (71,27) träumt Auberi, seine Nichte Sonneheut würde von einem Drachen in ein Gefängnis geschleppt (cf. § 121). Clarisse träumt von Aallart, ihrem Schwager, dass ihn ein Bolzen träfe, während sein Bruder Richard von 2 Adlern ergriffen und an einem Apfelbaum aufgehängt würde (Ren. 171,25) (cf. § 146). König Gerin sieht im Traum seinen Freund Hernais, wie er, in einem brennenden Kloster von Feinden belagert, ihn um Hülfe ruft (Girb. 67r°c³37) (cf. § 128). Doon träumt von seiner Mutter und sieht sie grosse Marter erdulden (D. 2246) (cf. § 148) und Ameri erblickt im Traum seine Frau ganz nackt unter einem Fichtenbaum, wie sie von Eulen gepeinigt wird. Aber sie wird von ihrem Sohn Guibert erlöst, der die Eulen tötet (Mort A. 368) (cf. § 162).

Maugis träumt, Renaus und Aallars kämen zu ihm, jammerten und klagten und forderten seinen Beistand gegen Karl den Grossen (Ren. 374,15) (cf. § 153). Und Blancandin schliesslich sieht im Traum seine Braut vor sein Bett kommen: sie kniet vor ihm nieder und weint bitterlich (Bl. 5580) (cf. § 155a).

Ueberall sind also die Personen, die in den Träumen auftreten, Freunde des Träumenden, und von deren Unglück werden nun die Schlafenden benachrichtigt. Die Personen stellen hier also immer den leidenden Teil dar. Zuweilen treten sie aber auch als Feinde resp. Freunde des Träumenden auf, die ihn oder seine Angehörigen befehden resp. unterstützen. Sie sind hier also nichts weniger als passiv.

So träumt Auberi von einem Drachen, der seine Nichte Sonneheut entführt. Da kommt Gascelin herbei, verjagt das Tier und rettet damit die Sonneheut (A. le B. 71,33) (cf. § 121). Im selben Epos (87,37) wähnt sich Sonneheut von einem Bären wüthend angegriffen, als wieder Gascelin erscheint und sie errettet (cf. § 122). In G. de N. (1576) träumt Eglantine, dass sie von einem Bären entführt werde. Gui will sie erretten, er kann aber mit seiner Lanze nichts gegen das Tier ausrichten. In Karl's des Grossen Traum (Og. 1159) werden Callos und der Herzog Naymes von Löwen zu Boden gerissen. Da kommt Ogier hinzu, schlägt 2 Löwen zu Boden und treibt den dritten in die Flucht (cf. § 115). Im Chans. des S. schliesslich sieht Karl der Grosse seine Jäger von Ebern angegriffen. Da kommt der Herzog Naymes herbei und tötet den Anführer der Eber (Ch. des S. II. 169) (cf. § 112).

Hier ist die Traumperson überall ein Freund des Träumenden, der ihm oder seinen Angehörigen zu Hilfe kommt.

Feinde werden dagegen nur selten in eigener Person in den Traum gebracht, sie werden fast immer durch ein Traumbild wiedergegeben. Ich habe nur 2 Beispiele dafür gefunden: Karl der Grosse sieht im Traum den Ganelon, wie er ihm seine Lanze entreisst (Rol. 721 und Ronc. 1021) (cf. § 140). Und Girbers erblickt in An. (2ᶜ16) seine Feinde Fromond und Fromondin mit ihren Anhängern bei dem König. Er schliesst daraus — im Traum — dieselben hätten den König für sich gewonnen, und ruft nun die Kaiserin — so steht im Text statt Königin — an, ihn doch vor seinen Feinden zu schützen. Aber diese lässt ihn schlagen und ins Gefängnis werfen (cf. § 164). [1]

65. Das wären die in den Träumen vorkommenden Personen, es sind mit Ausnahme von 2 Fällen, immer Freunde der Träumenden. Und neben ihnen, das können wir an fast allen Beispielen konstatieren, sind immer noch Traumbilder vorhanden, sie sind fast nie die einzigen Figuren des Traumes und thun daher dem symbolischen Charakter des Traumes keinen Abbruch. Etwas anderes ist es mit den sinnlichen Träumen, wo wirkliche Bilder fast ganz fehlen, die Traumfiguren sind da fast ausschliesslich Personen; Tiere u. s. w. treten nicht auf.

66. In den sinnlichen Träumen. Hier ist die Person, von welcher der Schlafende träumt, alle Mal seine Geliebte. Durmart träumt z. B. von seiner Geliebten: er glaubt sie zu besitzen und physisch zu lieben. Aber am Morgen findet er sich in seinem Bett allein (Dur. 4089). Genau derselbe Traum begegnet uns in Bel. (2444), wo Giglain von der Fee träumt, die er aus der Gefangenschaft des Mauger le Gris errettet hat. In Cl. träumt Alis immer, bei seiner Frau Fénise

---

1) Zu erwähnen wäre hier vielleicht noch Berte's Traum: Berte erzählt ihrem Mann, Karl dem Grossen, sie habe im Traume Gérard wie in füheren Tagen zur Thür hereinkommen sehen, ganz friedlich wie ein getreuer Unterthan. Doch ist dieser Traum erdichtet, Berte will ihren Gemahl nur an den Gedanken von Gérard's Rückkehr gewöhnen und ihn friedlich gegen seinen aufrührerischen Unterthan stimmen (Gé. 366,20).

zu schlafen und hält dann am nächsten Morgen diesen Traum
für Wirklichkeit (Cl. 3356).

In G. de P. (1118) erfährt Guillaume durch einen Liebes-
traum, dass die hoch über ihm stehende Mélior ihn liebt.
Er träumt nämlich, wie sie ihn bittet, sie als Freundin anzunehmen, sonst würde sie vor Liebesweh sterben. Darauf giebt
sie sich ihm hin. — Aehnlich träumt Blancandin (3716) von
seiner Braut: sie erzählt ihm, wie sie immer von ihm träume
und lässt sich von ihm herzen und küssen.

Diese Träume sind alle mehr oder minder gleichen Cha-
rakters. Etwas abweichend hiervon sind die beiden Träume
des Biaus Desconneus (cf. §§ 174. 175), aber auch hier ist
der Mittelpunkt des ganzen Traumes die Geliebte.

Nirgends finden sich hier neben den Personen noch Traumbilder, nichts, was, im Traume angedeutet, hernach in den
Ereignissen seine Erklärung finden könnte. Die sinnlichen
Träume nähern sich damit den Visionen, die ja auch nie
Bildliches enthalten. Sie unterscheiden sich aber von ihnen
durch die Bezeichnung [songe] und durch den Inhalt, indem
die Visionen göttliche durch Engel oder Engelsstimmen über-
mittelte Befehle enthalten, während hier alles sinnlich ist.

f. Die Form der Träume.

67. In einem früheren Abschnitt ist gezeigt worden,
wie Träume, welche von einer Person in derselben Nacht
geträumt werden, immer zusammengehören und ein ganzes,
einheitliches darstellen. Nur die Fülle der Ereignisse, welche
von dem Dichter verbildlicht werden sollten, so hatten wir
gefunden, hatte ihn gezwungen, das ganze zu teilen und
mehrere Träume aus dem einen zu machen. Wir haben
also darin eine besondere Form der Träume zu sehen, nicht
ein Conglomerat von Träumen. Sie stehen gegenüber den
auch äusserlich einheitlichen, den unzerteilten Träumen.

68. Bei beiden Arten zeigt sich das Bestreben, den
ganzen Traum den Schlafenden so natürlich wie möglich vorzuführen. Die Tiere — und sie bilden ja das grösste Con-
tingent der Traumfiguren — kommen selten, so zu sagen in
den Traum hineingeschneit. Fast immer wird die Traumperson als im Walde jagend geschildert, wo sie dann von den
Tieren angegriffen wird.

So in A. le B. (71,17), wo sich Auberi im Ardennenwald sieht und dann von wilden Tieren träumt, die ihn angreifen (cf. § 121). Ebenso im Horn, wo Rodmund im Traum mit seinem Hund auf die Jagd geht und daselbst von Wildschweinen angegriffen wird (H. 4656) (cf. § 141). Ebenso sieht sich Karl der Grosse auf der Jagd von wilden Tieren bedroht (Og. 8260) (cf. § 137). Und Ylaire träumt erst, dass er sich in einem Walde befindet, bevor er die Löwen sieht, die ihn angreifen. [1]

Nur selten kommen die Tiere ganz unvermittelt in den Traum, und es ist dies immer ein Zeichen von weniger hoch entwickelter Technik des Dichters. Was die grossen Vögel betrifft, so brauchen sie weiter keine Einführung, da sie ja nicht auf den Wald beschränkt sind. Aber oft wird auch hier extra erwähnt, wie die Traumperson sich im Freien befindet, als der Vogel auf sie herabstürzt. So in Aye (1954), wo sich Aye auf einem Berge mit König Ganor erblickt, als sie plötzlich von 2 Adlern ergriffen wird (cf. § 125). Aehnlich in Herv. (Tirade 61), wo Biautrix träumt, sie schliefe im Freien und würde da von einem Adler ergriffen und entführt (cf. § 124).

Auch bei Personen, die nicht in der unmittelbaren Umgebung des Träumenden wohnen, sieht sich der Träumende zuvor an deren Wohnort versetzt, ehe er sie selbst sieht.

So in An. (2ᶜ16) und in A. und A. (868) (cf. §§ 164 und 152).

Alles das hat den Zweck, den Traum möglichst naturgetreu vor die Phantasie zu führen, denn der Träumende hat jetzt ein Bild vor sich, das der Wirklichkeit ganz angepasst ist und ihm durchaus lebensvoll erscheinen muss. [2]

69. Im § 67 war ein Unterschied zwischen geteilten und (auch äusserlich) einheitlichen Träumen gemacht worden. Letztere können nun wieder zweifacher Natur sein. Sie können entweder nur aus einem einzigen Traumbild bestehen

---

1) Es sind dies nicht die einzigen Beispiele, fast alle Träume dieser Art sind so eingeführt.

2) Hier wäre vielleicht der Traum Karls des Grossen zu erwähnen, dem im Rol. ein Engel erscheint, um ihm die Traumbilder vorzuführen. Der Kern des ganzen ist hier natürlich die Traumbildgruppe, der Engel bildet eigentlich nur Staffage (Rol. 2525 (cf. §§ 178 und 179) und Ronc. 4224).

oder aus einer ganzen Gruppe chronologisch aneinander gereihter Traumbilder. Die letzte Kategorie ist bei weitem am zahlreichsten vertreten, denn Träume mit einem einzigen Traumbild sind nur sehr selten. So sieht Robastre (Gauf. 9794) einen Leoparden in sein Zelt schleichen, den er niederschlägt. Hier ist nur 1 Traumbild im ganzen Traum vorhanden. Aehnlich in Cov. (1016), wo Guillaume seinen Neffen Vivien mit schmerzerfülltem Gesicht vom Feldzug zurückkehren sieht. Diese Beispiele sind verhältnismässig selten, meistens finden wir im Traum eine ganze Gruppe von Traumbildern vor.

70. Diese Traumbilder beziehen sich fast immer auf verschiedene, unter sich verknüpfte, fortlaufende Begebenheiten. Dass 2 aufeinander folgende Traumbilder sich auf ein und dieselbe Begebenheit beziehen, findet selten statt.

In Girb. (1649) sieht Girbers sich zuerst in Paris gegen 2 Löwen kämpfen und hernach zeigt ihm ein anderes Traumbild einen Falken, den er füttert, der ihm aber entfliegt und beinahe die Augen ausreisst. Beide Male beziehen sich die Traumbilder auf seinen Kampf gegen Fromond und seinen Sohn. Das letzte Traumbild zeigt allerdings nur den Sohn an, aber es sind immer zwei unmittelbar aufeinander folgende Traumbilder, die sich auf ein und dieselbe Thatsache beziehen. Das zweite Bild wäre also ganz überflüssig gewesen (cf. §§ 117 und 131).

Ebenso verhält es sich mit den Traumbildern in Aude's Traum, die auch zum grössten Teil überflüssig sind (Ronc. 1174).

71. In allen anderen Fällen haben wir eine Gruppe von Traumbildern, die sich auf fortlaufende Ereignisse beziehen. Diese Traumbilder rangieren dann immer in der Reihenfolge, in der die Ereignisse eintreten, welche sie verbildlichen sollen. Die Begebenheiten, welche sich zuerst abspielen und womöglich auch die Ursache der folgenden bilden. müssen naturgemäss auch im Traum zuerst verbildlicht werden. So sieht Elie in seinem Traum erst die wilden Tiere, die Aiol ertränkt und hernach erst die von ihm mit neuen Federn geschmückten Vögel. Ganz natürlich, denn erst musste er die Sarazenen (die wilden Tiere) besiegen, ehe er seinen Rittern (die Vögel) ihre an die Sarazenen verlorenen Länder wieder zurückgeben konnte. Ueberall finden wir diese chronologische Anordnung streng durchgeführt.

72. Die Verknüpfung der einzelnen Traumbilder unter einander ist meist derart, dass der ganze Traum einheitlich vor die Phantasie des Träumenden tritt. Es giebt aber auch Fälle, wo keine Verknüpfung zwischen Traumbildern vorliegt. So in Ren., wo Godefrois zunächst sieht, wie der König dem Renaus einen Sperber überreicht. Mit einem Mal ändert sich das Bild: er sieht einen Eber in eiligem Lauf daherkommen, verfolgt von 1000 Wölfen, 7 davon zweigen sich ab und stürzen sich auf den plötzlich auftauchenden Renaus (Ren. 112,27) (cf. § 132). Das sind anscheinend 2 Träume, die nicht mit einander zusammen hängen und doch sind die durch sie verbildlichten Ereignisse in Wirklichkeit miteinander verknüpft. Der Dichter hat es nur nicht vermocht, die Bindeglieder der beiden ebenfalls in dem Traum zum Ausdruck zu bringen. Auch in Cor. (291) wechseln 2 ganz verschiedene Traumbilder ohne irgend welchen Uebergang mit einander ab: das eine zeigt ein grosses Feuer, das, von Russland kommend, Rom ergreift, und das andere einen Hund, der den Träumenden angreift, aber von ihm zu Boden geschlagen wird (cf. § 119). Und schliesslich hört Karl der Grosse eine Stimme, die ihn auffordert nach Spanien zu kommen und plötzlich sieht er wieder seine Truppen, wie sie von Greifen angefallen werden (F. 6136) (cf. § 145).

Ueberall stehen die Ereignisse, worauf sich die Träume beziehen, in engem Zusammenhang mit einander, die Dichter haben es nur nicht verstanden, diesen Zusammenhang auch in den Träumen zum Ausdruck zu bringen.

73. Schliesslich sei noch auf die Widersprüche, die zuweilen in demselben Traum vorkommen, hingewiesen.

In Elie's Traum (A. F. 360 und A. N. 359) (cf. § 102) figuriert Aiol zunächst in eigener Person, hernach sieht Elie einen Adler nach Spanien fliegen, der sich daselbst als Aiol entpuppt und ein Bild gewinnt, das er taufen lässt. Was bewog den Dichter, hier scheinbar so ganz willkürlich bald Aiol in eigner Person, bald als Adler vorzuführen? Ich glaube annehmen zu können, dass diese vorübergehende Verwandlung nur durch die Verlegung des Schauplatzes bedingt ist. Wir sehen nämlich fast immer, wenn eine Person plötzlich in einem anderen Lande vorgeführt werden soll, Vögel auftreten, die dann die betreffende Person nach dem fremden Lande hinübertragen. Hier ist nun Aiol gleich in einen Vogel verwandelt. Es war dies ein ausgezeichnetes Mittel für den Dichter, den ganzen Traum einheitlich zu machen, da er sonst zerrissen war. Den Aiol im Traum als auf der Wanderung nach Spanien begriffen vorzuführen, ging nicht, da eine solche Wanderung zu viel Zeit in Anspruch nahm, da war dies das beste Mittel, um alles in einem kurzen einheitlichen Traum vorzuführen. [1)]

Dieser Widerspruch in der Darstellung Aiols ist also auf seine guten Gründe zurückzuführen.

Anders in Girb.: Hier träumt Girbers zunächst, dass er mit 2 Löwen kämpft, und unmittelbar darauf, dass er von einem jungen Falken angegriffen wird. Beide Traumbilder beziehen sich auf denselben Gegenstand, nämlich auf seinen Kampf mit Fromond und dessen Sohn. Warum nun ein Mal jeder seiner beiden Feinde, das andere Mal nur der junge Fromond verbildlicht worden ist, bleibt unklar (Girb. 1649) (cf. §§ 117 und 131).

Ein Widerspruch in der Aufeinanderfolge der Traumbilder findet statt im Ronc. Hier sieht Aude zuerst Roland und Olivier tot vor einem Altar liegen und hernach erblickt sie die beiden in wilder Eile daherjagen, bis der Felsen unter ihnen zusammenbricht und sie in den Abgrund stürzen. Da das letzte Traumbild jedenfalls den in der Schlacht von Roncevaux gefundenen Tod der beiden Helden veranschaulichen soll, so müsste es entschieden vor dem oben erwähnten rangieren (Ronc. 11844). Etwas ganz anderes ist es, wenn Aude zuletzt die beiden wieder in betender Stellung in der Kirche sieht. Dies Traumbild soll die Helden nach dem Tode, im Himmel, vorführen und da hat es mit vollem Recht seinen Platz nach den anderen Traumbildern.

Das wären die wenigen Widersprüche und Unklarheiten

---

1) So werden im Traume alle Entführungen von Frauen nach fremden Ländern immer durch Vögel ausgeführt, nie durch Vierfüssler. Die können ja nicht in so kurzer Zeit die Geraubten nach den fremden Ländern bringen, um sie dort im selben Traum wieder auftreten lassen zu können. Besonders interessant ist hier ein Traum der Aye: diese sieht ihr Kind von einem Löwen geraubt. Der Löwe repräsentiert den Ganor, der das Kind nach Afrika entführt. Nun kann aber der Löwe doch nicht von Avignon über das Wasser nach Afrika kommen! Der Dichter kommt nicht in Verlegenheit: er führt einfach einen Greifen ein, der den Löwen mit dem Kinde nach Afrika trägt (Aye 2510) (cf. § 154).

in den Träumen als solchen, wir sehen, es sind wenig genug
und diese noch, abgesehen von dem letzten Traum, absolut
nicht erheblicher Natur.

74. Für den inneren Bau der Träume hat sich also
Folgendes ergeben:

a) Es giebt geteilte Träume, die mit Unterbrechungen
geträumt werden, und einfache geschlossene Träume.

b) Bei beiden Arten werden die Traumbilder nie unvermittelt vor die Seele des Träumenden geführt.

c) Ein Traum kann aus einem Traumbild bestehen
und auch aus mehreren.

d) Sind mehrere Traumbilder vorhanden, so können
sich diese entweder auf ein und dasselbe Factum beziehen oder auf mehrere, die dann organisch mit einander verbunden sein müssen. Letzteres das gewöhnliche,
ersteres nur in Ausnahmefällen.

e) Bezieht sich ein Traum auf solche ineinander-
greifende Begebenheiten, so wird die Reihenfolge der
Traumbilder naturgemäss durch die Reihenfolge der
Begebenheiten bestimmt.

f) Diese Traumbilder können mit einander verbunden
vorgeführt werden und auch nicht. Im letzten Falle
vermochte der Dichter nicht die verknüpfenden Mittel-
glieder beider Fakta zu verbildlichen.

g) Widersprüche innerhalb eines Traumes finden sich
nur selten.

g. Auslegung der Träume.

I. Die Traumdeuter.

75. Eine Untersuchung über die Bedeutung der Träume
wird sich naturgemäss nur mit den prophetischen Träumen zu
befassen haben, da die sinnlichen Träume überhaupt keiner
Deutung zugänglich sind.

Die prophetischen Träume tragen nun oft ihre Bedeutung
so klar zur Schau, dass die Träumenden sie selbst leicht
entziffern konnten. So entnimmt Karl der Grosse aus seinem
Traum, in dem er das Grab des Erlösers sieht, sofort, dass
es der Wunsch Gottes ist, dass er einen Kreuzzug nach Pa-
lästina unternimmt (V. 67). Und Hugues Capet (H. C. 4956)
macht sich auf einen Angriff von seiten seiner Feinde gefasst,

da ihm im Traum ein Milan und ein Greif erschienen sind, die ihn angegriffen haben. So könnte noch eine ganze Reihe von Beispielen aufgeführt werden, wo überall der Träumende selbst den Traum enträtselt. [1])

Manchmal ist aber der Traum so unklar und rätselhaft, dass ihn der Träumende sich erst von einen besonderen Traumdeuter auslegen lassen muss. Diese Traumdeuter sind meistens Priester, sie waren ja ziemlich die einzigen Gelehrten jener Zeit, sie mussten daher auch am besten Träume deuten können.

So werden der Aude ihre Träume durch einen saiges clers ausgelegt (Ronc. 11887), ebenso Karl dem Grossen von einem weisen maistre (G. de V. 1948) In Mort A. (381) ist es ein gelehrter Jude (clers und juï wechseln als Bezeichnungen mit einander ab), der die Träume des Aymeri deutet. Ein Einsiedler ist es in A. F. (391) und in Hav. (516) und der Hauskaplan endlich in Ren. (112,36) und in G. de P. (4798).

Ueberall sind also clers[2]) die Traumdeuter; andere Personen nur sehr selten. Der Herzog von Naymes z. B. ist einer der wenigen, die auch Träume auslegen können (cf. F. 6150). Cuaran versucht allerdings auch, den Traum der Argentille zu erklären, aber seine Deutung ist falsch (Gaim. 263 und Hav. 455).

Heiden sind natürlich nicht fähig. Träume zu deuten. Ihnen werden ja überhaupt keine Träume zu teil, wie sollten sie da Träume deuten lernen. 2 Fälle haben wir kennen

---

1) Eigentümlich ist es, wie zuweilen der Träumende sofort weiss, worauf sich der Traum bezieht, obgleich das Bild garnicht so klar ist, als dass es so ohne weiteres hätte gedeutet werden können. So in B. a. g. p. (1676), wo Blancheflour sich im Traum von einer Bärin zerfleischt sieht, während ein Adler sich auf ihr Gesicht setzt. Sofort weiss sie, dass das Bezug auf ihre Tochter hat; wie sie aber dazu kommt, den Traum gerade auf ihre Tochter zu beziehen und auf keinen anderen, wird nicht gesagt. Es ist das immerhin ein Zeichen von gerade nicht sehr hoch entwickelter Technik des Dichters.

2) In Ronc. (11872) und in Mort A. (381) wird uns Näheres über diese clers berichtet. So heisst es in ersterem: Li clers fu saiges des qu'il issi d'anfance Et fu norris enz ou regne de France. Et sor touz clers sot il de nigremance. Il prinst .I. livre, si a lit sans doutance La mort des contes i vit etc. Und ähnlich in Mort A.: „Sajes hom fu et de grant sens porpris, Il et un livre paré de toz latins Ou li art sont et li sonje descrit." Also beide Male ist von Traumbüchern die Rede, die sie dazu benutzen.

gelernt, wo Heiden träumten: in Brut und Rou (Br. 679 und
Rou 195 u 233). Brut's Traum nähert sich dem Charakter
der Visionen, er ist prophetisch, aber die Prophezeiung wird
ihm in Worten von der Göttin mitgeteilt, nicht in noch zu
deutenden Traumbildern vorgeführt. Hier bedurfte Brut also
keiner weiteren Auslegung. Anders in den Träumen Rou's:
da ist alles bildlich, für ihn also nichts verständlich. Und
beide Mal wendet er sich an einen Christen und lässt sich von
ihm den Traum deuten (cf. § 105). [1])

Wenn wir sehen, dass die Heiden keine Träume deuten
können, ja selbst nicht mal unter den Christen alle diese
Fähigkeit besitzen, so muss es um so mehr Wunder nehmen,
wenn wir in Aye (1967) eine Heidin als Traumdeuterin treffen
(cf. § 125). Allerdings ist ihre Auslegung eine ausserordentlich
verschwommene, unklare, aber sie ist doch richtig, und so ist
dieser Fall als einzige Ausnahme von der Regel anzusetzen.

Zu erwähnen wäre hier noch, dass zuweilen ein und
derselbe Traum eine mehrfache Auslegung erfährt, doch kommt
das sehr selten vor. So in Hav. (455 u. 516), wo der Traum
der Argentille zuerst von Cuaran und hernach von einem
Eremiten erklärt wird. Die Auslegung des Eremiten ist
natürlich die richtige. Eine dreifache Auslegung erfährt der
Traum des Alexander, indem zuerst ein Grieche ihn zu deuten
versucht, hernach ein sages hom de la loi und zuletzt Aristo-
teles von Athen. Mit der Deutung des Letzteren ist Philipp
zufrieden (Al. p. 6, Vers 21). Diese Traumdeuter finden
vorzugsweise bei solchen Träumen Verwendung, die compli-
cierter und verwickelter waren und von denen der Dichter
sich sagen musste, dass der Träumende sie nicht sofort selbst
interpretieren konnte.

Daneben mag aber vielleicht der Grund mitgespielt haben,
auch den Hörer sofort über den Traum zu orientieren. Einmal sehen wir dies Bestreben ganz deutlich zu Tage treten:

---

1) Ich verweise hier auf den Traum Pharao's, wo die äusseren Umstände ganz dieselben sind. Wie der dem Volke Gottes angehörige Joseph
aus dem Gefängnis geholt wird, um dem heidnischen König Pharao die
Träume auszulegen, so muss hier der — gefangene — junge Christ dem
heidnischen Rou die Träume interpretieren. Und beide erhalten nachher
ihre Freiheit dafür. — Die Uebereinstimmung ist eine zu grosse, als dass
hier nicht an eine Benutzung oder wenigstens Beeinflussung gedacht
werden könnte.

In Cor. (291) ist von dem Traum des Guillaume die Rede, der Traum wird erzählt und nachher berichtet der Dichter sofort — indem er vorgreift — das entsprechende Ereignis, um dann erst den Faden seiner Erzählung wieder aufzunehmen. Hier sollte also nur der Hörer von der Bedeutung des Traumes benachrichtigt werden (cf. § 119).

Im übrigen finden die Träume nur durch die später eintretenden Ereignisse selbst ihre Erklärung und zwar schon möglichst bald, da die Träume, wie wir früher gesehen, erst immer kurz vor dem betreffenden Ereignis einzutreten pflegen.

II. Deutung der Träume.

76. In diesem Abschnitt ist es nicht meine Absicht, die Träume als solche zu deuten, sondern die in ihnen enthaltenen Traumbilder. Meine Aufgabe ist hier, jedes Traumbild durch die verschiedenen Träume hindurch zu verfolgen, um so die Bedeutung eines jeden Traumbildes festzustellen. Die Träume als solche sind mit vollständiger Deutung ausführlich unter dem Abschnitt k wiedergegeben und muss ich hierauf verweisen.

α. Deutung der dem Tierreich entnommenen Traumbilder.

77. Wir hatten früher gesehen, dass die Raubtiere schon im Traum selbst sich meistens feindlich zu den Träumenden verhalten. Dementsprechend stellen sie auch durchweg Feinde der Schlafenden vor.

78. Der Löwe. So sieht Gerins im Traum sich von 2 Löwen angegriffen und in der That wird er auch nach kurzer Zeit von Fromond und seinem Sohn mit Krieg überzogen. Die Löwen stellen hier also diese beiden Feinde Gerins dar (Girb. 1652) (cf. §§ 117 und 131). In Rone. (4240) träumt Karl der Grosse von einem vierköpfigen Löwen, der ihn bedroht, den er aber schliesslich zu Boden schlägt - es ist König Marsilie gemeint, der ja von Karl besiegt wird — und einige Zeilen darauf stellt sich ihm abermals ein starker Löwe in den Weg: dies Mal repräsentiert der Löwe den Baligant,

den Bruder Marsilie's, mit dem Karl nachher einen harten
Kampf zu bestehen hat. (Rol. 2549) [1])

In Og. (1165) sieht Karl der Grosse seine Getreuen von
3 Löwen bedrängt: Die 3 Löwen stellen hier die feindlichen
Sarazenen dar, die ersteren bald darauf arge Verlegenheiten
bereiten (cf. § 115). Amis sieht im Traum einen Ritter von
einem Löwen angegriffen und träumt damit von Amiles, der
mit Hardre (der Löwe) in einem Rechtsstreit liegt (cf. § 152).
Ein anderes Beispiel liegt in T. (2036) vor: Hier träumt
Isolde von 2 Löwen, die sie verschlingen wollen und wieder
sind es zwei Feinde — König Marc und sein Förster — die
durch die Löwen verbildlicht werden (cf. § 151a).

Eglantine (G. de N. 1576) sieht ihren Entführer im Traum
unter der Gestalt eines Löwen (cf. § 123) und ebenso Aye
(Aye 2512) den Räuber ihres Sohnes (cf. § 154).

Mélior sieht sich in G. de P. (4007) von wilden Tieren
angegriffen, unter andern auch von einem Löwen und seinem
Jungen. Der Löwe ist hier der maire der benachbarten Stadt,
der mit seinem Sohn und anderen Städtern Guillaume und
Mélior festnehmen will (cf. § 127). Im selben Roman erblickt
die Königin Félise die sie belagernden Feinde unter dem
Bilde von wilden Tieren — unter anderen auch von Löwen
— die sie bedrängen (G. de P. 4726) (cf. § 126). Aehnlich
im Traume Karls des Grossen, wo dieser von der Niederlage
seiner Nachhut träumt: hier befinden sich unter den Tieren,
die ihn bedrängen, auch Löwen. Letztere würden also feindliche Sarazenen repräsentieren. [2])

Schliesslich träumt Auberi's Frau von der Niederlage
ihres Gatten und da ist das gefährlichste der ihn angreifenden
Tiere ein Löwe (A. 212,21) (cf. § 156). Der Löwe verbild-
licht hier einen Feind, aber man kann im Zweifel sein, ob
Huedes de Gengres oder Fouquere damit gemeint ist. Ich
möchte mich für letzteren entscheiden, da dieser den Löwen im
Wappen hat und es daher nahe lag, ihn unter dem Bild eines
Löwen wiederzugeben. cf. A. (191,10), wo von einem Angriff
Fouquere's auf Auberi vorher die Rede war:

---

1) Dönges hat diesen Traum für das Rolandslied eingehend als unecht
und später eingeschoben nachgewiesen (cf. Dönges: Die Baligantepisode
im Rolandslied. Heilbronn 1880).

2) Im Rol. sind die Löwen speciell nicht erwähnt.

Vers Fouquere retorna de randon (nämlich Auberi) Grant cop li done
aus l'escu au lion etc.

In einem anderen Fall ist es ebenfalls unklar, welche
bestimmte Person gemeint ist, nämlich in Ronc. (11760), wo
Aude von einem Löwen träumt, der sich auf Roland stürzt.
Sämmtliche Träume Audes beziehen sich hier auf die Schlacht
von Roncevaux, aber es giebt keine Episode aus derselben,
die diesem Traum entsprechen könnte. Nur so viel steht fest,
dass der Löwe hier wieder einen Feind repräsentiert.

Ueberall dient der Löwe also zur Verbildlichung eines
Feindes, nur selten lässt er im Traum auf einen Freund
schliessen, dann spielt er immer auch im Traum selber schon
die Rolle eines Freundes oder Helfers. So in Mort A. (345),
wo Aymeri sich im Traum von 14 Bären angegriffen wähnt,
bis ihn schliesslich ein Löwe rettet, der sie in die Flucht
treibt. Hier ist der Löwe Aymeri's Sohn Guiberz, der nachher wacker mit Aymeri's Feinden (die Bären) streitet. Diese
günstige Bedeutung hat der Löwe auch im Traum des Esmerés,
der sich durch einen Löwen aus dem Gefängnis befreit sieht
(B. I. 153,81) (cf. § 129). Aehnlich erblickt Aye ihren Be-
freier Garin in der Gestalt eines Löwen (Aye 1962) (cf. § 125),
und auch Königin Félise sieht sich vor den sie bedrohenden
wilden Tieren durch einen Löwen gerettet (G. de P. 4731)
(cf. § 126). Hier verbildlicht der Löwe den in einen Werwolf verhexten Sohn des König von Spanien, der die Feinde
hernach vertreibt.

Dies wären die verhältnismässig wenigen Fälle, wo ein
Löwe im Traum etwas Günstiges bedeutet. Und überall zeigt
ihn schon der Traum als Retter an.

Man kann also für den Löwen die Regel aufstellen: Der
Löwe bedeutet im Traum immer einen gefährlichen Feind,
wenn er nicht schon im Traum als Freund und Retter vorgeführt wird.

3 Fälle sind in obiger Zusammenstellung nicht angeführt,
wo die Löwen nur eine untergeordnete Rolle spielen:

In A. le B. (71,21) hat Auberi einen Traum, wo er von wilden Tieren
geängstigt wird, so auch von Löwen. Hier soll die durch die Tiere
bewirkte Angst nur die Qualen repräsentieren, die Auberi auszustehen
hat, als ihm die Wahl zwischen seinem Tod und der Auslieferung seiner
Tochter gestellt wird. In Aiol (A. F. 365 und A. N. 364) ferner sieht
Elie, wie sich alle Tiere, auch die Löwen, vor Aiol verbeugen. Hier
bedeuten die Tiere die von Aiol bekehrten und unterjochten Heiden, also
auch hier — bezwungene — Feinde. Die beiden Löwen schliesslich, die

sich in dem Traum der Argentille demütig dem Cuaran zu Füssen legen. stellen die Widersacher Cuaran's dar, die sich ihm schliesslich doch alle beugen werden (Gaim. 229).

79. Der Bär stellt auch durchweg einen Gegner des Träumenden dar. So im Rol. (2558), wo Karl von 30 Bären[1]) träumt, die ihn anfallen, um einen von ihm gefangen gehaltenen Genossen zu befreien. Die Bären repräsentieren hier die Verwandten des Ganelon, die nachher bei Karl auf die Herausgabe Ganelon's dringen. Im selben Epos träumt Karl von einem Bären und einem Leoparden, die ihn wütend angreifen, aber von einem ihm zu Hülfe gekommenen Windhund bekämpft werden (Rol. 727 und Ronc. 1028) (cf. § 140). Dieser Traum bezieht sich auf das später von Karl über Ganelon abgehaltene Gericht. Der Bär verbildlicht hier den Ganelon, dessen Ersatzmann Pinabel (Leopard) im Zweikampf von Thierry (Windhund) besiegt wird.

König Artus sieht im Traum einen Drachen im Kampf mit einem Bären, welch letzterer schliesslich unterliegt (Br. 11529). Der Drache verbildlicht hier einen feindlichen Riesen, den Artus nach einiger Zeit in hartem Kampfe tötet.

Auberi sieht die Truppen Gascelin's, von denen er später den Tod erleidet in der Gestalt von 2000 Bären, die ihn verfolgen (A. 113.33) (cf. § 136) und ebenso Ilaire die Truppen Feraut's von Losane in der Gestalt zweier Bären, die ihn angreifen (A. F. 4694) (cf. § 116).

Feindliche Truppen stellen die Bären auch im Traume Aymeri's dar. Hier träumt Aymeri, er werde von 14 Bären angegriffen, die ihm sein Streitross zerreissen: es sind die Sarazenen, die nachher sein Land verheeren (Mort A. 339). Sonneheut sieht ihren Entführer Lambert in der Gestalt eines Bären (A. le B. 87,33) (cf. § 122) und ebenso sieht Aye ihr Kind von 2 Bären entführt: es sind die beiden Sarazenen Ganor's, die für ihren Herrn das Kind rauben (Aye 2514) (cf. § 154). Blancheflour träumt, sie werde von einer Bärin zerfleischt, während sich ein Adler auf ihr Gesicht setze (B. u. g. p. 1678). Der Traum bezieht sich auf die Verdrängung ihrer Tochter Berte durch die Intriguen der Aliste und deren Mutter Macaire. Klar ist es nun nicht, ob die Bärin die Aliste und der Adler die Macaire verbildlichen soll oder umgekehrt. Da nun aber die Aliste wirklich die Berte verdrängt

---

1) Vgl. die beiden Anmerkungen zu § 50.

und Macaire nur ihre Bundesgenossin ist, so möchte ich sie
als durch die Bärin verbildlicht ansehen, da der Adler ja nur
die Stelle eines Complicen zur Bärin einnimmt, also eine
ganz gute Verbildlichung der Macaire sein würde. Jedenfalls
stellt auch hier der Bär einen Feind der Träumenden vor.

Argentille wähnt ihren Cuaran von einem Bären angegriffen, der aber von ihm zu Hülfe kommenden Hunden und
Ebern zu Boden gerissen wird. Auch hier bezeichnet der
Bär etwas Feindliches, da der Traum im weiteren prophezeien
will, dass alle Gegner Cuaran's zu Grunde gehen werden,
wenn sie sich ihm nicht beugen (Gaim. 229) (cf. § 103).

Schliesslich figurieren die Bären auch unter den wilden
Tieren, von denen die Schlafenden öfters träumen. Hier verbildlichen die wilden Tiere die Feinde insgesammt und die
Bären würden also auch hier Gegner der Träumenden darstellen.

Derartige Fälle liegen vor in G. de P. (4006) (cf. § 127), (4726) (cf.
§ 126), Rol. (2542) und Ronc. (4251) (cf. §§ 133 und 134).

Ueberall dient der Bär also zur Verbildlichung eines
Feindes, von dem der Träumende in nächster Zeit ein Unglück
zu erwarten hat. Nur selten tritt er als Freund desselben
auf und dann kennzeichnet ihn der Traum schon deutlich
genug als Freund. So kommen der von wilden Tieren bedrängten Félise zwei Bären zu Hülfe (G. de P. 4727) — es
sind ihr Sohn und dessen Geliebte Mélior gemeint — und im
Mort A. (347) vertreiben 30 000 Bären die den Aymeri bedrohenden 14 Bären. — Die 30 000 Bären, verbildlichen die
Truppen Guibert's (cf. § 114).

Das die zwei Fälle, wo Bären Freunde darstellen, wir
sehen, schon die ganze im Traum vorgeführte Handlung liess
keinen Zweifel an der guten Bedeutung der Bären zu.

In einem Fall bleibt es etwas unklar, was durch den
Bären bezeichnet werden soll: im Ronc. (11835) träumt Aude
von einer Schaar von mehr als 20 Bären, die sie zerreissen
wollen. Der ganze Traum hat Bezug auf die Schlacht von
Roncevaux, aber Aude ist hieran ja nicht selber beteiligt.
Vielleicht könnte die durch die Tiere bewirkte Angst die
Besorgnis verbildlichen sollen, die Aude für das Leben Roland's
und Olivier's während des Feldzuges hat. Aber etwas gesucht
bleibt die Erklärung immerhin (cf. § 76, wo im Traum des
Auberi ähnliche Verhältnisse vorliegen würden). Eine unter-

geordnete Rolle spielt der Bär noch in A. F. (365) und A. N. (364) und verweise ich für diesen Fall auf die entsprechende Stelle unter der Rubrik „Löwe".

80. Der Leopard schliesst sich in seiner Bedeutung als Traumbild den beiden besprochenen Tiergattungen durchaus an. Sämmtliche Belege führen ihn als Feind des Träumenden auf. So wird in dem Traume Robastre's der feindliche Riese Morhier durch einen Leoparden dargestellt (Gauf. 9795). In Og. (8268) sieht sich Ogier von 500 Leoparden angegriffen, die hier die Truppen seines Gegners, Karl des Grossen, repräsentieren. In demselben Epos träumt Karl von 4 Leoparden, die ihm Herz und Glieder ausreissen wollen (Og. 12449): es sind die feindlichen Sarazenen, die schon sein ganzes Land verheert haben (cf. § 130). Huon sieht seine Feinde, Callot und Genossen, unter dem Bilde von 3 Leoparden (H. de. B. 596) (cf. § 149). Und Karl der Grosse erblickt im Traum einen Leoparden, der ihn angreift, und träumt damit von Pinabel, der später ihm zum Trotz die Unschuld Ganelon's mit der Waffe in der Hand gegen die Anhänger Karls beweisen will (Rol. 728 und Ronc. 1031) (cf. § 140).

Schliesslich bilden die Leoparden noch einen Teil der wilden Tiere, die die Schlafenden ja oft im Traume ängstigen. Hier bedeuten die wilden Tiere allgemein die Feinde der Träumenden, die Leoparden würden also einen Teil derselben verbildlichen.

Rol. 2542, Ronc. 4252, G. de P. 4006 und 4728 (cf. §§ 133, 134, 127 und 126).

In Bezug auf Aiol verweise ich wieder auf den betreffenden Abschnitt beim Löwen.

81. Der Leopard stellt also immer einen Feind dar und zwar meistens einen Sarazenen, wie ja überhaupt die fremden Tiere (Löwe, Leopard) vorzugsweise zur Verbildlichung eines Sarazenen verwandt werden. Graevell (Charakteristik der Personen im Rolandsliede pg. 107) kommt auch hierauf zu sprechen und meint, dass „die Orientalen charakteristischer Weise durch fremde Tiere Löwe (Leopard?) dargestellt werden." So allgemein, wie Graevell es ausdrückt, gilt es nun allerdings doch nicht, denn es kommen Ausnahmen vor, wo der Löwe oder Leopard keinen Sarazenen bezeichnet: so ist Pinabel ja kein Sarazene und ebenso nicht

Carlot (Rol. 728 und H. de B. 596) [1]). Von vorn herein also in dem Löwen oder Leoparden einen Sarazenen zu sehen, wäre falsch.

82. Der Wolf verbildlicht sonderbarer Weise in den beiden Fällen, wo er belegt ist, immer einen Freund des Träumenden.

So im Traum der Rhea Silvia, wo eine Wölfin die Palmen der Rhea gegen Amulius verteidigt. Die Wölfin wird hier die Wölfin der Sage repräsentieren, die sich der beiden Kinder der Rhea annimmt (M. Br. 3961). Dann begegnen uns noch Wölfe im Traum des Godefrois de Melans (Ren. 112,28), wo Renaus von 7 Wölfen angegriffen wird. Diese Wölfe verbildlichen das Heer Karls des Grossen, mit dem Renaus in Fehde liegt. Die Wölfe treten hier allerdings feindlich auf, aber doch im Interesse der Träumenden, denn er als Ritter König Yon's musste wünschen, dass der mächtige Renaus, welcher Yon schon gefährlich zu werden anfing, gestürzt wurde. So stellen also in beiden Fällen die Wölfe Freunde des Träumenden dar.

83. Die Wildschweine stellen meistens Heeresmassen dar, wozu sie sich vorzüglich eignen, da sie ja in Heerden leben. Sie stellen fast durchweg Feinde dar.

Karl der Grosse sieht seine Jäger von Wildschweinen angegriffen, ein besonders grosser Eber stürzt sich auf den Herzog Naymes und wird von diesem getötet (Ch. des S. II. pg. 169) (cf. § 112). Hier verbildlichen die Wildschweine Karl's Feinde, deren Anführer — der Eber — am nächsten Tag vom Herzog Naymes im Zweikampf getötet wird.

Aehnlich repräsentieren in Rodmund's Traum (H. 4658) die den Rodmund angreifenden Wildschweine feindliche Truppen und der Eber, welcher sein Pferd zu Fall bringt, Horn selber, von dem er kurz darauf total geschlagen wird (cf. § 141.)

Gaydon erblickt im Traum seine Feinde auch unter dem Bilde von Wildschweinen, deren Anführer den Thibaut repräsentiert, welcher nachher von Gaydon im Zweikampf getötet wird (Gayd. 341) (cf. § 120).

Auberi's Frau sieht ihren Gemal von Wildschweinen bedrängt: es sind die Truppen Huedes de Gengres, Joserans

---

1) Ausnahmen, wo der Löwe keinen Sarazenen darstellt: Girb. (1652), A. (212,21) u. a. m.

und Fouqueres (A. 212,17) (cf. § 156), welche dem Auberi
einen Hinterhalt gelegt haben. Aude träumt von Wildschweinen, die Roland und Olivier anfallen: es sind die feindlichen Sarazenen, die das Roland'sche Heer vernichten (Ronc.
1190) (cf. § 161). Und Clarisse sieht ihren Gatten von Wildschweinen umstellt und träumt damit von den Truppen Karl's
des Grossen, die den Renaus verfolgen (Ren. 171,21). Schliesslich sieht auch Ogier seine Feinde, die Truppen Karl's des
Grossen, unter dem Bilde von Wildschweinen (Og. 8264).

Einer genauen Deutung verschliesst sich der Traum Auberi's. Dieser sieht sich von zwei Wildschweinen verfolgt.
Das eine repräsentiert sicher Gascelin, aber wer das andere
sein soll, ob Amaury oder Fouquere, ist nicht zu entscheiden.

Einzelne feindliche Wildschweine figurieren noch im Traume
Godefrois de Melans (Ren. 112,27) und Karl des Grossen
(Rol. 727). Im ersteren stellt das Wildschwein — das von
1000 Wölfen verfolgt wird — Renaus de Montauban dar, im
letzteren den Ganelon. [1]

Eine etwas eigentümliche Verbildlichung haben wir in
dem Traum der Argentille, wo die Wildschweine, welche dem
von wilden Tieren bedrängten Cuharan zu Hülfe eilen, die
göttliche Gnade darstellen sollen, die den Cuharan alle Hindernisse überwinden lassen wird (Hav. 405) und Gaym 194).

Eine untergeordnete Rolle spielen die Wildschweine in G. de P.
(4007) (cf. § 127), A. le B. (71,21) (cf. § 121) und A. F. (365) u. A. N.
(364) und verweise ich hierfür auf die entsprechenden Zeilen unter dem
Abschnitt „Löwe".

84. Der Hund stellt meist den Freund, den Retter dar.
So der Hund im Traum Roland's, der den Thierry repräsentiert, welcher nachher Karl's Sache gegen Ganelon und Pinabel
vertritt (Rol 730 und Ronc. 1033) (cf. § 140). Aehnlich in
einem anderen Traume Karl's, wo ein Hund den Ogier, den
Retter des fränkischen Reiches vor den Sarazenen, darstellt
(Og. 12448) (cf. § 130).

In 2 Fällen bedeutet der Hund die göttliche Hülfe, die
göttliche Gnade. So im Aiol. wo Ylaire von 3 Bracken träumt,
die ihm und seinen Gnossen zu Hülfe kommen. Der Traum

---

1) „vers' Eber steht nur in dem der Müller'schen Ausgabe zu Grunde
liegenden Text. Müller selbst hat dafür schon „ours' eingesetzt, was sonst
hier überall steht.

soll nur bedeuten, dass sie sich mit Gottes Hülfe schliesslich
doch durchschlagen werden.

So auch im Traum der Argentille, wo die Hunde die
göttliche Gnade repräsentieren, die Cuharan alle Hindernisse
leicht überwinden lassen wird (Hav. 405) [1])

Nur selten verbildlicht der Hund einen Feind: in Cor.
(295), wo Guillaume d'Orange sich von einem wilden Hund
verfolgt sieht, den er aber schliesslich zu Boden schlägt.
Hier dient der Hund zur Verbildlichung des Sarazenenkönigs
Corsolt, den er bald darauf im Kampfe tötet (cf. § 119).
Ogier erblickt die feindlichen Truppen Karl's des Grossen unter
dem Bilde von 100 loiemiers, die ihn wütend angreifen (Og.
8263) (cf. § 137). Doon träumt, dass ein gaignon seiner
Frau und seinem Kinde Leber und Lunge ausreisse. Es ist
der Seneschall, der seine Frau verführen und seine Kinder
umbringen will (D. 1726) (cf. § 148).

85. Andere Vierfüssler werden nur selten zur Verbildlichung verwandt. Einmal treffen wir z. B. Füchse: in
Argentille's Traum, wo Cuaran erst von Füchsen angegriffen
wird, die sich ihm nachher zu Füssen legen. Hier soll der
Traum allgemein bedeuten, dass sich dem Cuaran schliesslich
alle Gegner beugen werden. Die Füchse repräsentieren hier
also Feinde Cuaran's (Hav. 401 und Gaim 202) (cf. § 103).
Im Gar. (109ª27 u. 109ᵇ14) glaubt Mabilette an ihrem Fenster
einen Affen zu sehen und in einem zweiten kurz darauf
folgenden Traum ein „beste haic": beide Male ist der Feind
angezeigt, der Schloss Monglane überfallen will. Karl der
Grosse schliesslich erblickt im Traum Ogier und Genossen und
in deren Mitte ein erschöpftes Tier. 3 Löwen stürzen auf sie,
werden aber von Ogier wieder vertrieben. — Das erschöpfte
Tier mag Gloriande verbildlichen sollen, das spätere Streitobject zwischen Ogier und dem Sarazenen Karaheus. Nur
hat — entgegen dem Traum — Gloriande zuerst dem Karaheus gehört und nicht dem Ogier (Og. 1163).

86. Die Vögel werden, wie wir gesehen, seltener zur
Verbildlichung gebraucht. Am häufigsten treten noch die
Raubvögel auf, gerade so wie unter den Tieren die Raubtiere
die meiste Verwendung fanden.

---

1) In dem entsprechenden Traum bei Gaim. sind die Hunde nicht
erwähnt.

87. Der Adler repräsentiert meist einen Feind des
Träumenden. So in Gayd. (333), wo sich ein Adler mit rotem
Kopf auf Gaydon stürzt. Der Adler ist hier Alori, der mit
Thibaut ein Complott geschmiedet hat, Gaydon zu verderben
(cf. § 120). Blancheflour träumt von einem Adler, der sich
auf ihr Gesicht setzt (B. a. g. p. 1680) (cf. § 157): er ver-
bildlicht Macaire, die der Aliste geholfen hat, Blancheflour's
Tochter, Berte, zu verdrängen.

Clarisse träumt, ihr Schwager Richard de Montauban,
werde von 2 Adlern entführt — es sind die Feinde desselben
gemeint, die ihn gefangen nehmen — und Biautrix sieht sich
selbst von einem Adler ergriffen und nach Spanien geführt.
(Herv. Tirade 61) — einige Zeit darauf wird sie von Flores
nach Spanien entführt (cf. § 124). Aye erblickt ihre Entführer, Berenger und Genossen, unter dem Bilde von 2 Adlern
(Aye 1959) (cf. § 125) und Aude sieht im Traum einen grossen
Adler, der ihr die Brüste ausreisst: der Adler ist König Marsilie, der ihr den Geliebten (Roland) und den Bruder (Olivier)
— die beiden Brüste — raubt (Ronc. 11785) (cf. § 161).

Ueberall ist hier der Adler der Repräsentant eines Feindes.
Nur einmal finden wir ihn in einer anderen Verwendung, in
Elie's Traum, wo Elie seinen Sohn unter dem Bilde eines Adlers
sieht. Hier ist der Adler zur Verbildlichung benutzt, weil er
der erste unter den Vögeln ist, und Aiol sollte ja als Herrscher im Traum dargestellt werden (A. F. 375 u. A. N. 374)
(cf. § 102).

In einem Fall ist die Bedeutung des Adlers unklar: Mélior sieht nämlich, wie ein Adler sie mit ihrem Guillaume
davonträgt (G. de P. 5187). Allerdings kommen beide bald
darauf zur Königin Félise, aber wenn der Traum hierauf Bezug
hätte, so hätte der Adler sie doch an die Königin Félise
abliefern müssen. Das wäre also kaum als das dem Traum
entsprechende Faktum anzusehen, aber ein anderes Ereignis,
das mit dem Traum irgend wie in Beziehung gesetzt werden
könnte, wird uns hernach auch nicht berichtet. Der Traum
bleibt also unklar.

88. Der Falke stellt sehr oft einen Freund des Träumenden dar, im Gegensatz zum Adler, der ja den Feind repräsentiert.

So der Falke in Aye's Traum, der die beiden feindlichen
Adler im Bunde mit dem Löwen bekämpft (Aye 1959) (cf. §

125). Der Löwe ist hier Garin, der dem Berenger und Genossen die geraubte Aye wieder entreisst. Der Falke muss demnach seine 12 Gefährten in corpore repräsentieren.

In dem Traum der Chriemhild — um hier einen der deutschen Literatur entnommenen Beleg einzuschalten — repräsentiert der Falke das Liebste der Chriemhild, den Siegfried, der den beiden Verrätern, dem Hagen und Gunther (die 2 Adler), zum Opfer fallen soll. Und im Horn, wo Herselot von einem Falken träumt, den Rigmel von einem jungen Grafen erhält, verbildlicht der Falke das Liebespfand zweier Liebenden (H. 730).

In Aiol stellen die beiden Falken, welche in Elie's Traum den Adler nach Spanien begleiten, 2 Genossen des Aiol dar, also ebenfalls Freunde des Träumenden (A. F. 377 A. N. 376). Und in Mort A. (334), wo Aymeri im Traum mit seinem Falken 2 Enten erjagt, stellt der Falke sein Heer dar, mit dem er grosse Beute gewinnt (cf. § 114).

Ueberall haben wir hier in dem Falken einen Freund, einen Bundesgenossen des Träumenden verbildlicht. Nur selten stellt er einen Feind dar.

So in Girb. (1654), wo der junge Falke den Sohn Fromond's darstellt, den erbitterten Gegner Girbert's (cf. §§ 117 und 131). Ferner in G. de V. (1903), wo Karl der Grosse seinen Habicht — Roland — mit einem fremden Falken — Olivier — kämpfen sieht (cf. § 135). Und schliesslich in Ronc. (11741 und 11779), wo ein Falke die Aude ergreift und sie zu einem Adler trägt, der ihr die Brüste ausreisst. Hier repräsentiert der Falke, der dem Adler Beute zuführt, wohl Ganelon, der dem Marsilie Roland und Olivier mit ihrem Heer ausliefert (cf. § 161).

89. Andere Vogelgattungen kommen, wie wir gesehen, nur vereinzelt vor, sie können Freunde und Feinde der Träumenden darstellen, fast immer aber lässt schon die Traumhandlung die Bedeutung des Vogels erkennen.

In Mort A. (366) sieht Aymeri seine Frau von 2 schwarzen Eulen gequält: es sind die Sarazenen, welche ihr den Gatten nehmen und sie dadurch in grosse Trauer versetzen (cf. § 162). Und im selben Epos (314) träumt Aymeri auch von einem schwarzen Vogel, der einem von Spanien kommenden Feuer vorauffliegt: er verbildlicht den amirant Corsuble, der den Aymeri nachher stürzt (cf. § 144).

Andere Vögel wieder zeigen Freunde der Träumenden
an. So träumt Rhea Silvia von einen Specht, der ihre
Palmen gegen Amulius schützt. (Der Vogel könnte der Hirte
sein, der der Sage nach die beiden Söhne der Rhea bei sich
aufgenommen) (M. Br. 3958) (cf. § 109). Und in einem
anderen Traume wird die Schwester, welche König Yon dem
Renaut zur Gemahlin giebt, durch einem Sperber verbildlicht,
den Yon dem Renaut schenkt (Ren. 112,25) (cf. § 132).

Ein vielfache Anwendung finden die Vögel ferner, um bei
Frauen die Geburt von Kindern anzuzeigen. Immer sehen
die Träumenden dann, wie aus dem Munde oder dem Magen
Vögel herausflattern.

So im Ronc. (11867) (cf. § 161), und in Aiol (A. F. 389 und A. N.
388) (cf. § 102).

Ebenso soll die weisse Taube, die Esmerez im Traum
bei seiner Geliebten sieht, auf ein Kind deuten, das dieselbe
später zur Welt bringt (B. I. 153,92) (cf. § 129). Im Traume
Aymeri's aber, wo dem Aymeri ein weisser Vogel aus dem
Munde fliegt, bedeutet der Vogel die zum Himmel steigende
Seele Aymeri's (Mort A. 325) (cf. § 144).

Etwas unklar ist, was der Milan in dem Traume des
Hugues Capet darstellen soll. Im Traum figuriert nämlich
ausserdem noch ein Greif: soll nun der Milan oder der
Greif den Herzog Asselins darstellen? Ich möchte mich für
den Greifen entscheiden, da der ja der stärkere von beiden
ist. Der Milan würde dann sein Heer darstellen und es wäre
damit das Gesetz befolgt, wonach der Herr durch ein stärkeres
und angeseheneres Tier dargestellt wird als seine Untergebenen.

90. Die Fabeltiere. Auch die Fabeltiere werden, wie
wir gesehen, zu Traumbildern verwandt. So figuriert ja
im letzten Beispiel ein Greif als Repräsentant eines Feindes,
des Herzogs Asselins (H. C. 4956). Einen Feind stellt der
Greif auch in Herv. (1121) dar, wo die Mutter die Räuber
ihrer Tochter Biautrix in der Gestalt von Greifen erblickt,
die ihre Tochter entführen:

So im F. (6142) (cf. § 145) und im Rolandslied (Rol. 2544) (cf. § 133).
(In Ronc. nicht erwähnt).

Nur ein Mal stellt der Greif einen Freund des Träumen-
den dar: im Traum der Biautrix, wo sich Biautrix aus der
Gewalt eines Adlers (Flores) durch einen Greifen (ihr Gatte
Hervis) befreit sieht (Herv. Tirade 61).

Erwähnen will ich noch, dass der Greif auch im Traum der Aye figuriert. Hier aber soll er nichts verbildlichen, hier dient er nur zur Verknüpfung der Traumhandlung (Aye 2517) (cf. §§ 154 und 173).

Der Drache kommt 2 Mal selbständig vor, das eine Mal verbildlicht er die eigene Person des Träumenden (Br. 11533) cf. § 139) und das andere Mal den Entführer einer Nichte (A. le B. 71,27) (cf. § 121). Schliesslich ist der Drache auch unter den Tieren vertreten, von denen Karl der Grosse im Rolandslied seine Truppen angegriffen wähnt (Rol. 2543). Hier verbildlichen die Drachen einen Teil der Sarazenen, die das Roland'sche Heer vernichten (cf. § 133). Dasselbe ist von den ebenfalls hier angeführten Vipern und Schlangen zu sagen.

91. Die Schlange ist auch sonst noch belegt: so in dem Traume Alexanders (Al. 6,21), wo die Schlange den zukünftigen Weltherrscher Alexander darstellen soll (cf. § 111). Im Gegensatz hierzu stellt in Elie's Traum die Schlange — die sich vor Aiol verbeugt — den untergebenen, den unterworfenen Sarazenen dar (A. F. 365, A. N. 364) (cf. § 102). Im Gar. schliesslich verbildlichen die beiden Schlangen, von denen Mabilette träumt, den Gaufré und den Cauplé, die mit ihren Leuten das Schloss überrumpeln wollen, also 2 Feinde (Gar. fol. 109ᶜ10) (cf. § 150).

92. Wir haben also, um einen Ueberblick über den ganzen Abschnitt zu werfen, gefunden, dass die Tiere, vor allem die Raubtiere und Raubvögel, zum grössten Teil Feinde der Träumenden darstellen, wie sie ja auch schon in die Handlung des Traumes selbst als Feinde der Träumenden eingreifen. Niemals aber kann man a priori aus dem Auftreten dieser oder jener Tierart auf einen Freund resp. Feind schliessen. Man kann wohl konstatieren, dass diese oder jene Gattung vorzugsweise zur Verbildlichung eines Feindes oder Freundes dient, aber immer muss man auf die Art des Auftretens in dem Traum Rücksicht nehmen. Diese giebt die beste Gewähr für die Bedeutung des Tieres. So fanden wir allerdings, dass die Hunde, Wölfe und Falken fast durchweg Freunde der Träumenden verbildlichen, aber wir hatten auch schon bei der Besprechung des Inhalts der Träume gesehen, wie diese Tiergattungen gerade in der Traumhandlung stets für den Träumenden eintraten.

3. Deutung der übrigen Traumbilder (nicht dem Tierreich entnommen.)

93. Ogier träumt einmal von einem Riesen, der ihn bedroht: es ist Karl der Grosse, der ihn in den nächsten Tagen mit seinen Truppen angreift (Og. 8266) (cf. § 137). Sonst kommt der Riese als Traumbild nirgends vor.

Bäume und Wälder im Traum bedeuten oft die ganze Welt; so in Elie's Traum, wo sich die Bäume und Wälder vor Aiol verbeugen: es soll hier Aiol als Beherrscher der Welt angezeigt werden (A. F. 363 und A. N. 262) (cf. § 102). Ebenso in dem Traum der Argentille (Hav. 417 u. Guim. 222) (cf. § 103). Rhea Silvia träumt von einem Band, das ihr ins Feuer fällt und aus dessen Asche 2 Palmen entstehen (M.Br. 3930). Hier wird das brennende Band die verletzte Keuschheit bedeuten, während die beiden Palmen Romulus und Remus verbildlichen (cf. § 109). Elie träumt von einem Bild, das Aiol mit sich nach Frankreich nimmt und dort taufen lässt, worauf es plötzlich schwanger wird und 2 weisse Tauben hervorbringt. Das Bild ist Mélior, die er nach Frankreich führt, taufen lässt und heiratet (A. F. 360, A. N 359) (cf. § 102).

In Al. (6,22) träumt Alexander von einem Ei, dem eine ungeheure Schlange entschlüpft. Hier bedeutet das Ei die Welt (cf. § 111).

Im Rol. 720 (Ronc. 1020) sieht Karl der Grosse, wie Ganelon ihm einen Speer aus Eschenholz entreisst, wo der Speer seinen Neffen Roland repräsentiert (cf. § 140). Und in der Karlsreise (70) träumt der Kaiser von dem Kreuz und dem Grab des Erlösers und sieht darin eine göttliche Aufforderung zum Kreuzzug (cf. § 166).

Etwas unklar ist der Traum Aude's, welche Karl dem Grossen mit abgeschnalltem Degen und losgetrenntem gefesseltem Arm sieht (Ronc. 11808). Hier kann entweder beides auf Roland Bezug haben oder das eine auf Roland, das andere auf Olivier. Eine bestimmte Entscheidung ist da nicht zu fällen.

In mannigfaltiger Weise werden die Sarazenen verbildlicht, die das Roland'sche Heer aufreiben. Diese erblickt Karl in der Gestalt von Stürmen, Donner und Flammenzeichen, von wilden Tieren und Dämonen, die über sein Heer herfallen (Rol. 2533 und Ronc. 4231). Alles stellt also die Sarazenen dar (cf. §§ 133 nnd 134). Das Feuer finden wir überhaupt öfter als Repräsentant des siegreichen, verheerenden Feindes. So in Cor. (293) und Mort A. (312), wo die Träumenden ihr Land von einem grossen Feuer verheert sehen. Ebenso deuten die Erdfeuer, die Aude im Traum erblickt, auf die siegreichen Feinde (Ronc. 11805) (cf. § 161), während die schwarze Wolke, die Aude über Spanien gelagert sieht, auf nahendes Unglück deutet.

Eine sehr feine Allegorie findet sich in Girb. Es soll da Bezug genommen werden auf die Flucht des Hernais vor seinen Feinden. Diese haben ihn in ein Kloster getrieben und dasselbe angezündet; durch den Rauch betäubt, fällt er zu Boden, und die Feinde, ihn für tot haltend, reiten fort. Später kommt er aber wieder zu sich und kann ungehindert ins Freie kommen, er ist also seinen Feinden glücklich entgangen. Dieser ganze Hergang wird im Traum angedeutet durch ein brennendes, von Rittern umgebenes Kloster, in dem Hernais sich befindet und um Hilfe ruft. Plötzlich steigt ein dichter Nebel auf und trennt den Hernais von seinen Feinden. Der Nebel soll hier also das Misverständnis der Feinde verbildlichen, welchem Hernais seine Rettung verdankt.

94. Wir sehen, wie diese Träume gegenüber den anderen, die ausschliesslich Tierallegorien enthalten, einen entschiedenen Fortschritt der Dichter bekunden. Denn indem sie sich von der alten Schablone lossagten und auch aus anderen Gebieten ihre Traumbilder nahmen, konnten sie naturgemäss ein weit prägnanteres und genaueres Bild von den zukünftigen Ereignissen im Traume geben. So sind in diesen Träumen oft die verwickeltsten und compliciertesten Ereignisse verbildlicht — ich erinnere nur an den eben erwähnten Traum in Girb. — die durch blosse Tierbilder garnicht oder doch nur sehr undeutlich hätten wiedergegeben werden können.

γ. Deutung bildlicher Handlungen.

Neben den oben besprochenen Traumbildern treten als Traumfiguren auch noch die Personen selber auf, d. h. Personen, die, ohne verbildlicht zu sein, unmittelbar in die Traumhandlung eingreifen.

Diese Personen spielen nachher in Wirklichkeit genau die Rolle, die sie in dem Traum hatten, und kann ich hier also einfach auf § 64 verweisen, wo von der Stellung die Rede war, die die Personen innerhalb der Traumhandlung inne hatten.

Einige Träume giebt es nun, die nur von Personen handeln und Traumbilder überhaupt nicht enthalten. Hier beschränkt sich das Bildliche auf die Handlung im Traum und auf die äusseren Umstände, unter denen die Personen auftreten. Folgende Träume wären hier zu nennen:

Einmal der Traum der Mirabel, die von ihren Wirten, den Mönchen, träumt, wie sie den Aiol ergreifen und aufhängen (A. F. 6713 und A. N. 6712). Sie schliesst daraus ganz richtig, dass es Räuber wären, die Aiol nach dem Leben trachteten (cf. § 151).

In Ra. (8469) sieht Béatrix die Begleiter Bernier's allein zurückkommen und fürchtet deshalb, dass dem Bernier ein Unglück zugestossen sei, und in der That erfährt sie bald darauf die Nachricht von seiner Ermordung (cf. § 160).

Guillaume d'Orange sieht seinen Neffen traurig und zornig, ohne Soldaten, zurückkehren und schliesst daraus auf ein Unglück, das seinen Neffen betroffen. Bald darauf meldet ihm auch ein Bote die Niederlage Vivien's (Cov. 1016) (cf. § 158).

Raoul's Mutter sieht ihren Sohn mit zerrissenem Gewand wieder zurückkehren und fürchtet deswegen auch für sein Leben (Ra. 3512) (cf. § 159). Maugis sieht im Traum Renaus und Aallars klagen und jammern und eilt in Folge dessen zu ihnen (Ren 375,15). In der That sind diese von ihren Feinden arg bedrängt und wünschen den Maugis mit seinen Zauberkünsten sehnlich herbei. Aehnlich träumt Blancandin von seiner Braut, dass sie vor sein Bett käme und heftig weinte (Bl. 5580). Auch sie ruft ihn hier gewissermassen um Hülfe an (um sie aus der Gewalt des Subiens zu befreien (cf. § 155a).

Aude sieht Roland und Olivier mit ihren Pferden in die Tiefe stürzen (Ronc. 11860), dann sieht sie dieselben als Leichen neben einem Altar liegen (11844) und zuletzt noch in der Kirche in betender Stellung (11865). Das eine Bild soll den Tod der beiden in der Schlacht veranschaulichen, das zweite sie als Leichen vorführen und das dritte sie als im Himmel befindlich anzeigen (cf. § 161).

Schliesslich sieht sich Königin Félise auf einem Turm stehen und in die Ferne schauen. Da werden ihre Arme so lang, dass der rechte bis zu den Mauern von Rom reicht und der linke sich bis über Spanien erstreckt (G. de P. 4769). In der That herrscht ihr Geschlecht bald über beide Länder, ihr Sohn über Italien und ihre Tochter, welche sich an den Königssohn von Spanien vermählt, über Spanien (cf. § 107).

Damit wäre die Reihe dieser Träume erschöpft.

h. Incongruenzen des Traumes und des verbildlichten Ereignisses.

96. Es war früher schon ein Fall besprochen worden, wo die Reihenfolge der Fakta im Traum nicht eingehalten wurde: es ist Aude's Traum, der der Träumenden zuerst Roland und Olivier als Leichen und dann erst ihren Tod vor Augen führt (Ronc. 11844 und 11860) (cf. § 161). Doch steht dieser Fall ganz allein da, es ist sonst immer der Gang der ganzen Handlung auch im Traum genau beobachtet worden.

Zuweilen aber kann man den Traum absolut nicht mit der Begebenheit zusammenreimen, auf welche sich der Traum augenscheinlich beziehen soll. Hier kann der Traum nur den Zweck haben, den Schlafenden zu erschrecken und dadurch überhaupt auf irgend ein ungünstiges Ereignis allgemein vorzubereiten. So soll der Aye (Aye 1180) ihre bevorstehende Entführung durch Garnier angezeigt werden und das wird bewirkt durch folgenden Traum:

Sie sieht ihren Gatten zurückkommen und eilt auf ihn zu, um ihn zu begrüssen. Dieser stösst sie jedoch zurück und schlägt sie mit seinem Degen.

Aus diesem Traum kann man unmöglich auf eine Entführung schliessen, jede andere Deutung wäre ebenso gerechtfertigt. Wenn Blancandin — um ein Gegenstück anzuführen — seinem Braut im Traum bitterlich weinend vor seinem Bett knieen sieht und daraus auf eine Entführung seiner Braut schliesst (Bl. 5580), so ist das schon immer eher gerechtfertigt, denn hier zeigt die Braut dem Geliebten gewissermassen jammernd die Entführung an, aber in dem obigen Traum lässt absolut nichts auf eine Entführung schliessen.

Ein anderes Beispiel ist der Traum in An. (2c16): Hier sieht Girbers seine Feinde Fromond, Fromondin und Genossen mit dem König sprechen und fürchtet daher ein Unglück für sich.

In seiner Besorgnis ruft er nun die Kaiserin (so steht im Ms. statt Königin) um Hülfe an, aber diese lässt ihn mit Speeren schlagen und ins Gefängnis werfen. — Man sollte meinen, der Traum bezöge sich auf irgend ein Unglück, das Girbers von seinen Feinden und dem König zu erwarten habe: aber nichts von alledem, der Traum soll seinen Tod anzeigen, den er durch seine Neffen erleidet. Der einzige Anknüpfungspunkt ist vielleicht der, dass die Neffen ihn auf Geheiss ihrer Mutter, einer Schwester Fromondin's, ermordet haben, die den Tod ihres Bruders nicht vergessen kann. Im übrigen aber existiert nichts Gemeinsames hier zwischen Traum und Ereignis, von einer Verbildlichung des letzteren kann jedenfalls nicht die Rede sein.

In Girb. (fol. 56r''c³49) hat Girbers das prachtvolle Ross Flori in der Schlacht erbeutet, er hat es aber seinem König abtreten müssen, worüber er ganz trostlos ist. Da sieht er im Traum, wie er einen Schwan fängt und diesen seinem Herrn Anseis überreicht. Er erzählt den Traum seinem Freunde Gerins und dieser deutet ihn dahin, dass er nun bald sein Ross Flori zurückerhalten würde. In der That ist dem auch so. Aber der Traum kann weder die Erklärung Gerin's rechtfertigen, noch die Zurückgabe Flori's verbildlichen. Der Traum ist entschieden unvollständig, es hätte der König ihm den Schwan wieder zurückgeben müssen, dann hätte alles gepasst. Schliesslich stimmt auch Clarisse's Traum nicht genau mit der Wirklichkeit überein (Ren. 171,18), denn da ist unter anderem die Rede von Aallart, der von 2 Bolzen getroffen wird, und in dem Bericht der entsprechenden Schlacht wird nichts von einer Verwundung Aallart's gesagt.

Zweifelhaft, ob ebenfalls zu dieser Rubrik falsch resp. schlecht verfasster Träume gehörig oder nicht, ist der Traum Karl's des Grossen in Og. (1159): hier träumt er von Ogier, dem ein Tier, das er mit sich führt, von 3 Löwen streitig gemacht wird. Dies Tier kann nun Gloriande, das spätere Streitobject zwischen Ogier und dem Sarazenen Karaheus, sein, dann stimmt aber der Traum insofern nicht mit der Wirklichkeit überein, als er die Gloriande als ursprünglich dem Ogier gehörig vorführt, während sie doch zunächst die Braut des Karaheus war und diesem erst durch Karlot abwendig gemacht ward. Das sind die immerhin wenigen Fälle, wo die Begebenheit garnicht oder nur teilweise zu dem Traume passt.

97. Am meisten Abweichungen finden sich aber in Bezug auf Zahlenangaben zwischen Traum und Wirklichkeit. Es ist das ganz auffällig. Bald werden Truppen durch 2 Tiere angezeigt und daneben wieder — der Wirklichkeit mehr entsprechend — durch 30 000. Treten 2 Tiere zusammen auf, so können sie in Wirklichkeit 2 einzelnen Rittern entsprechen, aber auch einem ganzen Heer.

So sieht sich Ilaire mit seinen Genossen im Walde von Quintefoille von 2 Bären angegriffen und diese entsprechen in Wirklichkeit den Truppen Feraut's von Losane (A. F. 4694, A. N. 4692) (cf. § 116).

In Clarisse's Traum werden die Truppen Karl's des Grossen durch 7 Wölfe wiedergegeben, die Renaut angreifen (Ren. 112,28) und Aymeri erblickt die feindlichen Truppen in der Gestalt von 14 Bären. Im Gegensatz hierzu wird in F. (6136) das Heer der Feinde durch 20 000 Greifen dargestellt und im Rolandslied sogar durch 30 000 Greifen, wozu noch andere Tiere hinzukommen (Rol, 2544). Wir sehen also, Truppenmassen können durch jede beliebige Anzahl von Tieren bis zu 2 hinab dargestellt werden.

Auch da, wo auf eine ganz bestimmte Anzahl von Personen Bezug genommen wird, wird die Zahl derselben im Traum oft nicht festgehalten. So werden die 10 Knappen, welche Biautrix rauben, in dem Traum ihrer Mutter durch 2 Greifen wiedergegeben (Herv. 1121) [1]). Aehnlich in Aye's Traum, wo die 12 Gefährten Garin's durch einen Falken verbildlicht werden, während Berenger mit seinen Genossen durch 2 Adler repräsentiert wird.

Also die Zahlenverhältnisse werden nicht berücksichtigt, so genau und prägnant auch sonst die Träume sind.

98. In obigen Fällen stimmte der Traum nicht mit dem von ihm zu verbildlichenden Ereignis. Nun giebt es auch noch Fälle, wo sich wohl Traum und Begebenheit decken, aber nicht die durch den Clerc abgegebene Deutung desselben zu dem Ereignis passt.

So erklärt der clers, welcher der Aude ihre Träume deuten soll: der Adler, welcher ihr die Brüste ausgerissen, sei eine Dame, die Roland von ihr abspenstig machen werde. Aber Olivier werde das nicht dulden und für sie mit dem

---

1) In hs. T sind 10 Greifen genannt.

Schwerte eintreten (Ronc. 1887) (cf. § 161). Tatsächlich aber
ist der Adler Marsilie, der ihr in der Schlacht zu Roncevaux
den Geliebten (Roland) und den Bruder (Olivier) — die beiden
Brüste — raubt. Hier interpretiert der Dichter jedoch ab-
sichtlich falsch:

> „En autre sen le songe trestorna".

um die Aude nicht zu sehr zu betrüben.

Eine tatsächlich falsche Auslegung haben wir aber von
Cuaran, der den Traum der Argentille (cf. § 103) folgendermassen auslegt:

> Der König werde morgen ein Fest geben, dazu würden viele Ritter
> kommen — das die Füchse, die Argentille gesehen — der Bär, welchen
> sie erblickt, wäre identisch mit dem Bären, der schon gestern zum Fest
> erlegt und in die Küche geschafft wäre, und die beiden Löwen schliesslich,
> die alle Tiere des Waldes verschlungen hätten, stellten die beiden Jagd-
> züge dar, die der König heute unternommen. Auch das Uebertreten des
> Meeres könne er hiernach erklären: das verbildliche nur das Ueberkochen
> des Wassers in den Kochgefässen beim Unterfeuern (Hav. 455).

Tatsächlich sollen aber die wilden Tiere und das über-
tretende Wasser die Gefahren schildern, die Cuaran zu be
stehen hat, bevor ihm alles unterthan wird, und so wird
der Traum auch nachher von dem Eremiten gedeutet.

Ebenfalls falsch sind ferner die beiden ersten Erklärungen
von Alexander's Traum, wo das Ei als unwesentlich nicht
erklärt wird und die Schlange als ein hinterlistiger, heim-
tückischer resp. als ein phantastischer, thörichter Mensch (so
vom zweiten Traumdeuter) gedeutet wird, der viel Streit in
die Welt bringt (Al. p. 7). Hier ist der Traum von beiden
nicht auf Alexander bezogen, sondern auf einen fremden
Menschen und damit also eine falsche Deutung des Traumes
abgegeben.

Einen Widerspruch enthält die Erklärung des Caplans
für den Traum der Félise. Diese träumt kurz Folgendes:

> Sie sieht sich von 100 000 wilden Tieren angegriffen; da kommen ihr
> aber ein Löwe und 2 Bären zu Hüfe. Letztere verwandeln sich in 2 Hirsche,
> nehmen schliesslich menschliche Züge an und gleichen da, der eine ihrem
> Sohn, der andere einem schönen Mädchen.

Der Priester erklärt nun die beiden Bären für die Repräsentanten zweier Ritter, die ihr gegen ihre Feinde — die
wilden Tiere — zu Hülfe kommen würden. Bei sich würden sie
ein junges Mädchen haben. Dieses würde also in dem Löwen
zu suchen sein (obgleich der Traum ja ganz deutlich in dem
einen Hirsch das junge Mädchen erkennen lässt). Hernach

wird aber von dem Löwen als von einem Ritter gesprochen,
der im Bunde mit dem stärkeren Hirsch die Feinde vertreibt.
Demnach ist also der Löwe einmal das junge Mädchen und
dann wieder ein Ritter.

Richtig ist natürlich nur das letztere, denn das junge
Mädchen entpuppt sich ja nachher aus dem einen Hirsch.
Wenn man dies im Auge behält, so stimmt der Traum
auch ganz genau mit den folgenden Ereignissen überein (G. de
G. 4798) (cf. § 126). Hier ist der Dichter also in Verwirrung
geraten.

Das die Incongruenzen zwischen Traum und verbildlichtem
Ereignis — wir sehen, es sind in Anbetracht der vielen Träume,
die in den Chançons de geste auftreten, ausserordentlich wenig.

i. Die Anwendung der Träume von seiten der Dichter.

99. Was zunächst die sinnlichen Träume betrifft, so
wurden diese eingeführt, um die Liebe zwischen Bräutigam und
Braut zu verbildlichen. Häufig dienen sie auch wohl nur
dazu, das ganze etwas pikant und schmackhaft zu machen,
da sie zuweilen etwas sehr wollüstiger Natur sind. Jedenfalls
waren sie immer ein gutes Mittel, die ganze Erzählung interessant und anziehend zu machen. Einen wirklich ausgeprägt
selbständigen Zweck haben sie nur in 2 Fällen: einmal in
Cl. (3356). wo Alis immer nur träumt, seine Frau physisch
zu lieben und am nächsten Tag den Traum für Wirklichkeit
hält. (Hier hat der Traum den ausgesprochenen Zweck, die
Keuschheit der Fénise intakt zu erhalten.) Und dann in G.
de P. (1118). wo Guillaume erst durch einen Traum erfährt.
dass die hoch über ihm stehende Mélior ihn liebt.

Im übrigen könnten die sinnlichen Träume ruhig ausgelassen werden, ohne den Verlauf der ganzen Erzählung im
geringsten zu unterbrechen. Die Träume sind hier nur ein
Weiterspinnen der Liebesgedanken im Schlaf, weiter nichts.

Anders bei den prophetischen Träumen. Diese haben
immer einen bestimmten Zweck, nie dienen sie zur Illustrierung
einer Liebe, sie sollen immer auf ein Ereignis hinweisen, das
für das Leben des Träumenden oder eines seiner Angehörigen
von einschneidender Wirkung ist. Dies Ereignis kann nun
zuweilen schon stattgefunden haben, so dass hier der Traum
weniger eine prophetische, als lediglich anzeigende Rolle

spielt. [1]) Da kann dann der Träumende keine Gegenmassregeln mehr ergreifen, denn das avisierte Ereignis tritt mit demselben Moment schon ein.

So wird die Mutter Raoul's durch einen Traum von dem Tod ihres Sohnes benachrichtigt (Ra. 3512), ebenso die Frau Bernier's von dem ihres Gatten (Ra. 8469). In Herv. (1116) träumt Biautrix' Mutter von der Entführung ihrer Tochter, aber so eilig sie auch nach ihrer Heimat reist, dem avisierten Unglück kann sie nicht vorbeugen: Biautrix ist eben in dem Moment, als sie den Traum hatte, entführt worden. Ebenso geht es der Aye, die auch ihren Knaben nicht mehr vor den Räubern retten kann (cf. § 155).

Meistens haben aber die Träumenden noch Zeit, das drohende Unglück abzuwehren. Und so verdankt gar mancher einem solchen Traum seine Rettung von einer ihm drohenden Gefahr.

So verdanken Aiol und Mirabel einem Traume ihre Rettung von den feindlichen Mönchen (A. F. 6713, A. N. 6712) (cf. § 151). In Gar. (109ᵃ25) rettet der Traum der Mabilette die ganze Besatzung des Schlosses Monglane, und Berte wäre vielleicht für immer verstossen gewesen, wenn nicht ihre Mutter in Folge eines Traumes nach Paris gekommen wäre und den Betrug entdeckt hätte (B. a. g. p. 1676) (cf. § 157).

Zuweilen aber treffen die Träumenden, obgleich sie Zeit genug haben, keine Massregeln gegen die Gefahr. Das ist sehr häufig in den deutschen Epen der Fall, in französischen nur im Ren. (171), wo Renaus trotz Clarisse's Warnungen doch zu dem Verhandlungsplatz geht (cf. § 146). Hier wollte der Dichter, wie oben bereits erwähnt, den Mut seines Helden in ein besonders helles Licht stellen.

100. Die Träume werden also, um das vorhergehende kurz zusammenzufassen, verwendet entweder zu rein sinnlichen Zwecken oder zur Illustrierung der Liebe zweier Verliebten (beides nur in den Artusromanen vertreten) oder schliesslich zur Annoncierung irgend eines wichtigen Ereignisses. Im letzteren Falle haben die Träumenden teilweise noch Zeit,

---

1) Diese Träume verdienen den Namen „prophetische Träume" daher eigentlich garnicht. Ich habe sie aber immer hinzugezählt, weil sie im Übrigen in ihrem ganzen Charakter den echten prophetischen Träumen durchaus gleich sind.

dem Unglück vorzubeugen oder nicht. Im ersteren Fall sind die Träume prophetisch, im letzteren nur anzeigend, mitteilend.

Nun findet sich noch eine andere Verwendung der Träume: nämlich die, dass sie zur Einkleidung einer ganzen Erzählung gebraucht werden. So teilt A. v. Keller in seiner Romvart p. 390 ein Bruchstück aus dem Tournoiement us Dames de Paris par Pierre Gentian mit, in welchem der Dichter die ganze Erzählung als ein ihm im Traume vorgeführtes Stück berichtet. Ebenso im Songe de la Pucelle, wo ein Dialog zwischen amour und honte in einem Traume vorgeführt wird (cf. Keller's Romvart p. 144), Auch der Songe d'Enfer und der Songe de Paradis von Raoul de Houdenc und viele andere Gedichte des 13.—15. Jahrhunderts sind lediglich phantastische Erzählungen, die in diese Traumform gekleidet sind. In den älteren Epen findet sich aber diese Art von Gedichten nicht.[1])

Diese Verwendung der Träume hat sich bis auf unsere Zeit erhalten (ich erinnere nur an Dickens' „Christmas Carol", Heine's „Mir träumt von einem Königskind", Chamisso's „Traum" u. a. m.) und in der Tat liefern sie auch — besonders für abenteuerliche, phantastische Erzählungen — eine ausserordentlich geeignete Einkleidung.

101. Was die Häufigkeit der Verwendung von Träumen betrifft, so ist diese in den Volksepen eine ausserordentlich grosse, im Gegensatz zu den Kunstepen (Artusromanen), wo sie ausserordentlich spärlich auftreten. Ich habe in den Artusepen oft 10 000 Verse und mehr gelesen, ohne auf einen einzigen Traum zu stossen, während die Volksepen mit wenigen Ausnahmen sehr reich an Träumen sind. Es ist ganz auffällig, wie die Träume in den Volksepen immer seltener werden, je mehr sie sich der Zeit der Abenteuerromanen nähern.[2]) Es liegt das eben in der veränderten Denkweise der Leute: die höfischen Kreise glauben nicht mehr so an das unmittelbare Eingreifen Gottes in die Geschicke der Menschen. Damit war denn auch der Glaube an die Un-

---

1) Ein ähnliches Beispiel dieser Art von Gedichten bietet der mittelenglische Piers the Ploughman ed. E. E. T. S. by Morris.

2) Nur die Epen Guillaumes d'Orange, die doch zum Teil ein ziemlich hohes Alter haben, zeigen sonderbarer Weise grosse Armut an Träumen.

fehlbarkeit der Träume bedenklich gelockert,[1]) der Dichter konnte unmöglich jetzt noch einen so umfangreichen Gebrauch von den Träumen machen. — Er musste sich sonst ja den Vorwurf der Fadheit und Langweiligkeit aussetzen, wenn er jedes Unglück durch — womöglich lange — Träume annoncieren wollte. Freilich Träume finden wir ja noch immer, aber das sind — wofern sie nicht zur blossen Einkleidung dienen — sinnliche Träume, — ein charakteristisches Zeichen für die Aenderung des Geschmacks. „Aber", könnte jemand sagen, „es existieren ja noch immer einige, wenn auch nur wenige prophetische Träume in den Artusromanen, wie konnten die Dichter diese überhaupt zulassen, da alle Welt doch wusste, dass sie Humbug waren?" Nun wir glauben ja auch nicht mehr an Träume, und doch sind sie oft genug verwandt worden, und sicherlich nicht zum Schaden der Gedichte.

k. Inhalt und Auslegung der Träume dem Inhalte nach geordnet.[2])

102. Elie, der väterliche Freund Aiol's, hat in der Nacht folgenden, dem Aiol Glück verheissenden Traum: er sieht Aiol im Walde gehen, die Bäume und Wälder verneigen sich vor ihm und die wilden Tiere, der Bär, der Löwe, der Leopard, das Wildschwein, die Schlange, alles beugt sich vor ihm und beleckt seine Füsse. Aiol kann unbeschadet die Tiere ergreifen und in's Wasser werfen. Da gruppieren sich alle Vögel Frankreichs um ihn herum, er schmückt sie mit Federn, und sie werden fröhlich. Der Herrscher aller Vögel ist ein grosser Adler, dieser fliegt jetzt mit zwei Falken nach Pampelona. Hier gewinnt Aiol ein wunderbar schönes Bild, das er mit nach Frankreich nimmt und daselbst taufen lässt. Plötzlich scheint das Bild dem Träumenden schwanger zu sein und zwei weisse Tauben sieht er daraus hervorflattern (A. F. 360, A. N. 359).

Moyses interpretiert den Traum folgendermassen: Dass die Wälder sich vor Aiol verbeugten, bedeute, dass er einst ein mächtiger Herrscher werden würde. Die wilden Tiere, die sich ihm gegenüber so demütig zeigten und die er ins Wasser werfe, stellten die Sarazenen, Türken und Perser dar, die er besiegen und zum Christentum bekehren werde. Die

---

1) Ich könnte eine ganze Reihe von Belegen aus den Artusromanen anführen, die dies bezeugen. So heisst es im Ch. au Lyon (171,2), wo Kalogreant den Kex auffordert, ihn aufmerksam anzuhören: 'Cuer et oroilles me doit randre Car ne vuel pas parler de songe, Ne de fable, ne de manconge.' Der Traum ist hier also mit Fabel und Lüge auf eine Stufe gestellt. Und derartige Fälle trifft man in den Artusepen sehr oft.

2) Die Träume, welche Epen entnommen sind, die nicht direkt zu dem altfranzösischen Karls- und Artus-Cyclus gehören, sind mit * bezeichnet.

Vögel, die er mit neuen Federn schmücke und die darüber wieder lustig
würden, bedeuteten die Ritter, denen er ihr verlorenes Besitztum wieder
zurückgebe. Und die zwei schwarzen Falken endlich, die den Adler be-
gleiteten, entsprächen denen, die mit seinem Sohne Aiol nach Spanien
gehen würden. Hier werde Aiol in Pampelona ein schönes Mädchen gewinnen und zwei Söhne von ihr erhalten, die beide später eine Königs-
krone tragen würden.

In der Tat erfüllt sich die Prophezeiung nachher buchstäblich. Das
junge Mädchen ist die Heidin Mirabel, die er aus Pampelona entführt,
taufen lässt und heiratet. In der Brautnacht wird er aber von Macaire
überfallen, mit Mirabel entführt und ins Gefängnis geworfen. Hier gebiert
Mirabel Zwillinge, die Macaire in den Fluss werfen lässt, die aber wieder
gerettet werden. Aiol befreit sich bald darauf aus der Gefangenschaft
und stürzt Macaire's Herrschaft. Er ist damit an Macaire's Stelle König
geworden, wie ihm ja schon der Traum prophezeit hatte.

103. Grosse Aehnlichkeit mit diesem Traum hat der der Argentille.
Diese sieht ihren Geliebten Cuaran von einem wilden Bären und einer
ungeheuren Anzahl von Füchsen angegriffen. Aber Hunde und Eber
kommen herzu und vertreiben die Angreifer. Der Bär wird von einem
grossen Eber niedergerissen, die Füchse kommen jedoch in Schaaren auf
Cuaran zu, aber statt ihn anzugreifen, legen sie sich vor ihm auf die
Erde, wie um Gnade zu erflehen. Er lässt sie binden und geht zum
Meer. Da verneigen sich die Bäume vor ihm und das Meer schwillt an,
so dass er von Furcht ergriffen wird. Dann sieht Argentille zwei Löwen, die
alle Tiere des Waldes verschlingen; Cuaran flieht vor ihnen auf einen
Baum, aber die Löwen knien vor ihm nieder wie vor ihrem Herrn (Hav.
397).[1]) Sie erzählt diesen Traum Cuaran, der eine ganz falsche Auslegung von dem Traum giebt (cf. § 98). Hernach legt ein Eremit den
Traum dahin aus, dass die Reverenz der Füchse und Löwen nur bedeuten
könne, dass Cuaran ein mächtiger König werden würde. Ich möchte den
Traum noch näher dahin deuten, dass seine Gegner zu Grunde gehen
werden (der Bär), wenn sie sich ihm nicht unterwerfen (die Füchse).
Schliesslich wird er — das bedeutet die Verbeugung der Bäume und der
zwei Löwen — ein mächtiger König werden, dem alle Welt gehorcht.

104. Hier schliesst sich der Traum des Aymeri de Narbonne am
besten an. Dieser sieht einen Löwen mit aufgesperrtem Rachen auf
sich zukommen. Er wird von der grössten Furcht ergriffen, aber da sieht
er eine Hundemeute, die vielleicht die Ursache seines Zornes sein könnte.
Der Löwe kommt direkt auf ihn zu, statt ihn aber anzugreifen, legt er
sich ihm zu Füssen und beleckt ihm Hände und Füsse, während die
ganze Hundemeute vor Freude bellt. Dieser Traum findet durch das
Folgende absolut keine Erklärung und da er von 3 Träumen eingeschlossen
ist, die sämmtlich genau gedeutet sind, während er selbst vom Traumdeuter garnicht erwähnt ist, so ist anzunehmen, dass er erst später eingeschoben ist (cf. § 182).

*105. Rou träumt, er wäre auf einem Berge, dem höchsten von ganz

---

1) Genau derselbe Traum begegnet uns in Gaim. (194), nur dass hier
die Hunde nicht erwähnt sind, die dem Cuaran zu Hülfe kommen. Vgl. übrigens Max Kupferschmidt: Die Haveloksage bei Gaimar und ihr Verhältnis
zum lai d'Havelok. Rom. Studien XV.

Frankreich. Dort sieht er eine Quelle entspringen, deren Wasser alle Krankheiten vertreibt. Der Berg ist voll von Vögeln, die sich in dem Wasser baden und sämmtlich den linken Flügel rot gefärbt haben; als sie ihn sehen, verbeugen sie sich wie vor ihrem Herrn.

Ein junger Christ legt diesen Traum folgendermaassen aus: der hohe Berg bedeute die christliche Kirche, die Quelle die heilige Taufe, welche seine Unterthanen (die Vögel) annehmen würden. Denn diese würden sich in dem neuen Lande — England — ansiedeln und Christen werden. Und wackere Kämpen würden sie werden — das bedeuteten die roten Flügel (Kriegsschilder) — und viele Länder würden sie erobern. Ihm aber würden sie — das bedeute das Verbeugen — immer Gehorsam erweisen (Rom de Rou).

106. Die spätere Machtstellung des Renaus de Montauban wird dem Godefrois de Melans im Traum vorgeführt: ihm beugen sich, so träumt er, alle Völker Frankreichs, bis nach Ravenna hin gehören alle Burgen und Städte dem Renaus. Da sieht er den König Yon neben sich stehen mit einem Sperber in der Hand, den er als Zeichen seiner Gunst dem Renaus überreicht (Ren. 112,18). Der Hauscaplan, dem der Traum erzählt wird, deutet den Traum dahin, dass Renaus zu grosser Macht gelangen werde und sogar vom König dessen Schwester zur Frau bekommen werde. In der That erfüllt sich alles so, wie der Priester den Traum interpretiert hat.

106a. Mit dem letzten Teil dieses Traumes hat der des Herzogs Herselot etwas Aehnlichkeit. Dieser träumt, dass Rigmel von einem jungen Grafen einen Falken zum Geschenk erhielt, den sie sehr lieb und wert hielte. Er erzählt ihr den Traum und meint, das könne nur bedeuten, dass sie bald einen Sohn von ihrem Geliebten haben werde. In der That ist dem auch so (H. 730).

107. Der Königin Félise wird die zukünftige Machtstellung ihres Geschlechts im Traum prophezeit. Sie sieht sich auf einem hohen Turm stehen und in die Lande schauen. Da wachsen plötzlich ihre Arme, so dass die eine Hand bis zu den Mauern Roms reicht und die andere sich über Spanien erstreckt (G. de P. 4761). Nach dem Caplan Moisans bedeutet das ihre Herrschaft über Italien und Spanien. Und zwar werde sie durch ihren Sohn über Italien und durch ihre Tochter über Spanien herrschen. In der Tat verheiratet sich ihre Tochter bald darauf mit dem Königssohn von Spanien, so dass diese Prophezeiung genau in Erfüllung geht.

*108. Dem Brut wird ebenfalls das Aufblühen seines Geschlechts prophezeit:

Brut will der Diana opfern, da verfällt er in einen Schlaf, in dem ihm Diana erscheint und auf ein Land verweist, das, fern im Westen gelegen, fruchtbar und reich sei. Dorthin solle er gehen mit seinen Schaaren, denn dort werde er ein kräftiges Reich begründen können. Könige würden dann aus seinem Geschlecht hervorgehen, die Macht und Ansehen hätten und sich zu Herrn der Welt machen würden (M. Br. 1203 und Br. 679).[1]

---

1) Dieser Traum weicht in doppelter Beziehung von den übrigen ab: einmal ist der Träumende ein Heide und dann ist der Inhalt des Traumes ein Befehl. Aber der Brut ist ja überhaupt nur eine Reimchronik, braucht also unsern Regeln nicht zu folgen. — Layamons Brut, der ja auf dem von Wace beruht, zeigt denselben Traum.

Es ist begreiffich, dass gerade schwangeren Frauen Träume über die grosse Zukunft ihres Kindes zu Teil werden:

109. So im Münchener Brut, wo Silvia, die Vestalin, von einem Opfer träumt, das sie der Göttin darbringe. Dabei fällt ihr ein Band, das sie auf dem Kopf getragen, ins Feuer. Aus dem verbrennenden Band schiessen aber zwei stattliche Palmen hervor, von denen eine besonders gross ist und die ganze Welt überschattet. Da sieht sie ihren Onkel Amulius kommen mit der Axt in der Hand, um die edlen Palmen zu fällen. Aber ein Specht und eine Wölfin schützen dieselben und vertreiben den Amulius wieder (M. Br. 3923). Hier sind die beiden Palmen Romulus und Remus, welche Amulius töten will, aber von der Wölfin (die Wölfin der Sage) und dem Specht (vielleicht der Hirte der Sage) beschützt werden. Dass die eine Palme die ganze Welt überschattet, zeigt die zukünftige Herrschaft des Romulus über die Welt an.

*110. Aehnlich im Rou (2869) (II. Teil), wo das junge Mädchen, welches beim Herzog Robert schläft, von einem Baum träumt, der aus ihrem Körper hervor wächst. Der Baum wird immer grösser und beschattet schliesslich die ganze Normandie. Und in der That gebiert sie später einen Sohn, der hernach der Herrscher der Normandie wird.

*111. Eine etwas abgesonderte Stellung — in Bezug auf die angewandten Traumbilder — nimmt der Traum Alexanders ein, der als Knabe von 10 Jahren von einem Ei träumt, aus dem eine grosse Schlange kriecht. Sie schnellt bis zur Decke empor, kreist drei Mal um das Bett des Schlafenden, rollt sich ein und stirbt dann (Al. p. 6,21). Dieser Traum wird von den ersten beiden Traumdeutern, von dem Griechen Astarus und dem Salios de Monmier, nicht auf Alexander bezogen (also falsch ausgelegt), während Aristote d'Ataine in der Schlange sofort den Alexander sieht, der die Welt (das Ei) erobern und sich zum Herr derselben machen wird, bis er schliesslich doch wieder nach Macedonien zurückkehren werde.[1]

In diesen Träumen ist stets allgemein auf das Glück und die Macht einer Person Bezug genommen. Meistens wird aber immer nur auf das Glück irgend einer speciellen — von der Person unternommenen oder gegen ihn gerichteten — Unternehmung hingewiesen. Diese Unternehmungen sind immer mehr oder minder gefährlicher Natur und können daher auch im Traum nur wiedergegeben werden durch Gefahren, die den Träumenden oder einen seiner Angehörigen bedrohen. Und je nachdem nun die Gefahr glücklich bestanden resp. beseitigt wird oder nicht, kann man auf einen glücklichen oder unglücklichen Ausgang der bevorstehenden Unternehmung schliessen.

112. So sieht Karl der Grosse seine Jäger auf der Jagd von Wildschweinen angegriffen. Unter andern stürzt ein besonders starker Eber sich auf den Herzog Naymes. Dieser durchbohrt ihn aber mit seinem

---

1) Hier ist natürlich der Träumende wie der Traumdeuter kein Christ, aber der Rom. d'Alix. braucht ja auch unsere Regeln nicht zu befolgen.

Speer und schneidet ihm den Kopf ab (Ch. des S. II. p. 169 CCLXXIX,10). Dieser Traum geht auch bald in Erfüllung, denn am nächsten Morgen entspinnt sich zwischen Salorez (der grosse Eber) — der mit anderen Sarazenen (die Wildschweine) die Stadt belagert — und dem Herzog Naymes ein Zweikampf, in dem Naymes seinen Gegner tötet.

113. Im Rolandslied (Rol. 725 und Konc. 1015) träumt Karl der Grosse von einem Bären, der ihn in den Arm beisst. Ihm assistiert ein Leopard, der ihn ebenfalls wütend angreift. Aber ein Windhund kommt Karl zu Hilfe, reisst dem Bären das rechte Ohr ab und bekämpft den Leoparden. Dieser Traum bezieht sich auf das über Ganelon zu haltende Strafgericht. Der Bär ist Ganelon, der ja Karl's Nachhut verraten, der Leopard ist Pinabel, welcher später Ganelon in Schutz nimmt und für ihn eintritt und der Windhund ist Thierry, der den Kampf mit Pinabel aufnimmt, ihn besiegt und damit Ganelon dem Gericht überliefert.

114. Aymeri sieht sich im Traum auf der Jagd, wie er mit seinem Falken zwei Enten erjagt hat. Da eilen vom Berge 14 Bären herab, zerreissen sein Streitross und stürzen sich auf ihn. Da kommt ein Löwe herbei, gefolgt von 30 000 Bären (braons), reisst den einen der feindlichen Bären (ours) nieder und jagt die übrigen in die Wälder und Berge zurück (Mort A. 333).

Dieser Traum wird von dem jüdischen Clerc Saolin folgendermassen ausgelegt. Die wilden Enten deuteten auf eine grosse Beute, die er machen würde, aber die Sarazenen (die 14 Bären) würden sie ihm wieder entreissen, ja mit einem Speer würden sie ihn schlagen. Der Löwe, gefolgt von 30 000 Bären, der sogleich 2 Bären niederreisse (im Traum war nur von einem Bären die Rede) sei sein Sohn Guiberz, der ihm noch von grossem Nutzen sein werde.

115. In Og. (1159) erblickt Karl der Grosse im Traum Callos, Ogier und den Herzog Naymes, die ein erschöpftes Tier mit sich führen. Plötzlich werden sie von 3 Löwen angegriffen, die Callos und Herzog Naymes niederreissen. Aber Ogier kommt herzu, tötet 2 Löwen und jagt den dritten in die Flucht. In der That kommt das Heer der Christen — insbesondere Carlos — in grosse Gefahr, aus der sie nur durch das tatkräftige Eingreifen Ogier's und seiner Ritter gerettet werden. Die meisten Heiden werden niedergemacht, der Rest flieht.

Die 3 Löwen stellen natürlich die Sarazenen dar. Was das Tier betrifft, das Karl im Traum bei Ogier, Callos und Herzog Naymes sieht, so ist dessen Bedeutung nicht recht klar. Vielleicht ist es Gloriande, das spätere Streitobjekt zwischen Ogier und dem Sarazenen Karaheus.

116. Haire sieht sich im Walde von Quintefoille mit Aiol und Jobert von 2 Bären angegriffen. Aber Gott schickt ihnen 3 Bracken, die sie vor ihren Feinden schützen (A. F. 4692, A. N. 4690).

In der That werden die drei auch im genannten Walde von den Truppen Ferraut's von Losane überfallen. Aber die drei siegen, vertreiben die Feinde und nehmen Ferraut selbst gefangen. — Die 2 Bären bedeuten also die Truppen Ferraut's, die 3 Bracken aber stellen vielleicht die göttliche Gnade dar, welche sie den Sieg über die Feinde davontragen liess.

117. Girbers sieht sich im Traum mit 2 Löwen kämpfen, die er beide tötet. — Es kommt auch bald wieder zum Kampf zwischen ihm und Fromont, in dem er den Sieg erringt (Girb. 1649).

118. Robastre träumt, ein Leopard, der aus der Stadt entlaufen, schliche sich in sein Zelt. Er ergreife aber einen Stock und schlage ihn zu Boden (Gauf. 9794).

Bald darauf wird das Lager allarmiert, die Feinde sind eingebrochen und im Getümmel des Kampfes kommen Robastre und der Riese Morhier zusammen; es entspinnt sich ein Zweikampf, in dem Robastre seinen Gegner tötet.

119. Guillaume d'Orange träumt von einem grossen Feuer, das, von Russland kommend, Rom von allen Seiten ergreift. Plötzlich erblickt er einen Jagdhund, der ihn angreift. Er flieht auf einen Baum und giebt ihm von hier aus einen kräftigen Schlag, so dass er zusammenbricht (Cor. 291).

Am nächsten Morgen kommen schon 2 Boten und melden ihm, dass die Sarazenen die Stadt Chartres erobert hätten. König Gaifier sei mit 30 000 seiner Leute den Feinden in die Hände gefallen. Guillaume eilt nun seinen Genossen zu Hilfe und entscheidet schliesslich durch einen Zweikampf mit dem König Corsolt — letzterer wird getötet — den ganzen Krieg.

Im Traum würde das Feuer, das Rom zu verzehren droht, die Sarazenenschaar darstellen, welche in Frankreich eingefallen ist. Und der wilde Hund würde König Corsolt sein, den Guillaume ja schliesslich tötet.

120. Gaydon träumt, ein Adler mit rotem Kopf stürze sich aus der Luft herab und zerreisse sein Pferd. Er selbst werde von Wildschweinen angegriffen, deren Anführer er aber schliesslich töte (Gayd. 316). Dieser Traum bezieht sich auf den Verrat Thibaut's. Dieser, sowohl ein Feind von Gaydon als auch von Karl dem Grossen, hat mit seinem Freunde Alori vergiftete Aepfel verfertigt und diese im Namen Gaydon's Karl zugeschickt. Da aber ein Knappe voreilig davon isst und daran stirbt, werden die Aepfel als vergiftet erkannt. Gaydon aber wegen versuchten Mordes vor Gericht gestellt. Hier beweist Gaydon seine Unschuld in einem Zweikampf mit Thibaut, den er tötet.

Der Adler wäre hier Alori, der Complice Thibaut's, die Wildschweine repräsentieren Thibaut's Verwandte, die ja vor allem auf die Bestrafung Gaydon's dringen, und das eine Wildschwein, das er schliesslich tötet, ist Thibaut, der ja im Zweikampf fällt.

121. Auberi träumt, er wäre im Ardennenwald in der Nähe von Oridon. Da wird er von 2 Bären und 3 Löwen angegriffen, die ihm sein Pelzwerk zerreissen. 30 Wildschweine stürzen hervor, zausen an seinen Kleidern und reissen ihm ein Stück Fleisch aus dem Schenkel. Da sieht er einen Drachen, den er gern getötet hätte, aber Sonnehout schützt ihn, deren Körper er ins Gefängnis schleppt. Da kommt Gascelin plötzlich herbei und stürzt sich mutig auf die Tiere. Auberi assistiert ihm und endlich gelingt es beiden, das Mädchen dem Drachen zu entreissen und in Sicherheit zu bringen (A. le B. 71,17). — Dieser Traum bezieht sich auf folgenden Vorgang: Lambert hat Auberi gefangen genommen und will ihn nur unter der Bedingung freilassen, dass er ihm seine Nichte, die schöne Sonnehout, ausliefere. Auberi geht darauf ein und wird dann entlassen. Sonnehout wird nun dem Lambert ausgeliefert, aber bald darauf wieder von Gascelin und Auberi zurückerobert. — Der im Traum genannte Ort stimmt genau zu der Wirklichkeit, denn das Schloss Lambert's ist Oridon und liegt im Ardennenwalde. Der Drache, der seine Nichte weg-

schleppt, ist Lambert, und die vielen Tiere, die ihn quälen, sollen wohl nur durch die Angst, die sie bei ihm erzeugen, auf die Qualen deuten, die er auszustehen hat, als ihm die Wahl zwischen Tod und Auslieferung seiner Tochter gestellt wird.

122. Diesem Traum schliesst sich der der Sonneheut eng an. Diese träumt, sie werde an einen fremden Ritter ausgeliefert, welcher sie zu einem Kloster führe, um sie dort als Nonne einkleiden zu lassen. Ihr schönes Kleid wird dabei verbrannt. Darauf sieht sie sich in einen Wald geführt, wo sie von Wildschweinen bedrängt wird. Plötzlich kommt ein Bär auf sie zu mit weit geöffnetem Rachen, und schon denkt sie, dass ihre letzte Stunde geschlagen, als Gascelin kommt und sie rettet (A. le B. 87,23). — In der That führt sie Lambert auch zunächst in ein Kloster. um sich mit ihr rechtmässig trauen zu lassen. Als aber die Braut vor dem Altar die Heirat verweigert, lassen sich die Priester nicht darauf ein, und Lambert muss mit seiner Braut weiter ziehen. Sie schlagen in einem Thal die Zelte auf und Sonneheut muss ihr Nachtlager im selben Zelt mit Lambert nehmen. Schon ist die Gefahr für ihre Keuschheit auf das höchste gesteigert, als plötzlich Gascelin mit seinen Mannen erscheint und seine Braut dem Feinde entreisst. — Hier würden also die Wildschweine die Truppen des Lambert, und der Bär, der sie gerade zu verschlingen droht, als Gascelin erscheint, würde natürlich Lambert selber sein.

123. Eglantine träumt sie werde von einem Löwen entführt, gegen den sowohl Gui's Lanze wie Speer machtlos wären. Befreit wird sie schliesslich von Karl dem Grossen, der sie ihrem Bräutigem, Gui de Nanteuil, ausliefert (G. de N. 1574).

Das entsprechende Ereignis ist folgendes: Gui wir bald nachher von Hervieu angegriffen, und Eglantine gefangen genommen, ohne dass Gui es hindern kann. Kaiser Karl bestimmt nun, dass die Besitzfrage Eglantinens durch ein Turnier entschieden werden soll. Bis zur Entscheidung bleibe sie aber seinem Schutze unterstellt. Das Turnier findet statt, Gui siegt und führt seine Geliebte heim. Der Löwe repräsentiert hier also den Hervieu.

124. Biautrix träumt. sie schliefe im Freien, als plötzlich ein Adler kommt und sie nach Spanien trägt. Aber hier wird sie dem Adler wieder durch einem Greifen entrissen. — Durch diesen Traum beunruhigt, will Biautrix einer Einladung zu ihrem Bruder Flores nicht Folge leisten. Auf Baudris' Zureden geht sie schliesslich doch hin. Hier wird sie jedoch von Flores (Adler) festgenommen und nach Tyr geführt, von wo sie eine grosse Gesandtschaft des spanischen Königs nach der Residenz geleitet. Unterwegs wird sie aber von ihrem Gemahl Hervis (der Greif) wieder zurückerobert (Herv. Tirade 61).

125. Aye erblickt sich im Traum auf einem Berge mit König Ganor, der seinen Kopf zwischen ihren Händen ruhen hat. Plötzlich stürzen 2 Adler auf sie heran, aber ein Falke fliegt aus ihrer Heimat herüber, verfolgt die Adler und treibt sie zur Erde, wo sie von einem Löwen zerrissen werden (Aye 1954).

Dieser Traum bezieht sich auf die Entführung Aye's durch Bérenger. Dieser war mit seiner Beute nach Afrika geflohen, wo ihm aber Aye wieder von König Ganor geraubt worden war. Unterdessen hatte König Garnier durch einen Pilger von dem Schicksal seiner Frau Kunde bekommen und war nun mit seinen Rittern aufgebrochen, angeblich, um Ganor gegen

Bérenger Heeresdienste zu leisten. Garnier gelingt es auch, Bérenger in der Schlacht zu töten und dessen Gefährten gefangen zu nehmen. Aber seine Frau kann er erst nach 3 Jahren dem Ganor entführen.

Es würden also die beiden Adler, welche König Ganor die Aye wieder entreissen wollen, Bérenger und seine Genossen darstellen, während der Löwe Garnier und der Falke Garnier's Gefährten verbildlicht.

126. Königin Félise, die von dem König von Spanien belagert wird, träumt, sie werde mit ihrer Tochter von 100,000 wilden Tieren angegriffen, von Bären, Leoparden. Löwen etc. Plötzlich kommen ein weisser Löwe und zwei weisse Bären ihnen zu Hülfe. Letztere nehmen beim Näherkommen die Gestalt von 2 Hirschen an, ja schliesslich haben sie sogar menschliche Züge und gleichen Kindern mit Goldkronen im Haar. Der grössere Hirsch hat auffallende Aehnlichkeit mit ihrem Sohn, während der kleinere einem schönen Mädchen gleicht. Letztere bleibt bei ihr, während ersterer mit dem Löwen sich auf die Tiere stürzt und sie in die Flucht treibt (G. de P. 4724).

Dieser Traum erfährt eine sich widersprechende Auslegung, und verweise ich auf § 98, wo der Fall detailliert behandelt ist.

127. Im selben Epos träumt Mélior, dass sie mit ihrem Guillaume von wilden Tieren angegriffen würde, so von einem Bären, einem Leoparden, einem Eber und vor allem von einem Löwen mit seinem Jungen. Als sie schon in grösster Gefahr sind, kommt ein Werwolf herbei, ergreift den jungen Löwen und führt ihn davon. Dann verschwindet der Traum (G. de P. 4004).

Dieser Traum erfüllt sich ganz detailliert. Die Bürger der Stadt, in deren Nähe das Paar im Freien schläft — die beiden befinden sich auf der Flucht —, machen nämlich Jagd auf sie und haben sich schon ihrem Lager genähert, als plötzlich ein Werwolf (der verhexte Sohn des Königs von Spanien) den Sohn des prévot ergreift und davonträgt. Alles eilt jetzt dem Werwolf nach, und das Paar ist gerettet. — Der Leopard, der Bär und der Eber stellen also die Bürger, der Löwe den prévot und der junge Löwe den Sohn desselben dar.

128. In Girb. (fol. 67r°c°34) träumt König Tieris, er wäre auf der Burg Belin und sähe das Kloster St. Martin in Flammen. Eine Schaar Ritter umgiebt das brennende Gebäude, aus dem Rauch und Flammen hervorschlagen. Da hört er seinen Namen rufen und erblickt zu seinem Schrecken seinen Freund Hernis in dem brennenden Gebäude. Tieris eilt auch herbei, aber ein dichter Nebel steigt plötzlich auf, der ihn nichts mehr erkennen lässt.

Dieser Traum geht ganz detailliert in Erfüllung: Hernais wird nämlich einige Zeit darauf von seinen Feinden im Kloster St. Martin gefunden, er weiss sich aber hinter einer Thür zu verbarrikadieren, so dass die Feinde ihn nicht ergreifen können. Diese wollen ihn nicht entwischen lassen und setzen das Kloster mit Hülfe von brennenden Reisigbündeln in Brand. Hernais erträgt erst lange Rauch und Hitze mit grosser Standhaftigkeit, aber schliesslich sinkt er ermattet nieder. Die Feinde sehen ihn am Boden liegen, halten ihn für tot und ziehen ab. Hernais aber erholt sich bald wieder und kommt ungehindert aus dem brennenden Kloster ins Freie.

Der Nebel, welcher die Gegner im Traum getrennt, stellt hier also den Irrtum der Feinde dar, dem Hernais seine Rettung zu verdanken hat.

129. Esmerez träumt, er wäre in einer dunklen, finsteren Zelle eingeschlossen, zusammen mit seiner Geliebten und einer wunderbar weissen Taube. 7 Jahr müssen sie dort zubringen bei Wasser und Brot, endlich winkt Rettung und zwar wird die Rettung gebracht von einem Löwen (B. I. 153,81). — Gleich darauf kommt auch der Bruder der Geliebten, ein sarazenischer König, sieht ihn mit seiner Schwester im Bett liegen und lässt sie beide ins Gefängnis werfen. Die schneeweisse Taube bedeutet ein kleines Kind, das Elienor im Gefängnis hernach zur Welt bringt.

Diese Träume zeigten sämmtlich eine zum Abschluss gebrachte Traumhandlung, die zuletzt doch noch immer günstig für die Träumenden verläuft. Zuweilen ist aber die Handlung garnicht bis zum Schluss durchgeführt, so dass man nicht so ohne weiteres auf einen glücklichen resp. unglücklichen Verlauf der betreffenden Angelegenheit schliessen kann.

130. So träumt Karl der Grosse von einem Windhund, den er in den Armen hält, während 4 wilde Leoparden ihm Herz und Glieder ausreissen wollen (Og. 12446). Hier lässt der Traum nicht erkennen, ob Karl resp. der Windhund der Leoparden Herr wird oder nicht. — Der Windhund verbildlicht hier Ogier, der nachher Karl zu Hülfe eilt und ihn von den Sarazenen (die 4 Leoparden) befreit.

131. Gerins träumt, dass er einen Falken, der aus dem Käfig Fromond's entwichen sei, füttere und pflege. Plötzlich aber sei der Falke fortgeflogen, nachdem er ihm beinahe noch die Augen ausgehackt (Girb. 1649).

Dieser Traum soll auf einen bevorstehenden Kampf mit Fromondin deuten, wie dieser aber ausfällt wird im Traum nicht angedeutet. (In der That fällt er günstig für Gerins aus.)

132. In Ren. (112,27) träumt Godefrois de Mélans von einem Eber, der von 1000 Wölfen verfolgt wird [resp. dem 1000 Wölfe folgen]. 7 Wölfe zweigen sich ab und greifen den plötzlich auftauchenden Renaus an, welcher hart bedrängt wird.

Dieser Traum wird vom Caplan nicht ausgelegt, während der unmittelbar vorangehende eine Deutung erfährt. Der Traum bezieht sich auf Karl den Grossen, der bald hernach den ihm verfeindeten Renaus auf spürt und von neuem bekriegt. Nun kann man einmal in dem Eber Karl den Grossen erblicken und in den 1000 Wölfen seine Truppen, von denen ein Teil den Renaut angreift. Aber man kann auch den Traum als aus zwei parallel laufenden Traumbildern zusammengesetzt auffassen, die beide dasselbe anzeigen wollen. Dann repräsentiert der Eber Renaus, der von den Truppen Karls des Grossen (die 1000 Wölfe) verfolgt würde, und dies Bild würde sich nachher wiederholen, nur dass hier Renaus in eigener Person auftritt und die Truppen Karls des Grossen durch 7 Wölfe wiedergegeben werden.

Mir scheint die erstere Deutung die bessere zu sein, wenn auch hier der Herr — Karl der Grosse — durch ein schwächeres Tier (Eber) verbildlicht erscheinen würde als seine Untertanen, die Soldaten (durch die Wölfe verbildlicht)[1]).

133. Im Rolandslied (2525) sieht sich Karl der Grosse zu Aachen mit einem Bären, den er an einer Kette hält. Da kommen 30 Bären von den Ardennen und verlangen die Herausgabe ihres Genossen. Aber ein Windhund springt aus dem Palais und stürzt sich sofort auf den grössten der Bären: es entspinnt sich ein Kampf, der aber noch unentschieden ist, als das Traumbild wieder entweicht. — Dieser Traum bezieht sich auf Ganelon, der auf die ersten Befürchtungen Karls hin schon festgenommen war. 30 seiner Verwandte plaidieren für seine Unschuld und einer derselben, Pinabel, erbietet sich, für Ganelon mit der Waffe in der Hand einzutreten. Keiner wagt erst, den Zweikampf anzunehmen, da erbietet sich Thierry, ein junger Ritter dazu (er der Windhund) und besiegt seinen Gegner (welcher also durch den stärksten der 30 Bären repräsentiert wird). Damit ist Ganelon's Schuld erwiesen, sein Urteil ist gesprochen: von 4 Pferden wird er in Stücke zerrissen.

134. Derselbe Traum findet sich im Ronc. (4263), nur ist hier das Tier, das Karl gefesselt hält, kein Bär, sondern ein Löwe. Die Bären, die ihn angreifen, sind hier in der Zahl 100 vorhanden, und das Tier, welches Karl zu Hilfe kommt, ist ein Löwe, kein Windhund wie im Ch. de Rol.

135. Ebenfalls unentschieden wird der Kampf zwischen Roland und Olivier gelassen:| Roland und Olivier haben sich heftig entzweit. Olivier hat Karls Heer mit 100 Rittern verlassen und die Anhänger Rolands, wie sie ihm gerade in den Weg kamen, getötet.

Karl der Grosse beklagt den traurigen Zwiespalt sehr, des Nachts hat er aber einen Traum, der ihm baldige Beilegung des Streites verkündet. Er sieht nämlich einen Falken aus der Stadt fliegen, auf den sich sein Habicht stürzt. Ein heftiger Kampf entspinnt sich; beide bluten. Karl hat grosse Angst für seinen Habicht und bittet Gott, ihm seinen Habicht am Leben zu erhalten. Die Bitte scheint zu fruchten, denn plötzlich stellen beide die Feindseligkeiten ein und machen Frieden mit einander. — Ein weiser maistre legt den Traum dahin aus, dass der Falke den Olivier, der Habicht Roland verbildliche, beide würden mit einander kämpfen, aber sie würden sich versöhnen. In der Tat erfüllt sich die Prophezeiung des Traumes vollständig. Beide Helden kämpfen hartnäckig mit einander, aber es kommt zu keiner Entscheidung. Da steigt ein Engel vom Himmel herab, gebietet Frieden und weist sie auf Spanien hin, wo beide vereint weit bessere, nützlichere Thaten verrichten könnten. So wird der Friede geschlossen (G. de V. 1893).

136. In A. (113,29) sieht sich Auberi von 2 Wildschweinen und 2000 Bären verfolgt, die ihm hart zusetzen, bis er im Kloster St. Denis Zuflucht findet. Hier hofft er Ruhe vor seinen Verfolgern zu finden, aber auch hier dringen sie ein. Auberi stürzt zum Altar und ruft Lambert zu Hülfe. Die Angst lässt ihn erwachen.

---

1) Um zu zeigen, wie beide Interpretationen möglich sind, will ich die betreffenden Verse anführen: Un sangler vi venir poignant, tot abriové; Plus de .m. leu le siuent par vive poesté. Çà s'en venoient .VII. poignant tot alré, Qui aloient à cex ki outre erent passé.

Dieser Traum lässt allerdings sicher auf Gefahren schliessen, aber es könnte Lambert ja noch immer den bedrängten Auberi retten. Dem ist nun in der Tat nicht so. Die 2000 Bären sind die Truppen Gascelin's, die den Lambert verfolgen, aber statt seiner nachher irrtümlich den Auberi — vor dem Altar — töten. Wen die 2 Wildschweine speciell verbildlichen sollen, ist unklar, das eine repräsentiert Gascelin, wer aber mit dem andern gemeint ist, ob Amaury oder Fouquères, ist nicht zu entscheiden.

137. Ein Traum, der ebenfalls — wie der vorhergehende — nur die Gefahren schildert, aber in keiner Weise andeutet, ob der Träumende sie besteht oder nicht, ist der Traum Karls des Grossen in Og. (8260). Hier träumt Karl, dass er in den Wald gegangen ist, um zu jagen. Da wird er angegriffen von mehr als 100 loiemiers, tausend Wildschweine erblickt er, die ihn zu verschlingen drohen. Ein Riese kommt ihm entgegen mit 500 Leoparden: alles will ihn in Stücke reissen. In der Tat wird er bald darauf von den Truppen Karl's des Grossen angegriffen, doch gelingt es ihm, mit seinem schnellen Pferde mitten durch die Feinde hindurch zu entfliehen. (Der Riese ist Karl der Grosse, die wilden Tiere sind seine Truppen).

138. In G. de B. (751) träumt Karl der Grosse, er befinde sich vor Paris, da sehe er eine Menge schöner Leute aus der Stadt kommen, so schön wie Engel. Alle werfen sich ihm zu Füssen. Dann sieht er eine Wolke zum Himmel steigen, die plötzlich Wasser, Hagel und Schnee auf sie herabschütte.

Die schönen Leute, welche er erblickt, beziehen sich auf die französische Jugend, welche unter Anführung Gui's de Bourgogne von Paris aufgebrochen ist, um Karl — der schon seit vier Monaten vergeblich Luiserne belagert — Hülfe zu bringen. Gui gelingt es auch, die Stadt — in Abwesenheit Karl's — zu nehmen. Worauf sich die schwarze Wolke bezieht, ist unklar.

139. Hier wäre der Traum des Königs Artus einzufügen, welcher auf der Ueberfahrt nach England von einem Bären träumt, der mit einem Drachen kämpft. Letzterer trägt schliesslich den Sieg davon. Hier repräsentiert — nach der Auslegung einiger clers — der Bär einen Riesen. Und in der Tat hat Artus nach einiger Zeit mit einem Riesen zu kämpfen. der Drache würde also Artus sein (Br. 11522). Hier ist die Traumhandlung allerdings zu Ende geführt, man weiss aber nicht, ob zu Gunsten oder Ungunsten des Träumenden, da nicht ersichtlich ist, welches Tier den Artus darstellen soll.

140. Im Rol. (718)[1] träumt Karl der Grosse, dass ihm Ganelon einen Speer aus Eschenholz entreisse und ihn um sein Haupt schwinge, so dass die Splitter davon zum Himmel empor fliegen. Er bezieht diesen Traum selbst sofort auf Roland und dessen Heer, indem er dem Herzog Naymes erzählt, er habe geträumt, dass der, auf dessen Wunsch er Roland zum Commandeur der Nachhut gemacht habe, ihm seine Lanze entreisse. Die Lanze soll hier Roland verbildlichen. Derselbe Traum in Ronc. (1015).

---

1) Dieser Traum könnte auch erst unter der nächsten Traumrubrik aufgeführt werden.

Im Vorhergehenden liess die Traumhandlung nur die bevorstehenden Gefahren erkennen, deutete aber nicht an, ob der Träumende schliesslich doch ihrer Herr werden würde oder nicht. Meist wird die Handlung aber bis zum Schluss durchgeführt und deutet so auch den endgültigen Ausgang der Angelegenheit an. Oben waren bereits die Träume angeführt, die schliesslich günstig für die Träumenden verliefen, jetzt mögen die mit ungünstigem Ausgang folgen.

141. In H. (4656) träumt Rodmund, dass er auf der Jagd von einem Rudel Wildschweine angegriffen werde, von denen eines sein Pferd zu Fall bringe, so dass er sich nicht mehr erheben kann. — In der That wird er auch bald darauf von Horn total geschlagen.

142. Alimodes träumt, dass ein furchtbarer Sturm sich erhebe und alles umwerfe (Bl. 5306). Bald darauf werden seine Truppen auch von Blancandin total geschlagen.

143. Im Rol. (2525) träumt Karl der Grosse von Stürmen, Donner und Flammenzeichen, die er am Firmament erblickt. Die Lanzenschäfte verbrennen und die Schilder schmelzen. Wölfe, Leoparden stürzen hervor, Vipern, Schlangen, Drachen und Dämone, dazu mehr als 30 000 Greifen. Alle eilen auf die Franzosen, um sie zu fressen. Karl will seinen Soldaten zu Hülfe eilen, aber ein starker Löwe vertritt ihm den Weg: es kommt zum Kampf zwischen beiden, aber es ist unentschieden, wer gewinnen wird.

Hier handelt es sich um die Vernichtung der Nachhut, die hier sonderbarer Weise erst dann durch einen Traum annonciert wird, als Karl bereits die Niederlage Rolands erfahren hat. Die wilden Tiere und Dämone stellen die Sarazenen dar. Der starke Löwe, der Karl in den Weg tritt, ist Baligant, der Bruder Marsilie's, mit dem Karl später einen Zweikampf zu bestehen hat und den er besiegt.[1]

144. Aymeri sieht von Spanien her ein grosses Feuer kommen, das sein Land verzehrt. Dem Feuer vorauf fliegt ein schwarzer Vogel, der sich schliesslich auf den grössten Turm setzt und den zerstört. Dann kommt das Feuer: der Kirchthurm von St. Vincent stürzt zusammen und ein Feuerstrahl fährt ihm mitten durch den Körper und verbrennt ihm Fleisch und Blut. Da sieht er aus seinem Munde einen weissen Vogel hervorfliegen, der in die Luft fliegt und dort von weissen Tauben umkreist wird, worauf er verschwindet, nur eine süsse Stimme hört Aymeri noch (Mort A. 310).

Der Jude und der clers — beide Bezeichnungen wechseln ab — legt den Traum folgendermassen aus: Das Feuer verbildliche ein heidnisches Heer, das von Spanien aus sein Land verwüsten werde. Die schwarzen Vögel, die voraufgeflogen (von denen aber im Traum nichts steht!) seien die persischen Könige, und der grösste derselben, der sich

---

1) Der entsprechende Traum im Ronc. (4224) zeigt vor dem Kampf mit dem durch einen Löwen verbildlichten Baligant noch einen anderen Kampf mit einem vierköpfigen Löwen, den Karl zu Boden schlägt. Dieser verbildlicht natürlich König Marsilie.

nachher auf den Turm setze, sei der amirant Corsuble, dieser werde ihn mit seinem Degen durchbohren. Der Zusammensturz des Kirchthurmes bedeute den Verfall seiner Lebenskraft und seines Ansehens. Er werde sterben und zwar noch in diesem Jahr. Der Feuerstrahl, der ihm durch den Körper gefahren, sei das Schwert, mit dem er getötet werde, und der weisse Vogel, der aus dem Munde geflogen, sei die zum Himmel emporsteigende Seele.

In der Tat trifft auch alles genau ein, wie der Priester gedeutet.

145. In F. (6136) hört Karl eine Stimme, die ihn nach Spanien ruft um Land und Leute von der Heidenherrschaft zu erlösen. Zugleich sieht er aber, wie seine Leute von Greifen angefallen werden und an einem Tag mehr als 20 000 davon umbringen.[1]

Karl erzählt den Traum dem Herzog Naymes und dieser deutet ihn dahin, dass, bevor das vierte Jahr beginnen würde, Karl wieder einen Kampf gegen die Heiden auszufechten habe. In der Tat erfüllt sich diese Prophezeiung; wie aber der Herzog auf Grund des Traumes dazu kommt, den Krieg gerade innerhalb 4 Jahre eintreten zu lassen, ist aus dem Traum nicht ersichtlich.

146. Kaiser Karl hat Yon den Befehl zugehen lassen, ihm Renaut und dessen Brüder auszuliefern. Zu schwach wagt Yon nicht dem Befehl zu trotzen und fordert nun Renaut auf, sich unbewaffnet nach Vaucouleur zu begeben, um dort 5 Grafen auszuliefern, und sich bei dieser Gelegenheit mit Karl zu versöhnen. Er wüsste gewiss, dass er dann alle seine Besitzungen wieder zurückerhalten würde. Renaut willigt ein, aber seine Gattin Clarisse will ihn zurückhalten, da sie wegen eines Traumes, den sie gehabt, Unglück fürchtet. Sie hat nämlich Renaut im Walde von Aquise gesehen, wie er von 1000 Ebern angegriffen wird. Die Türme von Montauban sieht sie fallen und Aallart, Renaut's Bruder, von einem Bolzen tötlich getroffen zu Boden sinken. Den jüngeren Bruder, Richard, ergreifen 2 Adler und hängen ihn an dem Zweig eines Apfelbaumes auf und Renaus, der ihm zu Hülfe eilen will, stürzt vom Pferd Ren. (171,18).

Trotz des Traumes geht Renaus mit seinen Brüder unbewaffnet nach Vaucouleur: aber hier werden sie überfallen — Richard wird schwer verwundet — aber die Brüder werden durch die Ankunft des Maugis schliesslich doch gerettet. Der Traum ist hier also nur insofern eingetroffen, als er von den Ebern handelt, die Renaus angreifen. In Bezug auf Richard erfüllt sich der Traum erst später. Einige Zeit darauf fällt er nämlich in die Hände der Feinde und soll sofort gehängt werden. Schon steht er auf der Leiter, den Strick um den Hals, als plötzlich seine Brüder mit ihren Truppen hervorbrechen, die Feinde in die Flucht schlagen und Richard aus seiner Lage befreien. — Die 2 Adler, welche Richard entführen, sind also Feinde, und der Baum, an dem sie ihn aufhängen, würde demnach dem Galgen entsprechen.

147. Hugues Capet träumt von einem Milan und einem Greifen, die ihn wütend angreifen, letzterer ergreift ihn und führt ihn mit seinem Pferd hoch in die Luft. Dieser Traum wiederholt sich mehrere Male in der Nacht. — Am nächsten Morgen schon wird er von dem verräte-

---

[1] In seinem ersten Teil zeigt der Traum Visionscharakter.

rischen Asselin und seinen Schaaren angegriffen. Sein ganzes Heer wird aufgerieben, nur er selbst schlägt sich durch. Hier ist Asselin durch den Greifen, sein Heer durch den Milan verbildlicht (H. C. 4956).

148. Gui de Maience sieht (D. 1726) einen grossen schwarzen gaignon (Kettenhund), wie er seiner Frau und seinem kleinen Sohne Leber und Lunge ausreisst. — Er träumt damit von dem Seneschall, der während Guis Abwesenheit seine Frau verführen will und, als diese sich sträubt, eine falsche Anklage gegen sie erhebt, auf Grund deren er ihre Verurteilung zum Tode verlangt. Die 3 Söhne derselben hat er einem seiner Untergebenen gegeben, damit er sie ertränken soll. (Dieser wird aber bei dem Versuch von Doon, dem ältesten der drei, erstochen.)

149. Huon de Bordeaux (H. de B. 593) sieht sich und seinen Bruder von 3 Löwen angegriffen. Sein Bruder entkommt, während er selbst zerrissen wird. Er bittet deshalb seinen Bruder, von der Reise nach Paris, wo sie ihr väterliches Erbe reklamieren wollen, abzustehen. Aber auf Gérard's Zureden geht er schliesslich doch hin, zu seinem Unglück; denn unterwegs werden sie von Carlos und Genossen überfallen. Huon wird getötet, aber auch Carlos.

Ueberall konnte hier die ganze Traumhandlung direkt auf Unglück schliessen lassen.

Um nun die bisher wiedergegebenen Träume kurz zu überblicken, so hatten wir bis jetzt:

a) solche Träume, die aus der Traumhandlung heraus schon auf Glück schliessen lassen.

b) solche, die die Traumhandlung nicht endgültig durchführen, sodass man nicht ohne weiteres den glücklichen oder unglücklichen Verlauf der Angelegenheit erkennen kann.

c) solche, die aus der Traumhandlung heraus schon auf Unglück schliessen lassen.

Alle diese Träume deuten auf die Zukunft.

Nun giebt es noch Träume, die lediglich von einem in demselben Augenblick eintretenden Unglück Kenntnis geben resp. vor einem unmittelbar bevorstehenden Unglück warnen sollen.

α. Träume mitteilender (nicht speciell prophetischer) Natur.

150. Der Mabilette wird der Ueberfall auf Schloss Monglane durch 3 Träume angezeigt. Im ersten Traum erblickt sie einen Kletteraffen, der über die Mauer klettert und das Fensterkreuz mit seinen Zähnen benagt, so dass es beinahe zerbricht (Gar. 10925). Als sie nun aber nach dem Fenster sieht, erblickt sie nichts Verdächtiges und schläft wieder ein. Aber sie hat einen zweiten Traum, in dem ein Tier (beste baie) zum Fenster hinaufklettert, sie sieht jedoch wieder nichts an dem Fenster und

schläft wieder ein (fol. 109ᵇ11). Aber zum dritten Male (fol. 109ᶜ10) wird sie von einem ähnlichen Traum erschreckt. Diesmal sind es 2 gräuliche Schlangen, die das Fenster belagern. Da steht sie endlich auf, macht das Fenster auf und erblickt die nächtlichen Einbrecher — Gaufroi und Caupelé mit ihren Mannen —, wie sie schon Leitern ansetzen, um in's Fenster zu steigen. Mit Steinwürfen scheucht sie dieselben zurück und allarmiert das ganze Haus.

151. Aiol und Mirabel sind bei (als Mönche verkappten) Räubern eingekehrt, die es auf Aiols Leben abgesehen haben. Des Nachts träumt Mirabel von den 12 Mönchen, wie sie Aiol ergreifen und aufhängen. Erschreckt darüber wacht sie auf und dringt nun auf sofortigen Aufbruch. Sie werden allerdings von den ihnen nacheilenden Räubern doch noch ergriffen, aber durch ihren früheren Wirt sofort wieder befreit (A. N. 6712).

151a. Ein Förster überrascht Tristan und Isolde, wie sie Arm in Arm im Walde schlafen. Er holt Tristan's Onkel, König Marc, herbei und zeigt ihm das Liebespaar. Dieser will zuerst beide töten, besinnt sich aber eines anderen und vertauscht nur als ein Zeichen seiner Anwesenheit seinen Ring mit dem Isolden's und sein Schwert mit dem Tristan's. Die beiden wachen nicht darüber auf, nur hat Isolde einen beängstigenden Traum, in dem sie sich von 2 Löwen angegriffen sieht. Die beiden Löwen würden hier also den Förster und König Marc darstellen (T. 2031).

i 151b. Dieser Traum hat etwas Aehnlichkeit mit dem in Oc. (248). Heer hat die Mutter Octavian's einen Knappen bewogen, sich zu der uhlafenden Königin ins Bett zu legen. Dann eilt sie zu ihrem Sohn und führt ihn an das Bett seiner Frau. Der will diese erst ermorden, besinnt sich dann aber eines besseren. — Unterdessen hat die Königin einen ängstlichen Traum. Sie träumt, dass ein Adler ihr die beiden Brüste ausreisse und ihre beiden Kinder davontrage (sie hat nämlich von Octavian 2 Kinder empfangen). Der Adler kann hier Octavian oder dessen Mutter sein.

152. Amiles ist von Hardrez fälschlich beschuldigt worden, der Tochter Karl's, Belyssant, Gewalt angethan zu haben. Hardrez stellt sogar 60 Eideshelfer, sämmtlich Verwandte von ihm. Von der Not des Amiles wird nun dessen Freund Amis durch einen Traum benachrichtigt. Er träumt, er wäre in Paris und sähe dort einen Ritter mit einem Löwen kämpfen, dessen Kopf schliesslich die Züge Hardrez' annehmen. Der Kampf ist heftig und der Ausgang scheint ungewiss. Da zieht Amis sein Schwert und schlägt dem Löwen den Kopf ab (A. u. A. 866). Durch diesen Traum wird er auf Amiles aufmerksam gemacht, den er in Paris zurückgelassen. In seiner Besorgnis reist er sofort hin, tritt für seinen Freund mit der Waffe in der Hand ein und schlägt in dem Turnier seinem Gegner, Hardrez, den Kopf ab.

153. Maugis hat sich in eine Einsiedelei zurückgezogen, währenddessen seine Vettern den Kampf gegen Karl den Grossen fortsetzen. Einmal werden sie arg von diesem bedrängt und sind schon im Begriff, sich ihm auf Gnade und Ungnade zu ergeben, als Maugis herbeieilt und sie durch seine Zauberkünste wieder aus der Not rettet. Er war nämlich durch einen Traum auf die gefährliche Lage seiner Vettern aufmerksam gemacht worden. Er hatte sie darin im Walde von Montalban gesehen, woselbst Renaus und Aallars zu ihm kamen und sich bitter über Karl den Grossen

beklagten. Das hatte ihn bewogen, schleunigst zu seinen Vettern zu eilen (Ren. 374,15).

154. Aye wird durch einen Traum von der Entführung ihres Kindes benachrichtigt. Sie sieht ihre Stadt in Flammen, plötzlich erblickt sie ihr Kind, wie es von 2 Bären ergriffen und in den Rachen eines Löwen geworfen wird. Da kommt aber ein Greif, erfasst den Löwen mit dem Kinde und trägt ihn nach Aufalerne, der Residenz Ganor's.

Dieser Traum bezieht sich auf Ganor, der in der Wut darüber, dass ihm Aye von ihrem Gatten Garnier wieder entrissen war, gekommen war, um das Kind der beiden zu rauben. -- Der Löwe verbildlicht also König Ganor, die beiden Bären sind 2 Sarazenen, die er mit der Entführung beauftragt, und der Greif ist nur eingeführt, weil sich der Dichter sagte, dass doch ein Löwe unmöglich von Frankreich nach Afrika kommen kann. Da musste der Transport durch den Greifen aushelfen (Aye 2510).

155. Aehnlich in Herv. (1116), wo die Mutter der Biautrix durch durch einen Traum die Entführung ihrer Tochter erfährt. Sie sieht, wie ihr Gatte die Biautrix nach Spanien führt, um sie dort zu verheiraten. Da stürzen, als sie für einen Augenblick allein ist, 2 Greifen auf sie, und der eine nimmt sie mit sich in die Lüfte. Die Mutter bewegt ihren Gemahl in Folge dieses Traumes, sofort wied erumzukehren, aber, als sie in Tyr ankommen, ist die Tochter schon geraubt.

155a. Blancandin sieht im Traum seine Braut bitterlich weinend vor sein Bett kommen und bald darauf erfährt er auch schon, dass er verraten und seine Braut von Subiiens geraubt worden sei. Hier teilt die Braut ihm gewissermassen im Traum ihre Entführung mit (Bl. 3717).

156. Auberi's Frau erfährt die Niederlage ihres Gatten durch einen Traum. Sie sieht, wie Auberi von einer Heerde Wildschweine überfallen wird, eines dieser Tiere greift ihn besonders heftig an, doch streckt er es zu Boden. Darauf wird er von neuem angegriffen. Dieses Mal von einem Löwen und 100 neuen Wildschweinen. Auberi kommt in grosse Gefahr und wäre schliesslich sicher seinen Feinden unterlegen, wenn nicht plötzlich Gascelin ihm zu Hülfe gekommen wäre (A. 212,12).

Der Traum bezieht sich auf den Hinterhalt, den Huedes de Gengres, Joserans und Fouquere dem Auberi gelegt hatten. Die Wildschweine sind die Feinde insgesammt. Das Wildschwein, das ihn besonders ungestüm angreift und das er schliesslich zu Boden schlägt, ist Joserans, dem er im Kampfe nachher den Kopf spaltet. Die 100 Wildschweine von denen er dann angegriffen wird, sind neue Feinde und der Löwe ist wohl Fouquere.

157. Berte, die Tochter Floire's von Ungarn, ist Pepin von Frankreich zur Gemahlin bestimmt. Sie begiebt sich nun nach Frankreich in Begleitung Macaire's und ihrer Tochter Aliste. In Paris angekommen, lässt sie sich aber von Macaire dazu bewegen, Aliste für sich auftreten zu lassen, da ihr Macaire berichtet, Pipin hätte die Absicht, sie in der Brautnacht umzubringen. An Stelle Berte's bringt nun Aliste die Brautnacht mit Pipin zu, sie wird natürlich nicht ermordet, ihr gefällt vielmehr das neue Leben so, dass sie überhaupt nicht daran denkt, die Königinrolle aufzugeben. Sie lässt daher Berte ergreifen und in einem Walde aussetzen, wo die arme Berte nach langem Umherirren schliesslich in der Wohnung des Simon Aufnahme findet. Unterdessen hat Blancheflour, Berte's Mutter, einen Traum, in dem sie sich von einer Bärin zerfleischt

sieht, während ein Adler sich auf ihr Gesicht setzt (B. a. g. p. 1676). Dieser Traum bewegt sie, zu ihrer Tochter nach Paris zu reisen, wo sie den Betrug entdeckt. Aliste entlarvt und ihrer Tochter wieder zu ihrem Rechte verhilft.

158. Guillaume d'Orange erfährt (Cov. 1016) die Notlage seines Neffen Vivien durch einen Traum, in dem er seinen Neffen traurig und zornig zurückkehren sieht, allein, ohne seine Truppen. Klagend kommt er ihm entgegen, aber er ist sofort wieder verschwunden. — Aus diesem Traum entnimmt Guillaume sogleich, dass Vivien im Kampf mit den Sarazenen Unglück gehabt habe, und bald darauf erfährt er auch schon die Nachricht von seiner Niederlage.

159. Raoul ist von Bernier im Kampfe getötet worden. Dies erfährt Raoul's Mutter zuerst durch einen Traum: sie sieht nämlich Raoul aus der Schlacht zurückkommen, mit einem grünen Gewande bekleidet, das Bernier zerrissen hat (Ra. 3512).

160. Bernier wird hernach von seinem eigenem Schwiegervater Guerri auf einer Pilgerfahrt getötet. Dies erfährt Béatrix, Berniers Gattin, auch zuerst durch einen Traum. Sie sieht nämlich die beiden Begleiter ihres Mannes von der Pilgerfahrt allein zurückkommen und schliesst daraus auf ein Unglück, das Bernier betroffen (Ra. 8469).

161. Aude erfährt die Niederlage des Roland'schen Heeres und den Tod ihres Geliebten Roland und ihres Bruders Olivier durch einen langen phantastischen Traum. Sie träumt, dass ein Falke sie ergriffe und auf einen Berg trüge. Hier sieht sie einen grossen Adler, von dem ganz Spanien abhängig ist. Plötzlich erblickt sie Roland, wie er mit Olivier von Sarragossa kommt: beide sind auf der Jagd und verfolgen einen Hirsch. 20 Wildschweine stürzen da hervor und vernichten die Hundemeute. Nur einer entflieht. Ein Löwe stürzt sich auf Roland, der aber zieht sein Schwert, haut dem Löwen den rechten Fuss ab und treibt ihn dadurch in die Flucht. Als sie nun von dem Falken auf den Berg getragen ist,[1] kommt ein grosser Adler, setzt sich auf sie und reisst ihr erst die linke, dann die rechte Brust aus, worauf er wegfliegt. Während sie nun so in ihrem Schmerz klagt, kommt Karl der Grosse herbei und tröstet sie. Dann sieht sie, wie sich eine schwarze Wolke über Spanien erhebt und in Roncevaux alles voll von Soldaten ist. Die Erde sieht sie von Erdfeuer erleuchtet bis zum roten Meer und Karl den Grossen erblickt sie mit abgeschnalltem Degen und losgetrenntem, gefesseltem Arm. Schliesslich erblickt sich Aude in einem Garten, ganz nackend bis aufs Hemd. 20 Bären bedrohen sie und wollen sie zerreissen, da kommt aber ein Ritter herbei und führt sie auf einem Felsen zu einem Kloster, wo Mönche ein Kirchenlied singen. Längs des Altars sieht sie zwei tote Ritter liegen, die ihr Olivier und Roland zu sein scheinen. Plötzlich sieht sie Karlemaines, wie er Olivier und Roland herbeiruft. Diese kommen in aller Eile herbei, aber der Felsen unter ihnen bricht und sie stürzen in die Tiefe. Dann erblickt sie plötzlich Roland und Oliviers in einer Kirche in betender Stellung, aus ihrem eigenen Munde aber sieht sie einen Sperber herausfliegen, der auf die beiden zufliegt (Ronc. 11741 ff.).

---

1) Die Verknüpfung ist etwas eigenthümlich, ich gebe den Inhalt aber genau so, wie er vorliegt.

Dieser Traum zeigt verschiedene Unregelmässigkeiten, auch in Betreff der Auslegung und begnüge ich mich hier daher, auf §§ 93 und 98 zu verweisen, wo er eingehend besprochen ist.

Mit einem Teil dieses Traumes hat ein Traum Aymeri's (Mort A. 366) grosse Aehnlichkeit und will ich letzteren deshalb hier anführen, obwohl er eigentlich nicht anzeigender, sondern prophetischer Natur ist.

162. Aymeri sieht im Traum seine Frau nackend unter einem Fichtenbaume sitzen, ganz schwarz ist sie, nur der eine Arm weiss. Sie weint und klagt, denn zwei schwarze Eulen zwingen sie, Suppen von Blut und Eisen zu essen. Ja, sie führen sie darauf sogar zu einem brennenden Feuer und wollen sie dort hineinwerfen. Aber da kommt ihr Sohn Guiberz herzu, tötet die Vögel und giebt der Mutter einen weissen Mantel.

Der Traum wird von Saolin dahin ausgelegt, dass die Sarazenen seiner Frau Kummer und Schmerz bereiten würden. Ihr Witwentum würde lange dauern (in einem früheren Traum war Aymeri schon prophezeit, dass er sterben würde), das bedeuteten die Suppen und das Blut, sie werde keinen Mann mehr ehelichen, das bedeutete der weisse Arm. Aber sie werde Freude haben an ihren Kindern, vor allem werde sie an Guiberz eine Stütze finden. Diese Auslegung des Saolin wird allerdings durch das Folgende als richtig bestätigt, obwohl sie teilweise sehr eigentümlich ist.[1]

Das wären die rubricierten prophetischen und anzeigenden Träume; nicht aufgeführt sind darunter 3 Träume, die mit den zu verbildlichenden Ereignissen schwer zusammen zu reimen sind und unvollständig überliefert zu sein scheinen und ferner 3 Träume, die sich den Visionen nähern. Sie mögen hier folgen.

163. Girbers träumt (Girb f. 56r°c349), dass er mit Gerins in Paris wäre, ebenso Fromond und sein Sohn. Da hätte er mit seinem Falken einen Schwan gefangen und diesen seinem Herrn Ansels überreicht. — Dieser Traum ist nicht vollständig, wenn er andeuten soll, dass Girbers sein widerwillig an den König abgetretenes Ross Flori — er hat es als Beutestück abgeben müssen — vom König wieder zurückerhalten werde. Der König müsste den Schwan wieder zurückgeben (cf. § 98).

Dieser Traum ist also nur unvollständig, in folgenden Träum enpasst aber Traum und Begebenheit absolut nicht zusammen:

164. In An. (2c16) träumt, Girbers er wäre zu Paris. Da sieht er seine Feinde Fromond, Fromondin und deren Anhänger bei dem König. Sie scheinen denselben für sich gewonnen zu haben und Unheil muss er fürchten vor ihrem Hass. Da ruft er die Kaiserin — so steht im Ms. statt Königin — an um ihn vor seinen Feinden zu schützen. Aber sie lässt ihn mit Speeren schlagen und in ein Gefängnis werfen, aus dem er nicht entweichen kann. -- Dieser Traum soll Bezug auf den Tod Girbert's haben, der bald darauf von dem Sohne der Schwester Fromondins ermordet wird.

---

1) Denn wie Suppen aus Blut und Eisen, die mit Widerwillen gegessen werden, auf ein langes Witwentum deuten können, ist unklar.

165. Aye träumt, dass Garnier zurückgekommen sei, sie eilt auf ihn zu, aber er stösst sie zurück und will sie mit dem Degen schlagen (Aye 1180). — Dieser Traum soll Bezug haben auf ihre bevorstehende Entführung durch Berenger.

Folgende Träume erinnern etwas an Visionen:

166. In V. (70) träumt Karl der Grosse von dem Grabe und Kreuz des Erlösers und erblickt darin eine göttliche Aufforderung zum Kreuzzuge. Dieser Traum kehrt 3 Mal in derselben Nacht wieder.

167. In D. (8142) erscheint Karl dem Grossen zu wiederholten Malen ein Engel und fordert ihn im Namen Jesu auf, am nächsten Morgen zusammen mit Garin und Doon vor das Stadtthor zu reiten und die ganze feindliche Armee zum Kampf herauszufordern.[1]) Karl folgt dem Befehl, wird jedoch mit seinem Begleiter gefangen genommen und in's Gefängnis geworfen. Bald jedoch gelingt es ihnen sich aus dem Kerker zu befreien und mit Hülfe der anderen Franzosen die Dänen zu vernichten.

Schliesslich möchte ich hier noch einen Traum anführen, der wohl nur fingirt ist, aber in seinen Grundzügen etwas an die Vision des Amis (cf. § 11) erinnert:

168. Maugis erzählt Karl dem Grossen, er habe über Nacht geträumt, dass er — Karl der Grosse — ihm Fleisch schneide und ihm die Stücke in den Mund stecke. Dadurch sei er sofort von seiner Krankheit befreit worden. Er bittet ihn nun, doch das zu thun, und Karl willfahrt auch seiner Bitte (Ren. 254,10).

3. Sinnliche Träume.

169. Durmars träumt von seiner Geliebten, er glaubt sie zu besitzen und physisch zu lieben. Aber am Morgen findet er sich zu seiner grössten Enttäuschung in seinem Bett allein. (Durm. 4089).

170. Derselbe Traum findet sich in Bel. (2444), wo Giglain von der Fee träumt, die er aus der Gefangenschaft Malgier's le Gris errettete.

171. Fenice hat wider ihren Willen den Kaiser von Konstantinopel Alis zu ihrem Mann nehmen müssen. Aber sie will ihrem Cliges treu bleiben, nur ihm will sie ihre Keuschheit opfern. Da giebt ihre Amme Thessalie ein Mittel, dass dem Alis die Macht nimmt, sie anders als im Traum zu besitzen. Dieser träumt nun immer, seine Frau zu benutzen und hält am nächsten Morgen diesen Traum für Wirklichkeit. Dadurch wird die Keuscheit der Fenice in der That intakt erhalten (Cl. 3356).

172. Der Kaiser von Rom hat Guillaume im Walde gefunden und ihm seiner Tochter Melior zum Pagen gegeben. Herangewachsen wird Guillaume der Gegenstand der innigsten Liebe von seiten Meliors. Das erfährt Guillaume zuerst durch einen Traum (G. de P. 1118). Er träumt nämlich, dass die hoch über ihm stehende Melior ihn bittet, sie als Freundin anzunehmen, sonst würde sie vor Liebesweh sterben.

---

1) Dieser Traum zeigt so ganz und gar den Charakter einer Vision, dass ich nicht anstehen würde, ihn zu den Vionen zu rechnen, wenn nicht extra immer von Karl als einem Schlafenden die Rede wäre.

173. Aehnlich träumt Blancandin (Bl. 3716) von seiner Braut: diese kommt nach seinem Traum vor sein Bett, beklagt sich über einen andern Liebhaber, den sie verabscheue und gesteht ihre tiefe Liebe für ihn, worauf sie sich von ihm herzen und küssen lässt.

Etwas abweichend sind 2 Träume des Biaus Desconneus gebaut.

174. Li Biaus Desconneus ist, von unwiderstehlicher Liebe ergriffen, wieder zu der dame aux blanches mains zurückgekehrt, die er früher aus Pflichtgefühl heimlich verlassen hat. Des Nachts will er nun im Traum seine im Nebenzimmer schlafende Geliebte besuchen. Doch plötzlich sieht er sich auf einem schmalen Stege über einem tiefen Flusse. Der Steg ist zu schmal, als dass er hätte das Gleichgewicht bewahren können und so lässt er sich denn am Steg angeklammert herunter hängen. Aber seine Kräfte verlassen ihn und in seiner Angst schreit er um Hülfe. Da kommen die Diener herbei und finden ihn krampfhaft die Klaue eines Sperbers umklammernd, die er also für den Steg gehalten hat (Bel. 4447).

Hernach hat er einen ähnlichen Traum.

175. Wieder will er ins Zimmer seiner Geliebten eindringen, plötzlich senkt sich die ganze Decke des Zimmers auf ihn herab. Voller Angst ruft er um Hülfe. Die Diener stürzen wieder herbei und finden ihn im Kampf mit seinem Kopfkissen, das seinen Kopf bedeckt (4521). Beide Träume sind ihm von seiner Geliebten, die eine Zauberin ist, eingegeben.

Hieran möchte sich vielleicht folgende traumartige Erscheinung anschliessen, die ebenfalls ihre Entstehung einem Zauber verdankt und bei der man schwanken kann, ob sie als Traum oder lediglich als Hallucination aufzufassen ist.

176. Ydoine (Am. 2085) soll den Grafen von Nevers heiraten, sie liebt aber den Amadis und sucht nun die Hochzeit zu hintertreiben. Zu diesem Zwecke setzt sie sich mit 3 Feen in Verbindung, die sie für ihre Sache gewinnt. Diese versetzen ihren Bräutigam in einen somnambulen Zustand, in dem er alles sieht und hört, aber zu jeder Bewegung unfähig ist. Die drei beginnen nun eine Unterhaltung über die bevorstehende Vermälung, alle äussern sich abfällig darüber und die eine prophezeit dem Grafen sogar baldigen Tod im Falle der Verheiratung. Trotzdem hält der Graf Hochzeit mit Ydoine, letztere stellt sich aber erst krank, dann erzählt sie ihm einen (natürlich fingirten) Traum, den sie gehabt, und der zu seinem Erstaunen mit dem seinen völlig identisch ist. Das macht Eindruck auf ihn und schleunigst lässt er sich von ihrscheiden.

177. Gérard hat sich gegen Karl empört, und anfangs mit Erfolg gekämpft, später aber durch den Verrat eines Untergebenen alles wieder verloren. Auf den Rat seiner Frau wendet er sich nun an Karls Gemahlin, die früher einmal in Liebe an ihn gehangen. Diese will ihn nun bei Karl wieder in Gunst bringen und erzählt demselben in dieser Absicht einen Traum, der ihn auf die bevorstehende Ankunft Gérards vorbereiten soll. Sie erzählt ihm, wie sie geträumt, Gérard sei, gerade wie in früheren Tagen, durch die Thür hereingekommen, friedlich wie ein getreuer Unterthan. Das Saalzimmer sei festlich geschmückt gewesen und Gérard habe als Hofmarschall fungirt (Gé. 366,20). So weiss sie Karl an den Gedanken von Gérard Rückkehr zu gewöhnen und friedlich zu stimmen.

Anhang

zur Kritik einzelner Chançons de geste.

1. Die Träume im Rolandslied.

Benutzte Abhandlungen:

    a. Scholle in der Zeitsch. f. rom. Phil. I. pg. 26 ff.

    b. Dönges: Die Baligant-Episode im Rolandsliede. Marburg 1880.

    c. Graevell: Charakteristik der Personen im Rolandsliede. Heilbronn 1880.

    d. Pakscher: Zur Kritik und Geschichte des franz. Rolandsliedes. Berlin 1885.

178. Bekanntlich fehlt es bis jetzt noch an einer textkritischen Ausgabe des Rolandsliedes. Alles, was bis jetzt nach dieser Richtung geleistet ist, beschränkt sich auf Detailuntersuchungen in Dissertationen und Specialabhandlungen. Und da sind es gerade die Träume, welche vor allem zum Gegenstand eingehender Untersuchung geworden sind. Ich will nun im Folgenden versuchen, die verschiedenen Ansichten auf Grund meiner Resultate zu prüfen.

Was den ersten Traum betrifft (Vers 718), so ist Graevell erstaunt, dass ihn Karl der Grosse eine ‚avision d'angele‘ nennt, obgleich doch im Traum selber nirgends von einem Engel die Rede war.[1]) Aber das ist nicht befremdend: alle Träume werden ja, wie wir gesehen, als von Gott inspiriert angesehen (cf. § 24), so konnte Karl also wohl von einer ‚avision d'angele‘ sprechen, ohne einen Engel gesehen zu haben.

Der zweite Traum (725) ist bereits von Dönges für unecht und später eingeschoben erklärt worden. Schon der Umstand, dass Karl nachher ausführlich von dem ersten Traum spricht, den zweiten aber ganz unberücksichtigt lässt, liess diese Vermutung aufkommen. Ausserdem zeigt dieser Traum mit einem späteren (2555) so viel Aehnlichkeit, dass man in ihm mit

---

1) Auch Pakscher lässt sich durch dies ‚avision d'angele‘ zu der Meinung verleiten, dass in dem Bericht über den ersten Traum derselbe in eine göttliche Vision umgewandelt wäre.

Recht eine secundäre Nachbildung des letzteren erblicken kann. Dönges führt zur näheren Illustrierung folgende Parallelstellen an: 724 : 2554 — 725 : 2555 — 726 : 2556 — (727 und 729 : 2552 und 2551) — 728 : 2558 — 730 : 2563.

Dies alles würde schon für eine spätere Einschiebung dieses Traumes sprechen. Aber auch sonst zeigt sich dieser Traum als unecht. Unter sämmtlichen Träumen nämlich, die wir oben untersucht, bot sich kein einziges Beispiel, wo ein im Anfang eines Epos vorkommender Traum sich auf ein erst am Schluss der Erzählung stattfindendes Ereignis bezog, wie es doch hier der Fall ist. Immer folgte das Ereignis unmittelbar darauf, und wir konnten mit Gewissheit annehmen, dass schon wenige Seiten nach einem solchen Traum das entsprechende Ereignis folgte (cf. § 35). Dieser Traum würde also als einzige Ausnahme in direktem Gegensatz zu allen andern stehen. Sobald wir wir aber diesen Traum an die Stelle des Traumes 2555 setzen oder ihn als Paralleltirade zu demselben hinter ihm einfügen, entspricht er unserer Regel vollkommen. Nach 2569 also wäre die passende Stellung des Traumes, nicht nach Vers 724. Nun fragt es sich: war der Traum ursprünglich eine Paralleltirade, die hinter Traum 2555 stand und nur später von einem Ueberarbeiter hierher versetzt wurde (cf. Graevell) oder wurde er direkt aus dem Traum 2555 geschöpft und in Zeile 725 ff. eingefügt?

Ich kann mich nur für letztere Annahme entscheiden, denn der § 37 zeigte uns, dass Träume, die in derselben Nacht geträumt wurden, sich immer gegenseitig ergänzten, nie aber sich wiederholten. Eine Wiederholung fand nur statt, wenn ein sofortiges augenblickliches Vorbeugen der Gefahr (Flucht etc.) nötig war, sonst nicht. Da das nun aber hier nicht vorliegt, so muss ich die Ansicht, wonach der Traum 725 ursprünglich dem von Vers 2555 gefolgt hätte, abweisen.

179. Nun zur Interpretation des Traumes: Graevell will, indem er den zweiten Traum spaltet, Vers 725—27 als den ursprünglichen echten Teil des Traumes ansehen und diesen dann wie den ersten Traum (718—24) auf den Verrat Ganelon's beziehen. Ganelon wäre hier also durch den Bären dargestellt, der Karl den rechten Arm (Roland) ausreisst. Der Traum wäre also dem vorhergehenden vollständig parallel. Solche parallele Träume aber, wenn sie auch physiologisch und poetisch wohlbegründet sind — wie Graevell meint —

kommen sonst nicht vor (cf. § 70). Der Traum muss sich auf etwas Neues beziehen, wenn er, wie doch Graevell meint, echt sein soll. Den letzten Teil des Traumes hält Graevell für später eing schoben, er soll sich ursprünglich auf das Strafgericht Ganelon's bezogen haben, hernach aber von den Jongleurs auf den Kampf Rolands mit Marsilie umgedeutet worden sein. Der Bär stellt jetzt also den Marsilie dar, dem Roland die rechte Hand abhaut (das rechte Ohr im Traum), während der Leopard den Kalifen repräsentiert, der dem Marsilie zu Hülfe kommt.

Diese spätere Umdeutung ist auf den ersten Blick sehr ansprechend, sie beruht aber, wie sich ergeben wird, auf der Voraussetzung, dass Vers 728—36 einen selbständigen Teil bilden. Nun ist oben gezeigt worden, dass die Verse 725—27 sich nicht auf Ganelon's Verrat beziehen, eine andere selbständige Episode, auf die sie sich beziehen könnten, giebt es auch nicht, folglich, schliesse ich, ist man genötigt, sie zu Vers 728—36 zu ziehen: so dass die Verse 725—36 einen ganzen einheitlichen Traum bilden. Diesen ganzen Traum aber auf Roland's Kampf mit Marsilie deuten zu wollen, ist unmöglich (wegen Vers 726) und eine teilweise Umdeutung (von Vers 728—36) ist auch nicht statthaft, da dann die Verse 725—27 in der Luft schweben würden: folglich muss die ganze Theorie von einer späteren Umdeutung abgelehnt werden. Der ganze zweite Traum (718—36) bezieht sich also ausschliesslich auf das über Ganelon zu haltende Gericht.

180. Die Träume 2525 und 2555 sind von Scholle noch beide für echt gehalten worden, erst Dönges reklamierte den ersten Traum für Bal. und schied ihn als später eingeschoben aus, indem er in dem Traum 719—23 und in dem Berichte der Naturerscheinungen in Frankreich bei Roland's Tod (1423—37) die Quelle für diesen nachträglich gebildeten Traum sah. Auch ich kann nicht daran glauben, dass ein solcher Traum ursprünglich hier gestanden. Alle Träume nämlich ohne Ausnahme künden den Schlafenden immer etwas Zukünftiges oder im selben Moment Eintretendes an, nie aber Dinge, die der Person schon längst bekannt sind. Hier weiss Karl nun aber schon lange, dass seine Nachhut vernichtet ist, er hat das Schlachtfeld gesehen, die Feinde vertrieben, Saragossa erobert und nach alledem träumt er erst von der Niederlage seiner Nachhut! Hier ist der Traum durchaus nicht an seinem Platz, er müsste

schon früher eingeführt werden, an einer Stelle, wo Karl
noch nicht das Schlachtfeld erreicht hatte. Pakscher nimmt
an, dass der Traum ursprünglich vor Vers 2398 gestanden
hat, wo uns nämlich die Ankunft des Kaisers in Rencesval
berichtet wird. Der Traum habe Karl ursprünglich nur von
der Bedrängnis der Seinen benachrichtigen sollen, Karl breche
in Folge desselben nach Renceval auf und lange Vers 2398
auf dem Schlachtfelde an. Die Einführung des Traumes hätte
also einen durchaus praktischen Zweck gehabt und dies sei
um so wahrscheinlicher, als in einer älteren Vsrion (der
Karlamagnussaga)[1] Karl in Folge dieses Traumes sofort
nach Rencesval aufbreche, während die jüngeren franz.
Handschriften sämmtlich Karl ruhig weiter schlafen lassen.[2]
Erst nachdem die Erzählung vom Horn aufgenommen war,
sei der Traum als nun überflüssig an eine andere Stelle ge-
rückt und zur Einführung der jüngeren Baligantepisode benutzt.
Und zwar sei nicht nur der Traum, sondern auch die Einleitung zu demselben versetzt worden, das könne man noch
deutlich an der Tirade 186 sehen, die ursprünglich nur aus
Versen auf -ent bestanden habe (1513—17), während das
übrige Einschub sei. — Den Traum selber denkt sich Pakscher allmählich entstanden. Der Aufbau ist nach ihm folgender: Aeltester Bestandtheil 2539—41, dazu gehört vielleicht
noch 2546. Dann setzte ein Cleriker 2532—38 ein, worauf
schliesslich derjenige Redactor, welcher die Bestrafung Ganelon's
erzählt, die Tirade 188 einschob, die den die Bestrafung
Ganelon's ankündigenden Traum enthält. Er setzte dann
auch noch 2525—31 hinzu und knüpfte so die Baligantepisode an.

Um Pakscher's Ansichten zu prüfen, muss ich etwas
weit ausholen. Seite 127 seiner Arbeit gibt er an, dass Ks.
beide Traum-Tiraden 187 und 188 in der gegenwärtigen Form
zeigt, aber ohne die Baligantepisode. Dönges hatte daraus geschlossen, dass die Vorlage von Ks. die Baligantepisode geboten haben müsste, dass Ks. dieselben aber ausgelassen hätte,

---

1) Ks. (Kap. 39 Anfg.): Hierauf nun, da erwachte der König und
dachte an seine Träume und sie dünkten ihm schrecklich, wie es auch
war. Alsdann rüsten seine Mannen die Pferde, und als sie gerüstet waren,
da ritten sie nach Runzival.

2) Pakscher hält den Bericht der Karlamagnussaga für älter als
den in 0 und den übrigen französischen Texten.

ohne zu bedenken, dass die Träume mit ihr im engsten Zusammenhang stehen. Pakscher will das nicht anerkennen, er weist eingehend auf pag. 25—30 und 43—45 nach, dass Ks. seiner Vorlage überall treu gefolgt sei, so dass man dasselbe auch hier annehmen müsse. Schon der Schreiber der Vorlage von Ks. habe also den Fehler gemacht, die Baligantepisode auszulassen, aber die Träume aus seiner Quelle herüberzunehmen (cf. pag. 127).

Hinsichtlich dieser Quelle (*x*) nimmt Pakscher andererseits jedoch wiederholt an, dass sie die Baligantepisode nicht gekannt habe. So sagt er pag. 45: „Und sie (Ks.) steht mit der Auslassung von Bal. nicht allein da, auch das Carmen, auch der Pseudoturpin entbehren dieselbe. Wie will man diese wunderbare Uebereinstimmung anders erklären, als daraus, dass es eine Version des Rol. gab, die ohne diese Fortsetzung war?" Nach Seite 52 und 53 nimmt er geradezu an, dass die unmittelbare Vorlage aller französischen Hss. *z*, welche, wie die von Ks. aus *x* geflossen sei. erst die Baligantepisode hinzugefügt habe. Ebenso Seite 57, wo *x* als Dichter der Baligantepisode eingehend besprochen wird, u. s. w. Also hier tritt er überall dafür ein, dass die Baligantepisode erst später als *x* (von *x* nämlich) eingefügt ist, und doch haben wir in Ks. den Beweis, dass *x* Bal. schon geboten hat.

Aus diesem Fehler, die gemeinschaftliche indirekte Quelle von Ks. und den frz. Hss. für baligantlos zu halten, ergeben sich nun andere, die unsere Träume betreffen. Pakscher sagt, die Baligantepisode ist von *a* gedichtet, folglich kann, sollte man meinen, dass der Teil des Traumes von 187, welcher die Anspielung auf Bal. enthält, auch erst von *a* eingefügt sei. Wir haben aber constatiert, dass der ganze Traum mit der Anspielung auf Bal. schon in Ks. vorrlag[1]) Wohl aber mag erst von *a* den Traum verlegt haben, denn in Ks. scheint er die ursprüngliche Stellung zu haben.

Ein anderes Resultat würde jetzt auch für den Traum der Tirade 188 erzielt werden. Nach Pakscher ist derselbe

---

1) Für die ursprüngliche Selbständigkeit des Traumteils 2525—31 giebt allerdings Ks. eine sehr gute Illustration, indem sie den darauf folgenden, der Tirade 187 entsprechenden Traum als den „dritten" bezeichnet.

von ʒ „dem Redactor. welcher die Bestrafung Ganelons erzählt",
eingefügt. Nun finden wir denselben Traum, allerdings in
etwas veränderter Gestalt[1]). in Ks. wieder, ebenfalls unmittebar
hinter dem soeben besprochenen Traum. Wir müssen also
auch hier schliessen, dass ihn schon ɤ bot und dass ihm ʒ
zusammen mit dem obigen Traum nur einen anderen Platz
anwies.

Nach dieser Richtung hin müssten Pakscher's Resultate
abgeändert werden, im übrigen will mir die Reihenfolge, in
welcher Pakscher sich die einzelnen Traumteile entstanden
denkt, sehr wohl einleuchten. Nun fragt es sich aber: Bot
ɤ auch bereits die Nachbildung des Traumes in Tirade 188,
wie wir sie in dem Traum der Tirade 58 vorfinden?

Pakscher drückt sich darüber etwas unklar aus, pag. 123
sagt er: „Der Ueberarbeiter ɤ hat aber den Eindruck dieser
wirklich schönen Stelle (Traum der Tir. 57) total verdorben,
indem er in der folgenden Tirade einen anderen Traum hin-
zufügt." Einige Zeilen später kommt er dann in Folge der
Aehnlichkeiten, die dieser Traum mit dem von Tir. 188 zeigt,
zu dem Schluss, dass ʒ die Verse dieses Traumes denen der
Tirade 188 angeglichen habe. Damit kommt aber Pakscher,
meiner Meinung nach, in grosse Schwierigkeit.

Traum Tir. 58 ist inhaltlich genau derselbe wie Traum
Tir. 188, letzterer ist nach Pakscher von ʒ gedichtet. Da
nun auch der erstere sich auf ein Ereignis bezieht, das (nach
Pakscher) erst von ʒ hinzugedichtet ist (auf die Bestrafung
Ganelons), so kann auch er erst von ʒ und nicht schon von
dem älteren ɤ gedichtet sein. Wenn also Pakscher oben von
einem Traum spricht, den ɤ hinter Traum Tir. 57 eingefügt
habe, so müsste das ein Traum gewesen sein, der inhaltlich und
formell von dem jetzt vorliegenden ganz abwich und der erst
päter von dem jetzigen verdrängt wäre. ohne auch nur eine Spur
zu hinterlassen. Das ist aber nicht anzunehmen, zumal wenn
wir Pakscher eine besondere Eigentümlichkeit unserer Roland
versionen darin zu erkennen haben. dass sie immer den alten
Text neben dem neuen bestehen lassen (cf. p. 20, 21 s.
Diss.). Pakscher hätte daher die Ansicht vertreten müssen,

---

1) Pakscher selbst identificiert beide Träume mit einander und sucht
(pg. 46) die Gründe zu entwickeln, durch welche Ks. zu dieser Abweichung kam.

dass der Traum Tir. 58, welcher ja in Ks. gänzlich fehlt, auch in *r* noch fehlte und erst durch *a* hinzugebracht wurde.

In der That ist wohl nicht gut anzunehmen, dass *r* — immer natürlich vorausgesetzt, dass seine Auffassung von dem Verhältnis der Rolandfassungen die richtige ist — diesen entlehnten Traum schon besass, denn Ks. bietet ihn nicht. Allerdings ist das noch nicht strikt beweisend. Es könnte *r* den Traum ja schon besessen und Ks. resp. ihre Vorlage *k* ihn nur nicht aufgenommen haben. Aber das würde die Sache nur unnötig complicieren; der Traum Tir. 58 ist sicher secundär gebildet, wir würden also erhalten: Vorläufer von *r* ohne diesen Traum, *r* mit diesem Traum, *k* ohne diesen Traum; während wir sonst für diese ganze Reihe den Traum als fehlend anzusetzen haben. Da ist denn doch wohl das einfachere das bessere.

Da wir nun andererseits in sämmtlichen franz. Versionen diesen Traum antreffen, in *r* aber nicht den Dichter desselben erblicken können, so muss *a* der Verfasser gewesen sein.

II. Der Traum des Godefrois de Melans im Renaus de Montauban (112,18—32).

Dieser Traum zerfällt in 2 Teile, der erste Teil (112,18 bis 26) beschäftigt sich mit der Macht des Renaus, der sogar Schwiegersohn des Königs wird; der zweite Teil (112,27—33) stellt seine spätere Verfolgung dar. Der Traum wird nachher von dem Hauskaplan ausgelegt, aber sonderbarer Weise der letzte Teil hier mit keinem Wort erwähnt, während der erstere eine eingehende Auslegung erfährt. Das führt zu dem Schluss, dass ursprünglich dieser zweite Teil nicht vorhanden war, dass er erst von einem späteren Compilator eingefügt ward, der aber vergass, dem Hauscaplan auch diesen Traum erklären zu lassen. Zur Gewissheit würde die Schlussfolgerung werden, wenn etwa in anderen Redaktionen dieser zweite Teil auch fehlte. Aber leider sind mir nur zwei weitere Redaktionen zugänglich (Reinolt von Montelban ed. v. Pfaff (Litter. Verein in Stuttgart) 1885 und Renout von Mantalbaen ed. v. Matthes, Groningen 1875), in denen beiden der ganze Traum ausgelassen ist. Was aber noch für Unechtheit dieses Traumteils spricht, ist sein Ausweichen von den allgemeinen Traumregeln. Zunächst ist das Ereignis,

auf welches sich dieser Traum bezieht, sehr weit von ihm
entfernt, denn Renaus Niederlage und Flucht wird erst sehr
spät erwähnt. Das würde schon gegen die Traumregeln
verstossen. Und dann stellen sich noch weitere Unregelmässigkeiten bei der Interpretation desselben heraus (cf. §
132). Nach der einen Deutung kann der im Traum genannte
Eber Karl den Grossen darstellen, dann wären die Wölfe
seine Truppen, von denen ein Teil Renaus angreift. Hier
wäre aber der Herr (Karl der Grosse) durch ein schwächeres
Tier (Eber) wiedergegeben als seine Untergebenen (durch
die Wölfe verbildlicht). Das widerspricht der allgemeinen
Regel. Oder man könnte in dem Eber Renaus sehen, den
die Wölfe (Karls des Grossen Truppen) verfolgen (112,26—28).
Dann böten aber die Verse 112,29—32 eine Wiederholung
dieses Traumes, was ebenfalls der Regel zuwider läuft. Auf
jeden Fall also zeigt sich der Traum unregelmässig und zwar
unregelmässig in doppelter Beziehung. Wenn man nun noch
die geradezu auffallende vollständige Ignorierung dieser Verse
von seiten des traumdeutenden Hauskaplans in Betracht zieht,
so kann man nicht umhin, sie als unecht und später eingeschoben zu betrachten.

III. Die Träume in Mort Aymeri de Narbonne.

182. Aymeri träumt in 4 aufeinander folgenden Träumen
von seinem bevorstehendem Ende (Vers 310—379). Von
diesen Träumen ist der dritte (Vers 353—365) unecht und
später eingeschoben. Inhalt wie Form des Traumes weisen
darauf hin. Während Traum I, II und IV nämlich in sich
abgeschlossene Träume bilden — die allerdings schliesslich
durch die Ereignisse, worauf sie sich beziehen, doch in idealem
Zusammenhang stehen —, lehnt sich Traum III ganz an II
an, Traum I, II und IV sind jeder für sich verständlich,
Traum III aber ohne Traum II nicht. Was die Form betrifft,
so ist die Anknüpfung von Traum II an I, wie von Traum
IV an das Vorhergehende ganz dieselbe:

334: Dist Aymeris: Oez seignor baron; und

366: Oez, seignor, dist Aymeris li frans

während Traum III sofort aus Traum II überleitet:

353: Quant li lions (in Traum II erwähnt) ot les ors
    enchaciez

Nun könnte man mir entgegen halten: Muss denn der Dichter immer dieselbe Anknüpfung wählen, kann er nicht — gerade zum Vorteil des Gedichts — auch Abwechslung eintreten lassen? Gewiss, aber dass nun gerade der Traum, der auch inhaltlich (und in der Auslegung) von den anderen dreien abweicht, diese besondere Anknüpfung zeigt, ist mindestens auffällig. — Oder man könnte den Traum einfach zu Traum II ziehen, wodurch meinen Argumenten vollständig der Boden unter den Füssen weggezogen wäre. Aber das geht auch nicht. Jeder der Träume füllt nämlich eine besondere Tirade aus, die noch zum Schluss durch einen besonderen kürzeren Vers markiert ist. Schon aus diesem Grunde müsste also von einer Verquickung von Traum II und Traum III abgesehen werden, ausserdem würde, da Traum III hernach keine Deutung erfährt, dann nur der erste Teil dieses Compromistraumes erklärt sein, der zweite Teil aber nicht. Also Traum III ist selbständig und damit unecht.

Ein dritter Grund für die Unechtheit dieses Traumes wäre die eben erwähnte vollständige Uebergehung desselben von seiten des traumdeutenden Priesters. Dazu kommt, dass hernach überhaupt von keiner Episode die Rede ist, auf welche er sich beziehen kann, dass der Traum somit vollständig gegenstandslos ist. — Auffällig ist allerdings, dass sämmtliche Handschriften den Traum III haben, aber, das beweist nur, dass derselbe verhältnismässig früh eingeschoben ist.

IV. Der Traum in der Chançon de Floovant.

183. In Ch. de Floovant befindet sich in der uns überlieferten Fassung eine Lücke hinter Zeile 433. Das Gedicht bricht mit dem Moment ab, wo Floovant, von dem Riesen Ferragras angegriffen, diesen so hart bedrängt, dass er nicht ein noch aus weiss. Guessard [1]) (cf. d. sommaire seiner Edition p. 20) zieht nun das italienische Compilationswerk der Reali di Francia (II. Buch VIII Cap.) herbei und findet dort einen Traum des Galien, des Vaters von Ferragras, vor, der ihn von der gefährlichen Lage seines Sohnes benachrichtigt. Ga-

---

1) Weder Pio Rajna in seinen Ricerche intorno ai Reali di Francia noch Darmesteter in seiner Studie zu Floovant (Paris 1877) sprechen sich über diese Stelle näher aus. (Auch Bangert: Floovantsage bietet nichts.)

lien schickt seinem Sohne sofort 4 Türken nach und diesen
wird es leicht, Floovant gefangen zu nehmen. (Floovant wird
aber doch schliesslich von seinem Knappen wieder gerettet.)

Guessard ist der Meinung, dass dieser Traum ursprünglich auch im französischen Text gestanden hat und es stände
dem ja auch, was den weiteren Verlauf der Dichtung betrifft, nichts im Wege. Aber ich muss diese Annahme doch
auf Grund meiner oben gewonnenen Resultate als falsch ab-
lehnen. Wir erinnern uns, dass Heiden in den eigentlichen
Karlsepen überhaupt keine Träume haben und danach wäre
es schon unmöglich, dass der Sarazene Galien die gefährliche
Lage seines Sohnes im Traume sähe. Hier würde der Traum
nach dazu dem Heiden einen direkten Vorteil über den Christen
geben, denn nur dem Traume Galiens hat Floovant ja seine
Gefangennehmung zu verdanken. Die Annahme eines Traumes
würde also unseren Resultaten direkt entgegen laufen. Daher
können wir, wenn auch der Traum in der späteren italienischen Fassung steht, für unsere altfranzösische Chançon hier
keinen Traum ansetzen.

V. Der Traum des Girbers im „Girbers de Metz".

184. Girbers hat das prachtvolle Ross Flori, das er sich
im Kampf erbeutet, wider alles Recht an König Anseïs, seinen
Herrn, ausliefern müssen. Aus Zorn darüber will Girbers
das Heer des Anseïs verlassen. Unterdessen hat sich aber
Anseïs auf seiner Gemahlin Zureden eines besseren besonnen,
er beschliesst, das Ross dem Girbert wieder zuzustellen. Dies
freudige Ereignis wird Girbert schon vorher durch einen
Traum avisirt:

Er träumt nämlich, dass er und Gerins in Paris wären,
ebenso Fromond und sein Sohn. Da hätte er mit seinem
Falken einen Schwan gefangen und diesen seinem Herrn
Anseïs überreicht (Girb. f. 56r°c³49). Gerins deutet diesen
Traum sofort auf Flori und meint, das bedeute, dass er bald
sein Ross zurückerhalten werde. Und noch sind sie im Ge-
spräch begriffen, als dem Girbers auch sein Ross wieder zu-
gestellt wird.

Der Traum bezieht sich augenscheinlich auf das Ross:
der Schwan, den er gefangen, ist eben Flori, den er ja seinem
Herrn hat abtreten müssen. Im Traum überreicht er dafür

den Schwan dem Anseïs. Aber wie nun Gerin daraus schliessen
kann auf eine Zurückerstattung des Pferdes, bleibt unklar;
diese Zurückgabe sollte der Traum jedoch augenscheinlich
annoncieren, der Traum ist also unvollständig, der Schwan
muss dem Girbers wieder zurückerstattet werden, erst daraus
kann Gerins auf eine Zurückgabe des Rosses schliessen.

Ich schliesse also, dass hinter Vers 5 von fol. 57r°c[1]
ursprünglich noch ein oder mehrere Verse standen, die von
einer Zurückgabe des Schwanes handelten, die aber von
späteren Copisten ausgelassen wurden.

Druckfehler-Verzeichnis.

S. 4 Z. 17 v. u. lies: uns in *statt* in uns — S. 5 Z. 1 v. o.:
Vorarbeiten *st.* Vorabeiten — S. 5 Z. 17 v. u.: Chançons *st.*
Chansons — S. 5 Z. 7 v. u.: Rolandsliedes *st.* Rolandliedes —
S. 7 Z. 11 v. u.: in obigem *st.* in obigen — S. 15 Z. 20 v. u.:
si fet *st.* sifet — S. 42 Z. 3 v. o.: Fällen *st.* Fälllen — S. 43
Z. 10 v. o.: Aymeri *st.* Ameri — S. 62 Z. 8 v. u.: irgendwie
st. irgond wie — S. 73 Z. 17 v. u.: physisch *st.* phyisch —
S. 76 Z. 4 v. o.: dem Vorwurf *st.* den Vorwurf — S. 82 Z. 8
v. u.: herab *st.* heran — S. 83 Z. 13 v. u.: Hernais *st.* Hernis
— S. 83 Z. 10 v. u.: Der Jude resp. der clers *st.* Der Jude
und der clers — S. 90 Z. 24 v. o.: Hier *st.* Heer — S. 90
Z. 25 v. o.: schlafenden *st.* uhlafenden — S. 90 Z. 26 v. o.:
und *st.* snd — S. 91 Z. 15 u. 16 v. o.: durch *st.* durch durch
— S. 91 Z. 21 v. o.: wieder umzukehren *st.* wied erumzukehren
— S. 93 Z. 14 v. u.: Träumen passt *st.* Träum enpasst — S. 93
Z. 9 v. u.: von *st.* vor — S. 94 Z. 3 v. u.: Visionen *st.* Vionen
— S. 95 Z. 23 v. o.: vielleicht *st.* vieileicht — S. 95 Z. 12 v. u.:
ihr scheiden *st.* ihrscheiden — S. 99 Z. 10 v. o.: Version
st. Vsrion — S. 100 Z. 14 v. u.: folglich sollte *st.* folglich
kann, sollte — S. 100 Z. 9 v. u.: *z st.* von *z* — S. 101 Z. 10
v. u.: später *st.* päter — S. 101 Z. 8 v. u.: wenn wir mit
Pakscher *st.* wenn wir Pakscher — S. 102 Z. 4 v. o.: Pakscher's
Auffassung *st.* seine Auffassung — S. 103 Z. 15 v. o.: zuwider
st. znwieder — S. 104 Z. 9 v. o.: entzogen *st.* weggezogen.

Inhalt.

—